用于国家职业技能鉴定
国家职业资格培训教程

YONGYU GUOJIA ZHIYE JINENG JIANDING • GUOJIA ZHIYE ZIGE PEIXUN JIAOCHENG

汽车修理工

第2版

（技师　高级技师）

本书编审人员

主　编　张吉国

副主编　隋礼辉

编　者　陶艳花　李艳琴　王士刚　赵　舒　郝世文

主　审　关文达

QICHEXIULIGONG

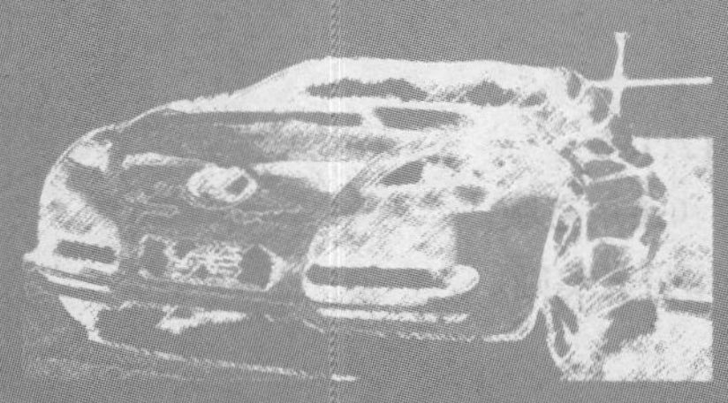

中国劳动社会保障出版社

图书在版编目(CIP)数据

汽车修理工：技师　高级技师/隋礼辉编著．—2 版．—北京：中国劳动社会保障出版社，2007

国家职业资格培训教程

ISBN 978 - 7 - 5045 - 5932 - 6

Ⅰ．汽…　Ⅱ．隋…　Ⅲ．汽车 - 车辆修理 - 技术培训 - 教材　Ⅳ．U472.4

中国版本图书馆 CIP 数据核字(2007)第038408 号

中国劳动社会保障出版社出版发行

（北京市惠新东街 1 号　邮政编码：100029）

出 版 人：张梦欣

*

北京市科星印刷有限责任公司印刷装订　新华书店经销

787 毫米 ×1092 毫米　16 开本　32 印张　616 千字

2007 年 6 月第 2 版　　2024 年 8 月第 26 次印刷

定价：58.00 元

营销中心电话：400-606-6496

出版社网址：http://www.class.com.cn

前言

为推动汽车修理工职业培训和职业技能鉴定工作的开展，在汽车修理从业人员中推行国家职业资格证书制度，中国就业培训技术指导中心在完成《国家职业标准——汽车修理工（2005年版)》（以下简称《标准》）制定工作的基础上，组织参加《标准》编写和审定的专家及其他有关专家，编写了《国家职业资格培训教程——汽车修理工（第2版)》（以下简称《教程》)。

《教程》紧贴《标准》，内容上，力求体现“以职业活动为导向，以职业能力为核心”的指导思想，突出职业培训特色；结构上，针对职业活动的领域，按照模块化的方式，分级别进行编写。《教程》的基础知识部分内容涵盖《标准》的“基本要求”；技能部分的章对应于《标准》的“职业功能”，节对应于《标准》的“工作内容”，节中阐述的内容对应于《标准》的“技能要求”和“相关知识”。

《国家职业资格培训教程——汽车修理工（第2版）（技师　高级技师)》适用于对汽车修理工技师、高级技师的知识和技能的培训，是职业技能鉴定的推荐辅导用书。

本书在编写过程中得到了内蒙古交通职业技术学院等单位的大力支持与协助，在此一并表示衷心的感谢。

由于时间仓促，不足之处在所难免，欢迎读者提出宝贵意见和建议。

中国就业培训技术指导中心

目　录

CONTENTS　《国家职业资格培训教程》

第一部分　汽车修理工技师

第二部分　汽车修理工高级技师

第一部分

汽车修理工技师

第一章 汽车修理

第一节 发动机修理

学习目标

- 发动机电子控制系统的组成、工作原理
- 本田发动机可变配气机构的结构
- 丰田发动机进气增压装置的增压原理
- 检修本田发动机可变配气正时系统
- 检修进气增压系统
- 检修风扇控制装置
- 检修电控发动机点火系统
- 检修发动机的排放控制系统

一、相关知识

1. 可变配气机构的结构与工作原理

本田汽车公司 20 世纪 80 年代推出的 VTEC（Variable Valve Timing & Valve Lift Electronic Control）可变气门正时和升程电子控制系统，可使发动机在高速状态时，改变气门正时和升程，并由 ECM 电控组件控制，同时也可改变发动机在高速状态时进排气门开启的“重叠时间”，使发动机在高速范围时输出更大的功率。

（1）VTEC 结构组成

VTEC 机构主要由气门（每缸 2 进 2 排）、凸轮、摇臂、同步活塞（A、B）和正时活塞等组成。本田 ACCORD F22B1 发动机 VTEC 结构如图 1—1 所示。

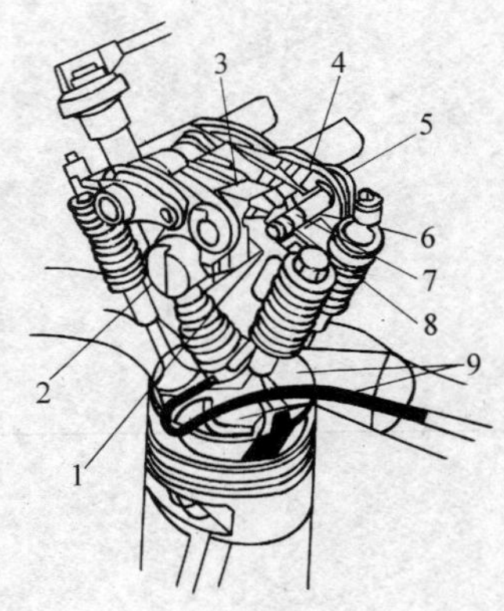

图 1—1 本田 ACCORD F22B1 发动机 VTEC 结构

1—主摇臂 2—凸轮轴 3—正时板 4—中间摇臂 5—次摇臂 6—同步活塞 B 7—同步活塞 A 8—正时活塞 9—进气门

（2）VTEC 工作原理

VTEC 机构中的凸轮有三个，它们的线型不同。高速凸轮位于中央，叫中间凸轮，它的升程最大；另两个低速凸轮，凸轮较高的一个叫主凸轮，较低的一个叫次凸轮。与这三个凸轮相对应的摇臂分别为中间摇臂、主摇臂和次摇臂，两个气门分别安装在主、次摇臂上。在三个摇臂内有一孔道，内装有正时活塞，同步活塞（A、B）和定位活塞。每个汽缸的两个进气门上都装有一套 VTEC 机构。VTEC 工作过程如图 1—2 所示。

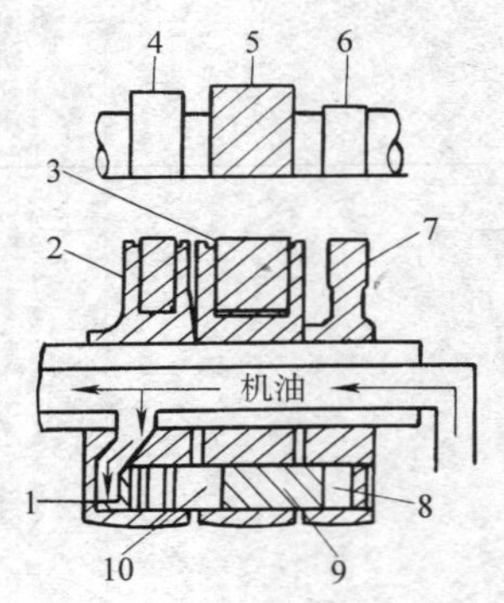

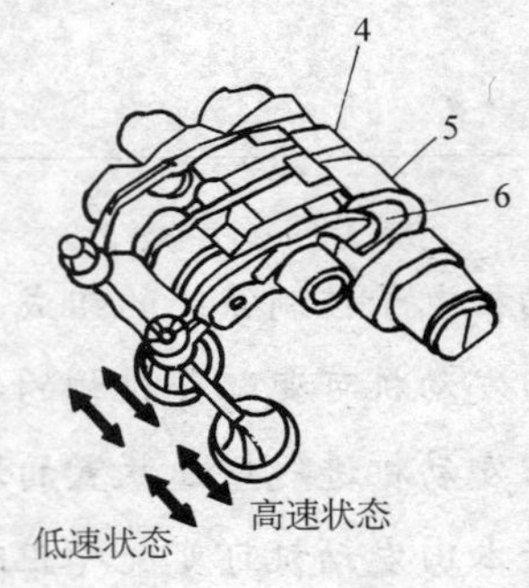

图 1—2 VTEC 工作过程

1—正时活塞 2—主摇臂 3—中间摇臂 4—主凸轮 5—中间凸轮 6—次凸轮 7—次摇臂 8—定位活塞 9—同步活塞 B 10—同步活塞 A

VTEC 控制系统的组成，如图 1—3 所示，可分为执行系统、传感器和控制系统三部分。

执行系统由 VTEC 机构中的凸轮、摇臂和同步活塞等组成。控制系统由发动机 ECM 电控组件、VTEC 电磁阀、VTEC 压力开关等组成。在发动机运转过程中，各传感器不断地向 ECM 输入转速、负荷、车速以及水温信号。由 ECM 判

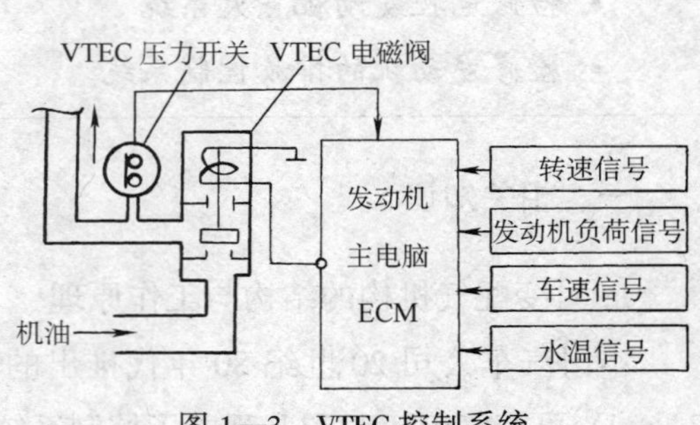

图 1—3 VTEC 控制系统

断何时改变气门正时和升程。当符合转换条件后，ECM操纵VTEC电磁阀打开油路，使从机油泵输出的压力油推动同步活塞，将三个摇臂连锁起来，实行VTEC气门正时和升程变动，以改变进气量，增加发动机功率。如果不符合转换条件，ECM将VTEC电磁阀断电，切断油路，不实行VTEC控制。

（3）VTEC控制系统的工作过程

1）低速状态。发动机在低速运转时，凸轮轴油道内没有机油压力，活塞在回位弹簧的作用下处于左端，这时，A、B两个同步活塞正好处于主摇臂和中间摇臂内，三个摇臂各自独立运动，互不干涉。这时的两个进气门分别由主、次凸轮驱动，主摇臂驱动主气门，次摇臂驱动副气门。由于主凸轮升程长，因而气门开度大，次凸轮升程短而使副气门开启很小，导致进入发动机汽缸的混合气也相对少。中间摇臂虽然受中间凸轮驱动，但对气门动作无影响。因此，发动机在低速时，VTEC不起作用。

2）高速状态。在图1—1中，主摇臂上装有一正时板，当正时板卡入正时活塞时，活塞无法移动，随着发动机转速的升高，当达到转换条件时，压力油注入凸轮轴油道内，正时板移出，在气门关闭时使摇臂正时，油压便推动正时活塞移动，也推动A、B同步活塞克服回位弹簧弹力逐渐贯穿三个摇臂。当正时板卡入正时活塞的第二道环后，发动机进入VTEC工作状态。这时，活塞贯穿三个摇臂使三个摇臂同时动作。由于高速凸轮升程高，所以由高速凸轮驱动的两个进气门的开启时间及升程均增加。VTEC作用的结果是发动机在高速状态下，延长进、排气门同时开启的“气门重叠”时间，使发动机功率和扭矩得到提高。

当发动机转速下降时，油压降低，凸轮轴孔内的机油开始卸荷，正时活塞在回位弹簧作用下回位，三个摇臂又脱离连接而各自独立运动。

2. 发动机电子控制系统和汽油机电子控制系统

（1）发动机电子控制系统的组成及工作原理

电子控制系统由各种传感器、执行器、发动机电脑（ECU）组成，如图1—4所示。

电子控制系统以电子控制装置（又称电脑或ECU）为控制中心，利用安装在发动机不同部位上的各种传感器，测得发动机的各种工作参数，按照在电脑中设定的控制程序，控制执行机构动作，使发动机在各种工况下都能稳定工作。

（2）汽油机电子控制系统的功能

1）电控燃油喷射（EFI）。电控燃油喷射主要包括喷油量、喷射正时、燃油停供及燃油泵的控制。

①喷油量控制。主ECU将发动机转速和负荷信号作为主控信号，确定基本喷油量（喷油电磁阀开启的时间长短），并根据其他有关输入信号加以修正，最后确定总喷油量。

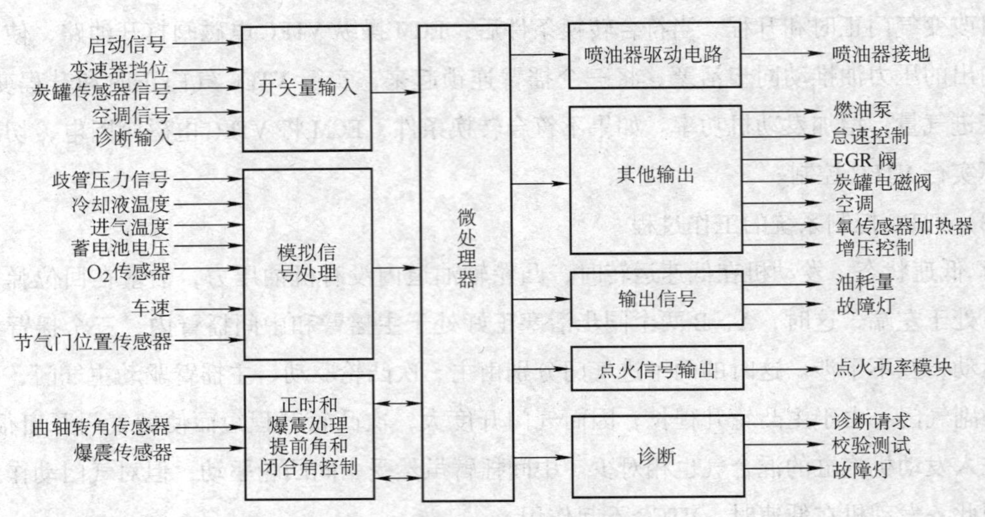

图 1—4　电子控制系统框图

②喷油正时控制。在电控间歇喷射系统中，当采用与发动机转动同步的顺序独立喷射方式时，主 ECU 不仅要控制喷油量，还要根据发动机各缸的发火顺序，将喷射时间控制在一个最佳的时刻。

③减速断油及限速断油控制。

减速断油控制：汽车行驶中，驾驶员快收加速踏板时，ECU 将会切断燃油喷射控制电路，停止喷油，以降低减速时 HC 及 CO 的排放量。当发动机转速降至特定转速时，又恢复供油。

限速断油控制：发动机加速时，发动机转速超过安全转速或汽车车速超过设定的最高车速，ECU 将会在发动机转速达到临界转速时切断燃油喷射控制电路，停止喷油，防止超速。

④燃油泵控制。当点火开关打开后，ECU 将控制燃油泵工作 2 ~ 3 s，以建立必须的油压。此时若不启动发动机，ECU 将切断燃油泵控制电路，燃油泵停止工作。在发动机启动过程和运转过程中，ECU 控制燃油泵保持正常运转。

2）电控点火装置（ESA）。点火装置的控制主要包括点火提前角、通电时间及爆震控制等方面。

①点火提前角控制。在主 ECU 中，可先存储发动机在各种工况及运行条件下最理想的点火提前角。发动机运转时，主 ECU 根据发动机的转速和负荷信号，确定基本点火提前角，并根据其他有关信号进行修正，最后确定点火提前角，并向电子点火控制器输出点火指示信号，以控制点火系的工作。

②通电时间（闭角）控制与恒流控制。为保证点火线圈一级电路有足够大的断开电流，以产生足够高的二级电压，同时也要防止通电时间过长使点火线圈过热而损坏，主 ECU 可

根据蓄电池电压及转速等信号，控制点火线圈一级电路的通电时间。

在高能点火装置中，还增加了恒流控制电路，以使一级电流在极短时间内迅速增长到额定值，减小转速对二级电压的影响，改善点火特性。

③爆震控制。当主 ECU 收到爆震传感器输出的信号后，ECU 对信号进行滤波处理并判定有无爆震，在检测到爆震时，立即把点火时刻变成滞后角，在无爆震时，则采用提前角反馈控制形式。此项控制是点火时刻控制中的追加功能，在装有废气涡轮增压器的发动机上常采用此种控制。

3）怠速控制（ISC）。汽车在发动机运转、空调压缩机工作、变速器由空挡挂入其他挡位、发动机负荷加大等不同怠速运转工况下，由 ECU 控制怠速控制阀，使发动机都能处在最佳怠速转速下运转。

4）排放控制。排放控制项目主要有：排气再循环控制（EGR），氧传感器及三元催化转化器开环、闭环控制，二次空气喷射控制，活性炭罐电磁阀控制等。

①排气再循环控制。当发动机温度达到一定温度时，根据发动机负荷和转速，ECU 控制 EGR 阀作用，排气进行再循环，以降低 NO_x 排放量。

②开环与闭环控制。在装有氧传感器及三元催化转化器的发动机中，主 ECU 根据发动机的工况及氧传感器反馈的空燃比信号，确定开环控制与闭环控制方式。

③二次空气喷射控制。主 ECU 根据发动机的工作温度，控制新鲜空气喷入排气歧管或三元催化转化器中，以减少排气污染。

④活性炭罐电磁阀控制。主 ECU 根据发动机工作温度、转速、负荷等信号，控制活性炭罐电磁阀的工作，以降低蒸发污染。

5）进气控制

①可变进气道控制。发动机在不同负荷下，主 ECU 控制真空电磁阀，以控制动力阀的开闭来改变进气流量，从而改善发动机的输出扭矩与转速。

②涡流增压控制。主 ECU 根据发动机的负荷和转速信号，控制真空电磁阀，以控制涡流控制阀的开闭，改善发动机在大负荷下的充气效率，提高输出扭矩和功率。

6）警告提示。主 ECU 控制各种指示和警告装置，显示有关控制系统的工作状况，当控制系统出现故障时能及时发出警告信号，如氧传感器失效、催化剂过热、油箱油温过高等。

7）自我诊断与报警系统。当控制系统出现故障时，主 ECU 将会点亮仪表板上的“检查发动机”（CHECK ENGINE）灯，提醒驾驶员注意，发动机已出现故障，并将故障信息储存到 ECU 中，通过一定程序，能将故障码及有关信息资料调出，以供检修用。

8）失效保护。当主 ECU 检测到传感器或线路故障时，即会自动按 ECU 预设的程序提供预设定值，以便发动机仍能保持运转，但性能将有所下降。

9）主电脑故障备用控制系统。当主 ECU 发生故障时，则会自动启动备用系统，使发动机转入强制运转状态，以便驾驶员将车辆开到检修厂修理。

3. 进气增压装置分类、结构工作原理

（1）声控进气系统的结构分析

1）进气系统。经过空气滤清器的空气进入谐振器，按照节气阀的开启大小与发动机的转速所决定的工况进到进气室中。节气阀体内有节气阀，控制进入发动机的空气量，从进气室分配到每个汽缸的燃烧室中，在燃烧时消耗掉。

在低温时，怠速控制阀开启，空气流经怠速控制阀与节气阀体进入进气室；在发动机升温后，即使节气阀完全关闭，空气也能通过怠速控制阀进入进气道，达到较快怠速运转，如图 1—5 所示。

为防止进气的脉冲（压力波动），增加发动机在高速时的进气量，同时也预防进气对每个汽缸的干扰，在进气道上装有进气控制阀。

2）声音控制导入系统。进气室上的进气控制阀位于节气阀下游、各缸进气歧管的上游处，由执行器来启闭。真空开关阀与执行器、真空罐及发动机电控装置相联系。声音控制导入系统的一部分，是电子控制器（ECU）向真空开关阀发出开或关信号，通过执行器来启闭进气控制阀，而进气控制阀是为改善进气歧管的波动效应（长途效应）而设计的，以增大汽车在行驶中的功率。

3）改善进气歧管波动效应的分析。由间断进气而引起的进气压力波动对发动机进气量影响很大，进气管长度、转速、音速等进气系统参数会改变进气压力波，因而适当调整这些参数，可以有效地利用进气管的压力波，以增加充气效率，改善扭矩特性。

声控进气系统中，当电控装置在启闭进气控制阀的过程中，同时改变了进气管内气体压力，从而改变进气管内音速，与发动机转速配合，调整波动次数。声音控制导入（进气）系统即由此命名，它的工作原理是利用波动效应增大汽车功率。

（2）奥迪 A6 可变进气道控制

如图 1—6 所示为奥迪 A6 的可变进气道，其工作原理如下：

1）长进气道。发动机在低转速时，空气经过长的进气道，使汽缸充气最佳，且扭矩增大，如图 1—7 所示。

2）短进气道。发动机在高转速时，空气流经短进气道，可提高效率，如图 1—8 所示。

（3）涡轮增压控制

1）构造。涡轮增压器由涡轮室和增压器组成。涡轮室进气口与排气歧管相连，排气口接在排气管上；增压器进气口与空气滤清器管道相连，排气口接在进气歧管上。涡轮和叶轮分别装在涡轮室和增压器内，二者同轴刚性连接，如图 1—9 所示。

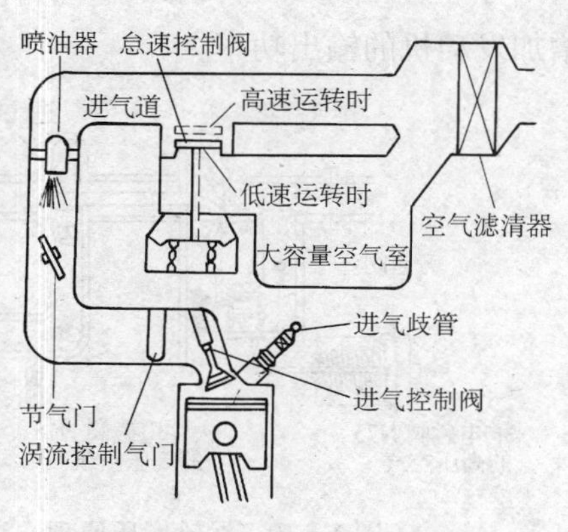

图 1—5 声控进气系统的结构原理

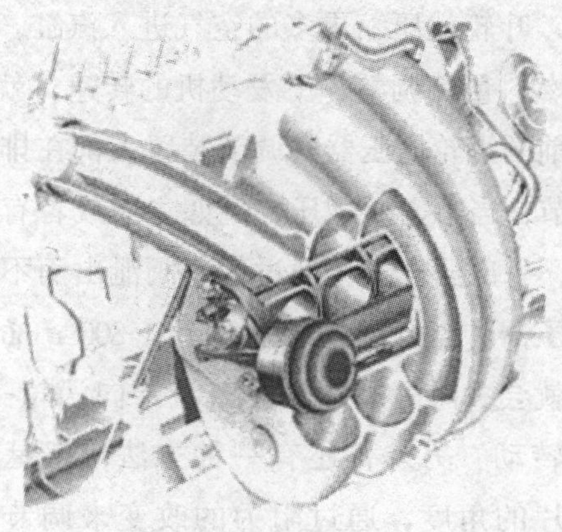

图 1—6 奥迪 A6 进气控制

图 1—7 长进气道

图 1—8 短进气道

图 1—9 涡轮增压装置

1—涡轮室 2—增压器

2）原理。涡轮增压器通过压缩空气来增加进气量。它利用发动机排出的废气惯性冲力来推动涡轮室内的涡轮，涡轮又带动同轴的叶轮，叶轮压送由空气滤清器管道送来的空气，使之增压进入汽缸，如图 1—10 所示。当发动机转速增快时，废气排出速度与涡轮转速也同步增快，叶轮就压缩更多的空气进入汽缸，空气的压力和密度增大可以燃烧更多的燃料，相应增加燃料量和调整一下发动机的转速，就可以增加发动机的输出功率。

目前的涡轮增压器的调节装置大都在排气侧进行调节，当不需要增压，例如怠速或者有爆燃先兆时，一部分排气会通过旁通阀泄出而不进入涡轮增压器。当发动机转速达到 1 800 r/min 时，电磁阀就会关闭旁通阀让排气流指向涡轮一侧，使涡轮转动。另外，还有一种方法，就是调节涡轮叶片的角度，通过阻力的改变来调节涡轮的转速，从而改变增压量。

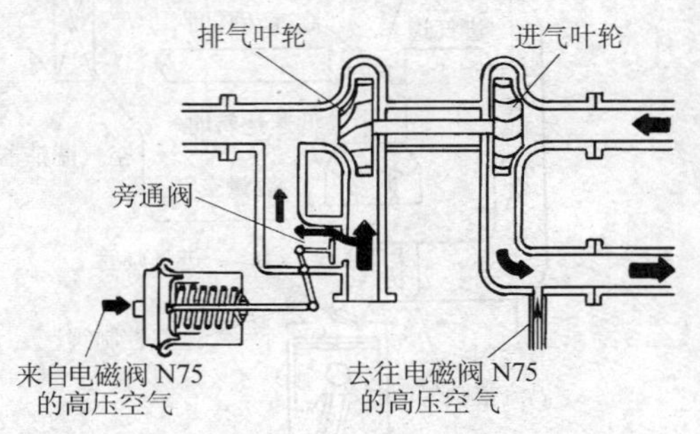

图 1—10　涡轮增压原理

对空气进行冷却可以使空气收缩增大密度，在同等容积下积聚更多空气，还可以防止爆燃。因此，轿车的涡轮增压器都安装有中间冷却器，这种中间冷却器一般用空气冷却，安装在发动机散热器前面、旁边或者单独一个位置，利用汽车迎面气流或者自身风扇冷却。

强制性增压后，汽油机压缩和燃烧时的温度和压力都会增加，爆燃倾向增加。另外，汽油机排气温度比柴油机高，而且不宜采用增大气门重叠角的方式来加强排气的降温，降低压缩比又会造成燃烧不充分。还有，汽油机的转速比柴油机高，空气流量变化大，很容易造成涡轮增压器反应滞后。

涡轮增压器吸进的空气经压缩后温度会增高，在流动时与进气管壁摩擦还会进一步增高，这样不仅影响充气效率，还容易产生爆燃。因此，要装置降低进气温度的设备，这就是中间冷却器。它安装在涡轮增压器出口与进气管之间，对进入汽缸的空气进行冷却。中间冷却器就像散热器一样，用风冷却或者水冷却，空气的热量通过冷却而逸散到大气中去。据测试，性能良好的中间冷却器，不但可以使发动机压缩比能保持一定值而不会产生爆燃，同时，降低温度也可提高进气压力，进一步提高发动机的有效功率。

由于汽油发动机转速范围宽，空气流量变化大，因此，涡轮增压器的压缩叶轮外形是复杂的三元曲面超薄壁叶轮片，一般有 12 ~ 30 片叶，呈放射线状曲线排列，叶片厚度在 0.5 mm以下，采用铝材，用特殊铸造法制作。叶片形状的优劣直接影响到涡轮增压发动机的性能。叶轮形状角度越合理，质量越轻，叶轮的启动就越灵敏。

除了降低温度来减少爆燃的可能外，还要采用爆燃传感器，它的作用就是在将产生爆燃时，传感器感到不正常的振动后会立即将信息反馈至发动机 ECU（电子控制单元）控制系统，将点火定时稍推迟一点，不产生爆燃的时候再恢复正常点火正时。

4. 数字电路基本知识

人们把用来传输、控制或变换数字信号的电子电路称为数字电路。数字电路工作时通常只有两种状态：高电位（又称高电平）或低电位（又称低电平）。通常把高电位用代码“1”表示，称为逻辑“1”；低电位用代码“0”表示，称为逻辑“0”（按正逻辑定义的）。讨论数字电路问题时，也常用代码“0”和“1”表示某些器件工作时的两种状态，例如开关断开代表“0”状态，接通代表“1”状态。

二、操作技能

1．检修可变配气正时系统

（1）操作内容

1）VTEC 电磁阀的检查。

2）VTEC 压力开关的检查。

（2）操作准备

1）装备 F23A 发动机的本田车。

2）万用表、诊断仪、机油压力表、空气压缩机、机油、常用工具。

（3）操作步骤

1）如读取故障码显示 21，则表示 VTEC 电磁阀及其线路不良，应进行如下检查：

①从 VTEC 电磁阀上拆下连接器，测量电磁阀电阻应为 14 ~ 30 Ω。

②测量电磁阀连接导线与 ECM A4 端子应导通。

③把电磁阀从缸盖上拆下，检查滤网是否堵塞，若堵塞应进行清洁并更换机油。

④用手指推动电磁阀柱塞，应能自由运动。

2）如读取故障码显示 22，则表示压力开关线路不良，应进行如下检查：

①检查机油压力。当发动机转速超过 3 000 r/min 时，机油压力最低值为 250 kPa。

②从压力开关上拆下连接器，测量压力开关两接线端子之间的电阻。在发动机熄火时，压力开关应导通；发动机在 3 000 r/min 转速运转时，将压力开关的两接线端子分别接蓄电池正、负极时，压力开关应断开。

③测量连接器棕/黑线与搭铁之间应导通，蓝/黑线与 ECM D6 端子之间也应导通。

3）摇臂检查步骤如下：

①拆下气门室盖，在压缩上止点时，用手推动 3 个摇臂应能独立自由动作。

②用 400 kPa 压力的压缩空气从检查油孔处注入，并堵住泄油孔，然后把正时板推高 2 ~ 3 mm，这时同步活塞应能把 3 个摇臂连锁；不注入压缩空气，3 个摇臂又分开独立动作。VTEC 摇臂的检查，如图 1—11 所示。

（4）注意事项

小心不要破坏正时板，不可用硬物撬动摇臂。

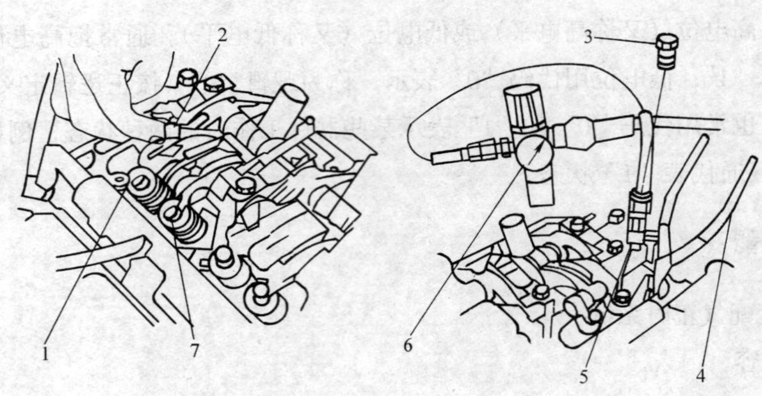

图 1—11　VTEC 摇臂的检查

1—主摇臂　2—正时板　3—密封螺塞　4—泄油孔堵塞钳　5—检查油孔　6—气压表　7—次摇臂

2. 检修进气增压系统

(1) 操作内容

丰田皇冠进气增压系统的检查。

(2) 操作准备

1）丰田皇冠轿车。

2）万用表、真空泵、常用工具。

(3) 操作步骤

声音控制导入系统的结构如图 1—12 所示。

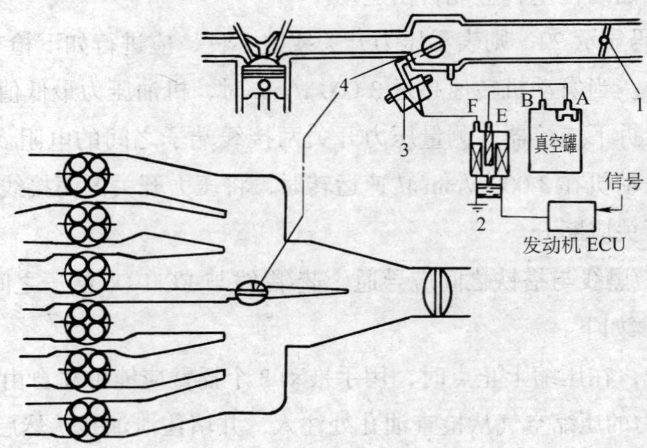

图 1—12　声音控制导入系统

1—节气门　2—进气真空开关阀　3—进气控制阀　4—转换阀

1）检查进气控制阀

①将执行器接上 53.3 kPa 的真空，检查执行器推杆的动作。

②在接上真空后 1 min，执行器推杆不缩回；否则转动调整螺钉。

2）检查真空罐

①检查空气自 A 流向 B 口，还是自 B 流向 A 口。

②用手指堵住 B 口，在 A 口接真空，5 min 内真空度不变；否则更换真空罐。

3）检查真空开关阀电路

①声控进气系统真空开关阀检查。用欧姆表测量接线头之间的电阻值，20℃时应为 38.5～44.5 Ω。如不导通，应予更换。

②检查真空开关阀的搭铁。用欧姆表测量每个接头与外壳之间应不导通；否则应更换。

③检查真空开关阀的工作情况。检查由 E 部分到滤清器的气流。然后，外加蓄电池电压于接头两端，检查 E 部分到 F 部分的气流，如果工作达不到标准，应更换真空开关阀。

3. 检修风扇控制装置

（1）操作内容

运用万用表检查冷却风扇电脑及控制线路。

（2）操作准备

1）丰田佳美轿车。

2）万用表、常用工具。

（3）操作步骤

如图 1—13 所示为丰田佳美冷却系统控制电路（本书中的此类电路图均为原产品图）。控制电脑位置如图 1—14 所示；按表 1—1 检查冷却风扇电脑；连接器如图 1—15 所示。

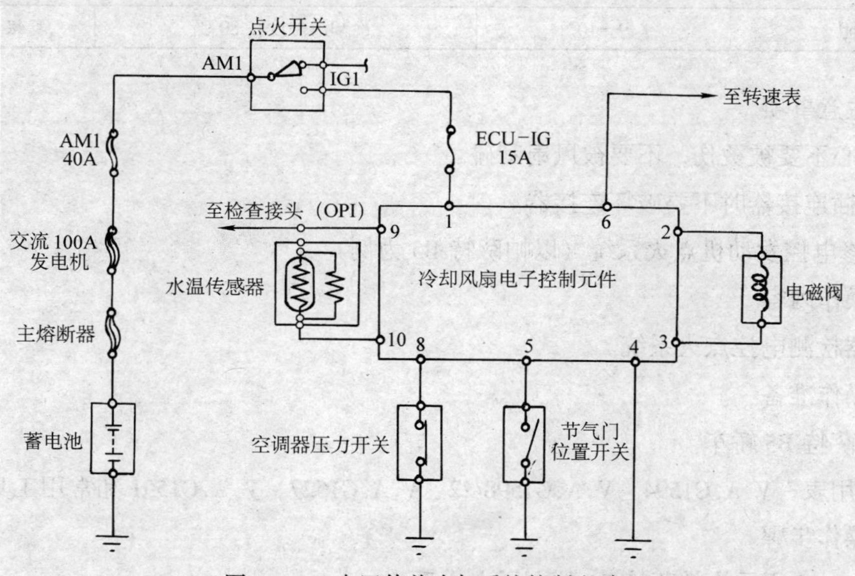

图 1—13 丰田佳美冷却系统控制电路

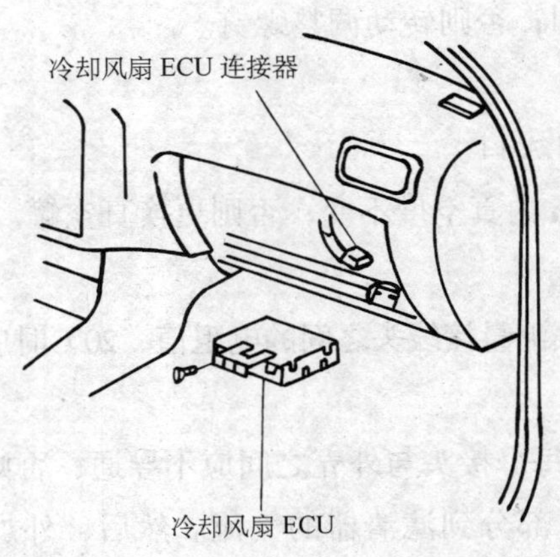

图 1—14 控制电脑位置

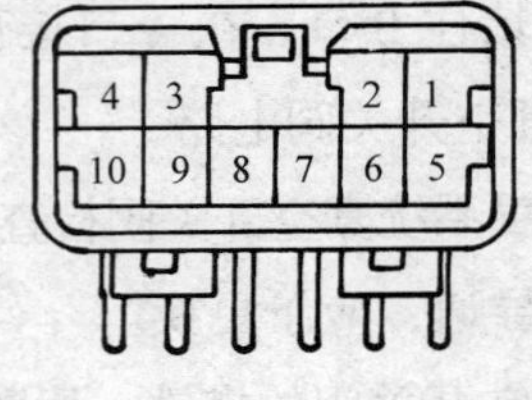

图 1—15 电脑连接器

表 1—1 **检查冷却风扇电脑**

检查项目	测试连接	条件	规定值
电压	1—地线	打开点火开关	蓄电池电压
电阻	2—3	25℃	7.6～8.0 Ω
导通	4—地线	—	导通
导通	5—地线	节气门开启	不导通
		节气门关闭	导通
导通	8—地线	空调压力开关连接器脱开	不导通
		空调压力开关连接器连接	导通
电阻	9—10	冷却液温度在 80℃	1.48～1.58 kΩ

（4）注意事项

1）小心不要被烫伤，不要被风扇刮碰。

2）拔插连接器时不要破坏连接器。

4. 检修电控发动机点火系统（以帕萨特 B5 为例）

（1）操作内容

用仪器检测电控点火系统。

（2）操作准备

1）帕萨特 B5 轿车。

2）万用表、V.A.G1594、V.A.G1598/22、V.A.G1527、V.A.G1551 和常用工具。

（3）操作步骤

如图 1—16 所示为帕萨特 B5 的电子点火系。

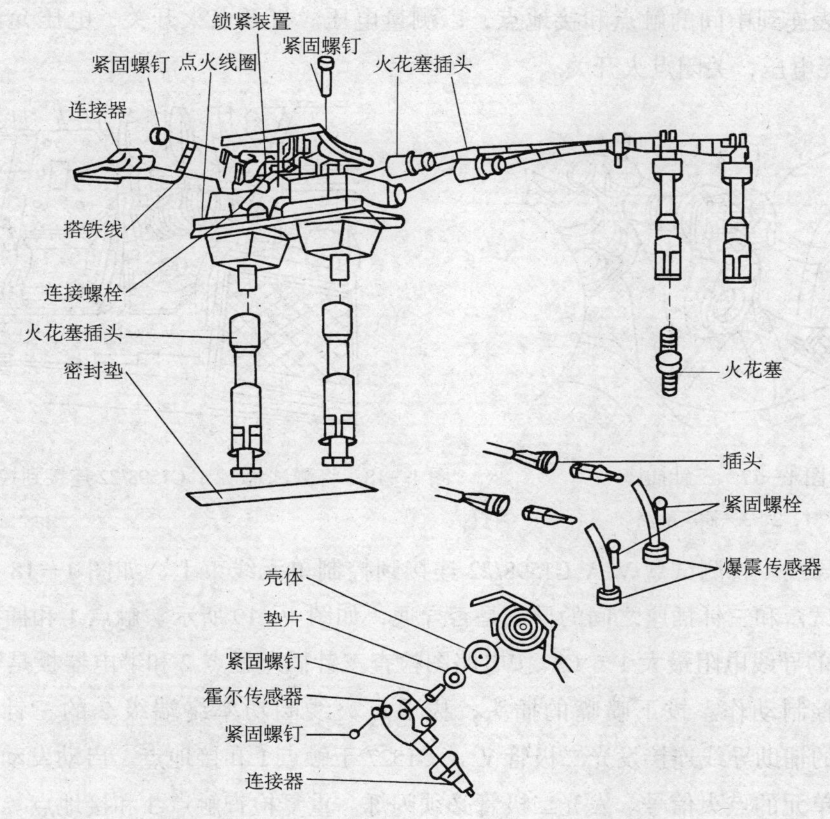

图 1—16 帕萨特 B5 的电子点火系的组成

1）霍尔传感器（即凸轮轴位置传感器）的检测

①拔下霍尔传感器的三针插座，如图 1—17 所示。

②借助 V.A.G 1594 的导线将万用表接到插座的 1 和 3 触点，测量电压。

③打开点火开关，允许值：至少 4.5 V。

④关闭点火开关。

⑤将测试盒 V.A.G1598/22 连接到控制单元线束上，如图 1—18 所示。

⑥按电路图检查测试盒和插座之间导线的导通性，如图 1—19 所示。

⑦触点 1 和插孔 62；触点 2 和插孔 76；触点 3 和插孔 67 的导线电阻最大 1.5 Ω。

⑧另外，检查导线之间是否相互短接，允许值：∞。

⑨如在导线中未发现故障，在触点 1 和 3 间有电压，则应更换霍尔传感器（G40）。

⑩如未发现导线中有故障，而在触点 1 和 3 间无电压，应更换发动机控制单元。

2）检查带功率终端级的点火线圈

①检查供电电压。将点火线圈的功率终端级 2 和三针插头 1 拔下，用 V.A.G1594 的辅助

导线将万用表连到中间的触点和接地点，以测量电压。打开点火开关，电压允许值至少为 11.5 V。如无电压，关闭点火开关。

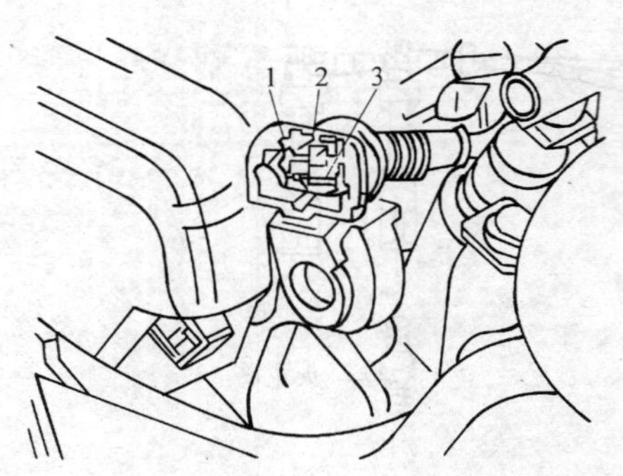

图 1—17　三针插座

1、2、3—插座触点

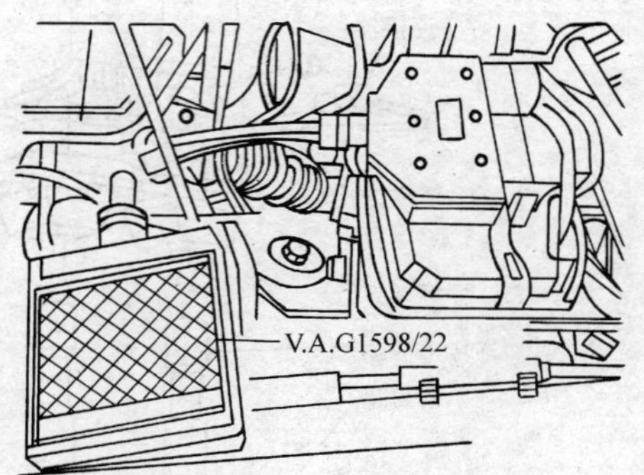

图 1—18　将测试盒 V.A.G1598/22 连接到控制单元线束上

②检查导线。将测试盒 V.A.G1598/22 连接到控制单元线束上，如图 1—18 所示。按电路图检查测试盒和三针插座之间的导线是否导通，如图 1—19 所示。触点 1 和插孔 78，触点 3 和插孔 71 的导线电阻最大 1.5 Ω。按电路图检查三针插座触点 2 和继电器板是否导通。

③检查控制动作。拔下喷嘴的插头，拔下点火线圈功率终端级 2 的三针插头 1。用 V.A.G1594 的辅助导线连接发光二极管 V.A.G1527 于触点 1 和接地点。启动发动机，并检查发动机控制单元的点火信号。发光二极管必须闪烁。重复检查触点 3 和接地点。如发光二极管不闪烁，检查导线。如未找到导线的故障，而在触点 2 和接地点间有电压，则应更换发动机控制单元。如电压和动作控制正常，应更换带功率终端级的点火线圈。

3）检查爆震传感器。拔下至爆震传感器 1（G61）或至爆震传感器 2（G66）的三针插头，如图 1—20 所示。

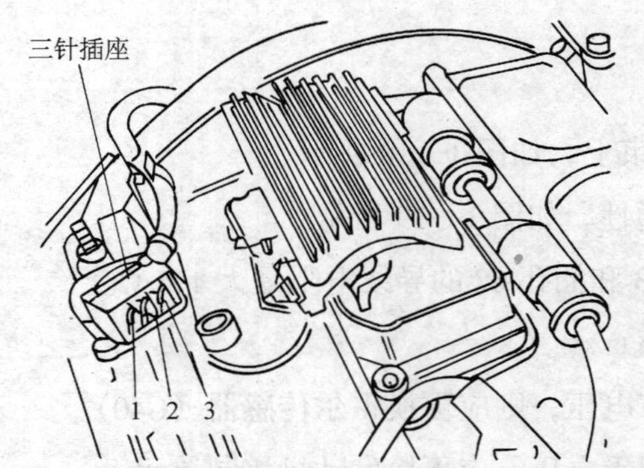

图 1—19　检查测试盒和插座之间导线的导通性

1、2、3—插头触点

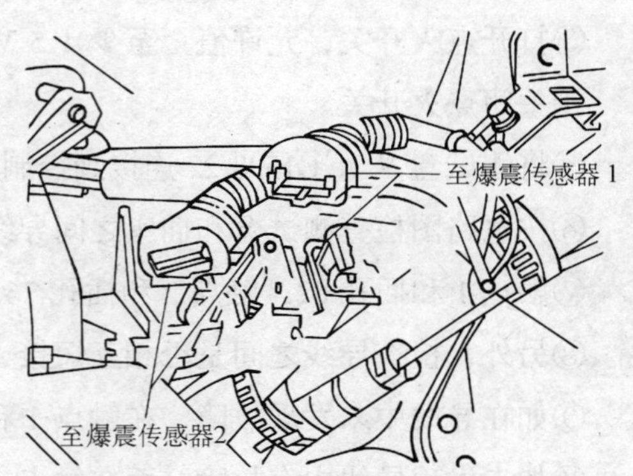

图 1—20　拔下至爆震传感器 1（G61）或至爆震传感器 2（G66）的三针插头

①在爆震传感插头上测量触点 1 和 2、1 和 3、2 和 3 的电阻。电阻允许值：∞。

②将测试盒 V.AG1598/22 连接到控制单元线束中。

③按电路图检查测试盒和三针插头之间的导线是否导通。

④检查在插孔 67 同插孔 60 和 68 之间的导线是否短接。

⑤如在导线中未找到故障，松开爆震传感器，并重新以 20 N·m 旋紧。

⑥进行一次试车行驶。在试行驶中必须满足以下运行条件：冷却液温度升到大于 80℃。在满负荷时转速必须超过 3 500 r/min。

⑦再查询一次故障存储器，如仍有故障，则更换爆震传感器。

(4) 注意事项

1) 不同的点火系统，检测时应按相关车型维修手册的要求进行。

2) 操作时，不可以拆下蓄电池搭铁线，否则防盗系统会起作用。

5. 检修电控燃油系统

(1) 操作内容

1) 根据测试规范进行燃油压力的检测。

2) 运用万用表进行油泵的检测。

3) 喷油器喷油量、泄漏的检测。

(2) 操作准备

1) 丰田佳美（装备 5S－FE 发动机）整车。

2) 燃油压力表、万用表、听诊器、SST 导线、量筒。

(3) 操作步骤

1) 燃油压力的检测

①泄压。拔下油泵保险，启动发动机，直到自动熄火为止，关闭点火开关。

②连接燃油压力表，测试油压。将燃油压力表串接在进油管中，打开燃油压力表开关。如图 1—21 所示，启动发动机并怠速运转，测量燃油压力，标准值应接近 0.25 MPa；拔下压力调节器上的真空管，测量燃油压力，此时标准值应接近 0.3 MPa。接上真空管，踩下加速踏板，燃油压力表指针应在 0.28～0.30 MPa 之间跳动；关闭点火开关，10 min 后，燃油保持压力应大于 0.15 MPa。如果燃油保持压力小于 0.15 MPa，启动发动机并怠速运转，当燃油压力建立起来后，关闭点火开关，同时关闭燃油压力表开关，继续观察压力表指针是否会下降。将测得数值与规范值对照，并视情况修理。

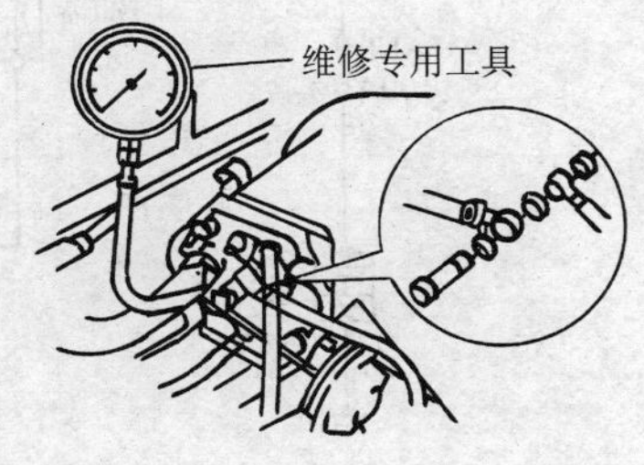

图 1—21　连接燃油压力表

③拆卸燃油压力表。

2）电动汽油泵的检测

①拆下油泵。

②用欧姆表测量油泵线圈的电阻。在20℃时，标准电阻值为2.0～3.0 Ω。如超出标准电阻值范围，则应更换油泵。

③将蓄电池正极与油泵正极相连，负极与油泵负极相连，检测油泵的运转情况，如图1—22所示。如运转不正常，则予以更换。

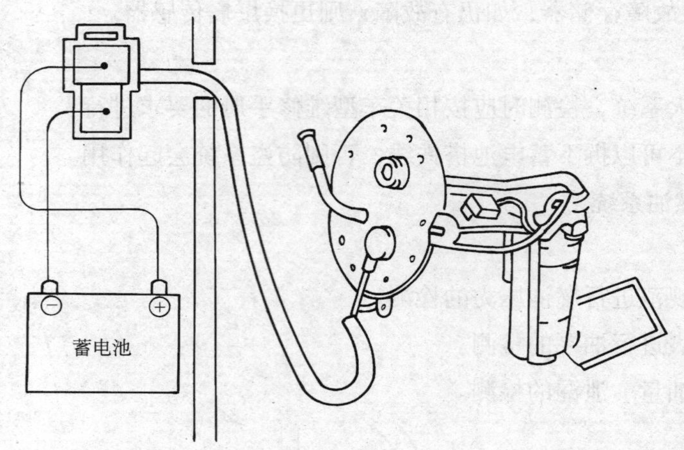

图1—22　电动汽油泵工作状态的检查

3）喷油器的检测。如图1—23所示为丰田佳美5S－FE发动机喷油器的驱动电路。

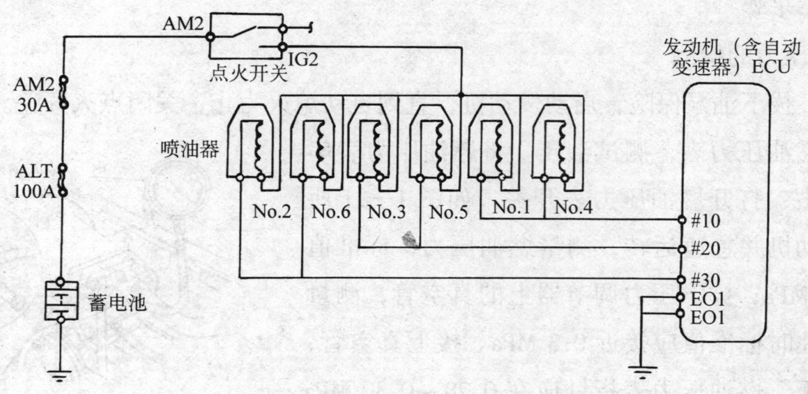

图1—23　喷油器的驱动电路

①喷油器工作情况检查。发动机热车后怠速运转时，用旋具或听诊器接触喷油器，通过测听各缸喷油器工作的声音来判断喷油器是否工作。在发动机运转时应能听到喷油器有节奏地“嗒嗒”声——这是喷油器在电脉冲作用下喷油的工作声。若各缸喷油器工作声音清脆均

匀，则各喷油器工作正常；若某缸喷油器的工作声音很小，则该缸喷油器工作不正常——可能是针阀卡滞，应做进一步的检查；若听不见某缸喷油器的工作声音，则该缸喷油器不工作，应检查喷油器及其控制线路。

②喷油器电磁线圈电阻的测量。如图 1—24 所示，拔下喷油器的导线连接器，用万用表欧姆挡测量喷油器上两个接线端子间（电磁线圈）的电阻值。在 20℃时，高电阻型喷油器的电阻值应为 12 ~ 16 Ω，低电阻型喷油器应为 2 ~ 5 Ω。如果电阻值不符合上述值，应更换喷油器。

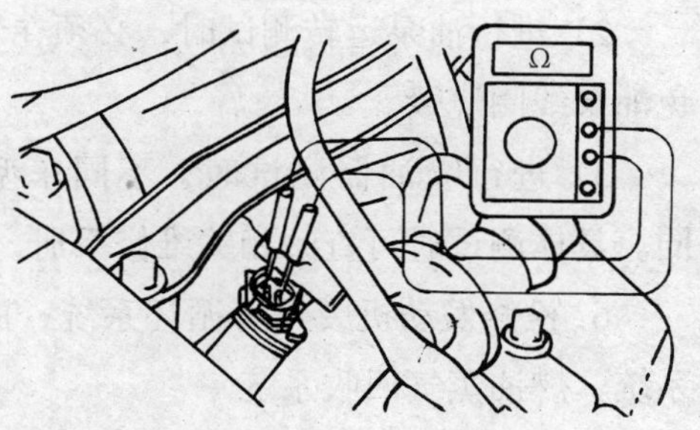

图 1—24 喷油器电磁线圈电阻的测量

③喷油器的测试。以丰田佳美 5S - FE 发动机为例。首先拔下各喷油器的导线连接器，从车上拆下主输油管，再从主输油管上拆下喷油器，按图 1—25 所示连接喷油器、油压调节器、进油管、检查用的软管以及专用的软管接头等。

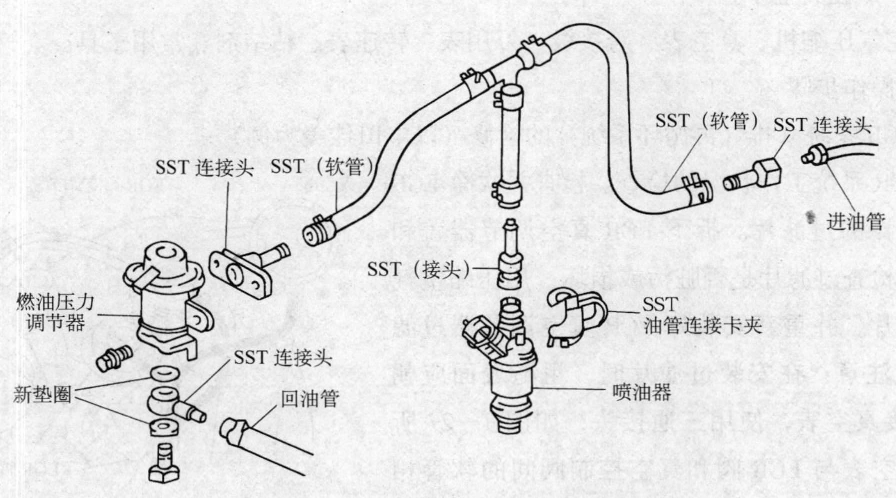

图 1—25 丰田车喷油器测试的油路连接

④喷油量的检查。用连接线连接检查连接器的端子 + B 与 FP，并按图 1—26 所示将蓄电池与喷油器连接好；通电 15 s，用量筒测出喷油器的喷油量，并观察燃油雾化情况。每个喷油器测试 2 ~ 3 次。标准喷油量为 70 ~ 80 cm^3（15 s），各喷油器间的喷油量允差为 9 cm^3。如果喷油量不合标准，则应清洗或更换喷油器。

⑤检查漏油情况。在检测喷油量后，脱开蓄电池与喷油器的连接线，检查喷油器喷嘴处有无漏油。要求每分钟漏油不多于 1 滴。

(4) 注意事项

1) 进行油压测试时，应注意不得有燃油泄漏，以免引起火灾。

2) 进行油泵运转测试时，必须在 10 s 内完成，以免油泵线圈烧毁。

3) 进行喷油器测试时，不同车型的规范值不相同。具体测试时可查阅相关维修手册。

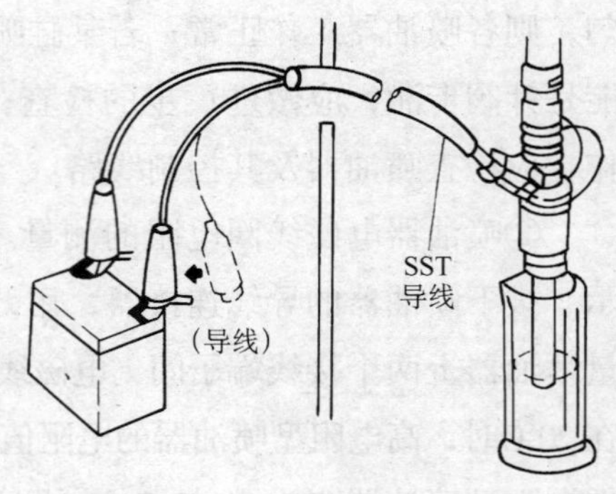

图 1—26　喷油器喷油量的检查

6. 检修发动机废气再循环系统、曲轴箱强制通风系统、燃油蒸气回收系统

(1) 操作内容

运用仪器检测并判断发动机废气再循环装置、曲轴箱强制通风装置、燃油蒸气回收装置的性能。

(2) 操作准备

1) 丰田佳美整车。

2) 空气压缩机、真空表、跨接线、万用表、转速表、粘结剂、常用工具。

(3) 操作步骤

1) EGR 系统（排气再循环系统）的检修（以丰田佳美为例）

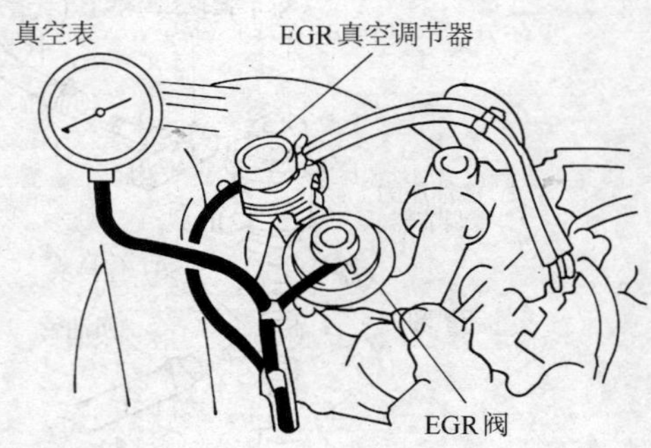

图 1—27　真空表的连接

①EGR 系统工作状况的检查。检查并吹净 EGR 真空调节器的过滤片。拆下 EGR 真空调节器盖和过滤片，检查过滤片是否脏污或损坏；用压缩空气吹净过滤片，并重新安装好 EGR 真空调节器过滤片和盖（注意：在安装过滤片时，粗糙表面应朝外）。连接真空表，使用三通接头，如图 1—27 所示，将真空表与 EGR 阀和真空控制阀间的软管相连接。启动发动机，检查发动机的启动性能和怠速时的运转状况，应良好；否则应清洗或更换 EGR 阀。使用跨接线连接故障检测插座的端子 TE1 和 E1。在发动机冷却液温度低于 60℃（自动变速）或者 55℃（手动变速）的状态下，检查发动机转速为 2 500 r/min 时的真空度，真空表应指示真空度为 0 MPa。此时检查 EGR 管是否发热（用手触摸），应不发热。将发动机暖机至 80℃，检查发动机转速为 2 500 r/min 时的真空度，真空表应指示较低的真空度；如图 1—28 所示，从 EGR 真空调节器的 R 孔上拆开真空管，使用另一根软管将 R 孔直接与进气歧管相连，检查发动机转速为 2 500 r/min 时的真空度，真空表应指示较高的真空度（注意：此时由

于大量废气进入进气歧管，发动机将会出现轻度点火不良）。从故障检测插座上拆下跨接线。拆下真空表，并将真空软管重新连接到其原来的位置。在上述检查中如果未发现故障，则说明 EGR 系统工作正常，否则检查各个元件。

②EGR 真空调节器的检查。如图 1—29 所示，从 EGR 真空调节器的 P、Q 和 R 孔上断开真空软管，用手指堵住 P、R 孔，朝 Q 孔内吹气，空气应能自由地通过过滤片盖。起动发动机，将发动机转速保持在 2 500 r/min，用手指堵住 P、R 孔，朝 Q 孔内吹气，此时，空气应受到很大的阻力。如果 EGR 真空调节器的工作情况与上述状况不符，则应更换 EGR 真空调节器。将真空软管重新连接到合适的位置。

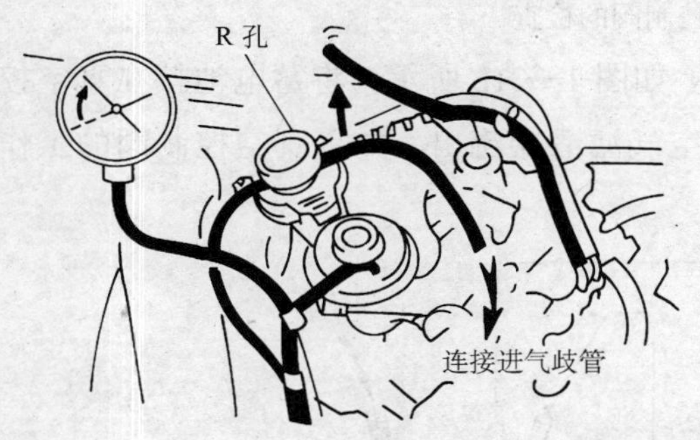

图 1—28 将 EGR 真空调节器 R 孔与进气歧管连接

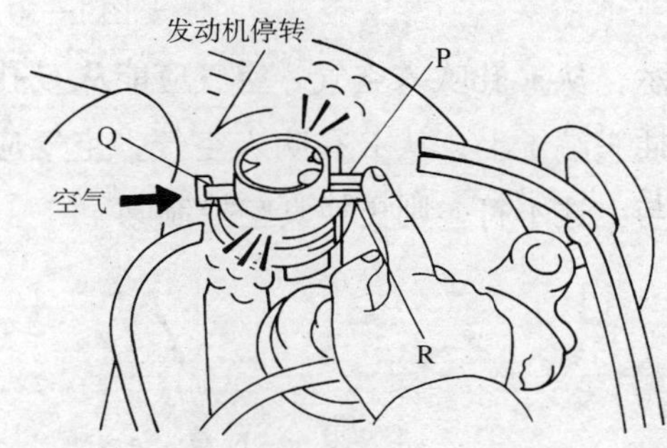

图 1—29 EGR 真空调节器的检查

③EGR 阀的检查。在发动机怠速运转时，将真空直接加在 EGR 阀上，发动机应运转不平稳或熄火。如果发动机运转平稳，则从发动机上拆下 EGR 阀，检查 EGR 阀的枢轴有无积炭和黏结，若有则应清洗 EGR 阀。使用一个手持真空泵，检查真空膜片有无泄漏。如果真空膜片泄漏，则更换 EGR 阀。检查通往进气和排气歧管的 EGR 通道，确保通道畅通无阻。使用新的垫片，将 EGR 阀重新安装到发动机上。

④真空控制阀（VSV）的检查。进行真空控制阀的通断检查时，将发动机冷却液从散热器中排入合适的容器内，从旁通出水口上拆下真空控制阀。将真空控制阀放入冷却液中，在冷却液温度低于 35℃时，真空控制阀应关闭，如图 1—30a 所示，将空气吹入管口中，空气应不能从阀门流过。将冷却液加热到 56℃时，真空控制阀应开启，如图 1—30b 所示，空气应能自由地流过阀门。如果检测结果与上述要求不符，则应更换真空控制阀。在真空控制阀的螺纹上涂敷黏结剂，重新装上真空控制阀，并以 29 N·m 的力矩拧紧真空控制阀。重新加注发动机冷却液，并检查有无泄漏。

进行真空控制阀的电路检查时，从真空控制阀上拆下真空软管，拆开真空控制阀的导线插头，再将真空控制阀拆下。在真空控制阀插头的端子间连上万用表欧姆挡，检测真空控制阀的电阻值。如果电阻值不符合规定，则应更换真空控制阀。用万用表欧姆挡检测真空控制阀插头各端子与阀体之间的导通性，应不导通。如果导通，则应更换真空控制阀。如图 1—31a

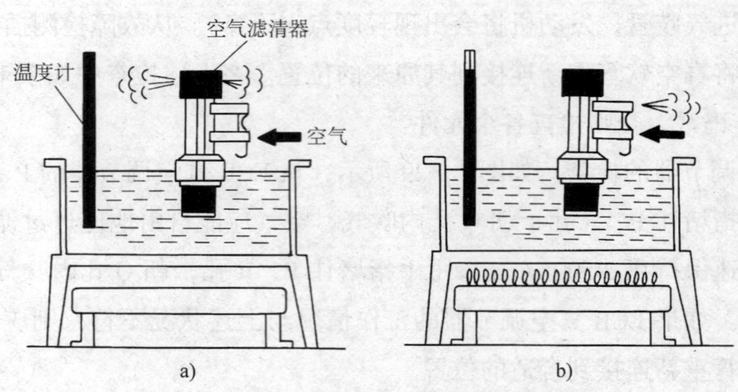

图 1—30　真空控制阀的检查

所示，从 E 孔吹入空气，空气应能从 G 孔流出。如图 1—31b 所示，将蓄电池接在真空控制阀插头端子上，从 E 孔吹入空气，空气应能从空气滤清器流出。如果真空控制阀的工作状况与上述不符，则更换真空控制阀。

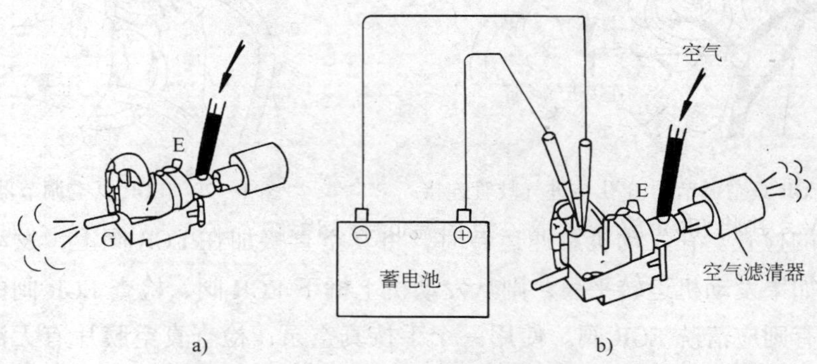

图 1—31　真空控制阀工作性能的检测
a）未加蓄电池电压时　b）加蓄电池电压时

2）PCV 系统（铝制式曲轴箱通风系统）及其检修

①拆下 PCV 阀。

②将干净的软管接到 PCV 阀上，如图 1—32 所示，从汽缸盖一侧吹气，空气应能顺畅地通过。从进气歧管一侧吹气，空气应很难通过。如果检测结果与上述要求不符，则应更换 PCV 阀。

③拆下软管，重新装上 PCV 阀，并检查垫片及连接处有无泄漏、破裂或其他损坏。

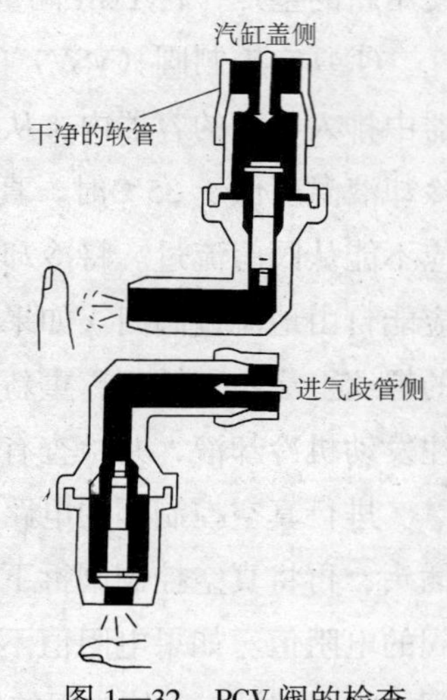

图 1—32　PCV 阀的检查

3）EVAP（燃油蒸气回收系统）的检修

①活性炭罐的检修。从发动机舱中拆下活性炭罐。检查活性炭罐的壳体有无损坏，检查所有管口有无裂纹（注意：一定不能有活性炭逸出）。检查活性炭罐的过滤片和单向阀：如图

1—33a 所示，将低压（压力小于 6.9 kPa）的压缩空气吹入管口 A 中，空气应能毫无阻挡地从其他管口中流出；将低压（压力小于 6.9 kPa）的压缩空气吹入管口 B 中，空气应不能从其他管口中流出。如果检查结果与上述情况不符，则应更换活性炭罐并将其吹净。如图 1—33b 所示，用手指堵住管口 B，同时将压缩空气（压力小于 296 kPa）吹入管口 A 中即可吹净活性炭罐。特别提示：不得使用溶剂或其他液体冲洗活性炭罐；在吹净活性炭罐时，如果有活性炭逸出，则应更换活性炭罐。

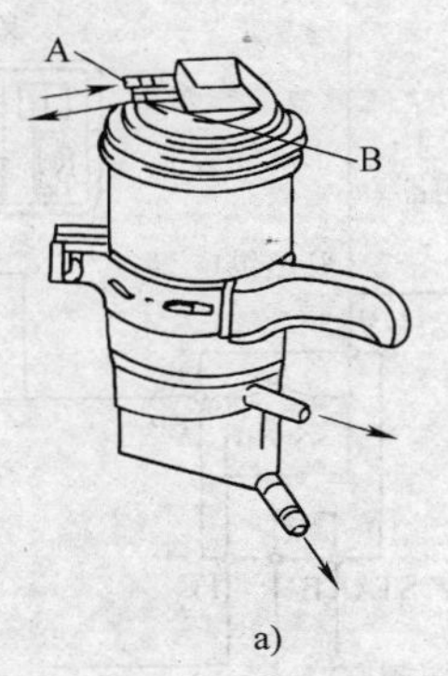

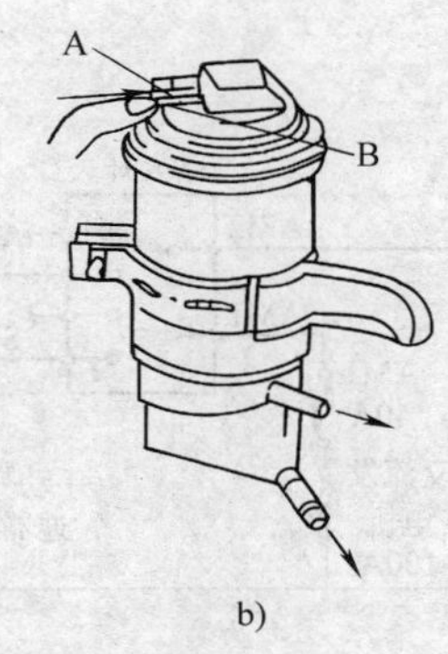

图 1—33 活性炭罐的检查

②TVV 气—液分离器的检修。将发动机冷却液从散热器中排入合适的容器内。从旁通出水口上拆下 WV，并将 TVV 放入水中。当水温低于 35℃时，TVV 应该关闭，如图 1—34a 所示，将空气吹入管口中，空气应不能流过 TVV；当水温高于 54℃时，WV 应该开启，如图 1—34b 所示，将空气吹入管口中，空气应能自由地流过 TVV。在 TVV 的螺纹上涂上粘结剂，重新装上 TVV（其拧紧力矩为 29 N·m），并重新加注发动机冷却液，检查有无泄漏。

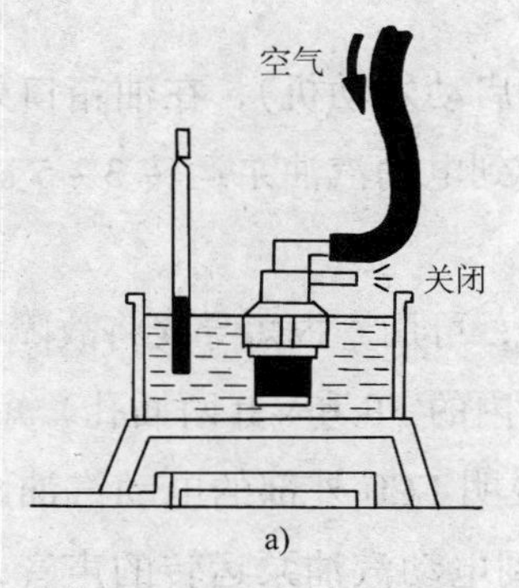

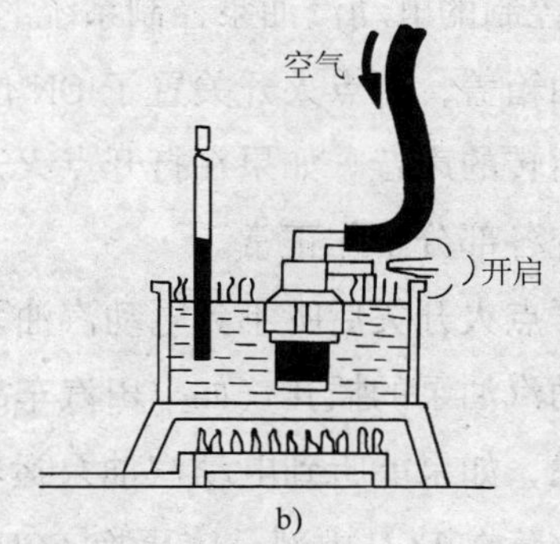

图 1—34 TVV 的检查

7. 电控燃油喷射系统的控制电路检修

（1）操作内容

运用仪器判断油泵控制电路的性能。

(2) 操作准备

1) 丰田佳美（5S-FE 发动机）整车。

2) 万用表、跨接线、常用工具。

(3) 操作步骤

如图 1—35 所示为典型电控燃油系统燃油泵的控制电路。

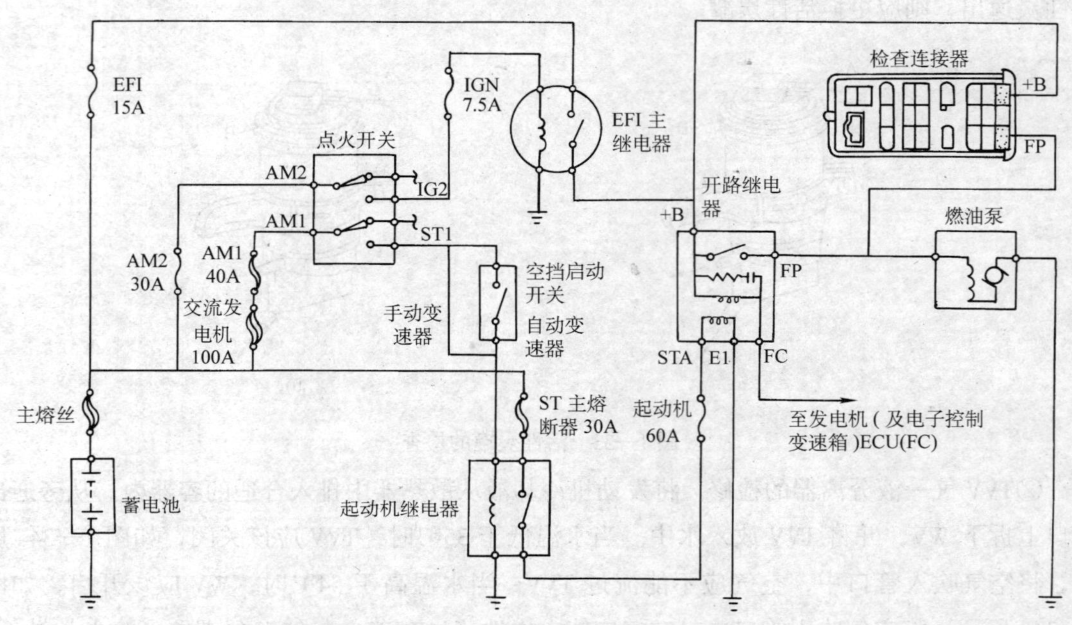

图 1—35　5S-FE 发动机油泵电路

1) ECU 控制的电动汽油泵控制系统的检查

①打开油箱盖，将点火开关置于 ON 位置（但不要启动发动机），在油箱口处倾听有无电动汽油泵运转的声音。如果在打开点火开关后，能听到电动汽油泵运转 3~5 s 后又停止，说明控制系统各部分工作正常。

②若打开点火开关后听不到电动汽油泵运转的声音，可用一根短导线将故障检测插座内两个检测电动汽油泵的插孔（如丰田汽车故障检测插座内的 FP 和 +B 两插孔）短接。此时，打开点火开关，如果能听到电动汽油泵运转的声音，说明 ECU 外部的电动汽油泵控制电路工作正常，故障在 ECU 内部，应更换 ECU；若仍听不到电动汽油泵运转的声音，则为 ECU 外部的控制电路故障，应检查熔丝、继电器有无损坏，各电路有无断路或接触不良。

2) 不受 ECU 控制的电动汽油泵控制电路的检查

①卸除燃油管路内的油压，拆下分配油管上的进油管接头，将油管插入容器内。

②将点火开关转至启动挡，在启动发动机的同时应有汽油从进油管内喷出；若无油喷

出，说明电路有故障，就应进一步检查熔丝、继电器、空气流量计内的汽油泵开关、点火开关和线路。

③用一根导线将故障检测插座内检测电动汽油泵的两个插孔短接，然后打开点火开关(不要启动发动机)，打开油箱盖，并倾听有无汽油泵运转的声音。若有运转声，说明控制电路工作正常；若无运转声，说明控制电路有故障，则应检查电路中的熔丝、继电器有无损坏，线路有无接触不良或折断。

④若上述检查中电动汽油泵控制电路正常，但启动发动机时汽油泵不工作，则应检查叶片式空气流量计内的汽油泵开关触点。拆下空气滤清器，打开点火开关，用手指或旋具推动叶片式空气流量计的测量片，此时，在油箱口应能听到汽油泵运转的声音；若听不到汽油泵运转的声音，说明空气流量计内的汽油泵开关损坏，应更换空气流量计；也可通过用万用表欧姆挡在测量片不同位置测量汽油泵开关两端子的导通性进行判断。

(4) 注意事项

操作现场不得有明火。

第二节 汽车底盘及车身的修理

学习目标

- 电控液力自动变速器的分类、构造、工作原理
- 动力转向系统的分类、组成、工作原理
- 车身电子控制系统的组成、工作原理
- 电控防滑系统的组成、工作原理
- 自动空调系统的组成、工作原理

一、相关知识

1. 自动变速器的分类、构造与工作原理

(1) 电控液力自动变速器的控制原理

如图 1—36 所示，电控液力自动变速器通过传感器和开关监测汽车和发动机的运行状态，接受驾驶员的指令，将发动机转速、节气门开度、车速、发动机冷却液温度、自动变速器液压油温等参数转变为电信号，并输入电控单元（ECU)。ECU 根据这些信号，按照设定

的换挡规律，向换挡电磁阀、油压电磁阀等发出电子控制信号；换挡电磁阀和油压电磁阀再将 ECU 发出的控制信号转变为液压控制信号，阀板中的各个控制阀根据这些液压控制信号，控制换挡执行机构的动作，从而实现自动换挡。

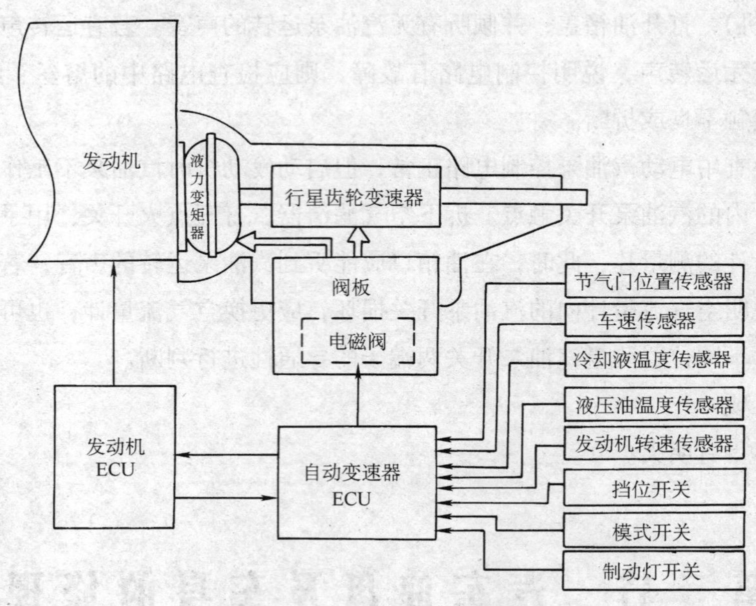

图 1—36　电控液力自动变速器的控制原理

（2）电控液力自动变速器的分类

1）按驱动方式分类。按照汽车驱动方式的不同，可分为后驱动自动变速器和前驱动自动变速器（即自动驱动桥）。

2）按前进挡的挡位数分类。按前进挡的挡位数不同，可分为 4 个前进挡、5 个前进挡、6 个前进挡等。

3）按齿轮变速器的类型分类。按齿轮变速器类型的不同，可分为行星齿轮式自动变速器和平行轴式自动变速器两种。

4）按控制方式分类。按控制方式不同，可分为液力控制自动变速器和电控液力自动变速器两种。

（3）电控液力自动变速器各部分的结构与工作原理

1）液力变矩器的结构与工作原理

①液力变矩器的组成。液力变矩器安装在发动机和变速器之间，以液压油（ATF）为工作介质，变速、变矩，起传递转矩的作用。

如图 1—37 所示，典型的液力变矩器是由泵轮、涡轮和导轮组成的。它们都是由铝合金精密铸造或用钢板冲压而成，在它们的环状壳体中径向排列着许多叶片。

泵轮是液力变矩器的输入元件，位于液力变矩器的后端，与变矩器壳体刚性连接。变矩器壳体总成用螺栓固定在发动机曲轴后端，随发动机曲轴一起旋转。

涡轮是液力变矩器的输出元件，它通过花键孔与行星齿轮系统的输入轴相连。涡轮位于泵轮前方，其叶片面向泵轮叶片。

导轮位于涡轮和泵轮之间，是液力变矩器的变矩元件。通过单向离合器固定在导轮轴或导轮套管上。

泵轮、涡轮和导轮装配好后，会形成断面为循环圆的环状体，在环形内腔中充满液压油。

②液力变矩器的工作原理。如图1—38所示，变矩器工作时，壳体内充满液压油，发动机带动外壳旋转，外壳带动泵轮旋转，泵轮叶片间的液压油在离心力的作用下，从内缘流向外缘。当泵轮转速大于涡轮转速时，泵轮叶片外缘的液压大于涡轮外缘的液压，油液在绕着泵轮轴线做圆周运动的同时，在上述压差的作用下由泵轮流向涡轮。泵轮顺时针旋转，油液将带动涡轮同样按顺时针方向旋转。如果涡轮静止或涡轮的转速比泵轮的转速小得多，则由液体传递给涡轮的动能就很小，而大部分能量在油液从涡轮返回泵轮的过程中损失了，油液在从涡轮叶片外缘流向内缘的过程中，圆周速度和动能逐渐减小。当油液回到泵轮后，泵轮对油液做功，使之在泵轮叶片内缘流向外缘的过程中动能和圆周速度渐次增大，再流向涡轮。

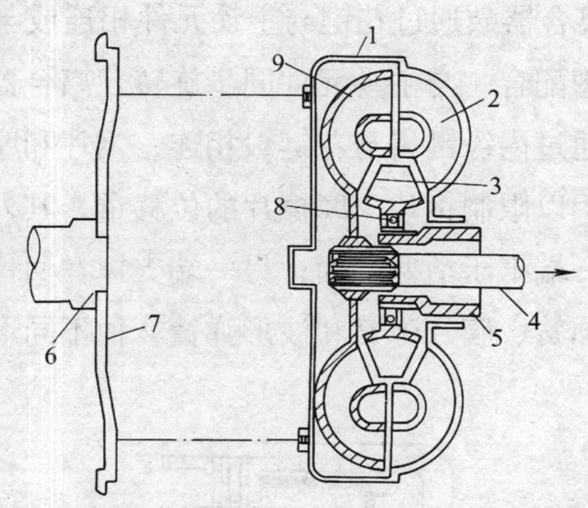

图1—37 液力变矩器

1—变矩器壳体 2—泵轮 3—导轮 4—变速器输入轴 5—导轮固定套管 6—曲轴 7—驱动端盖 8—单向离合器 9—涡轮

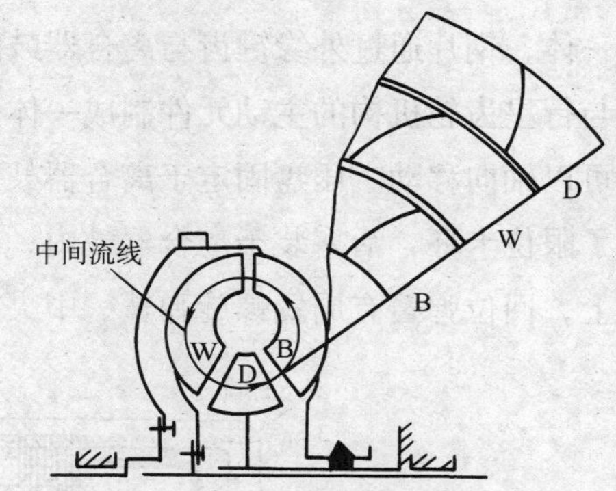

图1—38 液力变矩器工作原理展开示意图

B—泵轮 W—涡轮 D—导轮

2）齿轮变速机构。在自动变速器中，应用较广泛的行星齿轮变速机构主要有两大类，一类是辛普森式，另一类是拉维娜式。通过控制不同的执行元件的工作，可获得不同的传动比，实现变速。

如图1—39所示典型辛普森式行星齿轮变速机构的特点是：前后太阳轮连为一体；前行

星架与后太阳轮相连，并且都与输出轴连接。

如图 1—40 所示拉维娜式行星齿轮变速机构的特点是：大小两个太阳轮分开；两组行星轮公用一个行星架，公用一个齿圈，大太阳轮与长行星轮啮合，小太阳轮与短行星轮啮合，短行星轮与长行星轮啮合，长行星轮再与齿圈啮合。

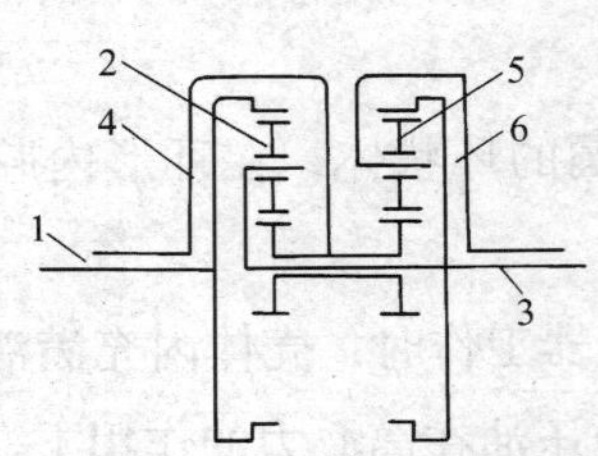

图 1—39　典型辛普森式行星齿轮变速机构

1—前齿圈　2—前行星轮　3—前行星架和后齿圈组件
4—前后太阳轮组件　5—后行星轮　6—后行星架

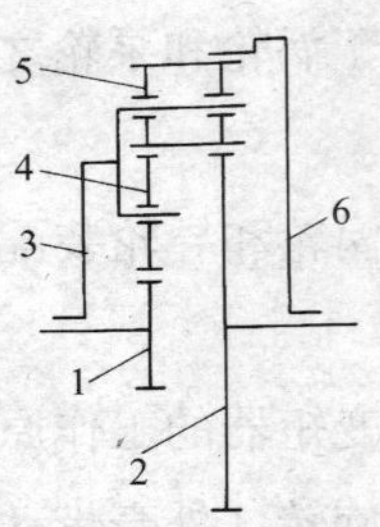

图 1—40　拉维娜式行星齿轮变速机构

1—小太阳轮　2—大太阳轮　3—行星架
4—短行星轮　5—长行星轮　6—齿圈

3）换挡执行机构。换挡执行机构主要由离合器、制动器和单向离合器三种执行元件组成，离合器和制动器是以液压方式控制行星齿轮机构元件的旋转，而单向离合器则是以机械方式对行星齿轮机构的元件进行锁止。

①多片湿式离合器。多片湿式离合器由离合器鼓、离合器活塞、回位弹簧、钢片、摩擦片、花键毂等组成，其结构如图 1—41 所示。离合器鼓通过花键与主动元件相连或与其制成一体，钢片通过外缘键齿与离合器鼓的内花键槽配合，与主动元件同步旋转。离合器花键毂与行星齿轮机构的主动元件制成一体，摩擦片通过内缘键齿与花键毂相连，钢片和摩擦片均可以轴向移动。压盘固定于离合器鼓键槽中，用以限制钢片、摩擦片的位移量，其外侧安装了限位卡环，活塞装于离合器鼓内，回位弹簧一端抵于活塞端面；另一端支撑在回位弹簧座上，回位弹簧有周置螺旋弹簧、中央布置螺旋弹簧、膜片弹簧和波形弹簧 4 种不同形式。

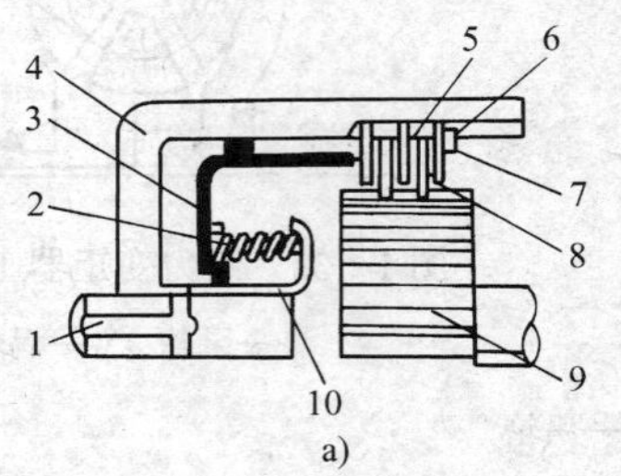

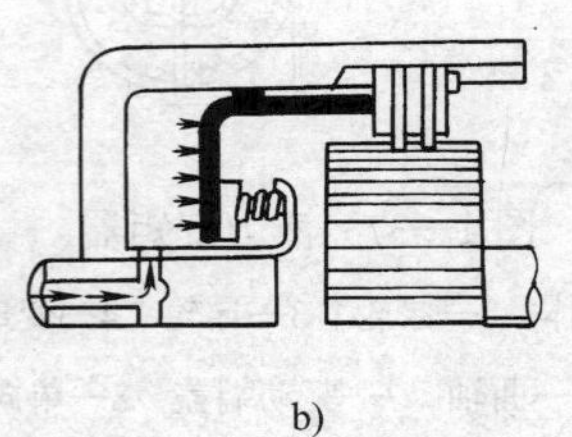

图 1—41　多片湿式离合器

a）分离状态　b）接合状态

1—主动元件　2—回位弹簧　3—活塞　4—离合器鼓　5—钢片
6—卡环　7—压盘　8—摩擦片　9—花键毂　10—弹簧保持座

当离合器处于分离状态时，活塞在回位弹簧的作用下处于左极限位置，钢片、摩擦片间存在一定间隙。当压力油经油道进入活塞左腔室后，液压力克服弹簧张力使活塞右移，将所有钢片、摩擦片依次压紧，离合器接合。该元件成为输入元件，动力经主动元件、离合器鼓、钢片、摩擦片和花键毂传至行星齿轮机构。油压撤出后，活塞在回位弹簧的作用下回位，离合器分离，动力传递路线被切断。

为了保证离合器分离彻底，在离合器活塞或离合器鼓左端的壁面上设有一个由钢球组成的安全阀，如图 1—42 所示。当压力油进入液压缸内时，钢球在油压的作用下压紧在阀座上，安全阀处于关闭状态，保证了液压缸的密封。当液压缸内的压力油通过油路排出时，缸体内的液压力下降，钢球在离心力的作用下离开阀座，阀处于开启状态，残留在缸内的液压油因离心力的作用从安全阀的阀孔排出，使离合器得以彻底分离。

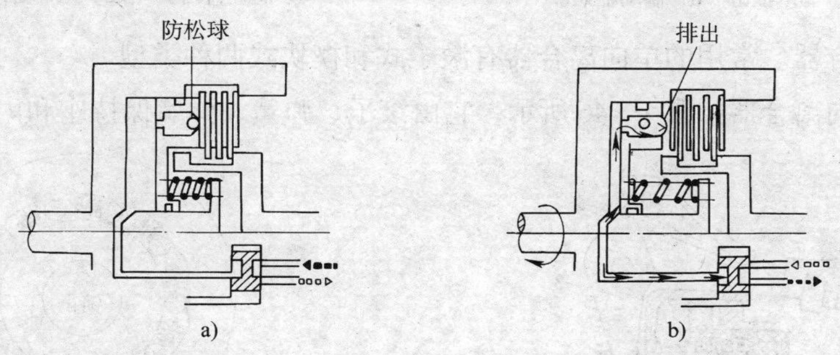

图 1—42　离合器安全阀

②制动器。在自动变速器中常用的制动器有片式制动器和带式制动器两种。

a. 片式制动器。片式制动器由制动器活塞、回位弹簧、钢片、摩擦片及制动器毂等组成，见图 1—43 所示。其结构和工作原理与湿式多片离合器基本相同，只是其钢片通过外花键齿安装在变速器壳体的内花键齿圈上或变速器壳体上，摩擦片则通过内花键齿和制动器毂上的外花键槽相连，制动器毂与行星齿轮机构的元件相连。当液压缸中没有压力油时，制动毂可以自由旋转，当压力油进入制动器的液压缸后，通过活塞将钢片和摩擦片压紧在一起，制动器毂以及与其相连的行星齿轮机构的某一元件被固定住而不能旋转。

钢片、摩擦片均由钢板冲压而成，摩擦片表面有厚度为 0.38 ~ 0.76 mm 的摩擦材料层。为保证分离彻底，钢片和摩擦片间必须有足够的间隙，标准间隙范围为 0.25 ~ 0.38 mm，可通过选择适当的压盘、卡环及摩擦片厚度等方法进行调整。

b. 带式制动器。带式制动器由制动带及其伺服装置（控制油缸）组成。用于不同挡位的同类型制动带内表面镀层的材料不尽相同，低、倒挡制动带镀层多采用金属摩擦材料，其作用是保证足够的制动力矩，高挡制动带一般使用有机耐磨材料，防止制动鼓过度磨损。

制动器伺服装置有直接作用式和间接作用式两种类型。直接作用式伺服装置结构如图

1—44 所示。间接作用式伺服装置如图 1—45 所示。

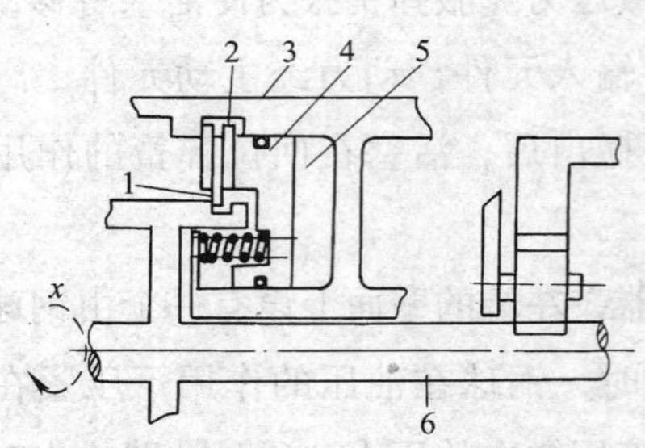

图 1—43　片式制动器

1—摩擦片　2—钢片　3—变速器壳体　4—活塞　5—油缸　6—制动器毂

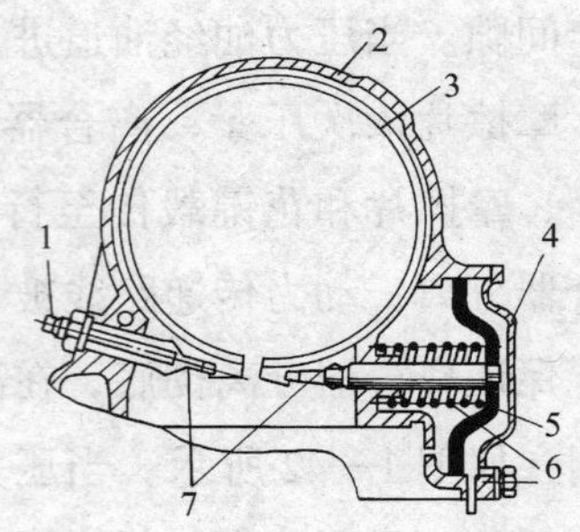

图 1—44　直接作用式伺服装置

1—支撑销　2—变速器壳体　3—制动带　4—油缸盖　5—活塞　6—回位弹簧　7—摇臂

③单向离合器。常用的单向离合器有滚子式和楔块式两种类型。

滚子式单向离合器如图 1—46 所示，它由滚子、弹簧、弹簧保持座和内、外座圈组成。

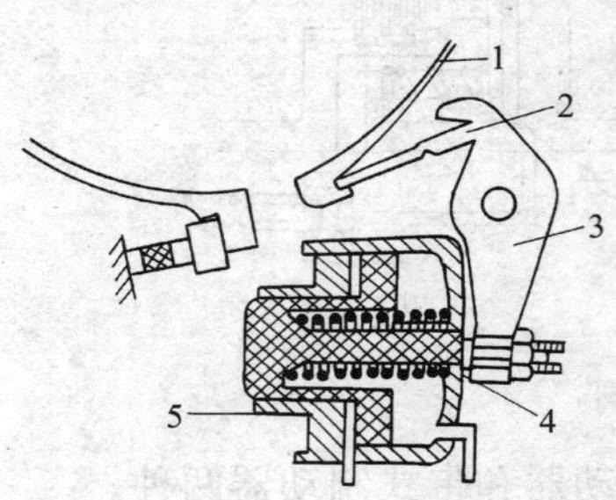

图 1—45　间接作用式伺服装置

1—制动带　2—推杆　3—杠杆　4—活塞杆　5—壳体

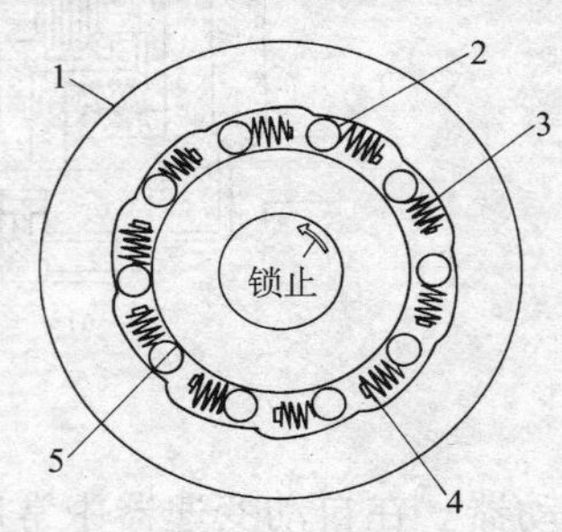

图 1—46　滚子式单向离合器

1—外座圈　2—滚子　3—弹簧　4—弹簧保持座　5—内座圈

楔块式单向离合器如图 1—47 所示。

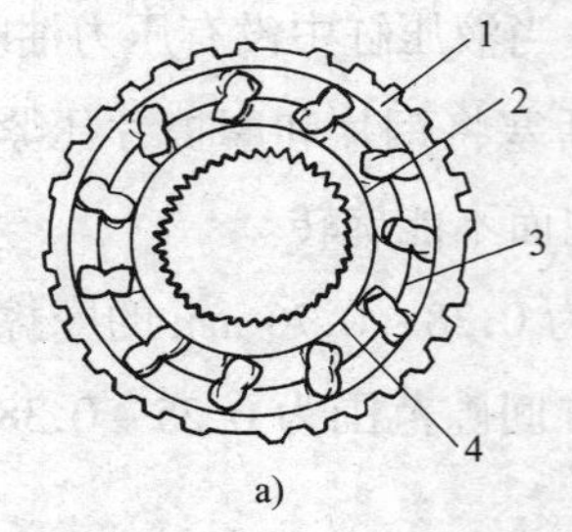

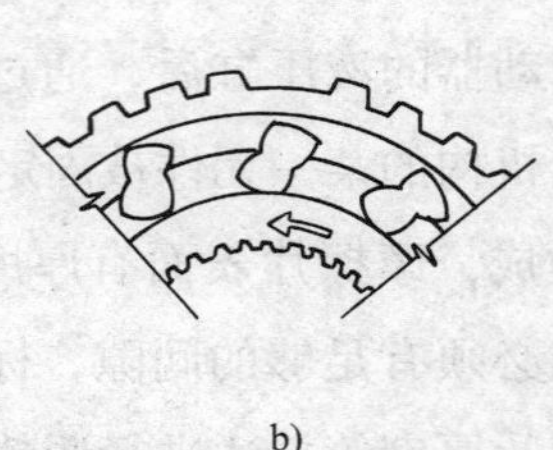

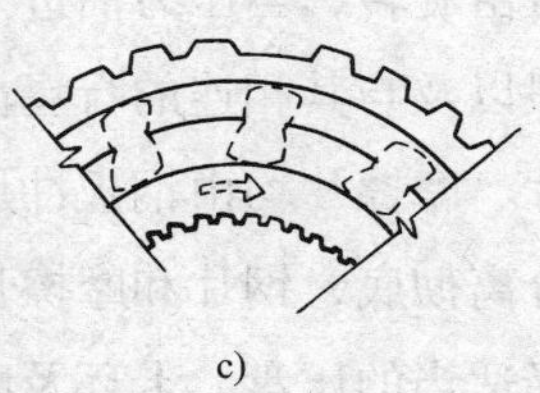

图 1—47　楔块式单向离合器

a）结构　b）自由转动　c）锁止

1—外座圈　2—楔块　3—保持架　4—内座圈

④液压控制系统。自动变速器的自动控制是靠液压控制系统来完成的。液压控制系统由

液压泵和控制机构组成。

a. 液压泵。液压泵又称油泵，一般位于液力变矩器和行星齿轮系统之间，由液力变矩器泵轮驱动。其类型主要有齿轮泵、转子泵和叶片泵，如图 1—48 所示。三种泵的共同特点是：内部元件（转子）由液力变矩器花键毂或驱动轴驱动，外部元件与内部元件之间有一定的偏心距。

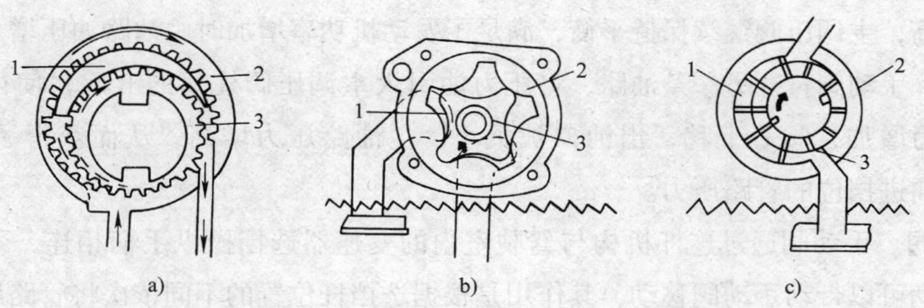

图 1—48 液压泵

a）齿轮泵 b）转子泵 c）叶片泵

1—腔室 2—外部元件 3—内部元件

如图 1—49 所示为变量叶片泵的工作原理示意图。变量叶片泵由转子、定子、叶片和配油盘组成。相邻叶片间形成密封的工作腔室，通过油道与位于油底壳上方的滤清器相连。当转子按图示方向旋转时，叶片间工作腔室的容积发生变化。其中，右边叶片工作腔室的容积增大，形成吸油腔，将液压油吸入油泵内。与此相反，容积减小的腔室是压油腔，变速器油从这里被压出油泵，进入压力调节机构的油路。

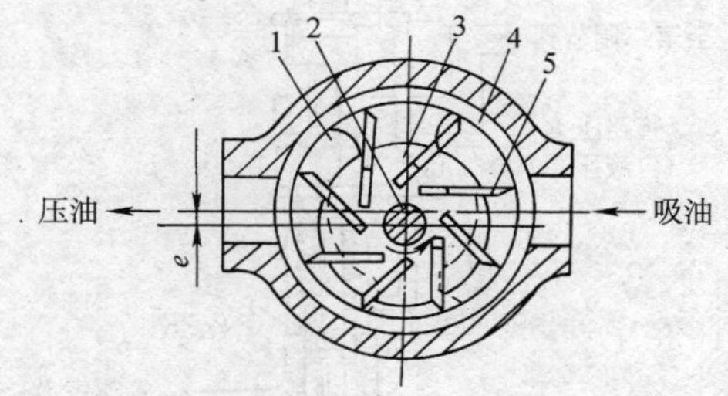

图 1—49 变量叶片泵

1—配油盘 2—轴 3—转子 4—定子 5—叶片

随着转子的运转，油泵不停地吸油、排油。大多数自动变速器都采用定容积泵，即转子每转一圈，被油泵吸入变速器油的容积固定不变。半月型齿轮泵和转子泵都属于这种类型。叶片泵是泵量可变的容积泵，其吸油腔容积的大小取决于转子和定子之间的偏心距。偏心距越大，腔室容积的变化量就越大。因此，可通过改变定子的位置调节偏心距，进而改变油泵的泵油量。这种容积可调的油泵更适应自动变速器的工作要求，在换挡过程中提供较多的油量，在正常行驶时，油泵泵油量减少。

b. 主油路调压阀。其作用是将液压泵输出压力精确调节到所需值后再输入主油路。主油路调压阀通常采用阶梯型滑阀，如图 1—50 所示。它由上部的阀心、下部的柱塞套筒及调压弹簧组成。在阀门的上部 A 处，受到来自液压泵的液压力作用；下端则受到柱塞下部 C

处来自调压电磁阀所控制的节气门油压力作用，以及调压弹簧的作用力。共同作用的平衡，决定阀体所处的位置。

若液压泵压力升高，作用在A处向下的液压力大，推动阀体下移，出油口打开，液压泵输出的部分油液经出油口排回到油底壳，使工作油压力被调整到规定值。当加速踏板踩下时，节气门控制油压也增强，使得向上的作用力增大，推动阀体下移，出油口关小，于是主油路油压升高，主调压阀继续保持平衡，满足了发动机功率增加时主油路油压增大的要求。

倒挡时，手动阀打开另一条油路，将压力油引入主调压阀柱塞的B腔，使得向上推动阀体的作用力增加，阀心上移，出油口被关小，主油路压力增高，从而获得了高于“D”“2”“L”等前进挡位的管路压力。

c. 手动阀。手动阀通过连杆机构与驾驶室内的变速器选挡操纵手柄相连，驾驶员操纵换挡操纵手柄可以带动手动阀移动，其作用是根据选挡杆位置的不同依次将管路压力导入相应各挡油路，把不工作油路的油压泄掉。如图1—51所示为丰田自动变速器手动阀。

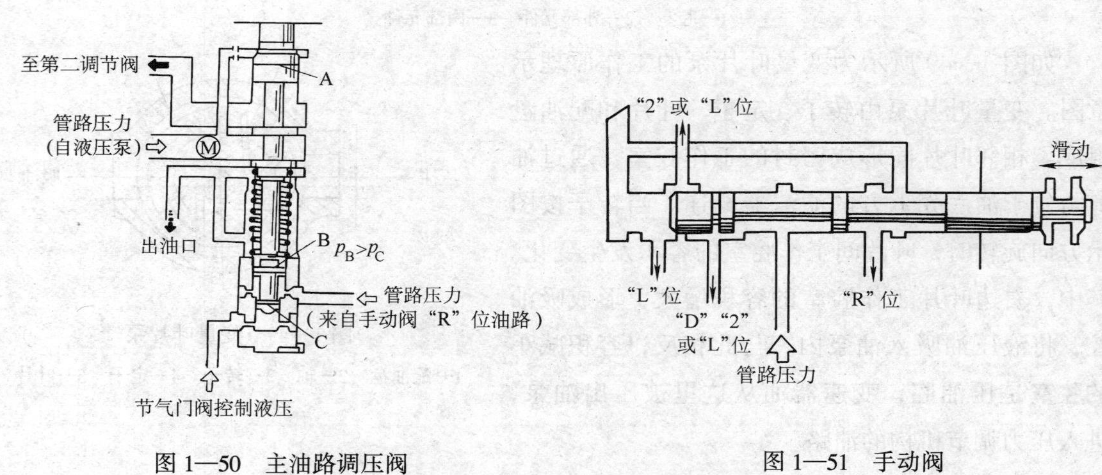

图1—50　主油路调压阀　　　　图1—51　手动阀

d. 换挡阀。电液式控制系统换挡阀的工作完全由换挡电磁阀控制，其控制方式有两种：一种是加压控制，即通过开启或关闭换挡阀控制油路进油孔来控制换挡阀的工作；另一种是泄压控制，即通过开启或关闭换挡阀控制油路泄油孔来控制换挡阀的工作。加压控制方式的工作原理如图1—52所示，压力油经电磁阀后通至换挡阀的左端。当电磁阀关闭时，没有油压作用在换挡阀左端，换挡阀在右端弹簧力的作用下移向左端（见图1—52a）；当电磁阀开启时，压力油作用在换挡阀左端，使换挡阀克服弹簧弹力右移（见图1—52b），从而改变油路，实现挡位变换。

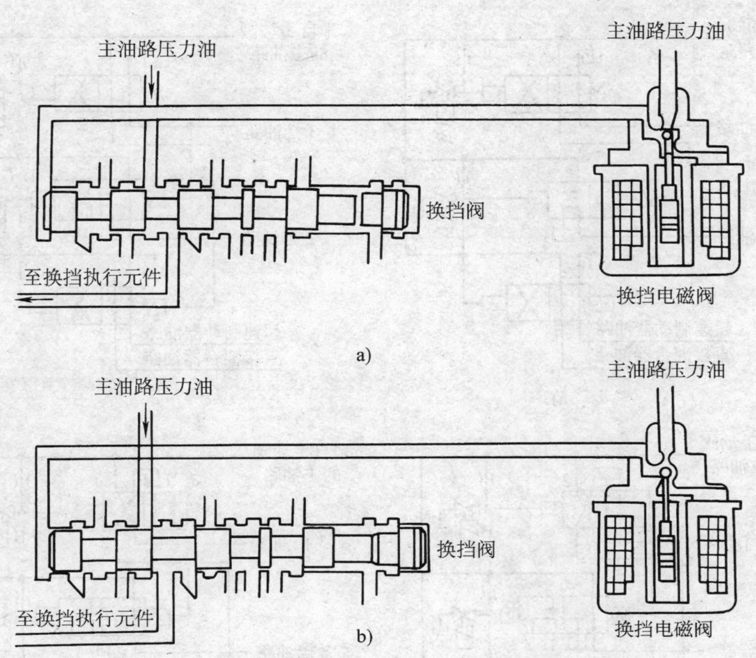

图 1—52　电液式控制系统换挡阀的工作原理

a）电磁阀关闭　b）电磁阀开启

目前，自动变速器通常有三个换挡阀，分别由两个换挡电磁阀来控制，并通过三个换挡阀之间油路的互锁作用实现四个挡位的变换。这种换挡控制的工作原理如图 1—53 所示。它采用泄压控制的方式。由图中可知，1—2 挡换挡阀和 3—4 挡换挡阀由电磁阀 A 控制，2—3 挡换挡阀则由电磁阀 B 控制。电磁阀不通电时关闭泄油孔，来自手动阀的主油路压力油通过节流孔后作用在各换挡阀右端，使阀心克服弹簧力左移。电磁阀通电时泄油孔开启，换挡阀右端压力油被泄空，阀心在左端弹簧力的作用下右移。

图 1—53a 为 1 挡，此时电磁阀 A 断电，电磁阀 B 通电，1—2 挡换挡阀阀心左移，关闭 2 挡油路；2—3 挡换挡阀阀心右移，关闭 3 挡油路。同时使主油路油压作用在 3—4 挡换挡阀阀心右端，让 3—4 挡换挡阀阀心停留在右位。

图 1—53b 为 2 挡，此时电磁阀 A 和电磁阀 B 同时通电，1—2 挡换挡阀右端油压下降，阀心右移，打开 2 挡油路。

图 1—53c 为 3 挡，此时电磁阀 A 通电，电磁阀 B 断电，2—3 挡电磁阀右端油压上升，阀心左移，打开 3 挡油路。同时使主油路油压作用在 1—2 挡换挡阀左端，并让 3—4 挡换挡阀阀心左端控制油压泄空。

图 1—53d 为 4 挡，此时电磁阀 A 和电磁阀 B 均不通电，3—4 挡换挡阀阀心右端控制压力上升，阀心左移，关闭直接挡离合器油路，接通超速制动器油路，由于 1—2 挡换挡阀阀心左端作用着主油路油压，虽然右端有压力油作用，但阀心仍然保持在右端不能左移。

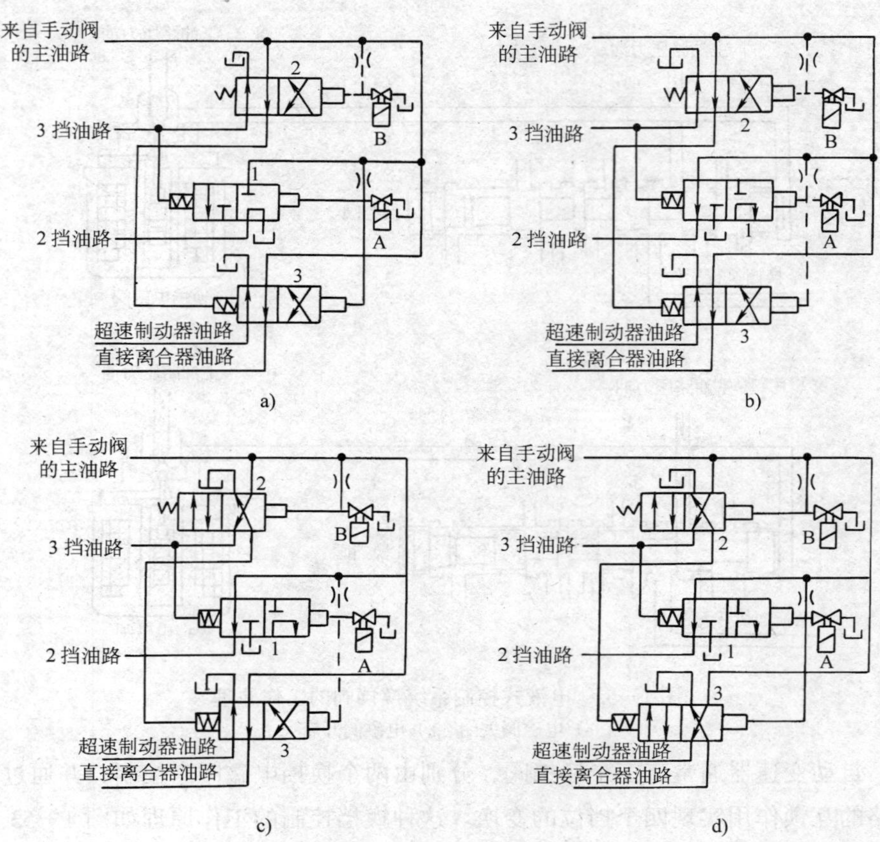

图 1—53　电控自动变速器换挡液压系统原理

a）1 挡　b）2 挡　c）3 挡　d）4 挡

A—换挡电磁阀　B—换挡电磁阀　1—1—2 换挡阀　2—2—3 换挡阀　3—3—4 换挡阀

e. 锁止离合器控制阀。目前在一些新型的电控自动变速器上，锁止电磁阀采用脉冲式电磁阀，ECU 可利用脉冲电信号占空比大小来调节锁止电磁阀的开度，以控制作用在锁止离合器控制阀右端的油压，由此调节锁止离合器控制阀左移时排油孔的开度，从而控制锁止离合器活塞右侧油压的大小，如图 1—54 所示。

4）电子控制系统。电子控制系统由信号输入装置、ECU 和执行器组成。

①信号输入装置。信号输入装置包括传感器和信号开关装置。其中，常用的传感器有：节气门位置传感器、发动机转速传感器、车速传感器、输入轴转速传感器和油温传感器；常用的开关装置有：超速挡开关、模式选择开关、多功能开关、空挡起动开关等。

a. 节气门位置传感器。节气门位置传感器安装在发动机节气门体上并与节气门联动，其作用就是测量发动机节气门的开度，向 ECU 提供发动机负荷信号，以控制自动变速器换挡时刻及主油路油压。常见的节气门位置传感器为可变电阻式，如图 1—55 所示。

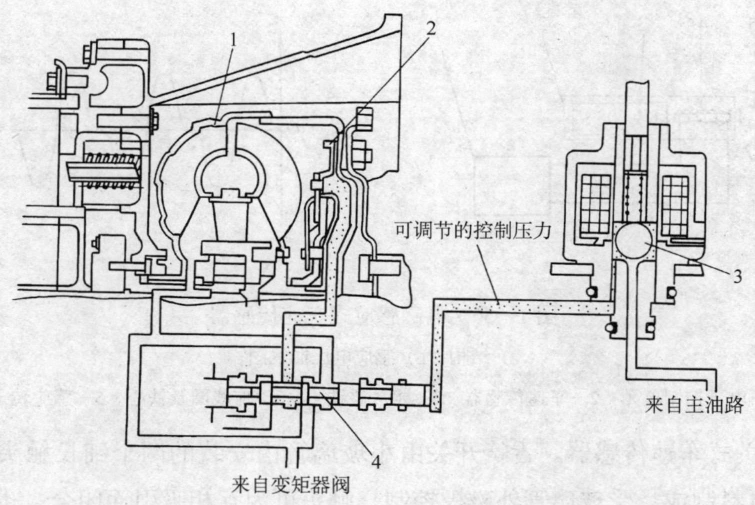

图 1—54　锁止离合器控制阀工作原理（脉冲式电磁阀）

1—变矩器　2—锁止离合器　3—脉冲线性式锁止电磁阀　4—锁止离合器控制阀

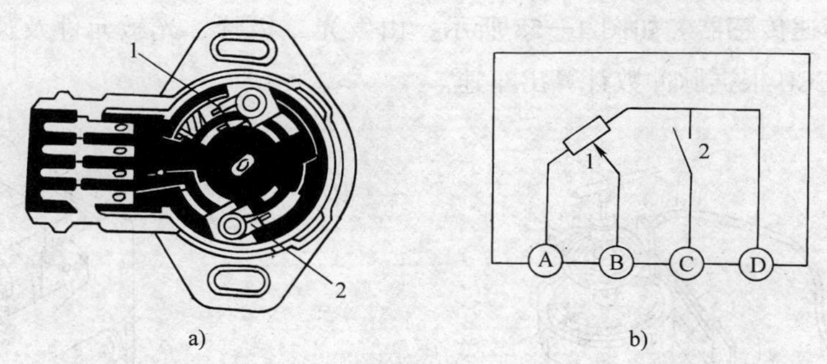

图 1—55　节气门位置传感器

a）结构　b）电路

1—线性电位计滑动触点　2—怠速开关触点

A—基准电压　B—节气门开度信号　C—怠速信号　D—接地

b. 发动机转速传感器。发动机转速传感器一般安装在分电器内或曲轴后端的飞轮附近。通常为磁感应式，用于测取发动机的转速。

c. 车速传感器。车速传感器的种类较多，常用以下三种：

a）电磁感应式车速传感器。主要由永久磁铁和电磁感应线圈组成，如图 1—56 所示。该车速传感器一般安装在变速器输出轴附近，变速器输出轴上的停车锁止齿轮充当感应转子，当输出轴转动时，感应转子的凸齿不断靠近或离开车速传感器，使感应线圈内的磁通量发生变化，从而产生交流感应电压。车速越高，输出轴的转速越高，感应电压的脉冲频率也越大。电控单元根据感应电压脉冲频率的大小计算车速，作为换挡控制的另一主要依据。

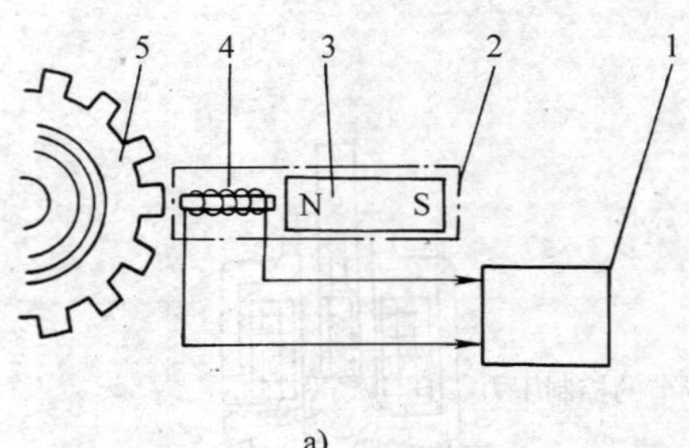

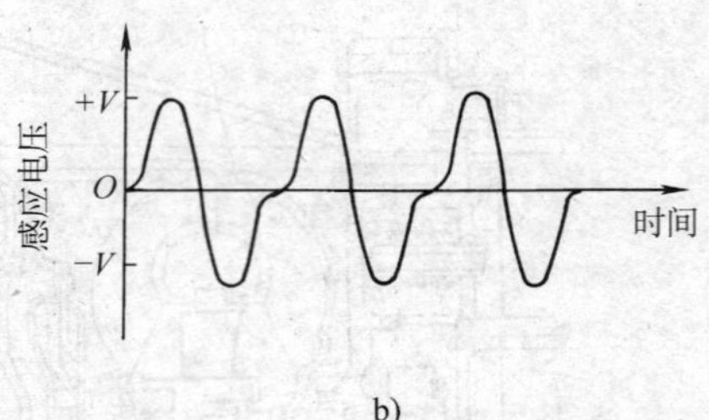

图 1—56　电磁感应式车速传感器

a）结构　b）感应电压曲线图

1—电子控制单元　2—车速传感器　3—永久磁铁　4—感应线圈及铁心　5—感应转子

b）舌簧开关式车速传感器。舌簧开关由小玻璃管内安装的两个细长触头构成，触头由铁、镍等磁性材料制成。受玻璃管外磁极控制，触头可因互相吸引而闭合，也可因互相排斥而断开，具有开关作用。舌簧开关置于车速表的转子附近，如图 1—57 所示，当车速表转轴旋转时，产生脉冲信号。

c）光电式车速传感器。如图 1—58 所示，由发光二极管、光敏元件及速度表软轴驱动的遮光板组成。ECU 根据脉冲数计算出车速。

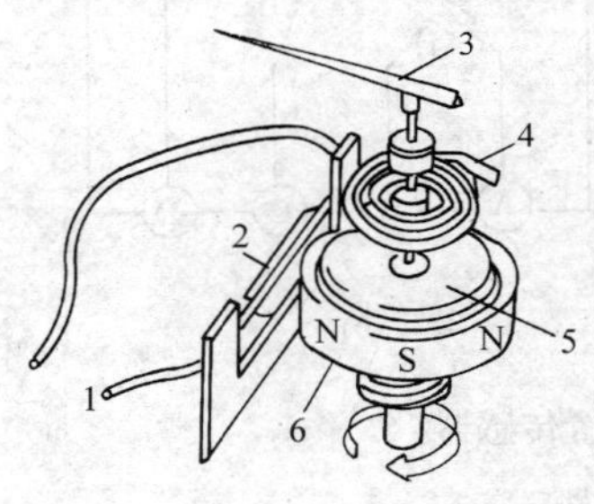

图 1—57　舌簧开关式车速传感器

1—输出　2—舌簧开关　3—指针　4—游丝　5—磁铁　6—转子

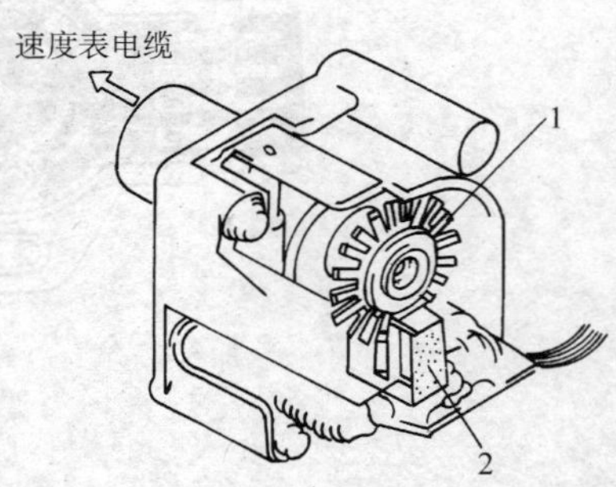

图 1—58　光电式车速传感器

1—遮光板　2—光耦合部件

d. 输入轴转速传感器。输入轴转速传感器与车速传感器类似，也是一种电磁感应式转速传感器。它安装在行星齿轮变速器的输入轴（液力变矩器涡轮输出轴）附近或与输入轴连接的离合器鼓附近的壳体上，用于检测输入轴转速，并将信号送入 ECU，以更精确地控制换挡过程。

e. 变速器油温传感器。变速器油温传感器安装在自动变速器油底壳内的液压阀阀板上，用于连续监控自动变速器中变速器的油温，以作为 ECU 进行换挡控制、油压控制、锁止离合器控制的依据。其温度敏感元件一般是负温度系数的热敏电阻。

f. 超速挡开关。超速挡开关通常安装在自动变速器操纵手柄上，如图 1—59 所示，用于控制自动变速器的超速挡。如果超速挡开关打开，变速器操纵手柄又处于“D”位，则自动变速器随着车速的提高而升挡时，可升到最高挡（即超速挡）；而开关关闭时，无论车速怎样高，自动变速器最多只能升至次高挡。

在驾驶室仪表板上，有“O/D OFF”指示灯显示超速挡开关的状态。当超速挡开关打开时，“O/D OFF”指示灯熄灭，而当超速挡开关关闭时，“O/D OFF”指示灯随之亮起。

g. 模式选择开关。模式选择开关又称程序开关，用于选择自动变速器的控制模式，即选择自动变速器的换挡规律，以满足不同的使用要求。如图 1—60 所示为一安装在换挡操纵手柄旁的模式开关。常见的控制模式大致有以下几种：

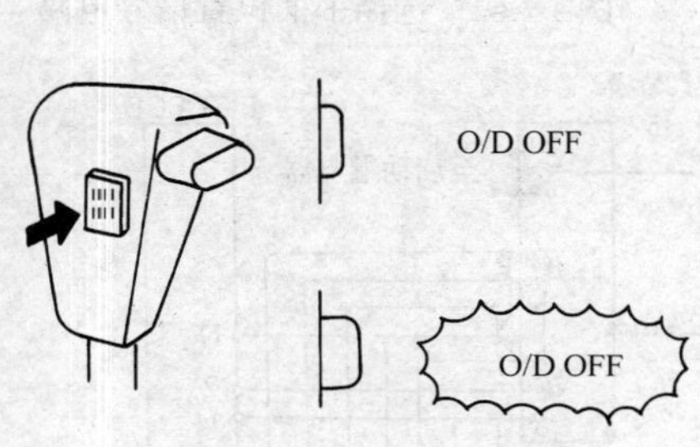

图 1—59　超速挡开关

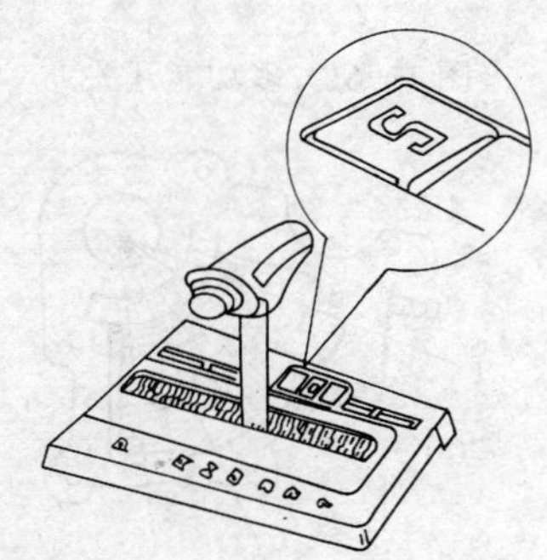

图 1—60　模式选择开关（动力型/经济型）

a）经济模式（Economy）。该模式以汽车获得最佳燃油经济性为目标设计换挡规律。

b）动力模式（Power）。该模式以汽车获得最大动力性为目标设计换挡规律。

c）普通模式（Normal）。普通模式的换挡规律介于经济模式与动力模式之间，它使汽车即保证了一定的动力性，又有较好的燃油经济性。

d）手动模式（Manual）。该模式让驾驶员可在各挡之间以手动方式选择合适的挡位，使汽车像装用了手动变速器一样行驶，而又不必像手动变速器那样在换挡时必须踩离合器踏板。

h. 多功能开关。多功能开关装在变速器壳体的手动阀摇臂轴或操纵手柄上，由变速杆进行控制，如图 1—61 所示，它具有下列功能：

a）指示选挡操纵手柄位置。选挡操纵手柄的位置是利用多功能开关传给变速器控制系统。多功能开关电路如图 1—62 所示，触点 2、3、4 通过多种组合（开和关）将换挡位置 P、R、N、D、3、2 和 1 传给变速器控制单元。

b）倒挡信号灯的开启。当选挡手柄置于 R 位时，接通倒车灯继电器，倒挡信号灯开启。

c）空挡起动。发动机只有当选挡手柄在位置 P 或 N 时才能起动。

i. 空挡起动开关。空挡起动开关及其电路如图 1—63 所示，其作用与多功能开关相同。

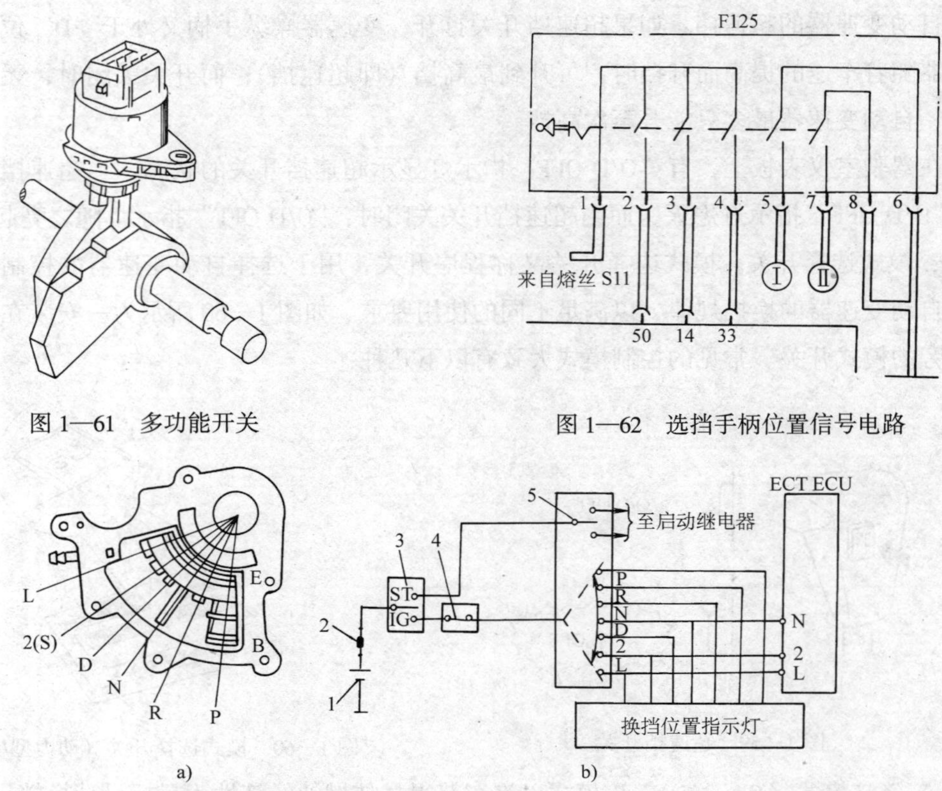

图 1—61　多功能开关

图 1—62　选挡手柄位置信号电路

图 1—63　空挡启动开关与电路

a）空挡启动开关　b）空挡启动开关电路

1—蓄电池　2—熔断器　3—点火开关　4—熔丝　5—空挡启动开关

j. 制动灯开关。安装在制动踏板支架上，踩下制动踏板时开关接通，通知 ECU 已经制动，松开变矩器锁止离合器，同时点亮制动灯。还可以防止当驱动轮制动抱死时，发动机突然熄火。

②执行器。电磁阀是电子控制系统的执行元件，按其作用可分为换挡电磁阀、锁止电磁阀和调压电磁阀。按其工作方式可分为开关式电磁阀和脉冲式电磁阀。

a. 开关式电磁阀。开关式电磁阀的作用是开启和关闭变速器油路，可用于控制换挡阀及液力变矩器的闭锁离合器锁止阀。

开关式电磁阀由电磁线圈、磁铁、阀芯和回位弹簧等组成如图 1—64 所示。线圈不通电时，阀芯被油压推开，打开泄油孔，油路压力为 0；线圈通电时，电磁力使阀芯左移，关闭泄油孔，油路压力上升。

b. 脉冲式电磁阀。脉冲式电磁阀结构如图 1—65 所示，其作用是控制油路中油压的大小。控制信号是频率固定的脉冲电信号，电磁阀在脉冲电信号的作用下不断反复地开启和关闭泄油孔，ECU通过改变每个脉冲周期内电流接通和断开的时间比例，来改变电磁阀开启和关闭的时间比例，达到控制油路油压的目的，如图1—66所示。

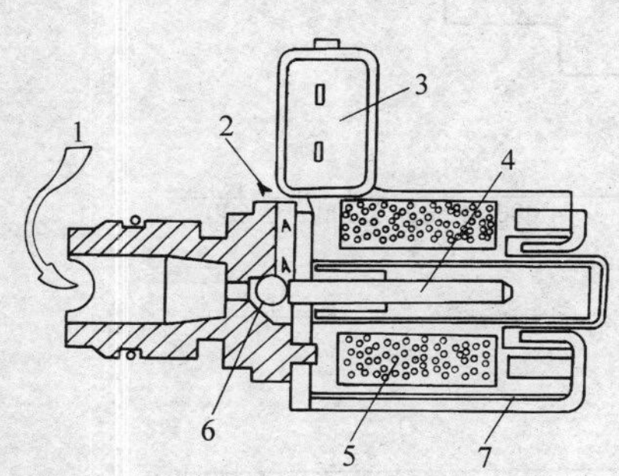

图1—64　开关式电磁阀

1—液压油入口　2—泄压口　3—接线插座　4—铁心　5—线圈　6—限流钢球　7—骨架

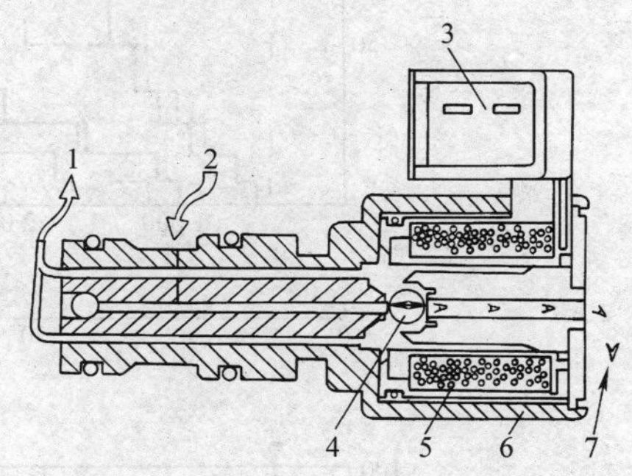

图1—65　脉冲式电磁阀

1—变速器油出口　2—变速器油入口　3—接线插座　4—限流钢球　5—线圈　6—骨架　7—泄压口

脉冲式电磁阀一般安装在主油路或减振器背压油路中，在变速器自动升挡及降挡瞬间，或在锁止离合器锁止及解除锁止动作开始时使油压下降，以减少换挡和锁止、解锁冲击，使车辆行驶更平稳。

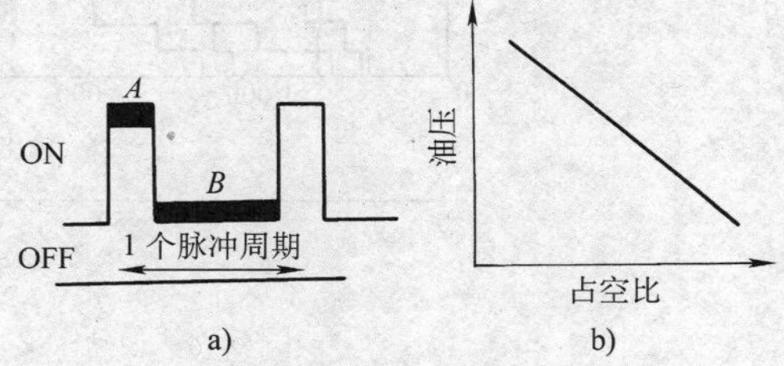

图1—66　脉冲式电磁阀的原理

③ECU。ECU是电子控制系统的核心，由接收器、控制器和输出装置三部分组成。接收器接收各输入装置的输出信号，并对其放大或调制；控制器将这些信号与内存中的数据进行对比，根据对比结果做出是否换挡等决定，再由输出装置将控制信号输送给电磁阀。ECU具有以下控制功能：

a. 控制换挡时刻。换挡时刻的控制是ECU最重要的控制内容之一，汽车在每一特定行驶工况，都有一个与之对应的最佳换挡时刻，ECU可以让自动变速器在任何行驶条件下都按最佳换挡时刻进行换挡，从而使汽车的动力性能和经济性能等综合起来达到最佳。

通常，ECU将汽车在不同使用要求下的最佳换挡规律以自动换挡图的形式储存在存储器中。带有模式选择开关的电控式自动变速器在模式开关处于不同位置时，对汽车的使用要求不同，其换挡规律也不同，一般有普通型、经济型、动力型等几种换挡规律，如图1—67所示为选挡手柄在“D”位时的换挡规律。

汽车在行驶时，ECU根据模式选择开关和挡位开关的信号，从存储器中选出相应的自动换挡图，再将车速传感器、节气门位置传感器测得的车速、节气门开度与所选的自动换挡图进行比较，如在一定节气门开度下行驶的汽车达到设定的换挡车速时，ECU便向换挡电磁阀

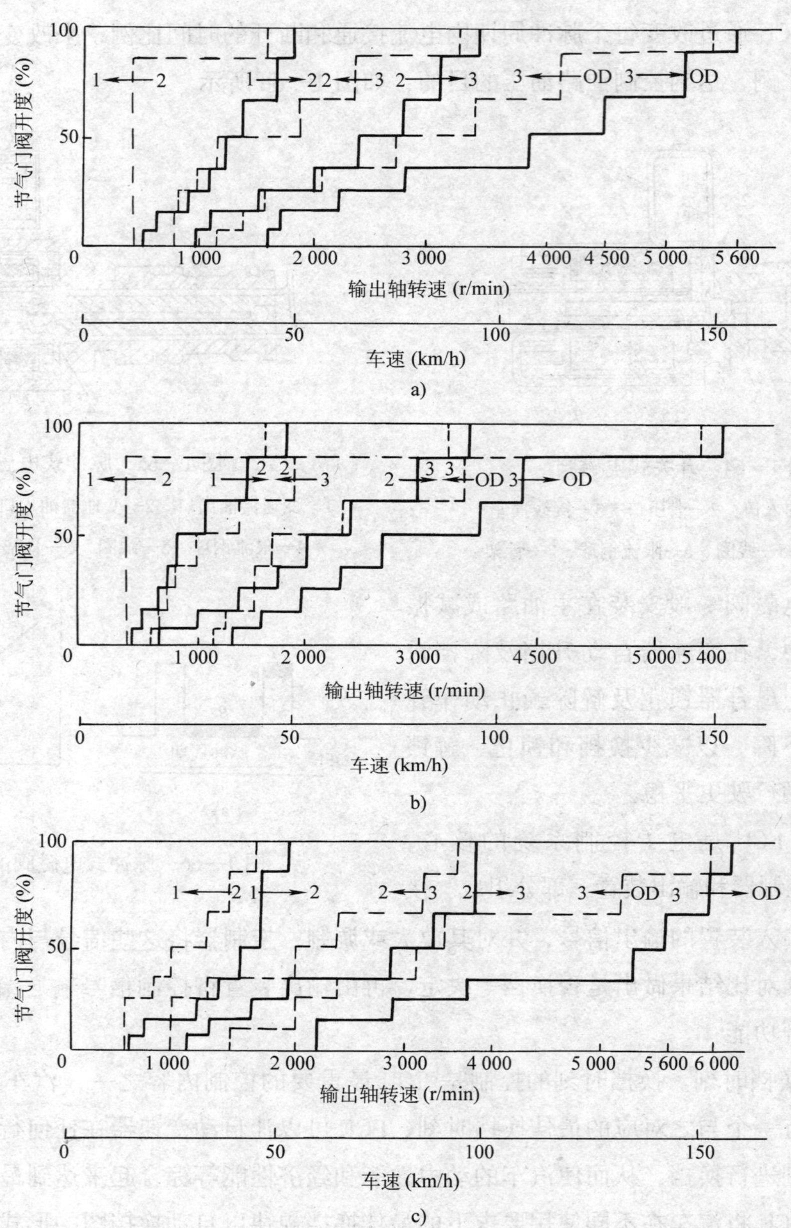

图 1—67　选挡手柄在“D”位时的换挡规律

a）普通型　b）经济型　c）动力型

发出电信号，由电磁阀的动作决定压力油通往各操纵元件的流向，以实现挡位的自动变换。自动换挡控制框图如图 1—68 所示。

b. 控制主油路油压。电液式控制系统中的主油路油压是由主油路调压电磁阀调节的。主油路油压应随发动机负荷增大而增高，以满足传递大功率时对离合器、制动器等执行元件

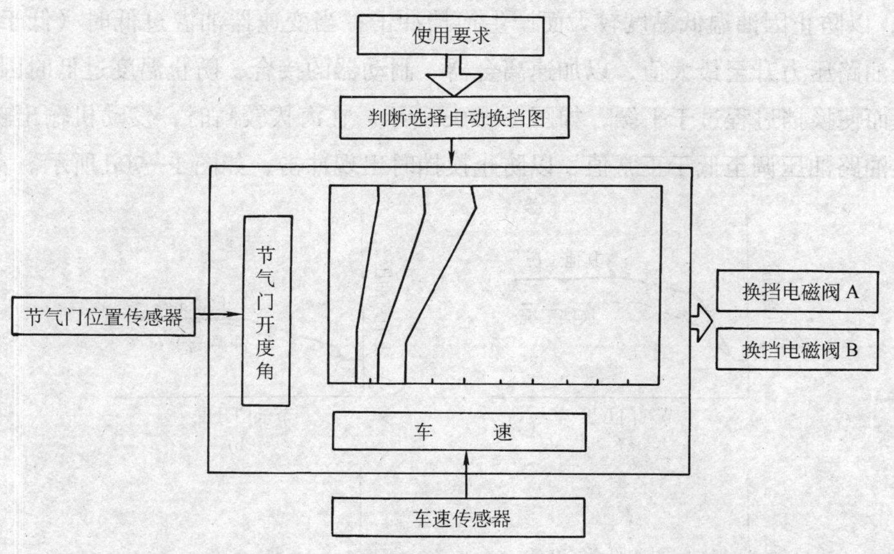

图 1—68　自动换挡控制框图

液压缸工作压力的要求。

电控式自动变速器的电液式控制系统是以一个油压电磁阀来产生节气门油压。油压电磁阀是脉冲式电磁阀，ECU 根据节气门位置传感器测定的节气门开度，控制发往油压电磁阀的脉冲信号的占空比，使主油路油压随节气门开度而变化。节气门开度越大，脉冲电信号的占空比越小，油压电磁阀排油孔开度越小，节气门油压也就越大。节气门控制油压被作为控制油压反馈到主油路调压阀，使主油路调压阀随着节气门开度的变化调节主油路油压的高低，以获得不同发动机负荷下主油路压力的最佳值，并将驱动油泵的动力减小到最小。如图 1—69 所示为主油路油压随节气门开度的变化情况。由于倒挡使用的时间较少，为减小自动变速器的体积，通常将倒挡执行机构的尺寸缩得较小，同时传递转矩较大，因此，油压较其他挡位时高。

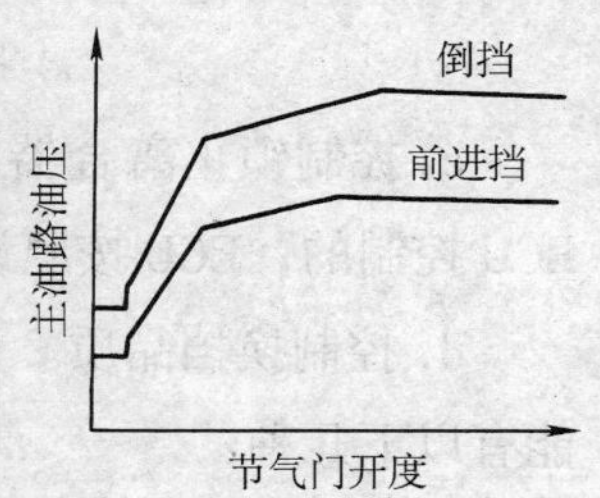

图 1—69　主油路油压特性

除正常的主油路压力控制之外，ECU 还可以根据各个传感器测得的自动变速器的工作条件，在一些特殊情况下，对主油路油压做适当的修正，使油路压力控制获得最佳效果。例如，在选挡手柄位于前进低挡（S、L 或 2、1）位置时，汽车驱动力相应较大，ECU 自动使主油路油压高于前进挡（D 位）时的油压，以满足动力传递的需要。为减小换挡冲击，ECU 还在自动变速器换挡过程中按照换挡时节气门开度的大小，通过油压电磁阀适当减小主油路油压，如图 1—70a 所示，以改善换挡质量。ECU 还可以根据液压油温度传感器的信号，在变速器油温未达到正常工作温度时（低于 60℃），将主油路油压调至低于正常值，如图 1—

70b 所示，以防止因油温低黏度较大而产生换挡冲击；当变速器油温过低时（低于 -30℃），ECU 使主油路压力升至最大值，以加速离合器、制动器的接合，防止温度过低时因变速器油黏度过大而使换挡过程过于平缓，如图 1—70c 所示。在海拔较高时，发动机输出功率降低，ECU 将主油路油压调至低于正常值，以防止换挡时出现冲击，如图 1—70d 所示。

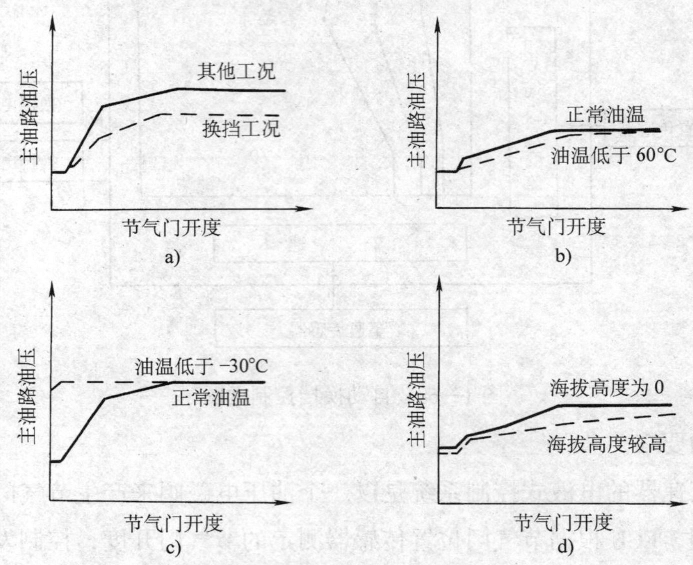

图 1—70　主油路压力修正曲线

a）换挡修正　b）油温低修正　c）油温过低修正　d）海拔高修正

c. 控制锁止离合器。电子控制自动变速器中液力变矩器的锁止离合器的工作也是由 ECU 控制的，ECU 按照设定的控制程序，通过锁止电磁阀来控制锁止离合器的接合或分离。

d. 控制换挡品质。为改善换挡质量，提高汽车的乘坐舒适性，目前常见的特殊控制功能有以下几种：

a）换挡油压控制。在升挡或降挡的瞬间，ECU 通过油压电磁阀适当降低主油路油压，以减小换挡冲击，达到改善换挡质量的目的。也有一些控制系统是在换挡时通过电磁阀减小减振器活塞的背压，以降低离合器或制动器液压缸内油压的增长速度，达到减小换挡冲击的目的。

b）减小转矩控制。在换挡的瞬间，通过延迟发动机的点火时间或减少喷油量，暂时减少发动机的输出转矩，以减小换挡冲击和汽车加速度出现的波动。

c）N—D 换位控制。在选挡手柄由停车位或空位（P 或 N）换至前进挡或倒挡（D 或 R），或相反地进行换挡时，ECU 通过调整发动机的喷油量，将发动机的转速变化减至最小程度，以改善换挡质量。

e. 自动模式选择控制。ECU 通过各个传感器测得汽车行驶状况和驾驶员的操作方式，经过运算分析，自动选择采用经济模式、动力模式或普通模式进行换挡控制，以满足不同的行驶要求。

ECU 在进行自动模式选择控制时，主要参考换挡手柄的位置及加速踏板被踩下的速率高低，以判断驾驶员的操作目的，自动选择控制模式：

a）当操纵手柄位于前进低挡（S、L 或 2、1）时，ECU 只选择动力模式。

b）在前进挡“D”位，当加速踏板被踩下的速率较低时，ECU 选择经济模式；当加速踏板被踩下的速率超过控制程序中所设定的速率时，ECU 由经济模式转变为动力模式。ECU 将车速和节气门开度的组合分为一定数量的区域，每个区域有不同的节气门开启速率的程序设定值。车速越低或节气门开度越大时，其设定值越小，ECU 也就越容易选择动力模式。

c）在前进挡“D”位，ECU 选择动力模式时，一旦节气门开度低于 1/8，换挡规律即由动力模式转换为经济模式。

f. 发动机制动作用控制。ECU 按照设定的控制程序，在操纵手柄位置、车速、节气门开度等满足一定条件（如选挡手柄位于前进低挡位置，且车速大于 10 km/h，节气门开度小于 1/8）时，向强制离合器电磁阀或强制制动器电磁阀发出电信号，打开强制离合器或强制制动器的控制油路，使之接合或制动，让自动变速器具有反向传递动力的能力，从而在汽车滑行时可以实现发动机制动。

g. 使用输入轴转速传感器的控制。ECU 在进行换挡油压控制、减小转矩控制、锁止离合器控制时，利用输入轴转速进行计算，使控制的时间更加准确，从而获得最佳的换挡感觉和乘坐舒适性。

h. 超速行驶控制。只有当选挡操纵手柄位于“D”位且超速开关打开时，汽车才能升入超速挡。当汽车以巡航方式在超速挡行驶时，若实际车速低于 4 km/h，巡航控制单元向 ECU 发出信号，要求自动退出超速挡。还可以防止自动变速器在发动机冷却液温度低于 60℃时进入超速挡工作。

i. 自诊断与失效保护功能。为了及时发现电子控制装置中的故障，并在出现故障时尽可能地使自动变速器保持最基本的工作能力，以维持汽车行驶，便于汽车进厂维修，ECU 具有故障自诊断和失效保护功能。在汽车行驶过程中，不停地检测自动变速器电子控制装置中所有传感器和电动执行器的工作情况，一旦发现故障，ECU 具有以下几种保护功能：

a）在汽车行驶时，仪表盘上的自动变速器故障警告灯闪亮，以提醒驾驶员立即将汽车送至修理厂维修。目前，大部分日产汽车是以超速挡指示灯“O/D OFF”作为自动变速器故障警告灯的，如超速指示灯闪亮，拨动超速挡开关也不能将它熄灭，即说明电子控制装置出现故障；而一些欧洲车型，则用变速杆位置指示灯作为故障警告灯。

b）将检测到的故障内容以故障代码的形式存在 ECU 的存储器内，只要不切断蓄电池，被测到的故障代码就会一直保存在ECU内，即使是汽车行驶中偶尔出现的一次故障，ECU也会及时地检测到，并记录下来。在修理时，维修人员可以采用一定的方法将储存在ECU内的故障代码读出，为查找故障部位提供可靠的依据。

c）ECU按设定的失效保护程序控制自动变速器的工作，保持汽车的基本行驶能力。当某些传感器出现故障后，ECU会采取失效保护功能。例如，节气门位置传感器出现故障时，ECU根据怠速开关的状态进行控制；当怠速开关断开时（加速踏板被踩下），按节气门开度为1/2进行控制，同时节气门油压按最大值输出；当怠速开关接通时（加速踏板完全放松），按节气门处于全闭状态进行控制，同时节气门油压按最小值输出。

车速传感器出现故障时，ECU不能进行自动换挡控制，此时自动变速器的挡位可由选挡手柄的位置决定：手柄在“D”位或“S”（或2）位，变速器为超速挡或3挡；手柄在“L”（或1）位，为2挡或1挡；或不论选挡手柄为任何前进挡，变速器均为1挡，以保持汽车最基本的行驶能力。许多车型的自动变速器有两个车速传感器，其中一个用于自动变速器的换挡控制（常称为第二车速传感器），另一个为仪表盘上车速表用的传感器（常称为第一车速传感器）。这两个传感器都与ECU连接，当用于换挡控制的车速传感器损坏时，ECU可利用车速表传感器的信号来控制换挡。

输入轴转速传感器出现故障时，ECU停止减小转矩控制，此时换挡冲击会有所增大。

液压油温度传感器出现故障时，ECU按液压油温度为80℃进行控制。

执行器出现故障后，不同的ECU有不同的失效保护功能。一种是不论有几个电磁阀出现故障，ECU都将停止所有换挡电磁阀的工作，此时自动变速器的挡位完全由选挡手柄的位置决定：手柄在“D”位或“S”（或2）位时，变速器被固定为3挡，在“L”（或1）位时被固定为2挡。另一种是几个换挡电磁阀中有若干个出现故障时，ECU控制其他无故障的电磁阀工作，以保证自动变速器仍能自动升挡或降挡，此时会失去某些挡位的功能，而且升挡或降挡规律有所变化，例如，可能直接由1挡升至3挡或超速挡。

强制离合器或强制制动器电磁阀出现故障时，ECU停止电磁阀的工作，让强制离合器或强制制动器始终处于接合状态，使汽车减速时总可以利用发动机的制动作用。

锁止电磁阀出现故障时，ECU停止锁止离合器控制，使锁止离合器始终处于分离状态。

2. 电子控制动力转向系统（EPS）的分类、组成、工作原理

（1）电子控制液压式动力转向系统

1）基本组成。电子控制液压式动力转向系统又称连续型动力转向系统，基本组成如图1—71所示，该系统广泛应用于日本丰田汽车公司的雷克萨斯LS400型、马克（Mark）Ⅱ型等轿车上。

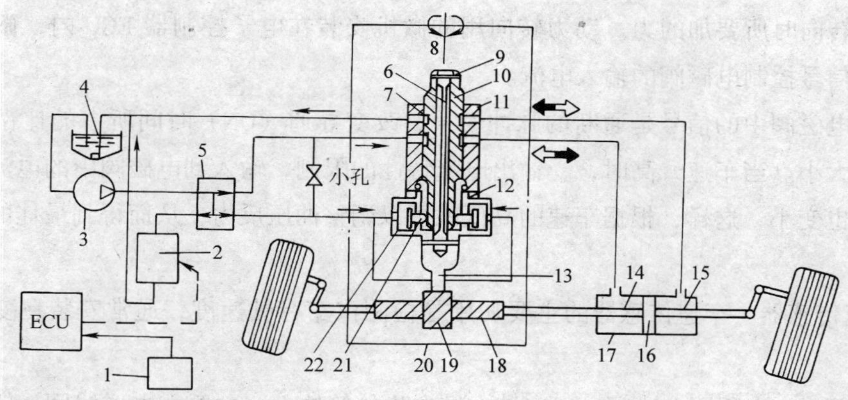

图 1—71 液压式 EPS 的基本组成及主要装置

1—车速传感器 2—电磁阀 3—动力转向油泵 4—储液罐 5—分流阀 6—扭杆 7—通道 8—转向盘 9、12—销子 10—控制阀轴 11—转阀 13—小齿轮轴 14—左油室 15—右油室 16—动力缸活塞 17—动力缸 18—齿条 19—小齿轮 20—转向齿轮箱 21—柱塞 22—油压反力室

电子控制液压式动力转向系统结构原理如图 1—72 所示，它主要由车速传感器、电子控制器 ECU、电磁阀、分流阀以及储液罐、动力转向油泵、转阀和动力缸等组成。

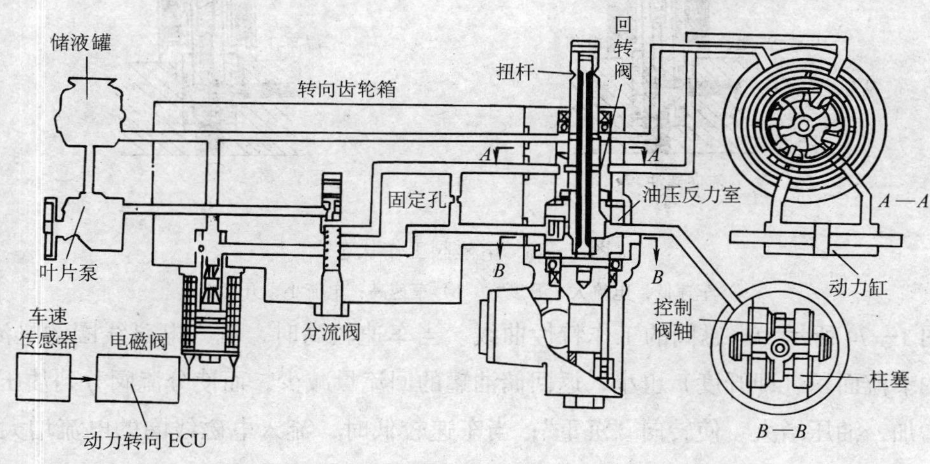

图 1—72 电子控制液压式动力转向系统结构原理

液压式 EPS 是按照车速的变化，由电子控制油压反力，调整动力转向器，从而使汽车在各种行驶条件下转向盘上所需的转向操纵力达到最佳状态。所以，有时也把这种 EPS 称为反力式电子控制动力转向系统。

在 EPS 的齿轮箱中，除了控制加力的主控制阀之外，又增设了反力油压控制阀和油压反力室，结构原理如图 1—72（*B*—*B* 剖面）所示。经反力油压控制阀调整后的油压加到油压反力室内，扭杆与转向轴相连，当 EPS 根据油压反力的大小改变转向扭杆的扭曲量时，就可以控制转向时所要加的力。动力转向用的微机安装在电子控制器 ECU 内，微机根据车速传感器的信号控制电磁阀的输入电流。

输入到电磁阀中的信号是通断的脉冲信号，改变导通（ON）时间所占的比例就可以控制电流值的大小。当车速升高时，受输出电流特性的限制，输入到电磁阀中的电流减小，电磁阀的开度也变小，这样，根据车速的高低就可以调整油压反力，从而得到最佳的转向操纵力。

① 车速传感器。车速传感器的主要功用是检测汽车行驶速度，通常安装在变速器输出轴上。

②电磁阀。EPS 所用电磁阀一般安装在转向齿轮箱体上，主要由电磁线圈、铁心及电磁阀阀针等组成，如图 1—73 所示。其阀的开度由 ECU 的输出电流控制，而该输出电流又取决于车速的高低。通入电磁线圈的电流是模拟信号，通常改变其通电时间所占的比例即可控制此电流值的大小。而电磁阀的开度又可控制 EPS 齿轮箱中油压反力室的油压。

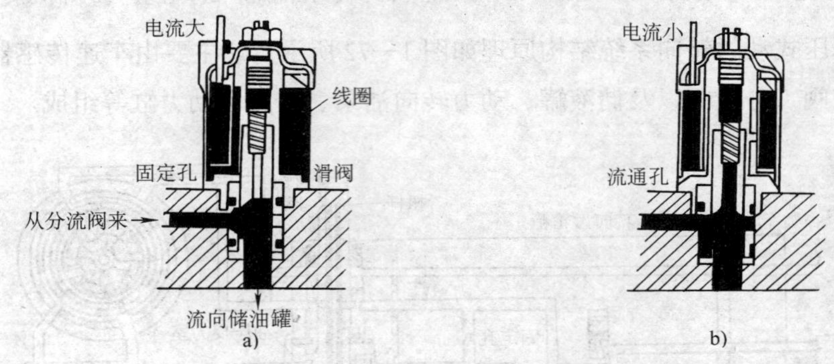

图 1—73 电磁阀工作状态

a）车速低：电流大，开度大 b）车速高：电流小，开度小

如图 1—74 所示为电磁阀的工作特性曲线。当车速较高时，流入电磁线圈的电流减小，电磁阀的节流面积（即开度）也小，返回储油罐的回流量减少，而使分流阀分到油压反力室的流量增加，油压增大，使转向“沉重”；当车速较低时，流入电磁线圈的电流增大，电磁阀的节流面积变大，流回储油罐的液流量增加，分到油压反力室的液流量减少，油压减小，使转向“轻便”。

③分流阀。分流阀的基本结构如图 1—75 所示，主要由阀门、弹簧及进出油口等构成。

分流阀的主要功用是将来自转向油泵的液流分送到转阀、油压反力室和电磁阀。送到电磁阀和油压反力室中的液流量是由转阀中的油压来调整的，当转动转向盘时，转阀中的油压增大，此时，分配到电磁阀和油压反力室中的液流量随转阀中的油压增大而增加；当转阀中的油压达到一定值后，转阀中的油压便不再升高，而分配给电磁阀和油压反力室的液流量则保持不变。

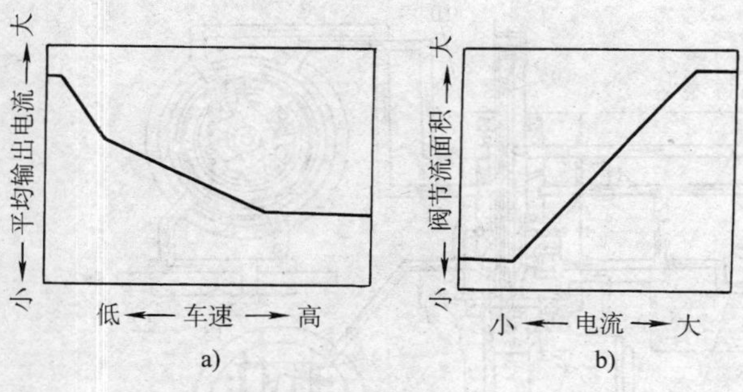

图 1—74　电磁阀工作特性曲线

a) 电磁线圈的电流与车速的关系

b) 阀的开度（节流面积）与电磁线圈的关系

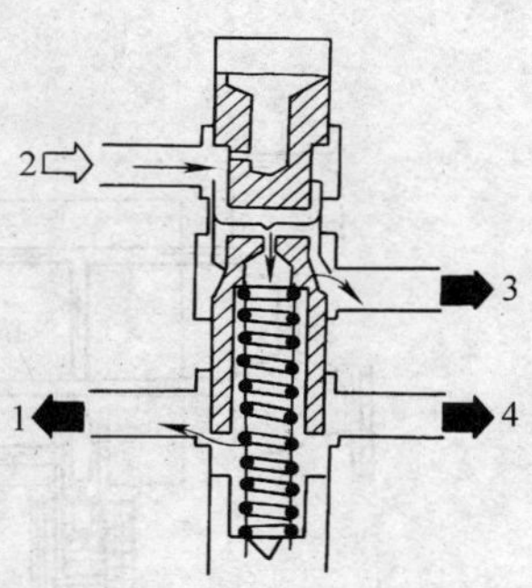

图 1—75　分流阀的基本结构

1—至电磁阀　2—来自转向油泵

3—至转阀　4—至油压反力室

④电子控制器 ECU。如图 1—76 所示为一种由模拟电路构成的动力转向 ECU。其输入信号为车速传感器提供的车速信号，执行器为比例电磁铁机构；ECU 担负起控制通入比例电磁铁机构电流的任务。车速提高时，为了增大转向的操纵力，需要加大流入比例电磁铁机构的电流；而当车速超过 120 km/h 时，为了防止电流过大而造成过载，ECU 则控制比例电磁铁机构保持着恒定的电流值。

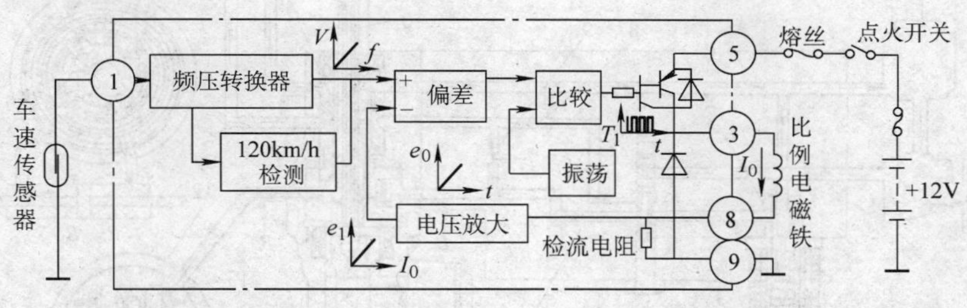

图 1—76　动力转向 ECU 结构框图（模拟电路）

2）工作原理如下：

①汽车静止或低速行驶时的转向。其工作情况如图 1—77 所示。汽车在低速范围内运行时，ECU 输出一个大的电流，使电磁阀的开度增加，由分流阀分出的液流流过电磁阀，回到储油罐中的液流增加。因此，油压反力室压力减小，作用于柱塞的背压减小，于是柱塞推动控制阀杆的力减小。利用转向盘的转向力来增大扭杆扭力。转阀按照扭杆的扭转角做相对的旋转，使油泵油压作用于转向动力缸的右室，活塞向左方运动，从而增强了转向力。此时，驾驶员仅需提供一个较小的操纵力就可以产生一个较大的助力，使转向轻便、灵活。

②汽车在中、高速行驶时的转向。在此工况下，系统的工作情况如图 1—78 所示。汽车转向盘在中、高速直行微量转动时，控制阀杆根据扭杆的扭转角度而转动，转阀的开度减小，转阀里面的压力增加，流向电磁阀和油压反力室中的液流量增加。当车速增加时，ECU

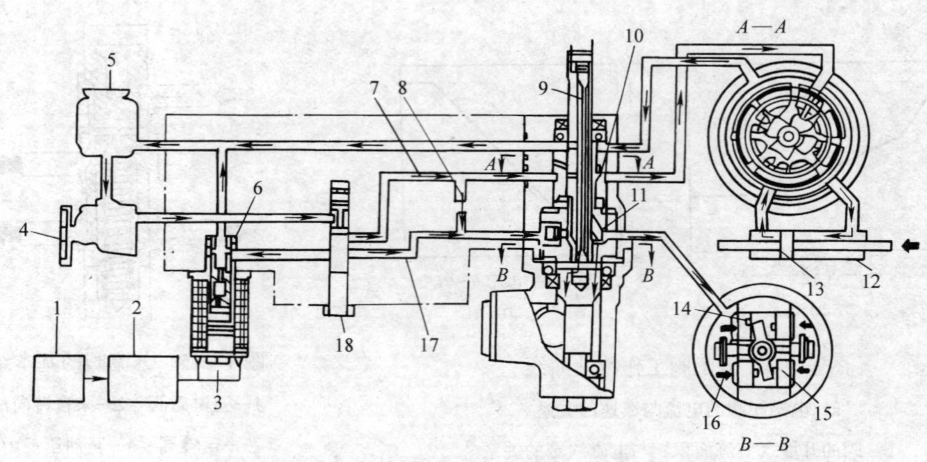

图 1—77 EPS 在停车或低速行驶时的转向作用

1—车速传感器 2—ECU 3—电磁阀 4—叶片泵 5—储液罐 6—电磁阀开度（大） 7—压力增加 8—量孔 9—扭杆 10—柱塞 11—油压反力室 12—动力缸 13—活塞 14—阀杆 15—柱塞 16—压力减小 17—至反力室 18—分流阀

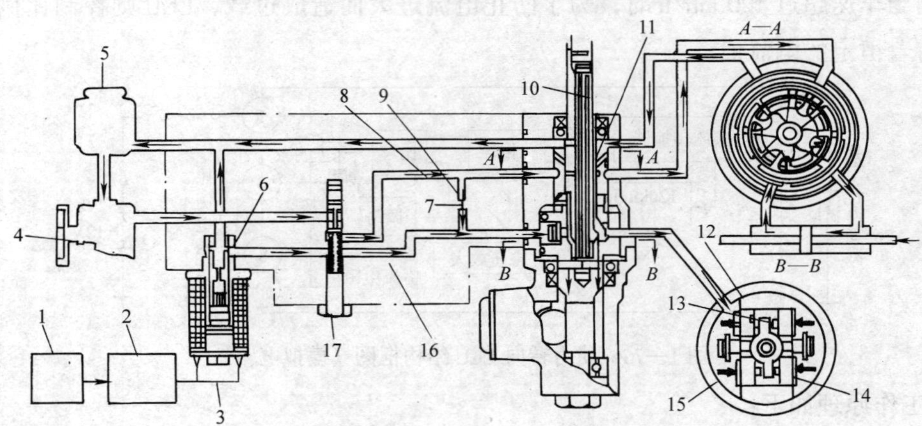

图 1—78 EPS 在中、高速行驶时的转向作用

1—车速传感器 2—ECU 3—电磁阀 4—叶片泵 5—储液罐 6—电磁阀开度（小） 7、9—量孔 8—压力增加 10—扭杆 11、14—柱塞 12—油压反力室 13—控制阀杆 15—压力增加 16—流量增加 17—分流阀

输出电流减小，电磁阀开度减小，流入油压反力室中的液流量增加，反力增大，使得柱塞推动控制阀杆的力变大。液流还从量孔流进油压反力室中，这也增大了油压反力室中的液体压力，故转向盘的转动角度增加时，将要求一个更大的转向操纵力，从而获得稳定且直接的手感。

（2）电子控制电动式动力转向系统

1）电子控制电动式动力转向的特点。电子控制电动式转向系统能根据不同的情况产生适合各种车速的动力转向，不受发动机停止运转的影响，在停车时，驾驶员也可获得最大的转向动力；汽车在行驶过程中，电子控制装置可调整电动机的助力以改善路感；零部件少，重量轻，电子控制电动式转向系统的重量可比液压式转向系统轻 25%；设计紧凑，所占空间较小；由于该动力转向装置不是发动机直接驱动的，电动机只是在转向时才接通，故可节省燃油。

2）基本组成和工作原理。电子控制电动式动力转向系统的基本组成如图 1—79 所示，主要由车速传感器、转矩传感器、转向角传感器、电子控制器 ECU、电动机及减速机构等组成。该系统广泛应用于日本日产、三菱、大发、富士重工、铃木等汽车公司的许多车型。

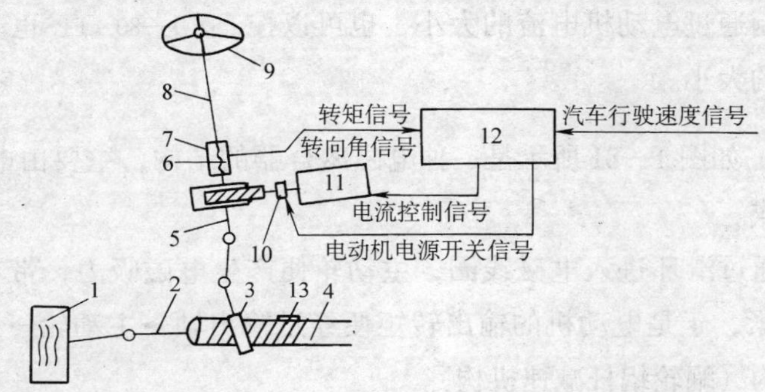

图 1—79 电动式动力转向系统的组成

1—转向车轮 2—横拉杆 3—转向齿轮 4—转向齿条 5—输出轴 6—扭杆 7—扭矩传感器 8—（转向）输入轴 9—转向盘 10—电磁离合器 11—电动机 12—ECU 13—转角传感器

电子控制电动式动力转向系统的基本工作原理是根据汽车行驶速度（车速传感器输出信号）、转矩及转向角信号，由 ECU 控制电动机及减速机构产生助力转矩，使汽车行驶在低、中车速下都能获得最佳的转向性能。

电动机连同离合器和减速齿轮一起，通过一个橡胶底座安装在左车架上。电动机的输出转矩由减速齿轮增大，并通过万向节、转向器中的助力小齿轮把输出转矩送至转向齿条，向转向轮提供助推转矩。

电子控制器 ECU 根据各传感器的输入信号确定助推转矩的幅值和方向，并且直接控制驱动电路去驱动电动机。

转矩传感器、转向角传感器和汽车速度传感器为助力转矩的信号源。

EPS 系统还设有安全保护装置，由一个在主电源电路中能切断电动机电源的继电器和一个安装在电动机与减速齿轮之间并能把它们断开的电磁离合器组成。只要系统发生故障，安全保护装置就会开始工作，确保安全。

①执行器。EPS 的执行器包括直流电动机、电磁离合器和减速机构等。

a. 电动机。EPS 用的电动机与起动发动机用的直流电动机原理基本相同，但它通常采用永磁磁场。最大电流一般为 30 A 左右，电压为 12 V，额定转矩为 10 N·m 左右。

EPS 直流电动机要能正反转控制，如图 1—80 所示为一种比较简单适用的控制电路。a1、a2 为触发信号端。当 a1 端得到输入信号时，晶体管 VT3 导通，VT2 得到基极电流而导通，电流经 VT2、电动机 M、VT3、搭铁而构成回路，于是电动机正转；当 a2 端得到输入信号时，电流则经 VT1、M、VT4、搭铁而构成回路，电动机则因电流方向相反而反转。只要控制触发信号端电流的大小，就可以控制通过电动机电流的大小，也可以控制电动机输出转矩的大小。

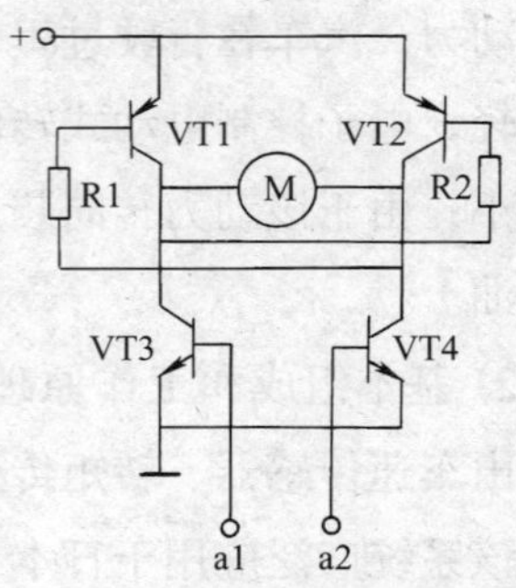

图 1—80　EPS 电动机正、反转控制电路

b. 电磁离合器。如图 1—81 所示是一种电磁离合器的结构，主要由电磁线圈、主动轮、从动轴、压板等组成。

工作时，电流通过滑环进入电磁线圈，主动轮便产生电磁吸力，带花键的压板就被吸引，并与主动轮压紧，于是电动机的输出转矩便经过输出轴→主动轮→压板→花键→从动轴，传递给执行机构（蜗轮蜗杆减速机构）。

电磁离合器的主要功用是保证电动助力只有在预定的车速范围内起用。当汽车行驶速度超过系统限定的最大值时，电磁离合器便切断电动机的电源，使电动机停转，离合器分离，不起传递转向助力的作用。另外，在不传递助力的情况下，离合器还能消除电动机的惯性对转向的影响；当该动力转向系统发生故障时，离合器还会自动分离，此时又可恢复手动控制转向。

c. 减速机构。如图 1—82 所示，减速机构主要由蜗轮和蜗杆构成，蜗杆的动力来自于电磁离合器和电动机，经蜗轮减速增扭后，传送给转向轴，然后再通过其他部件传送给转向轮，以实现助力转向。

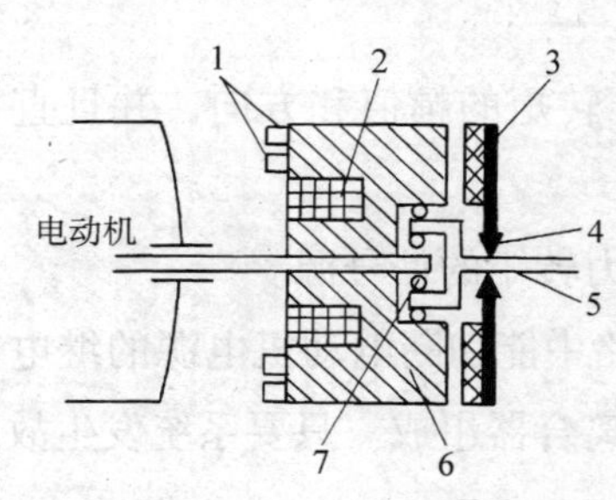

图 1—81　电磁离合器

1—滑环　2—电磁线圈　3—压板　4—花键
5—从动轴　6—主动轮　7—滚珠轴承

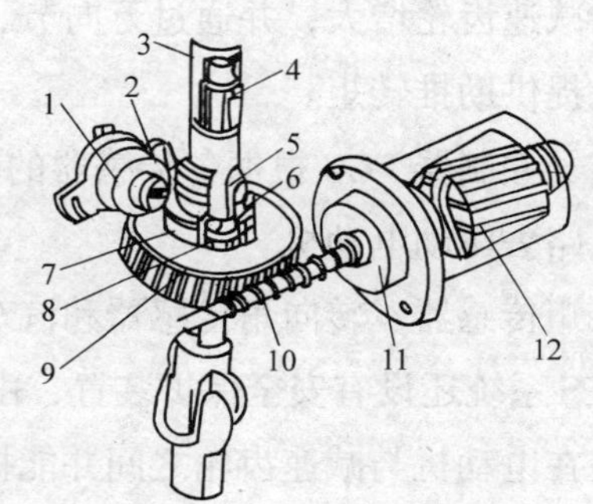

图 1—82　减速机构

1—转矩传感器　2—控制臂　3—输入轴
4—扭杆　5—滑块　6—球槽　7—滑环　8—钢珠
9—蜗轮　10—蜗杆　11—电磁离合器　12—电动机

②电子控制器（ECU）。EPS 电子控制器（ECU）的基本组成如图 1—83 所示，其核心是一个具有 256 个字节的 RAM、4 KB 容量的 ROM、8 位字长的单片微机（微处理器）。外围电路还有 10 位 A/D 转换器、8 位 D/A 转换器、I/F（电流/频率）转换器、放大电路、动力监测电路、驱动电路等。

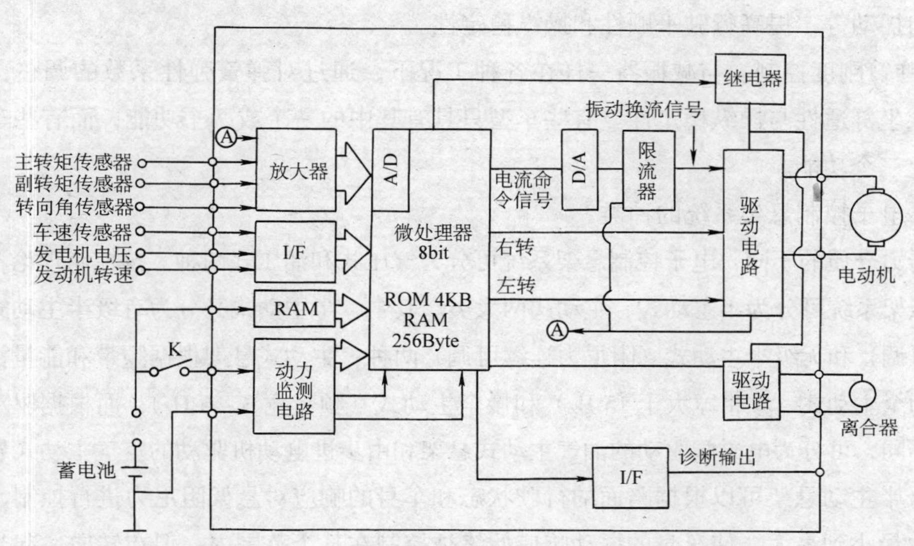

图 1—83 电动式动力转向 ECU 及其控制系统

工作时，转向转矩和转向角信号经过 A/D 转换器被输入到中央处理器（CPU），中央处理器根据这些信号和车速计算出最优化的助力转矩。ECU 把已计算出来的参数值作为电流命令值送到 D/A 转换器并转换为模拟量，再将其输入到电流控制电路；电流控制电路把来自微处理器的电流命令值同电动机电流的实际值进行比较，产生一个差值信号。该差值信号被送到驱动电路，该电路可驱动动力装置并向电动机提供控制电流。也即当转矩传感器和转向角传感器的信号经 A/D 转换器处理后，微处理器就在其内存中寻找与该信号相匹配的电动机电流值，然后将此值输送给 D/A 转换器进行数字模拟转换，处理后的模拟信号再送给限流器，由限流器来决定电动机驱动电路电流值的大小。微处理器同时给电动机驱动电路输出另一个信号，即可决定电动机（左转或右转）的转动方向。

3. 电子控制悬架系统的组成、工作原理

（1）电子控制悬架系统的功能

电子控制悬架系统的基本目的是通过控制调节悬架的刚度和阻尼力，使汽车的悬架特性与道路状况和行驶状态相适应，从而保证汽车行驶的平顺性和操纵的稳定性要求都能得到满足。其基本功能有：

1）车高调整。无论车辆的负载多少，都可以保持汽车高度一定，车身保持水平，从而使前大灯光束方向保持不变；当汽车在坏路面上行驶时，可以使车高升高，防止车桥与路面相碰；当汽车高速行驶时，又可以使车高降低，以便减少空气阻力，提高操纵稳定性。

2）减振器阻尼力控制。通过对减振器阻尼系数的调整，防止汽车急速起步或急加速时车尾下蹲；防止紧急制动时的车头下沉；防止汽车急转弯时车身横向摇动；防止汽车换挡时车身纵向摇动等，提高行驶平顺性和操纵稳定性。

3）弹簧刚度控制。与减振器一样在各种工况下，通过对弹簧弹性系数的调整，来改善汽车的乘坐舒适性与操纵稳定性。有些车型只具有其中的一个或两个功能，而有些车型同时具有以上三个功能。

（2）电子控制悬架系统的种类

按传力介质的不同，电子控制悬架系统可分为气压式和油压式两种。按控制理论不同，电子控制悬架系统可分为半主动式、主动式两大类。其中，半主动式又分为有级半主动式（阻尼力有级可调）和无级半主动式（阻尼力连续可调）两种；主动式悬架根据频带和能量消耗的不同，分为全主动式（频带宽大于 15 Hz）和慢全主动式（频带宽 3 ~ 6 Hz）；而根据驱动机构和介质的不同，可分为电磁阀驱动的油气主动式悬架和由步进电动机驱动的空气主动式悬架。

无级半主动悬架可以根据路面的行驶状态和车身的响应对悬架阻尼力进行控制，并在几毫秒内由最小到最大，使车身的振动响应始终被控制在某个范围内。但在转向、起步、制动等工况时不能对阻尼力实施有效的控制。它比全主动式悬架优越的地方是不需要外加动力源，消耗的能量很小，成本较低。

主动式悬架是一种能供给和控制动力源（油压、空气压）的装置。根据各种传感器检测到的汽车载荷、路面状况、行驶速度、启动、制动、转向等状况的变化，自动调整悬架的刚度、阻尼力以及车身高度等。它能显著提高汽车的操纵稳定性和乘坐舒适性。

（3）电子控制悬架系统的结构与工作原理

1）电子控制悬架系统的组成与工作原理。现代汽车电控悬架系统由感应汽车运行状况的各种传感器、开关，电子控制单元及执行机构等组成。传感器一般有车高传感器、车速传感器、加速度传感器、转向盘转角传感器、节气门位置传感器等。开关有模式选择开关、制动灯开关、停车开关和车门开关等。执行机构有可调整阻尼力的减振器，可调节弹簧高度和弹性大小的弹性元件等。

电控悬架系统的一般工作原理是：利用传感器（包括开关）把汽车行驶时路面的状况和车身的状态进行检测，将检测信号输入计算机进行处理，计算机通过驱动电路控制悬架系统的执行器动作，完成悬架特性参数的调整，其工作原理如图 1—84 所示。

2）传感器的结构与工作原理

①转向盘转角传感器。转向盘转角传感器用于检测转向盘的中间位置、转动方向、转动

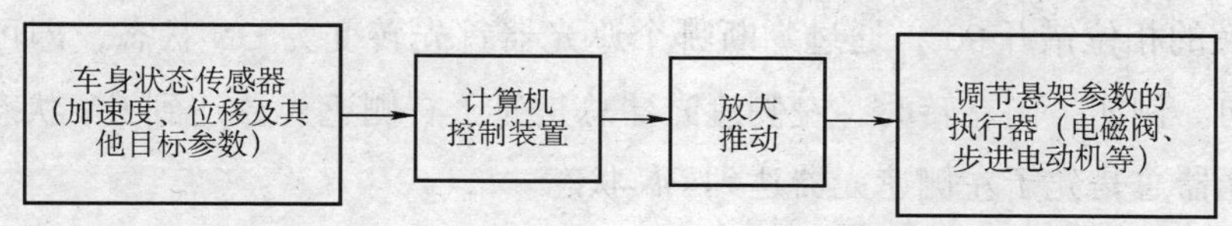

图 1—84 电控悬架系统的工作原理

角度和转动速度。在电子控制悬架中，电子控制单元根据车速传感器信号和转角传感器信号，判断汽车转向时侧向力的大小和方向，以控制车身的侧倾。

现代汽车多采用光电式转角传感器，如图 1—85 所示是丰田汽车 TEMS 上应用的光电式转角传感器的安装位置和结构图。在转向盘的转向轴上装有一个带窄缝的圆盘，传感器的光电元件（即发光二极管）和光敏接收元件（光敏三极管）相对地装在遮光盘两侧形成遮光器。由于圆盘上的窄缝呈等距均匀分布，当转向盘的转轴带动圆盘偏转时，窄缝圆盘将扫过遮光器中间的空穴，从而在遮光器的输出端，即可进行 ON、OFF 转换，形成脉冲信号。光电式转角传感器的工作原理如图 1—86 所示，电路原理如图 1—87 所示。

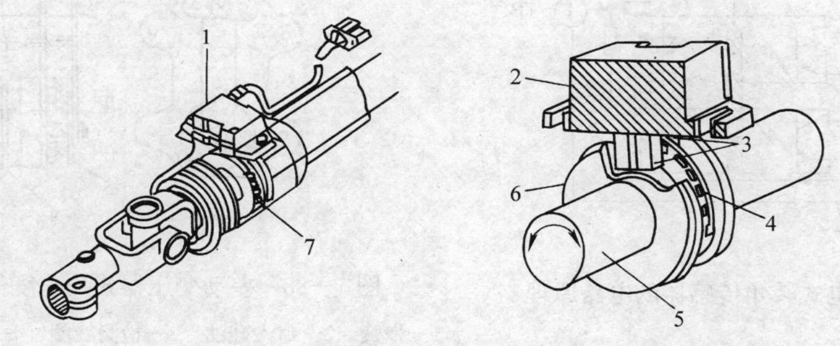

图 1—85 光电式转角传感器的安装位置和结构

1、2—转角传感器 3—光电元件 4—遮光板 5—转向轴 6、7—传感器圆盘

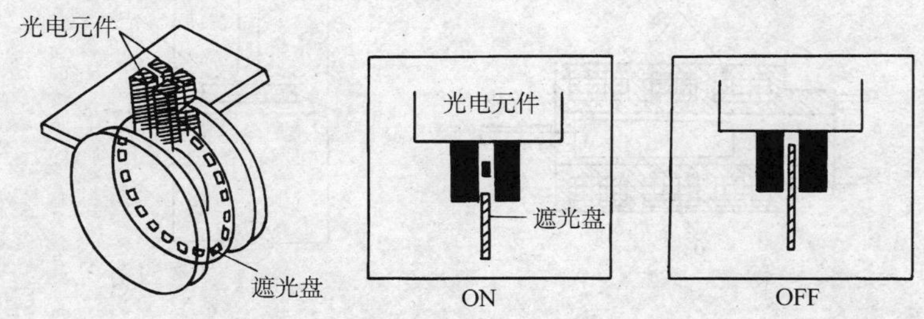

图 1—86 光电式转角传感器的工作原理

当转动转向盘时，带窄缝的圆盘使遮光器之间的光束产生通/断变化，遮光器的这种反复开/关状态产生与转向轴转角成一定比例的一系列数字信号，系统控制装置可根据此信号的变化来判断转向盘的转角与转速。同时，传感器在结构上采用两组光电耦合器，可根据检测到的脉冲信号的相位差来判断转向盘的偏转方向。这是因为两个遮光器在安装上使它们的

ON、OFF 变换的相位错开 90°，通过判断哪个遮光器首先转变为 ON 状态，即可检测出转向轴的偏转方向。例如，向左转时，左侧遮光器总是先于右侧遮光器达到 ON 状态；而向右转时，右侧遮光器总是先于左侧遮光器达到 ON 状态。

② 加速度传感器。在车轮打滑时，不能以转向角和汽车车速正确判断车身侧向力的大小。为了直接测出车身横向加速度和纵向加速度，可以利用加速度传感器。横向加速度传感器主要用于检测汽车转向时，汽车因离心力的作用而产生的横向加速度，并将产生的电信号输送给电子控制单元 ECU，使电子控制单元能判断悬架系统的阻尼力改变的大小及空气弹簧中空气压力的调节情况，以维持车身的最佳姿势。加速度传感器常用的有差动变压器式和钢球位移式两种。

a. 差动变压器式加速度传感器。如图 1—88 所示是差动变压器式加速度传感器的结构图，如图 1—89 所示是其工作原理图。

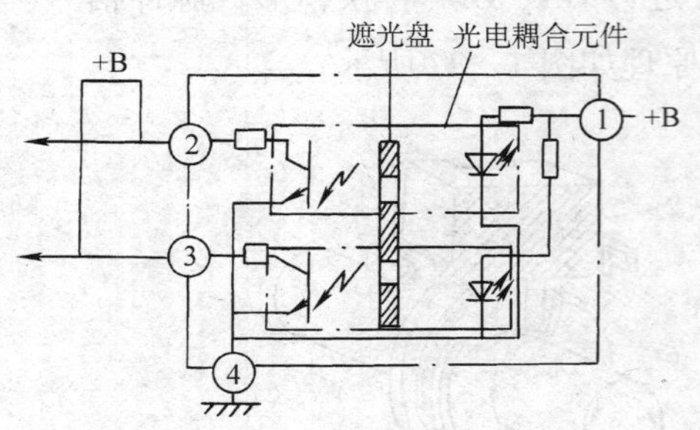

图 1—87　光电式转角传感器的电路原理

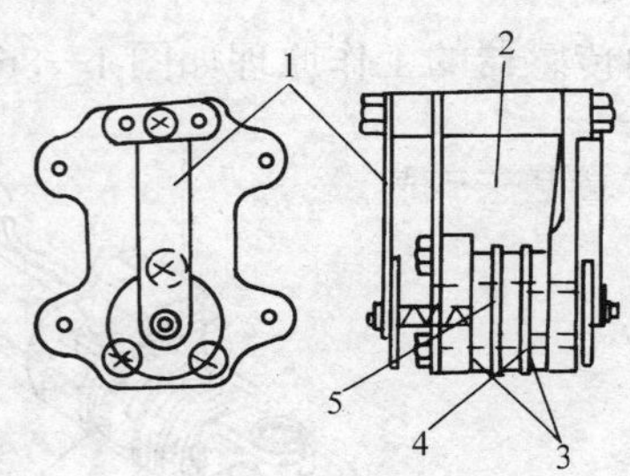

图 1—88　差动变压器式加速度传感器的结构

1—弹簧　2—封入硅油　3—检测线圈　4—励磁线圈　5—芯杆

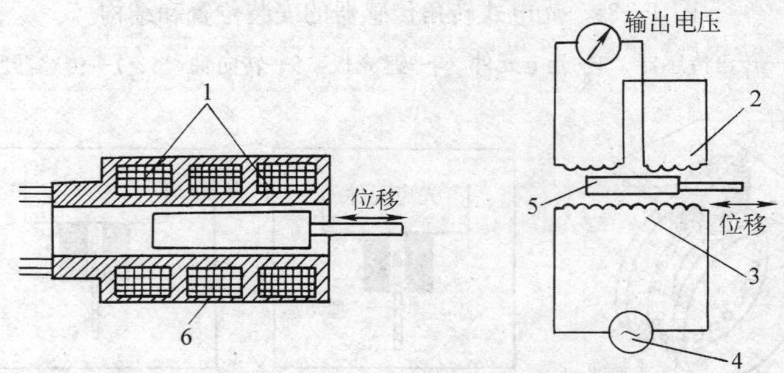

图 1—89　差动变压器式加速度传感器的工作原理

1、2—二次绕组　3、6—一次绕组　4—电源　5—芯杆

在励磁线圈（一次绕组）通以交流电的情况下，当汽车转弯（或加、减速）行驶时，芯杆在汽车横向力（或纵向力）的作用下产生位移，随着芯杆位置的变化，检测线圈（二次绕组）的输出电压发生变化。所以，检测线圈的输出电压与汽车横向力（或纵向力）一一对应，反映了汽车横向力（或纵向力）的大小。悬架系统电子控制装置根据此输入信号即可正

确判断汽车横向力（或纵向力）的大小，对车身姿势进行控制。

b. 钢球位移式加速度传感器。钢球位移式加速度传感器的结构如图 1—90 所示。根据所检测的力（横向力、纵向力或垂直力）不同，加速度传感器的安装方向也不一样。如汽车转弯行驶时，钢球在汽车横向力的作用下产生位移，随着钢球位置的变化，造成线圈的输出电压发生变化。所以，悬架系统电子控制装置根据加速度传感器输入的信号即可正确判断汽车横向力的大小，从而实现对汽车车身姿势的控制。

除此之外，还有半导体加速度传感器，如三菱 GALANT 汽车采用的 G 传感器是一小型半导体加速度计，它安装于汽车前端，用于确定汽车转向时的横向加速度。根据储气筒中空气压力的大小，通过低压开关和高压开关打开或关闭空气压缩机。后压力传感器中有一弹性膜片，当空气压力变化时弹性膜片移动，弹性膜片的移动通过一电位计转化为电压信号输入 ECU。

③车身高度传感器。车身高度传感器的作用是检测汽车行驶时车身高度的变化情况（汽车悬架的位移量），并转换成电信号输入悬架系统的电子控制装置 ECU。车身高度传感器常用的有片簧开关式高度传感器、霍尔集成电路式高度传感器、光电式高度传感器。

a. 片簧开关式高度传感器。片簧开关式高度传感器的结构和工作原理如图 1—91 所示。片簧开关式高度传感器将车身高度状态组合为四个检测区域，分别是低、正常、高、超高。当车身高度调定为正常高度时，如果因乘员数量的增加，而使车身高度偏离正常高度。此时，片簧开关式高度传感器的另一对触点闭合，产生电信号输送给 ECU，ECU 随即做出车身高度偏低的判断，从而输出电信号到车身高度控制执行器，促使车身高度恢复正常高度状态。片簧开关式高度传感器在福特车型上应用较多。

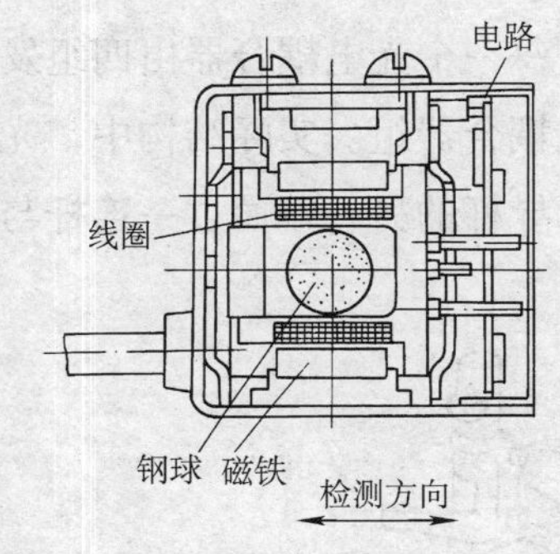

图 1—90 钢球位移式加速度传感器

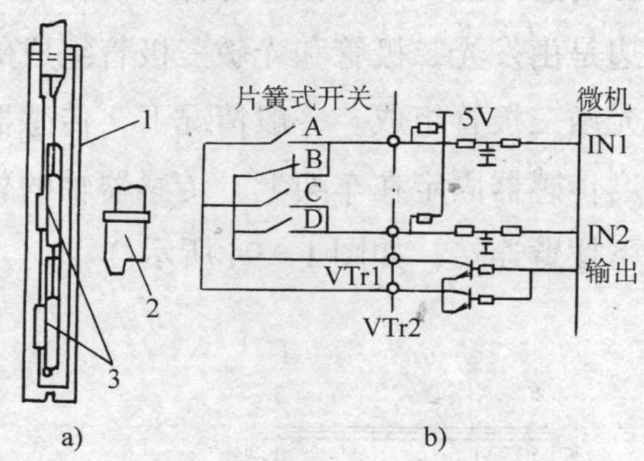

图 1—91 片簧开关式高度传感器

a）结构 b）工作原理

1—传感器体 2—磁体 3—片簧开关

b. 霍尔集成电路式高度传感器。霍尔集成电路式高度传感器的结构和工作原理如图 1—92所示。霍尔集成电路式高度传感器分别由两个霍尔集成电路、磁体等组成。其基本工作原理是：当两个磁体因车身高度的改变而产生相对位移时，将在两个霍尔集成电路上产生不同的霍尔电效应，形成相应的电信号，悬架的电控装置根据这些电信号做出车身高度偏离调定高度的情况判别，从而驱动执行器做出有关调整。由于两个霍尔集成电路和两个磁体安装时，它们的位置进行了不同的组合，可以将车身高度状态分为三个区域进行检测。

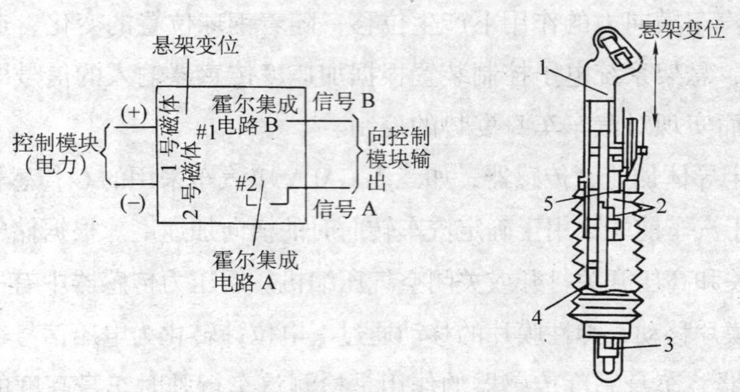

图 1—92　霍尔集成电路式高度传感器

1—传感器体　2—霍尔集成电路　3—弹簧夹　4—滑轴　5—窗孔

c. 光电式高度传感器。以上介绍的均是接触式车身高度传感器，在使用过程中存在磨损而影响检测精度和灵敏度的弱点，其应用受到一定限制。光电式高度传感器属于非接触式高度传感器，它有效地克服了上述缺点，因此，现代轿车越来越多地采用了光电式高度传感器。

如图 1—93 所示是光电式高度传感器的结构图。在主动悬架系统中，要对车身高度进行检测与调节，一般只需在悬架上安装三个车身高度传感器即可，位置在左、右前轮和后桥中部。如果传感器多于三个，则会出现调整干涉现象。

在传感器上，有一根靠连杆带动转动的转轴，转轴上固定一个开有许多窄槽的圆盘，圆盘两边是由发光二极管和光敏三极管组成的光电耦合器。每一个光电耦合器由四组发光二极管和光敏三极管组成。一般情况下，传感器中有两个光电耦合器组。实际结构中，光电式车身高度传感器固定在车架上，传感器轴的外端装有导杆，导杆的另一端通过一连杆与独立悬架的下摆臂连接，如图 1—94 所示。

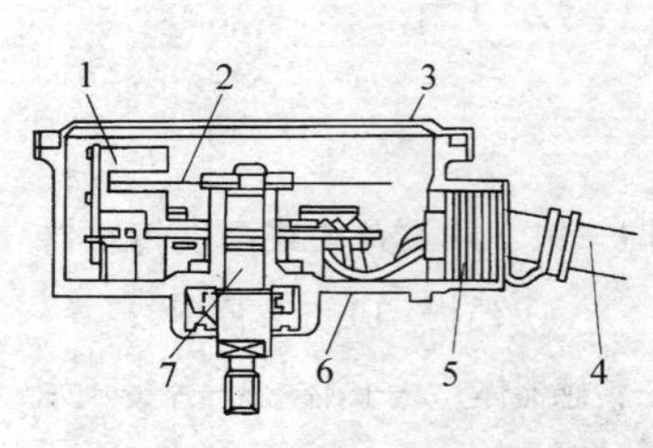

图 1—93　光电式高度传感器

1—遮光板　2—圆盘　3—传感器盖　4—信号线
5—金属油封环　6—传感器壳　7—传感器轴

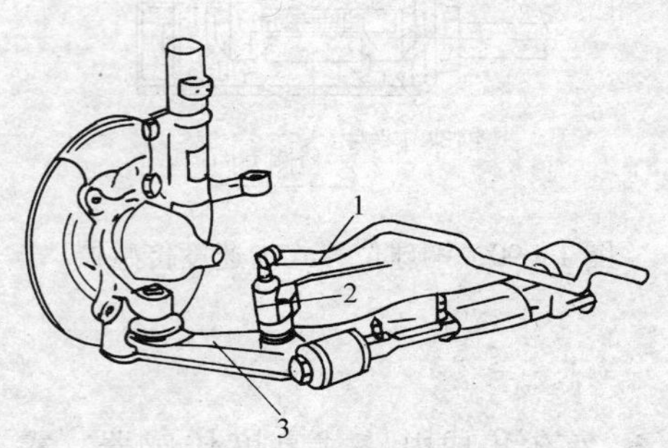

图 1—94　高度传感器的安装

1—导杆　2—传感器　3—下摆臂

如图 1—95 所示是光电式高度传感器的工作原理图。当车身高度发生变化时（如汽车载荷发生变化），导杆将随悬架摆臂的上下移动而摆动，从而通过传感器转轴驱动圆盘转动，使光电耦合器组相对应的发光二极管和光敏三极管上的光线产生 ON/OFF 的转换。光敏三极管把接收到的光线 ON/OFF 转换成电信号，并通过导线输送给悬架电子控制单元 ECU。

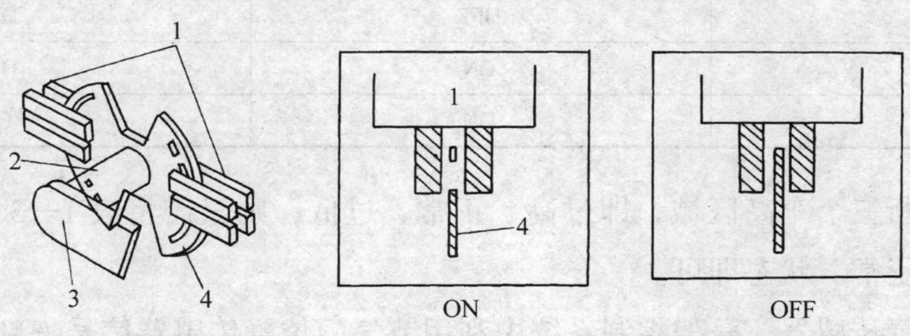

图 1—95 光电式高度传感器的工作原理图

1—遮光板 2—传感器轴 3—导杆 4—圆盘

ECU 根据每一个光电耦合器上每组发光二极管和光敏三极管 ON/OFF 转换的不同组合，判断圆盘转过的角度，从而计算出悬架高度的变化情况。表 1—2 为具有四个光电耦合器组件的状态与车高的对照表。

表 1—2 具有四个光电耦合器组件的状态与车高对照表

光电耦合器组件的状态				车高范围/mm
OFF	OFF	ON	OFF	15
OFF	OFF	ON	ON	14
ON	OFF	ON	ON	13
ON	OFF	ON	OFF	12
ON	OFF	OFF	OFF	11
ON	OFF	OFF	ON	10
ON	ON	OFF	ON	9
ON	ON	OFF	OFF	8
ON	ON	ON	OFF	7
ON	ON	ON	ON	6
OFF	ON	ON	ON	5
OFF	ON	ON	OFF	4
OFF	ON	OFF	OFF	3
OFF	ON	OFF	ON	2
OFF	OFF	OFF	ON	1
OFF	OFF	OFF	OFF	0

悬架系统进行车高调节时，如果只需判断出四个车高区域，则车身高度传感器中只需两

个光电耦合器组元件。此时光电耦合器组的状态与车高的对照见表 1—3。

表 1—3　　两个光电耦合器组的状态与车高的对照表

车高检验区域	光电耦合器 A	光电耦合器 B、
过高	OFF	ON
偏高	OFF	OFF
偏低	ON	OFF
过低	ON	ON

如果只需判断三个车高区域，即过高、正常、过低，则只需将表 1—3 中偏高和偏低两种状态均作为“正常”状态即可。

④节气门位置传感器。悬架控制系统中利用节气门位置传感器信号来判断汽车是否在进行急加速。

⑤车速传感器。车速是汽车悬架系统常用的控制信号，汽车车身的侧倾程度取决于车速和汽车转向半径的大小。通过对车速的检测，来调节电控悬架的阻尼力，从而改善汽车行驶的安全性。

⑥模式选择开关。模式选择开关位于变速器操纵手柄旁，如图 1—96 所示。驾驶员根据汽车的行驶状况和路面情况选择悬架的运行模式，从而决定减振器的阻尼力大小。

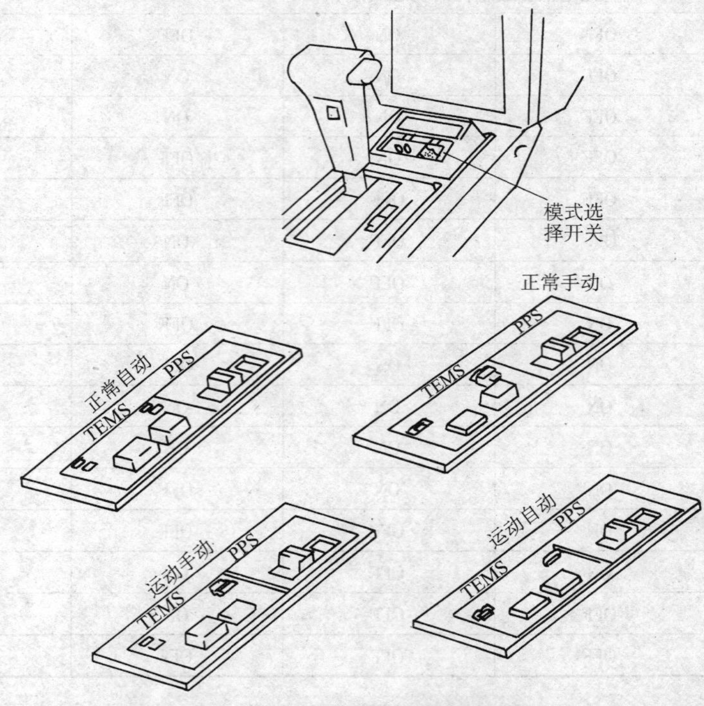

图 1—96　模式选择开关的位置和操作方法

驾驶员通过操纵模式选择开关，可使悬架系统工作在四种运行模式：自动、标准（Auto、Normal）；自动、运动（Auto、Sport）；手动、标准（Manu、Normal）；手动、运动（Manu、Sport）。当选择自动挡时，悬架系统可以根据汽车行驶状态自动调节减振器的阻尼力，以保证汽车乘坐舒适性和操纵稳定性，其控制功能见表1—4。当选择手动挡时，悬架系统的阻尼力只有标准（中等）和运动（硬）两种状态的转换。

表1—4　　系统控制功能

汽车行驶状态	减振器阻尼力（悬架状态）	
	自动、标准模式	自动、运动模式
一般情况下	软	中等
汽车急加速、急转弯或紧急制动时	硬	硬
高速行驶时	中等	中等

3）悬架电子控制单元ECU。悬架电子控制单元ECU是一台小型专用计算机，一般由输入电路、微处理器、输出电路和电源电路等组成，如图1—97所示。

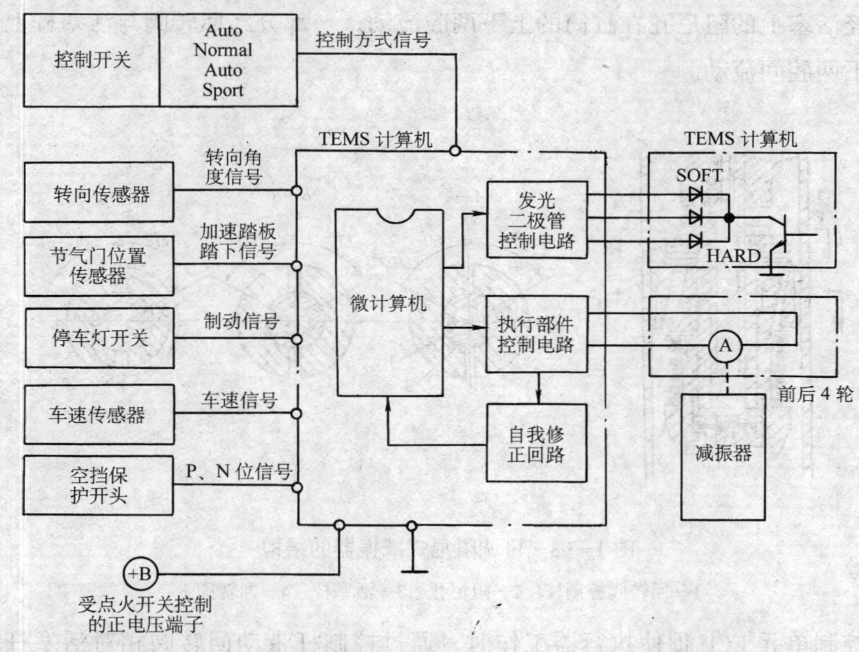

图1—97　悬架电子控制单元ECU电路

①提供稳压电源。控制装置内部所用电源和各种传感器的电源均由稳压电源提供。

②传感器信号放大。用接口电路将输入信号（如各种传感器信号、开关信号）中的干扰信号除去，然后放大，变换为适合输入控制装置的信号。

③输入信号的计算。电子控制单元根据预先写入只读存储器ROM中的程序对各输入信

号进行计算，并将计算结果与内存的数据进行比较后，向执行机构（电动机、电磁阀、继电器等）发出控制信号。输入 ECU 的信号除了开/关信号外还有电压信号时，还应进行 A/D 转换。

④驱动执行机构。悬架 ECU 用输出驱动电路将输出驱动信号放大，然后输送到各执行机构，如电动机、电磁阀、继电器等，以实现对汽车悬架参数的控制。

⑤故障检测。悬架 ECU 用故障检测电路来检测传感器、执行器、线路等的故障，当发生故障时，将信号送入悬架 ECU，目的在于即使发生故障也能使悬架系统安全工作，而且在修理故障时容易确定故障所在位置。

4）执行机构的结构与工作原理

① 阻尼力控制执行机构

a. 可调阻尼力减振器。可调阻尼力的减振器主要由缸筒、活塞及活塞控制杆、回转阀等构成，如图 1—98 所示。活塞杆是一空心杆，在其中心装有控制杆，控制杆的上端与执行器相连。控制杆的下端装有回转阀，回转阀上有三个油孔，活塞杆上有两个通孔。缸筒中的油液一部分经活塞上的阻尼孔在缸筒的上下两腔流动；一部分经回转阀与活塞杆上连通的孔在缸筒的上下两腔间流动。

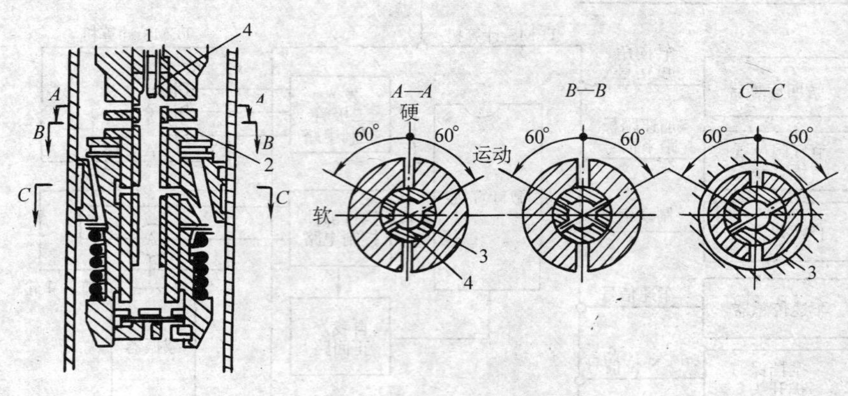

图 1—98　可调阻尼式减振器的结构

1—回转阀控制杆　2—阻尼孔　3—活塞杆　4—回转阀

当电子控制单元 ECU 促使执行器工作时，通过控制杆带动回转阀相对活塞杆转动，回转阀与活塞杆上的油孔连通或切断，从而增加或减少油液的流通面积，使油液的流动阻力改变，达到调节减振器阻尼力的目的。当回转阀上的 A、C 油孔相连时，流通面积较大，减振器的阻尼力为软；当只有回转阀 B 油孔与活塞杆油孔相连时，减振器的阻尼力为中等；当回转阀上三个油孔均被堵住，仅有活塞杆上的阻尼孔起衰减作用时，减振器的阻尼力为硬。

b. 直流电动机式执行器。如图 1—99 所示是丰田汽车采用的直流电动机式执行器的结构和工作原理图。该执行器主要由直流电动机、小齿轮、扇形齿轮、电磁线圈、挡块、控制杆组成。每个执行器均安装于悬架系统中减振器的顶部，并通过其上的控制杆与回转阀相连接，直流电动机和电磁线圈直接接受电子控制单元的控制。

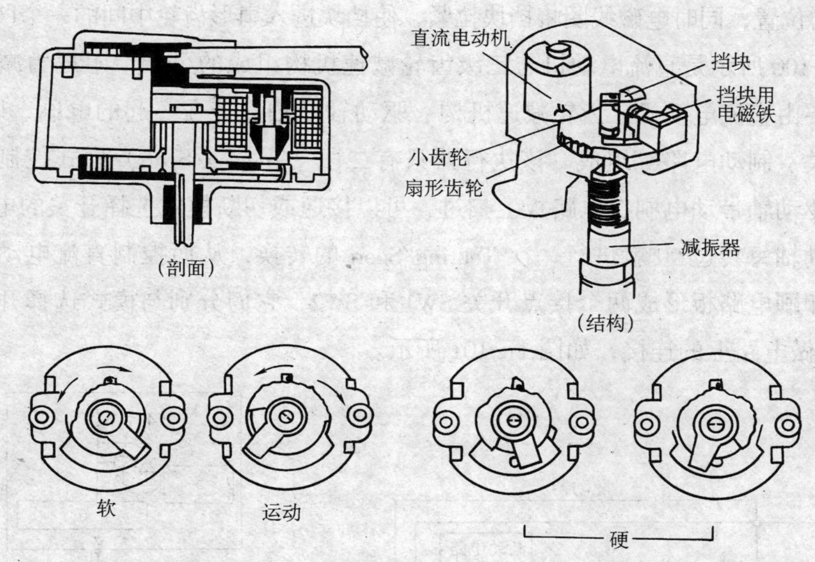

图 1—99 执行器的结构和工作原理

该执行器的基本工作原理是：电子控制单元输出控制信号，使电磁线圈通电控制挡块的动作（如将挡块与扇形齿轮的凹槽分离）。另外，直流电动机根据输入的电流方向做相应方向的旋转，从而驱动扇形齿轮做对应方向的偏转，带动控制杆改变减振器的回转阀与活塞杆油孔的连通情况，使减振器的阻尼力按需要的阻尼力大小和方向改变。当阻尼力调整合适后，电动机和电磁线圈都断电，挡块重新进入扇形齿轮的凹槽，使被调整好的阻尼力大小能稳定地保持。执行器的直流电动机和电磁线圈在工作时的通电情况见表 1—5。

表 1—5　　执行器的通电方式

减振器的阻尼状态		电动机		电磁线圈
调整前	调整后	正极	负极	
	软	−	+	断开
	中等	+	−	断开
软	硬	+	−	接通
中等	硬	−	+	接通

当电子控制单元发出软阻尼力信号时，电动机转动使扇形齿轮做逆时针方向转动，直到扇形齿轮上凹槽的一边靠在挡块上为止；如发出中等硬度信号，电动机反向通电，使扇形齿轮顺时针方向偏转，直到扇形齿轮上凹槽的另一边靠在挡块上为止；如发出硬阻尼力信号时，电子控制单元同时向电动机和电磁线圈发出控制信号，电动机带动扇形齿轮离开软阻尼力位置或中等阻尼力位置，同时电磁线圈将挡块拉紧，使挡块进入扇形齿轮中间的一个凹槽内。

如图 1—100 所示是直流电动机与三级齿轮减速机构组成的可调节阻尼力减振器的执行装置。它主要由直流电动机、齿轮减速机构、驱动轴及轴连接在一起的电刷、印制电路板、挡位转动开关、制动电路等组成。该执行器只有二段（Touring/Sport）模式控制。随着执行器的工作，驱动轴带动电刷在电路板上扫过，可以接通或切断模式选择开关的电流通路。

一般驱动轴每转过 90°就进行一次 Touring/Sport 的转换，从而控制直流电动机的工作状态。电刷与印刷电路板形成两个接点开关 SW1 和 SW2，它们分别与模式选择开关的 Touring 挡和 Sport 挡做电路上的连接，如图 1—101 所示。

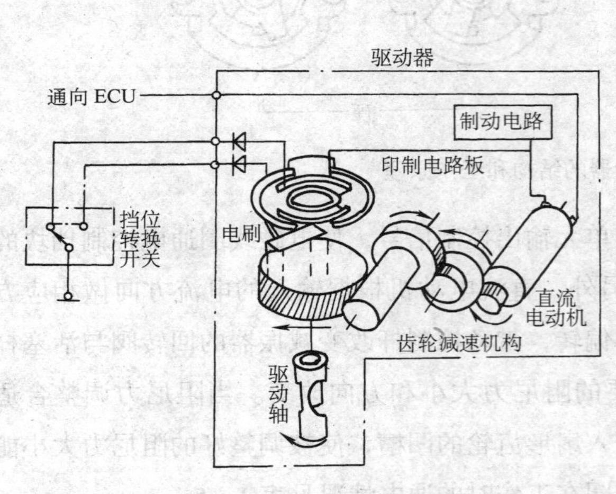

图 1—100　驱动器的构造

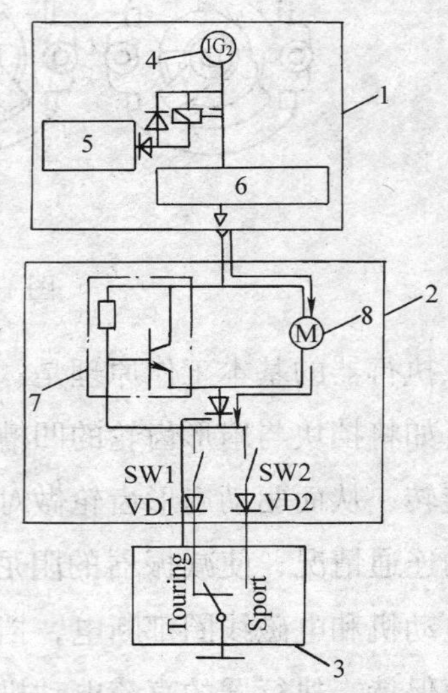

图 1—101　电子控制单元与驱动器电路

1—电子控制单元 ECU　2—减振器驱动器

3—挡位转换开关　4—电源电路　5—时间电路

6—电压控制电路　7—制动电路　8—直流电动机

模式选择与接点开关 SW1、SW2 状态的关系见表 1—6。

表 1—6　　模式选择与接点开关 SW1、SW2 状态的关系

接点开关	“Touring”模式	“Sport”模式
SW1	OFF	ON
SW2	ON	OFF

当模式选择开关转换到“Touring”挡时，电子控制单元 ECU 与驱动电路被接点开关 SW1 接通，电动机有电流通过而工作，带动输出轴转动，从而使减振器回转阀也转动，这时，减振器的阻尼力变为软状态。同时，当输出轴的转角超过 90°时，输出轴上的电刷使接点开关 SW1 断开，而接点开关 SW2 接通。电动机电路被切断进入能耗制动状态而停止运转，维持减振器的阻尼力为“Touring”状态。

当电动机外电路被切断时，电动机因惯性作用会继续运转，产生较大的感应电动势。为防止电动机被烧坏，电路中设有制动保护回路。电动机外电路被切断时所产生的感应电动势经制动回路而消耗，电动机停止处于待命状态。

②侧倾刚度控制的执行机构。汽车的侧倾刚度与汽车的转向特性密切相关。为改变汽车的侧倾刚度，可以通过改变横向稳定杆的扭转刚度来实现。侧倾刚度控制系统根据电子控制单元 ECU 的信号，通过执行器来控制横向稳定杆液压缸内的油压，达到调节横向稳定杆扭转刚度的目的。

a. 横向稳定杆执行器。如图 1—102 所示是横向稳定杆执行器的工作原理图。它由直流电动机、蜗轮、蜗杆、行星齿轮机构和限位开关等组成。行星齿轮机构由与蜗轮一体的太阳轮、两个行星齿轮和齿圈构成。两个行星轮装在与变速传动轴为一体的行星架上，齿圈为固定元件，太阳轮为主动元件，行星架及变速传动轴为从动元件。变速传动轴的外端装有驱动杆，因此，直流电动机可通过执行器内部的蜗杆蜗轮和行星齿轮机构使驱动杆转动。

当把挡位选择开关转到“Sport”位置时，如图 1—103 所示，起初限位开关 SW1 处于 ON 位置，而开关 SW2 尚处于 OFF 位。此时，电流由 ECU→模式选择开关→右边的二极管→SW1 的 ON 接点→直流电动机→SW2 的 OFF 接点→模式选择开关→接地。即电流流动，电动机开始转动，并通过蜗杆蜗轮、行星齿轮机构驱动变速传动轴转动，带动稳定器驱动杆偏转实现阻尼力变化。当驱动器的输出轴转动，则限位开关 SW1，由 ON 位转换到 OFF 位，此时，电动机的电流由 SW1 的 OFF 接点提供。当驱动杆转过全程时，限位开关变 SW2 为 ON 状态，电动机电流被切断。但此时电动机在惯性作用下继续旋转，线圈中有感应电动势产生，该电动势通过 SW1（OFF 接点）→右边的二极管→SW2（ON 接点）→电动机，电动机因短路而被强制制动，避免电动机被损坏。

当缆绳因卡滞而不能动作时，为防止烧毁电动机，可在从动杆不动的情况下，使驱动杆边拉伸弹簧边回转，直到限位开关动作而使直流电动机停转。

b. 液压缸。液压缸安装在横向稳定杆与悬架下控制臂之间，通过改变液压缸内的油压来改变横向稳定杆的扭转刚度，如图 1—104 所示为其工作示意图。

当选择开关处于“Touring”位置时，液压缸内的油压较低，液压缸具有能伸缩的弹性作

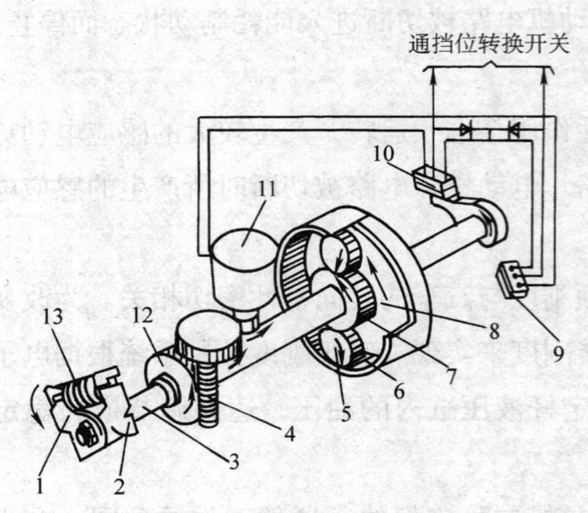

图 1—102　横向稳定杆执行器的工作原理

1—驱动杆　2—从动杆　3—变速器传动杆　4—蜗杆　5—行星轮
6—齿圈　7—太阳轮　8—行星架　9—限位开关（SW2）
10—限位开关（SW1）　11—直流电动机　12—蜗轮　13—弹簧

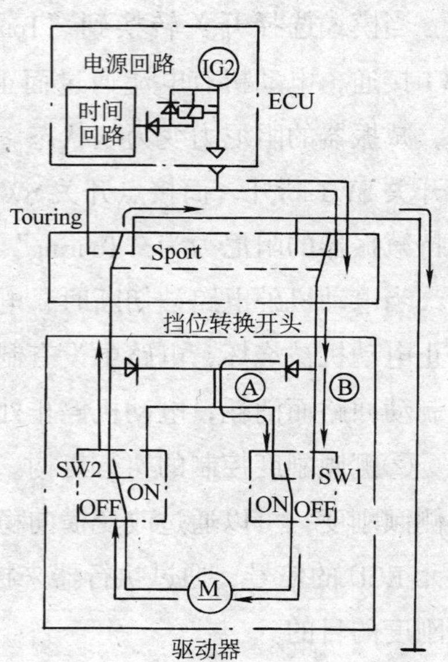

图 1—103　“Sport”挡位时的电路状态

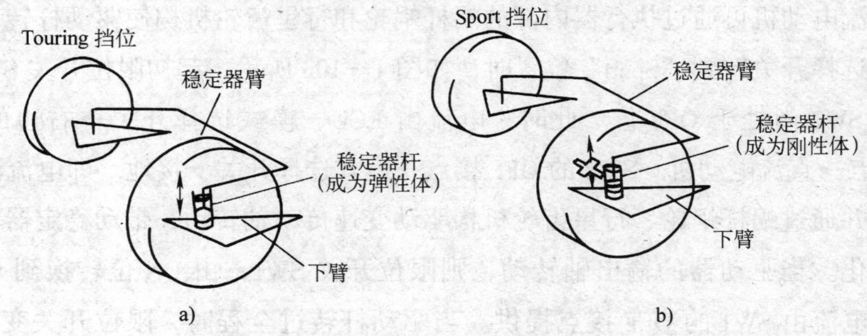

图 1—104　液压缸工作示意图

a)“Touring”挡位　b)“Sport”挡位

用，此时横向稳定杆具有较小的扭转刚度；当选择开关处于“Sport”位置时，液压缸内的油压较高，此时横向稳定杆具有较大的扭转刚度。

液压缸的结构如图 1—105 所示。它主要由缸体、活塞、单向阀、推杆、储油室组成。

推杆与液压缸通过缆绳连接，受缆绳控制，单向阀与推杆用来打开或关闭液压缸的上下腔与储油室之间的油路。

当模式选择开关转到“Touring”位置时，因缆绳呈放松状态，推杆受弹簧力作用而推开单向阀，使液压缸的上下腔均与储油室相通，如图 1—106 所示。此时，液压缸内的油液可在液压缸与储油室之间自由流动，活塞的动作不受限制。为避免汽车的控制稳定性过分降低，活塞的行程只有 16mm，因此，当汽车急转弯时，活塞运动达到全行程状态，稳定杆扭转刚度增大，汽车的侧倾刚度增大。

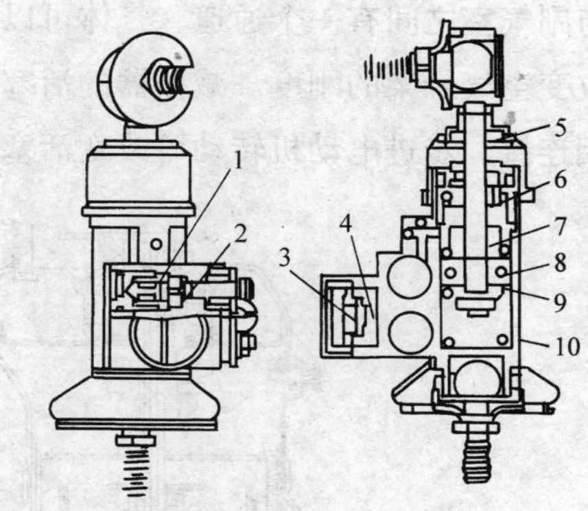

图 1—105 液压缸的结构

1—单向阀 2—推杆 3—膜片 4—储油室 5、7—挡块 6、9—卡簧 8—活塞 10—缸体

当模式选择开关转到“Sport”位置时，横向稳定杆执行器通过缆绳拉动推杆向外移动，单向阀在弹簧的作用下关闭，切断了液压缸的上下腔与储油室之间的油路，液压缸上下腔均呈封闭状态，活塞的动作受到限制，横向稳定杆刚度增加。当模式选择开关转到“Sport”位置时，液压缸活塞不一定正好处于中间位置，如活塞正好处于下端（见图 1—107）并在继续下移。此时，由于液压缸下腔被封闭，活塞不能继续下移。同时，由于液压缸上腔控制孔未被封闭，活塞可以向上移动，液压缸上腔的油液经控制孔流回储油室，由于活塞的上移，液压缸下腔产生真空，在压差作用下，下端单向阀打开，储油室中的油液流入液压缸下腔。当活塞移动到中间位置时，控制孔关闭，活塞被固定在中间位置。

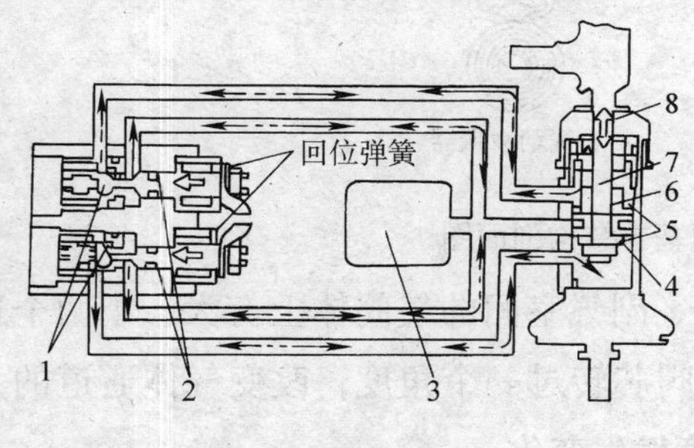

图 1—106 “Touring”挡位时的油路

1—单向阀 2—推杆 3—储油室 4—活塞 5—卡簧 6、8—挡块 7—活塞杆

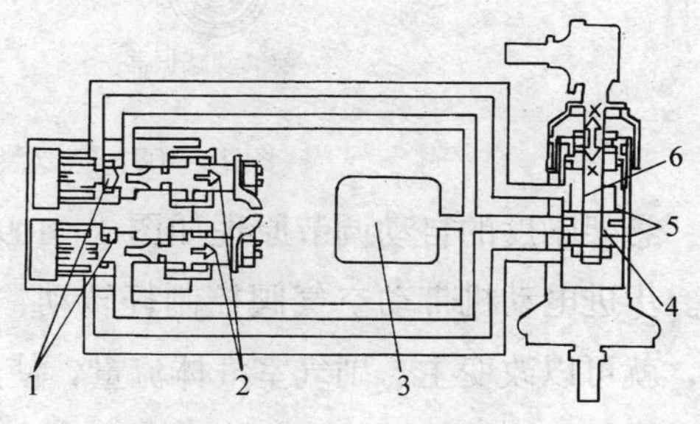

图 1—107 “Sport”挡位时的油路

1—单向阀 2—推杆 3—储油室 4—活塞 5—卡簧 6—活塞杆

c. 弹簧刚度控制的执行机构。如图 1—108 所示为空气悬架气动缸的基本结构剖面图。气动缸由封入低压惰性气体和阻尼力可调的减振器、旋转式膜片、主气室、副气室和悬架执行元件组成。主气室的容积是可变的，在它的下部有一个可伸展的隔膜，压缩空气进入主气室可升高悬架的高度，反之使悬架高度下降。主、副气室设计为一体既省空间，又减轻了重量。悬架的上方与车身相连，随着车身与车轮的相对运动，主气室的容积在不断变化。主气

室与副气室之间有一个通道，气体可以相互流通。改变主、副气室的气体通道的大小，就可以改变空气悬架的刚度。减振器的活塞通过中心杆（阻尼调整杆）和齿轮系与直流步进电动机相连接。步进电动机转动可改变活塞阻尼孔的大小，从而改变减振器的阻尼系数。

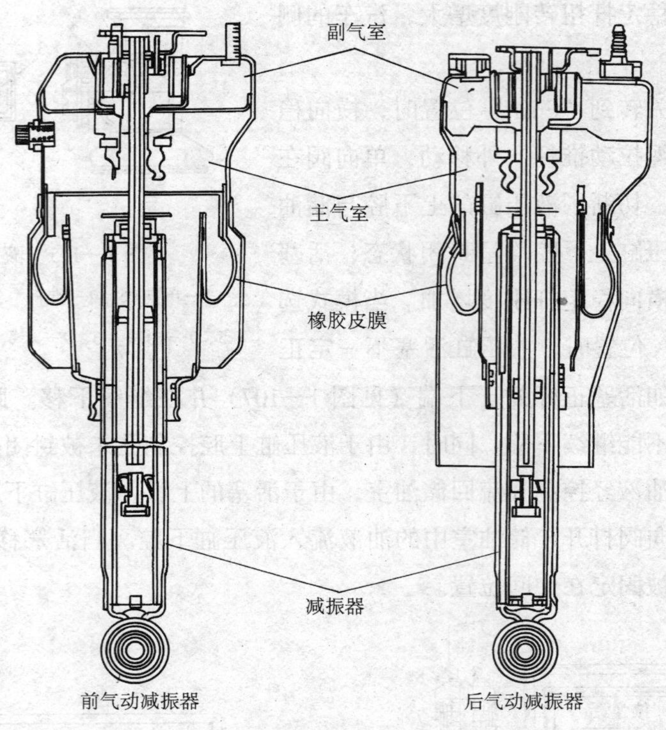

图 1—108 空气悬架气动缸的基本结构剖面图

悬架刚度的自动调节原理如图 1—109 所示。主、副气室间的气阀体上有大、小两个通道。步进电动机带动空气阀控制杆转动，使空气阀阀芯转过一个角度，改变气体通道的大小，就可以改变主、副气室气体流量，使悬架的刚度发生变化。

悬架刚度可以在低、中、高三种状态间变化。

当阀芯的开口转到对准图示的低位置时，气体通道的大口被打开。主气室的气体经过阀芯的中间孔、阀体侧面通道与副气室的气体相通，两气室之间的空气流量越大，相当于参与工作的气体容积增大，悬架刚度处于低状态。当阀芯开口转到对准图示的中间位置时，气体通道的大口被关闭、小口被打开。两气室之间的流量小，悬架刚度处于中间状态。当阀芯开口转到对准图示的高位置时，两气室之间的气体通道全部被封闭，两气室之间的气体相互不能流动。压缩空气只能进入主气室，悬架在振动过程中，只有主气室的气体单独承担缓冲工作，悬架刚度处于高状态。

d. 车高控制的执行机构。如图 1—110 所示为车高控制悬架的结构，通过向空气弹簧的

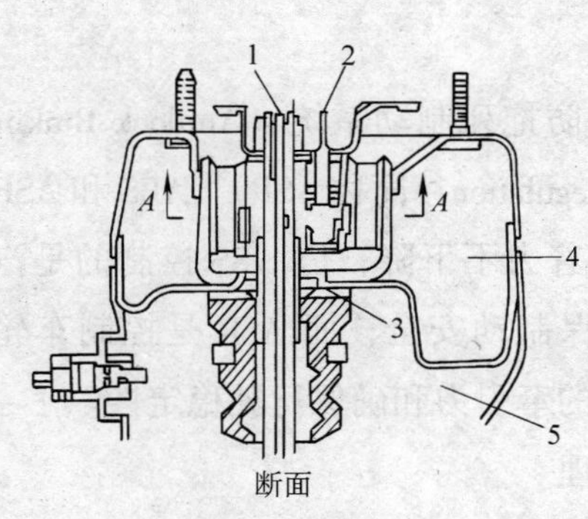

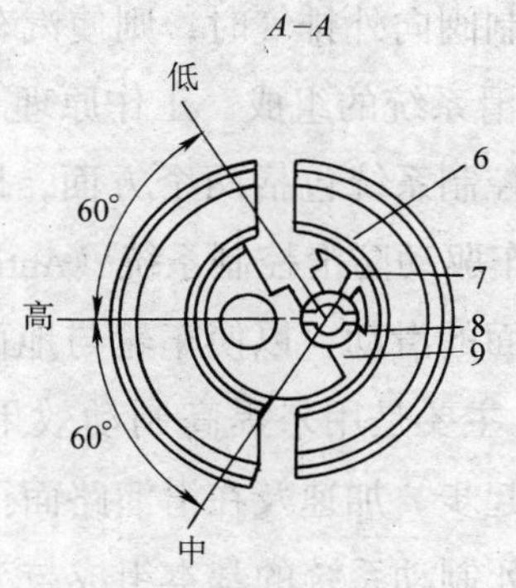

图 1—109 悬架刚度的自动调节原理

1—阻尼调节杆 2—空气阀控制杆 3—主、副气室通道 4—副气室 5—主气室 6—气阀体 7—气体通道 8—阀芯 9—大气通道

主气室内充放气来实现车身高度的调节。车高控制执行机构主要由空气阀、空气压缩机和设置在悬架之上的主气室组成。空气压缩机的结构如图 1—111 所示，它由一个小直流电动机驱动，根据悬架 ECU 的信号向干燥器输送提高车高所必需的压缩空气。干燥器有一个装有硅胶的小箱子，可以将空气中的水分过滤掉。排气阀从系统中放出压缩空气，同时排掉干燥器滤出的空气中的水分。

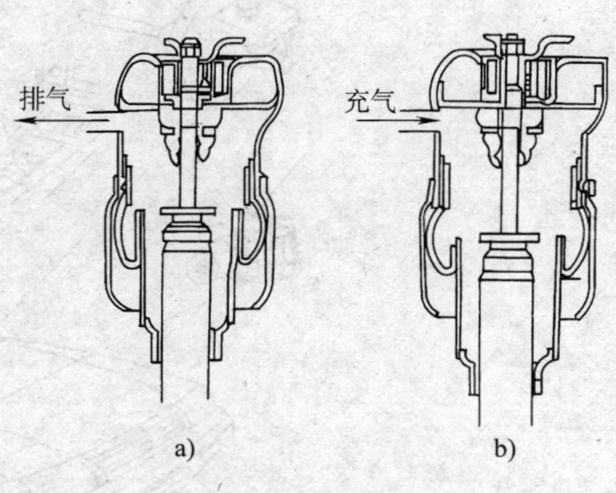

图 1—110 车高控制悬架的结构

a）车身降低 b）车身升高

如图 1—112 所示为采用二位二通电磁阀实现车高调节的高度控制阀，控制向主气室内进气（将进气路与主气室相通）和排气（将主气室与大气相通）。

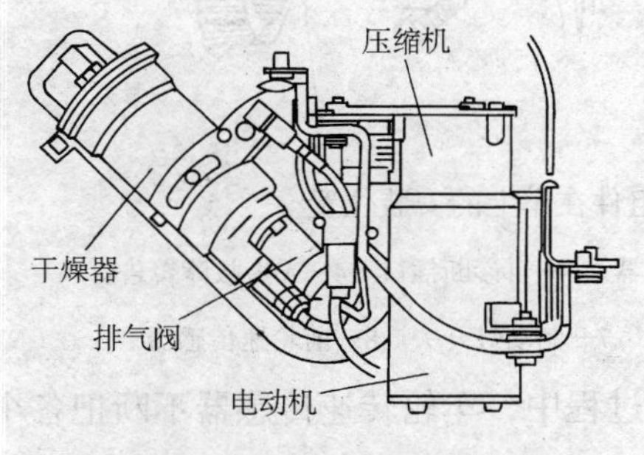

图 1—111 空气压缩机的结构

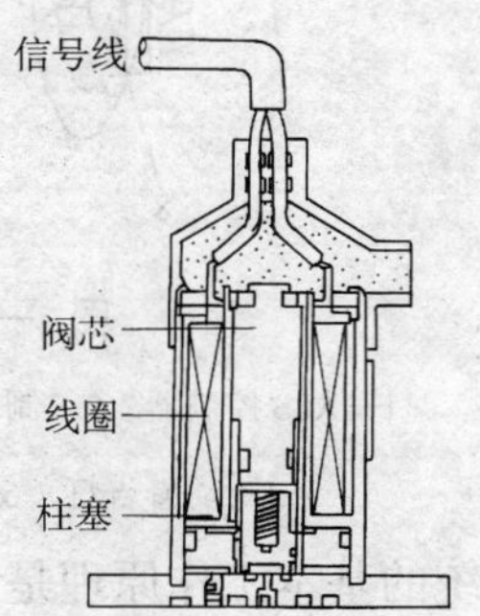

图 1—112 高度控制阀

悬架 ECU 根据汽车车高传感器信号来判断汽车的高度状况。当判定“车身低了”时，则控制空气压缩机电动机工作，高度控制阀向空气弹簧主气室内充气，使车高增加；反之，

若打开高度控制阀向外排气时，则使汽车高度降低。

4. 电控防滑系统的组成、工作原理

汽车防滑控制系统包括两个方面，即汽车防抱死制动系统（Antilock Braking System，简称 ABS）和汽车驱动防滑控制系统（Anti Slip Regulation，简称 ASR）。ABS 和 ASR 都是用来控制车轮相对地面的滑动，以使车轮与地面的附着力不下降，但 ABS 控制的是汽车制动时车轮的“拖滑”，主要是用来提高制动效果和确保制动安全；而 ASR 是控制车轮的“滑转”，用于提高汽车起步、加速及在滑溜路面行驶时的牵引力和确保行驶稳定性。

（1）防抱死制动系统的基本组成与工作原理

ABS 系统主要由 ABS 控制器（包括电子控制单元、液压单元、液压泵）、四个车轮转速传感器、液压调节器、ABS 故障警告灯、制动警告灯等组成，如图 1—113 所示。

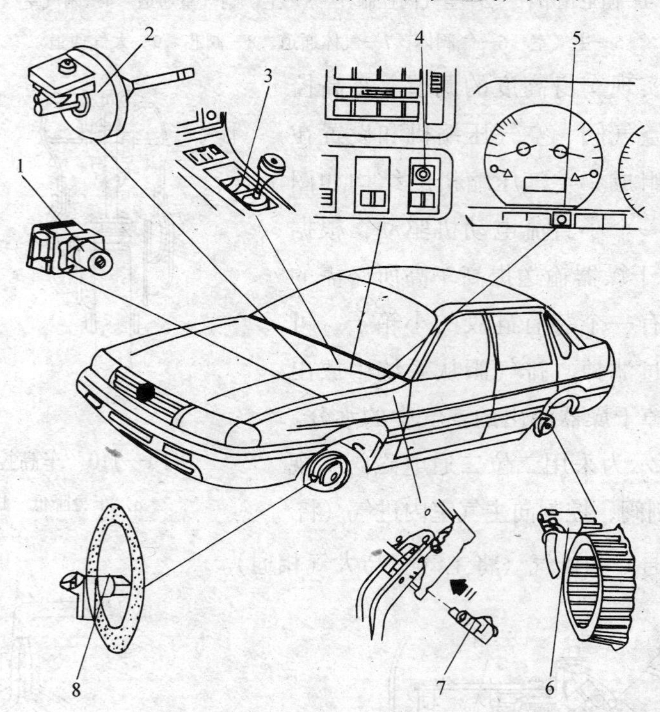

图 1—113　ABS 系统组件在车上的安装位置

1—ABS 控制器　2—制动主缸和真空助力器　3—自诊断插口　4—ABS 故障警告灯　5—制动警告灯　6—后轮转速传感器　7—制动灯开关　8—前轮速传感器

ABS 系统的基本工作原理是：汽车在制动过程中，车轮转速传感器不断把各个车轮的转速信号及时输送给 ABS 电子控制单元（ECU），ABS ECU 根据设定的控制逻辑对 4 个转速传感器输入的信号进行处理，计算汽车的参考车速、各车轮速度和减速度，确定各车轮的滑移率。如果某个车轮的滑移率超过设定值，ABS ECU 就发出指令控制液压控制单元，使该车轮制动轮缸中的制动压力减小；如果某个车轮的滑移率还没达到设定值，ABS ECU 就控制液压单元，使该车轮的制动压力增大；如果某个车轮的滑移率接近于设定值时，ABS ECU 就控制液压控制单元，使该车轮制动压力保持一定，从而使各个车轮的滑移率保持在理想的范围之内，防止 4 个车轮完全抱死。在制动过程中，如果车轮没有抱死趋势，ABS 系统将不参与制动压力控制，此时制动过程与常规制动系统相同。如果 ABS 出现故障，电子控制单元将不再对液压单元进行控制，并将仪表板上的 ABS 故障警告灯点亮，向驾驶员发出警告信号，此时 ABS 不起作用，制动过程将与没有 ABS 的常规制动系统的工作相同。

（2）各主要部件的结构

1）车速传感器。车速传感器由传感器头和齿圈等组成，如图 1—114 所示。传感器头从外形上可分为凿式极轴车速传感头、柱式极轴车速传感头和菱形极轴车速传感头等，如图 1—115 所示。

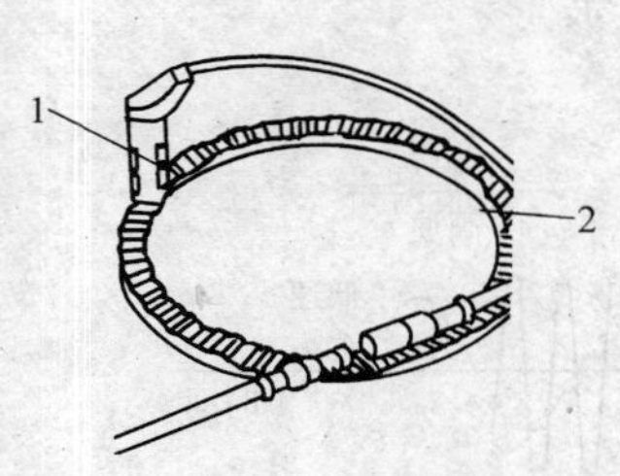

图 1—114　车速传感器外形

1—传感器头　2—齿圈

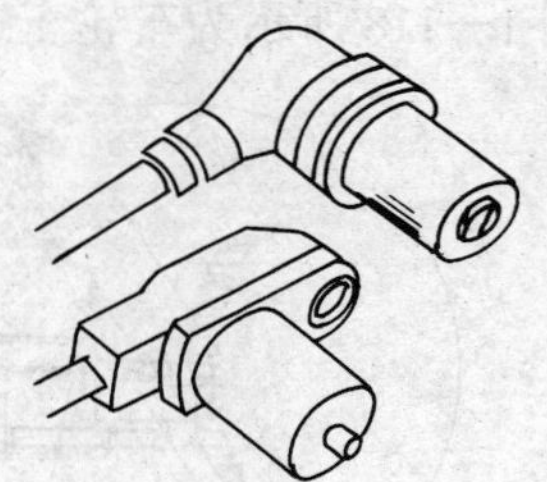

图 1—115　车速传感器的传感头

传感头的内部结构和传感器的工作原理，如图 1—116 所示。车速传感头的极轴被传感线圈所包围，并直接安装于齿圈的上方。

齿圈是固装在轮毂上（特殊情况也可装在后桥上），极轴同永磁体相连接，磁体的磁通延伸到齿圈，并与它构成磁路。当齿圈旋转时，齿顶和齿隙轮流交替对向极轴，此时，磁通发生迅速变化，并切割传感线圈，于是在线圈中产生感应电动势，并由线圈末端通过电线传输，送至 ECU，该电压变化的频率便能精确地反映出车轮速度的变化。

对于极轴形状不同的传感头，其相对于齿圈的安装方式也不同，如图 1—117 所示。菱式极轴车速传感器头一般径向垂直于齿圈安装。凿式极轴车速传感器头其轴向相切于齿圈安装。而对于柱式极轴来说，其安装方式则需将其轴向垂直于齿圈。

一般，汽车前轮上的传感器被固定在车轮转向架上，转子安装在车轮轮毂上，与车轮同步转动。而汽车后轮上的车速传感器则被固定在后车轴支架上，转子安装在驱动轴上，与车轮同步转动。

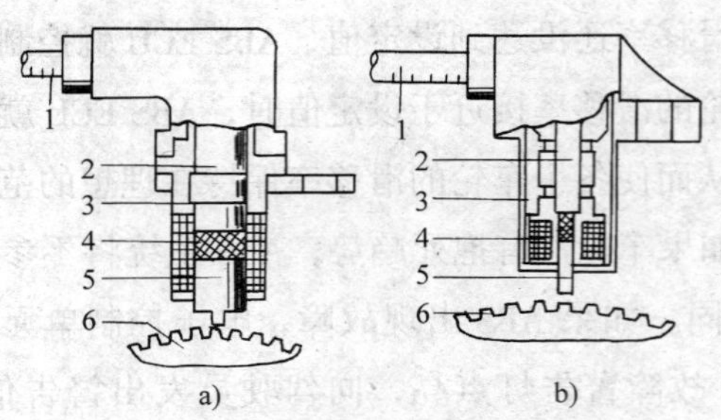

图 1—116　车速传感器头部剖视图

a）凿式极轴车速传感器　b）柱式极轴车速传感器

1—电缆　2—永磁体　3—外壳　4—传感线圈　5—极轴　6—齿圈

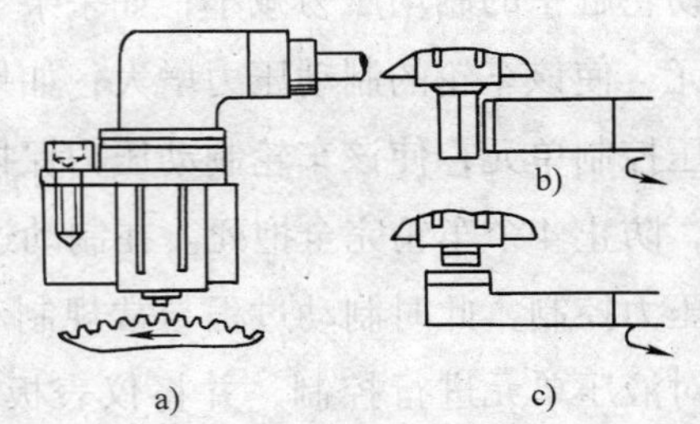

图 1—117　不同极轴形式传感器的安装方式

a）凿式极轴　b）菱形极轴　c）柱式极轴

当转子随车轮转动时，带齿的转子与传感器之间的空气隙发生变化，使磁电传感器中磁路的磁通发生变化，从而切割传感线圈产生交流电，交流电频率随转子的转速快慢而变化。根据磁电传感器所感应出的交流电频率，电子控制单元（ECU）就能计算出该转子或车轮的转速。如图 1—118 所示为车轮车速传感器输出的电压信号波形。

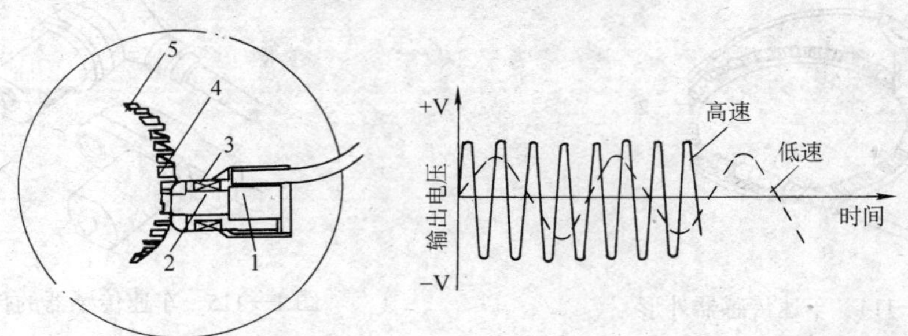

图 1—118　车轮车速传感器的输出信号波形

1—永久磁铁　2—铁心　3—传感线圈　4—齿圈　5—转子

2）加速度传感器。ABS 控制系统最重要的控制参数是车速（汽车行驶速度），以往设计的 ABS 都是根据汽车车轮的最大转速来估算车速的。随着对制动时的车速计算要求尽可能地精确，目前一些新设计的 ABS 控制系统采用了 G（加速度）传感器。通过此传感器可以对由车轮转速计算出来的车速进行补偿，使汽车制动时滑移率的计算更加精确。G 传感器有水银型、摆型和应变仪型。如图 1—119 所示显示了这三种传感器的结构。

3）制动压力调节器。制动压力调节器的功用是接收 ECU 的指令，通过电磁阀的动作来实现车轮制动器制动压力的自动调节。根据用于不同制动系统的 ABS，制动压力调节器主要有液压式、气压式和空气液压加力式等。现代轿车制动系统主要是液压式，以下主要介绍液压式制动压力调节器。

液压式制动压力调节器主要由电磁阀、液压泵和储液器等组成。制动压力调节器串联在制动主缸和轮缸之间，通过电磁阀直接或间接地控制轮缸的制动压力。

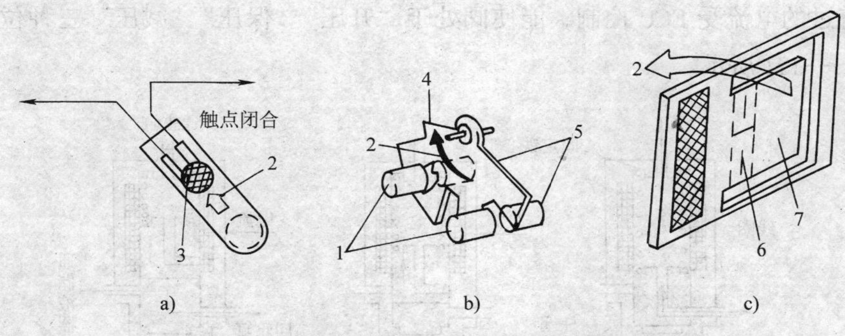

图 1—119 三种加速度（G）传感器的结构示意图

a）水银型 b）摆型 c）应变仪型

1—光电管 2—减速度力的方向 3—水银 4—摆动板 5—发光三极管 6—应变片 7—悬臂

通常，把电磁阀直接控制轮缸制动压力的制动压力调节器称为循环式调节器，把电磁阀间接控制轮缸制动压力的制动压力调节器称为可变容积式调节器。

①循环式制动压力调节器

a. 循环式制动压力调节器的结构。此种形式的制动压力调节器是在制动总缸与轮缸之间串联进一个电磁阀，直接控制轮缸的制动压力。回油泵的作用是当电磁阀在“减压”过程中，从制动轮缸流出的制动液经储能器由回油泵泵回制动主缸。储能器也叫储液器，其作用是当电磁阀在“减压”过程中，从轮缸流出的制动液由储能器暂时储存，然后由回油泵泵回主缸。循环式制动压力调节器的基本结构如图 1—120 所示。

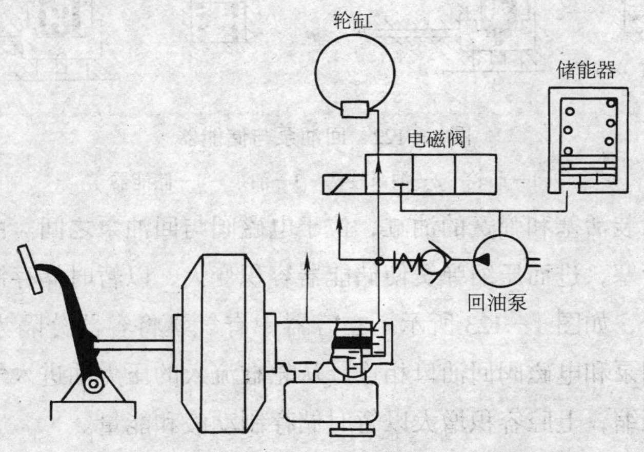

图 1—120 循环式制动压力调节器的基本结构

a）电磁阀。循环式制动压力调节器的电磁阀多采用三位三通电磁阀（3/3 电磁阀）。在四通道制动控制系统中每个轮缸有一个 3/3 电磁阀；在三通道制动控制系统中，每个前轮有一个 3/3 电磁阀，两后轮共享一个 3/3 电磁阀。

电磁阀线圈受 ECU 的控制，阀上有三个孔分别与制动主缸、车轮轮缸和储能器相通。

电磁线圈流过的电流受 ECU 控制，能使阀处于“升压”“保压”“减压”三种位置，即“三位”，如图 1—121 所示。

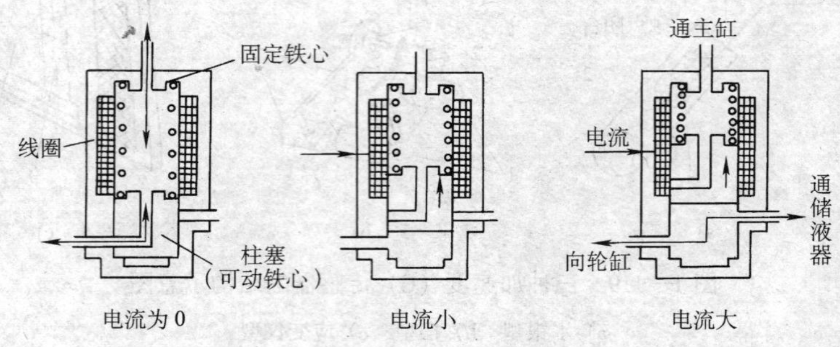

图 1—121 3/3 电磁阀基本结构与工作原理

b）回油泵与储能器。回油泵及储能器的结构如图 1—122 所示。回油泵多为柱塞泵，由电动机带动凸轮驱动，泵内有两个单向阀，上阀为进油阀，下阀为出油阀。柱塞上行时，轮缸及储能器的压力油推开进油阀进入泵体内。柱塞下行时，首先封闭进油孔，继而使泵腔内压力升高，推开出油阀，将制动液压回制动主缸。

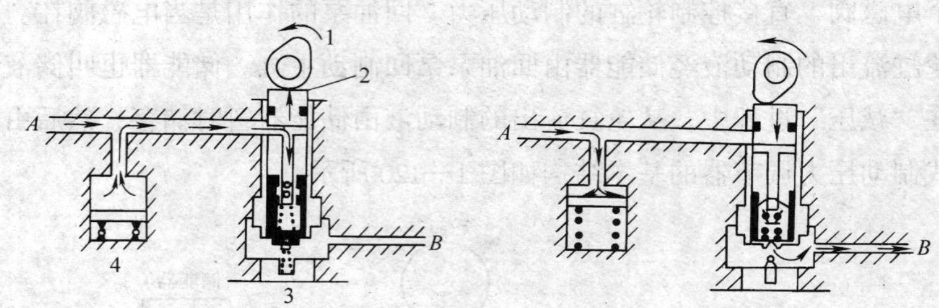

图 1—122 回油泵与储能器

1—凸轮 2—油泵柱塞 3—油泵 4—储能器

储能器为一个内装活塞和弹簧的油缸，位于电磁阀与回油泵之间。由轮缸流入的压力油进入储能器作用于活塞，进而压缩弹簧使储能器容积变大，以暂时储存制动液。有的储能器也采用气囊式储能器，如图 1—123 所示。在容器中有气囊将容器分隔为两腔，气囊后部充有氮气，上腔与回油泵和电磁阀回油口相连。从轮缸流入的压力油进入气囊上腔，压力油作用在气囊上使气体压缩，上腔容积增大以暂时储存制动液和能量。

b. 循环式制动压力调节器的工作过程。汽车在制动过程中，ECU 控制流经制动压力调节器电磁线圈的电流的大小，使 ABS 系统处于“升压”“保压”和“减压”三种状态。

a）升压（常规制动）。如图 1—124 所示，电磁线圈中无电流通过，电磁阀处于“升压”位置。此时制动主缸与轮缸相通，由制动主缸来的制动液直接进入轮缸，轮缸压力随主缸压力增减，ABS 不工作，回油泵也不工作。

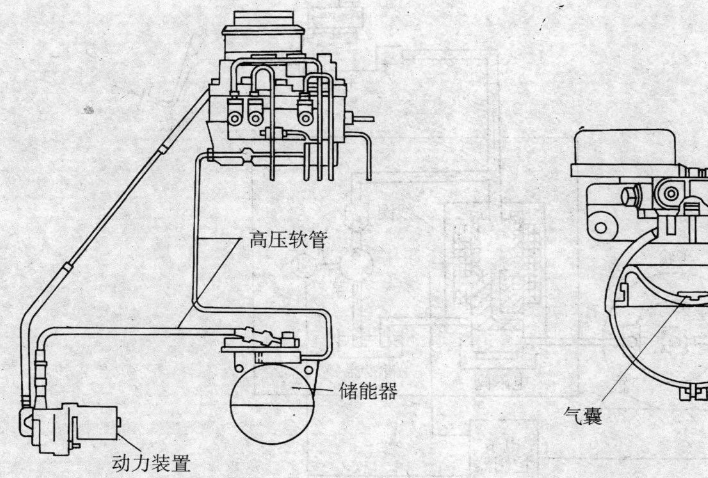

图 1—123　气囊式储能器

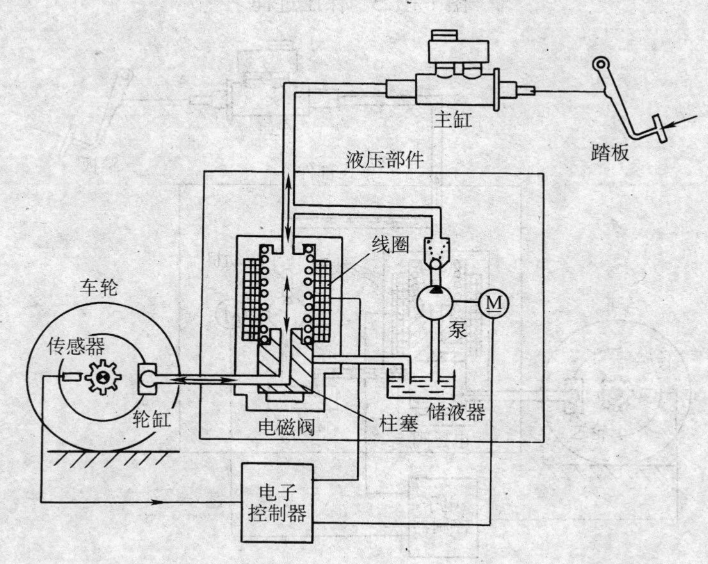

图 1—124　常规制动（升压）过程

b）保压。当 ECU 向电磁线圈通入一个较小的保持电流（约为最大电流的 1/2）时，电磁阀处于“保压”位置，如图 1—125 所示。此时，主缸、轮缸和回油孔相互隔离密封，轮缸中保持一定制动压力。

c）减压。当 ECU 向电磁线圈通入一个最大电流时，电磁阀处于“减压”位置。此时，电磁阀将轮缸与回油通道或储能器接通，轮缸中的制动液流经电磁阀进入储能器，轮缸压力下降，如图 1—126 所示。

②可变容积式制动压力调节器。可变容积式制动压力调节器，是在汽车原有制动系统管

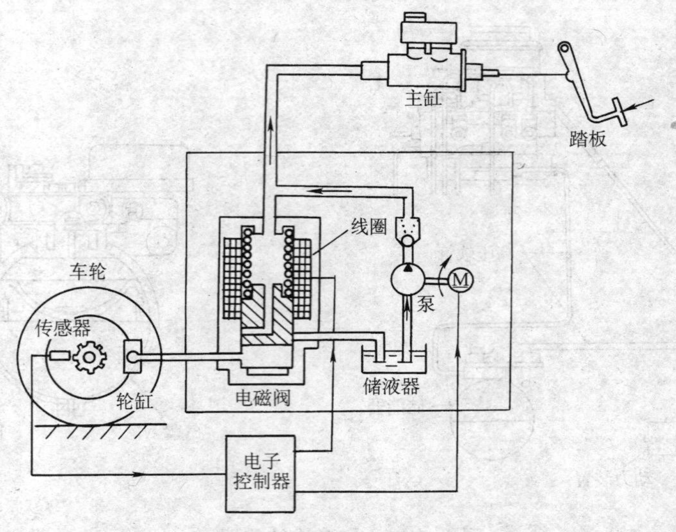

图 1—125　保压过程

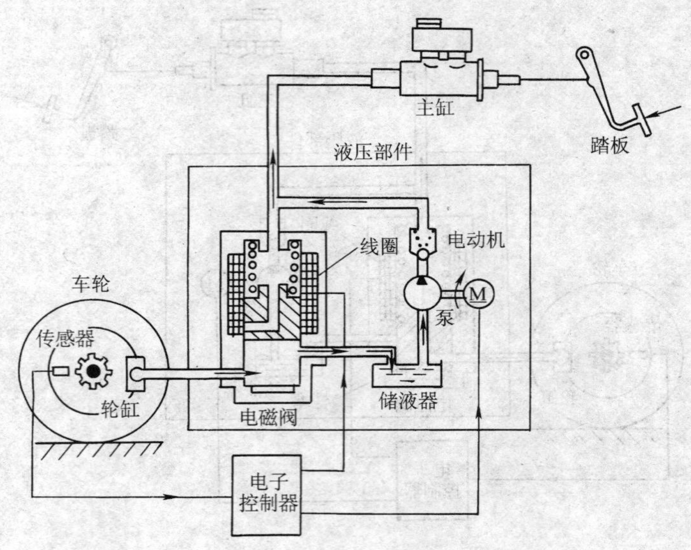

图 1—126　减压过程

路上增加一套液压控制装置，用它控制制动管路中容积的增减，从而控制制动压力的变化。该种压力调节系统的特点是制动压力油路和 ABS 控制压力油路是相互隔开的。

图 1—127 所示为可变容积式制动压力调节器的基本结构，主要由电磁阀、控制活塞、液压泵、储能器等组成。其基本工作原理如下：

a. 常规制动。如图 1—127 所示，常规制动时，电磁线圈无电流流过，电磁阀将控制活塞工作腔与回油管路接通，控制活塞在强力弹簧的作用下推至最左端。活塞顶端推杆将单向阀打开，使制动主缸与轮缸的制动管路接通，制动主缸的制动液直接进入轮缸，轮缸压力随

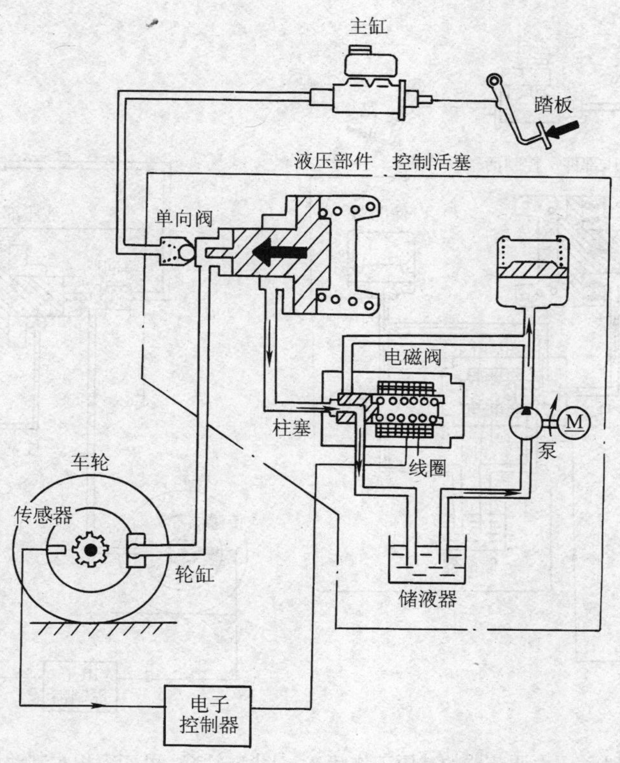

图 1—127　可变容积式制动压力调节器的常规制动工作状态

主缸压力变化而变化。此种工作状态是 ABS 工作之前或工作之后的常规制动工况。

b. 减压。如图 1—128 所示，减压时，ECU 向电磁线圈通入一个大电流，电磁阀内的柱塞在电磁力作用下克服弹簧弹力移到右边，将储能器与控制活塞工作腔管路接通。储能器（液压泵）的压力油进入控制活塞工作腔推动活塞右移，单向阀关闭，主缸与轮缸之间的通路被切断。同时，由于控制活塞的右移，使轮缸侧容积增大，制动压力减小。

c. 保压。如图 1—129 所示，ECU 向电磁线圈通入一个较小电流，由于电磁线圈的电磁力减小，柱塞在弹簧力的作用下左移至将储能器、回油管及控制活塞工作腔管路相互关闭的位置。此时，控制活塞左侧的油压保持一定，控制活塞在油压和强力弹簧的共同作用下保持在一定位置，而此时单向阀仍处于关闭状态，轮缸侧的容积也不发生变化，制动压力保持一定。

d. 增压。如图 1—130 所示，需要增压时，ECU 切断电磁线圈中的电流，柱塞回到左端的初始位置，控制活塞工作腔与回油管路接通，控制活塞左侧控制油压解除，控制液流回储液器。控制活塞在强力弹簧的作用下左移，轮缸侧容积变小，压力升高至初始值。当控制活塞左移至最左端时，单向阀被打开，轮缸压力将随主缸的压力增大而增大。

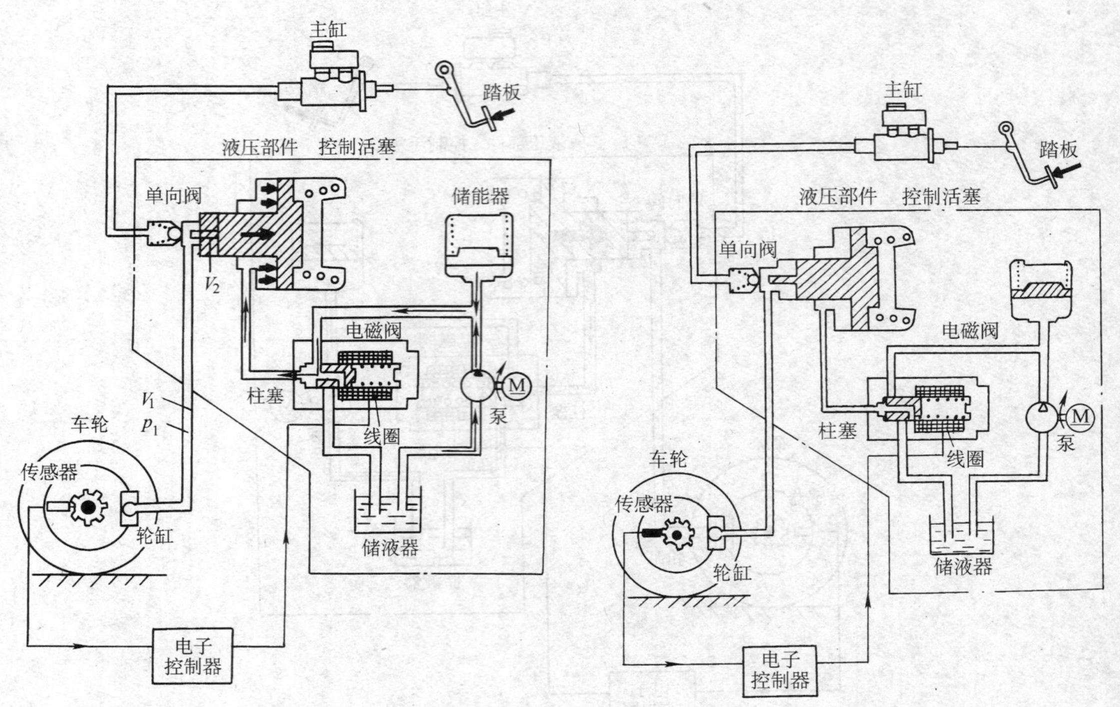

图 1—128 可变容积式制动压力调节器的减压工作状态 图 1—129 可变容积式制动压力调节器的保压工作状态

（3）ASR 系统的结构与工作原理

汽车驱动防滑控制系统 ASR，是继制动防抱死系统（ABS）之后应用于车轮防滑的电子控制系统。ASR 的基本功能是防止汽车在加速过程中打滑，特别是防止汽车在非对称路面或在转弯时驱动轮的空转，以保持汽车行驶方向的稳定性、操纵性，维持汽车的最佳驱动力以及提高汽车的平顺性。从控制车轮和路面的滑移率来看，ASR 和 ABS 系统采用了相同的技术，但两者所控制的车轮滑移率是相反的。可见 ASR 系统和 ABS 系统密切相关，常将它们结合在一起使用，构成行驶安全系统。这样，它们可共享许多电子组件和可用共同的系统部件来控制车轮的运动。

1）ASR 的基本组成如图 1—131 所示。车轮车速传感器将行驶汽车的驱动车轮转速及非驱动车轮转速转变为电信号，输送给电子控制单元（ECU）。ECU 根据车轮车速传感器的信号计算驱动车轮滑转率，如果滑转率超出了目标范围，控制器再综合参考节气门开度信号、发动机转速信号、转向信号（有的车无）等因素确定控制方式，输出控制信号，使相应的执行器动作，将驱动车轮的滑转率控制在目标范围之内。

2）防滑转控制的方式有以下几种：

①发动机输出功率控制。在汽车起步、加速时若加速踏板踩得过猛，会因为驱动力过大

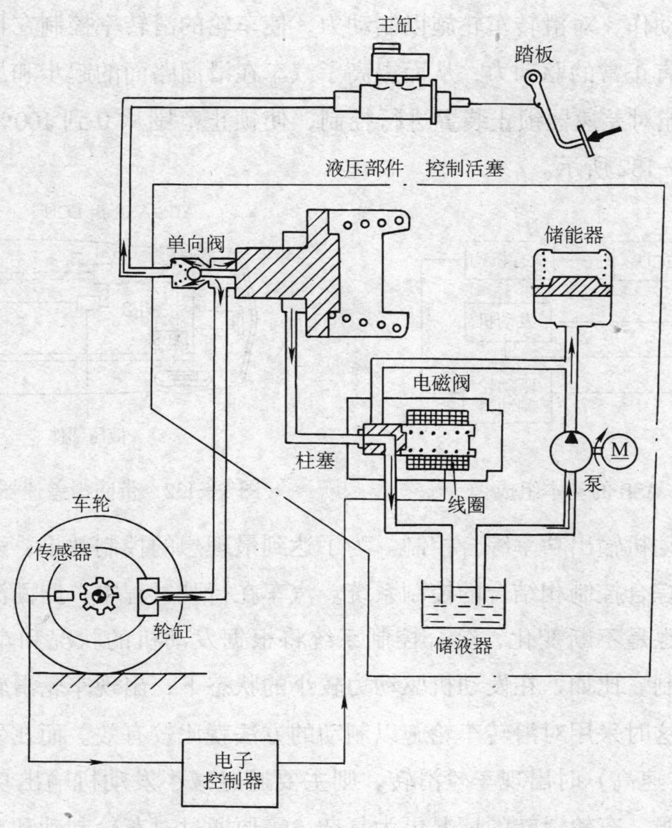

图1—130 可变容积式制动压力调节器的增压工作状态

而出现两边的驱动车轮都滑转的情况，这时，ASR控制器输出控制信号，控制发动机的输出功率，以抑制驱动车轮的滑转。该控制方式下进行驱动防滑控制的方法通常有：辅助（副）节气门控制、燃油喷射量控制和延迟点火提前角控制。

②驱动轮制动控制。这种方法是对发生空转的驱动轮直接加以制动，反应时间最短。为使制动过程平稳，应缓慢升高制动压力。

采用制动控制方式的ASR的液压系统可分为两大类：一类是ASR与ABS的组合结构。在ABS系统中增加电磁阀和调节器，从而增加了驱动控制功能；另一类是在ABS的液压装置和轮缸之间增加一个单独的ASR的液压装置。普遍认为，今后的发展主流是成本较低的ASR/ABS组合结构。

③同时控制发动机输出功率和驱动车轮的制动力控制信号。同时起动ASR制动压力调节器和辅助节气门调节器，在对驱动车轮施以制动力的同时，减小发动机的输出功率，以达到理想的控制效果。

④防滑差速锁（LSD）控制。当驱动车轮单边滑转时，控制器输出控制信号，使差速锁

和制动压力调节器动作，对滑转车轮施以制动力，使车轮的滑转率控制在目标范围之内。这时，非滑转车轮仍有正常的驱动力，从而提高了汽车在滑溜路面的起步和加速能力及行驶方向的稳定性。LSD能对差速器锁止装置进行控制，使锁止范围从0到100%，带防滑差速器（LSD）系统如图1—132所示。

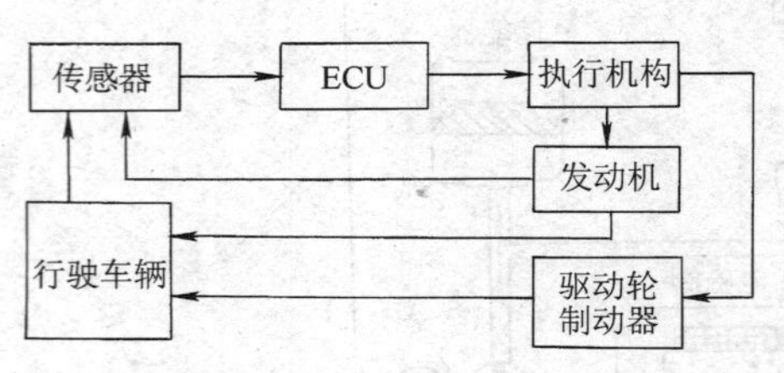

图1—131　ASR的基本组成

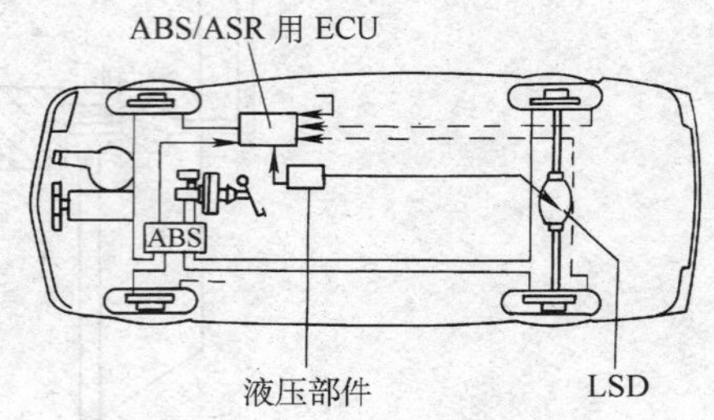

图1—132　带防滑差速器（LSD）的ASR

⑤差速锁与发动机输出功率综合控制。为了达到最理想的控制效果，采用差速制动控制与发动机输出功率综合控制相结合的控制系统。汽车在行驶过程中，路面滑溜的情况千差万别，驱动力的状态也是不断变化，综合控制系统将根据发动机的状况和车轮滑转的实际情况，采取相应的控制。比如，在发动机驱动力较小的状态下，出现车轮滑转的主要原因可能是由于路面滑溜，这时采用对滑转车轮施以制动的方法就比较有效。而在发动机输出功率大（节气门开度大、转速高）时出现车轮滑转，则主要通过减小发动机输出功率的方法来控制车轮的滑转。有时候，车轮滑转的情况更为复杂，需要通过对车轮制动和减小发动机输出功率的共同作用来控制车轮的滑转。

3）ASR的传感器主要是车轮车速传感器和节气门开度传感器。车轮车速传感器与ABS系统共享，而节气门开度传感器则与发动机电子控制系统共享。ASR专用的信号输入装置是ASR选择开关，将ASR选择开关关闭，ASR就不起作用。比如，在需要将汽车驱动车轮悬空转动来检查汽车传动系统或其他系统故障时，ASR就可能对驱动车轮施以制动，影响故障的检查。这时，关闭ASR开关，中止ASR的作用，就可避免这种影响。

4）ASR的电子控制单元（ECU）也是以微处理器为核心，配以输入输出电路及电源等组成。ASR和ABS的一些信号输入和处理都是相同的，为减少电子器件的应用数量，使结构紧凑，ASR控制器与ABS电子控制单元通常组合在一起。ABS/ASR组合电子控制单元实例如图1—133所示。

5）ASR系统的执行机构如下：

①制动压力调节器。ASR制动压力调节器执行ASR电子控制单元的指令，通过对滑转车轮施加制动力和控制制动力的大小，使滑转车轮的滑转率在目标范围之内。ASR制动压力源是蓄压器，通过电磁阀来调节驱动车轮制动压力的大小。ASR制动压力调节器的结构形式有单独方式和组合方式两种。

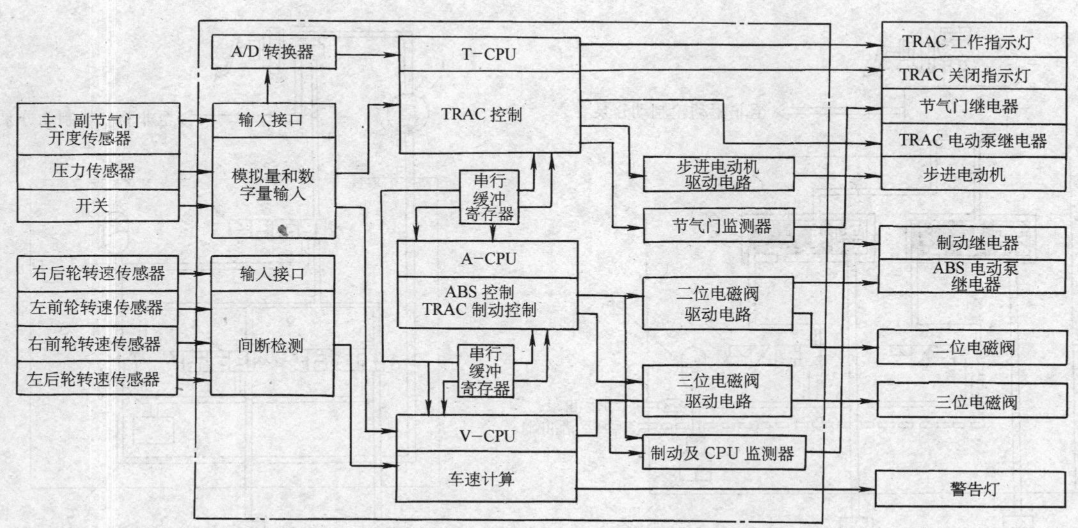

图 1—133 ABS/ASR 组合电子控制单元

a. 单独方式的 ASR 制动压力调节器。所谓单独方式是 ASR 制动压力调节器和 ABS 制动压力调节器在结构上各自分开，如图 1—134 所示。在 ASR 不起作用，电磁阀不通电时，阀在左位，调压缸的右腔与储液室相通而压力低，调压缸的活塞被回位弹簧推至右边极限位置。这时，调压缸活塞左端中央的通液孔将 ABS 制动压力调节器与车轮制动分泵沟通，因此，在 ASR 不起作用时，对 ABS 无任何影响。

当驱动车轮出现滑转而需要对驱动车轮实施制动时，ASR 控制器输出控制信号，使电磁阀通电而移至右位。这时，调压缸右腔与储液室隔断而与蓄压器接通，蓄压器具有一定压力的制动液推动调压缸的活塞左移，ABS 制动压力调节器与车轮分泵的通道被封闭，调压缸左腔的压力随活塞的左移而增大，驱动车轮制动分泵的制动压力上升。当需要保持驱动车轮的制动压力时，控制器使电磁阀半通电，阀处于中位，使调压缸与储液室和蓄压器都隔断，于是，调压缸活塞保持原位不动，使驱动车轮制动分泵的制动压力不变。

当需要减小驱动车轮的制动压力时，控制器使电磁阀断电，阀在其回位弹簧力的作用下回到左位，使调压缸右腔与蓄压器隔断而与储液器接通。于是，调压缸右腔压力下降，其活塞右移，使驱动车轮制动分泵的制动压力下降。

在驱动车轮出现滑转时，ASR ECU 就是通过对电磁阀的上述控制，实现对驱动车轮制动力的控制，将车轮的滑转率控制在目标范围之内。

b. 组合方式的 ASR 制动压力调节器。组合方式 ASR 制动压力调节器如图 1—135 所示。

在 ASR 不起作用时，电磁阀Ⅰ不通电。汽车在制动过程中如果车轮出现抱死，ABS 起作用，通过控制电磁阀Ⅱ和电磁阀Ⅲ来调节制动压力。

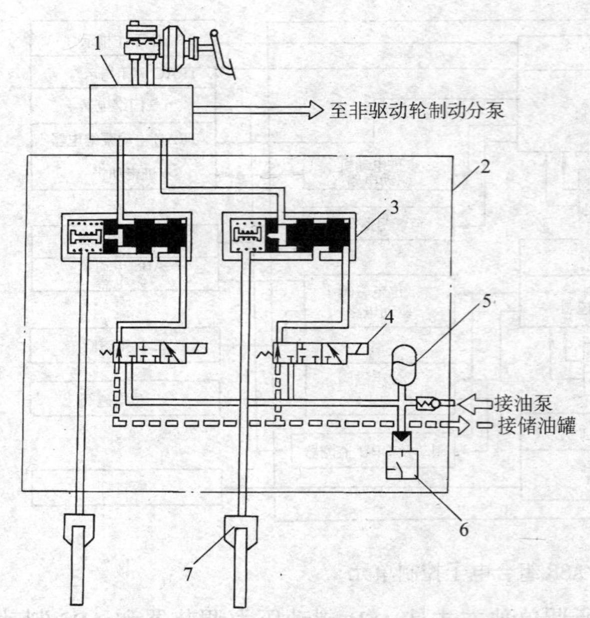

图 1—134 ASR 制动压力调节器原理

1—ABS 制动压力调节器 2—ASR 制动压力调节器 3—调压缸 4—三位三通电磁阀 5—蓄压器 6—压力开关 7—驱动车轮制动器

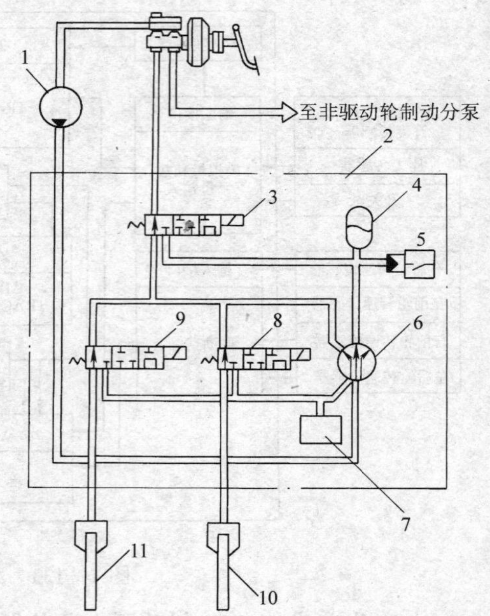

图 1—135 ABS/ASR 组合制动压力调节器原理

1—输液泵 2—ABS/ASR 制动压力调节器 3—电磁阀Ⅰ 4—蓄压器 5—压力开关 6—循环泵 7—储液器 8—电磁阀Ⅱ 9—电磁阀Ⅲ 10、11—驱动车轮制动器

当驱动车轮出现滑转时，ASR ECU 使电磁阀Ⅰ通电，阀移至右位，电磁阀Ⅱ和电磁阀Ⅲ不通电，阀仍在左位，于是，蓄压器的压力油通入驱动车轮制动泵，制动压力增大。

当需要保持驱动车轮的制动压力时，ASR ECU 使电磁阀Ⅰ半通电，阀移至中位，隔断了蓄压器及制动总泵的通路，驱动车轮制动分泵的制动压力即被保持不变。

当需要减小驱动车轮的制动压力时，ASR ECU 使电磁阀Ⅱ和电磁阀Ⅲ通电，阀Ⅱ和阀Ⅲ移至右位，将驱动车轮制动分泵与储液室接通，于是制动压力下降。

如果需要对左右驱动车轮的制动压力实施不同的控制，ASR ECU 则分别对电磁阀Ⅱ和电磁阀Ⅲ实行不同的控制。

②节气门驱动装置。ASR 控制系统通过改变发动机辅助节气门的开度，来控制发动机的输出功率是应用最多的方法。在 ASR 不起作用时，辅助节气门处于全开的位置。当需要减小发动机的驱动力来控制车轮滑转时，ASR ECU 就输出控制信号，使辅助节气门驱动装置工作，改变辅助节气门的开度，从而达到控制发动机的输出功率，抑制驱动车轮的滑转的目的，如图 1—136 所示。

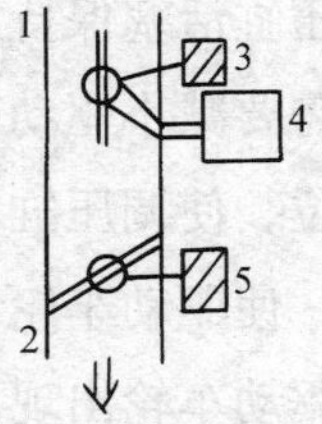

图 1—136 辅助（副）节气门进行防滑控制的示意图

1—辅助（副）节气门 2—主节气门 3、5—节气传感器 4—辅助（副）节气门执行器

节气门驱动装置一般由步进电动机和传动机构组成。步进电动机根据 ASR 控制器输出的控制脉冲转动规定的转角，通过传动机构带动辅助节气门转动。

6）防滑差速器。防滑差速器是一种能自动控制汽车驱动轮打滑的差速装置，属于主动安全传动装置。

防滑差速器的作用就是当汽车在较好路面上行驶时，它具有正常的差速作用。当汽车在较差路面上行驶时，它的差速作用被锁止，从而能起到防止驱动车轮滑转的作用。装有防滑差速器的汽车，当某一车轮发生滑转时，它能将驱动力矩的大部分或全部传给不滑转的驱动车轮，充分利用不滑转车轮同地面间的附着力，产生足够的牵引力，使汽车越过障碍，继续前进。

汽车防滑差速器大致可分两类：一类是强制锁止式差速器，它通过电子控制或者气控锁止机构，人为地将差速器锁止，使左、右半轴连成一个整体转动；另一类防滑差速器是自动锁止（自锁）式差速器，它在较滑路面上可以自动地增大锁止系数，直至差速器完全锁止。

①电子控制式防滑差速器。电子控制式防滑差速器主要有湿式差速器（V－TCS）和主动防滑控制（LSD）差速器两种。其电子控制均采用模糊控制技术。

V－TCS（Vehicle－Tracking Control System）型防滑差速器是根据汽车驱动轮的滑移量，通过电子控制装置控制发动机转速和汽车制动力进行工作的；也可以按照左、右车轮的转速差来控制转矩，并采用提高转向性能的后湿式防滑差速器与后轮制动器相结合的方法，最优分配后轮的驱动力，同时减少侧向风力的影响，从而实现增强车辆行驶的稳定性。

LSD（Limited Slip Differential）型防滑差速器是利用车上某些传感器，掌握各种道路情况和车辆运动状态，通过操纵加速踏板和制动器，采集或读取驾驶人员所要求的信息，并按照驾驶员的意愿和要求来最优分配左、右驱动车轮的驱动力。LSD 型防滑差速器控制系统结构框图如图 1—137 所示。

②四轮驱动防滑差速器。如图 1—138 所示是具有油压多板式离合器差动限制器的四轮驱动汽车的动力传递路线。从发动机输出的动力经过变速器变速后，从驱动小齿轮传递到环齿轮，由中央差速器分配到前后驱动轴，而后由前差动器（前差速器）、后差动器分别传递到左右车轮。该差速传动系统主要由中央差速器和差速限制机构等组成。

中央差速器：中央差速器具有两大功能。第一个功能是把变速器输出的动力均匀分配到前后轮驱动轴上；第二个功能是在车轮转动时将前轮驱动轴和后轮驱动轴的转速差加以吸收。右侧齿轮经过分动齿轮箱→主动齿轮→分动箱从动齿轮，驱动力被传递到后差速器，左差速器经过前差速器箱把驱动力传向前差速器。

差速限制机构：当前轮与后轮之间发生转速差时，按照此转速差，控制油压多板式离合器的接合力，从而控制前后轮的转矩分配。差动限制离合器由湿式多板式离合器盘、平板以

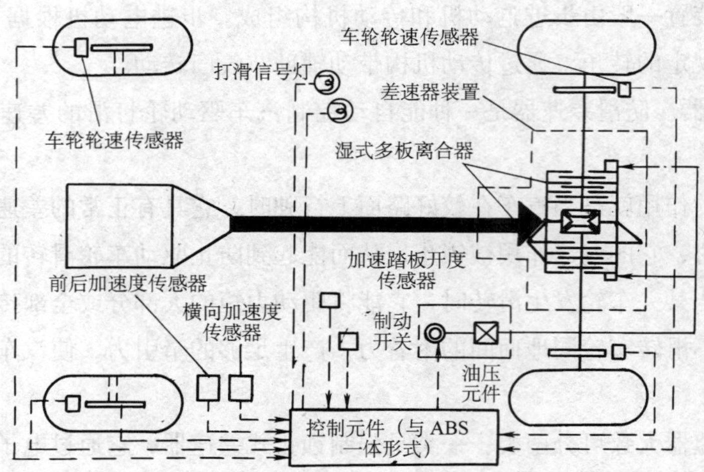

图 1—137　LSD 型防滑差速器控制系统结构框图

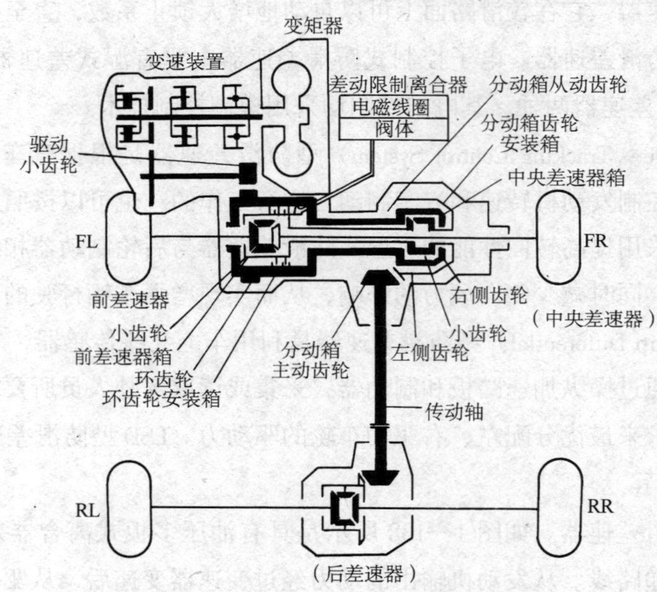

图 1—138　具有油压多板式离合器差动
限制器的四轮驱动汽车的动力传递路线

及活塞构成，如图 1—139 所示。改变环齿轮安装箱和前差速器箱的接合状态，即按照作用于活塞的油压大小，改变多板离合器的压紧力，从而控制向前差速器箱分配转矩。此外，按车辆行驶状态的差动限制量，由电子控制器 ECU 进行判别，由电磁阀控制活塞的工作油压。

如图 1—140 所示为防滑差速器电子控制系统控制原理图，该系统主要由传感器、ECU、调节阀（转换阀）等组成。调节阀用于调节液压系统管路压力，利用 1 号转换阀使油压 E 动作，调节阀向上升起，以提高 A 调节压力。

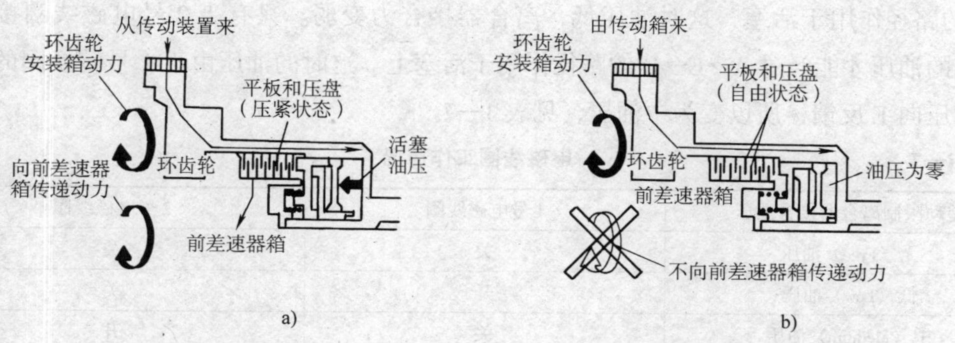

图 1—139 （中央差速器）差速限制离合器的结构和工作示意图

a）差动限制自动开起（Auto） b）差动限制关闭（OFF）

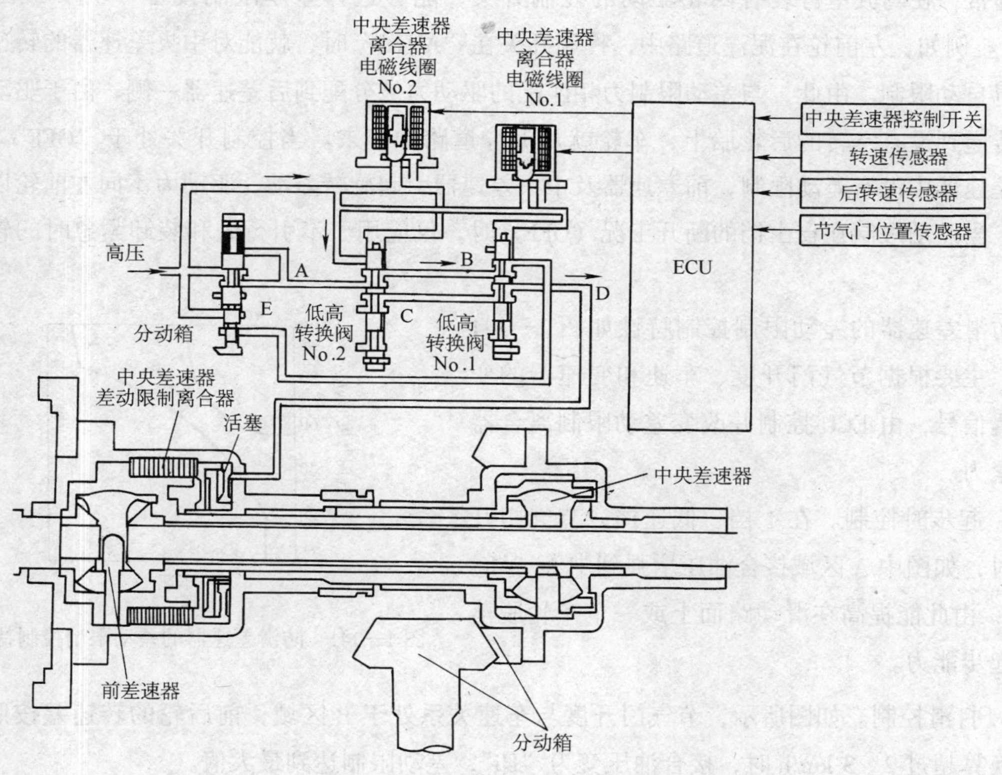

图 1—140 防滑差速器电子控制系统

在该图上，1 号与 2 号电磁线圈均处于断开状态。这时，1 号转换阀输出口被关闭，不向活塞室供给油压，差动限制离合器处于自由状态。当 1 号与 2 号电磁线圈都接通时，由于 1 号和 2 号转换阀上部的油分别由各自的电磁线圈作用而排出，转换阀由于回位弹簧的弹性作用向上顶起，所以，管路油压（高压）经过图中的箭头所指的路径由输出道口 D 供给并与差动限制离合器的活塞接合。只有当 1 号电磁线圈接通时，被控制的管路油压，经过 A→

B→D 的路径作用于活塞，这时油压低，离合器接合力变弱。只有当 2 号电磁线圈接通时，被调节的油压才能经过 A→C→D 的路径作用于活塞上。这时的油压由于 1 号转换阀的作用，管路油压向 E 反馈，所以变为中油压，见表 1—7。

表 1—7　　电磁线圈工作情况

差动限制离合器接合油压	1 号电磁线圈	2 号电磁线圈
无（Free）油压	关	关
低（Low）油压	开	关
中（Medium）油压	关	开
高（High）油压	开	开

通常，在驾驶室旁装有四轮驱动的控制开关，能够选择差动限制接合（ON）或断开（OFF）。例如，左前轮在泥泞道路中，控制开关在“AUTO”时，就能对中央差速器的转速差动进行自动限制。由此，与差动限制力相匹配的驱动力被分配到后差速器一侧，由于驱动力全部传递到没有空转的后轮胎上，车轮就从泥泞道路中出来。当控制开关处于“OFF”时，中央差速器中没有差动限制，前差速器及中央差速器引起旋转差动，驱动力不向左前轮以外传递。当差动限制在自由挡的断开工况（OFF）时，仅应用于牵引行驶和装卸紧急时的轮胎上。

防滑差速器的差动限制控制特性如图 1—141 所示。主要根据节气门开度、车速和变速器的变速位置信号，由 ECU 控制并改变差动限制离合器的压紧力。

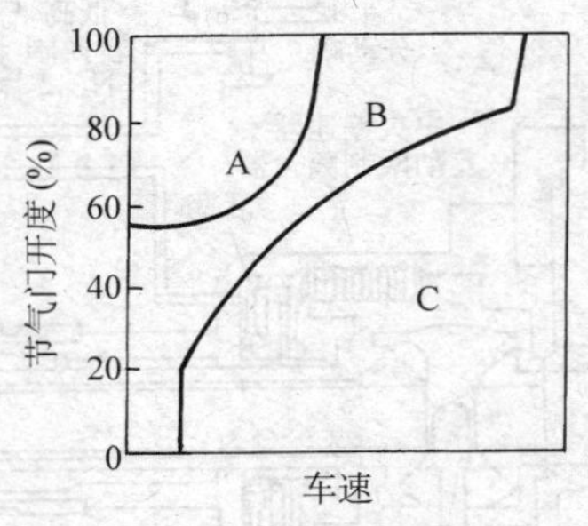

图 1—141　防滑差速器的差动限制控制特性

a. 起步时控制。在 1 挡、低速挡，节气门开度大时，如图中 A 区域接合油压增强到中等“Medium”，由此能提高在滑动路面上或一个车轮脱落时的起步能力。

b. 打滑控制。如图所示，节气门开度与车速关系处于 B 区域，前后轮的转速差按照速度差换算超过 2 ~ 3 km/h 时，接合油压变为“Hi”，差动限制达到最大值。

c. 通常控制。当接合油压为“Lo”，进行微弱差动限制，以防止产生急转弯制动现象。这是指转弯时前后轮产生转速差，当存在转速差时，转弯困难。

5. 自动空调系统的组成、工作原理

(1) 自动空调的组成

电子控制自动空调是用微机自动地控制车厢内外空气状况的系统。系统的组成部分主要包括：空调 ECU、控制总成、各种传感器、执行器及空调系统基本部件（压缩机、冷凝器、蒸发器、膨胀阀等在这里不再叙述)。

(2) 自动空调常用的控制部件及其工作原理

1) 电子式温度控制器。温控器的感温元件是热敏电阻,装在蒸发器的外侧正面(或其他可感温的位置),用以检测蒸发器的出风温度,热敏电阻有导线与晶体管电子线路相连,由于温度变化使热敏电阻的阻值发生变化,从而控制电路的接通或断开。电子式温控器工作原理如图1—142所示。

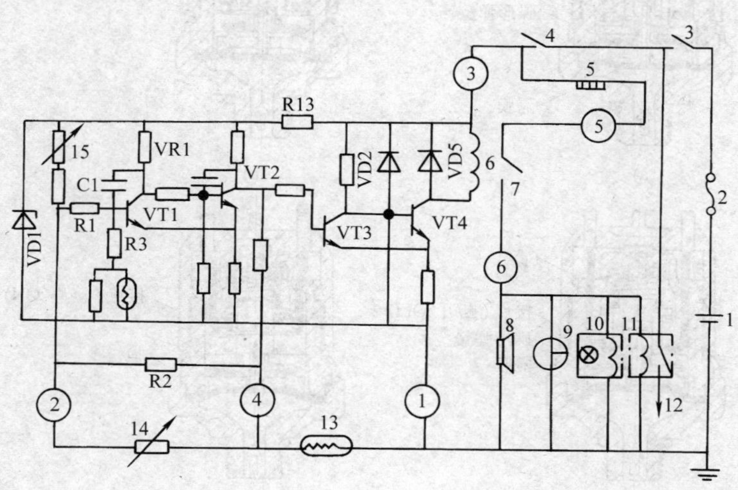

图1—142 电子式温控器工作原理

1—蓄电池 2—熔丝 3—点火开关 4—空调开关 5—压力开关 6—电磁线圈 7—触点 8—电磁离合器 9—空调工况指示灯 10—真空开关阀 11—冷凝器风扇继电器 12—通往调节器(冷凝器风扇空调发电机) 13—热敏电阻 14—可变温度控制电阻器 15—调温电阻 ①~⑥—放大器接点

如图1—142所示为电子式温控器工作原理。当空调系统工作时,空调开关接通,来自蓄电池1的电流经空调开关4→R13→VR1→R3→VT1的基极,使VT1导通,VT2、VT3、VT4也相继导通,电流由蓄电池1→空调开关4→电磁线圈6→VT4→接地,继电器的触点7闭合,电磁离合器通电,压缩机开始制冷。

当车内温度下降到低于调定值时,即蒸发器出风口温度低于规定值,热敏电阻13的阻值增大,使VT1的基极电位降低,这时VT1、VT2、VT3、VT4均截止,使继电器电磁线圈6中无电流通过,触点7脱开,电磁离合器8因断电与压缩机分离,压缩机停止工作。这时蒸发器表面温度又要上升,负温度系数的热敏电阻又减小到一定值,重新使VT1→VT4导通,继电器触点7闭合,电磁离合器吸合使压缩机工作,重复以上过程可使车内温度稳定在所要求的范围内。当温度为0℃时,其温度阻值一般为4.5~5.2 kΩ,电压为2.0~2.4 V;当温度为15℃时,其温度阻值一般为2.0~2.7 kΩ,电压为1.4~1.8 V。

2）三位压力开关。除高低压开关外，有些汽车空调系统中还有三位压力开关，三位压力开关由隔膜碟形弹簧、轴和接点组成，一般安装于储液干燥器上或高压管路上，感受制冷剂高压回路的压力信号。其工作过程如图 1—143 所示。

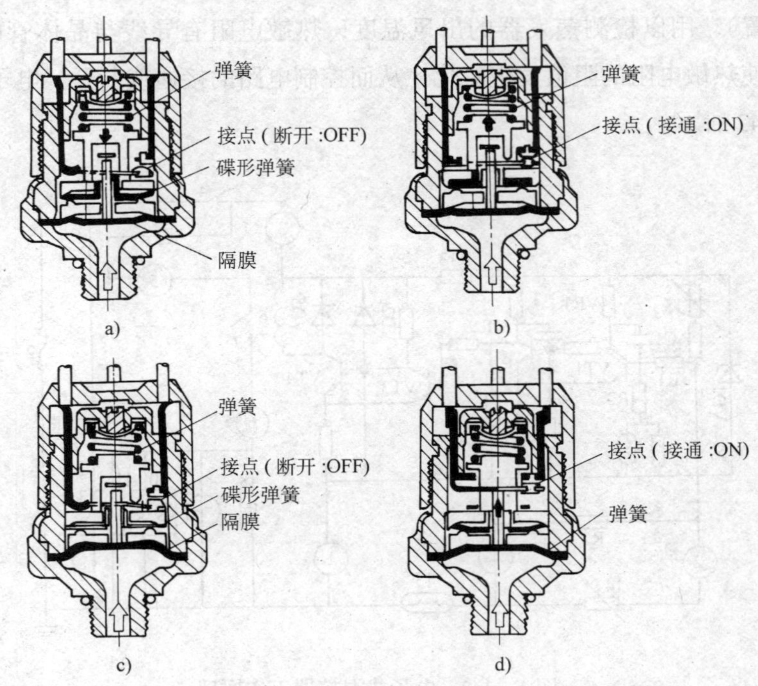

图 1—143　三位压力开关

①制冷剂压力小于 196 kPa，由于隔膜、碟形弹簧和弹簧的弹力大于制冷剂压力，因此，高低压接点断开，压缩机停转，实现低压保护（见图 1—143a）。

②制冷剂压力为 200 ~ 300 kPa，此压力高于开关的弹簧压力，弹簧会挠曲，低压接点接通，压缩机正常运转，同时，冷凝器风扇以低速运转（见图 1—143b）。

③制冷剂压力大于 3 140 kPa，会大于隔膜和碟形弹簧弹力，碟形弹簧反转，以断开高低压接点，压缩机停转，实现高压保护（见图 1—143c）。

④当制冷剂压力大于 1 770 kPa 时，压力大于隔膜弹力，隔膜会反转，将轴推上以接通冷凝器风扇或散热器风扇的转速转换接点，此时，风扇以高速运转，实行中压保护，当压力降至 1 370 kPa 时，隔膜恢复原状，轴下落，接点断开（见图 1—143d）。冷凝器风扇转速与压力开关控制值对照见表 1—8。

3）过热开关及热力熔断器。过热开关安装在压缩机缸体后侧，高压管出口处。过热开关是一种温度与压力感应开关，在正常情况下，电磁离合器电流流过限制器的熔丝，过热开关断开。如果系统中出现过热情况，当过热开关感测到高温时，过热开关的触点闭合，当触

表 1—8　　冷凝器风扇转速与压力开关控制值

压力开关性质	开关值/MPa	开关动作	作用
高压	不小于 3.14	电路断开（关）	压缩机停转
中压	不小于 1.77	电路接通（开）	冷凝器风扇高速运转
	不大于 1.37	电路断开（关）	冷凝器风扇低速运转
低压	不大于 0.196	电路断开（关）	压缩机停转

点闭合时，又有电流流过热流限制器（电流增大），合成热量会使熔丝熔化，压缩机电磁离合器线圈的电路断开，压缩机停止工作，起到了保护作用。系统的高温低压状态通常是在缺少制冷剂时出现。如果压缩机继续运转，会因缺少润滑油而过热以致损坏，过热开关使压缩机停止运转，直到故障排除。保护压缩机过热开关的壳体和头盖之间用 O 形圈密封，一个特殊成形的限位圈把开关固定就位，并使壳体通过压缩机接地，当温度过高时，膜片变形使触点闭合。过热开关安装位置如图 1—144 所示，过热开关结构如图 1—145 所示。

如图 1—146 所示为热力熔断器工作原理，它与过热开关配合使用，由温度感应熔丝、绕线式电阻加热器组成。当过热开关闭合时，通向电磁离合器的电流通过热力熔断器的加热器，使加热器温度升高，直到把熔断器熔化，这样，电磁离合器电路中断，压缩机停止运转。

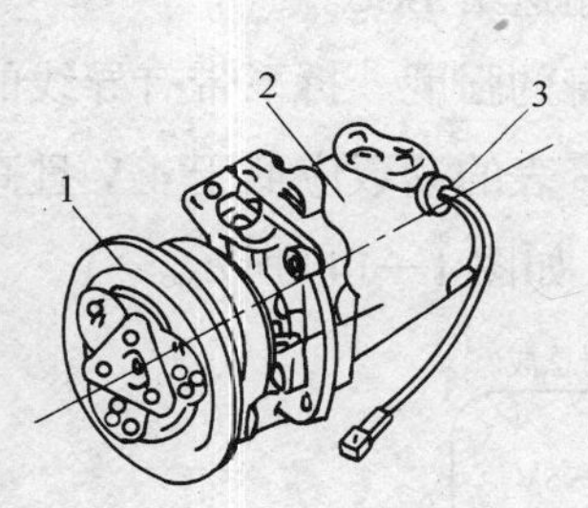

图 1—144　过热开关安装位置

1—电磁离合器　2—压缩机　3—过热开关

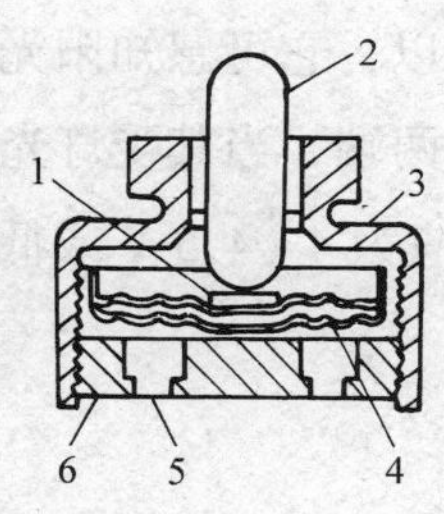

图 1—145　过热开关结构

1—电气触点　2—接线柱　3—壳体　4—膜片组件　5—基座孔　6—膜片安装基座

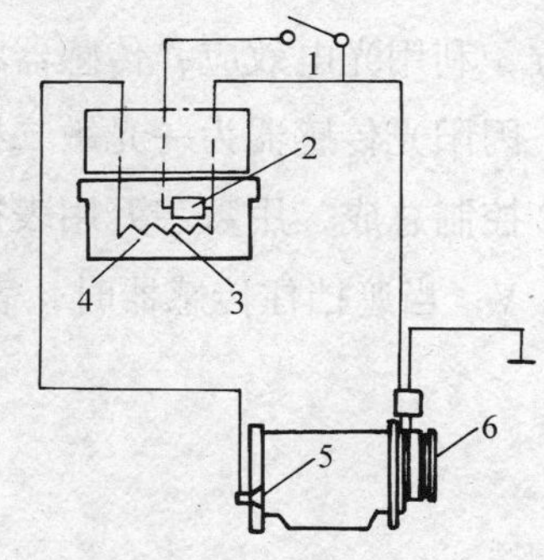

图 1—146　热力熔断器工作原理

1—环境温度开关　2—温度感应熔丝　3—绕线式电阻加热器　4—热力熔断器　5—过热开关　6—电磁离合器线圈

（3）自动空调常用的传感器

1）车外温度传感器。安装于汽车前部，发动机散热器前部，保险杠右下端或风窗玻璃下边具有负温度系数热敏电阻。用万用表测量车外温度传感器两侧，当温度为 25℃时，表读数应为 1.6 ~ 1.8 kΩ，1.35 ~ 1.37 V；当温度为 50℃时，表的读数应为 0.5 ~ 0.7 kΩ，0.8 ~ 1.2 V，如图 1—147 所示。

2）车内温度传感器。安装在车内不易碰到的地方，一般装在仪表板下侧，也是采用负温度系数热敏电阻。当车内温度升高时，电阻下降，车内温度下降时，电阻升高，热敏电阻将温度变化转变为电阻变化，即转变成电压变化，当车内温度发生改变，热敏电阻阻值发生改变，从而向空调 ECU 输送车内温度电压信号的变化。

检查方法：用数字万用表测量车内温度传感器两侧，当温度为 25℃时，表的读数应为 1.8～2.2 V；当温度为 40℃时，表的读数应为 1.2～1.6 V，如图 1—148 所示。

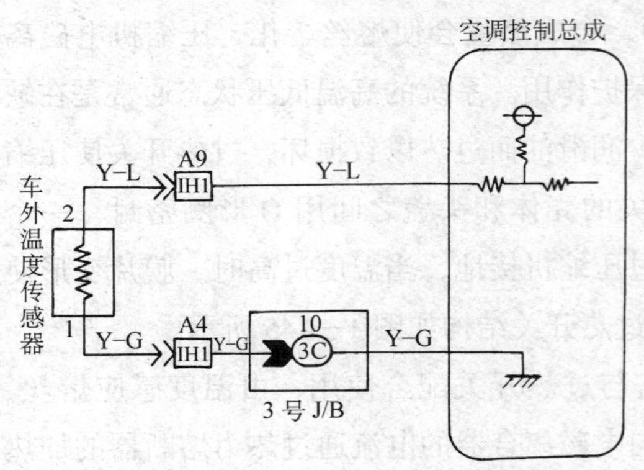

图 1—147　车外温度传感器电路图

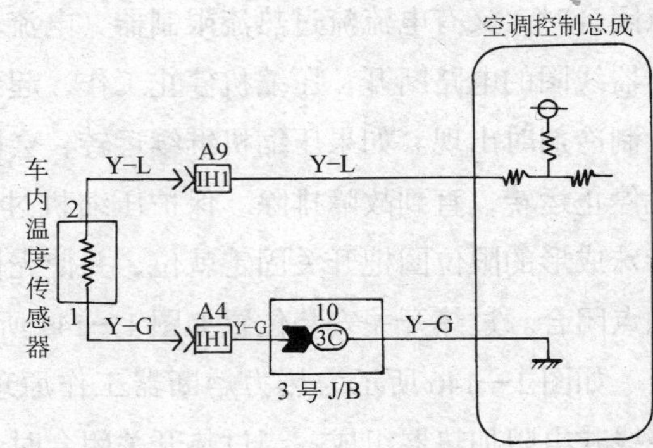

图 1—148　车内温度传感器电路图

3）日光传感器。这是一个光敏二极管，安装在汽车前风窗玻璃下面，阳光照射最强的地方，利用光电效应，传感器将阳光辐射程序转变成电信号，并输送给 ECU。

因阳光传感器为一光敏二极管，所以，它可感知阳光照射车身的强度。拆下带有导线的 A/C 控制总成，用数字万用表接传感器两端，当其受灯光照射时，表的读数应低于 4 V 且高于 1 V，当遮挡住传感器时，表的读数应为 4～4.5 V 或低于 1 V，如图 1—149 所示。

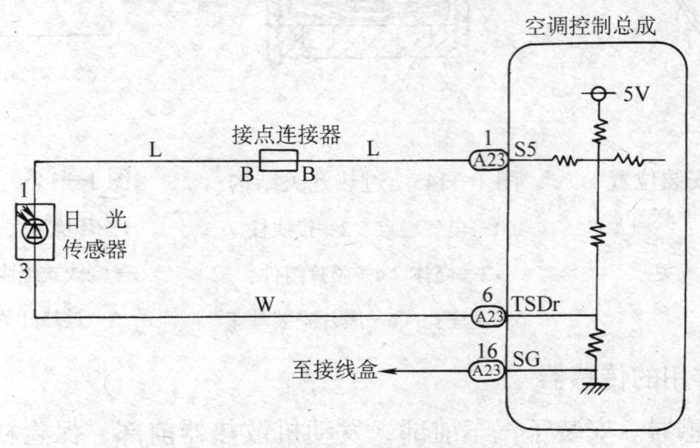

图 1—149　日光传感器电路图

4）烟雾传感器。烟雾传感器由传感器本体和盖子组成，传感器本体内有发光二极管和光敏二极管，以及程序控制电路，传感器盖上有一些通风槽，以便于空气流通。

当传感器检测到烟雾的含量达到设定值时，即向电脑发送一电压信号，电脑即指令空气过滤装置工作。发光二极管间断性发射红外线脉冲，由于安装位置的关系，在车内无烟雾的情况下，烟雾传感器内有烟雾微粒，微粒将反射红外线脉冲，光敏二极管接收红外线信号脉冲，即测出车内烟雾含量，如图 1—150 所示。

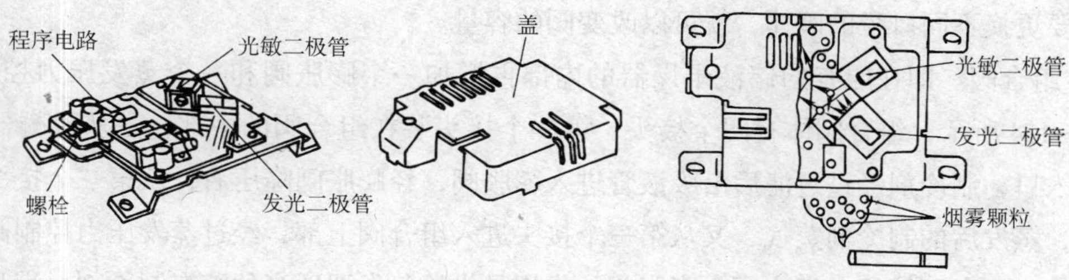

图 1—150　烟雾传感器

（4）自动空调系统的控制和执行元件

1）电子膨胀阀。采用蒸发器出口的温度式压力信号，经过控制器，实现多功能的流量控制和调节。电子膨胀阀由检测、控制和执行三部分组成。按驱动方式分，有电磁式和电动式两类，而电动式又分为直动型和减速型。

电磁式膨胀阀在通电前，电磁线圈不产生吸力，针阀处于全开位置。通电后，由于电磁力的作用，由磁性材料制成的柱塞被吸引上升，与柱塞连成一体的针阀开度变小，施加在线圈上的电压可以控制针阀的位置，因此，可以通过改变电压控制膨胀阀的开度，控制其流量。电磁式膨胀阀的结构如图 1—151 所示。

电动式膨胀阀用电动机驱动，如图 1—152 所示，电动机直接带动阀针做上下运动的为直动型。直动型膨胀阀电动机转子的转动，主要依靠电磁阀线圈间产生的磁力进行。转矩由导向螺纹变换成阀针直线移动，以改变阀口的流通面积，转子的旋转角度及阀针的位移量与输入脉冲数成正比。

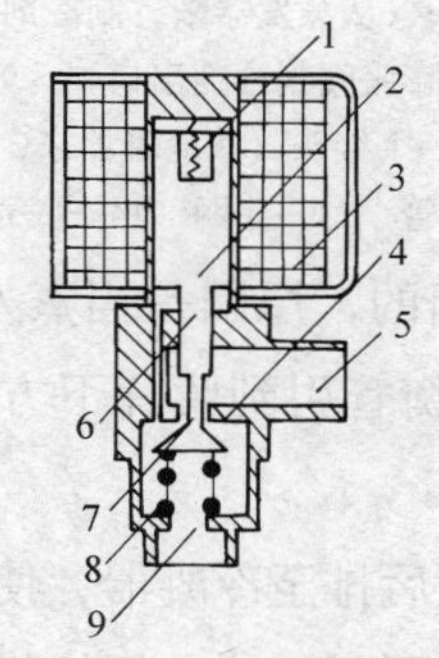

图 1—151　电磁式膨胀阀的结构

1—柱塞弹簧　2—柱塞　3—线圈　4—阀座
5—入口　6—阀杆　7—阀针　8—弹簧　9—出口

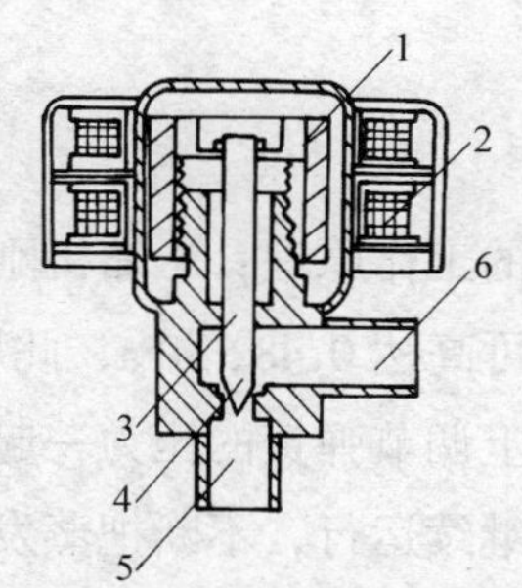

图 1—152　电动式直动型膨胀阀的结构

1—转子　2—线圈　3—阀杆
4—阀针　5—入口　6—出口

电动式膨胀阀的另一种形式是减速型，其结构如图 1—153 所示，其工作原理是当电动机通电后，高速旋转的转子通过齿轮组减速，再带动阀针做直线移动。由于齿轮的减速作用，大大增加了输出转矩，使得较小的电磁力可以获得足够大的输出力矩，所以，减速型膨胀阀的容量范围大。减速型膨胀阀的另一特点是电动机组合部分与阀体部分可以分离，这样，只要更换不同口径的阀体，就可以改变阀的容量。

2）组合阀。即在原有的储液干燥器的内部再增加一个膨胀阀和一个蒸发压力控制阀，如图 1—154 所示，组合阀体有四个接头，第一个接头装在组合阀的中部，是从冷凝器来的制冷剂入口，制冷剂经过过滤后沿吸液管进入膨胀阀，经膨胀阀降压后，从第二个接头进入蒸发器，蒸发后的制冷剂蒸气，又从第三个接头进入组合阀上部，经过蒸发压力控制阀，从第四个接头流向压缩机。组合阀中膨胀阀的作用是供给蒸发器适当的液态制冷剂，满足蒸发器热负荷的要求，蒸发压力控制阀的作用是控制蒸发压力高于 308 kPa。保证蒸发温度高于 30℃，不会结霜。

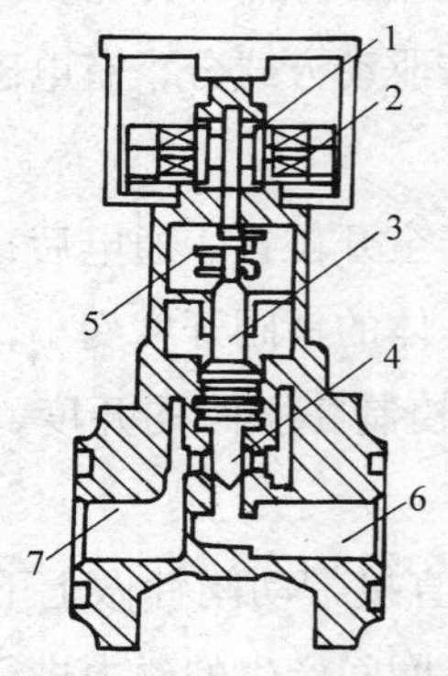

图 1—153　电动式减速型膨胀阀的结构

1—转子　2—线圈　3—阀杆　4—阀针
5—减速齿轮　6—入口　7—出口

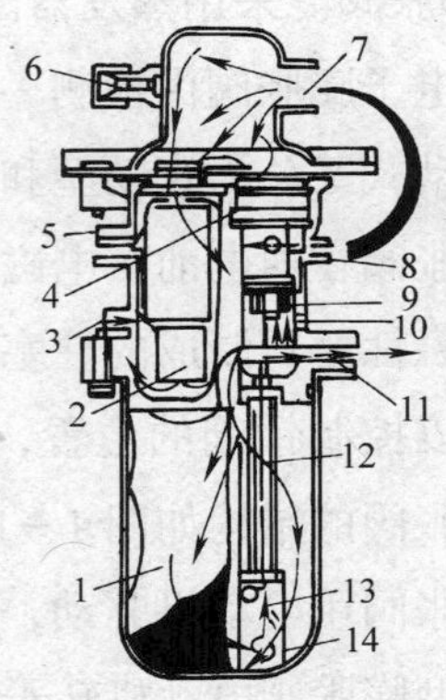

图 1—154　组合阀

1—干燥剂袋　2—蒸发压力控制阀　3—冷冻润滑油溢流口
4—均压管　5—第四个接头　6—蒸发压力表备用接头
7—第三个接头（从蒸发器来，制冷剂入口）
8—第二个接头（膨胀阀制冷剂出口）　9—膨胀阀
10—观察孔　11—第一个接头（从冷凝器来，制冷剂入口）
12—吸液管　13—滤网　14—底壳

组合阀的工作原理：压缩机刚开始运行时，膨胀阀是关闭的，原因是当蒸发器运行时，蒸发器压力可高达 0.482 MPa，此压力由蒸发压力控制阀的均衡管引到膜片下方的均压管入口处。再加上调节弹簧的压力一起作用，将膨胀阀关闭。

压缩机继续运行，不断把蒸发器内制冷剂蒸气吸入，加压后排至冷凝器，使冷凝压力增加。此时开始有液态制冷剂流向储液器，与此同时，在吸气作用下，流向压缩机的蒸气压力下降，在均压管作用下，膜片下方的压力也下降。但作用在膜片室上方钢球的蒸气温度并未改变（还没有液态制冷剂流入蒸发器吸热），仍然较高，膜片与钢球之间的制冷剂压力仍然较高，当膜片上压力大于膜片下压力时，就能克服回位弹簧力，顶开膨胀阀，使液态制冷剂向膨胀阀流动，在蒸发器内蒸发吸热，这时，空调系统开始制冷。

组合阀的调节过程：由于蒸发器的制冷剂蒸气直接流到蒸发压力控制阀上方的蒸发器第二个接头（图1—154组合阀中零件8），如果流到蒸发器的制冷剂量不足，蒸发温度就较高，膜片上方密封腔内的压力也较高，较高的压力经顶销把膨胀阀的球阀顶得更开，让更多制冷剂流到蒸发器，使蒸发器降温，若蒸发器的液态制冷剂量过多，则流到蒸发压力控制阀的蒸气过冷，使膜片上方腔内制冷剂降压，由于膜片下均压管和回位弹簧力的共同作用，球阀向上推，使流向蒸发器的制冷剂减少。这样就实现了膨胀阀对制冷剂流量的调节。

3）空调鼓风机控制器。空调鼓风机控制器（功率晶体管）安装在蒸发器的壳体上，为系统的执行器，由空调控制电脑输出电流对空调鼓风机转速进行无级调整，功率晶体管内安装有一个温度保护熔丝，可在114℃时熔化，防止空调鼓风机控制器（功率晶体管）过热损坏。空调鼓风机控制器外形如图1—155所示。

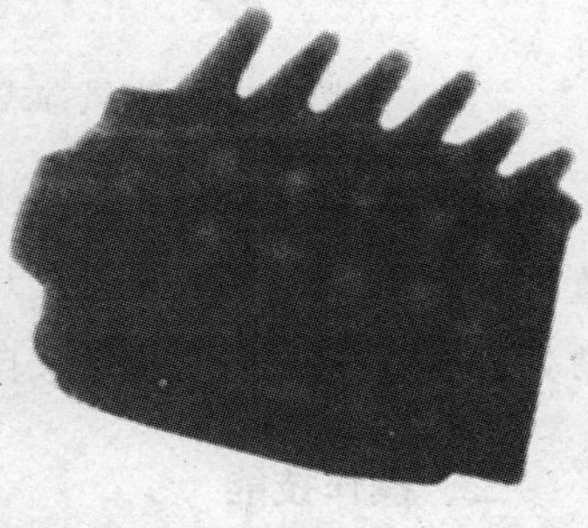

图1—155 空调风机控制器外形

4）风道系统的伺服电动机。自动空调系统的伺服电动机有多种，分别控制出风方式、最大制冷、新鲜空气的混合以及进气模式等。

①进气模式控制电动机。按下空调控制面板上的“AUTO”开关或选择内外循环状态，空调控制电脑即计算出系统所需要的车内出风口的温度，系统会根据电脑计算值，驱动伺服电动机设定进气风板的开度。

②出风方式伺服电动机。按下出风方式控制开关后，伺服电动机将按照控制面板上的操作信号改变出风方式及控制风板的位置，按下空调控制面板上的“AUTO”开关后，空调控制电脑就可根据温度控制开关信号，计算出车内所需的出风口温度，自动选择面风、脚风等各种出风方式，如图1—156所示。

③最强冷气控制伺服电动机。最强冷气控制伺服电动机是通过空调控制面板的信号来工作的，最强冷气风板有三个停止位置，为全闭、中间位置、全开。电动机的结构基本上类似于进气方式控制伺服电动机，只是在其插口端子数量上有所不同，最强冷气控制伺服电动机只在出风方式为迎面出风时工作，其风板的转动停止位置与电脑所设置的车内温度相对应。当车内温度设置为最冷时，最强冷气风板将处于全开状态。

④空气混合控制伺服电动机。根据空调板上温度控制开关的设置，空气混合控制电动机可以做顺时针或逆时针转动，通过一个连杆开启或关闭空气混合控制风板。同时，该伺服电动机还通过拉线控制暖风水阀的开关，电动机内有一电位器，可向空调控制电脑反馈电压信

号，确认风板位置，如图 1—157 所示。

图 1—156　出风方式伺服电动机

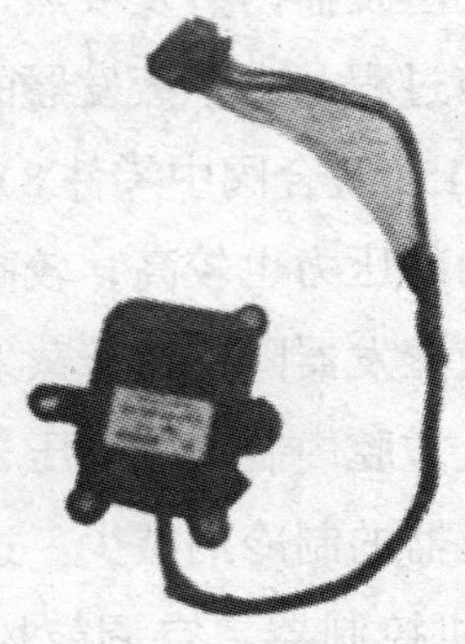

图 1—157　空气混合控制伺服电动机

空气混合控制伺服电动机由控制电脑来控制，电脑通过电位器的电压信号测出风板位置，并根据空调控制面板上开关所设定的温度传感器所感知的温度、调节风板的位置，用调节外界空气进入车内的量来自动调节车内的气温。

二、操作技能

1. 检修自动变速器

(1) 自动变速器的基本检查与调整

1）操作内容

①油面检查。

②油质检查。

③液压油的更换。

④节气门拉索的检查和调整。

⑤操纵手柄位置的检查和调整。

⑥怠速检查。

2）操作准备

装有自动变速器的汽车一辆；塞尺一把；常用修理工具若干；油管扳手一套；清洗液一盆；压缩空气若干。

3）操作步骤

①油面检查

a. 将汽车停放在水平地面上，并拉紧手制动。

b. 让发动机怠速运转 1 min 以上。

c. 踩住制动踏板，将操纵手柄拨至倒挡（R）、前进挡（D）、前进低挡（S、L 或 2、1）

等位置，并在每个挡位上停留几秒钟，使液力变矩器和所有的换挡执行元件中都充满液压油。最后将操纵手柄拨至停车挡（P）位置。

d. 拔出自动变速器油尺，将油尺擦干净后再全部插入原处后拔出，检查油尺上的油面高度。

液压油油面高度的标准是：如果自动变速器处于冷态（即冷车刚起动，液压油的温度较低，为室温或低于25℃时），油面高度应在油尺刻线的下限附近；如果自动变速器处于热态（如低速行驶5 min以上，液压油温度已达70～80℃），油面高度应在油尺刻线的上限附近如图1—158所示。因为低温时液压油的黏度大，运转时有较多的液压油附着在行星齿轮等零件上，所以油面高度较低；高温时油液黏度小，容易流回油底壳，因此，油面较高。

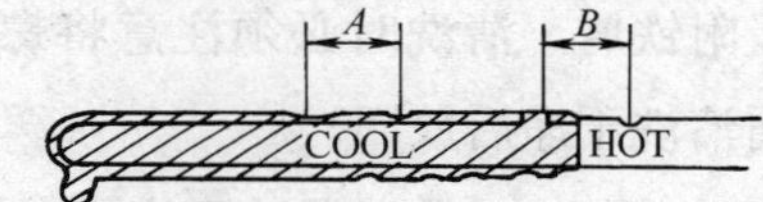

图1—158 自动变速器油面高度检查

若油面高度过低，应从加油管处添加合适的液压油，直至油面高度符合标准为止。

继续运转发动机，检查自动变速器油底壳、油管接头等处有无漏油。如有漏油，应立即予以修复。

在自动变速器调整、加注液压油，并经试车后，应重新检查自动变速器液压油的油面高度是否正常，油底壳、油管接头等处有无漏油。

②油质检查。正常液压油的颜色一般为粉红色，且无气味。如液压油呈棕色或有焦味，说明已变质，应立即换油。换油时应优先采用随车手册上推荐使用的变速器油，表1—9列出了各国自动变速器常用油型号。目前，国内进口轿车自动变速器通常使用DEXRON－Ⅱ型液压油。这种油稳定性好，使用寿命长。注意切不可用齿轮油或机油代替液压油，否则会造成自动变速器的严重损坏。

表1—9　　各国自动变速器规定用油

国家	规定用油
中国	8号自动传动油
美国	DEXRON或DEXRON－Ⅱ型
日本	推荐用DEXRON型
原苏联	锭子油Ay
德国	推荐用DEXRON－B

③液压油的更换

a. 车辆运行至自动变速器达到正常工作温度70～80℃后停车熄火。

b. 拆下自动变速器油底壳上的放油螺塞，将油底壳内的液压油放净。有些车型的自动变速器油底壳上没有放油螺塞，应拆下整个油底壳，然后放油。拆油底壳时应先将后半部油底壳螺钉拆下，旋松前半部油底壳螺钉，再将后半部油底壳撬离变速器壳体，放出部分液压油，最后再将整个油底壳拆下。如图 1—159 所示。

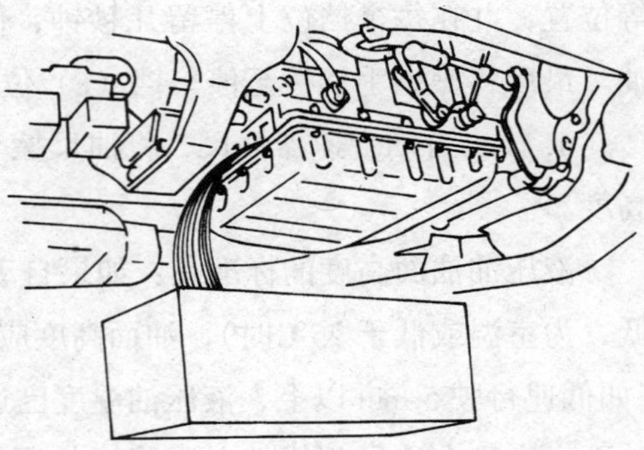

图 1—159　油底壳的拆卸

c. 拆下油底壳，将油底壳清洗干净。有些自动变速器的油底壳上的放油螺塞为磁性螺塞，也有些自动变速器在油底壳内专门放置一块磁铁，以吸附铁屑。清洗时必须注意将螺塞或磁铁上的铁屑清洗干净后放回。

d. 拆下自动变速器液压油散热器油管接头，用压缩空气将散热器内的残余液压油吹出，再接好管接头。

e. 装好管接头和放油螺塞。

f. 从自动变速器加油管中加入规定牌号的液压油。一般自动变速器油底壳内的储油量为 4 L 左右。

g. 启动发动机，检查自动变速器油面高度。要注意由于新加入的油液温度较低，油面高度应在油尺刻线的下限附近。如过低，应继续加油至规定油面高度。

h. 让汽车行驶至发动机和自动变速器达到正常工作温度，再次检查油面高度是否在油尺刻线的上限附近。如过低，应继续加油直至满足规定要求为止。

i. 如果不慎加入过多液压油，应把油放掉一些。一般自动变速器的总油量为 10 L 左右。

④节气门拉索的检查和调整。发动机熄火后，节气门应全闭，当油门踩死时，节气门应全开。节气门拉索的索心不应松弛，索套端和索心上限位之间的距离应为 0 ~ 1 mm，如图 1—160 所示。若节气门拉索调整不当，会导致主油路压力异常，造成油压过低或过高，使换挡执行元件打滑或产生换挡冲击。其调整步骤为：

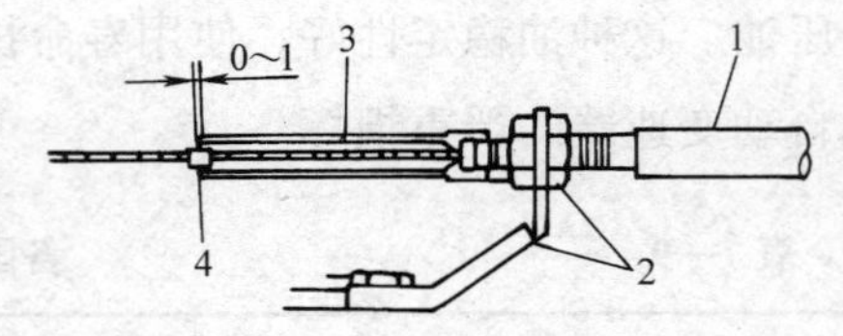

图 1—160　节气门拉索的检查和调整

1—橡胶套　2—高速螺母　3—拉线止动器　4—索心

a. 推动油门踏板连杆，检查油门是否全开，如油门不全开，则应调整油门踏板连杆。

b. 把油门踏板踩到底。

c. 把调整螺母旋松。

d. 调整油门拉线。

e. 旋动调整螺母，使橡胶套与拉线止动器间的距离为 0 ~ 1 mm。

f. 旋紧调整螺母。

g. 重新检查调整情况。

⑤操纵手柄位置的检查和调整。操纵手柄调整不当，会使操纵手柄的位置与自动变速器阀板中手动阀的实际位置不符，造成挂不进停车挡或前进低挡，或操纵手柄的位置与仪表盘上挡位指示灯的显示不符，甚至造成在空挡或停车挡时无法启动发动机。

操纵手柄的调整方法如下：

a. 拆下操纵手柄与自动变速器手动阀摇臂之间的连接杆。

b. 将操纵手柄拨至空挡位置。

c. 将手动阀摇臂向后拨至极限位置（停车挡位值），然后再退回两格，使手动阀摇臂处于空挡位置，如图 1—161 所示。

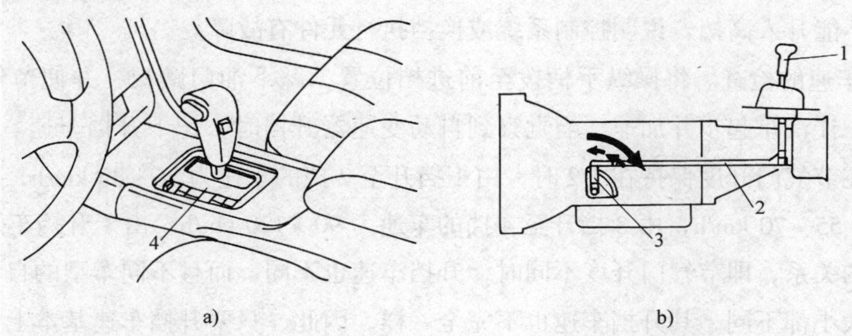

图 1—161 操纵手柄的调整

1—操纵手柄 2—连杆 3—手动阀摇臂 4—空挡位置

d. 稍稍用力将操纵手柄靠向 R 位方向，然后连接并固定操纵手柄与手动阀摇臂之间的连杆。

⑥怠速检查。发动机怠速不正常，特别是怠速过高，会使自动变速器工作不正常，出现换挡冲击等故障。因此，在对自动变速器做进一步检查之前，应先检查发动机的怠速是否正常。检查怠速时应将自动变速器操纵手柄置于停车挡（P）或空挡（N）位置。通常装有自动变速器的汽车发动机怠速为 750 r/min。若发动机的怠速过低或过高，都应予以调整。

(2) 电控液力自动变速器的性能检查

1）操作内容

①道路试验。

②失速试验。

③油压试验。

④延时试验。

⑤手动换挡试验。

2）操作准备。装有自动变速器的汽车一辆；2 MPa 的油压表一块；三角木塞四块；秒

表一块。

3）操作步骤

①道路试验。在道路试验之前，应让汽车以中低速行驶 5 ~ 10 min，让发动机和自动变速器都达到正常工作温度。在试验中，如无特殊需要，通常应将超速挡开关置于“ON”位置，并将模式选择开关置于标准模式或经济模式位置。

a. 升挡检查。将操纵手柄拨至前进挡位置，踩下油门踏板，使节气门保持在 1/2 开度左右，让汽车起步加速，检查自动变速器的升挡情况。自动变速器在升挡时发动机会有瞬时的转速下降，同时车身有轻微的闯动感。正常情况下，汽车起步后随着车速的升高，试车者应能感觉到自动变速器能顺利地由 1 挡升入 2 挡，随后由 2 挡升入 3 挡，最后升入超速挡。若自动变速器不能升入高挡，说明控制系统或换挡执行元件有故障。

b. 升挡车速的检查。将操纵手柄拨至前进挡位置，踩下油门踏板，并使节气门保持某一固定开度，让汽车起步并加速。当觉察到自动变速器升挡时，记下升挡车速。一般，4 挡自动变速器在节气门开度保持在 1/2 时，由 1 挡升至 2 挡的车速为 25 ~ 35 km/h，由 2 挡升至 3 挡的车速为 55 ~ 70 km/h，由 3 挡升至 4 挡的车速为 90 ~ 120 km/h。由于升挡车速和节气门开度有很大的关系，即节气门开度不同时，升挡车速也不同，而且不同车型的自动变速器各挡传动比的大小都不同，其升挡车速也不完全一样，因此，只要升挡车速基本上保持在上述范围内，而且汽车行驶中加速良好，无明显的换挡冲击，都可认为升挡车速正常。若汽车行驶中加速无力，升挡车速明显低于上述范围，说明升挡车速过低（即升挡过早）；若汽车行驶中有明显的换挡冲击，升挡车速明显高于上述范围，说明升挡车速过高（即升挡太迟）。

由于降挡车速在行驶中不易察觉，因此，在道路试验中一般无法检查自动变速器的降挡车速，只能通过检查升挡车速来判断自动变速器有无故障。如有必要，还可检查其他模式下或操纵手柄位于前进低挡位置时的换挡车速，并与标准值进行比较，作为判断故障的参考依据。升挡车速太低一般是控制系统的故障所致；换挡车速太高则可能是控制系统的故障所致，也可能是换挡执行元件的故障所致。

c. 升挡时发动机转速的检查。有发动机转速表的汽车在作自动变速器道路试验时，应注意观察汽车在行驶中发动机转速的变化情况，它是判断自动变速器工作是否正常的重要依据之一。在正常情况下，若自动变速器处于经济模式或标准模式，节气门保持在低于 1/2 开度范围内，则在汽车由起步加速直至升入高速挡的整个过程中，发动机的转速都将低于 3 000 r/min。通常，在加速至即将升挡时发动机转速可达 2 500 ~ 3 000 r/min，在刚刚升挡后的短时间内发动机转速下降至 2 000 r/min 左右。如果在整个行驶过程中发动机转速始终过低，加速至升挡时仍低于 2 000 r/min，说明升挡时间过早或发动机动力不足；如果在行驶过程中发动机转速始终偏高，升挡前后的转速为 2 500 ~ 3 000 r/min，而且换挡冲击明显，说明升挡时间过迟；如果在行驶过程中发动机转速过高，经常高于 3 000 r/min，在加速时达到 4 000 ~ 5 000 r/min，甚至更高，则说明自动变速器换挡执行元件打滑，应拆修自动变速器。

d. 换挡质量的检查。换挡质量的检查主要是检查有无换挡冲击。正常的电控自动变速器的换挡冲击应十分微弱。若换挡冲击过大，说明自动变速器的控制系统或换挡执行元件有故障，其原因可能是油路油压过高或换挡执行元件打滑，应做进一步的检查。

e. 锁止离合器工作状况的检查。自动变速器变矩器的锁止离合器工作是否正常，也可通过道路试验进行检查。试验中，让汽车加速至超速挡，以高于 80 km/h 的车速行驶，并让节气门开度保持在低于 1/2 的位置，使变矩器进入锁止状态。此时，快速将油门踏板踩下至 2/3 开度，同时检查发动机转速的变化情况。若发动机转速没有太大变化，说明锁止离合器处于接合状态；反之，若发动机转速升高很多，则表明锁止离合器没有接合，其原因通常是锁止控制系统有故障。

f. 发动机制动作用的检查。检查自动变速器有无发动机制动作用时，应将操纵手柄拨至前进低挡位置，在汽车以 2 挡或 1 挡行驶时，突然松开油门踏板，检查发动机是否有制动作用。若松开油门踏板后车速立即随之下降，说明发动机有制动作用；否则说明控制系统或前进强制离合器有故障。

g. 强制降挡功能的检查。检查自动变速器强制降挡功能时，应将操纵手柄拨至前进挡位置，保持节气门开度为 1/3 左右，在以 2 挡、3 挡或超速挡行驶时突然将油门踏板完全踩到底，检查自动变速器是否被强制降低一个挡位。在强制降挡时，发动机转速会突然上升至 4 000 r/min左右，并随着加速升挡转速逐渐下降。若踩下油门踏板后没有出现强制降挡，说明强制降挡功能失效。若在强制降挡时发动机转速上升过高，达 5 000 ~ 6 000 r/min，并在升挡时出现换挡冲击，则说明执行元件打滑，应拆修自动变速器。

②失速试验。在前进挡或倒挡中，踩住制动踏板并完全踩下油门踏板时，发动机处于最大转矩工况，而此时自动变速器的输出轴和输入轴均静止不动，变矩器的涡轮不动，只有变矩器壳及泵轮随发动机一同转动，此工况称为失速工况，此时的发动机转速称为失速转速。失速试验用于检查发动机输出功率、变矩器及自动变速器中制动器和离合器等换挡执行元件的工作是否正常如图 1—162 所示。

a. 准备工作

a）让汽车行驶至发动机和自动变速器均达到正常工作温度。

b）检查汽车的脚制动和驻车制动，确认其性能良好。

c）检查自动变速器液压油高度，应正常。

b. 试验步骤

a）将汽车停放在宽阔的水平路面上，前后车轮用三角木塞住。

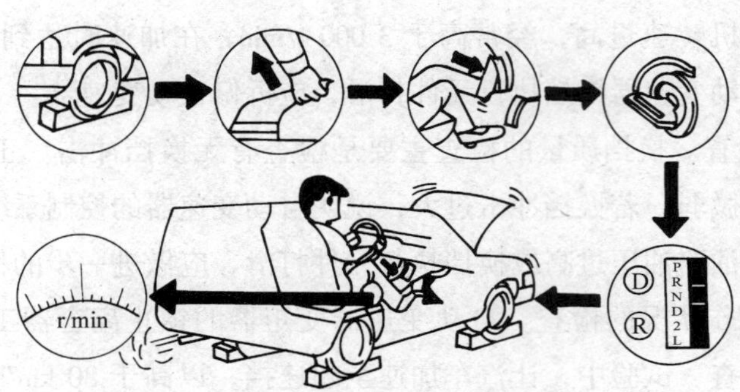

图 1—162　失速试验

b）拉紧驻车制动，左脚用力踩住制动踏板。

c）起动发动机。

d）将操纵手柄拨入 D 位。

e）在左脚踩紧制动踏板的同时，用右脚将油门踏板踩到底，在发动机转速不再升高时，迅速读取此时发动机的转速。

f）读取发动机转速后，立即松开油门踏板。

g）将操纵手柄拨入 P 或 N 位置，让发动机怠速运转 1 min，以防止液压油因温度过高而变质。

h）将操纵手柄拨至其他挡位（R、L 或 2、1），做同样试验。

不同车型的自动变速器都有其失速转速标准。大部分自动变速器的失速转速标准为 2 300 r/min左右，若失速转速与标准值相符，说明自动变速器的油泵、主油路油压及各个换挡执行元件工作基本正常；若失速转速高于标准值，说明主油路油压过低或换挡执行元件打滑；若失速转速低于标准值，则可能是发动机动力不足或液力变矩器有故障。例如，当液力变矩器中的导轮单向离合器打滑时，液力变矩器在液力耦合工况下工作，其变矩比下降，从而使发动机的负荷增大，转速下降。不同挡位失速转速不正常的原因见表 1—10。

表 1—10　　失速转速不正常的原因

操纵手柄位置	失速转速	故障原因
所有位置	过高	1. 主油路油压过低 2. 前进挡和倒挡的转换执行元件打滑 3. 低挡及倒挡制动器打滑
	过低	1. 发动机动力不足 2. 变矩器导轮的单向超越离合器打滑
D位	过高	1. 前进挡油路油压过低 2. 前进离合器打滑
R位	过高	1. 倒挡油路油压过低 2. 倒挡及高挡离合器打滑

③油压试验

a. 油压试验的准备

a）行驶汽车，使发动机及自动变速器达到正常工作温度。

b）将汽车停放在水平路面上，检查发动机怠速和自动变速器液压油的油面高度。如不正常，应进行调整。

c）准备一个量程为 2 MPa 的压力表。

d）找出自动变速器各个油路测压孔的位置。通常在自动变速器外壳上有几个用方头螺塞堵住的用于测量不同油路油压的测压孔。如果没有资料确定各油路的测压孔时，可用举升器将汽车升起，在发动机运转时分别将各个测压孔螺塞松开少许，观察各测压孔在操纵手柄位于不同挡位时是否有压力油流出，以此判断各油路测压孔的位置。

b. 油压试验步骤。以丰田自动变速器主油路油压测试为例说明油压试验步骤，如图 1—163 所示。

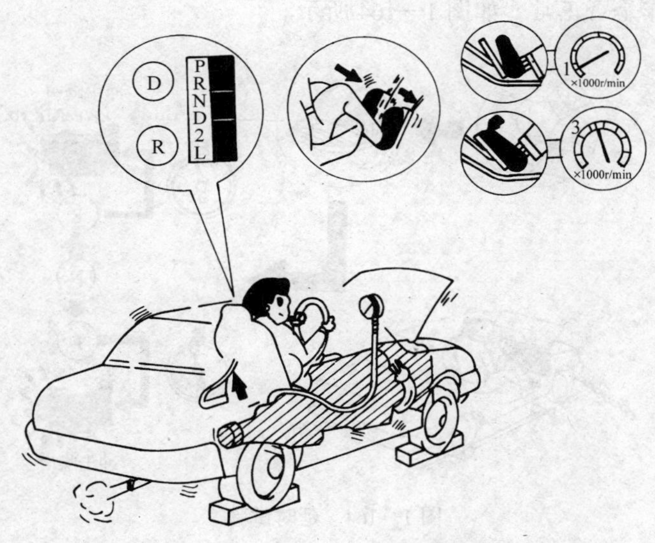

图 1—163 主油路油压测试

a）前进挡主油路油压的测试。拆下自动变速器壳体上主油路测压孔或前进挡油路测压孔螺塞，接上油压表。启动发动机，将操纵手柄拨至前进挡位置，读出发动机怠速运转时的油压。该油压即为怠速工况下的前进挡主油路油压。

用左脚踩紧制动踏板，同时用右脚将油门踏板完全踩下，在失速工况下读取油压。该油压即为失速工况下的前进挡主油路油压。

将操纵手柄拨至空挡或停车挡，让发动机怠速运转 1 min 以上。将操纵手柄拨至各个前进低挡位置，重复上述步骤，读出各个前进低挡在怠速工况和失速工况下的主油路油压。

b）倒挡主油路油压测试。拆下自动变速器壳体上主油路测压孔或倒挡油路测压孔螺塞，接上油压表。启动发动机，将操纵手柄拨至倒挡位置，读出发动机怠速运转时的油压。该油压即为怠速工况下的倒挡主油路油压。

用左脚踩紧制动踏板，同时用右脚将油门踏板完全踩下，在失速工况下读取油压。该油压即为失速工况下的倒挡主油路油压。

将操纵手柄拨至空挡或停车挡，让发动机怠速运转 1 min 以上，将测得的主油路油压与标准值进行比较。

不同车型自动变速器的主油路油压不完全相同。若主油路油压不正常，说明油泵或控制系统有故障。

④延时试验。在发动机怠速运转时将操纵手柄从空挡拨至前进挡或倒挡后，需要有一段时间的迟滞或延时才能使自动变速器完成换挡工作，这一时间称为自动变速器换挡迟滞时间。延时试验就是测出自动变速器换挡迟滞时间，根据迟滞时间的长短来判断主油路油压及换挡执行元件的工作是否正常，如图 1—164 所示。

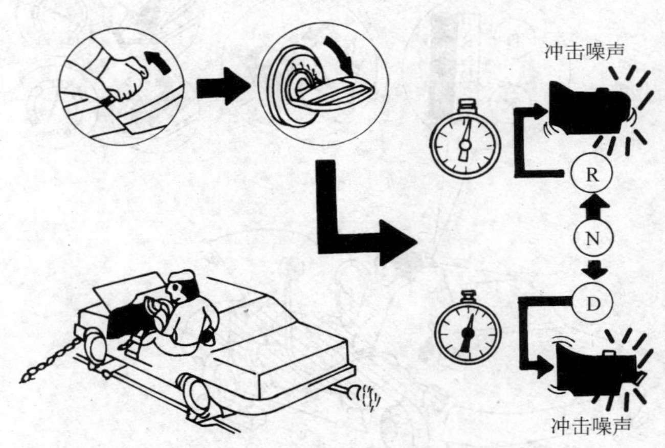

图 1—164　延时试验

a. 驾驶汽车，使发动机和自动变速器达到正常工作温度。

b. 将汽车停放在水平路面上，拉紧手制动。

c. 检查发动机怠速，如不正常，应按标准予以调整。

d. 将自动变速器操纵手柄从空挡位置拨至前进挡位置，用秒表测量从拨动操纵手柄开始到感觉到汽车震动为止所需的时间，该时间称为 N ~ D 延时时间。

e. 将操纵手柄拨至 N 位置，让发动机怠速运转 1 min 后，再做一次同样的试验。

上述试验进行 3 次，取其平均值。

按上述方法，将操纵手柄由 N 位置拨至 R 位置，测量 N ~ R 延时时间。

大部分自动变速器 N ~ D 延时时间小于 1.0 ~ 1.2 s，N ~ R 延时时间小于 1.2 ~ 1.5 s。若 N ~ D 延时时间过长，说明油路油压过低，前进离合器摩擦片磨损过多或前进单向离合器工作不良；若 N ~ R 延时时间过长，说明倒挡主油路油压过低、倒挡离合器或倒挡制动器磨损过大或工作不良。

⑤手动换挡试验。自动变速器可采用手动换挡试验，确定故障出在电子控制系统还是其他部位。手动换挡试验是将电控自动变速器所有换挡电磁阀的线束连接器全部脱开，此时 ECU 不能控制换挡，自动变速器的挡位取决于操纵手柄的位置。不同车型电控自动变速器在脱开换挡电磁阀线束连接器后的挡位和操纵手柄的关系不完全相同。丰田轿车的各种电子控制自动变速器在脱开换挡电磁阀线束连接器后的挡位和操纵手柄的关系，见表 1—11。

表 1—11　　挡位和操纵手柄的关系

操纵手柄位置	挡位	操纵手柄位置	挡位
P	停车挡	D	超速挡
R	倒挡	2	3 挡
N	空挡	L	1 挡

手动换挡试验的步骤如下：

a. 脱开电控自动变速器所有换挡电磁阀的线束连接器。

b. 启动发动机，将操纵手柄拨至不同位置，然后做道路试验。

c. 观察发动机转速和车速的对应关系，以判断自动变速器所处的挡位。不同挡位时发动机转速与车速的关系可以参照表 1—12。由于变矩器的减速作用与传递的转矩有关，因此，表中的车速只能作为参考，实际车速将随着行驶中油门开度的不同而产生一定的变化。

表 1—12　　不同挡位时发动机转速与车速的关系

挡位	发动机转速（r/min）	车速（km/h）
1 挡	2 000	18 ~ 22
2 挡	2 000	34 ~ 38
3 挡	2 000	50 ~ 55
超速挡	2 000	70 ~ 75

d. 若操纵手柄位于不同位置时自动变速器所处的挡位与表 1—11 相同，说明电控自动变速器的阀板及换挡执行元件工作正常。否则，说明自动变速器的阀板或换挡执行元件有故障。

e. 试验结束后接上电磁阀线束连接器。

f. 清除电脑中的故障代码，防止因脱开电磁阀线束连接器而产生的故障代码保存在电脑中，影响自动变速器的故障自诊断工作。

(3) 电控液力自动变速器的检修

1) 操作内容

①液力变矩器的检修。

②换挡执行机构的检修。

③液压控制系统的检修。

④电子控制系统的检修。

2）操作准备。ATF（自动传动油）若干；清洗剂若干；空气压缩机；千分表一块；磁力表座一个；专用工具一套；百分表一块；塞尺一把；8～10 W 的灯泡一个；磁棒一根；汽车电脑解码器一台。

3）操作步骤

①液力变矩器的检修。轿车自动变速器的液力变矩器的外壳是采用焊接式的整体结构，不可分解。液力变矩器内部，除了导轮的单向超越离合器和锁止离合器压盘之外，没有互相接触的零件，因此，在使用中基本上不会出现故障。液力变矩器的维修工作主要是清洗和检查。

a. 液力变矩器的清洗。自动变速器的液压油污染，多表现为在油中可见到金属粉末。这些金属粉末大多数来自换挡执行元件的磨耗。

a）倒出变矩器中残留的液压油。

b）向变矩器中加入干净的液压油，以清洗其内部，然后将液压油倒出。

c）再次向变矩器中加入干净的液压油，清洗后倒出。

d）用清洗剂清洗变矩器零部件，只能用压缩空气吹干。

e）用压缩空气吹所有的供油孔或油道，确保清洁。

清洗时，也可加入专用的去污剂，在清洗台上一边旋转变矩器一边不停地注入压缩空气，以便使清洗液作用得彻底。为取出清洗液，可在变矩器最外侧较平的面上，在两叶片之间打一个孔（用钻床钻一个正圆的孔），将孔向下放置 15 min 后，变矩器内的清洗液即可排出，清洗后再用铆钉将钻孔封死。

b. 液力变矩器的检查

a）检查液力变矩器外部有无损坏和裂纹，轴套外径有无磨损，驱动油泵的轴套缺口有无损伤。如有异常，应更换液力变矩器。

b）将液力变矩器安装在发动机飞轮上，用千分表检查变矩器轴套的径向圆跳动误差，如图 1—165 所示。如果在飞轮转动一周的过程中，千分表指针偏摆大于 0.03 mm，应采用转换角度重新安装的方法予以校正，并在校正后的位置上标一记号，以保证正确安装。若无法校正，应更换液力变矩器。

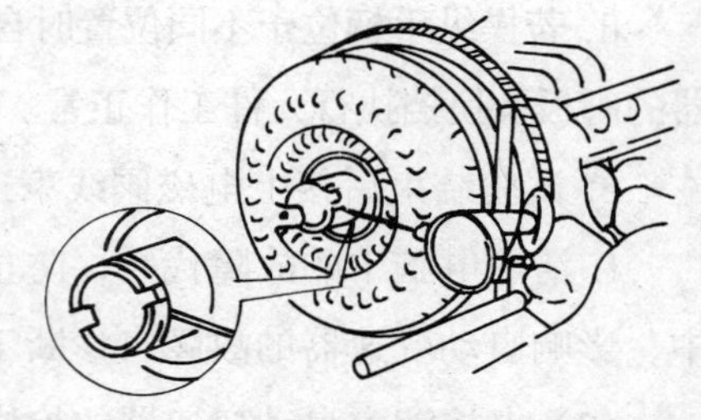

图 1—165　液力变矩器轴套偏摆量的检查

c）检查导轮单向超越离合器。如图 1—166 所示将单向超越离合器内座圈驱动杆（专用工具）插入变矩器中；将单向离合器外座圈固定器（专用工具）插入变矩器中，并卡在轴套上的油泵驱动缺口内。转动驱动杆，检查单向超越离合器工作是否正常。逆时针方向上，单向超越离合器应锁止，顺时针方向上应能自由转动。如有异常，说明单向超越离合器损坏，应更换液力变矩器。

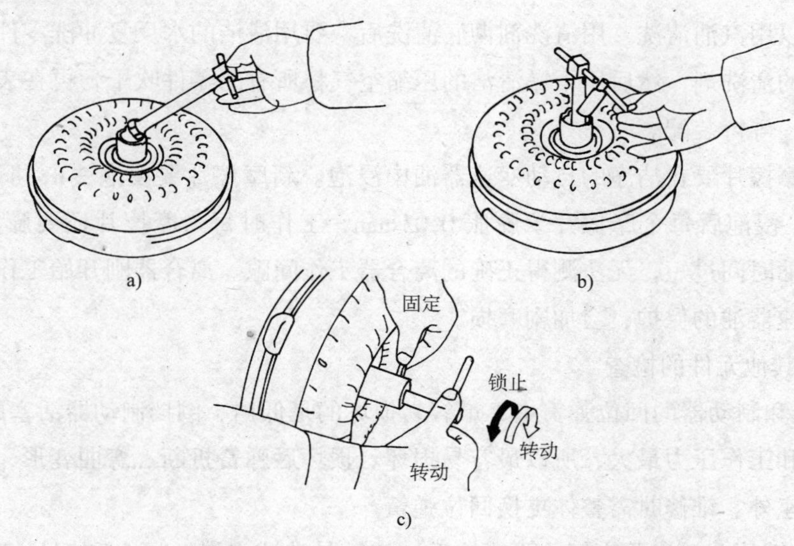

图 1—166　导轮单向超越离合器的检查

②换挡执行机构的检修

a. 行星排、单向超越离合器的检修

a）检查太阳轮、行星轮和齿圈的齿面，如有磨损或疲劳剥落，应更换整个行星排。

b）检查行星轮与行星架之间的间隙，其标准间隙为 0.2 ~ 0.6 mm，最大不得超过 1.0 mm，否则应更换止推垫片或行星架和行星轮组件，如图 1—167 所示。

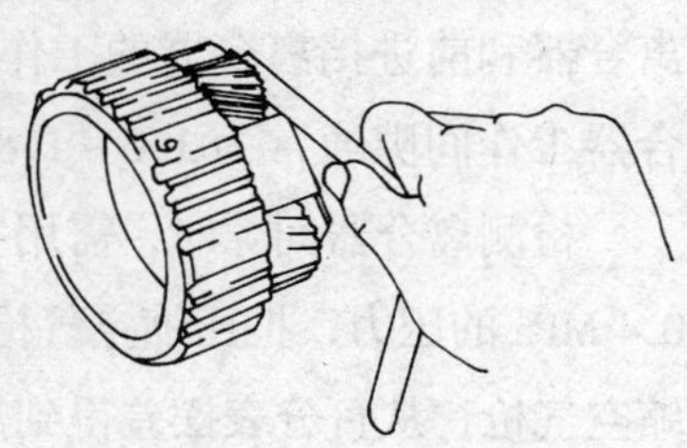

图 1—167　行星轮与行星架间隙的检查

c）检查太阳轮、行星架、齿圈等零件的轴径或滑动轴承处有无磨损，如有异常，应更换新件。

d）检查单向超越离合器，如滚柱破裂，滚柱保持架断裂或内外圈滚道磨损、起槽，应更换新件，如果在锁止方向上打滑或在自由转动方向上卡滞，也应更换。

b. 多片离合器的检修

a）离合器摩擦片的使用极限。摩擦片上的沟槽是用来存自动变速器油用的，沟槽磨平后自动变速器油就无法进入摩擦片与钢片之间。失去了自动变速器油的保护之后，磨损速度会急剧加快，沟槽磨平后必须更换。

摩擦片上有数字记号的，记号磨掉后必须更换。摩擦片出现翘曲变形的必须更换。摩擦片表面发黑（烧蚀）的也必须更换。摩擦片表面出现剥落、裂纹，内花键被拉毛（拉毛容易造成卡滞），内花键齿掉齿时，都必须更换。

b）离合器摩擦片装配前和装配时的注意事项。摩擦片还可继续使用的，须单独进行清洗。离合器中其余的零件可以用工业酒精或化油器清洗剂清洗，除密封件外，还可以用煤油清洗，但不可以用汽油清洗。用清洗剂彻底清洗后，要用清洁的水反复冲洗零件表面，使其表面不含残存的清洗剂，然后用干燥清洁的压缩空气将所有的零件吹干，再在表面上涂一层自动变速器油，等待装配。

装配前，摩擦片要在洁净的自动变速器油中浸泡。新摩擦片要浸泡 2 h，旧摩擦片要浸泡 15 ~ 30 min。浸泡后每个摩擦片要膨胀 0.03 mm，工作时每个摩擦片还要膨胀 0.03 mm。若不浸油或浸油时间过短，无法测得正确的离合器工作间隙。离合器刚开始工作时，摩擦片因缺乏自动变速器油的保护，会加剧磨损。

c. 离合器其他元件的检查

a）离合器和制动器的回位弹簧中，最容易损坏的是低挡、倒挡制动器活塞的回位弹簧。它的工作行程和工作压力最大，所以最容易损坏。损坏后弹簧折断、弯曲变形，同时许多弹簧散落在弹簧座外。维修时需整体更换回位弹簧。

b）压盘和钢片上的齿要完好，不能拉毛，拉毛易造成卡滞。压盘和钢片表面如有蓝色过热的斑迹，则应在平台上用高度尺测量其高度，或将两片叠在一起，检查其是否变形。出现变形或表面有裂纹的必须更换。

c）离合器间隙的检查。离合器活塞的工作行程，就是离合器的工作间隙。通常超速挡离合器和前进挡离合器的工作间隙为 0.8 ~ 1.5 mm（具体间隙因车型而异）。高挡、倒挡离合器工作间隙通常为 1.6 ~ 1.8 mm。前者使用极限为 2.0 mm，后者使用极限为 2.2 mm。

检测离合器间隙时，需用空气压缩机、压缩空气枪、百分表和磁力表架。压缩空气保持在 0.4 MPa 的压力，把压缩空气枪对准进油孔，固定好离合器，把百分表抵住外侧压盘，开动压缩空气枪，从百分表摆差得到离合器间隙，如图 1—168 所示。如没有空气压缩机，也可以用塞尺检查。把塞尺伸入卡环和压盘之间，即可测出离合器工作间隙，如图 1—169 所示。

d. 制动器的检修

a）制动带的检查。外观检查：外观上有缺陷、碎屑，摩擦表面出现不均匀磨损，摩擦材料剥落，摩擦材料上印刷数字磨削，或者有掉色、烧蚀痕迹，只要有上述问题中的任何一项，就必须更换制动带。

液体吸附能力检查：用无毛布把制动带表面的油擦掉后，用手轻按制动带摩擦表面，应能渗出油，渗出的油越多，说明摩擦表面含油性越好。如轻压后，没有渗出油，说明制动带

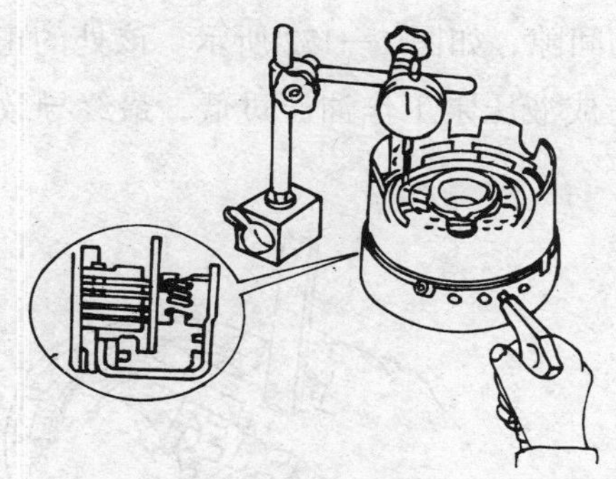

图 1—168　用百分表测离合器间隙

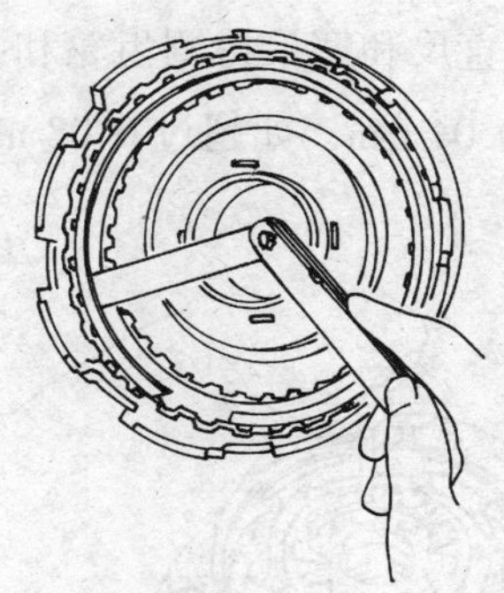

图 1—169　用塞尺测离合器间隙

表面的含油层已被磨损，如继续使用将很快被烧蚀，必须更换。

b）制动鼓的检查。铸铁制动鼓的摩擦表面如有刻痕，可用 180 号石英砂布沿旋转方向打磨；钢板冲压的制动鼓，如磨损变形则必须更换。

伺服装置的检修：用压缩空气枪将 0.4 ~ 0.8 MPa 的空气施加到伺服装置的工作通道中，该伺服液压缸负责的制动带如能拉紧，则表明伺服液压缸工作正常，能满足拉紧制动带的需求。继续加压到伺服液压缸工作通道的同时，用另一把压缩空气枪加压到伺服装置的释放通道，此时伺服装置应松开制动带。

在检查制动带能否箍紧时，可用塞尺在加压前先测一下制动带的开口间隙，加压箍紧后再测一下制动带的开口间隙，便可推算出伺服推杆实际的工作行程。

检查时如发现异常现象，应分解检查。检查伺服装置的钢制或铝制活塞是否有裂纹、毛刺、划伤和磨损等缺陷。活塞与活塞孔的正常工作间隙应为 0.008 ~ 0.013 mm。活塞与活塞孔间隙过大，会造成液压压力的损失。而活塞卡滞则会造成工作粗暴或制动带打滑。

c）片式制动器的检修可参照多片离合器的检修。

③液压控制系统的检修

a. 液压泵的检修

a）用塞尺检查外齿轮与泵体之间的间隙，如图 1—170 所示。大部分自动变速器液压泵外齿轮和泵体之间的正常工作间隙为 0.08 ~ 0.15 mm，该处间隙如超过 0.25 mm，液压泵的工作油压就会过低，主油路油压受其影响也过低，必须更换液压泵。

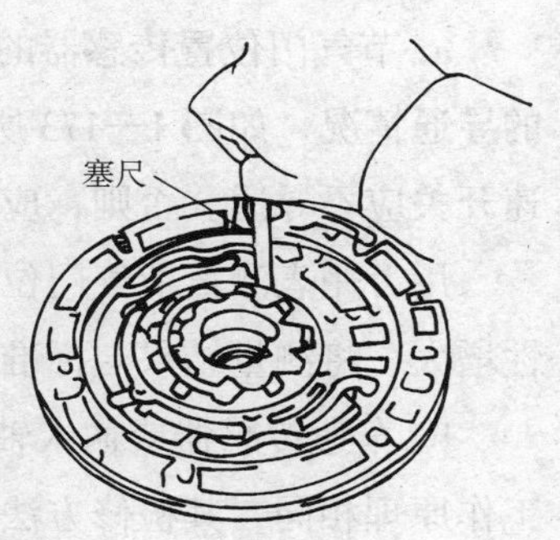

图 1—170　检查外齿轮与泵体之间的间隙

b）用塞尺检查液压泵内齿和月牙形隔板之间的间隙，如图 1—171 所示。该处正常工作间隙也为 0.08 ~ 0.15 mm，该处间隙如超过 0.25 mm 同样会造成主油路油压过低。

c）用钢直尺和塞尺检测齿轮和泵壳之间的间隙，如图1—172所示。该处的正常工作间隙为0.02～0.04 mm，如超过0.08 mm，就会造成液压泵工作油压过低，最终导致主油路油压过低。

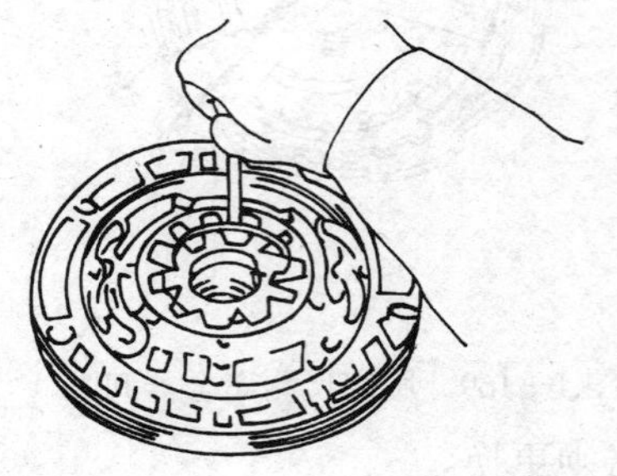

图1—171 检查液压泵内齿和月牙形隔板之间的间隙

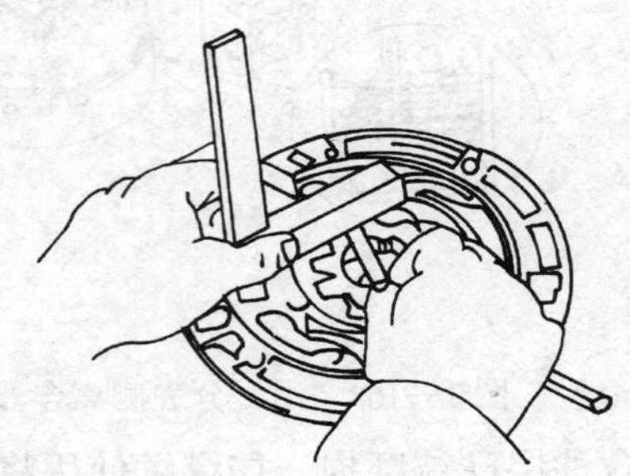

图1—172 检测齿轮和泵壳之间的间隙

b. 阀体的检修。只有在自动变速器换挡规律失常，或摩擦片严重烧毁，阀板内沾有大量摩擦粉末时，才对阀板进行拆检修理。目前，汽车生产厂家均严禁进行阀体维修。

c. 变速器油冷却器的检修

a）检查变速器油冷却器及油管各接头处有无漏油，漏油应更换相应接头处的O形密封圈。

b）如检查出冷却器或油管破裂，应更换或拆下焊修后装回。

c）检查冷却器是否堵塞。如发现自动变速器油温度过高，应拆下自动变速器上的冷却管，以200 kPa的压缩空气向冷却器的一侧加压（压力不能过大，过大会损坏冷却器），如压缩空气能将冷却器中的碎屑清除，冷却器就不用清洗或更换。如压缩空气不能将冷却器中的碎屑清除干净，冷却器就必须清洗或更换。

④电子控制系统的检修。用电脑检测仪读取故障码，可以找出控制系统大部分故障的大致范围，但要确定故障所在的具体部件，还必须进一步用万用表等简单工具，按照维修手册中提供的检测方法、检测步骤及标准数值，对各个零件进行检测。

a. 节气门位置传感器的检测。用万用表在节气门位置传感器接线插座上测量怠速开关的导通情况，如图1—173所示。当节气门全闭时，怠速开关应导通。当节气门开启时，怠速开关应不导通。否则，应调整或更换节气门位置传感器。

用万用表测量节气门位置传感器中电位计的电阻，该电阻应能随节气门开度的增大而线性增大，将测量结果与标准值进行比较。如有不符，应更换或调整节气门位置传感器。

b. 车速传感器或输入轴转速传感器的检测。车速传感器和输入轴转速传感器的结构和工作原理相同，其检修方法也是一样的，即通过用万用表测量车速传感器或输入轴转速传感器两接线端之间的电阻值，判断感应线圈短路、断路或电阻值不符合标准等故障，如图1—174所示。

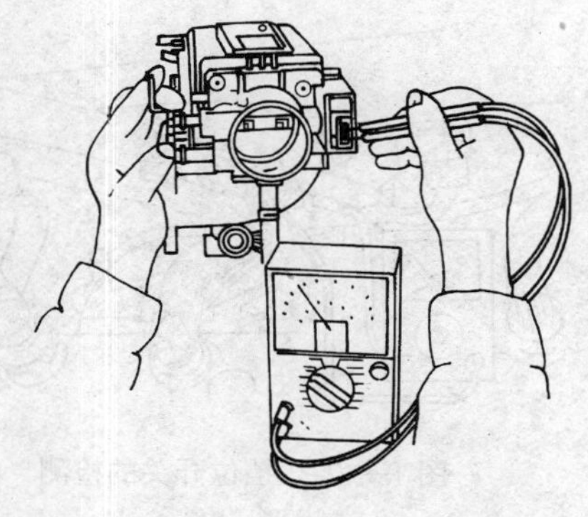
图 1—173 节气门位置传感器的检测

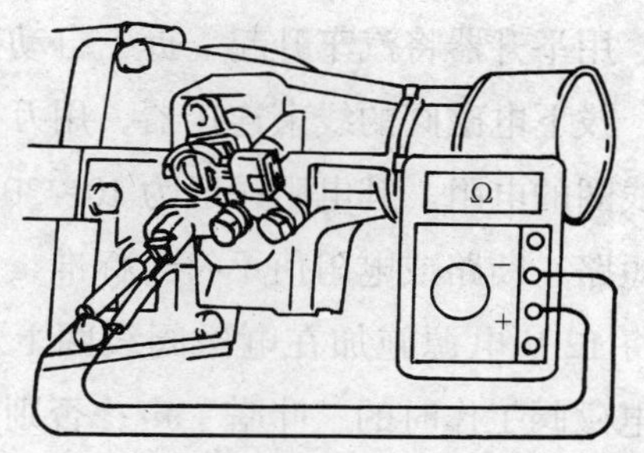

图 1—174 车速传感器或输入轴转速传感器感应线圈电阻的测量

测量车速传感器或输入轴转速传感器的输出脉冲信号时，可用千斤顶将汽车一侧的驱动轮顶起，让操纵手柄位于空挡位置，用手转动悬空的驱动轮，同时用万用表测量车速传感器两接线柱之间有无脉冲感应电压。测量时，应将万用表选择开关转至 1 V 以下的直流电压挡位置或电阻挡位置。若转动车轮时万用表指针有摆动，说明传感器有输出脉冲，其工作正常；否则，应更换传感器。另外，也可将传感器拆下，用一跟磁棒或一块磁铁迅速靠近或离开传感器，同时用万用表测量传感器两接线柱之间有无脉冲感应电压。如果没有感应电压或感应电压很弱，说明传感器有故障，应更换，如图 1—175 所示。

c. 冷却液温度传感器和液压油温度传感器的检测。拆下冷却液温度传感器或液压油温度传感器，将传感器置于盛有水的烧杯中，加热杯中的水，同时测量在不同温度下传感器两接线端之间的电阻值，将测量的电阻值与标准值相比较，如果不符合标准值，应更换传感器，如图 1—176 所示。

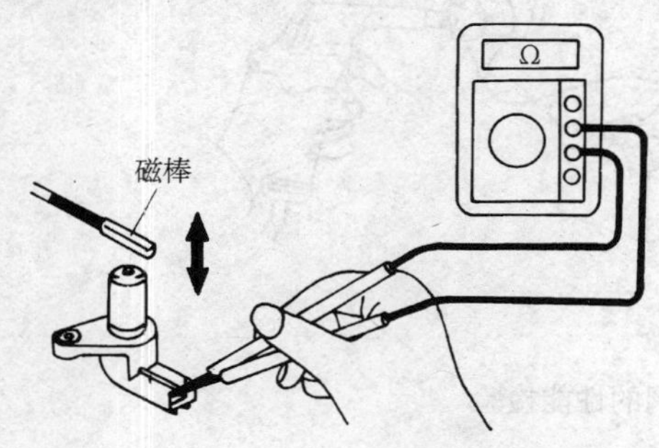

图 1—175 车速传感器或输入轴转速传感器的输出脉冲的测量

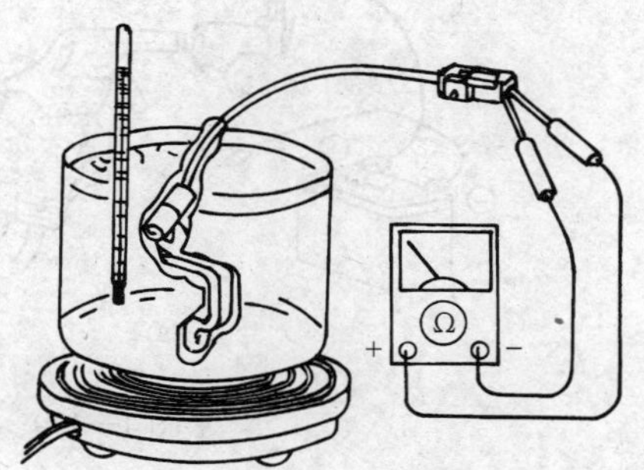

图 1—176 冷却液温度传感器和液压油温度传感器的检测

d. 挡位开关的检测。用举升器将汽车升起，拔下挡位开关的线束连接器。变换各个挡位，同时用万用表测量挡位开关线束插座内各插孔之间的导通情况。将测量结果与标准值进行比较，如有不符，应重新调整或更换挡位开关，如图 1—177 所示。

e. 开关式电磁阀的检测。开关式电磁阀的就车检查。用举升器将汽车升起，拆下自动变速器的油底壳，拔下电磁阀的线束连接器，用万用表测量电磁阀线圈的电阻。其电阻一般为 10 ~ 30 Ω，若电磁线圈短路、断路或电阻值不符合标准，应更换。另外，将 12 V 电源施加在电磁阀线圈上，此时应能听到电磁阀工作时的“咔嗒”声；否则，说明阀芯卡住，应更换电磁阀，如图 1—178 所示。

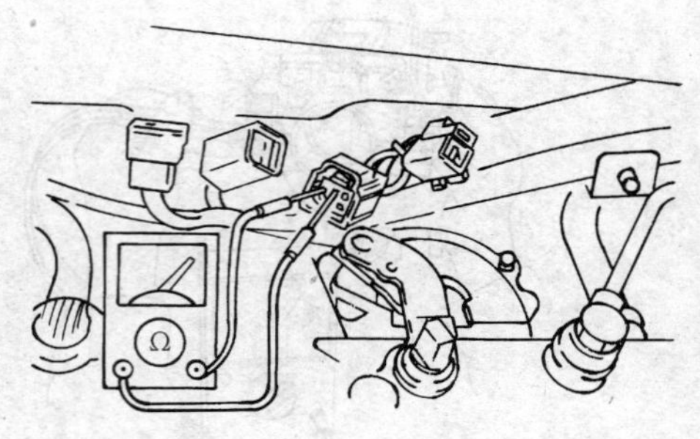

图 1—177　挡位开关的检测

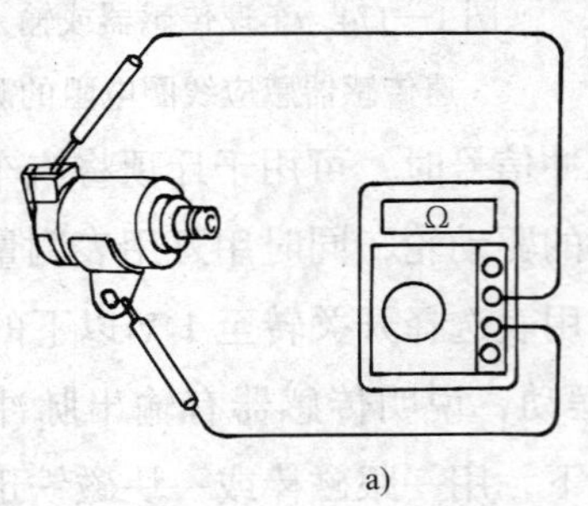

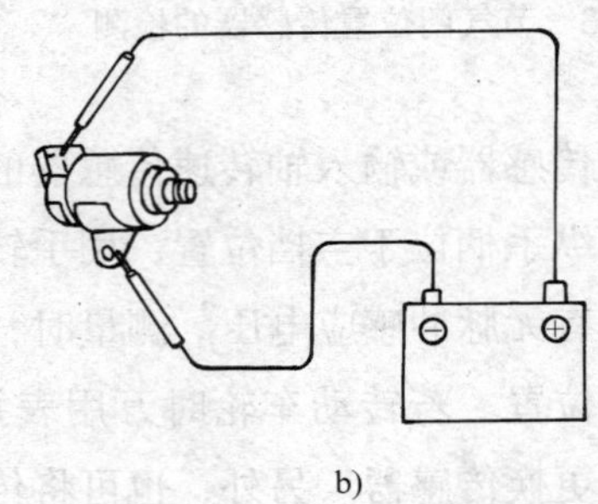

图 1—178　开关式电磁阀的检测

a）用万用表检测　b）用 12 V 电源检测

开关式电磁阀的性能检验。拆下电磁阀，将压缩空气吹入电磁阀进油口，当电磁阀不接通电源时，进油孔和泄油孔之间应通气；否则，说明电磁阀损坏，应更换。另外，接上电源后，进油孔和泄油孔之间应不通气；否则，说明电磁阀损坏，应更换，如图 1—179 所示。

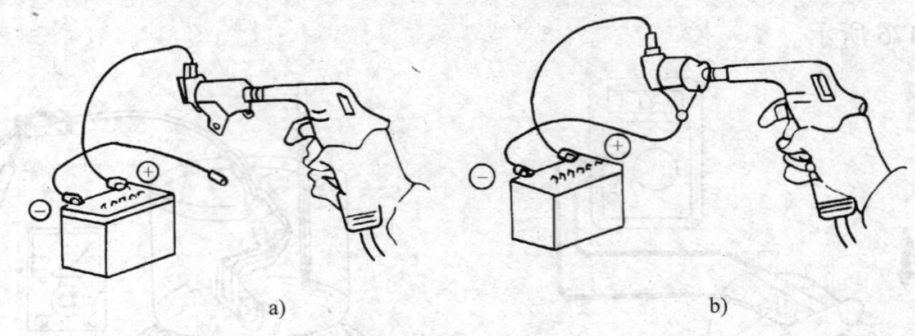

图 1—179　开关式电磁阀的性能检验

a）不接电源　b）接电源

f. 脉冲线性式电磁阀的检测。脉冲线性式电磁阀的就车检查。用举升器将汽车升起，拆下自动变速器的油底壳，拔下电磁阀的线束连接器，用万用表测量电磁阀线圈的电阻。其电阻值较小，一般为 2 ~ 10 Ω。若电磁线圈短路、断路或电阻值不符合标准，应更换，如图 1—180 所示。

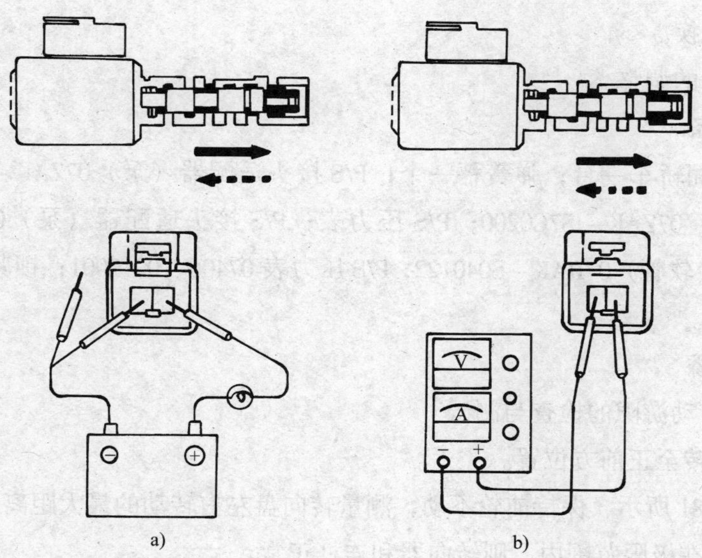

图 1—180　脉冲线性式电磁阀性能的检验

a）用试灯检验　b）用万用表检验

脉冲线性式电磁阀的性能检验。拆下脉冲线性式电磁阀，将蓄电池串联一个 8～10 W 的灯泡，然后与电磁阀线圈连接。通电时，电磁阀阀芯应向外伸出；断电时，电磁阀阀芯应向内缩入。如有异常，说明电磁阀损坏，应更换。

脉冲线性式电磁阀的另一种检验方法是采用可调电源。其方法是：将可调电源与电磁阀线圈连接。调整电源的电压，同时观察阀芯的移动情况。当电压逐渐升高时，阀芯应随之向外移动；当电压逐渐减小时，阀芯应随之向内移动。否则，说明电磁阀损坏，应更换。在检查中应注意保持电源的电流不超过 1 A。

g. ECU 及其控制电路的维修。ECU 及其控制电路的故障可以用该车型的电脑检测仪或通用于各种车型的汽车电脑解码器来检测。在检测之前，应熟练掌握车辆维修手册中所提供的被测车型的技术、检测范围、检测步骤等内容。只有在此基础上，才能充分发挥检测仪的作用，得到正确的检测结果。

2. 检修动力转向系统

以广州本田雅阁轿车电子控制动力转向系统的检修为例，来说明电子控制动力转向系统的检修方法。

(1) 操作内容

1）转向盘转动游隙的检查与测试。

2）助力系统的检查与测试。

3）油泵压力的检查与测试。

4）油液的更换。

5）齿条导承的调整。

（2）操作准备

广州本田雅阁轿车一台；弹簧秤一个；P/S 接头适配器（泵）07ZAK－S7C0101；P/S 接头适配器（软管）07ZAK－S7C0200；P/S 压力表；P/S 接头适配器（泵）07RAK－S040111；P/S 接头适配器（软管）07RAK－S040122；P/S 压力表 07406－0010001；锁紧螺母扳手 40 mm 07MAA－SL00100。

（3）操作步骤

1）转向盘转动游隙的检查与测试

①将前轮旋转至正前方位置。

②如图 1—181 所示，保持前轮不动，测量转向盘左右转动的最大距离。

a. 如果游隙在极限范围内，则转向器和连杆正常。

b. 如果游隙超出极限范围，则调整。如果调整后，游隙仍然超出极限范围，则检查转向连杆和转向器。

2）助力系统的检查与测试

①检查动力转向油的油位。

②启动发动机，让其怠速运转。将转向盘从一个止点转到另一个止点，来回转动几次，以便将油液加热。

③将汽车停在干净、干燥的路面上，如图 1—182 所示，在转向盘上挂一个弹簧秤，让发动机怠速运转，读出轮胎开始旋转时的数据。初始转向负荷为 29 N。

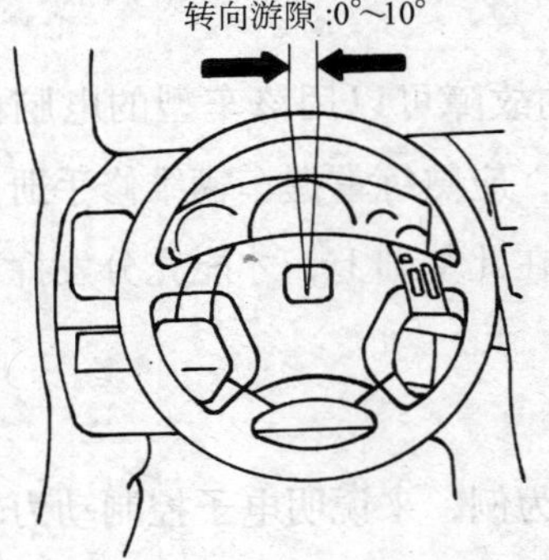

图 1—181 转向盘转动游隙的检查

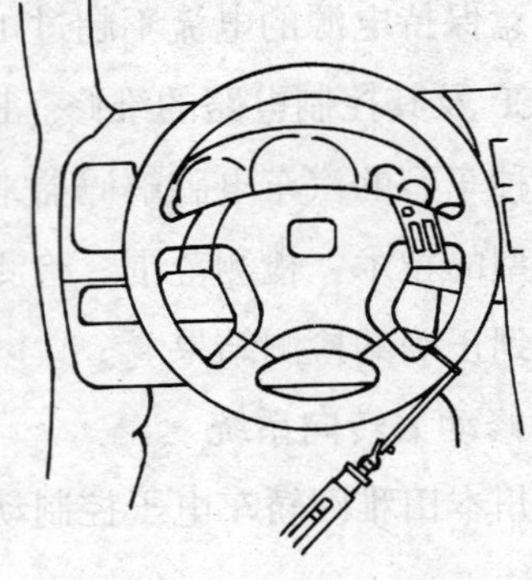

图 1—182 助力系统的检测

a. 如果弹簧秤读数没有超出技术要求，则转向器和油泵正常。

b. 如果弹簧秤读数超出技术要求，则对转向系统进行故障检修。

3）油泵压力的检查与测试

①2.0 L 和 2.4 L 车型

所需专用工具：P/S 接头适配器（泵）07ZAK－S7C0101；P/S 接头适配器（软管）07ZAK－S7C0200。

测试步骤：按照下述步骤检查油压，确定是油泵故障还是转向器故障。

a. 检查动力转向油的油位。

b. 如图 1—183 所示，将油泵出口软管 A 从油泵出口处断开，小心不要使动力转向油溅到车架和其他零件上，将 P/S 接头适配器（泵）安装在油泵的出口 B 上。

c. 将 P/S 接头适配器（软管）连接到 P/S 压力表上，然后，将油泵出口软管 A 连接到 P/S 接头适配器（软管）上。

d. 将 P/S 压力表安装到 P/S 接头适配器（泵）上。

e. 如图 1—184 所示，将截止阀 A 完全打开。

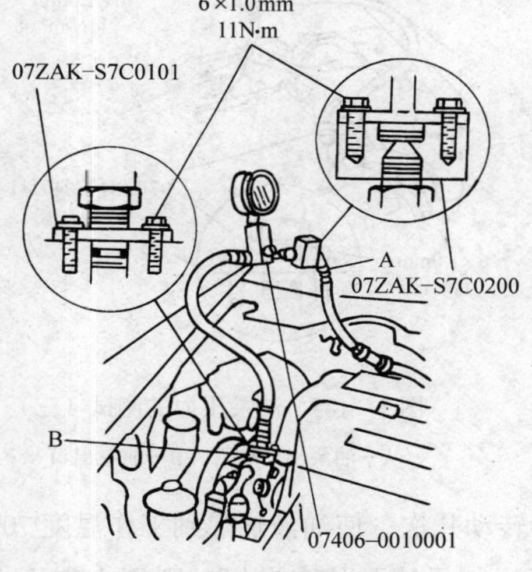

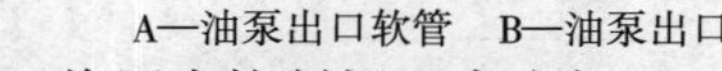
图 1—183　油泵压力的测试（一）

A—油泵出口软管　B—油泵出口

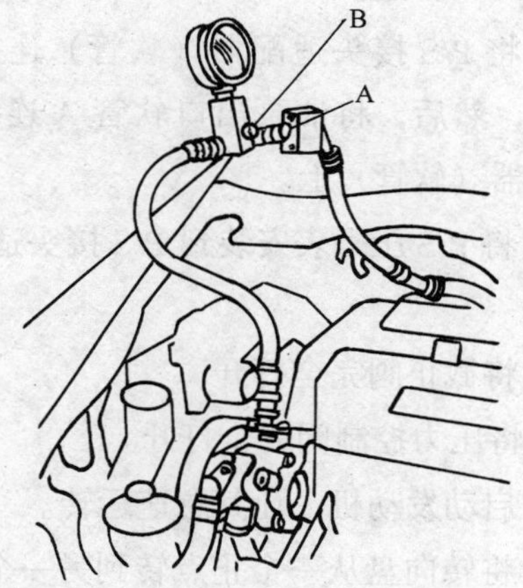

图 1—184　油泵压力的测试（二）

A—截止阀　B—压力控制阀

f. 将压力控制阀 B 完全打开。

g. 启动发动机，让其怠速运转。

h. 将转向盘从一个止点转到另一个止点，来回转动几次，使油液加热到工作温度 70℃。

i. 发动机怠速运转时，测量稳定状态下的油压。如果油泵状态良好，则压力应不大于 1 500 kPa。如果压力过大，则检查出口软管或阀体装置。

将发动机转速升高到 3 000 r/min，然后测量油压。如果油压状态良好，则压力至少应为 1 500 kPa。如果压力太高，维修或更换油泵。

j. 降低发动机转速，让其怠速运转。关闭截止阀，然后逐渐关闭压力控制阀，直到压力表的指针稳定为止，读取压力值。注意：截止阀的关闭时间不要超过 5 s，否则油泵会因过热而损坏。

k. 立即将压力控制阀完全打开。如果油泵状态良好，则压力表读数应至少为 7 160 ~ 7 850 kPa。若读数偏低，说明对全助力而言，油泵输出压力太低，应维修或更换油。

②3.0L 车型

所需专用工具：P/S 接头适配器（泵）07RAK－S040111；P/S 接头适配器（软管）07RAK－S040122；P/S 压力表 07406－0010001。

测试步骤：按下述步骤检查压力油，确定是油泵故障还是转向器故障。

a. 检查动力转向油的油位。

b. 如图 1—185 所示，将油泵出口软管 A 从油泵出口处断开，小心不要使动力转向油溅到车架和其他零件上，将 P/S 接头适配器（泵）安装在油泵的出口 B 上。

c. 将 P/S 接头适配器（软管）连接到 P/S 压力表上，然后，将油泵出口软管 A 连接到 P/S 接头适配器（软管）上。

d. 将 P/S 压力表安装到 P/S 接头适配器（泵）上。

e. 将截止阀完全打开。

f. 将压力控制阀完全打开。

g. 启动发动机，让其怠速运转。

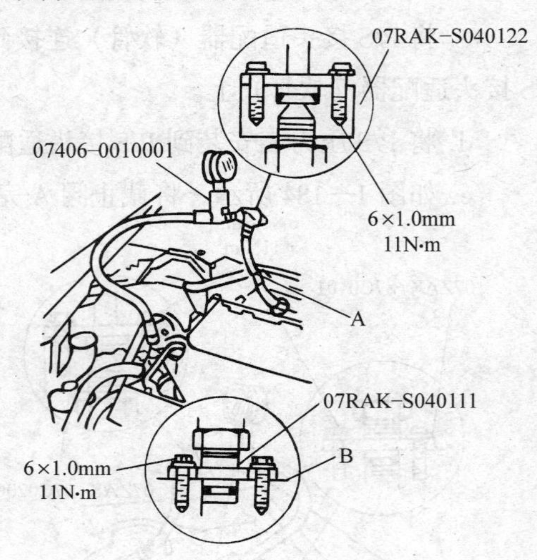

图 1—185　油泵压力的测试（三）

A—油泵出口软管　B—油泵出口

h. 将转向盘从一个止点转到另一个止点，来回转动几次，使油液加热到工作温度 70℃。

i. 发动机怠速运转时，测量稳定状态下的油压。如果油泵状态良好，则压力应不大于 1 500 kPa。如果压力过大，则检查出口软管或阀体装置。

j. 关闭截止阀，然后逐渐关闭压力控制阀，直到压力表的指针稳定为止，并读取压力值。注意：压力控制阀的关闭时间不要超过 5 s，否则油泵会因过热而损坏。

k. 立即将压力控制阀完全打开。如果油泵状态良好，则压力表读数应至少为 7 940 ~ 8 630 kPa。若读数偏低，说明对全助力而言，油泵输出压力太低，应维修或更换油泵。

4）液压油的更换。如图 1—186 所示，按说明书规定的时间间隔，对储油罐进行检查，必要时，加注推荐的油液。务必使用纯正的本田动力转向油。使用其他类型的动力转向油或自动变速器油，会使磨损加剧，在天气寒冷时，还会造成车辆转向不良。系统容量为 1.1 L（分解时）。储油罐容量为 0.4 L。更换步骤如下：

①如图 1—187 所示，抬高储油罐，断开回油软管 A，排空储油罐。注意：不要让油液

溅到车体或零件上。

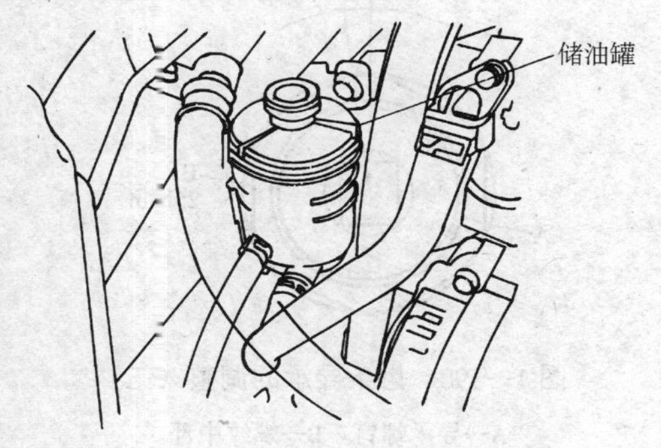

图 1—186 油液的更换（一）

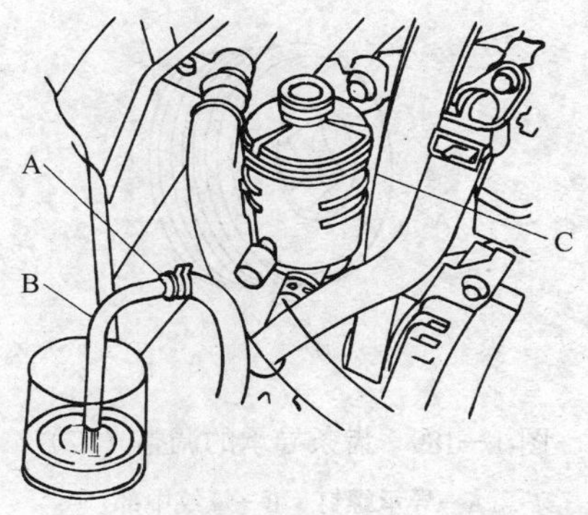

图 1—187 油液的更换（二）

A—回油软管 B—软管 C—油面上刻度线

②用一根与直径相配的软管 B 来连接回油软管，然后，将软管的另一头放入一个合适的容器内。

③启动发动机，让其怠速运转，将转向盘从一个止点转到另一个止点，来回转动几次。当油液停止从软管中流出时，关闭发动机，倒掉油液。

④重新把回油管安装到储油罐上。

⑤给储油罐加油，直至油面到达上刻度线 C。

⑥启动发动机，让它以较快的怠速运转，将转向盘从一个止点转到另一个止点，来回转动几次，排出系统中的空气。

⑦重新检查油位。必要时加油，给储油罐注油不要超过油面的上刻度线。

5）齿条导承的调整

①SHOWA 型转向器。所需专用工具为锁紧螺母扳手 40 mm 07MAA－SL00100。调整方法如下：

a. 将车轮定在笔直向前的位置。

b. 如图 1—188 所示，使用专用工具，放松齿条导承螺钉的锁紧螺母 A，拆除齿条导承螺钉 B。

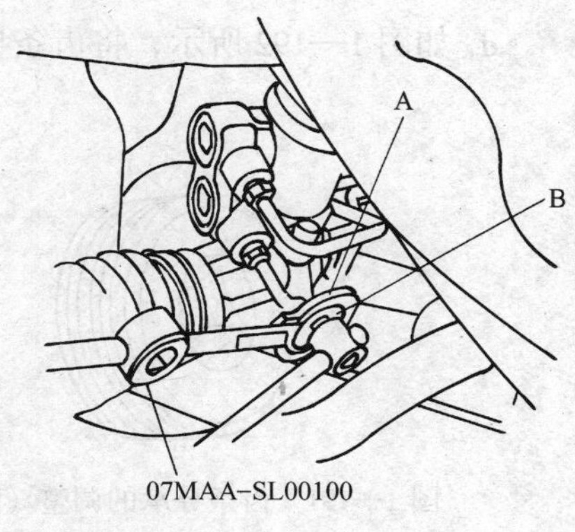

图 1—188 齿条导承的调整（一）

A—锁紧螺母 B—导承螺钉

c. 如图 1—189 所示，清除齿条导承螺钉 A 上原有的密封剂，在螺纹中部 B 涂上新的密封剂（Three Bond 1215 或 Locite 5699），将齿条导承螺钉松松地安装到转向器上。

d. 如图 1—190 所示，将齿条导承螺钉 A 锁紧到 25 N·m 的扭矩，然后旋松。

e. 重新将齿条导承螺钉拧紧到 3.9 N·m 的扭矩，然后返回至规定角度。规定返回角度：

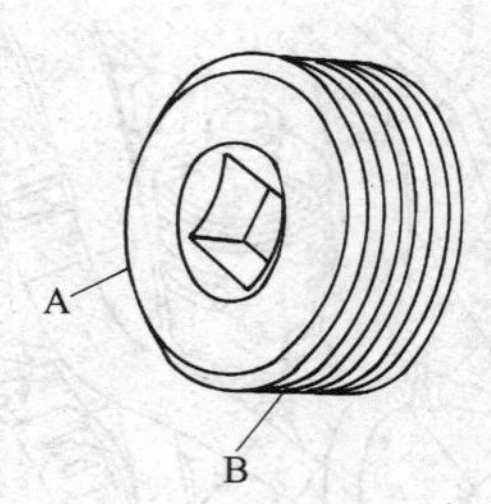

图 1—189　齿条导承的调整（二）

A—导承螺钉　B—螺纹中部

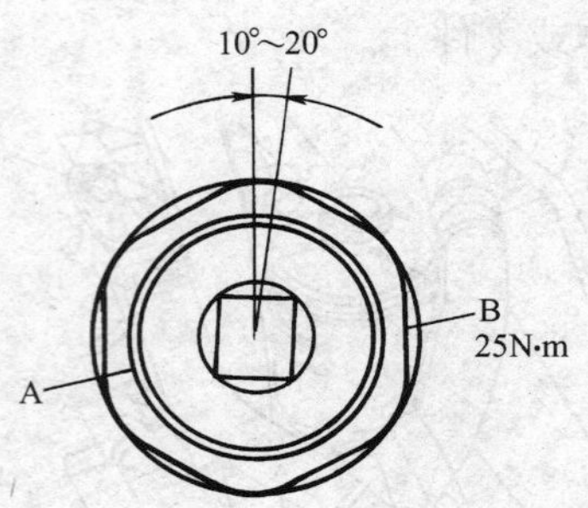

图 1—190　齿条导承的调整（三）

A—导承螺钉　B—螺纹中部

10°～20°（最大）。

f. 使用扳手，固定齿条导承螺钉，然后用手拧紧锁紧螺母，直至完全到位。

g. 将专用工具安装到锁紧螺母 B 上，使用扳手将齿条导承螺钉固定，然后用专用工具将锁紧螺母拧紧到规定扭矩。

h. 转动转向盘，检查在整个转动行程内是否有不正常的转向作用力。

i. 检查转向盘的转动游隙和助力。

②TKS 型转向器。所需专用工具为锁紧螺母扳手 40 mm 07MAA－SL00100。调整方法如下：

a. 将车轮定在笔直向前的位置。

b. 使用专用工具，放松齿条导承螺钉的锁紧螺母 A，拆除齿条导承螺钉 B。

c. 如图 1—191 所示，清除齿条导承螺钉 A 上原有的密封剂，给前三圈螺纹 B 涂上新的密封剂（Loctite 565），将齿条导承螺钉松松地安装到转向器上。

d. 如图 1—192 所示，将齿条导承螺钉 A 拧紧到 25 N·m 的扭矩，然后旋松。

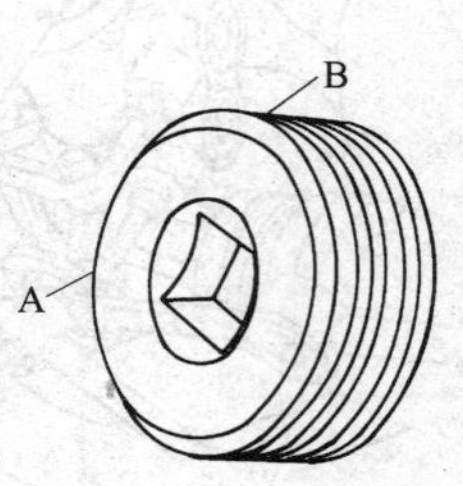

图 1—191　齿条导承的调整（四）

A—导承螺钉　B—前三圈螺纹

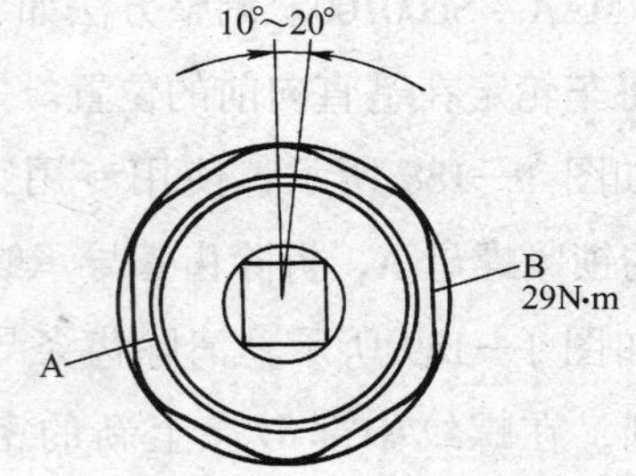

图 1—192　齿条导承的调整（五）

A—导承螺钉　B—前三圈螺纹

e. 重新将齿条导承螺钉拧紧到 3.9 N·m 的扭矩，然后返回至规定角度。规定返回角度 10°～20°（最大）。

f. 使用扳手，固定齿条导承螺钉，然后用手拧紧锁紧螺母，直至完全到位。

g. 把专用工具安装到锁紧螺母 B 上，使用扳手将齿条导承螺钉固定，然后用专用工具将锁紧螺母拧紧到规定扭矩。

h. 转动转向盘，检查在整个转动行程内是否正常。

i. 检查转向盘的转动游隙和助力。

3. 电子控制悬架系统的检修

下面主要以丰田凌志 LS400 轿车的电子控制悬架系统为对象，介绍电子控制悬架系统的功能检查。

（1）操作内容

1）高度调整功能的检查。

2）溢流阀的检查。

3）管路漏气检查。

4）车身高度的检查与调整。

（2）操作准备

轮胎气压表；钢卷尺一把；肥皂水若干。

（3）操作步骤

1）高度调整功能的检查。进行汽车高度调整功能的检查时，应按动位于变速杆旁边的车身高度控制开关，观察汽车高度的变化是否正常。

①检查轮胎气压是否正常。前轮应为 230 kPa，后轮应为 250 kPa，不足时应予以充气。

②测量车身高度。

③启动发动机，将高度控制开关从正常（NORM）位置转换到高（HIGH）位置，检查完成高度调整所需的时间和汽车高度的变化量。调整时间应为：从高度控制开关置于高（HIGH）位置到压缩机起动约需 2 s；从压缩机开始工作到完成车身高度调整需 20 ~ 40 s。车身高度变化量应为10 ~ 30 mm。

④在汽车处于高的状态（高度控制开关在 HIGH 位置）下，启动发动机并将高度控制开关从高（HIGH）位置转换到正常（NORM）位置，检查完成车身高度调整所需的时间和汽车高度的变化量。调整时间应为：从高度控制开关置于正常（NORM）位置到排气阀开始排气约需 2 s；从排气阀开始排气到完成车身高度调整需 20 ~ 40 s。车身高度变化量应为 10 ~ 30 mm。如果不符合要求，则应对车身高度调节系统进行检查。

2）溢流阀的检查。检查溢流阀时，应按以下方法迫使压缩机工作，检查溢流阀是否动作：

①如图 1—193 所示，用跨接线将高度控制连接器的 1 号和 7 号端子连接起来，并将点火开关转至 ON 位置，以迫使压缩机工作。待压缩机工作一段时间后，检查溢流阀是否放

气，如图 1—194 所示。如果不能放气，则应检查管路中是否有漏气；压缩机工作是否正常；溢流阀是否堵塞或有其他故障。

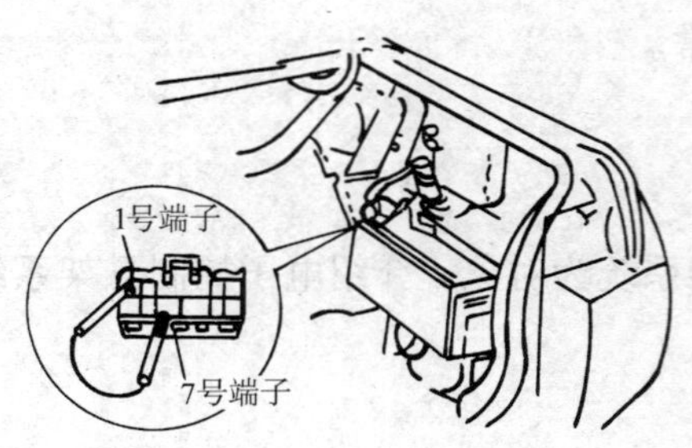

图 1—193 跨接高度控制连接器

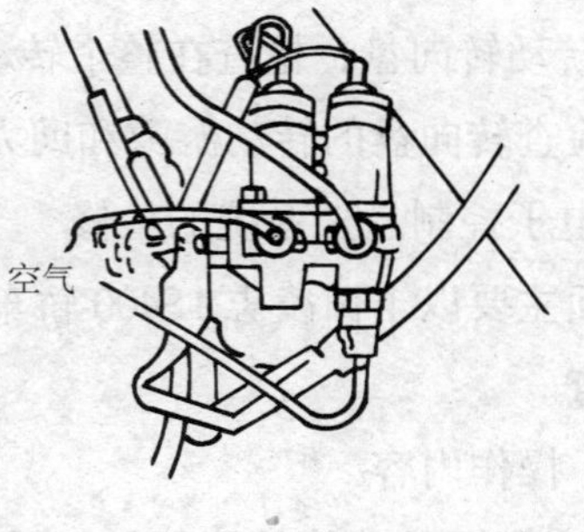

图 1—194 溢流阀放气

②检查后关闭点火开关（置于 OFF 位置），并清除故障码。

注意：当迫使压缩机工作时，悬架 ECU 会认为有故障而记录一个故障码，因此，检查完后应清除这个故障码。

3）管路漏气检查。按以下方法检查管路接头处是否漏气：

①启动发动机，将高度控制开关置于高（HIGH）位置，使汽车高度上升。

②车身升高后关闭发动机。

③在管路接头处涂上肥皂水，检查是否漏气。

4）车身高度的检查与调整。在进行车身高度检查与调整时，应在水平路面上，并使高度控制开关置于正常（NORM）位置。

①车身高度的检查

a. 将位于变速杆旁边的 LRC 开关置于正常（NORM）位置。

b. 使车身上下跳动几次，以便使悬架处于稳定状态。

c. 向前、向后推动汽车，使车轮处于稳定状态。

d. 将变速杆置于 N 位，然后塞住车轮，松开驻车制动器。

e. 启动发动机，然后将车身高度控制开关置于高（HIGH）位置，车身升高后，等待 60 s，再将车身高度控制开关置于正常（NORM）位置，使车身下降。待车身下降后等待 50 s，然后重复上述操作，以便使悬架各部件处于稳定状态。

f. 在汽车前端测量地面与下悬架臂安装螺栓中心之间的高度，如图 1—195a 所示；在汽车后端测量地面与 2 号下悬架臂安装螺栓中心之间的高度，如图 1—195b 所示。正常的车身高度值见表 1—13。

②车身高度的调整

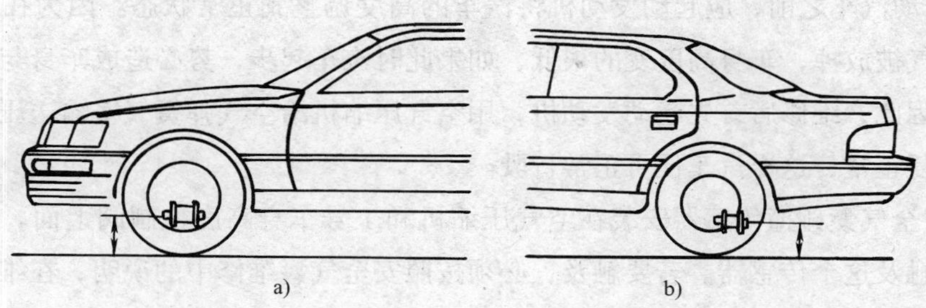

图 1—195　车身高度的测量

a）车身前端　b）车身后端

表 1—13　　车身的正常高度

部位	高度（mm）	左右误差（mm）	前后误差（mm）
车前端	228 ± 10	< 10	17.5 ± 1.5
车后端	210 ± 10	< 10	

a. 拧松车身高度传感器连接杆上的两个锁紧螺母。

b. 转动车身高度传感器连接杆以调节其长度。连接杆每转一圈能使汽车高度改变约 4 mm。

c. 如图 1—196 所示，检查车身高度传感器连接杆的尺寸是否小于极限值。前端和后端的极限值均为 13 mm。

d. 暂时拧紧两个锁紧螺母，复查车身高度。

e. 车身高度调整正常后，以 4.4 N·m 的拧紧力矩拧紧锁紧螺母。在拧紧锁紧螺母时应确保球节与托架平行。

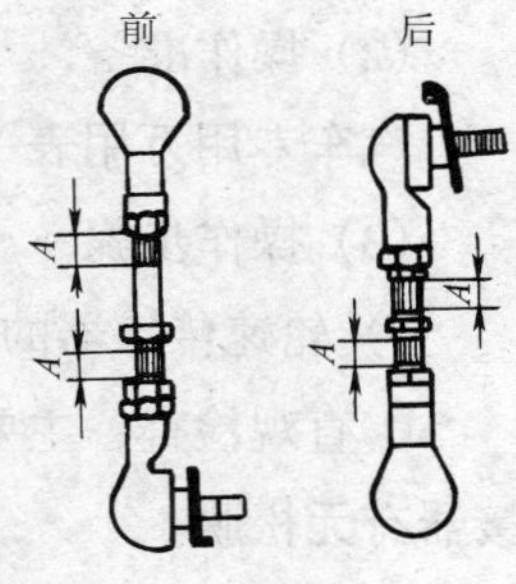

图 1—196　车身高度传感器连接杆尺寸的检查

f. 检查车轮定位。

（4）检修过程中应注意的事项

在检修汽车电子控制空气悬架时，应注意以下事项：

1）当用千斤顶将汽车顶起时，应将高度控制 ON/OFF 开关拨到 OFF 位置。如果在高度控制 ON/OFF 开关拨到 ON 位置的情况下顶起汽车，则 ECU 中会记录一个故障代码。如果记录了故障代码，务必将其从存储器中清除掉。

备注：当将高度控制 ON/OFF 开关拨到 OFF 位置时，会显示故障代码 71。当将开关重新拨到 ON 位置时，该代码即被消除。

2）在放下千斤顶前，应将汽车下面所有的物体搬走。因为在维修过程中，可能进行空气悬架的放气、空气管路拆检等操作，此时，空气弹簧中的主气室可能无气或存有少量剩余气体，汽车落地后，因自身的重量使车身高度降低，就会将下面的物体压住。

3）在开动汽车之前，应起动发动机将汽车的高度调整到正常状态。因为在维修时空气弹簧中的空气被放掉，车身高度变的很低，如果此时汽车起步，势必造成车身与悬架或轮胎相互碰撞。因此，维修后首先起动发动机，用空气压缩机给空气弹簧气室输送压缩空气，使汽车高度恢复正常，这样汽车便可正常行驶。

4）前安全气囊碰撞传感器安装在空气压缩机和1号车身高度控制阀上面。因此，非必要时，不要触及这个传感器。若要触及，必须按照安全气囊维修中的说明，在维修前拆下前安全气囊碰撞传感器，避免影响安全气囊系统的正常工作。

4. 防滑控制系统（ABS）的检修

（1）操作内容

1）轮速传感器的检查。

2）ECU的检查。

3）ABS压力调节器的检查。

4）ABS控制继电器的检查。

（2）操作准备

汽车专用万用表一块；示波器一台；装有ABS的整车一台。

（3）操作步骤

1）轮速传感器的检查

①直观检查，主要检查轮速传感器有无松动，导线及插接器有无松脱。

②如图1—197所示用汽车专用万用表检测轮速传感器感应线圈电阻，如果电阻过大或过小，均说明传感器不良，应更换。再检测1、2端子与车身是否导通，如导通则应更换传感器。

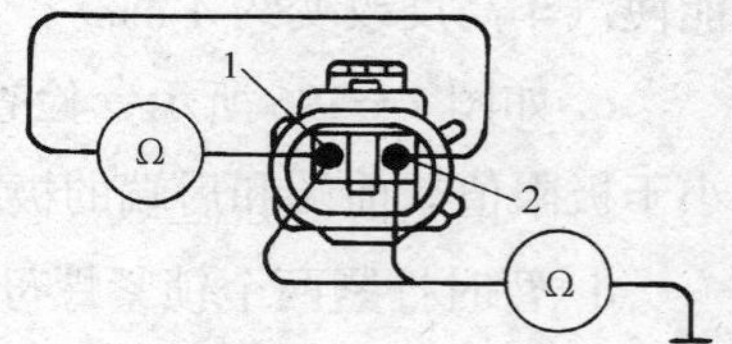

图1—197 汽车专用万用表检测轮速传感器感应线圈电阻

1、2—端子

③如图1—198所示用汽车专用万用表测量传感器的输出信号电压，在车轮转动时，应该有电压指示，其电压值应随车轮转速的增加而升高，一般情况下，应达2 V以上。

④如图1—199所示，用示波器检测传感器的输出信号电压波形，正常的信号电压波形应是均匀稳定的正弦电压波形。如果没有信号电压或信号电压有缺损，应拆下传感器进行进一步检查。

2）ECU的检查

①检查ABS的ECU线束插接器有无松动，连接导线有无松脱。

②如图1—200所示，检查ABS的ECU线束插接器各端子的电压值和电阻值，如果与标准值不符，与之相连的部件和线路正常，则应更换ECU再试。

③直接采用替换法检验，即在检查传感器、继电器、电磁阀及其线路均无故障时，那么就可能是 ABS 的 ECU 有故障。这时，可以用新的 ECU 替代，如果故障现象消失，怀疑就被证实。

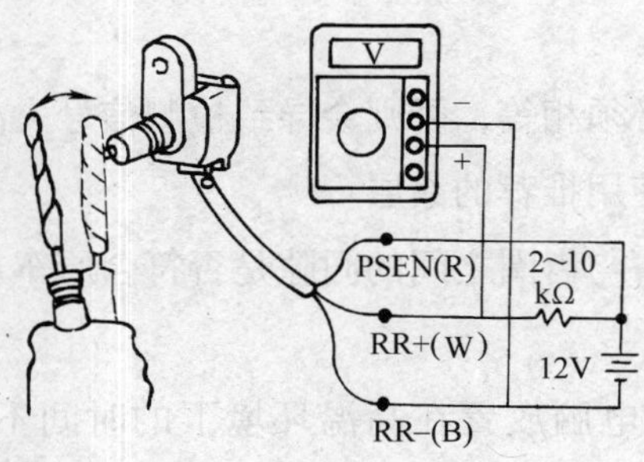

图 1—198　汽车专用万用表测量传感器的输出信号电压

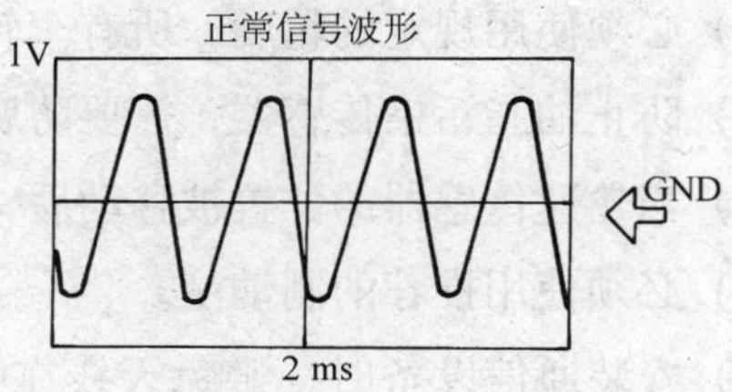

图 1—199　示波器检测传感器的输出信号电压波形

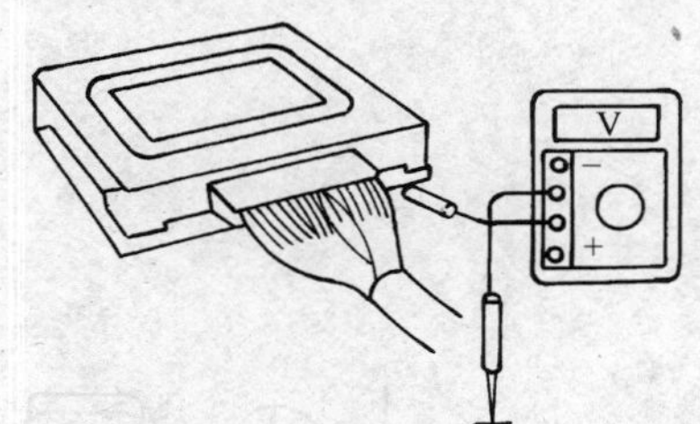

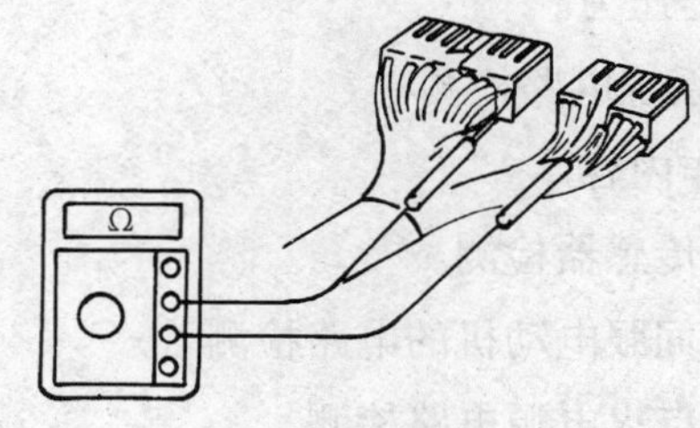

图 1—200　检查 ABS 的 ECU 线束插接器各端子的电压值和电阻值

3）ABS 压力调节器的检查

①用万用表检测电磁阀线圈的电阻，如果电阻无穷大或过小，均说明电磁阀有故障。

②加电压试验，将制动压力调节器电磁阀加上其工作电压，看阀能否正常动作。如果不能正常动作，则应更换制动压力调节器。

③解体后检查，如果怀疑是制动压力调节器有问题，则应在制动压力调节器内无高压制动液时，仔细拆开调节器进行检查。

4）ABS 控制继电器的检查

①对继电器施加正常的工作电压，看继电器能否正常动作；若能正常动作，则用万用表检测继电器触点间的电压和电阻，正常情况下触点闭合时的电压为零。若电压大于 0.5 V，则说明触点接触不良。

②用万用表检测继电器线圈的电阻，电阻值应在正常范围之内。

（4）ABS 维修的注意事项

无论维修何种车的 ABS，均应注意以下几点：

1）点火开关接通（ON）时，绝不允许拆装电器连线，否则会对电子控制装置造成危害。

2）按规定程序释放 ABS 压力，没有释放压力之前，绝不允许打开释放阀或液压管路。

3）必须使用专用 ABS 制动管件。

4）不允许敲击轮速传感器齿圈，安装时只能压装，否则会损坏齿圈或影响轮速信号的精度。

5）必须使用规定的轮胎，所有车轮的滚动半径必须相等，否则会导致检测信号失准。

6）防止油脂污染传感器，需要防腐涂层时，应使用推荐的涂层。

7）当轮速传感器的位置被移动后，应检查传感头与齿圈之间的间隙是否符合原车规定。

8）必须使用推荐的制动液。

9）安装通信设备时，避免天线靠近 ABS 电脑；电脑放置在高温环境下的时间不能过长；使用电焊机时应拆下电脑。

10）在维修装有蓄压器的 ABS 前，应在发动机熄火的情况下，踩放制动踏板 40 ~ 50 次，以释放蓄压器压力。

5. 空调系统电路检测

（1）操作内容

1）常用传感器检测。

2）控制伺服电动机的电路检测。

3）空调点火电源电路检测。

4）执行器电路的检测。

（2）操作准备

汽车专用万用表一块；装备 UCF 10 系列汽车空调的车一辆；常用工具若干。

（3）操作步骤

1）常用传感器检测

①车内温度传感器检测。UCF 10 系列汽车空调车内温度传感器电路如图 1—201 所示。拆下带有导线连接器的 A/C 控制总成，接通点火开关时，用汽车专用万用表正表笔接 A/C 控制总成的连接器端子 TR，负表笔接其端子 SG。温度为 25℃时，电压为 1.8 ~ 2.2 V；温度为 40℃时万用表的读数应为 1.2 ~ 1.6 V。或测其电阻，25℃时，测量温度传感器电阻为 1.6 ~ 1.8 kΩ，温度为 50℃时，电阻读数为 0.5 ~ 0.7 kΩ。

②车外温度传感器检测。拆下带有导线连接器的 A/C 控制总成，接通点火开关，如图 1—202 所示。当温度为 25℃时，电压应为 1.35 ~ 1.75 V；当温度为 40℃时，电压应为 0.85 ~ 1.25 V。用万用表测其传感器端子 1 与 2 之间的电阻值，当温度为 25℃时，表的读数为1.6 ~ 1.8 kΩ；当温度为 50℃时，表的读数为 0.5 ~ 0.7 kΩ。

③蒸发器温度传感器检测。拆下 A/C 控制总成，接通点火开关，如图 1—203 所示。当

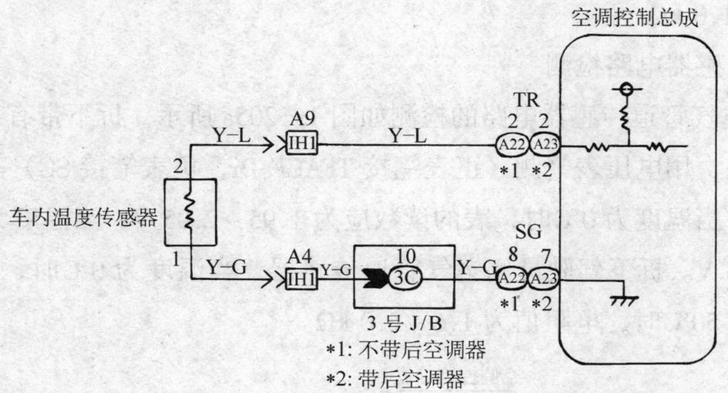

图 1—201 车内温度传感器（UCF 10 系列车型）电路

温度为 0℃时，测其端子电压为 2.0～2.4 V；当温度为 15℃时，表的读数为 1.4～1.8 V。当温度为 0℃时，测其电阻为 4.5～5.2 kΩ；当温度为 15℃时，电阻为 2.0～2.7 kΩ。蒸发器温度传感器用于检测蒸发器组件内部温度，并将此信号送至空调控制器总成。

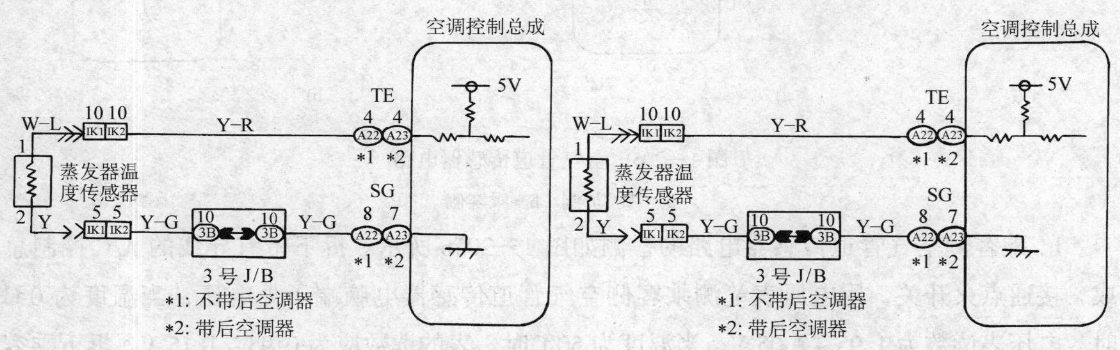

图 1—202 车外温度传感器电路 图 1—203 蒸发器温度传感器电路

④冷却液温度传感器电路的检测。拆下带有导线连接器的 A/C 控制总成，接通点火开关，用电压表笔测其电压，如图 1—204 所示。对于 UCF 10 系列，当冷却液温度为 0℃时，电压为 2.8～3.2 V；冷却液温度为 40℃时，电压为 1.8～2.2 V；冷却液温度为 70℃时，电压为 0.9～1.3 V。拆下冷却液温度传感器测其电阻，当冷却液温度为 0℃，表的读数应为 1.65～1.75 kΩ；当冷却液温度为 40℃，表的读数为 2.4～2.8 kΩ；当冷却液温度为 70℃，

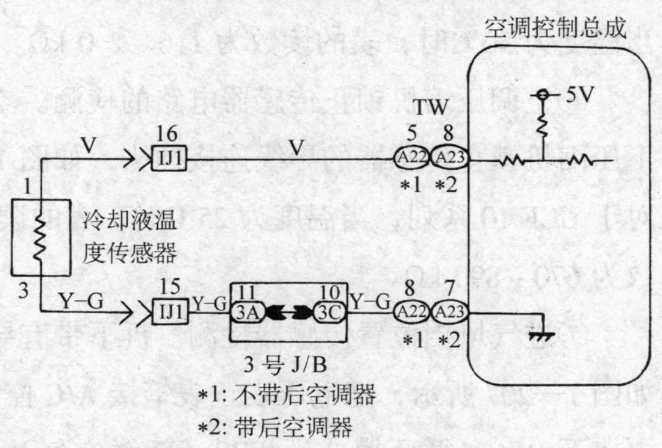

图 1—204 冷却液温度传感器电路

表的读数为 0.7 ~ 1.0 kΩ。

⑤空气管道传感器电路检测

a. 驾驶员侧空气管道传感器电路的检测如图 1—205a 所示。拆下带有导线的 A/C 控制总成，接通点火开关，用电压表笔测（正表笔接 TFACE Dr，负表笔接 SG）其空气管道传感器电脑端子处电压，当温度为 0℃时，表的读数应为 1.95 ~ 2.05 V；当温度为 50℃时，表的读数应为 0.95 ~ 1.15 V。拆下驾驶员侧空气管道传感器，当温度为 0℃时，其电阻值为 4.8 ~ 5.2 kΩ；当温度为 50℃时，电阻值为 1.6 ~ 2.0 kΩ。

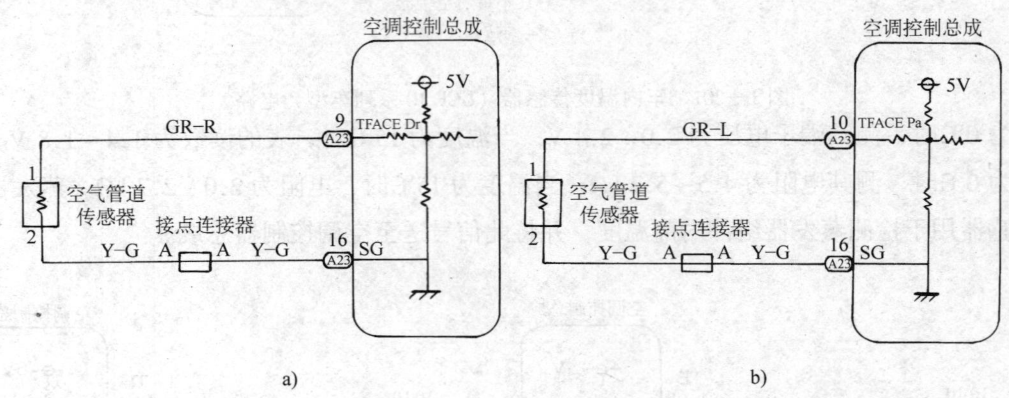

图 1—205　空气管道传感器电路

a）驾驶员侧　b）乘客侧

b. 乘客侧空气管道传感器电路的检测如图 1—205b 所示。拆下带有导线的 A/C 控制总成，接通点火开关，用电压表笔测乘客侧空气管道传感器电脑端子处电压，当温度为 0℃时，电压表读数为 1.95 ~ 2.05 V；当温度为 50℃时，表的读数应为 0.95 ~ 1.15 V。拆下乘客侧空气管道传感器，用欧姆表测其两端的电阻，当温度为 0℃时，表的读数为 4.8 ~ 5.2 kΩ；当温度为 50℃时，表的读数为 1.6 ~ 2.0 kΩ。

⑥空调压缩机锁止传感器电路的检测。空调压缩机锁止传感器安装在压缩机上，可以拆下压缩机锁止传感器的导线连接插头，如图 1—206 所示，用欧姆表检测其端子之间的电阻。对于 UCF 10 系列，当温度为 25℃时，表的读数为 530 ~ 650 kΩ；当温度为 100℃时，表的读数为 670 ~ 890 kΩ。

⑦进气风挡位置传感器检测。拆下带有导线连接器的 A/C 控制器总成，接通点火开关，如图 1—207 所示，把电压表正表笔接 A/C 控制总成连接器端子 TPI，将负表笔接其端子 SG，再按下 REC（循环模式）/FRS（新鲜空气）开关，使进气在 REC 和 FRS 之间变化。对于 UCF 10 系列车辆，当开关处于 REC 时，表的读数应为 4 V，当处于 FRS 时，表的读数应为 1 V。拆下进气风挡控制伺服电动机总成的导线连接器，并检测伺服电动机总成连接器端子 S5

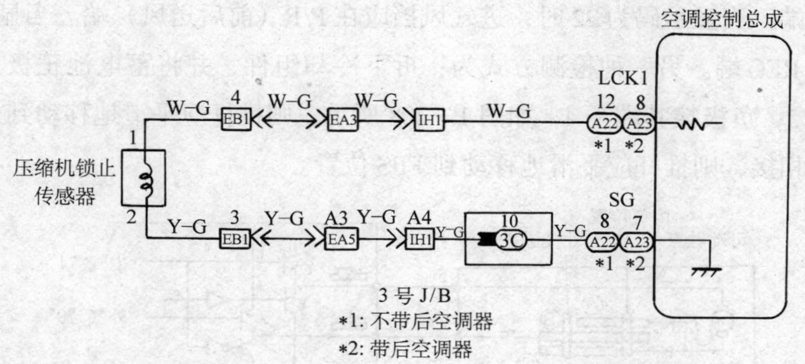

图 1—206 空调压缩机锁止传感器电路

与 SG 间的电阻，其值应为 4.7 ~ 7.2 kΩ，再检测其端子 TPI 与 SG 之间的电阻，当风挡位置处于 REC 时，表的读数为 3.76 ~ 5.76 kΩ，当风挡位置处于 FRS 时，表的读数为 0.94 ~ 1.44 kΩ。

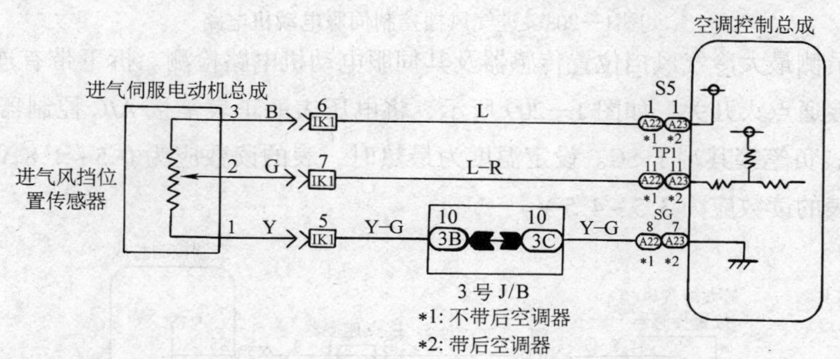

图 1—207 进气风挡位置传感器电路

⑧烟度传感器电路检测。拆下带有导线的连接器 A/C 控制总成，接通点火开关，并固定到 AUTO 模式。将电压表正表笔接 A/C 控制总成连接器端子 A/PI，负表笔接负极，当有烟雾时，表的读数约为 5 V，无烟雾时约为 0 V，否则，拔开烟度传感器的导线连接器。接通点火开关，把电压表的正表笔接已拔开的导线连接器端子，负表笔接负极，此时应为蓄电池电压。

2）控制伺服电动机的电路检测

①进气风挡控制伺服电动机的电路检测。空调控制面板设置进气控制（新鲜空气进入模式或内循环模式）时，控制电动机做顺时针或逆时针转动，根据空调控制器的信号来设定进气风门的位置。伺服电动机内装有一电位器（进气风挡位置传感器），可测出伺服电动机转动的角度，并以电压信号反馈到控制电脑。

检测方法：设定执行器为检查模式，按下“UP∧”开关，将其变为步进显示，然后依次按下“UP∧”开关，并检查进气风挡的工作情况，当显示码在 20 ~ 21 和 24 ~ 29 时，进气风挡应在 FRS 端。当显示码为 22 时，进气风挡应在 F/R（前后送风）端。当显示码为 23 时，进气风挡应在 REC 端。另一种检测方式为：拆下冷却组件，并将蓄电池正极接进气风挡伺服电动机端子 5，负极接其端子 4，如图 1—208 所示，则推杆应平滑地移动到 REC 位置；若把正负极颠倒相接，则推杆应平滑地移动到 FRS 位置。

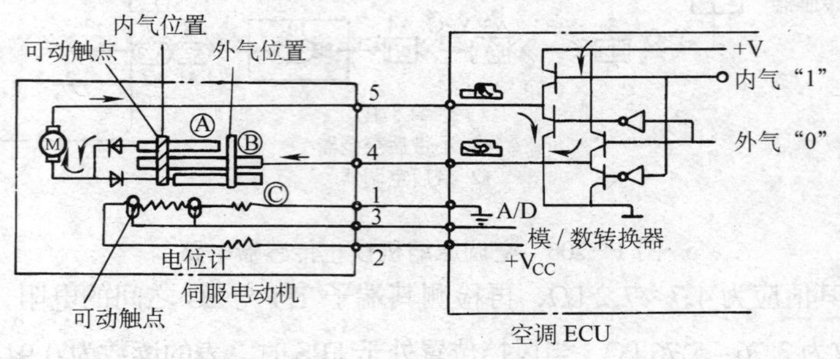

图 1—208　进气风挡控制伺服电动机电路

②驾驶员侧最大冷气风挡位置传感器及其伺服电动机电路检测。拆下带有连接器的 A/C 控制总成，接通点火开关，如图 1—209 所示，将电压表的正表笔接 A/C 控制器总成连接器端子 TPB Dr，负笔接其端子 SG。设定温度为最热时，表的读数应为 0.5 ~ 1.8 V。设定温度为最冷时，表的读数应为 3.5 ~ 4.5 V。

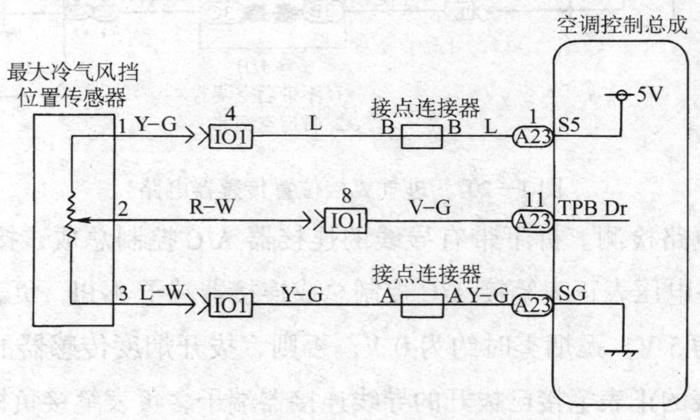

图 1—209　冷气风挡位置传感器电路

用万用表检测电动机总成端子 S5 与 SG 之间的电阻，如图 1—209 所示。其值应为 4.7 ~ 7.2 kΩ，然后把欧姆表的两表笔分别接电动机总成的端子 SG 和 TPB Dr，当使最大冷气风挡处于最冷位置时，表的读数应为 3.76 ~ 5.76 kΩ，当其处于最热位置时，表的读数为 0.94 ~ 1.44 kΩ，将其设定为执行器检查模式，按下“UP∧”开关，将其变为步进动作，按下温度控制开关，并检查最大冷空气风挡随鼓风机输出功率及风挡动作时变化的工作情况。当显示代码 20 ~ 22 时，为最大冷气风挡应打开。当显示代码为 23 ~ 29 时，最大冷气风挡关闭。另一种检测方法：如图 1—210 所示，将蓄电池正极接最大冷气风挡控制伺服电动机端子 5，负极接其端子 4，推杆应平滑地移到 SHUT（关闭）位置；两端子颠倒相接，推杆应平滑地移动到 OPEN（打开）位置。

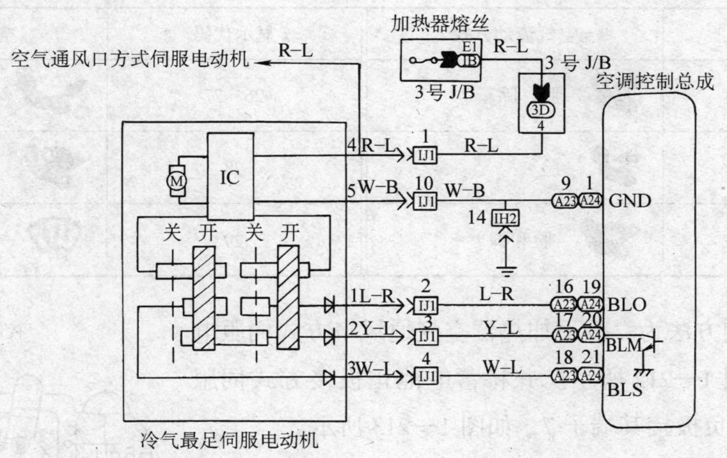

图 1—210　冷气最足伺服电动机电路

③水阀控制伺服电动机检测。进入执行器检查模式，并按下“UP∧”开关，将其转变为步进工作，依次按下“UP∧”开关并检查进气风挡工作情况（水阀状况是依温度显示的变化而变化）。当显示出代码 20～22 时，水阀应关闭，当显示出代码 23～29 时，水阀应打开。

另一种检测方式，如图 1—211 所示，将蓄电池正极接其端子 1，负极接其端子 2，推杆应平滑地移动到 OPEN（打开）位置，将蓄电池正极接其端子 1，负极接其端子 3，则推杆应平滑的移动到 SHUT（关闭）位置。若推杆移动不符合要求，则更换水阀控制伺服电动机，如果推杆移动符合要求，则检查 A/C 控制总成与水阀控制伺服电动机之间的配线和连接器。

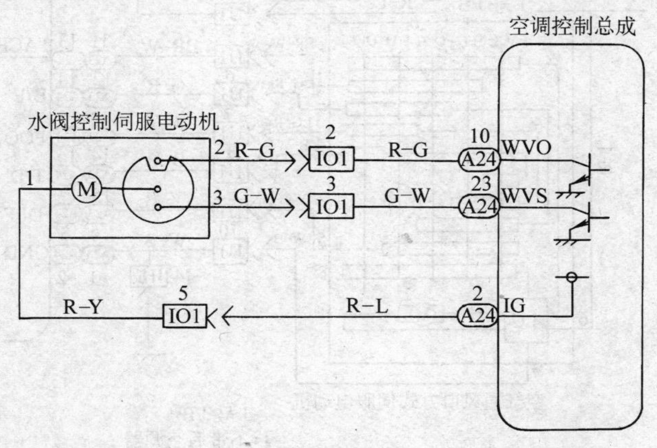

图 1—211　水阀控制伺服电动机电路

④控制伺服电动机。设定执行器检查模式，对于 UCF 10 系列车辆按下“UP∧”开关，

以将其转变为步进工作，见表 1—14。

表 1—14　UCF 10 系列气流模式

显示代码	空气流动方式	显示代码	空气流动方式
20 ~ 22	脸，除霜	26 ~ 27	脚
23	脸	28	脚，除霜
24 ~ 25	脸和脚	29	除霜

另一种检测方法为：拆下加热器空气通风口方式伺服电动机组件，如图 1—212 所示。并将蓄电池正极接方式伺服电动机端子 6，负极接其端子 7，如图 1—213 所示。

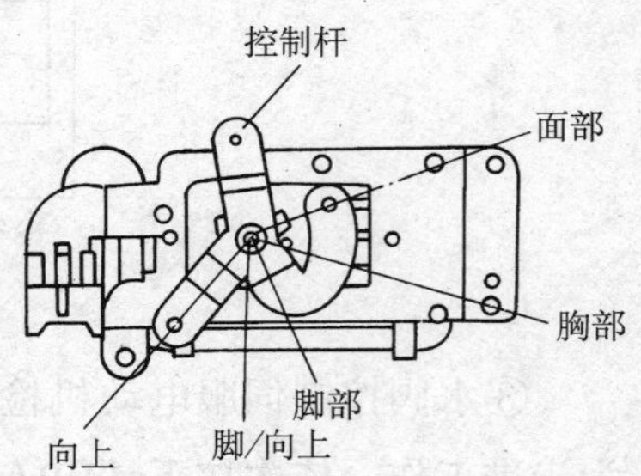

图 1—212　加热器空气通风口方式伺服电动机组件

对于 UCF 10 系列车型当蓄电池负极接其端子 1 时，应为脸部送风（FACE）；当蓄电池负极接其端子 2 时，应为脸和脚送风（B/L）；当蓄电池负极接其端子 3 时，应为脚部送风（FOOT）；当蓄电池负极接其端子 4 时，应为脚和除霜器送风（FOOT/DEF）；当蓄电池负极接其端子 5 时，应为除霜器送风（DEF）。

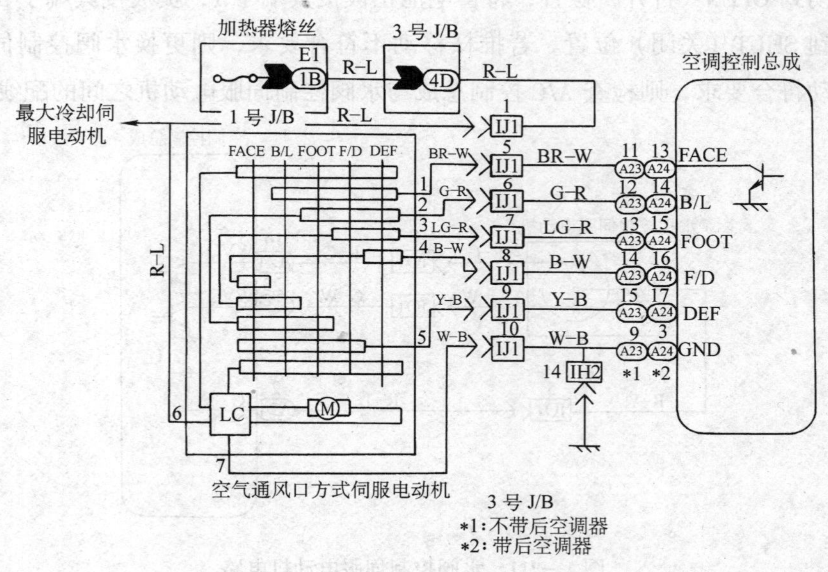

图 1—213　方式控制伺服电动机电路

3）空调点火电源电路检测。空调点火电源电路如图 1—214 所示。

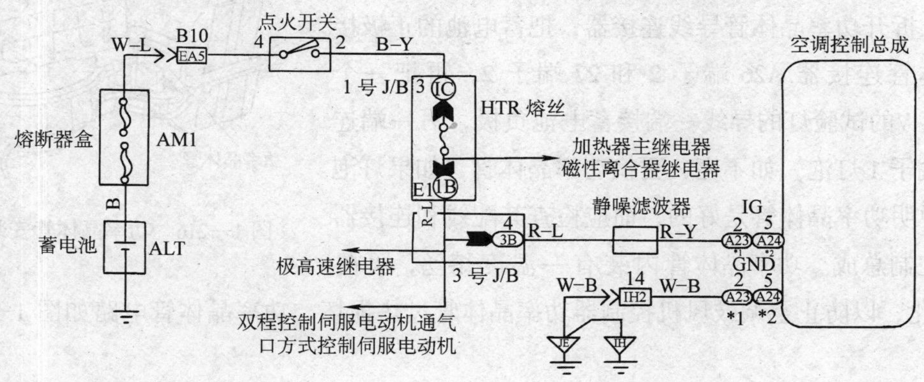

3 号 J/B ＊1：不带后空调器 ＊2：带后空调器

图 1—214 空调点火电源电路

拆下 A/C 控制总成，接通点火开关，用电压表正表笔接 IG，负表笔接负极 GND，表的读数应为 12 V 电压，UCF 10 系列应检查仪表板接线盒内熔丝是否导通，如导通，检查其导线连接器与蓄电池之间的导通状况。

4）执行器电路的检测

①鼓风机电动机电路检测。鼓风机电动机电路如图 1—215 所示。

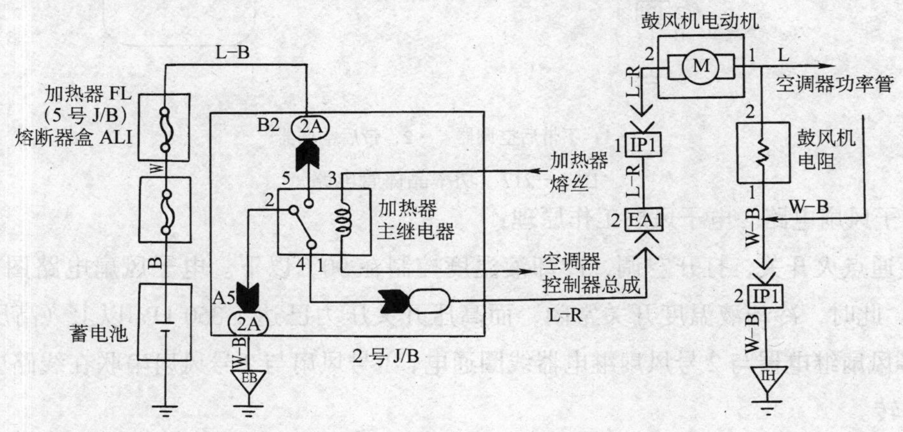

图 1—215 鼓风机电动机电路

a. 拔开鼓风机电动机的导线连接器，将蓄电池正极接电动机端子 2，负极接其端子 1，如果电动机运转不平稳，则更换电动机。

b. 若电动机运转平稳，对于 UCF 10 车辆，则检测鼓风机电阻器 1 和 2 之间的电阻，电阻值约为 1 ~ 1.8 Ω，如不符合要求，则更换鼓风机电阻器，如符合要求，则检查鼓风机。

②功率晶体管电路检测。功率晶体管安装在蒸发器的壳体上，如图 1—216 所示，由空

调控制器输出电流对空调鼓风机的转速进行无极调整。检测方法：拆开功率晶体管导线连接器，把蓄电池的正极接功率晶体管连接器 A26 端子 2 和 27 端子 2，再把一个 3.4 W/12 V的试验灯的导线一端接蓄电池负极，另一端连接 A26 端子 1 灯泡，如不亮，更换功率晶体管，如果灯泡亮，则说明功率晶体管是好的，而应检查其配线和连接器和 A/C 控制总成。功率晶体管内装有一温度熔丝，可在 114℃熔化，以防止空调鼓风机控制器功率晶体管过热损坏，功率晶体管电路如图 1—217 所示。

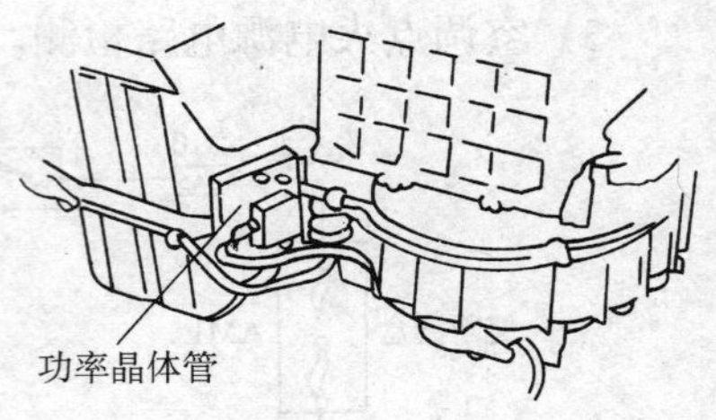

图 1—216 功率晶体管安装位置

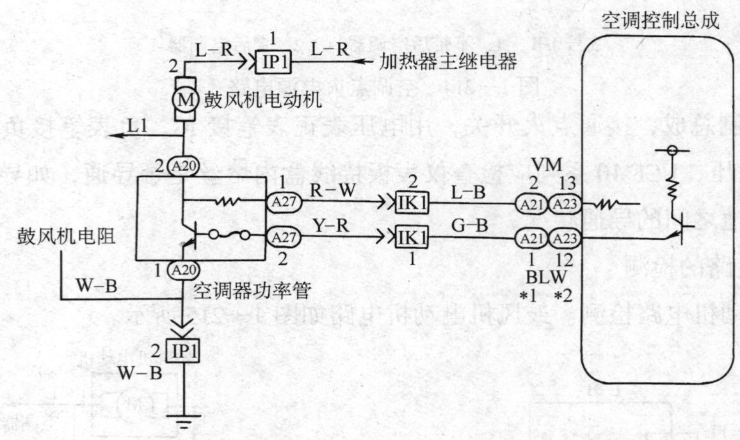

*1：不带后空调器 *2：带后空调器

图 1—217 功率晶体管电路

③电子风扇电路。电子风扇工作原理：

a. 接通点火开关，打开空调，冷却液温度控制在 90℃以下。电子风扇电路图如图 1—218 所示。此时，冷却液温度开关常闭，而高压开关压力已达 1 350 kPa 以上（高压开关断开），3 号风扇继电器与 2 号风扇继电器线圈通电，1 号风扇与 2 号风扇串联在线路中，风扇以低速运转。

b. 关闭空调开关。冷却液温度超过 90℃以上时，冷却液温度开关断开，3 号风扇继电器与 2 号风扇继电器没有电源通过线圈，所以 2 号继电器触点关闭，电源经 2 号继电器触点直达 1 号风扇电动机，3 号继电器触点直接搭铁，此时，1 号风扇电动机和 2 号风扇电动机以高速运转。

c. 打开空调，如果冷却液温度在 90℃以下或高压开关在 1 000 kPa 以下时，冷却液温度开关与压力开关常闭，此时，电子风扇不工作。

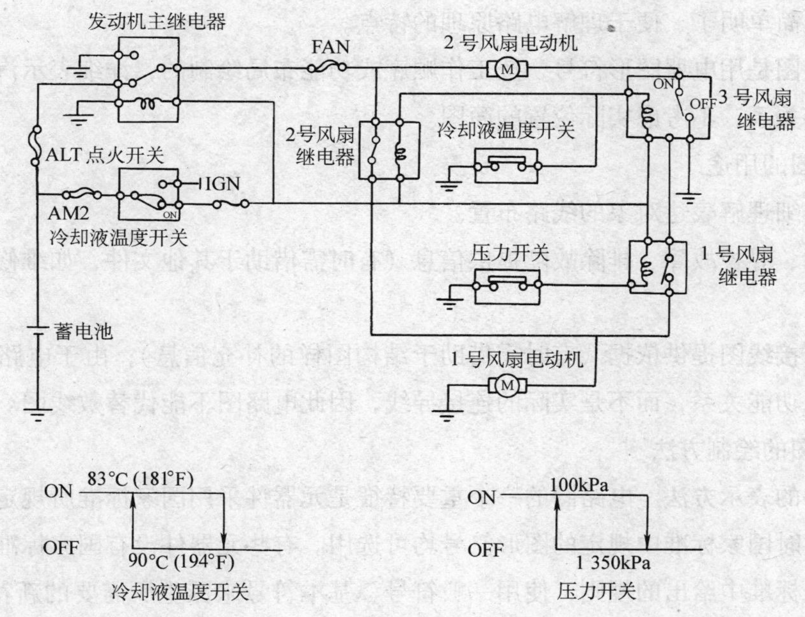

图 1—218　电子风扇电路

d. 当冷却液温度开关与压力开关常开时，电子风扇以高速运转。

第三节　电气设备的修理

学习目标

- 汽车电路原理图、电气线路图的识读
- 汽车电气系统符号标准
- 汽车的电子仪表性能、结构与原理
- 全车电路的检测

一、相关知识

1. 汽车电路原理图、电气线路图

(1) 电路原理图

1) 概述。所谓电路图是根据国家颁布的有关技术标准，用图形符号、文字符号，以统一规定的方法，把电路画在图纸上。它是电气技术中使用最广泛的一种重要的电路简图，具有电路清晰、简单明了、便于理解电路原理的特点。

汽车电路图是用电器图形符号，按工作顺序或功能布局绘制的，详细表示汽车电路的全部组成和连接关系，不考虑实际位置的简图。

2）电路图的用途

①便于详细理解表达对象的线路布置。

②为检测、寻找故障、排除故障提供信息（有时需借助于其他文件，如维修手册和接线图等）。

③为绘制接线图提供依据（有时需借助于结构图样的补充信息）；由于电路图描述的连接关系仅仅是功能关系，而不是实际的连接导线，因此电路图不能代替敷线图。

3）电路图的绘制方法

①元器件的表示方法。电路图的一个重要特征是元器件采用国家标准所规定的图形符号来表示。绘图时国家标准中规定的图形符号均可选用。有些元器件没有国家标准对应的图形符号，可根据标准中给出的规则，使用一般符号、基本符号来派生所需要的新符号。图 1—219 所示的手动控制非自动复位的三极多位开关，就是使用一般符号和基本符号派生出来的。对于不常用的符号，应增加文字注释，以便于理解，如图 1—220 所示。对于新研制的元器件，在尚无标准的图形符号之前，可采用其简化的外形图来表示，以便于反映该元器件的工作原理。

为了便于对电路进行分析和检查，在电路图中除了用图形符号表示元器件外，还应在图形符号旁标注项目代号，必要时还应在图形符号旁标注元器件的主要技术参数。

②图形符号的布置。在电气系统中，大量的元器件的驱动部分和被驱动部分采用机械连接，如继电器、按钮开关、光电耦合器等都属于这一类。其表示方法有 3 种：集中表示法、半集中表示法和分开表示法，不管采用何种表示方法，所给出的信息量都是相等的。在同一张图纸上可以根据需要使用一种或同时使用几种表示方法。

a. 集中表示法。集中表示法是把元器件各组成部分的图形符号绘制在一起的方法，如图 1—221 所示。其特点是易于寻找项目的各个部分，元器件整体印象完整，但仅适用于较为简单的电路。

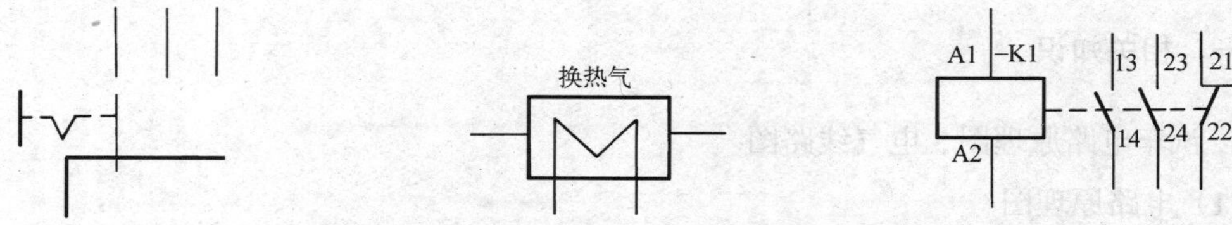

图 1—219　派生图形符号示例　图 1—220　图形符号加文字说明示例　图 1—221　集中表示法示例

b. 半集中表示法。半集中表示法是把一个元器件某些组成部分（不是全部）的图形符号在图上分开布置，它们之间的关系用机械连接线表示的方法，如图 1—222 所示，机械连接线用虚线表示，可以是直线，也可以折弯、分支和交叉。其特点是可减少电路连接线的往返和交叉，使图面清晰，便于识读。但是，会出现穿越图面的机械连接线，所以适用于一般电路，对于复杂电路，由于穿越图面的机械连接线过多，不采用这种方法。

c. 分开表示法。分开表示法把一个元器件的各组成部分的图形符号在图上分开布置，它们之间各部分的关系用项目代号表示的方法，如图 1—223 所示。显然，分开表示法既减少了电路连接线的往返和交叉，又不会出现穿越图面的机械连接线，所以在实际中得到广泛应用。但是，为了寻找被分开的各部分，需要采用插图或表格等检索手段。

在图中，把分解绘制在图中不同位置的同一项目不同部分的图形符号，集中绘制在一起并给出位置信息就成为插图，如图 1—224 所示。插图可以与该项目的驱动部分的图形符号对齐，也可以集中布置在图的空白处，甚至还可以绘制在另一张图纸上，当然，把插图直接绘制在紧靠驱动部分的图形符号旁，看图是最方便的。

在图上，把分散绘制在图中不同位置的同一项目不同部分的图形符号，集中在一张表格中，绘制方法如图 1—225 所示。表格中的名称可以用图形符号来代替，表格应与驱动部分的图形符号对齐。在采用电路编号法表示图中元器件位置的图上，表格中的位置信息就是电路编号。

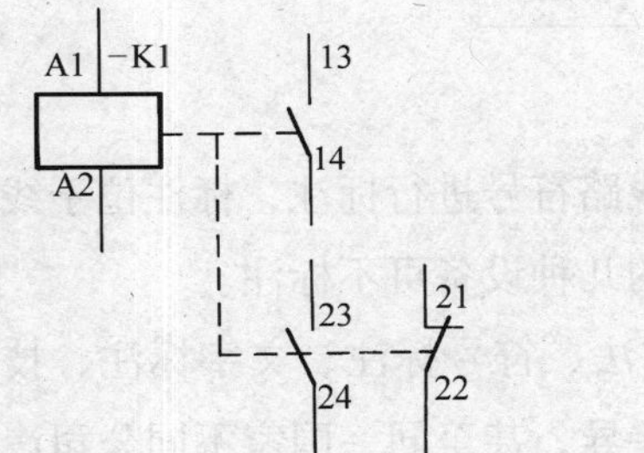

图 1—222 半集中表示法示例

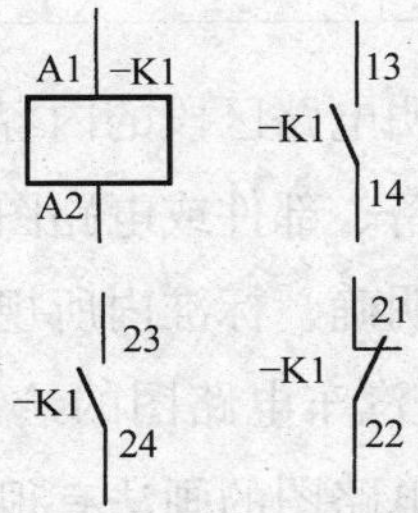

图 1—223 分开表示法示例

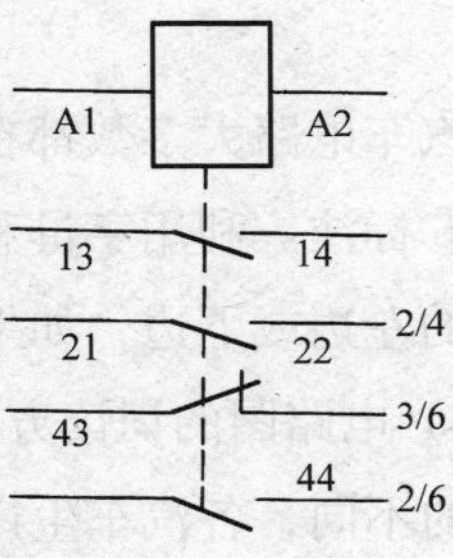

图 1—224 插图示例

③电路与导线的排列。电路的安排要求有清楚、一目了然的图示效果，各个电路的排列必须优先采用从左到右、从上到下的原则，尽可能用直线、无交叉点、不改变方向的标记方式。另外，作用方向应与电路图边沿平行，如果出现许多平行线重叠成堆的情况，那么可将其编组，通常是把三条线集中为一组，留出距离，再表示下一组线，如图 1—226 所示为多条平行线的分组画法。

④分界线与边框。电路的各部分用点画线或边框线限制，以此表明仪器、部件功能或结构上的属性。在汽车电气设备中，用点画线表示仪器和电器中不导电的边框，这种图示不总是与开关外壳相一致，也不用来表示仪器的地线。

动合触点（—/—）	动断触点（—/—）	位 置
13－14		
21－22		2/4
	21－22	3/6
43－44		2/6

图 1—225　表格示例

图 1—226　多条平行线分组画法

⑤区段识别。区段识别符号标注在电路图的下沿，有助于更方便地寻找电路部件，以往区段识别标记也称为电路，可能的标记方式有 3 种：

a. 用连续数字以相同的距离从左到右标注。

如：1 2 3 4 5 6 7 ……

b. 标明电路区段的内容。

如：

电源	启动装置	点火装置

c. 以上两种方法的结合。

如：1 2 3 4 5 6 7 8 9 10 ……

电源	启动装置	点火装置

汽车电路大多数都在电路图中指明电路区段的内容。

⑥标注。利用字母和数码可对设备、部件或电路图中线路符号进行标注，标注位于线路符号的左边或下边，如果设备的定义明确，标准内所规定的几种设备可不标注。

4）电路图的识读方法。由于各国汽车电路图的绘制方法、符号标注、文字标注、技术标准的不同，各汽车生产厂家，汽车电路图的画法有很大差异，甚至同一国家不同公司汽车电路图的表示方法也存在较大的差异，这就给读图带来许多麻烦，因此，掌握汽车电路图识读的基本方法显得十分重要。

①认真阅读图注。了解电路图的名称、技术规范，明确图形符号的含义，建立元器件和图形符号间一一对应的关系，这样才能快速准确地识图。

②掌握回路的原则。任何一个完整的电路都由电源、用电器、开关、导线等组成。若要用电器正常工作，总要得到电能。对于直流电路而言，电流总是要从电源的正极出发，通过导线，经熔断器、开关到达用电器，再经过导线（或搭铁）回到同一电源的负极，在这一过程中，只要有一个环节出现错误，此电路就不会正确、有效。

③熟悉开关作用。开关是控制电路通断的关键，电路中主要的开关往往汇集许多导线，

如点火开关、车灯总开关。读图时应注意与开关有关的以下几个问题。

a. 在开关的许多接线柱中，哪些是接直通电源的？哪些是接用电器的？接线柱旁是否有接线符号？这些符号是否常见？

b. 开关共有几个挡位？在每个挡位中，哪些接线柱通电？哪些断电？

c. 蓄电池或发电机的电流是通过什么路径到达这个开关的？中间是否经过别的开关和熔断器？这个开关是手动的还是电控的？

d. 各个开关分别控制哪个用电器？被控的用电器的作用和功能是什么？

e. 在被控的用电器中，哪些用电器处于常通？哪些电路处于短暂接通？哪些应先接通，哪些应后接通？哪些应单独工作？哪些应同时工作？哪些电器允许同时接通？

如图 1—227 所示汽车的点火开关，该开关为手动开关，用阿拉伯数字 1、2、3、4 表示接线柱，用 0、Ⅰ、Ⅱ、Ⅲ表示开关的挡位。从图中可看出：开关拨至Ⅰ挡，接线柱 1、2、3 连接；开关拨至Ⅱ挡，接线柱 1、2、4 连接；开关拨至Ⅲ挡，接线柱 1、3 连接。图 1—228 为手动车灯总开关，该开关有三个工作位置 0、1、2，三个接线柱 A、B、C。从图中可看出：A 接线柱接电源，B、C 接线柱接用电设备。开关在“0”位用电设备都不工作，开关在“1”位接在“B”上的用电设备工作，开关在“2”位接在“B”“C”上的用电设备同时工作。

	1	2	3	4
Ⅲ	○		○	
0				
Ⅰ	○	○	○	
Ⅱ	○	○		○

图 1—227　汽车点火开关

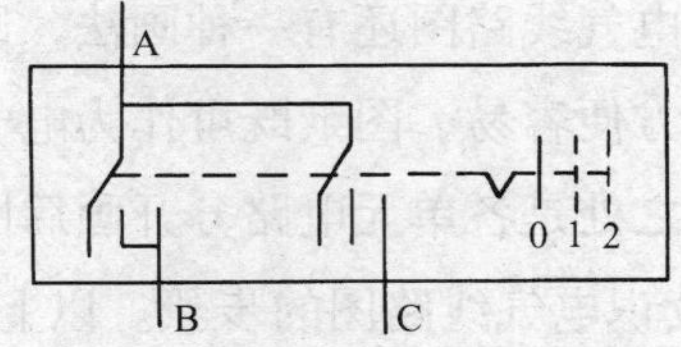

图 1—228　手动车灯总开关

④了解汽车电路图的一般规律

a. 电源部分到各熔断器或开关的导线是电气设备的公共火线，在电路原理图中一般画在电路图的上部。

b. 标准画法的电路图，开关的触点位于零位或静态，即开关处于断开状态或继电器线圈处于不通电状态，晶体管、晶闸管等具有开关特性的元件的导通与截止视具体情况而定。

c. 汽车电路是单线制，各电器相互并联，继电器和开关串联在电路中。

d. 大部分用电设备都经过熔断器，受熔断器的保护。

e. 把整车电路按功能及工作原理划分成若干独立的电路系统，这样可解决整车电路庞大复杂，分析起来困难的问题。现在汽车整车电路一般都按各个电路系统来绘制，如电源系、起动系、点火系、照明系、信号系等，这些单元电路都有它们自身的特点，抓住特点把各个单元电路的结构、原理弄清了，理解整车电路也就容易了。

⑤识图的一般方法

a. 先看全图，把一个个单独的系统框出来一般来讲，各电气系统的电源和电源总开关是公共的，任何一个系统都应该是一个完整的电路，都应遵循回路原则。

b. 分析各系统的工作过程、相互间的联系。在分析某个电气系统之前，要清楚该电气系统所包含各部件的功能、作用和技术参数等。

在分析过程中应特别注意开关、继电器触点的工作状态，大多数电气系统都是通过开关、继电器不同的工作状态来改变回路，实现不同功能的。

c. 通过对典型电路的分析，达到触类旁通。

（2）电气线路图

1）电气线路图的作用。汽车电气线路图的作用是指示电气原理图中各元器件在电气线路图上的位置及整车走线颜色、直径及去向，供检修电路时查找。

2）电气线路图的种类。汽车电气线路图通常有两种。一种是既包括电气线路图，又包括电气原理图，图纸上的元器件一一对应，但电气原理图上一般不标注导线的颜色、直径及代号。它的优点是可以根据电气原理图，在电气线路图中查找某个元器件及电线的走向。第二种是没有电气原理图而只有电气线路图，它将电气原理图中各元器件编号或名称及相关说明均标注在电气线路图上，一目了然，使用起来比较方便。

汽车电气线路图还有一种画法，即按单元电路的方式分别画出。采用这种画法的电气线路图识图方便容易、图纸既可作为电气线路图使用，又可作为电气原理图供分析和判断故障用。不足之处是各单元电路分开画后图纸较多，相互之间的关系表达不出来。

3）读识电气线路图的步骤。以上两种表示方法都有一个共同的特点，就是汽车电气线路图的排列、顺序都不像电气原理图那样有规律性，而是比较注意各电气设备在汽车上的实际位置。图的左边一般代表汽车的前部，图的右边代表汽车的后部，看图时应注意到这一特点。

①先读懂电气原理图。汽车电气原理图是汽车电气线路图、线束图的基础。对于具有电气原理图的线路图，先看懂电气原理图，有助于快速读懂电气线路图，对于读识复杂的电气线路图尤为有用。

②找出主要元器件的位置。在汽车电气线路图上，其主要元器件标注都比较明显，一般都不难找到。例如：电源系统的发电机、蓄电池；起动系统的起动机；灯光系统的大灯、灯光开关；点火系统的点火线圈、分电器；喇叭系统的电喇叭等。

当找到了需要检查的单元电路的主要元器件后，再将其与汽车上的实物对上号，就可根据电气线路图上各导线的颜色和去向，找到所要找的导线或其他元器件了。

③了解电气线路图提供的信息。各种电气线路图上提供的信息归纳起来主要有以下几方面。

a. 电线的颜色、直径及去向。图 1—229a 和图 1—229b 是东风牌 EQ140 型汽车电气线路图。

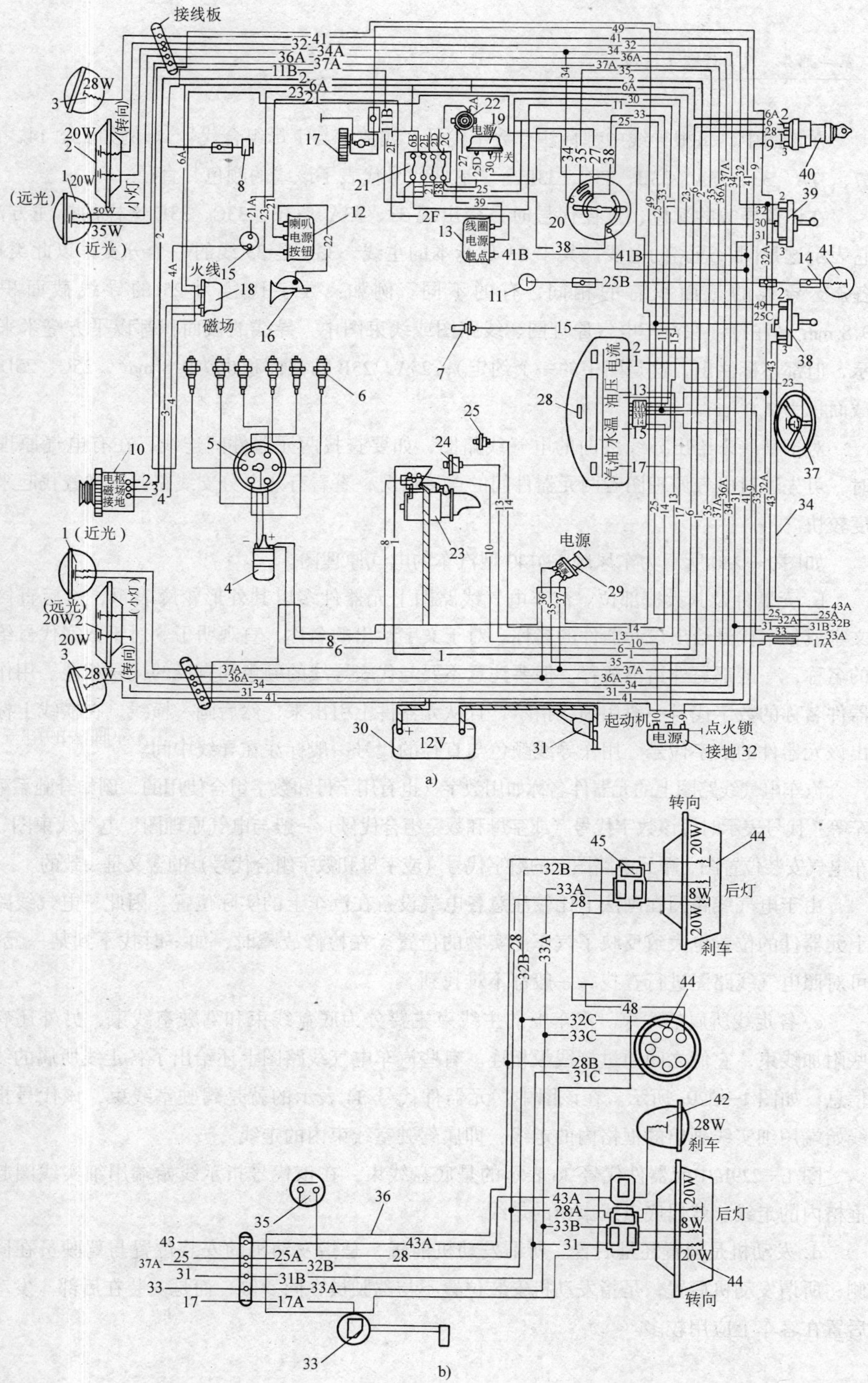

图 1—229 东风牌 EQ140 型汽车电气线路图

a）线路图 1 b）线路图 2

在该图中，每根导线中都标注有数字代号（或数字与字母组合代号）。例如 25、14、13、37、37A、33、33A、33B、33C、33E 等，这些代号代表了该线的颜色、直径。

在识读导线的颜色、直径代号时，会出现 33、33A、33B、33C、33E 这样的标注方法，它表示这是同一通路的电线。其中 33 是基本的主线，33A 是 33 线的一个分支，以此类推。各分支导线的截面积有的相同，有的不同。例如：数字代号为 25 的导线截面积为 0.8 mm^2（注意：在汽车电气原理图、线路图或线束图中，导线的截面积都以平方毫米来表示，但都不标注出，这是图中的一个约定）；25A、25B 的截面积也为0.8 mm^2，25C、25D 的截面积为 1.0 mm^2。

对于某些未给出导线去向的电气线路图，如要查找两元器件间连线，在有电气原理图时，可先通过电气原理图看两元器件间的连接情况，看看有几个分支线路，这样查找起来速度较快。

如图 1—230 所示为东风牌 EQ140 型汽车的电气原理图。

b. 元器件及其大概部位。汽车电气线路图上元器件多以其外形轮廓表示，然后直接用文字或数字代号给出该元器件的名称。对于文字给出的名称，直观明了。对于数字代号给出的名称，一般都另外给出解释。但要注意不要与代表导线的颜色和直径的代号相混。用作元器件名称的数字代号一般用细线指示，且从元器件上引出来，然后画一横线，在横线上标注出该元器件的数字代号。用作导线颜色与直径的代号一般标注在导线中间。

汽车电气线路图上的元器件名称如用数字（也有用字母和数字组合使用的，例如奔驰系列汽车等）代号表示时，该数字代号（或字母和数字组合代号）一般与电气原理图、电气线束图、汽车电气安装位置图、单元电路图上的数字代号（或字母和数字组合代号）的含义是一致的。

由于电气线路图在画法上比较注意各电气设备在汽车上的实际位置。因此，电气线路图上元器件的位置也大致反映了汽车上实物的位置。在检修故障时，如一时找不到某一元件，可对照电气线路图进行查找，一般都不难找到。

c. 各走线所属的线束。汽车上的主线束主要分为底盘线束和驾驶室线束，另外还有一些附加线束，它们之间通过接线板相连。有些汽车电气线路图上还给出了各走线所属的线束信息，如图 1—229a 所示。在该图中，元器件代号 34 表示的就是驾驶室线束，该代号指示线始端用细实线画出的框格内的走线，即属驾驶室线束内的走线。

图 1—229b 中元器件代号 36 表示的是底盘线束，在该代号指示线始端用细实线圈起的框格内的走线，就属底盘线束内的走线。

d. 发动机是前置还是后置。所谓发动机前置，是指发动机的安装位置与驾驶员在同一侧；所谓发动机后置，是指发动机安装位置不与驾驶员在同一侧，而是安装在后部。发动机后置在客车上应用较多。

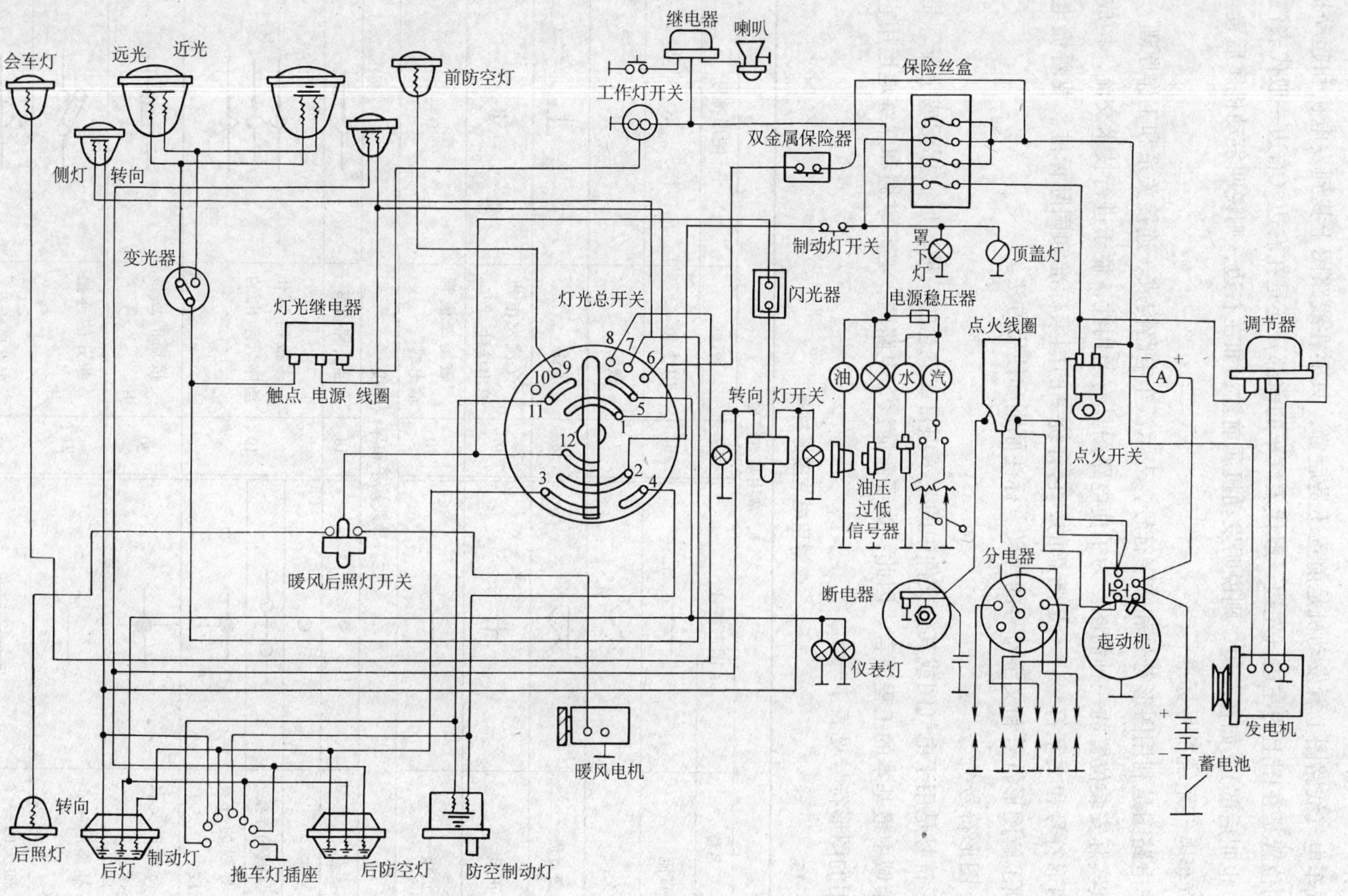

图1—230 东风牌EQ140型汽车电气原理图

从汽车电气线路图上看发动机是前置还是后置，只要在线路图上找到发电机和起动机，看它们的位置是在图上的左边（左边一般代表汽车的前部）还是在右边（右边一般代表汽车的尾部，也叫后部）。如在左边，则说明发动机属前置；如在右边，则说明发动机属后置。

2. 汽车电气系统符号标准

汽车电路图是利用图形符号和文字符号，表示汽车电路构成、连接关系和工作原理，而不考虑其实际安装位置的一种简图。为了使电路图具有通用性，便于进行技术交流，构成电路图的图形符号和文字符号，不是随意的，它有统一的国家标准和国际标准。要看懂电路图，必须了解图形符号和文字符号的含义、标注原则和使用方法。

(1) 图形符号

图形符号是用于电气图或其他文件中的表示项目或概念的一种图形、标记或字符，是电气技术领域中最基本的工程语言。因此，为了看懂汽车电路图，必须掌握和熟练地运用它。

常用的图形符号见表 1—15。

表 1—15　　常用电气图形符号

序号	名称	图形符号	序号	名称	图形符号
一、常用基本符号					
1	直流		6	中性点	N
2	交流		7	磁场	F
3	交直流		8	搭铁	
4	正极		9	交流发电机输出接柱	B
5	负极		10	磁场二极管输出端	D＋
二、导线端子和导线连接					
11	接点		18	插头和插座	
12	端子		19	多极插头和插座（示出的为三极）	
13	导线的连接				
14	导线的分支连接				
15	导线的交叉连接		20	接通的连接片	
16	插座的一个极		21	断开的连接片	
17	插头的一个极		22	屏蔽导线	

续表

三、触点开关

序号	名称	图形符号	序号	名称	图形符号
23	动合（常开）触点		36	钥匙操作	
24	动断（常闭）触点		37	热器件操作	
25	先断后合的触点		38	温度控制	t
26	中间断开的双向转换触点		39	压力控制	P
27	双动合触点		40	制动压力控制	BP
28	双动断触点		41	液位控制	
29	单动断双动合触点		42	凸轮控制	
30	双动断单动合触点		43	联动开关	
31	一般情况下手动控制		44	手动开关的一般符号	
32	拉拔操作		45	定位开关(非自动复位)	
33	旋转操作		46	按钮开关	
34	推动操作		47	能定位的按钮开关	
35	滚子操作		48	拉拨开关	
			49	旋转旋钮开关	
			50	液位控制开关	

续表

序号	名称	图形符号	序号	名称	图形符号
三、触点开关					
51	机油滤清器报警开关	OP	56	旋转多挡开关位置	1 2 3
52	热敏开关动合触点	t°	57	推拉多挡开关位置	1 2 3
53	热敏开关动断触点	t°	58	钥匙开关（全部定位）	1 2 3
54	热敏自动开关的动断触点		59	多挡开关、点火、启动开关，瞬时位置为2，能自动返回到1（即2挡不能定位）	1 2 3 0.1
55	热继电器触点		60	节流阀开关	
四、电气元件					
61	电阻器		69	光敏电阻	
62	可变电阻器		70	加热元件、电热塞	
63	压敏电阻器	U	71	电容器	
64	热敏电阻器	t°	72	可变电容器	
65	滑线式变阻器		73	极性电容器	+
66	分路器		74	穿心电容器	
67	滑动触点电位器		75	半导体二极管一般符号	
68	仪表照明调光电阻器		76	稳压二极管	

续表

四、电气元件					
序号	名称	图形符号	序号	名称	图形符号
77	发光二极管		89	永久磁铁	
78	双向二极管（变阻二极管）		90	操作器件一般符号	
79	三极晶体闸流管		91	一个绕组电磁铁	
80	光电二极管				
81	PNP 型三极管		92	两个绕组电磁铁	
82	集电极接管壳三极管（NPN）				
83	具有两个电极的压电晶体		93	不同方向绕组电磁铁	
84	电感器、线圈、绕组、扼流圈				
85	带铁心的电感器		94	触点常开的断电器	
86	熔断器		95	触点常闭的继电器	
87	易熔线				
88	电路断电器				
五、仪表					
96	指示仪表	*	98	电流表	A
97	电压表	V	99	电压、电流表	A/V

续表

五、仪表

序号	名称	图形符号	序号	名称	图形符号
100	欧姆表	(Ω)	105	燃油表	(Q)
101	瓦特表	(W)	106	车速里程表	(V)
102	油压表	(OP)	107	电钟	
103	转速表	(n)	108	数字式电钟	
104	温度表	(t°)			

六、传感器

序号	名称	图形符号	序号	名称	图形符号
109	传感器的一般符号	*	116	空气流量传感器	AF
110	温度表传感器	t°	117	氧传感器	λ
111	空气温度传感器	t°_{n}	118	爆震传感器	K
112	水温传感器	t°_{w}	119	转速传感器	n
113	燃油表传感器	Q	120	速度传感器	V
114	油压表传感器	OP	121	空气压力传感器	AP
115	空气质量传感器	m	122	制动压力传感器	BP

续表

序号	名称	图形符号	序号	名称	图形符号
		七、电气设备			
123	照明灯、信号灯、仪表灯、指示灯		135	霍尔信号发生器	
124	双丝灯		136	磁感应信号发生器	
125	荧光灯		137	温度补偿器	t° COMP
126	组合灯		138	电磁阀一般符号	
127	预热指示器		139	常开电磁阀	
128	电喇叭		140	常闭电磁阀	
129	扬声器		141	电磁离合器	
130	蜂鸣器		142	用电动机操纵的怠速调整装置	M
131	报警器、电警笛		143	过电压保护装置	U>
132	信号发生器	G	144	过电流保护装置	I>
133	脉冲发生器	G	145	加热器（出霜器）	
134	闪光器	G	146	振荡器	

续表

七、电气设备

序号	名称	图形符号	序号	名称	图形符号
147	变换器、转换器		160	收放机	
148	光电发生器	G	161	天线电话	
149	空气调节器		162	收放机	
150	滤波器		163	点火线圈	
151	稳压器	U Const	164	分电器	
152	点烟器		165	火花塞	
153	热继电器		166	电压调节器	U
154	间歇刮水继电器		167	转速调节器	n
155	防盗报警系统		168	温度调节器	t°
156	天线一般符号		169	串激绕组	
157	发射机		170	并激或他激绕组	
158	收放机		171	集电环或换向器上的电刷	
159	内部通信联络及音乐系统		172	直流电动机	M

续表

序号	名称	图形符号	序号	名称	图形符号
七、电气设备					
173	串激直流电动机	M	184	直流伺服电动机	SM
174	并激直流电动机	M	185	直流发电机	G
175	永磁直流电动机	M	186	星形连接的三相绕组	
176	起动机（带电磁开头）	M	187	三角形连接的三相绕组	
177	燃油泵电动机、洗涤电动机	M	188	定子绕组为星形连接的交流发电机	G 3~
178	晶体管电动汽油泵		189	定子绕组为三角形连接的交流发电机	G 3~
179	加热定时器	H T	190	外接电压调节器与交流发电机	G 3~ U
180	点火电子组件	I C	191	整体式交流发电机	G 3~
181	风扇电动机	M	192	蓄电池	
182	刮水电动机	M	193	蓄电池组	
183	电动天线	M			

图形符号分为基本符号、一般符号和明细符号3种。

1）基本符号。基本符号不能单独使用，不表示独立的电器元件，只说明电路的某些特征。如："—"表示直流，"~"表示交流，"+"表示电源的正极，"-"表示电源的负极，"N"表示中性线。

2）一般符号。一般符号用以表示一类产品和此类产品特征的一种简单符号。如：表示指示仪表的一般符号，表示传感器的一般符号。一般符号广义上代表各类元器件，另外，也可以表示没有附加信息或功能的具体元件，如电阻、电容等。

3）明细符号。明细符号表示某一种具体的电器元件。它是由基本符号、一般符号、物理量符号、文字符号等组合派生出来的。如：指示仪表的一般符号，当要表示电流、电压的种类和特点时，将"*"处换成"A""V"，就成为明细符号，分别表示电流表、电压表（见表1—15）。

另外，对标准中没有规定的符号，可以选取标准中给定的基本符号、一般符号和明细符号，按规定的组合原则进行派生，以构成完整的元件或设备的图形符号，但在图样的空白处必须加以说明（见表1—16）。将天线的一般符号和直流电动机的一般符号进行组合，就构成了电动机天线的图形符号。

表1—16　　电动机天线图形符号的组合示例

图形符号	说　明
 Y	天线的一般符号
 (M)	直流电动机的一般符号
 (M ⅄)	电动机天线的派生符号

4）图形符号的使用原则

①首先选用优选形。

②在满足条件的情况下，首先采用最简单的形式，但图形符号必须完整。

③在同一份电路图中，同一图形符号采用同一种形式。

④符号方位不是固定的，在不改变符号意义的前提下，符号可根据图面布置的需要旋转或成镜像放置，但文字和指示方向不得倒置。

⑤图形符号中一般没有端子代号，如果端子代号是符号的一部分，则端子代号必须画出。

⑥实线符号可以用不同宽度的线条表示，如电源线路（主电路）可用粗实线表示，控制、保护线路（辅助电路）则可用细实线表示。

⑦一般连接线不是图形符号的组成部分，方位可根据实际需要布置。

⑧图形符号的意义由其形式决定，可根据需要进行缩小或放大。

⑨图形符号表示的是无电压、无外力的常规状态。

⑩图形符号中的文字符号、物理量符号，应视为图形符号的组成部分。当用这些符号不能满足标注时，可按有关标准加以补充。电路图中若未采用规定的图形符号，必须加以说明。

（2）文字符号

文字符号是由电气设备、装置和元器件的种类（名称）字母代码和功能（或状态、特征）字母代码组成，用于电气技术领域中技术文件的编制，也可标注在电气设备、装置和元器件上或其旁边，以表明电气设备、装置和元器件的名称、功能、状态和特征。此外，还可与基本图形符号和一般图形符号组合使用，以派生新的图形符号。

文字符号分为基本文字符号和辅助文字符号两大类，基本文字符号又分为单字母符号和双字母符号。

1）基本文字符号

①单字母符号。单字母符号是按拉丁字母将各种电气设备、装置和元器件划分为23大类，每大类用一个专用单字母符号表示，如“C”表示电容器类，“R”表示电阻类等。

②双字母符号。双字母符号是由一个表示种类的单字母符号与另一字母组成，其组合形式应以单字母符号在前而另一字母在后的次序列出，如：“R”表示电阻，“RP”就表示电位器，“RT”表示热敏电阻；“G”表示电源、发电机、发生器，“GB”表示蓄电池，“GS”表示同步发电机，“GA”表示异步发电机。常用的基本文字符号见表1—17。

2）辅助文字符号。辅助文字符号表示电气设备、装置和元器件以及线路的功能、状态和特征，如“SYN”表示同步，“L”表示限制左或低，“RD”表示红色，“ON”表示闭合，“OFF”表示断开等。常用辅助文字符号见表1—18。

表 1—17　　　　**常用基本文字符号**

设备、装置元器件种类	举　例	基本文字符号	
		单字母	双字母
组件 部件	分离元件放大器调节器	A	
	电桥		AB
	晶体管放大器		AD
	集成电路放大器		AJ
	印制电路板		AP
	抽屉柜		AT
	支架盘		AR
非电量到电量变换器或电量到非电量变换器	送话器	B	
	扬声器		
	晶体换能器		
	压力变换器		BP
	温度变换器		BT
电容器	电容器	C	
二进制元件、延迟器件、存储器件	数字集成电路和器件	D	
其他元器件	其他元件器件	E	
	发热器件		EH
	照明灯		EL
保护器件	过电压放电器件避雷器	F	
	熔断器		FU
	限压保护器件		FV
发生器 发电机 电源	振荡器	G	
	发生器		GS
	同步发电机		GA
	异步发电机		
	蓄电池		GB
信号器件	声响指示	H	HA
	光指示器		HL
	指示灯		HL
继电器 接触器	交流继电器	K	KA
	双稳态继电器		KL
	接触器		KM
	簧片继电器		KR

续表

设备、装置元器件种类	举例	基本文字符号	
		单字母	双字母
电感器 电抗器	感应线圈 电抗器	L	
电动机	电动机	M	
	同步电动机		MS
	力矩电动机		MT
模拟元件	运算放大器 混合模拟/数字器件	N	
测量设备 试验设备	指示器件信号发生器	P	
	电流表		PA
	（脉冲）计数器		PC
	电度表		PJ
	电压表		PV
电力电路的开关器件	断路器	Q	QF
	电动机保护开关		QM
	隔离开关		QS
电阻器	电阻器 变阻器	R	
	电位器		RP
	热敏电阻器		RT
	压敏电阻器		RV
控制、记忆、信号电路的开关器件选择器	控制开关 选择开关	S	SA
	按钮开关		SB
	压力传感器		SP
	位置传感器		SQ
	温度传感器		ST
变压器	电流互感器	T	TA
	控制电路电源用变压器		TC
	电力变压器		TM
	电压互感器		TV
电子管 晶体管	二极管 晶体管 晶闸管	V	
	电子管		VE

续表

设备、装置元器件种类	举　例	基本文字符号	
		单字母	双字母
传输通道波导 天线	导线 母线 波导 天线	W	
端子 插头 插座	连接插头和插座 接线柱焊接端子板	X	
	连接片		XB
	测试插孔		XJ
	插头		XP
	插座		XS
	端子板		XT
电气操作的机械器件	气阀	Y	
	电磁铁		YA
	电动阀		YM
	电磁阀		YV
终端设备 混合变压器 滤波器 均衡器 限幅器	晶体滤波器	Z	

表 1—18　　常用辅助文字符号

序号	文字符号	名称	序号	文字符号	名称
1	A	电流	11	BK	黑
2	A	模拟	12	BL	蓝
3	AC	交流	13	BW	向后
4	A AUT	自动	14	C	控制
			15	CW	顺时针
5	ACC	加速	16	CCW	逆时针
6	ADD	附加	17	D	延时（延迟）
7	ADJ	可调	18	D	差动
8	AUX	辅助	19	D	数字
9	ASY	异步	20	D	降低
10	B BRK	制动	21	DC	直流
			22	DEC	减

续表

序号	文字符号	名称	序号	文字符号	名称
23	E	接地	48	PEN	保护搭铁与中性线共用
24	EM	紧急	49	PU	不搭铁保护
25	F	快速	50	R	记录
26	FB	反馈	51	R	右
27	FW	正，向前	52	R	反
28	GN	绿	53	RD	红
29	H	高	54	R RST	复位
30	IN	输入			
31	INC	增	55	RES	备用
32	IND	感应	56	RUN	运转
33	L	左	57	S	信号
34	L	限制	58	ST	启动
35	L	低	59	S SET	置位，定位
36	LA	闭锁			
37	M	主	60	SAT	饱和
38	M	中	61	STE	步进
39	M	中间线	62	STP	停止
40	M MAN	手动	63	SYN	同步
			64	T	温度
41	N	中性线	65	T	时间
42	OFF	断开	66	TE	无噪声（防干扰）搭铁
43	ON	闭合	67	V	真空
44	OUT	输出	68	V	速度
45	P	压力	69	V	电压
46	P	保护	70	WH	白
47	PE	保护搭铁	71	YE	黄

3）文字符号的使用规则

①字母符号应优先选用。

②当用单字母符号不能满足要求，需要将大类进一步划分时，才采用双字母符号，以便较详细和更具体地表述电气设备、装置和元器件等。如“F”表示保护器类，“FU”表示熔断器，“FV”表示限压保护器件。

③辅助文字符号也可放在表示种类的单字母符号后边组成双字母符号，如“ST”表示起动，“DC”表示直流，“AC”表示交流。为简化文字符号，若辅助文字符号由两个字母组成

时，允许只采用其第一位字母进行组合，如“MS”表示同步电动机，“MS”中的“S”为辅助文字符号“SYN”（同步）的第一位字母。辅助文字符号还可以单独使用，如“ON”表示接通，“N”表示中性线，“E”表示搭铁，“PE”表示保护搭铁等。

(3) 符号、文字符号的识读

对于基本的元器件，其图形符号、文字符号都是相同的，如电阻、电容、照明灯、蓄电池等。由于目前国际上还没有汽车电气设备图形符号、文字符号的统一标准，各个汽车生产厂家对某些汽车电气所采用的图形符号、文字符号有所不同，与标准规定有一些差异，这给识读电路图造成一定困难，但图形符号基本结构的组成是相似的，只要了解它们的区别，就能避免识读错误。下面通过具体示例来说明不同车型在表示同一元器件的图形符号时，在汽车电路图中的差异。如图 1—231 所示，表示导线连接的两种形式。上海桑塔纳、南京依维柯采用图 1—231a 形式，神龙富康、天津夏利则采用图 1—231b 形式。

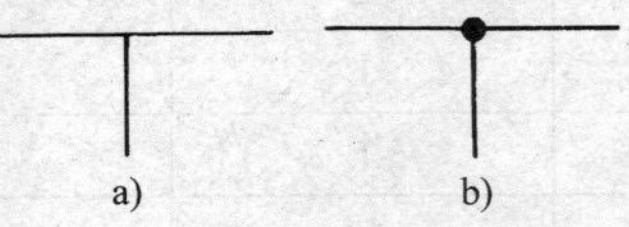

图 1—231 导线连接两种表示形式

汽车都装有硅整流发电机和电压调节器，不同的是，有的采用内装式，有的采用外装式，即使同一结构形式，不同的车型所采用的电路图形符号也不同。图 1—232 为富康轿车内装调节器硅整流发电机的图形符号；图 1—233 为夏利轿车内装调节器硅整流发电机的图形符号（国家标准规定的符号）。

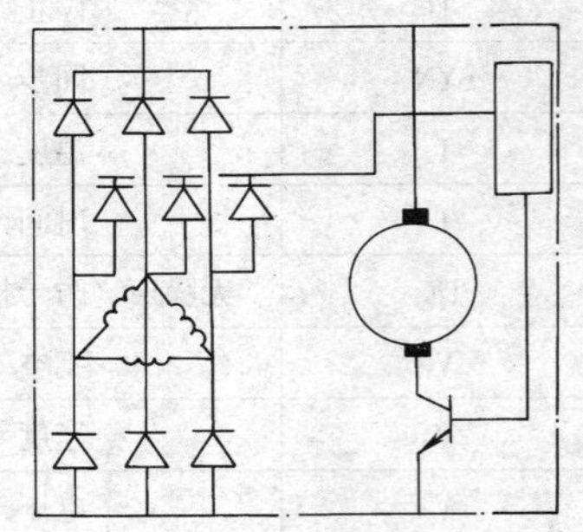
图 1—232 富康轿车硅整流发电机图形符号

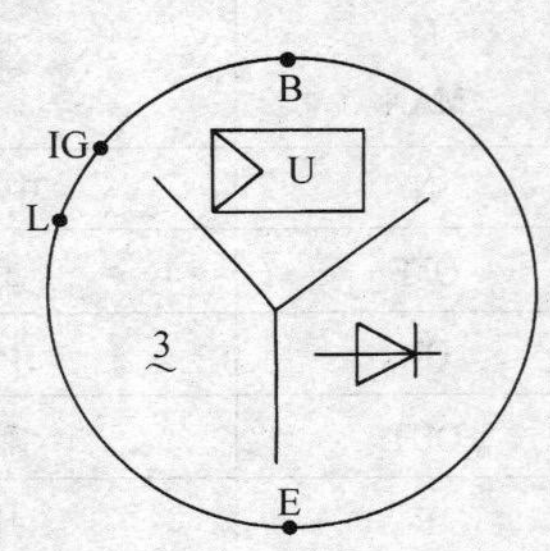

图 1—233 夏利轿车硅整流发电机图形符号

现代汽车上都装有用于起动发动机的起动机，且中、小型汽车起动机的结构基本相同，但在不同车型的电路图中，所采用的符号差别很大。图 1—234 为天津夏利轿车起动机的图形符号；图 1—235 为富康轿车起动机的图形符号，两者与表 1—15 国家标准中规定的图形符号差异较大。

很多车上都装有三挡四接柱的点火开关，其表示方法采用方框符号，表示接线柱和挡位的符号有两种，如图 1—236a、b 所示；上海桑塔纳轿车则采用与前两者截然不同的另一种符号，如图 1—237 所示。

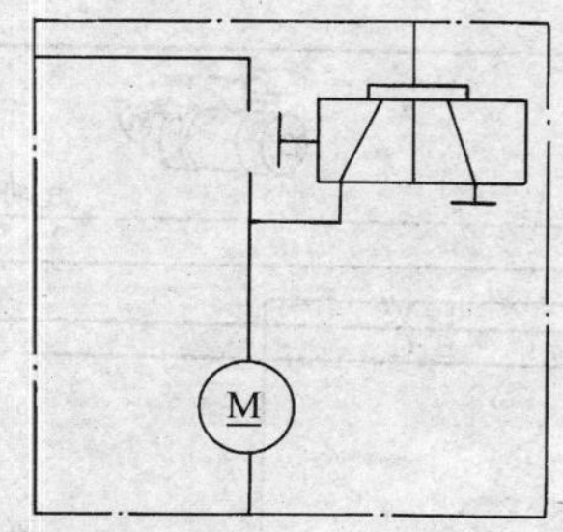

图 1—234 夏利轿车起动机图形符号

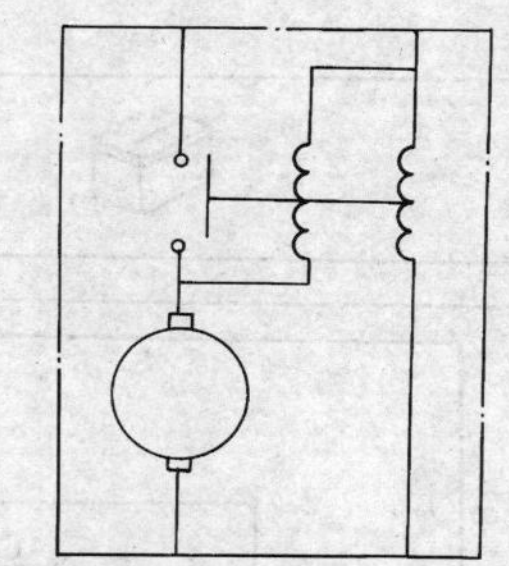

图 1—235 富康轿车起动机图形符号

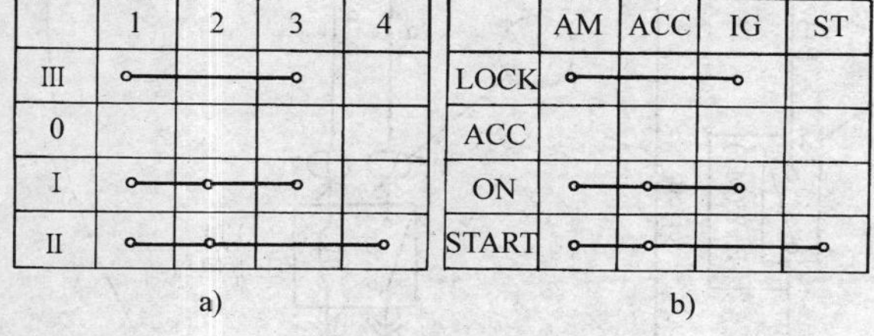

图 1—236 点火开关图形符号

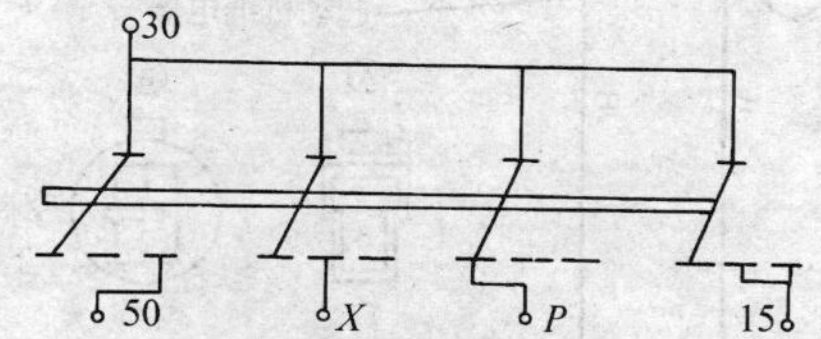

图 1—237 上海桑塔纳轿车点火开关图形符号

通过上述示例可知，汽车电路图形符号目前还没有统一的标准，国产汽车制造企业大都采用电气技术行业标准，而合资汽车制造企业大都沿用国外的原标准，所以，在识图过程中应不断地总结经验，找出不同的电路中采用的图形符号有哪些相同点和不同点，这样可以提高读图速度。

丰田车系电路符号如图 1—238 所示。

各电路图符号的具体意义如下。

A：系统标题。

B：配线颜色。

C：表示与元件相连的连接器（数字表示引脚号）。

D：表示连接器的引脚号。

E：表示继电器盒。图中数字表示继电器盒的号码。

F：表示接线盒（圆圈内的数字表示接线盒的号码，连接器的代号标在旁边）。

G：表示相关连的系统。

H：表示配线与配线连接器，带阳端子的配线用箭头表示，外侧数字表示引脚号码。

I：当车辆型号、发动机型号或规格不同时，括号用来表示不同的配线和连接器等。

J：表示屏蔽的配线。

K：表示接地点。

本田车系电路符号如图 1—239 所示。

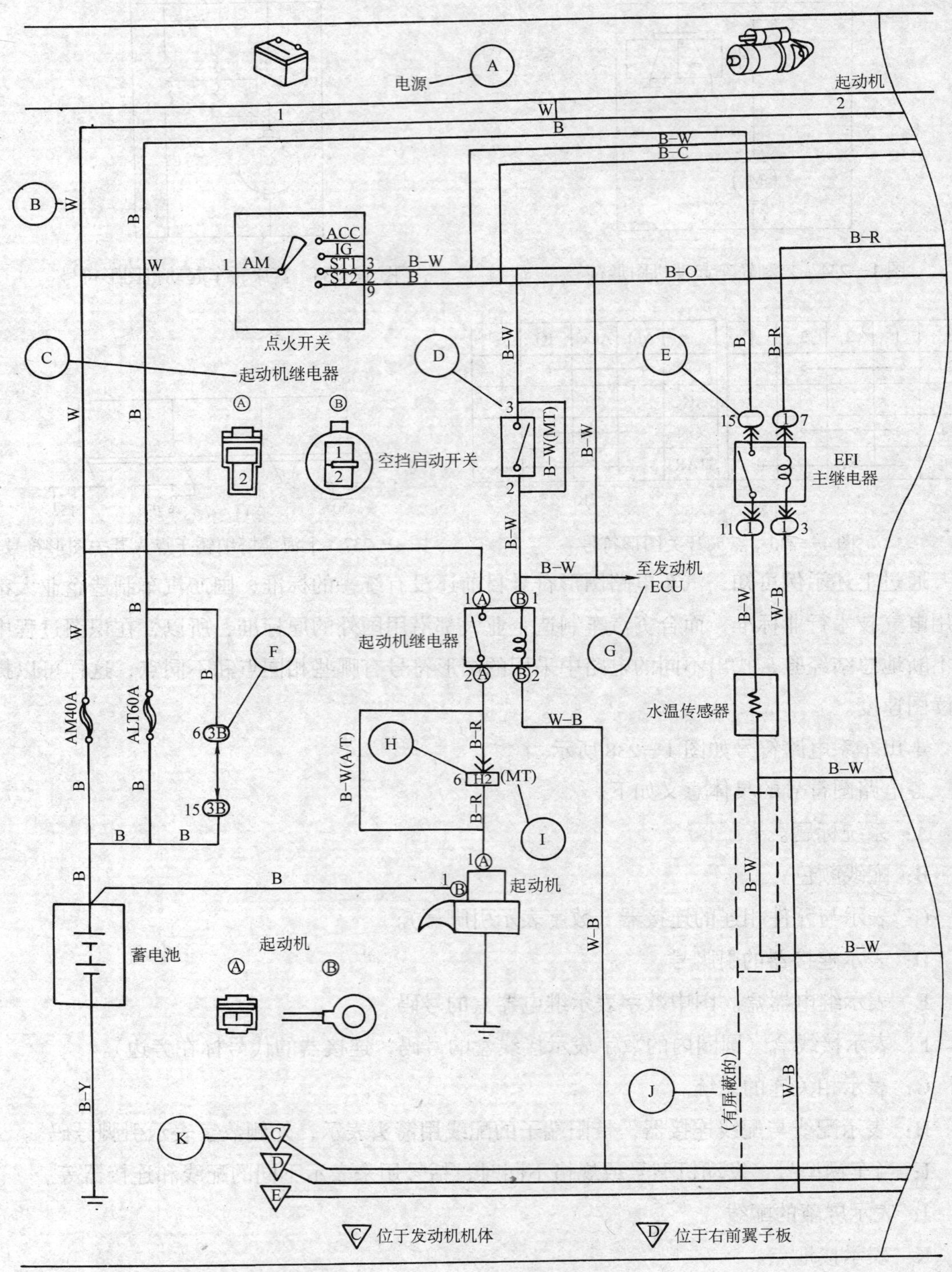

图1—238　丰田车系电路符号

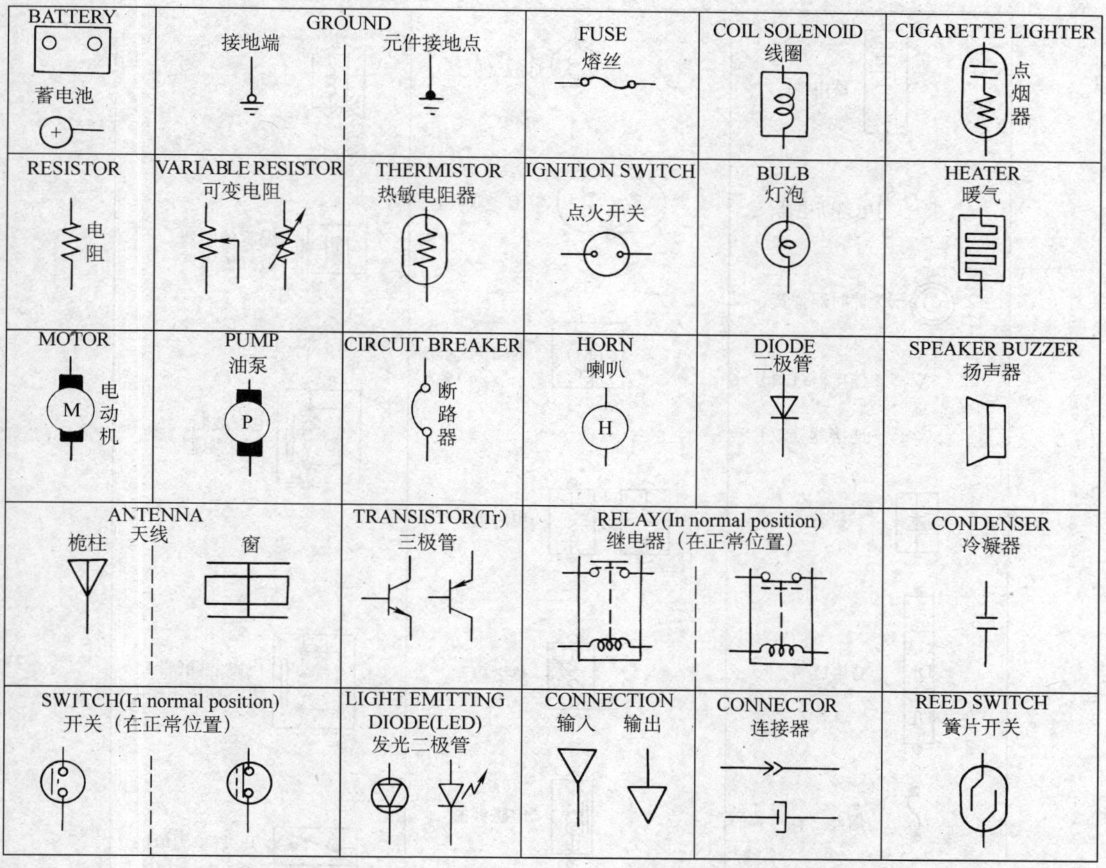

BATTERY 蓄电池	GROUND 接地端	元件接地点	FUSE 熔丝	COIL SOLENOID 线圈	CIGARETTE LIGHTER 点烟器
RESISTOR 电阻	VARIABLE RESISTOR 可变电阻	THERMISTOR 热敏电阻器	IGNITION SWITCH 点火开关	BULB 灯泡	HEATER 暖气
MOTOR 电动机 M	PUMP 油泵 P	CIRCUIT BREAKER 断路器	HORN 喇叭 H	DIODE 二极管	SPEAKER BUZZER 扬声器
ANTENNA 天线 桅柱	窗	TRANSISTOR(Tr) 三极管	RELAY(In normal position) 继电器（在正常位置）		CONDENSER 冷凝器
SWITCH(In normal position) 开关（在正常位置）		LIGHT EMITTING DIODE(LED) 发光二极管	CONNECTION 输入　输出	CONNECTOR 连接器	REED SWITCH 簧片开关

图 1—239　本田车系电路符号

德国、美国车系的电路符号基本相同，如图 1—240 所示。

3. 汽车的电子仪表性能、结构与原理

汽车电子仪表比通常的机械式模拟仪表更精确，模拟仪表显示的是传感器检测值的平均值，而电子仪表刷新速度较快，显示的是即时值。汽车电子仪表采用的数字显示仪表通常都能提供英制单位或米制单位值的显示，并能一表多用，驾驶员可通过按钮选择仪表显示的内容。大多数汽车电子仪表都有自诊断功能，每当打开点火开关时，电子仪表板便进行一次自检，也有的仪表板采用诊断仪或通过按钮进行自检。自检时，通常整个仪表板发亮，同时各显示器都发亮。自检完成时，所有仪表均显示出当前的检测值。如有故障，便以警告灯或给出故障码提醒驾驶员。

（1）常用的电子仪表

1）转速表。转速表显示发动机曲轴转速。一种数字式发动机转速表电路如图 1—241 所示，这种转速表由一个 U1 和 U_{2-a} 等组成的输入信号调节器、一个脉冲计数器 U3、两个显示

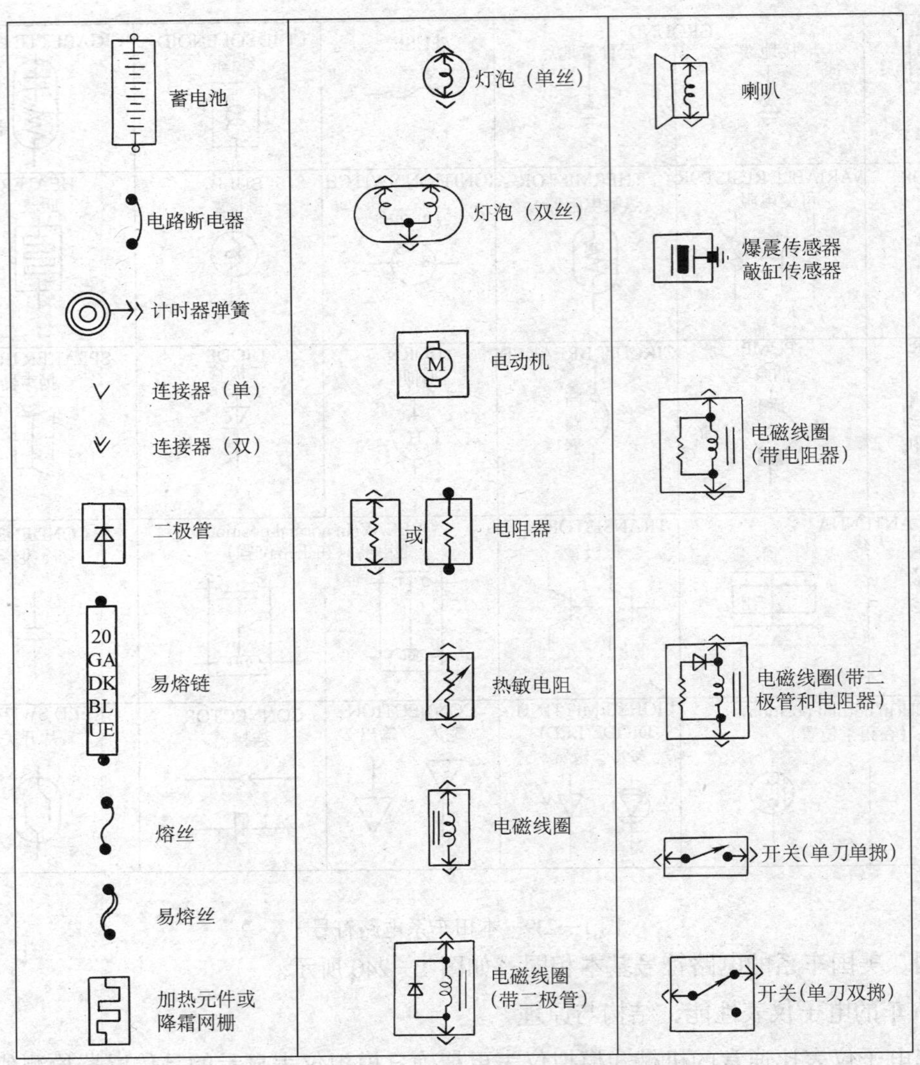

图 1—240　德国、美国车系的电路符号

驱动器 U4 和 U5 带动两个电子显示装置 DISP1 和 DISP2、一个主时钟 U6 和一个电源稳压器 U7 等组成。其输入信号取自发动机点火系分电器中的断电器触点断开时产生的脉冲信号，以此作为电路触发脉冲信号。电路中所有 5 V 电源均由稳压器 U7 提供，U7 的电源则由汽车 12 V 电源提供。可显示两位有效数字的发动机转速。

目前，在汽车电子仪表中，多数由微机控制的发动机转速表的系统构成如图 1—242 所示，以柱状图形来表示发动机转速的大小，同样，通过发动机点火系分电器中的断电器触点断开时产生的脉冲信号作为电路触发脉冲信号来测量（脉冲信号的频率正比于发动机的转速），这种前沿脉冲信号通过中断口输入微机。为减小计算误差，脉冲的周期通常采用四个

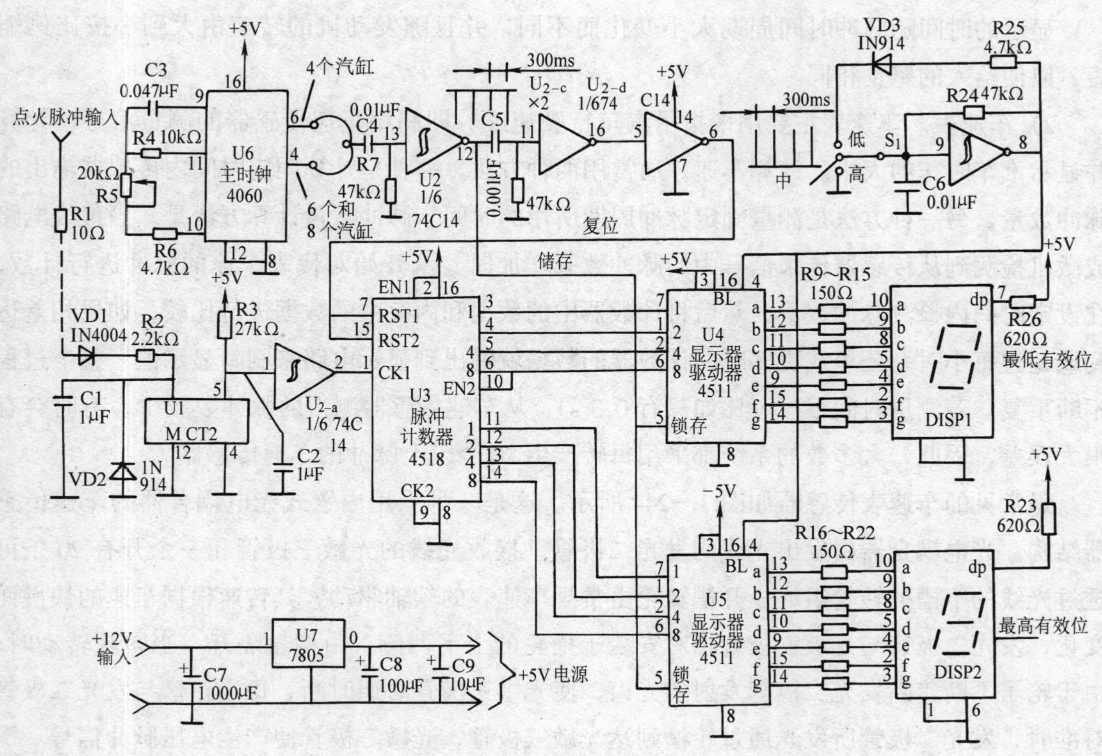

图 1—241 数字式发动机转速表电路

周期的平均值来计算，如图 1—243 所示。

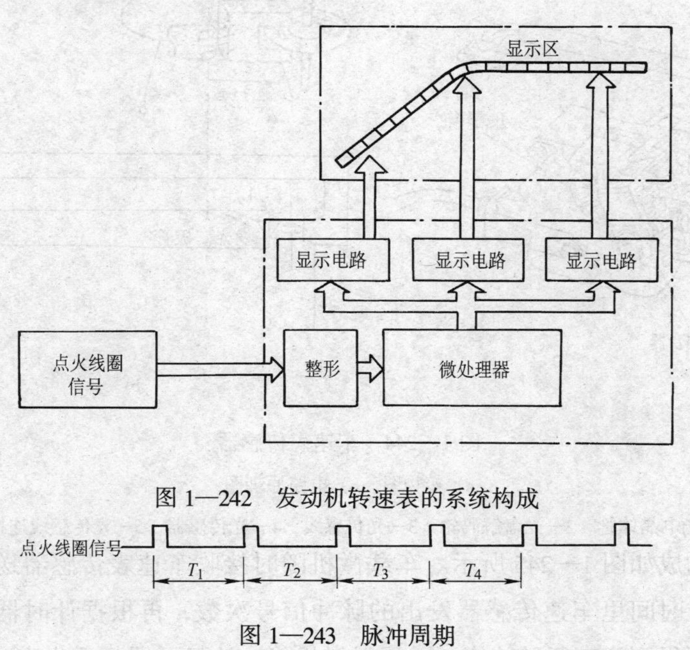

图 1—242 发动机转速表的系统构成

点火线圈信号
T_1 T_2 T_3 T_4

图 1—243 脉冲周期

显示的时间随脉冲时间周期大小变化而不同，并且随发动机的转速由大到小按比例缩短，以便给人的感觉相同。

2）车速表。车速表主要用来指示汽车行驶速度。即利用车速传感器的测量信号，计算并显示汽车时速的大小。计算车速，通常用两种方法。一种是计算固定时间内传感器输出的脉冲数量，另一种方法是测量固定脉冲周期所用的时间。脉冲数量计算方法是，当集成电路或微机检测到从传感器传来信号中的脉冲数有增加时，就开始对代表车速的脉冲进行计数，在设定时间内检测脉冲数量，然后将计数器中的数据和内存中的数据进行比较，如果相差达到或超过每小时一公里或更多时，计数器的数据就输出到显示电路来刷新显示值，整个过程不断重复。若测量时间很短（比如只有 0.3 s），从车速传感器测得的脉冲数较少，有时会有很大误差，因此，大多数的系统都采用每转产生 20 个以上脉冲的车速传感器。

最常见的车速表传感器如图 1—244 所示。这是一种采用内置式光电耦合器的车速传感器结构。光电耦合器由发出光线的发光二极管、接收光线的光敏三极管和一个开有 20 条可透过光线的窄槽的转轮组成。开槽转轮由常规车速表的软轴驱动，其转速根据车速的快慢而变化，发光二极管与光敏三极管相对安装于槽轮的上下两侧，由槽轮隔开。当转轮转动时，由于轮子不断遮断发光二极管发射的光束，使光敏三极管时通时断，每当轮槽与发光二极管对准时，发光二极管所发光通过轮槽到达光敏三极管，光敏三极管便产生电压脉冲信号。

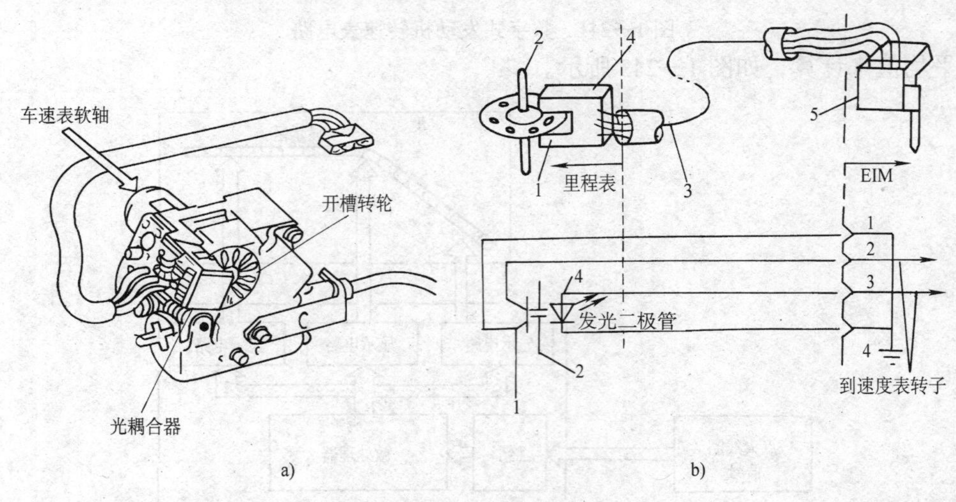

图 1—244　车速表传感器

a）实物图　b）电路原理图

1—光电晶体管　2—光盘解码轮　3—光传感线　4—光传感器　5—光传感线连接器

车速表系统构成如图 1—245 所示。车载微机随时接收车速表传感器送出的电压脉冲信号，并计算在单位时间里车速传感器发出的脉冲信号次数，再根据计时器提供的时间参考值，经计算处理可得到汽车行驶速度，并通过微机指令让显示器显示出来。无论前进还是倒退，汽车的速度都能显示出来。速度单位通常可由驾驶员用按钮选择，即显示 km/h 或 MPH（英里/时）。车速信号还可传送到制动防抱死系统（ABS）和巡航控制系统（CCS）的电子控制单元中用于它们的控制。当车速超过某极限值时还可向驾驶员发出警报。

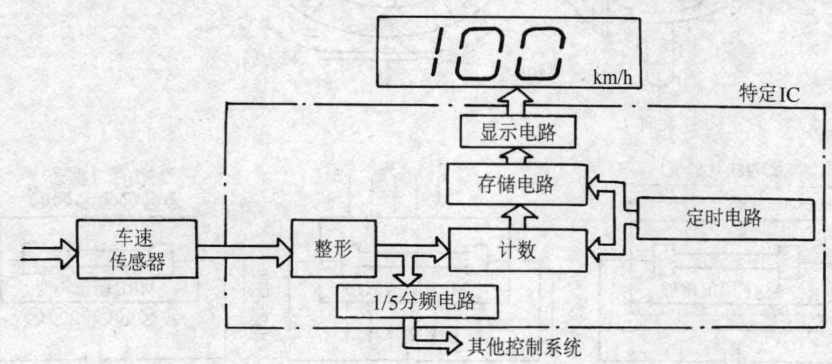

图 1—245　车速表系统构成

图 1—246 和图 1—247 所示为一种带有磁性电阻元件的车速传感器电路图，该传感器采用一个多极磁铁附加在驱动轴上，当传动齿轮带动驱动轴旋转时，磁铁随之旋转而使磁力线发生变化。集成电路上磁性电阻元件中的电阻值随着磁力线的变化而变化，电阻的变化导致电桥中输出电压的变化，经过比较器后，产生出每转 20 个脉冲信号。

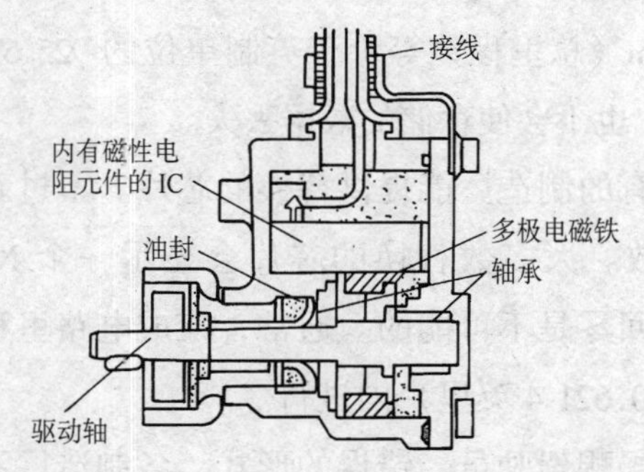

图 1—246　带有磁性电阻元件的车速传感器

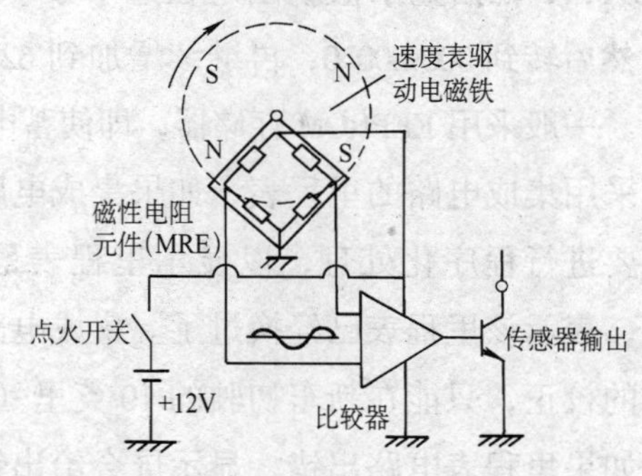

图 1—247　带有磁性电阻元件的车速传感器

磁性电阻元件的工作原理如图 1—248 所示，当电流方向和磁力线方向平行时磁性电阻元件上的电阻最大。相反，当电流方向与磁力线方向成直角时，磁性电阻元件上的电阻最小。该车速传感器可在 60 km/h 车速时以 637 r/min 的转速旋转，并在每转中输出 20 个脉冲信号。

3）里程表。汽车的里程表用于累计、储存和显示汽车所走过的路程，既有在需要的时候重新置值的短途表，也有用来指示汽车走过的总里程表。如果车速表采用内置式光电耦合器传感器，里程表可能仍采用传统的结构。每次行驶里程是利用集成电路通过车速传感器所产生的脉冲数信号来计算并存储汽车所走过的里程。累加各次行驶过的里程数，便可得到总里程数。通常，这种里程表显示七位数字，最小的一位数字是里程单位的十分之一。里程范

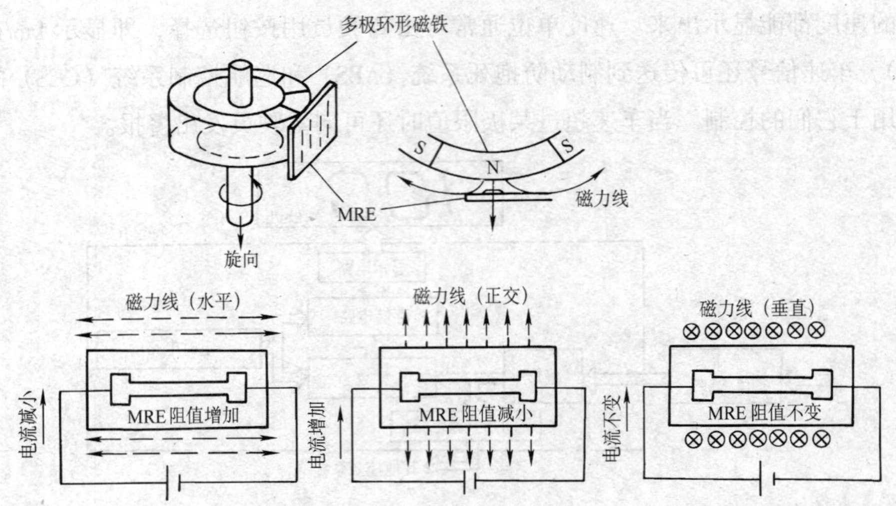

图 1—248　磁性电阻元件的工作原理

围由指定的一组数字存储空间限定，各国车辆安全规范都有其规定值，其中，美国《联邦机动车辆安全规范》要求英制单位范围是从 000 000.0 到 500 000.0 mile，目前大多数里程表的英制范围为 000 000.0 到 199 999.9 mile。容量范围大的英制单位范围为 000 000.0 到 925 691.9，然后显示值就固定在这个数字。对于米制单位，范围则从 000 000.0 到 858 993.4 km，然后转到 000 000.0，再继续增加到 622 113.6 km（总里程数等价于英制单位的 925 691.9 mile）。一般采用 EEPROM 存储器，即使蓄电池掉电，也不会使存储的数据丢失。

采用集成电路的里程表，如果集成电路坏了，有的制造厂能提供替换的芯片。不过新的芯片要进行程序化处理，以显示里程表最后的读数。大多数替换的芯片会显示一个 X、S 或 *，表示该里程表已经换过了。集成电路里程表回零是不可能的。通常，集成电路里程表读数的校正，只能在新车初驶的 10 英里（1 千米 = 0.621 4 英里）内进行。

如果里程表电路出错，显示屏会给出错误信息提醒驾驶员。错误的形式，各制造厂不完全相同。

4）电压显示器。电压显示器在于指示汽车电源的电压，即指示蓄电池充、放电电量的大小以及充、放电的情况。传统的采用电流表或充电指示灯的方法不能准确地指示出电源电压。在实际使用中，往往因发电机电压失调，而发生蓄电池过充电和用电器过电压造成损坏。

LM3914 电压显示电路如图 1—249 所示。该显示器主要由 LM3914 集成电路构成柱形/点状带发光二极管的显示电路，它采用 LED1 ~ LED10 10 只发光二极管，电压显示范围是 10.5 ~ 15 V，每个发光二极管代表 0.5 V 的电压升降变化。电路的微调电位器 R5 将 7.5 V 电压加到分压器一侧，电阻 R7、二极管 VD2 ~ VD5 是将各发光二极管的电压控制在 3 V 左右，

L1 和 C2 所构成的低通滤波器，用来防止电压波动干扰，二极管 VD1 的作用是防止电源万一接反时保护显示器不至损坏。为了提高汽车电源电压的指示精度，可用两个以上的 LM3914 集成块组成 20 级以上的电压显示器，用以提高汽车电子仪表板刻度的分辨率。

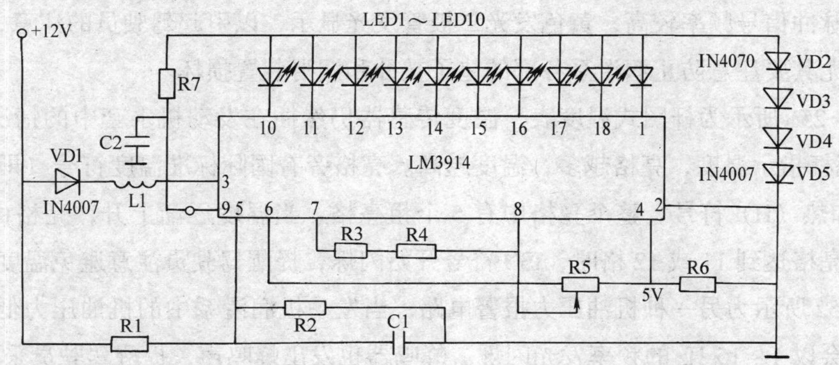

图 1—249 LM3914 电压显示电路

5）冷却液温度表、机油压力表。为了解和掌握汽车发动机的工作情况，及时发现和排除可能出现的故障，汽车上均装有汽车发动机冷却液温度表和机油（润滑油）压力表。如图 1—250 所示的电路，具有显示发动机冷却液温度和机油压力两种功能。它主要由冷却液温度传感器（热敏电阻型）、机油压力传感器（双金属片电阻型）、LM339 集成电路和红、黄、绿发光二极管显示器等组成。冷却液温度传感器装在发动机水套内，它与电阻 R11 组成冷却液温度测量电路。机油压力传感器装在发动机主油道上，与电阻 R18 组成机油压力测量电路。

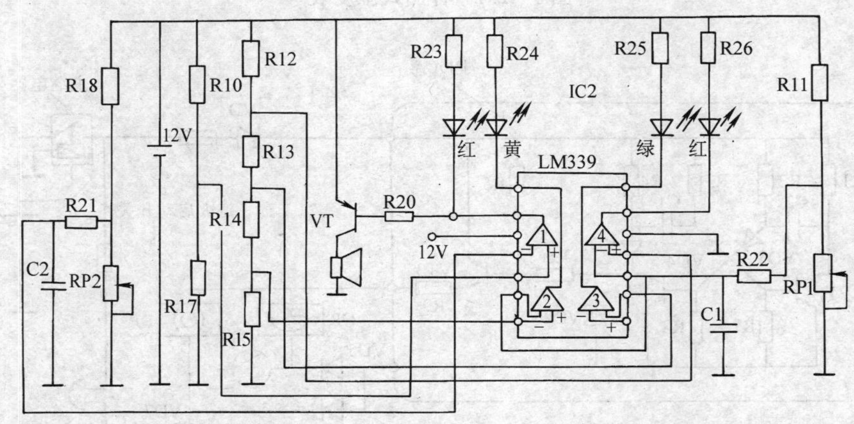

图 1—250 冷却液温度表、机油压力表电路图

当冷却液温度低于 40℃时，用黄色发光二极管发黄色光显示；当冷却液温度在正常工作温度（约 85℃）时，用绿色发光二极管发绿色光显示；当水温超过 95℃时，发动机有过热危险时，由红色发光二极管发光报警，同时，由三极管 VT 控制的蜂鸣器也发出报警声响信号。

当机油压力过低（低于 68.6 kPa）时，双金属片式机油压力传感器产生的脉冲信号频率最低，此时红色发光二极管发光显示，并由蜂鸣器发出声响报警信号；当发动机机油压力正常时，绿色发光二极管发光显示，表示发动机润滑系统工作正常；油压过高时，机油压力传感器产生的脉冲信号频率较高，黄色发光二极管发光显示，以引起驾驶员的注意，防止润滑系统故障，尤其要注意防止润滑系各部的垫子被冲和润滑装置损坏。

如图 1—251 所示为杆图式温度表，温度传感器仍然插在发动机水套中的情况。温度显示用 16 格亮杆指示温度，亮格越多，温度越高。亮格旁有国际标准温度符号（即 ISO 符号）及冷（C）和热（H）符号。整个亮格中有 5 个粗亮格，当温度逐渐上升，亮格由下向上逐渐增多，当亮格达到 11 或 12 格时，ISO 符号开始闪烁，提醒驾驶员注意避免温度过高。

图 1—252 所示为另一种机油压力报警电路，当发动机润滑系中的机油压力低于 100 kPa 时，报警灯会以 1 ~ 15 Hz 的频率发光闪烁。蜂鸣器也发出蜂鸣声，提醒驾驶员采取措施，防

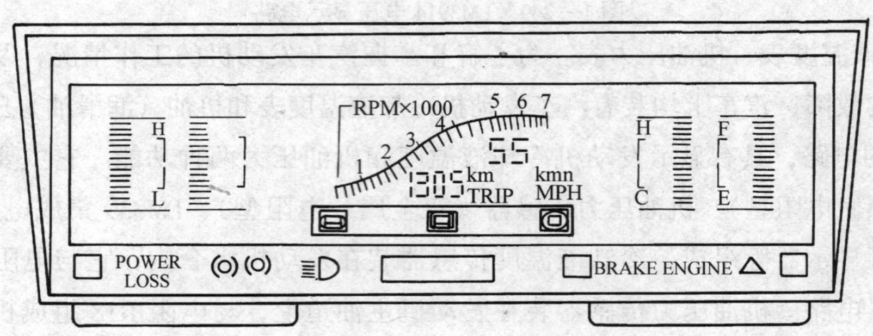

图 1—251　杆图式温度表

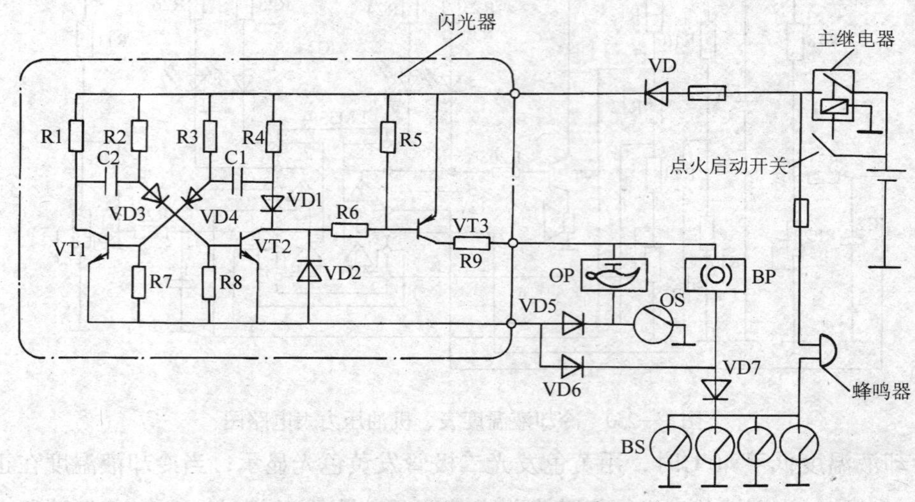

图 1—252　机油压力报警电路

止事故发生。

6）冷却液报警电路。如图 1—253 所示为发动机冷却液报警电路。若冷却液液位正常，则传感器通过液体接地，图中 a 点电位为零。当接通点火开关时，液位报警系统进行自检。具体工作过程如下：

①接通点火开关时，主继电器动作。C1 被充电，开始充电电流较大，可维持 VT1 导通，VT2 导通，VT3 导通，则指示灯亮。

②当 C1 基本充足电时，流过的电流逐渐减少，VT1 截止，VT2 截止，VT3 截止，则指示灯熄灭。灯亮时间与参数 C1 有关。如果自检时报警灯不亮，表明报警系统有故障，应进行检查。

③若液位不足，则传感器与接触不到液体，相当于断开，此时 a 点电位升高，VT1 基极电位也升高，VT1 导通，VT2 导通，VT3 导通，指示灯亮，且自检时报警灯不熄灭，则表明冷却液液位不足，应加注冷却液。若加注冷却液时发现冷却液已满，而报警灯仍不熄灭，说明报警系统有故障。

④当冷却液液位正常时，若关闭点火开关，C1 放电。

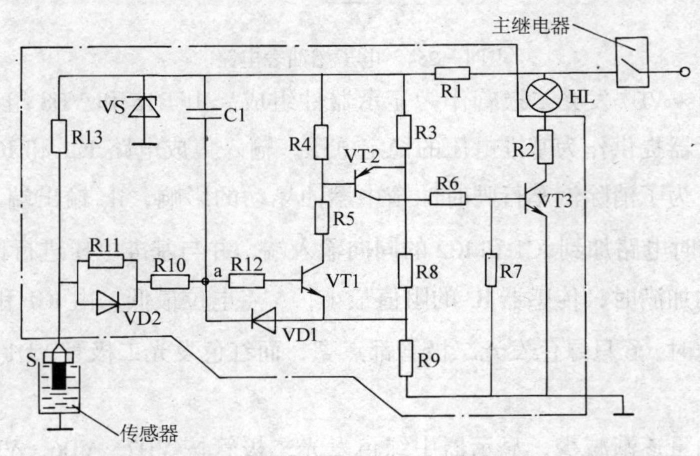

图 1—253 发动机冷却液报警电路

7）燃油表。电子燃油表可以随时测量并显示汽车油箱内的燃油情况，一般采用柱状或其他图形方式来提醒驾驶员油箱内可用的剩余燃油量。电子燃油表的传感器仍然采用浮子式滑线电阻器结构，由一个随燃油液面高度升降的浮子、一个带有电阻器的机体和一个浮动臂组成。传感器由机体固定在油箱壁上，当浮子随燃油液面的高度升降时，带动浮动臂使接触片在电阻器上滑动，从而使检测回路产生不同的电信号。当在整个电阻外部接上固定电压时，燃油高度就可根据接触片相对地线的电压变化输出测量值。

如图 1—254 所示为一电子燃油表电路。R_x 是浮子式滑线电阻器传感器，两块 LM324 及

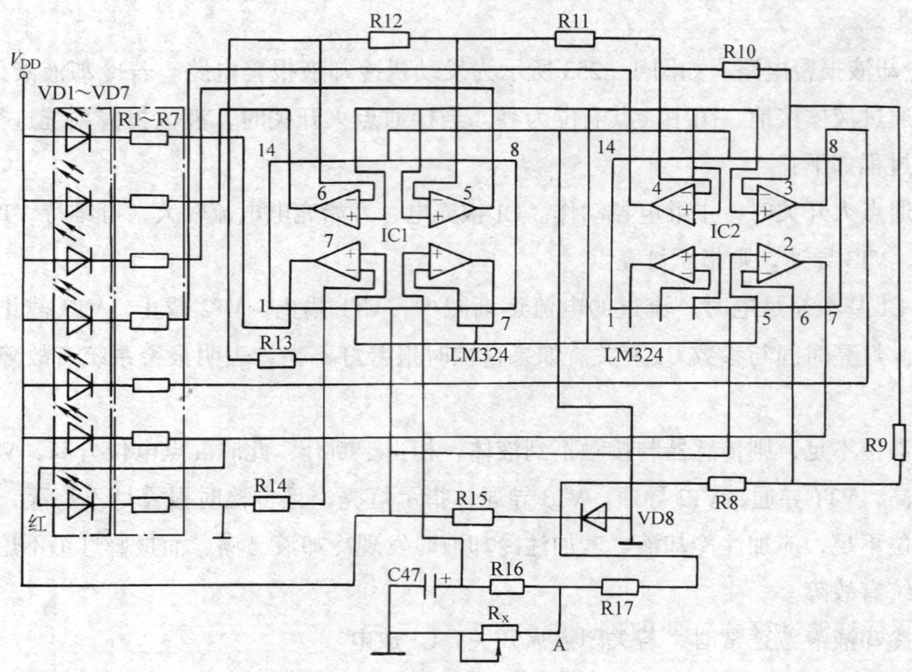

图 1—254　电子燃油表电路

相应的电路和 VD1～VD7 发光二极管作为显示器件组成。由 R15 和 VD8 组成的串联稳压电路，为各运算放大器提供作为基准电压的稳定电压，输入集成电路 IC1 和 IC2 组成的电压比较器反向输入端，为了消除汽车行驶时油箱中燃油晃动的影响，R_x 输出端 A 点的电位通过 R16 及 C 组成的延时电路加到 IC1 和 IC2 的同向输入端，并与基准电压进行比较并加以放大。

当油箱中燃油加满时，传感器 R_x 的阻值最小，A 点电位最低，由 IC1 和 IC2 电压比较器输出为低电平，此时，6 只绿色发光二极管都点亮，而红色发光二极管 VD1 熄灭，表示油箱中的燃油已满。

当油箱中燃油量逐渐减少，显示器中绿色发光二极管按 VD7，VD6，VD5……次序依次熄灭。油量越少，绿色发光二极管亮的个数越少。

当油箱中燃油量达到下限，R_x 的阻值最大，A 点电位最高，集成块 IC2 的第 5 脚电位高于第 6 脚的基准电位，6 只绿色发光二极管全部熄灭，红色发光二极管 VD1 点亮，提醒驾驶员补充燃油。

图 1—255 所示为微机控制的燃油表系统构成。微机给燃油传感器施加固定的 +5 V 电压，并将燃油传感器输出的电压通过 A/D 转换后送至微机进行处理，控制显示电路以条形图方式显示处理结果。为了在系统第一次通电时加快显示，通常 A/D 转换不到 1 秒进行一次。在一般的运行环境下，为防止因汽车行驶时油箱中燃油晃动对浮子的影响等因素造成的

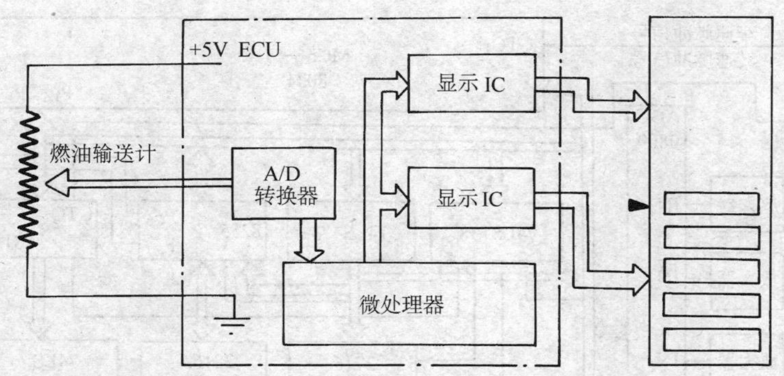

图 1—255 微机控制的燃油表系统

突然摆动而导致显示不稳定，微处理器将 A/D 转换的结果每隔一定时间做一次平均处理。另外，鉴于仅靠平均处理办法还不足以使显示完全平稳下来，系统控制显示器只允许在更新数据时每次仅升降一段，并且显示结果经数次确认后才显示出来。微机接收到油量信息时，立即将其转换为操作显示器的电压信号，显示器上有 16 格亮杆，亮杆越多，油量越多。亮格旁有国际标准油量符号（即 ISO 油量符号）及 5 个粗亮格，每两个粗亮格之间代表 1/4 油位，ISO 符号上下有空（E）与满（F）符号。当油量逐渐减少时，亮杆自上向下逐渐熄灭，当油量减至危险值时，ISO 符号即闪烁，提醒驾驶员补充燃油。

8）声音报警器。由于有时凭视觉容易看错，故在有的汽车上还用到声音传递信息的电子装置，除上面介绍的蜂鸣报警器以外，还有谐音器及声音合成器等。

（2）汽车智能组合仪表

如图 1—256 所示为单片机控制的汽车智能组合仪表基本组成，它由汽车工况采集、单片机控制及信号处理、显示器等系统组成。

1）信息采集。汽车工况信息通常分为模拟量、频率量和开关量三类。

①模拟量。汽车工况信息中的发动机冷却液温度、油箱燃油量、润滑油压力等，经过各自的传感器转换成模拟电压量，经放大处理后，再由模/数转换器转换成单片机能够处理的二进制数字量，输入单片机进行处理。

②频率量。汽车工况信息中的发动机转速和汽车速度等，经过各自的传感器转换成脉冲信号，再经单片机相应接口输入单片机进行处理。

③开关量。汽车工况信息中，由开关控制的汽车左转、右转、制动、倒车，各种灯光控制、各车门开关情况等，经电平转换和抗干扰处理后，根据需要，一部分输入单片机进行处理，另一部分直接输送至显示器进行显示。

2）信息处理。汽车工况信息经采集系统采集并转换后，按各自的显示要求输入单片机进行处理。如汽车速度信号除了由车速显示器显示外，还要根据里程显示的要求处理后输出

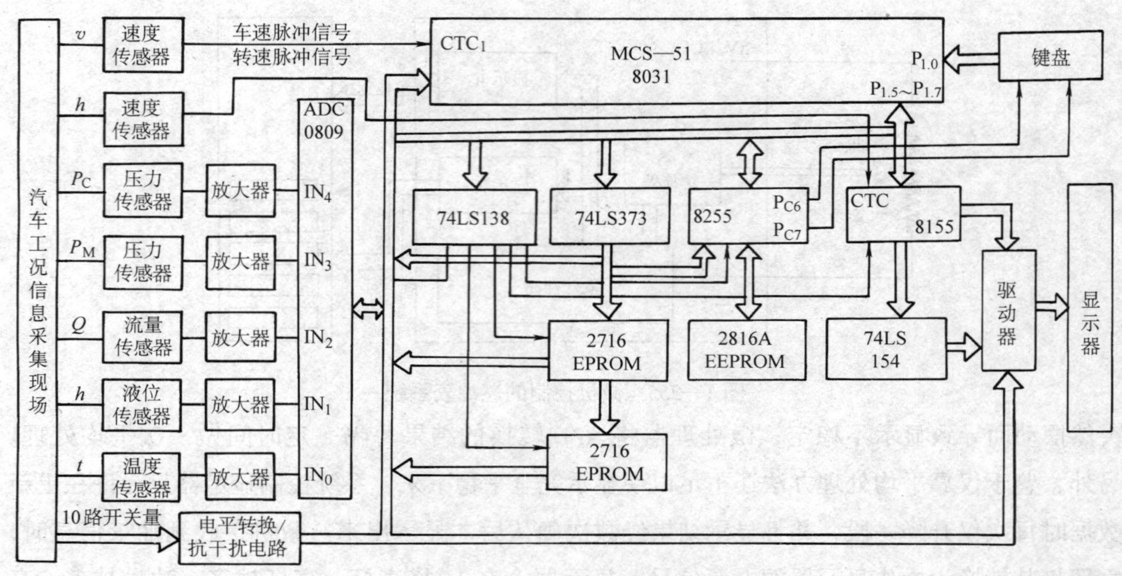

图 1—256　单片机控制的汽车智能组合仪表

里程量的显示。车速信息在单片机系统中按一定算法处理后，送 2816A 存储器累计并存储。汽车其他工况信息，都可以用相应的配置和软件来处理。

3）信息显示。信息显示可采用本章第二节中“汽车电子仪表的显示方式”介绍的方式显示，如指针指示、数字显示、声光和图形辅助显示等。

除了显示装置以外，汽车仪表系统还设有功能选择键盘，微机与汽车电气系统的接头和显示装置连接。当点火开关接通时，输入信号有蓄电池电压、燃油箱传感器、温度传感器、行驶里程传感器、喷油脉冲以及键盘的信号，微机即按相应汽车动态方式进行计算与处理，除了发出时间脉冲以外，还可用程序按钮选择显示出瞬时燃油消耗、平均燃油消耗、平均车速、距离、行程时间/秒表和外界温度等各种信息。

二、操作技能

1. 起动系线路检测

（1）操作内容

1）掌握起动系线路连接及电流走向分析。

2）掌握起动系线路的检测方法和步骤。

（2）操作准备

1）起动性能良好的发动机实验台架一台或汽车一辆。

2）常用工具一套，万用表一个，导线若干、试灯一个。

(3) 操作步骤

1) 分析桑塔纳起动系电路。桑塔纳起动系主要由蓄电池、点火开关、起动机和导线等组成，接线情况如图 1—257 所示。蓄电池“+”接线柱引出电缆直接与起动机的“30”接线柱连通，以便向起动机供电启动；同时由起动机的“30”接线柱引出黑色导线 7，通过蓄电池正极的红色火线 4 接入中央接线板 P 区的一个接线柱，经内部连通 P 区的另一接线柱后，经红色火线与点火开关“30”接线柱连通，再经点火开关启动位“50”引出，由“红/黑”色导线接入中央接线板 B8 接线柱，经内部连通 C18，由 C18 再引出“红/黑”色导线接入起动机的“50”启动接线柱上。

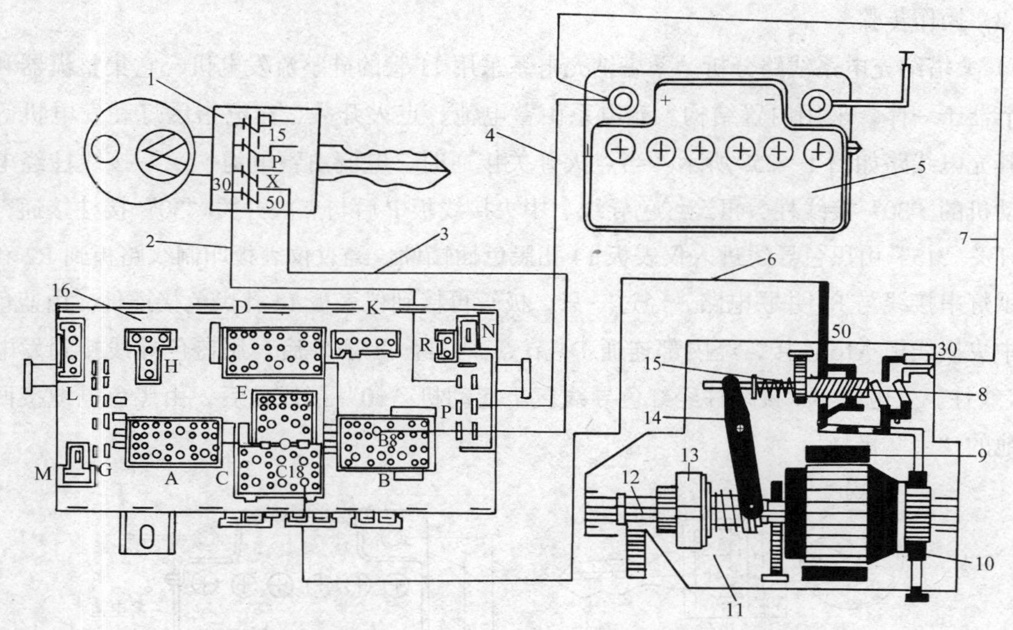

图 1—257 桑塔纳起动线路

1—点火开关 2、4—红色导线 3、6—红黑色导线 5—蓄电池 7—黑色导线 8—电磁开关 9—定子 10—电枢 11—起动机总成 12—驱动齿轮 13—滚柱式单向离合器 14—拨叉 15—回位弹簧 16—中央接线板

2) 检测时使用万用表，采用逐点搭铁检测法可确诊断路部位，采用依次拆断检测法可确诊短路搭铁部位。

3) 检测程序可从前向后，也可从后向前，或从中间向前、向后依次选择各个节点进行。主要分两个线路的检测：一是启动控制线路，主要检测线路的通断情况；二是起动机供电线路，重点检测线路各节点的电压降情况，各节点连接处的电压降不得大于 0.2 V。

(4) 注意事项

1) 检测起动机供电线路时，防止线路短路或搭铁。

2）试验起动系时，点火开关应及时回位，且试验时间不宜过长。

2. 充电系线路检测

（1）操作内容

1）掌握充电系的线路连接及电流走向分析。

2）掌握充电系线路故障的检测方法和步骤。

（2）操作准备

1）充电、着车性能良好的发动机实验台架一台或汽车一辆。

2）常用工具一套，万用表一个，导线若干、试灯一个。

（3）操作步骤

1）桑塔纳充电系线路分析。桑塔纳充电系采用11管的硅整流发电机，它集整流器和电压调节器于一体，采用内置结构。充电系由蓄电池、点火开关、充电指示灯和发电机等组成。其充电线路如图1—258所示。当点火开关接通时，电流由蓄电池“+”接线柱经电缆至起动机的“30”接线柱，再经红色导线、中央接线板P后与点火开关“30”接柱接通，经点火开关“15”由黑色导线进入仪表板14孔黑色插接件，经过仪表板印制线路板到R2和充电指示灯串接线与R1并联电路，经过一只二极管再接到仪表板14孔黑色接插件，由蓝色导线与中央接线板A16连接，经内部连通D4节点，又经T1插件后，用蓝色导线接到发电机D+接线柱。发电机B+接线柱经红色导线接至起动机“30”接线柱后，由黑色电缆接回至蓄电池的“+”极。

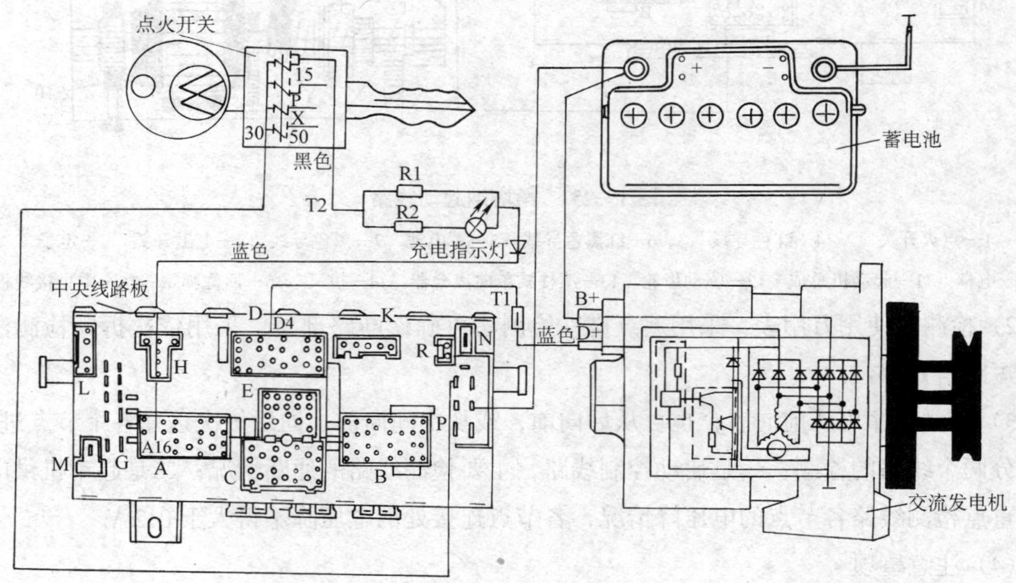

图1—258 桑塔纳充电系电路

2）检测时使用万用表，采用逐点搭铁检测法可确诊断路部位，采用依次拆断检测法可确诊短路搭铁部位。

3）检测程序可从前向后，也可从后向前，或从中间向前、向后依次选择各个节点进行。主要分两个线路的检测：一是励磁线路（在点火开关 ON 时逐点检测）；二是充电线路（在点火开关 OFF 时逐点检测，注意在拆下连接电枢的导线时应先断开蓄电池的火线或搭铁线，防止大电流搭铁而烧线）。

（4）注意事项

1）检测发电机电枢“B+”时，注意此点电压不受点火开关控制，严禁其引线搭铁短路。

2）严禁使用搭铁试火法检测线路节点是否有电。

3. 电子点火系线路检测

（1）操作内容

1）掌握充电系的线路连接及电流走向分析。

2）掌握充电系线路的检测方法和步骤。

（2）操作准备

1）工作性能良好的发动机试验系统一台或汽车一辆。

2）常用工具一套，万用表一个，导线若干、试灯一个。

（3）操作步骤

1）分析点火系电流走向。桑塔纳采用霍尔效应式无触点晶体管电子点火系，如图 1—259 所示，主要由蓄电池、点火开关、点火线圈、霍尔无触点式分电器、电子点火控制器、高低压导线及火花塞等组成。电流走向由蓄电池“+”接线柱（经电缆）→起动机的“30”接线柱（经红线）→中央接线板 P→另一 P 接线柱（经红线）→点火开关“30”接线柱→点火开关“15”接线柱（经黑线）→中央接线板 A8 接线柱→D23 接线柱（经黑线）→点火线圈“+”接线柱，然后分两路：一路进入点火线圈经一次线圈到“-”接线柱（经绿线）→点火控制器“1”接线柱→点火控制器内部→点火控制器“2”接线柱（经棕线）→发动机机体搭铁（经搭铁线）→蓄电池“-”接线柱；另一路向点火控制器供电，从点火线圈“+”接线柱（经黑线）→点火控制器“4”接线柱→点火控制器内部→点火控制器“2”接线柱（经棕线）→发动机机体搭铁（经搭铁线）→蓄电池“-”接线柱。另一方面第一路的导通和断开受霍尔传感器的信号控制，接线如下：点火控制器“5”接线柱→霍尔传感器“+”接线柱；点火控制器“3”接线柱→霍尔传感器“-”接线柱；点火控制器“6”接线柱→霍尔传感器“信号”接线柱。当霍尔元件产生霍尔电压时，霍尔传感器使该信号线搭铁（低电位），点火控制器检测到低电位信号时，便断开一次电流，从而在点火线圈中感应出高压电来。该信号在高电位和低电位之间来回变化，以使一次电流通—断—通—断，从而使点火线圈中的二次线圈感应出高电压。

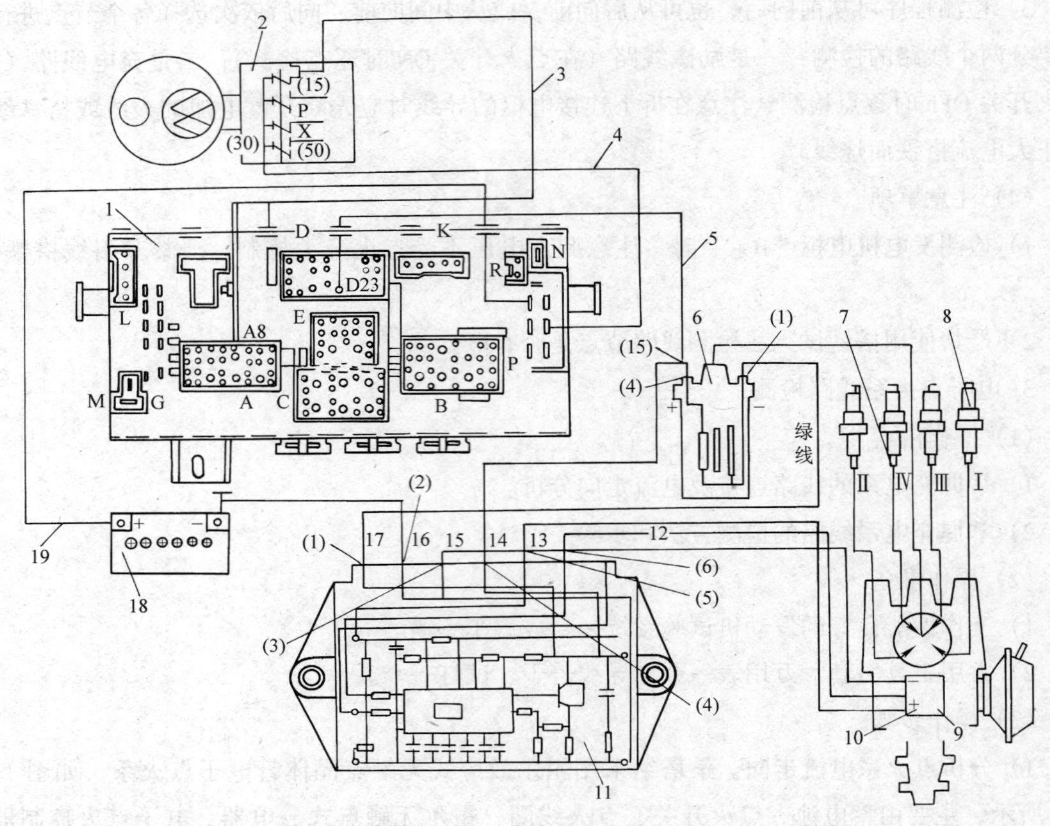

图 1—259 桑塔纳点火系

1—中央接线板 2—点火开关 3—黑线 4—红线 5—黑线 6—点火线圈
7—高压线 8—火花塞 9—分电器 10—霍尔传感器 11—点火控制器 12—信号线 13—供电线
14—电源线 15、16—搭铁线 17—与点火线圈负极相线 18—蓄电池 19—正极导线

二次电流走向：二次电流由点火线圈二次线圈→点火线圈“+”接线柱→D23→A8→点火开关→P→蓄电池→搭铁→火花塞旁电极、中心电极→配电器（旁电极、分火头）→二次线圈。

2）检测时使用万用表，采用逐点搭铁检测法可确诊断路部位，采用依次拆断检测法可确诊短路搭铁部位。

3）检测程序可从前向后，也可从后向前，或从中间向前、向后依次选择各个节点进行。重点检测低压线路，包括点火控制器和霍尔信号发生器的检测；检测高压线路时，主要是用万用表检测高压线的通断、阻值以及其连接接头情况。

4）点火控制器检查

①点火控制器电源电压检查。拔下点火器连接器，把电压表接在插头的 4、2 接脚之间；点火开关 ON，测得电压应与蓄电池电压相接近。也可接在点火线圈正极接柱（+）和搭铁之间检测。如图 1—260 所示。

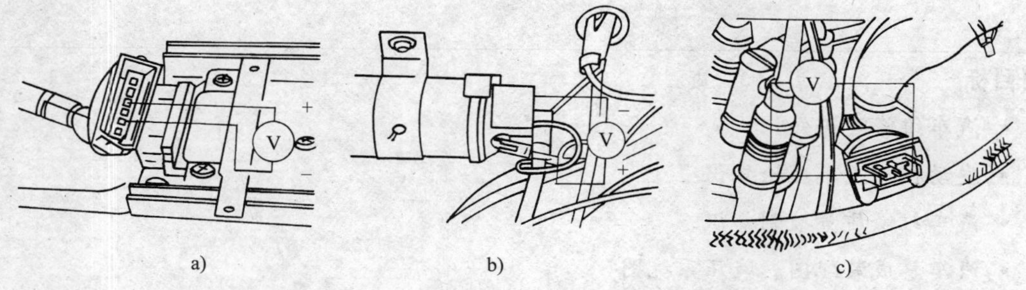

图 1—260 点火控制器通断检查

②点火控制器通断检查。点火开关 OFF，重新插好点火器连接器；拔下霍尔信号发生器连接器，将电压表接在点火线圈接线柱（+）和（-）上；点火开关 ON，电压不低于 2 V，并在 1 ~ 2 s 后回落到 0（即瞬显），否则应更换点火控制器。

③输出电压检查。点火开关 OFF，将电压表接到霍尔信号发生器连接器（+）与（-）间；点火开关 ON，电压不小于 5 V。

④霍尔信号发生器检查（见图 1—261）。

a. 点火开关 OFF。

b. 打开分电器盖，拔下分电器盖上的中央高压线并搭铁。

c. 将电压表两触针接在霍尔信号发生器连接器信号线（绿白线）和搭铁线（棕白线）间（或控制器插头 3、6 之间）。

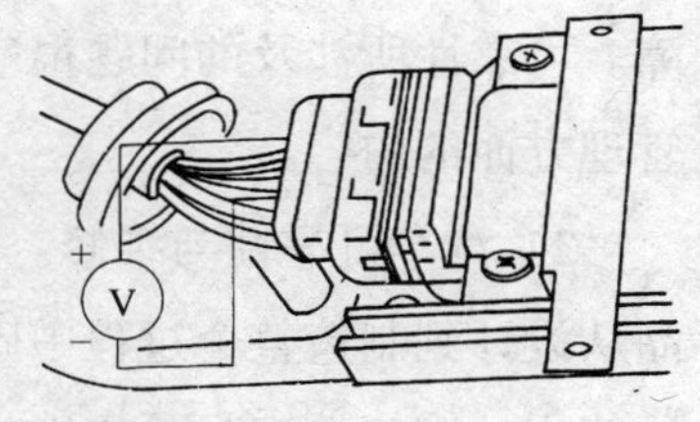

图 1—261 霍尔信号发生器检查

d. 点火开关 ON，盘动发动机，观察电压表读数，当触发叶轮的叶片在空气隙时，其电压值为 2 ~ 9 V。

e. 当触发叶轮的叶片不在空气隙时，其电压值为 0.3 ~ 0.4 V；若与标准不符，应更换霍尔传感器。

（4）注意事项

1）禁止采用搭铁试火法检测电子点火线路。

2）检查点火器与初级绕组相连的电路通断时，应提前使中央高压线搭铁，防止内部晶体管被击穿。

第四节 汽车维修作业组织与质量监控

学习目标

- 汽车维修理论知识
- 发动机与汽车理论知识
- 汽车维修质量控制知识
- 汽车总成装配图、液压系统图

一、相关知识

1. 汽车维修理论知识

(1) 汽车可靠性理论知识

1) 汽车可靠性概念。汽车可靠性是汽车设计、制造、使用和维修中的重要指标。它是指系统、总成和零件的功能在一定时间内的稳定程度。抽象地说，就是保证功能，不出故障。可靠性所涉及的问题很广泛，既包括可靠性、维修性、有效性和经济性等内容，又包含管理方面的内容。

2) 汽车可靠性与维修。产品的可靠性分固有可靠性和使用可靠性。固有可靠性是指产品从设计到制造整个过程中确定了的内在可靠性，它是产品的固有属性。使用可靠性则考虑了使用、维修对产品可靠性的影响，包括使用和维修方法以及操作人员的技术熟练程度等，都会对产品的寿命及功能的发挥产生重大影响。维修，是指在系统投入运行后，为保持产品的功能或在系统发生故障后使产品恢复规定的功能而采取的技术与管理措施。

汽车的使用可靠性取决于汽车本身的固有可靠性以及汽车的使用维修水平，并与汽车的使用条件有关。汽车使用时间长，其出现故障的可能性随之增大，使用可靠性下降。若从汽车开始运行到其工作至 T 时开始对汽车实施维护，则称时间 T 为维护周期。在达到维护周期之前，汽车出现故障的可能性增大，经维护后，使汽车的技术性能在一定程度上得到恢复。汽车经过长期使用、多次维护后，其技术性能会明显下降，这时只有通过修理才能使技术性能有大幅度的提高。当汽车使用到其性能达到极限状态时，则相应达到汽车极限行驶里程。

可见，汽车维修能在一定程度上维持汽车的技术状况，提高使用可靠性，但不能完全恢复其固有可靠性水平。故经过相当里程的行驶（即达到极限里程时）后汽车就得报废。

3）汽车可靠性的评价指标。汽车可靠性是汽车所具有的寿命质量方面的一种能力，它可以从不同的角度、用不同的评价指标来描述，常用的可靠性评价指标如下：

①可靠度。产品（此处指汽车，以下同）在规定的使用条件下和规定的时间内，完成规定功能的概率，称为产品的可靠度，记为 $R(t)$。

所谓规定的使用条件，包括使用时的环境条件，如温度、湿度、振动、冲击、辐射，使用时的应力条件、维修条件，储存时的储存条件以及使用时对操作人员技术等级的要求等。所谓规定的时间，是根据用户要求或设计目标决定的期限，此处是指广义的时间，可以是次数、周期、行驶里程、运行时间（秒、小时或年）等。所谓规定的功能，指达到设计制造要求或规定的工作性能目标，达不到的叫做故障。所谓概率是用来刻画事件发生可能性大小的数量指标，事件 A 的概率以 $P(A)$ 表示。

②累积故障概率（亦称失效度）。产品在规定的条件下，在规定的时间内丧失规定功能（即发生故障）的概率称为累积故障概率或失效度，记为 $F(t)$。

③故障概率密度函数。由于产品发生失效是随机的，所以 T 是一个随机变量。不同产品、不同工作条件，寿命 T 取值的统计规律是不同的。

④故障率函数。产品的故障率是可靠性理论中的重要概念，在实践中，它又是产品可靠性的重要指标，不少产品就是用故障率的大小来确定其等级的。

故障率函数 $\lambda(t)$ 是指产品到 t 时刻为止尚未发生故障的条件下，在下一个单位时间内发生故障的条件概率。

4）故障类型

①汽车故障模式。所谓故障或失效是指产品丧失了保持原有功能的能力。要判断失效必须先确定失效的判别标准。在产品的试制、生产、使用及维护各个阶段都可能出现失效现象，而失效的机理也依产品的种类、系统的结构及零件材料的不同而异，不能一概而论。故障模式则是指由失效机理所显示出来的各种失效现象或失效状态。汽车上常见的故障模式如下：

a. 损坏型故障模式。如断裂、碎裂、开裂、裂纹、点蚀、烧蚀、击穿、变形、拉伤、龟裂、压痕等。

b. 退化型故障模式。如老化、变质、剥落、磨损等。

c. 松脱型故障模式。如螺栓松动、脱落等。

d. 失调型故障模式。如压力过高或过低、行程失调、间隙过大或过小、干涉、卡滞等。

e. 堵塞与渗漏型故障模式。如堵塞、气阻、漏油、漏水、漏气、渗油等。

f. 性能衰退或功能失效型故障模式。如功能失效、性能衰退、公害超标、异响、过热等。

②汽车故障类型。汽车可能由于各种原因而产生故障，按照故障率函数特点可把故障分为三种类型：早期故障型、偶然故障型和耗损故障型。

(2) 汽车零部件的失效模式及其分析

汽车零部件失效分析，是研究汽车零部件丧失其规定功能的原因、特征和规律；研究其失效分析技术和预防技术，其目的在于分析零部件失效的原因，找出导致失效的责任，并提出改进和预防措施，从而提高汽车可靠性和使用寿命。

1) 汽车零部件失效概念及分类

①失效的概念。汽车零部件失去原设计所规定的功能称为失效，失效不光是指完全丧失原定功能，而且还包含功能降低和有严重操作隐患，继续使用会失去可靠性及安全性。

机械设备发生失效，往往会造成不同程度的经济损失，而且还会危及人们的生命安全。汽车作为重要的交通运输工具，其可靠性和安全性越来越受到重视。因此，在汽车维修工程中开展失效分析工作，不仅可以提高汽车维修质量，而且可为汽车制造部门提供反馈信息，以便改进汽车设计和制造工艺。

②失效的基本类型。汽车零部件按失效模式分为磨损、疲劳断裂、变形、腐蚀及老化五类（见表1—19）。

表1—19　　汽车零件失效分类

失效类型	失效模式	举　例
磨损	黏着磨损、磨料磨损、表面疲劳磨损、腐蚀磨损、微动磨损	汽缸工作表面“拉缸”、曲轴“抱轴”、齿轮表面和滚动轴承表面的麻点、凹坑等
疲劳断裂	高应变低周疲劳、低应变高周疲劳、腐蚀疲劳、热疲劳	曲轴断裂、齿轮轮齿折断等
腐蚀	化学腐蚀、电化学腐蚀、穴蚀	湿式汽缸套外壁麻点、孔穴
变形	过量弹性变形、过量塑性变形	曲轴的弯曲、扭曲，基础件（汽缸体、变速器壳、驱动桥壳）变形
老化	龟裂、变硬	橡胶轮胎、塑料器件

2) 零件失效的基本原因。引起零件失效的原因很多，主要可分为工作条件（包括零件的受力情况和工作环境）、设计制造（设计不合理、选材不当、制造工艺不当等）以及使用与维修三个方面。

零件的受力情况包括载荷的类型、载荷的性质以及载荷在零件中的应力状态。零件承受的载荷若超过其允许承受的能力时，则零件失效。在实际工作中，汽车零件往往不是只受一种载荷的作用，而是同时承受几种类型载荷的复合作用，如曲柄连杆机构在承受气体压力过程中，各零件伴随扭转、压缩、弯曲载荷及其应力作用，齿轮根部所承受的弯曲载荷以及工作表面承受的接触载荷等。

绝大多数的汽车零件是在动态应力作用下工作的。由于汽车的起步、停车以及速度的变化等，使动态应力的波形，应力幅的大小、方向、周期等都随时间而变化，使零件承受动载荷，从而加速零件的早期磨损。

汽车零件在不同的环境介质（气体、液体、酸、碱、盐类、固体磨料、润滑剂等）和不同的工作温度作用下，可能引起腐蚀磨损、磨料磨损以及热应力引起的热变形、热膨胀、热疲劳等失效，还可能使材料脆化，造成高分子材料老化等。

设计不合理和考虑不周是零件失效的重要原因。例如，轴的台阶处直角过渡、过小的圆角半径、尖锐的棱边等会造成应力集中。这些应力集中处，有可能成为零件破坏的起源。花键、键槽、油孔、销钉孔等处，设计时如果没有充分考虑到这些因素对截面的削弱和应力集中问题，或者位置安排不妥当，都将使零件早期破坏。材料选择不当或制造过程中操作不当而导致产生裂纹、高残余内应力、表面质量不良以及达不到机械性能的要求等，都可能成为零件失效的原因。紧配合零件的装配精度不够，导致相配合零件之间的滑移和变形，将产生微动磨损，从而加速零件的失效过程。

汽车在使用中超载、润滑不良、滤清效果不好、违反操作规程、出现偶然事故以及维修不当等，也都会造成零件的早期破坏。

3）汽车零部件磨损失效。按表面破坏机理和特征，磨损可分为磨料磨损、粘着磨损、表面疲劳磨损、腐蚀磨损和微动磨损等。前三种是磨损的基本类型，后两种磨损形式只是在某些特定条件下才会发生。各类磨损的特点和实例见表 1—20。

表 1—20　各类磨损的特点及实例

类　型	内　容	磨损表面特征	举　例
磨料磨损	在摩擦过程中，因硬质颗粒或硬的凸出物划伤摩擦表面而引起材料脱落的现象	刮伤、沟槽擦伤	农业及矿山机械零件、内燃机的汽缸壁等
粘着磨损	摩擦副相对运动时，由于固相焊合，接触表面的材料由一个表面转移到另一个表面的现象	擦伤、锥形坑、鱼鳞片状、麻点、沟槽	内燃机的铝活塞与汽缸壁、滑动轴承等
表面疲劳磨损	两接触表面，因周期性载荷作用使表面产生变形和应力，从而导致材料产生疲劳裂纹和分离出微片或颗粒的现象	裂纹、麻点、剥落	滚动轴承、齿轮副、凸轮和挺杆、滑动轴承等
腐蚀磨损	在摩擦过程中，金属与周围介质发生化学或电化学反应，产生材料损失的现象	有反应物生成（形成膜、颗粒）	曲轴轴颈的氧化磨损、汽缸套的低温腐蚀等
微动磨损	两紧配合的接触表面相对低振幅的振动而引起表面复合磨损，出现材料损失的现象	复合形式的磨损	零件的嵌合部件、铆钉连接、螺钉连接、紧配合的轴等

4）汽车零部件疲劳断裂失效

①疲劳断裂失效的分类。根据零件的特点及破坏时总的应力循环次数，疲劳断裂失效可

按图 1—262 所示分类。不同类型的疲劳断裂失效的分析方法是不同的。

高周疲劳发生时，应力在屈服强度以下，零件的寿命主要由裂纹的形核寿命控制。低周疲劳发生时，应力可高于屈服极限，其寿命受裂纹扩展寿命的影响较大。

汽车零件一般多为低应力高周疲劳断裂。

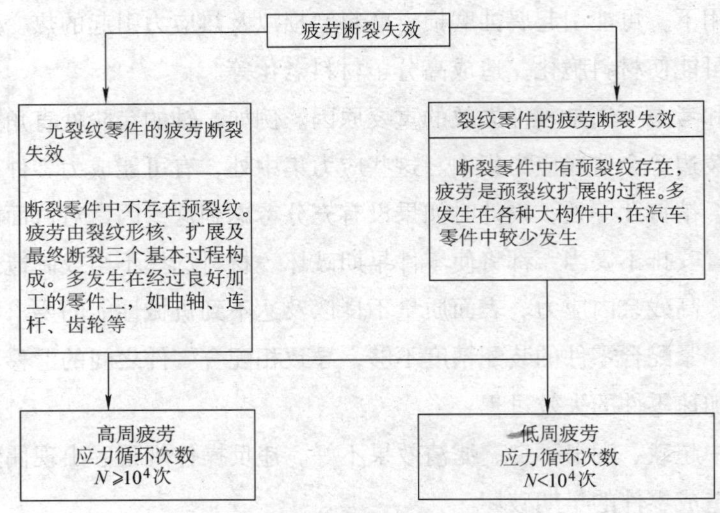

图 1—262　疲劳断裂失效的分类

②提高汽车零件抗疲劳断裂的方法

a. 推迟疲劳裂纹萌生时间。其方法有强化金属合金表面，控制表面的不均匀滑移，如表面滚压、喷丸、表面热处理等。另外，提高金属材料的纯洁度，减少夹杂物尺度以及提高零件表面完整性设计水平，尽量避免应力集中现象等，都是抑制或推迟疲劳裂纹产生的有效途径。

b. 降低裂纹扩展的速率。其主要方法有止裂孔法，即在裂纹扩展前沿钻孔，以阻止裂纹继续扩展。扩孔清除法，即在不影响强度的前提下，采用扩孔方法加大已产生疲劳裂纹的内孔直径，将疲劳裂纹清除。刮磨修理法，即用刮磨方法将零件局部表面已产生的裂纹清除。

(3) 汽车维护知识

汽车是一种价值较高的机械产品，在其长期的使用过程中，由于技术状况的变化，不可避免地要发生故障和损坏。汽车维护的基本任务就是采用相应的技术措施预防故障的发生，避免损坏；汽车修理的基本任务就是消除故障和损坏，恢复车辆的工作能力和完好状况。

1）汽车维护的基本概念。汽车维修思想是指组织实施车辆维修工作的指导方针和政策，是人们对维修目的、维修对象、维修活动的总认识。正确的维修思想是客观规律的正确反映，它将直接影响维修活动的全局。只有正确的维修思想，才能产生正确的维修方针和政策，才能采用先进的维修手段和维修方法，制定出合理的维修制度和选择适宜的维修方式。

①以预防为主的维修思想。预防为主的维修思想，是根据汽车技术情况变化的规律，在其发生故障之前，提前进行维护或换件修理。

以预防为主的维修思想，是建立在零部件失效理论和失效规律基础上的。这种维修思想认为，汽车在使用过程中由于零部件的磨损、疲劳、老化和松动，其技术状况会不断恶化，到一定程度时必然会导致故障发生，为了尽可能地保证每个零部件能安全可靠地工作，要求维修作业应符合客观规律，实施在故障发生之前。

汽车在使用过程中，其技术状况的变化是一个与汽车结构、使用条件和维修方式有关，并以一定强度进行的必然过程。为了保证汽车在整个使用期内以最少的消耗和费用来维持汽车的工作能力，就必须适时地对汽车进行必要的维护和修理。

②以可靠性为中心的维修思想。以可靠性为中心的维修思想是以最低的消耗，充分利用汽车的固有可靠性来组织维修，它是以可靠性理论为基础，通过对影响可靠性因素的具体分析和试验，科学地制定出维修作业内容和维修时机，以控制汽车的使用可靠性。

以可靠性为中心的维修思想归纳起来有以下几点：

第一，汽车的使用可靠性取决于汽车本身的固有可靠性及汽车的使用维修技术水平，并与汽车的使用条件有关。正确的使用和维护才能保持和恢复汽车的固有可靠性水平，适当的强化维修工作（如增加维修次数，增加维修项目）并不能有效地防止可靠性水平的下降。汽车固有可靠性的提高，应基于必要的使用数据的信息反馈，以修改原有的设计和工艺。

第二，维修的作用在于通过对影响可靠性的诸因素进行分析，控制可靠性的下降，以保持汽车的使用可靠性在允许的水平内。可靠性分析就是运用概率论和数理统计等数学工具，对汽车使用中的故障规律进行统计分析和推断，对不同零部件采用不同的维修方式，使维修作业既满足适用性准则，又满足有效性准则。

第三，以可靠性为中心的维修，强调了诊断检测，加强了维修中的“按需维修”的成分，它根据不同零部件、不同的可靠特性及不同的故障后果，选用不同的维修方式，避免采用单一的维修方式造成预防内容扩大、维修针对性差、维修费用增大等缺点。如果汽车的故障有可能影响安全性或造成严重后果，就必须尽力防止其发生；如果故障几乎不产生其他影响，那么，除了日常的清洁、润滑外，可以对它不采取任何预防措施。

第四，以可靠性为中心的维修，要求建立一套完整的故障采集和分析系统，不断地采集和分析使用数据，为建立科学的、经济的、符合汽车使用实际的维修制度提供依据。

2）汽车维护的类别和主要作业范围。汽车维护的类别是指汽车维护按汽车运行间隔、维护作业内容和运行条件等划分的不同的类别或级别。其中，运行间隔期限是指汽车运行的里程间隔或时间间隔。汽车维护的主要类别和主要作业内容有以下几个方面。

①定期维护。定期维护是按技术文件规定的运行间隔期限实施的汽车维护，在整个汽车寿命期内按规定周期循环进行。根据交通部《道路运输车辆维护管理规定》，汽车维护分为日常维护、一级维护、二级维护等。

日常维护是由驾驶员每日在出车前、行车中、收车后，负责进行的车辆维护作业。其内容是清洁、补给和安全检视等。

一级维护是由维修企业负责执行的车辆维护作业。其内容除日常维护作业外，以清洁、润滑、紧固为主，并检查有关制动、操纵等安全部件。间隔周期里程一般为 1 000 ~ 2 000 km。

二级维护是由维修企业负责执行的车辆维护作业。其内容除一级维护作业外，以检查、调整转向节、转向摇臂、制动蹄片、悬架及经过一定时间的使用容易磨损或变形的安全部件为主，并拆检轮胎，进行轮胎换位。间隔周期里程一般为 10 000 ~ 15 000 km。二级维护必须按期执行。

二级维护前应进行技术检测和技术评定，根据结果，确定附加作业或小修项目，结合二级维护一并进行。

上述汽车定期维护的周期和作业内容，由于车型和运行条件不同，使用的燃油料和配件质量的差异，导致各级维护作业的深度和周期有很大的差别。所以，各地可根据具体情况，确定周期和作业内容。

②季节性维护。季节性维护是指为使汽车适应季节的变化而实施的维护。一般季节性维护可结合定期维护一并进行。其主要作业内容是更换润滑油，调整油电路，检查维护冷却系统和加装一些有关的防护设施等。

③走合维护。走合维护是指新车或大修车在走合期实施的维护。其主要作业内容除特别注意做好日常维护外，要经常检查、紧固外露螺栓、螺母，注意各总成在运行中的异响和温度变化，及时进行适当的调整。走合期满后，各总成应更换润滑油，并注意清洗、紧固各部连接件，检查调整各部间隙，按车辆出厂说明书的有关规定执行。

④专项维护。专项维护是指新车或技术状况完好的车辆为了延长其较高品质和性能而采用新技术、新工艺、新材料进行的专门维护。其主要内容是对发动机、底盘、车身等关键部件和内饰、选装件等采用新材料、新技术进行专项维护，以延长其使用寿命，增加美观效果，提高汽车品质，如汽车美容、汽车装饰等。

2. 发动机与汽车理论知识

(1) 汽车的动力性

汽车的动力性是指汽车在良好路面上直线行驶时由汽车受到的纵向外力决定的，所能达到的平均行驶速度。汽车是一种高效率的运输工具，运输效率的高低在很大程度上取决于汽车的动力性。所以，动力性是汽车各种性能中最基本、最重要的性能。

1）汽车的动力性指标。从获得尽可能高的平均行驶速度的观点出发，汽车的动力性主要可由三方面的指标来评定，即：

①汽车的最高车速 v_{max}，单位为 km/h；

②汽车的加速时间 t，单位为 s；

③能爬上的最大坡度 i_{max}。

最高车速是指在水平、良好的路面（混凝土或沥青）上汽车能达到的最高行驶车速。

汽车的加速时间表示汽车的加速能力，它对平均行驶车速有很大影响。特别是轿车，对加速时间更为重视。常用原地起步加速时间与超车加速时间来表明汽车的加速能力。原地起步加速时间指汽车由第Ⅰ挡或第Ⅱ挡起步，并以最大的加速强度（包括选择恰当的换挡时机）逐步换至最高挡后到某一预定的距离或车速所需的时间。超车加速时间指用最高挡或次高挡由某一较低车速全力加速至某一高速所需的时间。因为超车时汽车与被超车辆并行，容易发生安全事故，所以超车加速能力强，并行行程短，行驶就安全。

一般来说，汽车的上坡能力是以满载时汽车在良好路面上的最大爬坡度 i_{max}表示的。显然，最大爬坡度是指Ⅰ挡最大爬坡度。轿车最高车速大，加速时间短，经常在较好的路面上行驶，一般不强调它的爬坡能力。然而，它的Ⅰ挡加速能力大，爬坡能力也强。

2）汽车的驱动力与行驶阻力

①驱动力的产生。发动机所输出的转矩经传动系统传至驱动车轮，作用在驱动轮上的驱动力矩 M_t 力图使驱动轮转动。由于车轮与路面间的附着作用，在 M_t 的作用下，车轮边缘对路面作用一圆周力 F_0，F_0 方向与汽车行驶方向相反，其大小为：

$$F_0 = M_t / r$$

式中　r——车轮的滚动半径。

根据作用力与反作用力定律可知，路面必然同时给车轮一反作用力 F_t，F_t 与 F_0 大小相等，方向相反。F_t 就是汽车行驶的驱动力。当驱动力增大到足以克服汽车静止状态的最大阻力时，汽车便开始起步行驶。

②影响汽车运行的主要阻力。汽车在匀速行驶中，所受到的阻力主要有滚动阻力、空气阻力和上坡阻力。

滚动阻力。车轮滚动时，轮胎与路面产生的变形以及轮胎与路面之间的摩擦、车轮轴承内部的摩擦所形成的阻力称为滚动阻力，用 F_f 表示。滚动阻力的大小与汽车的总质量、轮胎结构与气压、路面性质等因素有关。

空气阻力。汽车行驶时，车身表面与空气相互摩擦，同时车身前部受迎面空气的压力，而尾部出现真空，产生压力差，由此而形成的阻力称为空气阻力，用 F_w 表示。空气阻力与车身迎风面积大小以及车身造型、表面质量有关，特别是与汽车和空气间的相对速度的平方成正比。因此，随着车速的提高，空气阻力会显著增加。

上坡阻力。汽车上坡时，车辆的总重力沿路面方向的分力，其方向与汽车行驶方向相反，即为上坡阻力，用 F_i 表示。其值取决于汽车的总质量和纵向坡度的大小。

3）汽车运动状态分析。汽车行驶中，运行情况取决于驱动力与总阻力之间的相对变化。

①当各种阻力之和等于驱动力时，即：

$$\Sigma F = F_f + F_w + F_i = F_t$$

汽车将匀速行驶。水平路段上坡阻力 $F_i = 0$。

②当各种阻力之和小于驱动力时，即：

$$\Sigma F = F_f + F_w + F_i < F_t$$

汽车将加速行驶。此时，汽车的动能也将增加。但随着车速的增高，空气阻力等随之增大，当驱动力与总阻力达到新的平衡时，车速便不再增加，此后，汽车便以较高的速度匀速行驶。

③当各种阻力之和大于驱动力时，即：

$$\Sigma F = F_f + F_w + F_i > F_t$$

汽车将减速行驶直至停车。此时，若还想稳定车速，可采取加大节气门开度或换入低挡以增大驱动力。

④附着力及其对驱动力的限制。汽车所能获得的驱动力，不仅取决于发动机输出转矩和底盘传动系传动比的大小，而且还受轮胎与路面间附着性能的限制。比如，汽车在泥泞道路或冰雪路面上行驶，当出现打滑时，若继续加大节气门开度，只会使驱动车轮加速滑转，而驱动力并没有增加，其原因就是附着性能过低。

轮胎与路面间附着性能的好坏，取决于两者间摩擦力的大小和路面的抗剪切能力（抗剪切能力主要指松软路面）。在汽车理论中，把轮胎与路面间的相互摩擦以及轮胎与路面凸起部分的相互作用综合在一起，称为附着作用。由附着作用所决定的阻碍车轮打滑的路面反力的最大值称为附着力，用 F_ϕ 表示。

$$F_\phi = G \cdot \phi$$

式中　G——附着重力，N；

ϕ——附着系数。

其中，G 为附着重力，即汽车总重力分配到驱动轮上的部分，它形成对地面的法向反力；ϕ 为附着系数，其数值取决于轮胎与路面间的性质，由试验测定。

显然，汽车所能获得的驱动力受附着力的限制，可用下式表示：

$$F_t \leqslant F_\phi = G \cdot \phi$$

车辆通过冰雪路段，给驱动轮加装防滑链，链条嵌入冰雪中能使附着系数和附着力显著增加，防止车轮打滑，为增大驱动力提供条件。越野汽车全轮驱动，可利用车辆的全部重力增加附着力。

（2）汽车的燃油经济性

石油是现代工业，特别是交通运输的主要能源。节约汽车使用的燃油是汽车制造业和汽车运输业的一个重要任务。

汽车的燃油经济性常用一定运行工况下汽车行驶百公里的燃油消耗量或一定燃油量能使汽车行驶的里程来衡量。

在我国及欧洲，燃油经济性指标的单位为 L/100 km，即行驶 100 km 所消耗的燃油升数。其数值越大，汽车燃油经济性越差。美国以 MPG 或 mile/USgal 表示燃油经济性指标，指的是每加仑燃油能行驶的英里数。这个数值越大，汽车燃油经济性越好。

等速行驶百公里燃油消耗量是常用的一种评价指标，它指汽车在额定载荷下，以最高挡在水平、良好的路面上等速行驶 100 km 的燃油消耗量。常测出每隔 10 km/h 或 20 km/h 速度间隔的等速百公里燃油消耗量，然后在图上连成曲线，称为等速百公里燃油消耗量曲线，它用来评价汽车的燃油经济性。但是，等速行驶工况并没有全面反映汽车的实际运行情况，特别是在市区行驶中频繁出现的加速、减速、怠速停车等行驶工况。因此，各国都制定了一些典型的循环行驶试验工况来模拟实际汽车运行状况，并以其百公里燃油消耗量来评定相应行驶工况的燃油经济性。

（3）汽车的制动性

汽车行驶时能在短距离内停车且维持行驶方向稳定性和在下长坡时能维持一定车速的能力称为汽车的制动性。

汽车的制动性是汽车的主要性能之一。制动性直接关系到交通安全，重大交通事故往往与制动距离太长、紧急制动时发生侧滑等情况有关，故汽车的制动性是汽车行驶安全的重要保障。改善汽车的制动性始终是汽车设计制造和使用部门的重要任务。

3. 汽车维修质量控制知识

（1）汽车修理质量的评价指标

汽车修理质量可以通过修理汽车性能的量化指标，即质量指标来评价，如图 1—263 所示。

汽车修理质量的好坏取决于修理后汽车和总成的初始指标，而且由汽车在整个使用期内保持这些指标的能力来决定。

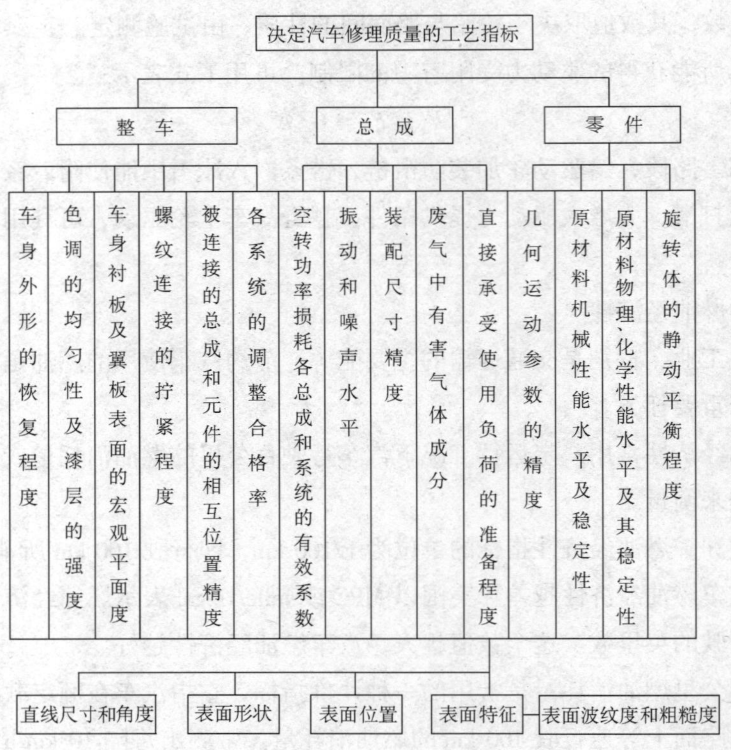

图 1—263　汽车修理质量的评价指标

汽车在修理过程中，其修理质量取决于汽车修理工艺规程、工艺设备、生产的组织和生产技术准备工作的完善程度以及修理工作人员的劳动素质等。

(2) 汽车修理质量指标的优化

修理产品（零件总成和整车）的质量指标的好坏，取决于设计、制造、使用诸因素和修理生产过程的组织与管理水平，也取决于修理产品的使用条件。修理产品的质量指标数值往往与修理间隔周期有关，它应保证修竣汽车及其零件总成的最佳间隔周期。所谓最佳修理间隔周期是指修理、使用和维修的年度平均费用为最低的间隔期。

4. 汽车总成装配图、液压系统图

(1) 汽车总成装配图

表达机器或部件的构造、作用和性能的图样称为装配图。

汽车总成装配图可以表达汽车总成的工作原理、传动路线和零件的结构、装配关系、相对位置及连接方式。在学习汽车构造原理及其维修装配时，汽车总成装配图都是必不可少的，可以说，汽车总成装配图是反映汽车总成设计思想，维修装配汽车总成及进行技术交流的重要工具。一张完整的装配图应包括以下基本内容：

1) 一组图形。运用必要的视图和各种表达方法，正确、完整、清晰地表达出机器总成或部件的工作原理、各零件的装配关系、连接方式、传动路线及零件的结构形状等。

2）必要的尺寸。装配图中只需注明总成或部件的规格（性能）和外形及装配、检验、安装时所必需的尺寸。

3）必要的技术要求。用文字或符号说明总成或部件在装配、调整、安装及使用中的技术要求。

4）零件序号和明细栏。为了便于读图、图样管理和组织生产，装配图中必须对每种零件编写序号，并编制相应零件的明细栏，对零件的名称、材料、数量、标准件的规格等进行明确的说明。

5）标题栏。包括总成或部件的名称、图号、比例等内容。

（2）汽车液压系统图

一个液压系统要完成预定的工作，进行多种运动，必须由多个基本回路实现。这些基本回路构成了一个液压系统，一般用液压系统图来表示。液压系统图反映了液压系统所采用的液压元件的类型、动力元件的规格及类型、液压系统的动作顺序、控制方式等内容。学习或维修液压系统前，应先熟悉液压系统图，其步骤如下：

1）首先，根据液压系统的功用和性能特点，尽可能了解该系统的用途、特性及工作循环对液压系统提出的要求。

2）初步浏览整个系统图。了解系统图中包括哪些元件及各元件之间的联系，分清主油路和控制油路。以执行元件为中心，将系统分解为若干个子系统。

3）读懂子系统。对每一个执行元件及与之有联系的液压阀、液压泵等组成的子系统进行分析，弄清该子系统由哪些基本回路组成。然后依据工作循环及液压控制阀或电磁阀动作顺序来分析其工作过程。

4）读懂整个系统。根据液压系统中各执行元件间顺序动作、同步、互不干扰等要求，分析各子系统之间的联系，进而弄清液压系统是如何实现这些要求的。

5）在读懂整个系统的基础上，进而归纳总结出整个系统的特点，以加深对系统的理解。

液压系统在汽车上有很多的应用，如液压动力转向、液力自动变速器等。各种液压系统的组成、工作原理和特点也不尽相同。可以通过对典型的液压系统的分析，掌握分析液压系统的方法和步骤，以便为正确使用液压系统，以及对液压系统进行维修、改进和技术革新提供必备的基础知识。

二、操作技能

1. 二级维修作业、总成修理作业和汽车大修作业的组织协调

（1）操作内容

1）车辆二级维护前的检测诊断和技术评定，以及确定附加作业和小修项目。

2）掌握汽车二级维护基本作业项目主要检验内容，以及二级维护附加作业项目确定依据，汽车二级维护竣工检验项目及技术要求。

3）掌握汽车总成修理和汽车大修作业项目及竣工检验项目与技术要求。

（2）操作准备

气压表、燃油压力表、正时灯、发动机润滑油检测分析仪、真空表、发动机废气分析仪等。

（3）操作步骤

1）汽车发动机二级维护前的检测项目。发动机二级维护基本作业主要以各部清洁、润滑和发动机工作状况的检查、调整为主，并要求维护前对发动机动力性能参数进行检测。根据检测结果，并结合对其他参数（发动机的密封性、机油压力等）的测量，再确定发动机是否需要检修和进行哪些部件的检修。

①发动机二级维护前不解体检测项目

a. 发动机动力性能的检测。发动机二级维护前动力性能的检测项目有：发动机功率；发动机单缸转速降。

b. 发动机密封性能的检测。发动机二级维护前密封性能的检测项目有：汽缸压缩压力；曲轴箱窜气量；汽缸漏气量；进气歧管真空度。

c. 发动机燃料系的检测。发动机二级维护前燃料系的检测项目有：系统燃油压力；柴油机供油提前角和喷油器喷油压力；计算机控制燃油喷射系统工作参数。

d. 汽油机点火性能的检测。汽油发动机二级维护前点火性能的检测项目有：点火提前角；断电器触点闭合角和分电器重叠角；点火系二次电压。

e. 发动机润滑系的检测。发动机二级维护前润滑系的检测项目有：机油压力；润滑油品质。

f. 发动机起动系的检测。发动机二级维护前起动系的检测项目有：起动电流；起动电压。

g. 发动机排放污染物的检测。发动机二级维护前排放污染物的检测项目有：汽油发动机怠速工况下 CO 和 HC 的排放量；柴油发动机烟度。

②底盘二级维护前的检测项目。底盘二级维护除了润滑、紧固之外，还要对制动器进行拆检和修理，以保证车辆行驶安全；另外，对传动系总成（离合器、变速器、传动轴、主减速器和差速器）、转向系及悬架等不要求解体，可根据检测结果，视情况修理。二级维护前对底盘不解体检测项目包括：

a. 前轮定位参数的检测。根据前轮定位参数的测试结果，分析确定汽车行驶系的检修作业内容。

b. 车身、车架和悬架技术状况完好的检测。汽车二级维护应针对车身、车架及悬架的技术状况，视情况进行必要的整形或者焊修。在二级维护前应对它们进行必要的外观检查。

c. 轮胎表面状况的检测。汽车二级维护前应对轮胎表面进行外观检视，因为轮胎表面磨损程度直接影响汽车的驱动力及制动效能。

d. 车轮平衡的检测。汽车二级维护竣工后要求车轮不平衡量应符合规定值。因此，二级维护前（具备车轮平衡就车检验条件时）或维护过程中，必须对车轮进行车轮平衡试验，以确定是否需要进行检修或平衡调试。

e. 转向轮横向侧滑量的检测。转向轮横向侧滑量的检测实质上是前轮定位的动态检测，通过检测可分析并确定前轮定位各参数的检测项目。

f. 转向盘自由行程的检测。转向盘自由行程是转向系工作状况的综合诊断参数，它反映转向盘、转向轴、转向器、转向拉杆、转向节及转向轮各部件的传动间隙。

g. 制动性能的检测。反映制动性能的主要参数包括：车轮制动力、制动踏板力、驻车制动力、车轮制动力平衡等。汽车二级维护前，为准确掌握汽车的制动性能，了解分析制动系其他各部件的工作状态，必须对制动系工作状况进行一次不解体测试，以便确定其他部件是否需要检修。

h. 轴距的检测。汽车二级维护前进行轴距检测，有助于掌握并确定底盘工作状况和附加作业项目。

i. 底盘密封状况的检测。汽车二级维护前要求对底盘各密封部位进行密封状况检视，针对泄漏部位确定相应的检修项目。

③汽车空调系统的检测包括制冷系统的密封性和制冷系统高、低压端的工作压力的检测。

新的维修制度取消了对上述各总成盲目的拆修，要求在汽车二级维护前，通过路试并结合外观检查，分析判断出有问题的零部件，才可进行拆修。

2）汽车二级维护基本作业项目检验内容及二级维护附加作业项目确定依据。根据交通部 JT/T201—1995《汽车维修工艺规范》提出的标准，给出了桑塔纳轿车二级维护基本作业项目检验内容及二级维护附加作业项目确定依据，分别见表 1—21 和表 1—22。

3）汽车二级维护竣工检验项目及技术要求。根据交通部 JT/T201—1995《汽车维修工艺规范》提出的竣工检验要求，制定了桑塔纳轿车二级维护竣工检验项目及技术要求，见表 1—23。

表 1—21　　桑塔纳轿车二级维护基本作业项目检验内容

部位	序号	检验内容	检验方法	技术要求
发动机	1	皮带松紧度	检视	1. 用拇指以约 98 N 的力下压传动皮带，各处挠度应为：交流发电机处 12 mm，水泵处 10 mm，转向助力泵处 5 mm 2. 用拇指和食指捏紧正时皮带，应刚好能扭转 90°

续表

部位	序号	检验内容	检验方法	技术要求
发动机	2	燃油喷射系统供油压力	检测	断开燃油分配器供油软管并连接压力表，测出系统供油压力应为280～320 kPa
	3	点火正时	检测	点火正时要求： 化油器式：6°±1°（上止点前） 燃油喷射式：12°±1°（上止点前）
底盘	4	离合器工作状况	检查	不打滑、不抖动，分离彻底，无异响
	5	离合器踏板自由行程	检查	自由行程15～25 mm
	6	驱动轴万向节	检测	万向节不松旷，运动自如，无明显卡滞，无异响，防尘罩无损坏
	7	球形节	检测	球形节连接可靠、不松旷
	8	前束值	检测	前轮前束值 −20′±10′（−3～−1 mm） 后轮前束值25′±15′
	9	制动摩擦片、制动盘、制动鼓	检测	1. 摩擦片表面无油污，无裂损，磨损极限为前轮7 mm，后轮2.5 mm 2. 前制动盘表面无裂纹，不起槽，厚度极限为LX系列10 mm，2000系列17.8 mm 3. 后制动鼓无裂纹，表面无沟槽，圆度不大于0.1 mm
其他	10	蓄电池端电压	检测	用放电计测试（负载电流为110 A时，在5 s内端电压不小于9.6 V）

表1—22　　桑塔纳轿车二级维护附加作业项目确定依据

序号	项目	检测结果	相关故障	附加作业项目
1	点火系	1. 闭合角、点火提前角失准 2. 点火高压达不到规定值，点火波形失常	1. 霍尔信号发生器气隙失准 2. 点火系部件工作性能变差 3. 点火控制器工作不良	检修分电器、霍尔信号发生器总成，视情况更换有故障的元件
2	发动机动力性	1. 发动机功率低于原厂额定值的80% 2. 单缸转速降小于90 r/min，各缸转速降相差大于25% 3. 汽缸压力低于规定值的80%，或各缸压力差大于300 kPa 4. 燃油系统供油压力小于280 kPa	1. 气门与气门座密封性差 2. 汽缸垫、进气歧管衬垫漏气 3. 汽缸与活塞磨损，配合间隙过大 4. 活塞环磨损、黏结、断裂 5. 正时齿轮、凸轮轴磨损或配气正时失准 6. 化油器、油泵及管路故障或燃油喷射系统部件故障 7. 点火故障	研磨气门 更换损坏衬垫 更换，大修 更换磨损零件或调整配气相位 更换活塞环 检修、调整、更换燃油系统有关部件

续表

序号	项目	检测结果	相关故障	附加作业项目
3	进气歧管真空度	真空度小于 57 kPa（怠速时）	1. 汽缸、活塞磨损，配合间隙过大 2. 活塞环磨损、粘结、断裂 3. 气门杆与导管磨损，气门密封性差 4. 汽缸垫窜气，进气歧管衬垫漏气	视情况大修 更换活塞环 视情况修理气门杆、气门、导管，更换汽缸垫、进气歧管衬垫
4	汽缸漏气量	测量表压力值小于 0.25 MPa	1. 汽缸、活塞磨损，配合间隙过大 2. 活塞环磨损、粘结、断裂 3. 活塞烧顶，严重拉缸 4. 气门密封性差	视情况镗缸或更换活塞 更换活塞环 研磨气门
5	发动机异响	1. 曲柄连杆机构异响 2. 曲轴主轴承、连杆轴承异响 3. 活塞敲缸 4. 活塞销异响	1. 轴承与轴颈磨损、烧蚀 2. 活塞与汽缸磨损，间隙增大，曲轴及连杆变形 3. 活塞销与活塞、连杆衬套间隙过大	视情况修理
		配气机构异响	1. 气门间隙调整不当，液压气门挺杆工作不良 2. 摇臂与轴、气门挺杆与承孔磨损 3. 凸轮轴轴承间隙超差 4. 气门座圈脱落 5. 气门弹簧折断 6. 正时齿轮损坏	视情况拆检相关部位，更换磨损或损坏零件 不解体清洗润滑油道
6	冷却系	发动机过热	1. 散热器结垢严重，散热片变形，节温器工作不正常，风扇热敏开关失灵，电动机损坏 2. 配气相位调整不当 3. 点火正时调整不当	拆检冷却系相关零件 调整配气相位、点火正时
		水泵异响、渗漏	水泵轴轴承损坏或各部密封不良	检修水泵 视情况检修更换密封件
7	润滑系	机油压力 低压段小于 30 kPa 高压段小于 180 kPa 油压报警灯亮	1. 机油泵磨损 2. 曲轴主轴承、连杆轴承、凸轮轴轴承配合间隙大 3. 油量不足，油路泄漏，调压阀失灵，仪表、感应器相应的机油压力开关不正常 4. 油道、集滤器滤网或滤清器堵塞	拆检有关部位 视情况修理更换有关部件 拆洗油底壳、集滤器，清洗油道

续表

序号	项目	检测结果	相关故障	附加作业项目
8	燃烧效果	排放污染物： CO含量大于4.5% HC含量大于0.12%	1. 活塞、汽缸磨损，间隙过大 2. 活塞环磨损、粘结、断裂 3. 气门密封不严 4. 化油器油道、量孔不畅 5. 喷油器工作不良，供油系统性能差	检修活塞、活塞环、汽缸，研磨气门 拆洗化油器 拆检、调试喷油泵和喷油器
9	离合器	分离轴承异响	分离轴承损坏	更换分离轴承
		打滑 分离不彻底 接合不平顺	1. 离合器摩擦片烧蚀、有油污或材质过硬 2. 摩擦片磨损过度，分离叉轴、传动臂变形，花键过度磨损 3. 离合器压盘、膜片弹簧工作面不平整	拆检离合器 检查摩擦片或压盘总成
10	变速器	异响 乱挡 跳挡 换挡困难	1. 齿轮、轴、轴承磨损，间隙过大 2. 齿轮啮合不良或损坏 3. 各轴承孔同轴度、平行度超限 4. 变速操纵机构失效 5. 同步器失效	拆检变速器 视情况更换或修理有关零部件
		漏油	1. 油封老化、失效、衬垫损坏 2. 油面过高或通气孔堵塞	1. 更换油封或衬垫 2. 调整油面，疏通气孔
11	驱动轴	异响、振动、松旷	1. 驱动轴有损伤、变形 2. 等速万向节磨损、损坏	视情况更换或修理有关零部件
12	制动系	驻车制动器失效齿数大于2齿，液压主缸渗漏油 真空加力器漏气	1. 棘爪、棘轮磨损过度，支架损坏 2. 总泵皮碗老化，密封不良，活塞磨损过度 3. 真空加力器密封不良	1. 拆检、更换驻车制动有关零件 2. 更换液压制动主缸 3. 更换真空加力器
13	车轮定位和转向系	车轮定位不符合规定值 转向盘有游隙 转向卡滞、沉重 跑偏 转向盘振抖	1. 悬架支柱变形，球形节磨损松旷 2. 车身承载部位、摆臂和稳定杆变形或开裂 3. 转向机构连接不当 4. 齿轮齿条啮合间隙过大 5. 各配合副磨损、卡滞 6. 转向助力泵漏油、失效 7. 转向减振器失效	更换磨损零件 校正变形部位，焊接损坏部位，拆检修理转向器 调整转向传动机构部件

续表

序号	项目	检测结果	相关故障	附加作业项目
14	悬架与轮胎	轴距失准	前横梁、后桥体撞击变形或疲劳损伤	补焊、校正或更换
		悬架机构异响	1. 摆臂、稳定杆、侧向杆变形 2. 减振器漏油 3. 减振器弹簧疲劳损伤、定位失准	整修变形件 更换减振器、减振弹簧
		轮胎异常磨损	1. 前轮定位不符合规定 2. 车身承载部位、前悬架、后桥体变形	视情况调校或修理有关零部件，整修变形件
15	车身	钣金件开裂、锈蚀、变形、脱漆		修整、补漆
16	电器与电子设备	启动困难，起动机负载电流大于 110 A，启动时蓄电池电压小于 9 V	1. 蓄电池电压不足 2. 启动线路接头松动 3. 起动机故障 4. 发动机曲轴转动阻力大	1. 蓄电池充电 2. 紧固启动线路接头 3. 拆检起动机 4. 视情况检修发动机相关部件
		电子控制系统有故障代码	传感器、控制线路或电控单元有故障	视情况更换有关部件

表 1—23　　桑塔纳轿车二级维护竣工检验项目及技术要求

检验部位	序号	检验项目	技术要求	备注
整车	1	1. 清洁	汽车外部、各总成外部、三滤应清洁	检视
		2. 面漆	车身面漆、泥子无脱落现象，补漆颜色应与原色基本一致	检视
		3. 对称	车体应周正，左右对称点离地高度差不大于 40 mm	汽车置平检查
		4. 轴距	轴距左右差应不大于 5 mm	检查
		5. 坚固	各总成外部螺栓、螺母应按规定力矩拧紧，锁销齐全可靠	检查
		6. 润滑	发动机、变速器、转向器、减速器的润滑符合规定，各通气孔畅通，各部润滑点的润滑脂加注符合要求	检视
		7. 密封及电路	全车无油、水、气泄漏，密封良好，电路装置可靠，不漏电	检视
		8. 照明设备、信号装置、仪表、刮水器、后视镜等装置	稳固、齐全、有效，符合有关规定	检查
		9. 计算机控制自诊断系统	无故障代码显示	检查

续表

检验部位	序号	检验项目	技术要求	备注
发动机	2	1. 发动机工作状况	发动机能正常启动，低、中、高速运转均匀、稳定，水温正常（≤90℃），加速性能好，无断火、回火、放炮等现象。发动机运转稳定后应无异响，但允许有轻微均匀的正时齿轮、气门脚响声	路试与检测
		2. 发动机功率	无负荷功率不小于额定值的 80%	检测
		3. 发动机装备	齐全有效	检测
离合器	3	1. 踏板自由行程	15 ~ 25 mm	检查
		2. 离合情况	接合平稳，分离彻底，无打滑、抖动及异响	路试
转向系	4	1. 转向盘最大自由转动量	转向盘最大自由转动量为 0（无游隙）	检查
		2. 横、直拉杆装置		检查
		3. 转向系机构	操作轻便，转动灵活，无摆振、跑偏等异常现象，车轮转到极限位置时，不得有与其他部件碰擦现象	路试
		4. 前束及最大转向角度	LX 型，2000 型 前轮前束值：-3 ~ -1 mm，-3 ~ -1 mm 前轮最大转向角度 内轮：40°18′，40°18′ 外轮：35°36′，35°36′ 后轮前束值：25′ ± 15′，25′ ± 15′	检查
		5. 侧滑	转向轮的横向侧滑量应不大于 5 m/km	
传动系	5	变速器、驱动轴、万向节	变速器操纵灵活，不跳挡，不乱挡，无异响；驱动轴无损伤；万向节不松旷，润滑良好	路试
行驶系	6	1. 车轮	轮胎胎冠磨损后，其花纹深度应不小于 1.6 mm，并不得暴露出轮胎布层；同轴轮胎应为相同的规格和花纹；转向轮不得使用翻新轮胎；轮胎气压符合规定	检查
		2. 悬架	悬架各摆臂、稳定杆、拉力杆、减振器、减振弹簧等完好，连接坚固	检查
		3. 减振器	密封良好，稳固有效	路试
		4. 前轴、后桥壳	无变形及裂纹	检查

续表

检验部位	序号	检验项目	技术要求	备注
制动系	7	1. 制动性能	应符合 GB 7258—1997 中 6.14.3 或 6.15.2、6.15 任一条的规定	路试与检查
		2. 制动踏板自由行程	总行程的 1/3	检查
		3. 驻车制动性能	应符合 GB 7258—1997 6.14.3 或 6.15.2 的规定 制动拉杆拉至上齿即能产生制动作用，且锁止可靠，装置坚固	路试与检查
		4. 滑行性能	在平坦干燥的混凝土路面上以 30 km/h 的速度开始滑行到停止，其滑行距离应大于 250 m，或用拉力计拉动汽车，开始拉动汽车的力应不超过汽车整车质量的 1.5%	路试与检查
车身附件	8	1. 车身附件	车门、发动机罩盖、后厢盖装置紧固，门铰链灵活无松旷，挡风玻璃完好，窗框严密；门把、门锁、玻璃升降器齐全有效；发动机罩盖锁扣有效，空调、暖风装置工作正常	检查
		2. 车身	车身不歪斜，整体不变形，底板无破洞翘曲，车身表面平整无严重变形，车身承载部位无损伤	检视
其他	9	1. 排气污染物测量	在海拔 1 000 m 以下，怠速工况污染物排放标准：CO 含量应不大于 4.5%，HC 含量应不大于 0.12%	检查
		2. 车外噪声级测量	应符合 GB 1495—1979 中的规定	检查

2. 维修质量分析、处理

(1) 操作内容

1) 发动机大修后产生“拉缸”现象的分析。

2) 大修后发动机活塞响的分析。

3) 汽车前轮“摆头”的分析。

(2) 操作准备

塞尺、量缸表、游标卡尺、四轮定位仪、车轮动平衡机、管钳子等。

(3) 操作步骤

通过典型故障的分析，掌握汽车维修质量分析处理的一般方法。

1) 发动机大修后产生“拉缸”现象。发动机产生“拉缸”是个比较复杂的技术问题，产生“拉缸”的原因多种多样，主要有：

①装有汽缸套的发动机。在生产汽缸套时，由于热处理不当，汽缸套的内应力未消除，

发动机工作时因缸套产生变形而“拉缸”。

②活塞环“卡死”。活塞环膨胀过大或活塞环侧隙过小，均可能使活塞环卡死在活塞环槽里，造成活塞环“卡死”引起拉缸。此时，汽缸内会产生金属摩擦声和漏气声，严重时会从加机油处冒黑烟。

③活塞环弹力过大或汽缸套过软，致使汽缸套不耐磨。

④进气管或汽缸内有砂粒等脏物，也会产生“拉缸”。此时，汽缸壁上的拉痕线条少，且分布位置不一。

2）大修后发动机活塞敲缸。活塞敲缸是一个比较多见的故障，产生的原因比较多，主要有：

①活塞和汽缸壁配合间隙过大，致使活塞敲缸，且冷车敲缸明显，热车减弱或消失。

②汽缸失圆，也会产生敲缸现象。此时活塞在汽缸内与汽缸壁接触不正常，造成活塞发响。

③活塞变形也会产生敲缸。活塞变形的原因有二：一是活塞的材料成分不符合要求；二是在活塞与连杆装配时产生变形。因活塞变形而产生响声，可在加机油口处听到。

④活塞热膨胀量过大，会使汽缸内产生金属的干摩擦声，且随着发动机负荷的增加使发动机有显著的发抖现象，严重时会使活塞“卡死”在汽缸里。拆下检查时，能发现活塞裙部四周有拉痕。

⑤活塞几何形状不正确或连杆弯扭，会影响活塞连杆组的正常工作，也会造成活塞响声。该响声与活塞和汽缸壁间隙过大产生的响声相似，但响声的声音较轻，并且无冷热车之分。

3）汽车前轮“摆头”。汽车前轮“摆头”，除了有设计、制造和使用方面的原因外，还有修理上的原因：

①前轮定位参数不正确，尤其是主销后倾角和前轮前束两个参数。当主销后倾角小时，直接影响前轮的自动回正的作用，影响汽车行驶稳定性；前轮前束与车轮外倾角若配合不当会造成前轮“摆头”，前束值应适当地取下限。

②前轮轮毂轴承间隙过大或锁紧螺母松动，汽车在不平路面上行驶时，轮胎受到的侧向力使其左右摆动。

③车架变形或铆钉松动，前轴变形或前轮轮辋变形，导致汽车前轮“摆头”。

④转向传动机构连接部件间隙过大，如转向摇臂与摇臂轴配合松旷，转向直、横拉杆球头连接松旷，会使汽车前轮“摆头”。

⑤前轮装配新胎，会因质量分配不均引起不平衡，使汽车前轮“摆头”。

⑥前钢板弹簧挠度不足，承受载荷后被压平或向下弯曲，改变了主销后倾角或使 U 形

螺栓松动，造成汽车前轮“摆头”。

⑦转向器支架在车架上连接松动，也会引起汽车前轮“摆头”。

⑧前悬减振器失效或左、右两减振器效能不一，致使前钢板弹簧刚度不一样，车架扭曲，导致汽车前轮“摆头”。

3. 读汽车总成装配图、液压系统图

(1) 读汽车总成装配图的方法

1) 概括了解。根据标题栏和明细表，可知装配体及各组成零件的名称，由名称可略知它们的用途，由比例及件数可知装配体的大小及复杂程度。

2) 分析视图。根据装配图的主视、剖视、剖面图，找出它们的剖切位置、投影方向及相互间的联系，初步了解装配体的结构和零件之间的装配关系。

3) 分析零件图。了解各零件的基本结构形状和作用，以便弄清装配体工作原理及运动情况。在分析零件时应注意以下两点：

①分清零件轮廓。零件轮廓主要区分方法：

a. 利用剖面线的方向和密度来区分。因为同一零件在各视图的剖面线方向、间隔、密度大致相同，如果方向和密度不一致，就表明不是同个零件。

b. 利用装配图的规定画法和特殊画法来区分。如有零件虽然剖切，但不画出剖面符号，所以要区别在没有剖面符号的地方是空心还是实心。

c. 利用零件编号来区分。因为在装配图中一个零件只编一个序号。

d. 利用投影关系来区分。因为视图之间虽然反映重点不一，但仍按投影关系画的，同一零件在不同视图中的对应关系不变。

②分清哪些零件是运动件，哪些是静止件。分清运动件是转动件还是移动件或是往复运动件等，进而搞清楚运动的传递路线。

4) 分析配合关系。根据装配图上的尺寸标注来区别哪些零件有配合要求，其配合性质和配合精度如何。

5) 定位与调整。分析零件之间的面，哪些是彼此接触的，是怎样定位的，有没有间隙要调整，怎样调整。

6) 连接与固定。分清零件之间是用什么方式连接固定的，是可拆还是不可拆的。

7) 密封与润滑。有些运动件需要润滑，因此，要弄清哪些是储油装置，哪些是进出油孔、输油油路。对有油的地方要弄清所采用的密封方式。

8) 综合归纳。在上述分析的基础上，对尺寸、技术条件等进行全面的综合，使对装配体的结构原理零件形状、运动过程有一个完整明确的认识。实际读图时，上述步骤是不能截然分开的，常常是边了解边分析、边综合地进行，完成对各零件的分析，装配体也就综合阅读清楚了。

(2) 读汽车液压系统图的方法

1) 总体了解。根据液压系统图，可知液压系统组成零件的名称，由名称可略知它们的用途。

2) 逐步分析

①任何液压系统都有动力装置，动力装置是整个液压系统液压油循环的中心，所以，首先找到动力装置（一般都专设一个或几个油泵)，并分析出进出油口，以此作为分析油路的起点。

②找到主要的控制元件（如控制阀等)，控制元件是整个液压系统的核心部分，通过它来完成控制任务，它是要重点分析的对象，分析时首先弄清控制元件结构，然后结合油路的走向分析其工作过程。

③找到其他辅助装置，如调压装置、储液装置、滤清装置、冷却润滑装置等。

④注意液压系统的密封元件，密封元件对液压系统非常重要，也是系统易发生故障的主要部分，所以要特别注意。

以上只说明了读液压系统图的一般方法，实际上，液压系统有的比较简单，按上述步骤就完全可以读懂，对比较复杂的液压系统，这就需要具有液压的基础知识，加深对液压系统的主要功能的了解将有助于这种分析，对有些液压系统还需要有详细的资料才能完全读懂。

第二章

诊断与排除疑难故障

第一节　诊断与排除发动机故障

学习目标

- 发动机故障诊断参数
- 车载故障自诊断系统的分类、组成与工作原理
- 故障分析报告的写作
- 发动机工作不稳故障的诊断
- 无故障代码的电控燃油喷射系统的故障诊断

一、相关知识

1. 发动机故障特征、原因与预防

汽车在使用过程中由于某些原因，会使动力性、经济性和安全可靠性变差，若不及时排除会对行车安全带来很大影响，如何预测汽车故障，以便制定有效的预防措施，对避免或减少故障具有重要的现实意义。

(1) 汽车故障产生的原因

汽车故障是指汽车部分或全部丧失工作能力的现象，即零部件本身或其相互配合状态发

生异常变化，它一般分为人为故障和自然故障两种。汽车产生故障的原因归纳起来有以下几种：

1）汽车驾驶员技术水平低，驾驶、维修经验少，对所操纵汽车的构造、特性不甚了解，责任心、事业心不强。

2）驾驶员不按驾驶操作规程使用车辆，装载不当，超速行驶；途中发现异常而不及时排除隐患。

3）驾驶员未按期对汽车进行保养、维护，未定时对汽车进行技术检测。

4）维护修理中，未严格执行技术规范，漏检或野蛮操作以致留下事故隐患。

5）汽车本身内在质量存在的问题。如材料不佳，强度不够，设计不当。对先天不足引起的故障，只能在日常维护及时发现后更换部件解决。

6）运动副机件自然磨损、腐蚀、变质、老化引起的故障。只能延缓此故障的出现，不能完全控制。

7）运行条件恶劣（如道路、环境和气候）引起的故障，此类故障也是可以采取相应措施预防的。

8）大型货运汽车违法改装、改型，严重超载运行。

9）车辆使用不符合规定的汽车油品，如燃油、润滑油等。

（2）汽车故障的症状表现

汽车的运用条件十分复杂，形成故障的因素也多种多样，要准确地判断汽车故障，必须首先熟悉其表现出来的不同的内在和外表的特征，并根据这些症状来迅速排除。

1）运行异常。所谓运行异常，是指汽车在启动和行驶中所存在的不正常工作情况，也就是平常讲的工况突变。

2）气味异常。所谓气味异常是可用鼻子嗅出的不正常气味。在运行中，一旦闻到特殊异味时，应立即靠边停车，查明原因并予以排除，以防止火灾的发生。

3）外观异常。汽车发生故障时，外表上的变化亦会反映出来。汽车外观异常的原因多是车架、车身、悬挂装置、轮胎等出现异常，这样会引起行驶方向不稳、行驶跑偏、重心偏移、轮胎摩擦不均匀等异常现象。

4）温度异常。所谓温度异常是指通过水温表的指示超过正常值（80～90℃），或用手指触摸时，便能感觉温度过高。通常发动机过热，一般说明冷却系有故障，若不及时排除，就会引起突爆、早燃、行驶无力，甚至造成活塞等机件的烧熔事故。如果变速器、驱动桥过热，则可能是缺少润滑油或轴承安装预紧度调整不当所致，若不及时排除，将会引起齿轮及轴承等的损坏。

5）排烟颜色异常。发动机工作过程中，正常的燃烧生成物主要成分应当是二氧化碳和少量的水蒸气。如果发动机燃烧不正常，废气中会掺有未完全燃烧的碳粒、碳化氢、一氧化碳或者大量水蒸气。这时废气的颜色可能变黑、变蓝、变白，也就是说排烟颜色不正常。对于汽油机而言，正常的废气应无明显的烟雾。但汽缸上窜机油时，废气呈蓝色；燃烧不完全时，废气呈黑色；油中掺水时，废气呈白色。

6）耗油异常。耗油异常一般指燃油、润滑油消耗异常。燃油消耗量增多，一般是发动机工作不良或底盘的传动系、制动系调整不当所致。

7）异常声响。汽车在发动后或行驶时，由于机件的运转、振动会发出声响。这种声响可分为正常声响和异常声响。所谓正常声响，是指允许存在的轻微噪声。异常声响则是指不正常的金属敲击声，或其他不应有的声音。

8）仪表异常。汽车上的各种仪表指示车辆有关部分的工作情况，如果其指示读数异常，就说明车辆有了故障，应立即选好位置，停车检查排除。

9）性能异常。车辆的各种使用性能随着行驶里程的增长而减弱，但很缓慢，一般不易感觉出来，若在行车中感到汽车使用性能突然变坏，则表明有了故障（如发动机动力迅速下降、汽车突然摆头严重、制动器不灵等），应立即停车，检查排除。

10）间隙异常。各部分的间隙都有其标准数值，如果间隙过大或过小，都表明有了故障，应进行调整。

11）渗漏现象。渗漏是指汽车的燃油、润滑油（机油、齿轮油）、冷却液、制动液（或压缩空气）以及动力转向系油液等的渗漏。此故障症状明显，可直接观察发现。渗漏会造成过热，转向、制动失灵，耗油量增加等故障，而且会污染机件及环境，所以一旦发现渗漏应立即排除。

(3) 汽车故障诊断方法

故障诊断就是找出故障原因及部位的分析、判断、检查过程。对于汽车故障现行的诊断方法基本上有两种：一种是仪器设备诊断法；另一种是人工经验诊断法。

1）仪器设备诊断法。仪器设备诊断法是在汽车总成不解体的情况下，用仪器设备获取汽车性能和故障的信息参数，并与正常汽车技术状况相比较，给出技术性能和故障的诊断结论。随着电子信息及计算机技术在汽车上的应用，汽车故障的诊断仪器设备日益完善，越来越多的先进仪器应用在汽车故障诊断中。如图 2—1 所示为数字万用表，图 2—2 所示为电控系统故障诊断仪，如图 2—3 所示为 MT3500 手持发动机分析仪。

2）人工经验诊断法。人工经验诊断法是指检查人员凭实际经验感觉和观察，通过简单工具，在汽车不解体或局部解体的情况下，通过试问、眼看、耳听、手摸、鼻嗅的方法，对汽车技术性能和故障进行定性的诊断。

(4) 汽车故障的预防

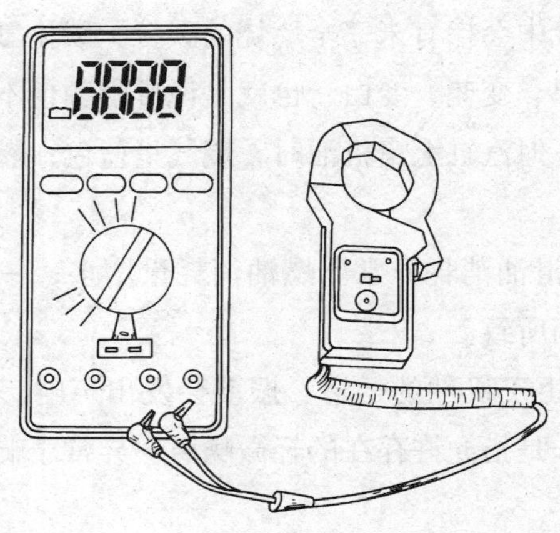

图 2—1　数字万用表

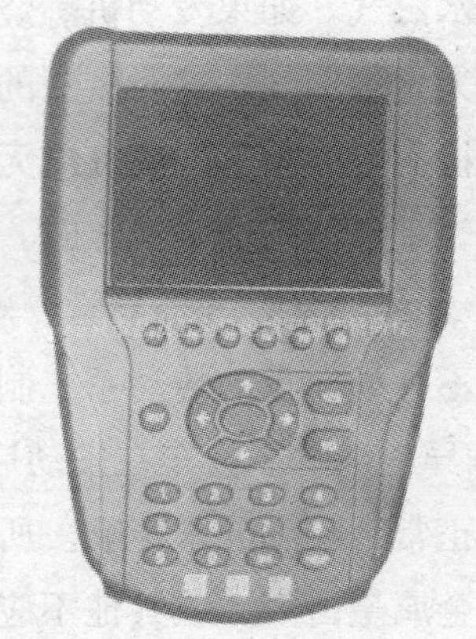

图 2—2　电控系统故障诊断仪

1）驾驶人员要加强专业技能的学习，积极参加专业技术培训，以提高自身的专业技术水平和工作责任心、事业心。同时要学会自我技术总结，积累驾驶经验，提高综合素质。

2）强制实行定期保养维护、定期检测制度，建立防患于未然的使用汽车的新理念。

3）汽车故障排除要彻底，并要采取防止类似故障再发生的有效措施，坚决禁止汽车带故障行驶。

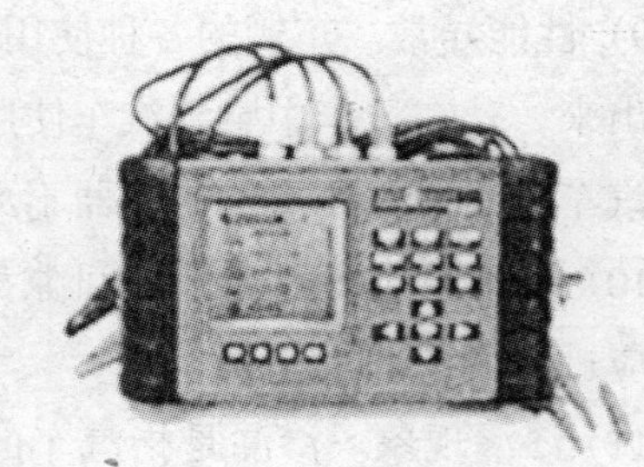

图 2—3　MT3500 手持发动机分析仪

4）认真做好汽车运行记录，时刻注意汽车主要技术参数的变化，对技术参数统计后，进行数字化处理，预报汽车运行状态和可能发生的故障。

5）加强车辆的日常维护工作，认认真真地做好汽车运行前的清洁、润滑、紧固、检查、调整工作。

2. 故障树的概念、符号、意义、故障树分析法

（1）概述

故障树分析法（Fault Tree Analysis，以下简称 FTA）就是在系统设计过程中，通过对可能造成系统故障的各种因素（包括硬件、软件、环境、人为因素等）进行分析，画出逻辑框图（即故障树），从而确定系统故障原因的各种可能组合及其发生概率，以计算系统故障概率，采取相应的纠正措施，提高系统可靠性的一种设计分析方法。

（2）故障树中使用的符号

故障树中使用的符号通常分为事件符号及逻辑门符号两类，下面仅介绍常用的几种。

1）事件符号

①矩形符号。如图 2—4 所示，它表示故障事件，在矩形内注明故障事件的定义。它下面与逻辑门连接，表明该故障事件是此逻辑门的一个输出。它适用于故障树中除底事件之外的所有中间事件及顶事件。

②圆形符号。如图 2—5 所示，它表示底事件，或称基本事件，是元器件、零部件在设计的运行条件下所发生的故障事件。一般来说，它的故障分布是已知的，只能作为逻辑门的输入而不能作为输出。为进一步区分故障性质，又分为实线圆表示部件本身故障；虚线圆表示由人为错误引起的故障。

③菱形符号。如图 2—6 所示，它表示省略事件，一般用以表示那些可能发生，但概率值较小，或者对此系统而言不需要再进一步分析的故障事件。这些故障事件在定性、定量分析中一般都可以忽略不计。

④三角形符号。如图 2—7 所示，它表示故障事件的转移，在故障树中经常出现条件完全相同或者同一个故障事件在不同位置出现，为了减少重复工作量并简化树，用转移符号，加上相应标志的标号（如图中的 A），分别表示从某处转入和转到某处，也用于树的移页。

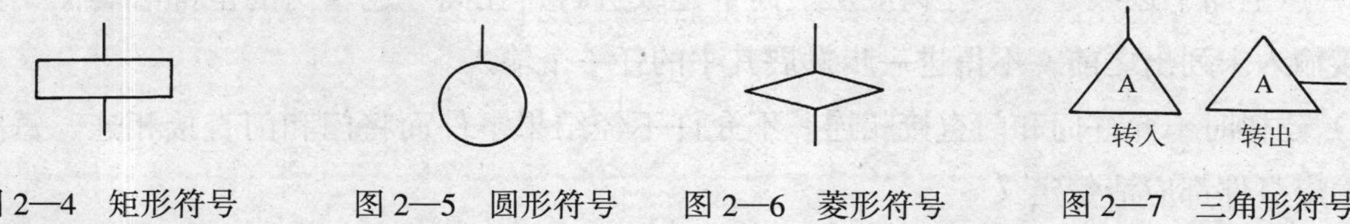

图 2—4　矩形符号　　图 2—5　圆形符号　　图 2—6　菱形符号　　图 2—7　三角形符号

2）逻辑门符号

①逻辑“与门”，如图 2—8 所示。设 B_i（i = 1，2，…，n）为门的输入事件，A 为门的输出事件。B_i 同时发生时，A 必然发生，这种逻辑关系称为事件交。相应的逻辑代数表达式为

$$A = B_1 \cap B_2 \cap B_3 \cap \cdots \cap B_n$$

②逻辑“或门”，如图 2—9 所示。当输入事件 B_i 中至少有一个发生时，则输入事件 A 发生，这种关系称为事件并。相应的逻辑代数表达式为

$$A = B_1 \cup B_2 \cup B_3 \cup \cdots \cup B_n$$

③逻辑“禁门”，如图 2—10 所示。当给定条件满足时，则输入事件直接引起输出事件的发生，否则输出事件不发生。图中长椭圆形是修正符号，其内注明限制条件。

④逻辑“异或门”，如图 2—11 所示。输入事件 B_1、B_2 中任何一个发生都可以引起输出事件 A 发生，但 B_1、B_2 不能同时发生，相应得逻辑代数表达式为

$$A = (B_1 \cap \overline{B}_2) \cup (\overline{B}_1 \cap B_2)$$

图 2—8　逻辑“与门”符号

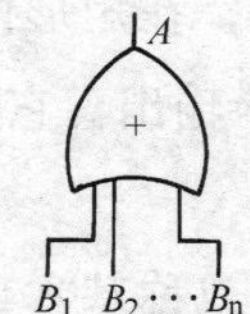

图 2—9　逻辑“或门”符号

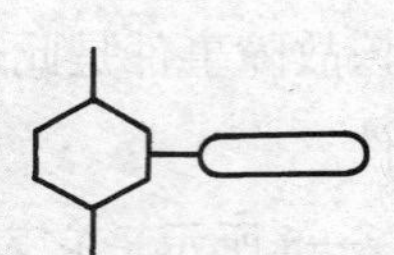
图 2—10　逻辑“禁门”符号

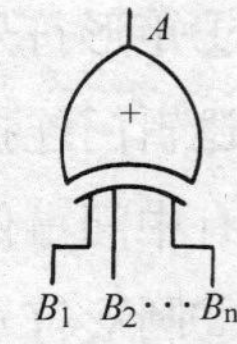

图 2—11　逻辑“异或门”符号

（3）建树时注意事项

1）建树者必须对系统有深刻的了解，故障的定义要正确且明确。

2）选好顶事件。若顶事件选择不当就有可能无法分析和计算。在确定顶事件时，有些是借鉴其他类似系统发生过的故障事件选出来的。一般则是在初步故障分析基础上找出系统可能发生的所有故障状态。然后，从这些故障状态中筛选出不希望发生的故障状态作为顶事件。

3）合理确定系统的边界以建立逻辑关系等效的简化故障树。

4）从上向下逐级建树。建树应从上向下逐级进行，在同一逻辑门的全部必要而又充分的直接输入未列出之前，不得进一步发展其中的任一个输入。

5）建树时不允许门和门直接相连。不允许不经结果事件而将门和门直接相连。每一个门的输出事件都应清楚定义。

6）用直接事件逐步取代间接事件。为了使故障树向下发展，必须用等价的比较具体的直接事件逐步取代比较抽象的间接事件，这样在建树时可能形成不经任何逻辑门的事件串。

7）正确处理共因事件。共同的故障原因会引起不同的部件故障甚至不同的系统故障。共同原因的若干故障事件称为共因事件。由于共因事件对系统故障发生概率影响很大，建树时必须妥善处理共因事件。若某个故障事件是共因事件，则对故障树不同分支中出现的该事件必须使用同一事件符号，若该共因事件不是底事件，必须使用相同的转移符号简化表示。

8）对系统中各事件的逻辑关系及条件必须分析清楚，不能有逻辑上的紊乱及条件矛盾。

（4）FTA 法的建立

第一，故障树的建造；

第二，建立故障树的数学模型；

第三，定性分析；

第四，定量计算。

1）目的。FTA 的目的是通过 FTA 过程透彻了解系统，找出薄弱环节，以便改进系统设计、运行和维修，从而提高系统的可靠性、维修性和安全性。

2）作用

①全面分析系统故障状态的原因。FTA 具有很大的灵活性，即不是局限于对系统可靠性作一般的分析，而是可以分析系统的各种故障状态。不仅可以分析某些元器件、零部件故障对系统的影响，还可以对导致这些部件故障的特殊原因（例如环境的甚至人为的原因）进行分析，予以统一考虑。

②表达系统的内在联系，并指出元器件、零部件故障与系统故障之间的逻辑关系，找出系统的薄弱环节。

③弄清各种潜在因素对故障发生影响的途径和程度，因而许多问题在分析的过程中就被发现和解决了，从而提高了系统的可靠性。

④通过故障树可以定量地计算复杂系统的故障概率及其他可靠性参数，为改善和评估系统可靠性提供定量数据。

⑤故障树建成后，它可以清晰地反映系统故障与单元故障的关系，为检测、隔离及排除故障提供指导。对不曾参与系统设计的管理和维修人员来说，故障树相当于一个形象的管理、维修指南，因此，对培训使用该系统的人员更有意义。

FTA 法在系统寿命周期的任何阶段都可采用。然而，在下面三种时机采用时最为有效：

第一，设计早期阶段。这时用 FTA 法的目的是判明故障模式，并在设计中进行改进。

第二，详细设计和样机生产后、批生产前的阶段。这时用 FTA 法的目的是要证明所要制造的系统是否满足可靠性和安全性的要求。

第三，使用阶段，即分析、研究和改进故障检测、隔离及修复措施和软硬件时。

故障树的建造是 FTA 法的关键，故障树建造的完善程度将直接影响定性分析和定量计算结果的准确。复杂系统的建树工作一般十分庞大繁杂，机理交错多变，所以要求建树者必须仔细，并广泛地掌握设计、使用、维护等各方面的经验和知识。建树时最好能有各方面的技术人员参与。

建树一般可按下列步骤进行：

第一，广泛收集并分析有关技术资料。包括熟悉设计说明书、原理图、结构图、运行及维修规程等有关资料；辨明人为因素和软件对系统的影响；辨识系统可能采取的各种状态模式以及它们和各单元状态的对应关系，识别这些模式之间的相互转换。

第二，选择顶事件。顶事件是指人们不希望发生的显著影响系统技术性能、经济性、可靠性和安全性的故障事件。一个系统可能不止一个这样的事件。在充分熟悉系统及其资料的基础上，做到既不遗漏又分清主次地将全部重大故障事件一一列举，必要时可应用 FMEA，然后再根据分析的目的和故障判据确定出本次分析的顶事件。

第三，建树。一般建树方法可分为两大类：演绎法和计算机辅助建树的合成法或决策表法。演绎法的建树方法为：将已确定的顶事件写在顶部矩形框内，将引起顶事件的全部必要而又充分的直接原因事件（包括硬件故障、软件故障、环境因素、人为因素等）置于相应原因事件符号中画出第二排，再根据实际系统中它们的逻辑关系用适当的逻辑门连接事件和这些直接原因事件。如此，遵循建树规则逐级向下发展，直到所有最低一排原因事件都是底事件为止。这样，就建立了一棵以给定顶事件为“根”，中间事件为“节”，底事件为“叶”的倒置的 n 级故障树。

第四，故障树的简化。建树前应根据分析目的，明确定义所分析的系统和其他系统（包括人和环境）的接口，同时给定一些必要的合理假设（如对一些设备故障作出偏安全的保守假设，暂不考虑人为故障等），从而由真实系统图得到一个主要逻辑关系等效的简化系统图。

3. 车载故障自诊断系统

一般装有微处理器控制单元（ECU）的汽车，都具有故障自诊断系统。可以用它来对汽车内传动系统、控制系统各个部分工作状态进行自动检查和监测。当汽车出现故障时，装在仪表板上的故障指示灯就会闪亮以警告车主汽车可能出问题了，按一下按钮，故障代码（一般用二位或三位数字代表不同的故障）就在仪表板上显示出来。同时此故障信号将被存入存储器，即使点火开关断开、故障排除、故障指示灯熄灭，故障信号仍将保留在存储器中以供维修人员来判断汽车的故障所在。故障排除后，断开 ECU 的电源 30 s 故障码将会被清除（由于各种汽车型号的不同，清除故障码的方法不尽相同）。

（1）汽车故障自诊断系统的发展过程

1）专用汽车检测仪。70 年代后期，为了进一步提高现代汽车使用和维修的方便性，出现了专用汽车检测仪用来检测汽车电控系统的工作状况。例如，美国福特公司研制的 EEC－Ⅰ和 EEC－Ⅱ检测仪，它可用于监控电控汽油发动机的信号，并找出故障部位。由于这种专用检测仪在诊断故障时对操作人员的技术要求较高，因而一直未能普及开来。

2）随车诊断系统。进入 80 年代，一种新型诊断系统即随车诊断系统问世，它是利用微处理控制单元（ECU）对电控系统各部件进行检测和诊断，自行找出故障，故也被称为故障自诊断系统。由于它可以对汽车电控系统参数实行连续监控，并能记录各系统的间歇故障，因此查找故障及时方便，所以其使用较为广泛。但是由于微处理器内存有限，故其诊断项目受到一定的限制，而且不能诊断较为复杂的故障，因此，人们又在研制和开发更新更好的诊断系统。

3）多功能车外诊断系统。为了扩充随车自诊断系统的诊断容量和诊断功能，80 年代末，福特的车外诊断仪 OASIS、丰田的 Diaqmonitor 诊断系统、日产公司的 Consult 等等相继诞生，这些系统功能较为齐全，但是价格较为昂贵，专业技术要求高，且标准不统一，因而其使用和维护也受到一定的限制。进入90年代以后，一些符合国际标准、易操作且价格较为合理的多功能诊断系统研制成功，如日本大发研制的DOT-21型车外诊断系统等。

现代汽车自诊断系统自成体系，不具有通用性，因而不利于推广，给汽车的售后服务和维修造成了很大的困难。因此，诊断系统必须标准规范，这样其诊断模式和诊断接口便可统一，只用一台仪器便可对各种车辆进行诊断和检测，这必将大大推进汽车自诊断系统的发展。

(2) 汽车自诊断系统的功能

1）发现故障。输入到微处理器的电平信号，在正常状态下有一定的范围，如果此范围以外的信号被输入时，ECU就会诊断出该信号系统处于异常状态。例如，发动机冷却水温信号系统规定在正常状态时，传感器的电压为0.08~4.8 V（-50~139℃），超出这一范围即被诊断为异常。

如果微机本身发生故障则由设有紧急监控定时器（WDT）的时限电路加以监控；如果出现程序异常，则定期进行的时限电路的再设置停止工作，以便采用微机再设置的故障检测方法。

2）故障分类。当微机工作正常时，通过诊断用程序检测输入信号的异常情况，再根据检测结果分为不导致功能障碍的轻度故障、引起功能下降的故障以及重大故障等。并且将故障按重要性分类，预先编辑在程序中，当微机本身发生故障时，则通过WDT进行重大故障分类。

3）故障报警。一般通过设置在仪表板上报警灯的闪亮来向车主报警。在装有显示器的汽车上，也有直接用文字来显示报警内容的。

4）故障存储。当检测到故障时，在存储器中存储故障部位的代码，一般情况下，即使点火开关处于断开位置，微机和存储部分的电源也保持接通状态而不会使存储的内容丢失。只有在断开蓄电池电源或拔掉保险丝时，由于切断了微机的电源，存储器内的故障代码才会被自动消除。

5）故障处理。在汽车运行过程中如果发生故障，为了不妨碍正常行驶，由微机进行调控，利用预编程序中的代用值（标准值）进行计算以保持基本的行驶性能，待停车后再由车主或维修人员进行相应的检修。

(3) 几种不同车型的故障自诊断系统

1）奥迪（AUDI）汽车故障自诊断系统。奥迪的V6发动机采用了MPFI多点燃油系统，其自诊断系统内有30种不同的故障存储在微机中。其特点是：

①如果故障存在超过一定的时间，则该故障以稳定的形式被存储在存储器中。

②如果在一定时间内曾经出现的故障不再出现，则此故障被认为是偶发性故障，如果发动机启动50次，该故障仍然没有再次出现，则此偶发性故障将会被自动清除。

③在关闭点火开关150 min后，微机进入自保持阶段，如果在此期间对燃油喷射和点火系统进行检修，接着应调出已经被存储的故障代码并加以清除。调出被存储的故障代码需要用专用的仪器V.A.G1551型故障码阅读器。

2）克莱斯勒汽车故障自诊断系统。克莱斯勒汽车公司的电控系统简称SBEC，当汽车出现故障时，相应的故障信息以代码的形式储存于SBEC中。

每次打开点火开关，“CHECK ENGINE”指示灯都将闪亮几秒钟，以示该指示灯工作正常，如果SBEC接收到来自各种传感器的信号不正常或者根本接收不到信号，则仪表板上的“CHECK ENGINE”指示灯将亮起，说明发动机有故障，需要检修。

进入自诊断状态的方法是，将点火开关在5 s内开关三次，即ON→OFF→ON→OFF→ON，此时仪表板上的“CHECK ENGINE”指示灯将闪烁，由此可显示出所存储的故障码。

故障码的清除方法是，可以用专用仪器DRB Ⅱ来清除故障码。如果没有DRB Ⅱ，也可将点火开关ON/OFF（开/关）50次，故障码即被清除。

4. 故障分析报告的内容和写作方法

故障分析报告是运用已有的知识或经验对故障进行全面的分析，从中发现故障规律及故障诊断与排除的最佳思路。一般来说，遇到不易排除或比较典型的故障，在排除完毕后，要对故障进行分析，并写故障分析报告。从而为后面的故障诊断与排除打下良好的基础。

（1）故障分析报告的写作步骤

1）对故障进行反思

①根据故障现象分析可能的原因。

②与进行诊断时的程序、方法相比较，总结经验或不足。

2）列出正确的诊断程序。

3）进行故障分析报告的写作。

（2）写作要求

1）重点放在分析、总结上，并尽可能查找不足，从而提供新的思路。

2）术语准确。

3）语言要求言简意赅。

（3）应包含内容

可列出表2—1所示的内容。

表 2—1　　故障分析报告

<table>
<tr><td colspan="2" rowspan="4">客户姓名</td><td rowspan="4"></td><td>登记号</td><td></td></tr>
<tr><td>登记日期</td><td></td></tr>
<tr><td>车型</td><td></td></tr>
<tr><td>发动机型号</td><td></td></tr>
<tr><td colspan="2">接车日期</td><td></td><td>里程表读数</td><td></td></tr>
<tr><td colspan="3">故障发生日期</td><td colspan="2"></td></tr>
<tr><td colspan="3">故障发生频率</td><td colspan="2"></td></tr>
<tr><td rowspan="5">故障发生条件</td><td colspan="2">天气</td><td colspan="2"></td></tr>
<tr><td colspan="2">气温</td><td colspan="2"></td></tr>
<tr><td colspan="2">地点</td><td colspan="2"></td></tr>
<tr><td colspan="2">发动机水温</td><td colspan="2"></td></tr>
<tr><td colspan="2">发动机工况</td><td colspan="2"></td></tr>
<tr><td>故障现象</td><td colspan="4"></td></tr>
<tr><td>诊断步骤</td><td colspan="4"></td></tr>
<tr><td>故障诊断中
存在的问题</td><td colspan="4"></td></tr>
<tr><td>改进措施</td><td colspan="4"></td></tr>
<tr><td>备注</td><td colspan="4"></td></tr>
</table>

故障分析人＿＿＿＿＿＿　　＿＿＿＿年＿＿＿＿月＿＿＿＿日

5. 技术资料检索知识

(1) 资料在维修中的重要作用

1）修车的必备工具。科学的诊断方法，精确的检测数据，人脑和设备的必要延伸。

2）重要的学习工具。掌握维修新技术，培养正确理念。

3）节省工时，提高效率和企业利润，快速诊断并排除故障，技术服务公报直接提供故障解决办法。

4）提高行业技术水平。最新技术介绍，提高整个行业的技术水平。从而提高社会满意度，给行业管理带来便利条件。

5）配件和工时管理的需要。订购配件，方便管理。

6）安全和环保的需要。气囊、空调、燃油系统等安全操作规范，排放物控制系统及真空管路图。

（2）应当注意的资料

1）维修技术资料。车辆识别信息（VIN）、结构与原理、保养数据、检修步骤、技术参数、故障码和数据流、诊断流程、元件位置、电路图、拆装图等。

2）配件和工时资料。编号、价格、工时、图形。

3）技术服务公报（TSB）。厂家发布的故障修复资料。

4）车身修复资料。车身尺寸、四轮定位、车身拆装、估价系统等。

5）培训资料。基础培训、设备操作、安全注意事项、职业道德、具体车型或专门技术方面的培训资料。

6）管理信息系统。接待、CRM、财务、库房、供应商等。

（3）维修资料的种类

1）光盘。超过 20 张 CD，查询方便，资料较全、可打印，需定期更新，适合于综合型修理厂。

2）设备自带资料。资料有限，查阅不便，更新不便。

3）书籍。直观，单一年款，无法更新，易脏污或破损，需大量存储空间，携带或查询不便，适合小厂或个人。

4）杂志。主要针对技术诀窍、经验交流、单一问题、技术发展趋势，适合个人学习和参考。

5）网络。资料齐全，查询方便，实时更新，可打印，可交互，功能易扩展，前景广阔。

6. 电控发动机故障诊断的原则与方法

（1）诊断原则

1）先外后内。首先对电子控制系统以外的可能部位进行检查，然后再对电子控制系统进行检查。

2）先简后繁。能以简单方法检查的可能故障部位先予以检查。

3）先熟后生。由于结构和使用环境的原因，发动机的某一故障现象可能是以某些总成或部件的故障最为常见，先对这些常见故障部位进行检查，如果没有找出故障，再对其他常见的可能故障部位予以检查，这样做，往往可以迅速找出故障。

4）代码优先。电子控制系统一般都有故障自诊断功能，当电子系统出现故障时，故障自诊断系统就会立刻检测到故障并通过警告灯向驾驶员报警，同时以故障代码的方式储存该故障的信息。但是对于有些故障，故障自诊断系统只能储存该故障代码，并不能报警。因此，在对发动机作系统检查之前，应按制造厂提供的方法，读取故障代码，并检查和排除代码所指的故障部位。待故障代码所指的故障消除后如果发动机故障现象还没有消除，或者开始就没有故障码输出，则可按传统的诊断程序对发动机可能的故障部位进行检查。

5）先思后行。首先根据故障现象分析可能的原因，然后再进行故障检查，这样既避免有关部位的遗漏，又避免故障检查的盲目性。

6）先备后用。平时准备一些与维修车型有关的资料，包括维修手册、检测数据等，这些都会给以后的维修带来方便。

（2）故障诊断的常用方法

1）基本方法

①人工经验诊断。人工经验诊断就是通过人的感官对汽车故障现象进行看、问、听、试、嗅等，了解和掌握故障现象的特点，通过人的大脑进行分析、判断得出结论的诊断方法。

看。即目测检查，其目的是了解电控发动机的电控系统的类型、车型，在进行更为细致的测试和诊断之前，能消除一些可能的故障原因。

问。为了迅速查找故障源，必须认真听取客户对故障现象的描述，然后询问一些有关的问题来帮助确定或否定初步的结论。

听。主要是听发动机工作时的声音，有无爆震、有无敲缸、有无失速、有无进气管或排气管放炮等。

试。主要是维修人员根据前述检查，有针对性地试车，以便进一步确定故障。

②利用随车故障自诊断系统。随车诊断是利用汽车上电控系统所提供的故障自诊断功能对电控发动机故障进行诊断的方法，即利用故障自诊断系统调取故障码，然后根据故障代码的提示，找出故障所在的方法。

③利用简单仪表诊断。利用简单仪表诊断，就是利用以万用表和示波器为主的通用仪表，对电控发动机进行诊断的方法。因为电控系统各部件均有一定电阻值范围，工作时有电压输出信号，用示波器测试元件工作时的输出电压波形，用万用表测量导通性等可判断元件或线路是否正常。

④利用专用诊断仪器诊断。专用诊断仪器大多为带有微处理器的电子计算机系统，对汽车的故障诊断十分有效。按体积大小可分为：台式电脑分析仪、便携式电脑分析仪和袖珍型电脑分析仪。

可以利用专用诊断仪器调取故障码，也可以读取数据模块。如果是原厂提供的诊断仪，有的还可以进行某些基本功能的设定。

2）故障征兆模拟试验方法。对于偶发性故障，可以模拟故障征兆来判断故障部位。

①振动法。当振动可能是引起故障的原因时，即可采用振动法进行试验。基本试验仪器有：

连接器。在垂直和水平方向轻轻摇动连接器。

配线。在垂直和水平方向轻轻摆动配线。连接器的接头、振动支架和穿过开口的连接器体都是应仔细检查的部位。

零件和传感器。用手指轻拍装有传感器的零件，检查是否失灵。切记不可用力拍打继电器，否则可能会使继电器开路。

②加热法。有些故障只是在热车时出现，可能是有关零件或传感器受热引起的。可用电吹风或类似加热工具加热可能引起故障的传感器，检查是否出现故障，但必须注意加热温度不得大于 60℃，不可直接加热电脑中的零件。

③水淋法。当有些故障是在雨天或高湿度的环境下产生时，可用水直接喷淋在车辆上，检查是否发生故障。但应注意：不可将水直接喷淋在发动机电控零件上，而应喷淋在散热器前面间接改变湿度和温度；不可将水喷在电子器件上；尤其应该防止水渗到电脑内部。

④电器全接通法。当怀疑可能是由于用电负荷过大而引起时，可接通车上全部电器设备，检查是否发生故障。

二、操作技能

1. 多气门发动机工作不稳诊断

(1) 操作内容

多气门发动机工作不稳的诊断程序。

(2) 操作准备

1) 装备多气门发动机的汽车。

2) 故障诊断仪、真空表、万用表、燃油压力表、点火正时灯、汽缸压力表、常用工具。

(3) 操作步骤

1) 故障现象。发动机正常运转时，转速忽高忽低。

2) 故障原因

①进气系统漏气。

②燃油系统压力不稳定。

③电控系统接触不良。

④点火正时不准确。

3) 故障诊断与排除的程序。故障诊断与排除的程序如图 2—12 所示。

(4) 注意事项

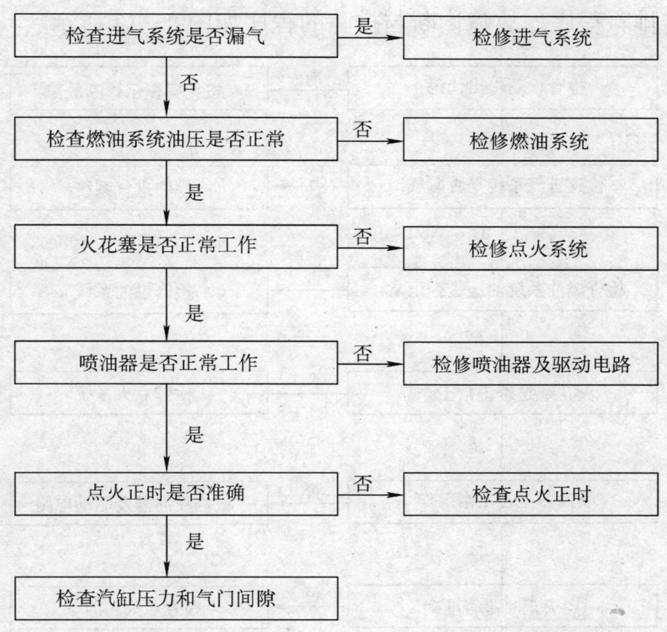

图 2—12　多气门发动机工作不稳的故障诊断与排除的程序

1）结合不同的车型，诊断程序可能会有细微调整。

2）注意人身、机具安全。

3）进行油压测试时，附近不得有明火。

2. 废气增压发动机工作不稳诊断

(1) 操作内容

废气增压发动机工作不稳的诊断程序。

(2) 操作准备

1）装备废气增压发动机的汽车。

2）故障诊断仪、真空表、万用表、燃油压力表、点火正时灯、汽缸压力表、常用工具。

(3) 操作步骤

1）故障现象。发动机正常运转时，转速忽高忽低。

2）故障原因

①进气系统漏气。

②燃泊系统压力不稳定。

③电控系统接触不良。

④点火正时不准确。

⑤涡轮增压器故障。

3）故障诊断与排除程序。故障诊断与排除的程序如图 2—13 所示。

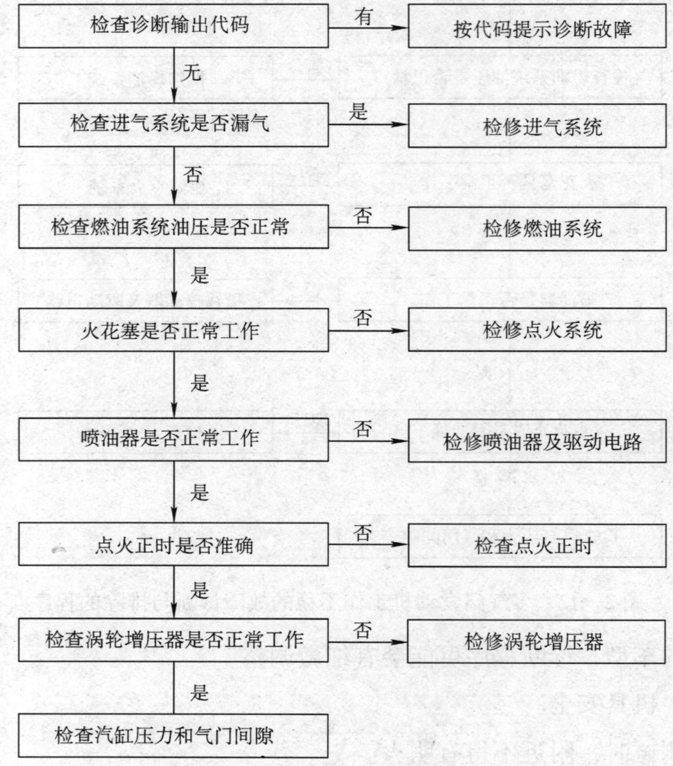

图 2—13 废气增压发动机工作不稳的故障诊断与排除的程序

（4）注意事项

1）结合不同的车型，诊断程序可能会有细微调整。

2）注意人身、机具安全。

3）进行油压测试时，附近不得有明火。

3. 电控汽油机爆燃故障诊断

（1）操作内容

电控汽油机爆燃故障诊断的程序。

（2）操作准备

1）装备电控发动机的汽车。

2）点火正时灯、燃油压力表、万用表、诊断仪、常用工具。

（3）操作步骤

1）故障现象。发动机运转时，特别是加速时，产生敲缸响。

2）故障原因分析

①燃油压力太低。

②点火时刻太早。

③喷油器堵塞。

④冷却水温太高。

⑤燃油辛烷值低、品质差。

3）故障诊断与排除程序。故障诊断与排除的程序如图 2—14 所示。

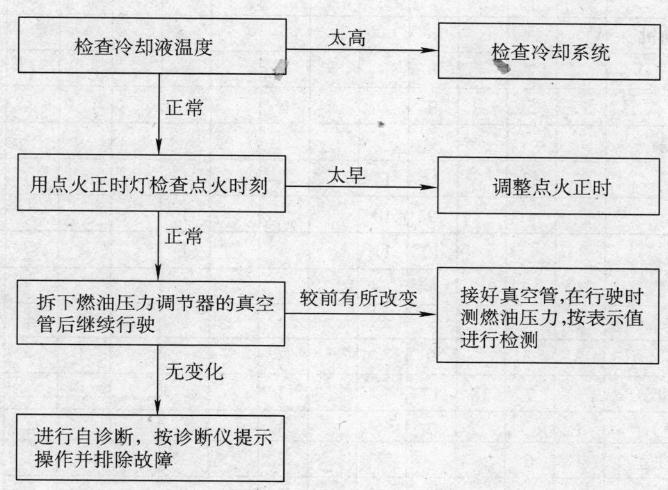

图 2—14　电控汽油机爆燃的故障诊断与排除的程序

（4）注意事项

1）注意机具、人身安全。

2）检查点火正时时，注意点火正时灯的使用。

4. 无“故障代码”的电控燃油系统的故障诊断

（1）操作内容

根据故障现象借助故障诊断表诊断故障。

（2）操作准备

1）装备电控发动机的汽车。

2）故障诊断仪、真空表、万用表、燃油压力表、点火正时灯、汽缸压力表、常用工具等。

（3）操作步骤

电控燃油系统如发生故障，进行自诊断时，没有故障代码，可以针对不同的情况进行诊断。表 2—2 是“L”型燃油系统的故障诊断表。表 2—3 是“D”型燃油系统的故障诊断表。

表中的数字是诊断顺序。在诊断时，应根据具体的装备进行诊断。

表 2—2 **“L”型燃油系统的故障诊断表**

现象	排除顺序 故障部位	开关状态信号电路	点火信号电路火花试验	空燃比过高或过低主氧传感器	水温传感器电路	进气温度传感器电路	副氧传感器电路	空气流量计电路	节气门位置传感器电路	起动机信号电路	爆震传感器电路	空挡启动开关电路	EFI继电器电源	备用电源电路	喷油器电路	冷动起喷油器电路	ISC阀电路
不能启动	发动机转不动												3				
	起动机带不动发动机																
	无初始燃烧		2										1		5		
	燃烧不完全		5		9			6							6	11	7
启动困难	发动机转动缓慢																
	常温启动困难		13		11	14				1					8	12	2
	冷态启动困难				9	10				1					4	8	2
	热态启动困难				10	11				1					5	7	2
怠速运转不好	开始怠速不正确	1															2
	怠速转速太高	1										5	4	6			2
	怠速转速太低	3			9			7				4		8	6		1
	怠速运转不柔和		7	18	17			3						13	4	16	2
	缺火（怠速不稳）	1			7			3					4				2
驾驶性能不良	加速时发抖/加速性差	1	6					2							3		
	回火				4	5		7	6						9		
	消声器放炮	1			7	8		10	9						5		
	发动机喘振	1			8	9									6		
	爆震										2				4		
发动机失速	启动后不久就失速				6			2									3
	在踩下加速踏板后	1						2									
	在松开加速踏板后														1		
	在 A/C 工作时																1
	从 N 挡拉换到 D 挡位时											1					2
	旋转转向机构时																
	启动或停机时																
其他故障	燃油消耗过大			18	6	7	19		8			17			13	15	16
	发动机过热																
	发动机过冷																
	机油消耗过高																
	机油压力太高																
	机油压力太低																
	起动机运转不停																
	蓄电池经常放电																

续表

排除顺序 故障部位 / 现象		燃油泵电路	VSV电路燃油压力控制	EGR系统电路		A/C信号电路	燃油质量	漏燃油	漏冷却液	漏机油	漏真空	起动机和继电器	空挡启动开关
不能启动	发动机转不动												1
	起动机带不动发动机												
	无初始燃烧	3											
	燃烧不完全	10									1		
启动困难	发动机转动缓慢					2							
	常温启动困难	3		10			9						
	冷态启动困难	3											
	热态启动困难	4	3	12			13				14		
怠速运转不好	开始怠速不正确												
	怠速转速太高					3							
	怠速转速太低	5		10		2							
	怠速运转不柔和	9	2	5	6		15						
	缺火（怠速不稳）	5					6				8		
驾驶性能不良	加速时发抖/加速性差	4			5						11		
	回火	8		2	3						1		
	消声器放炮	1			6								
	发动机喘振	2			3						7		
	爆震			5			1						
发动机失速	启动后不久就失速						5				4		
	在踩下加速踏板后												
	在松开加速踏板后	2				3							
	在 A/C 工作时					2							
	从 N 挡位换到 D 挡位时												
	旋转转向机构时												
	启动或停机时												
其他故障	燃油消耗过大	1	4				2						
	发动机过热												
	发动机过冷												
	机油消耗过高									1			
	机油压力太高									1			
	机油压力太低												
	起动机运转不停											1	
	蓄电池经常放电												

续表

排除顺序 故障部位 现象		开关状态信号电路	点火信号电路	水温传感器电路	进气温度传感器电路	进气压力传感器	节气门位置传感器电路	起动机信号电路	爆震传感器电路	空挡启动开关电路	信号电路空调	油泵电路	油压调节器	油管
不能启动	发动机转不动													
	起动机带不动发动机													
	无初始燃烧	12	2			5						6		
	燃烧不完全			4		1							3	
启动困难	发动机转动缓慢										2			
	常温启动困难	11	12	4	13							6	5	7
	冷态启动困难			1	5			2				7	6	8
	热态启动困难			1	4							6	5	7
怠速运转不好	开始怠速不正确			2										
	怠速转速太高			2	5		6			8	7			
	怠速转速太低			1		3								
	怠速运转不柔和		12	2		10						6	5	7
	缺火（怠速不稳）		3	5		7								
驾驶性能不良	加速时发抖/加速性差			9	10	8	7					12	11	13
	回火			2	5	4	3					7	6	8
	消声器放炮			3	7	5	6						4	
	发动机喘振												1	
	爆震								1					
发动机失速	启动后不久就失速			7		6						3	2	4
	在踩下加速踏板后					1	2						4	5
	在松开加速踏板后					2								
	在 A/C 工作时										1			
	从 N 挡位换到 D 挡位时									1				
其他故障	燃油消耗过大			11	16	13	12			14	15			
	发动机过热								9					
	发动机过冷													
	机油消耗过高													
	机油压力太高													
	机油压力太低													
	起动机运转不停													

表 2—3　　　　“D”型燃油系统的故障诊断表

排除顺序 故障部位 / 现象		喷油器	ISC阀电路	EFI主继电器电源	节气门减速缓冲器	燃油切断系统	发动机和变速器ECU	燃油质量	漏燃油	漏冷却液	漏机油
不能启动	发动机转不动										
	起动机带不动发动机										
	无初始燃烧		8	3			13	7			
	燃烧不完全	9	2								
启动困难	发动机转动缓慢										
	常温启动困难	15	3				16	1			
	冷态启动困难	9	4				10	3			
	热态启动困难	8	3				9	2			
怠速运转不好	开始怠速不正确		3		4		5				
	怠速转速太高	9	3		4		10				
	怠速转速太低	4	2				5				
	怠速运转不柔和	11	8				13	1			
	缺火（怠速不稳）	8					9	1			
驾驶性能不良	加速时发抖/加速性差	16					17	3			
	回火	9					10				
	消声器放炮	8				1	9				
	发动机喘振	4					5				
	爆震						9	2			
发动机失速	启动后不久就失速	8	5				9	1			
	在踩下加速踏板后	6					7				
	在松开加速踏板后		1				3				
	在 A/C 工作时		2				3				
	从 N 挡位换到 D 挡位时		2				3				
其他故障	燃油消耗过大	10				6		2	1		
	发动机过热									1	
	发动机过冷										
	机油消耗过高										
	机油压力太高										1
	机油压力太低										
	起动机运转不停										

续表

现象	排除顺序 故障部位	起动机、继电器	空挡启动开关	起动机	火花塞	分电器	加速踏板拉杆	松开后制动器仍抱死	冷却风扇系统	离合器	汽缸压缩不良
不能启动	发动机转不动	1	3	2							
	起动机带不动发动机			1							
	无初始燃烧					1					9
	燃烧不完全										5
启动困难	发动机转动缓慢			1							
	常温启动困难				2	14					8
	冷态启动困难										
	热车启动困难										
怠速运转不好	开始怠速不正确						1				
	怠速转速太高						1				
	怠速转速低										
	怠速换挡不柔和				3	4					9
	熄火				2	4					6
驾驶性能不良	加速时发抖/加速性差				4	5		2		1	6
	回火										
	消声器放炮										
	发动机喘振				2	3					
	爆震				3				6		
发动机失速	启动后不久就失速										
	在踩下加速踏板后				3						
	在松开加速踏板后										
	在 A/C 工作时										
	从 N 挡位换到 D 挡位时										
其他故障	燃油消耗过大				7	8	3	5		4	9
	发动机过热				8				2		
	发动机过冷								1		
	机油消耗过高										3
	机油压力太高										
	机油压力太低										
	起动机运转不停	1		2							

续表

现象 \ 排除顺序 \ 故障部位		点火线圈	火花塞	分电器	加速踏板拉杆	冷却风扇系统	动力转向怠速提升装置	汽缸压缩不良	松开后制动器仍抱死	变速器故障	防盗和门锁控制ECU	发动机机械和其他故障	发动机和变速器ECU
不能启动	发动机转不动										2		
	起动机带不动发动机	1										2	
	无初始燃烧		4									6	
	燃烧不完全	2	4	3				8				12	13
启动困难	发动机转动缓慢	1										3	
	常温启动困难	4	6	5				7				15	16
	冷态启动困难	5	7	6									11
	热态启动困难	6	9	8									15
怠速运转不好	开始怠速不正确												3
	怠速转速太高												7
	怠速转速太低												11
	怠速运转不柔和	10	12	11				8				19	20
	缺火（怠速不稳）											9	10
驾驶性能不良	加速时发抖/加速性差	7	9	8	12				3	10		14	15
	回火											10	11
	消声器放炮	2	4	3								12	13
	发动机喘振		5	4								10	11
	爆震		3									6	7
发动机失速	启动后不久就失速												
	在踩下加速踏板后												
	在松开加速踏板后												4
	在A/C工作时												3
	从N挡位换到D挡位时												
	旋转转向机构时												
	启动或停机时									1			
其他故障	燃油消耗过大		9	10	4	5		11	3	20			22
	发动机过热					2						3	
	发动机过冷					1						2	
	机油消耗过高											2	
	机油压力太高											2	
	机油压力太低											1	
	起动机运转不停												
	蓄电池经常放电											1	

(4) 注意事项

区别不同车型进行诊断。按表中顺序进行诊断。

第二节 诊断与排除汽车底盘与车身故障

学习目标

- 常见车辆识别码
- 底盘电控系统的故障诊断

一、相关知识

1. 车辆识别码知识

现在世界各国汽车公司生产的汽车大部分都使用了 VIN（Vehicle Identification Number）车辆识别代号编码。“VIN 车辆识别代号编码”由一组字母和阿拉伯数字组成，共 17 位，又称 17 位识别代号编码。它是识别一辆汽车不可缺少的工具。

VIN 的每位代码代表着汽车某一方面的信息参数。按照识别代号编码顺序，从 VIN 中可以识别出该车的生产国家、制造公司或生产厂家、车的类型、品牌名称、车型系列、车身形式、发动机型号、车型年款（属哪年生产的年款型车）、安全防护装置型号、检验数字、装配工厂名称和出厂顺序号码等。

17 位代号编码经过排列组合的结果可以使车型生产在 30 年之内不会发生重号现象，就像我们的身份证号码一样，不会产生重号错认，故又称为“汽车身份证”。因为现在生产的汽车车型采用年限在逐渐缩短，一般 8 ~ 12 年就淘汰，不再生产，所以 17 位识别代号编码已足够应用。

各国政府及各汽车公司对本国或本公司生产的汽车的 17 位识别代号编码都有具体规定。各国的技术法规一般只规定车辆识别代号的基本要求，如其应由 17 位代号编码组成，字母和数字的尺寸、书写形式、排列位置和安装位置都有相应规定等，并且应保证 30 年内不会重号，除对个别符号的含义有硬性规定外，其他不做硬性规定，而由生产厂家自行规定其代表的含义。各国有关车辆识别代号的技术法规各有差异，也有共同之处，如美国法规规定车辆识别代号的第 9 位必须是工厂检查数字，而 EEC（欧洲共同体）指令将 17 位代号编码分成三组（VMN、VDS、VIS），只对每一组的含义范围进行了规定；美国规定识别代号编码应安装在仪表板左侧，在车外透过挡风玻璃可以清楚地看到而便于检查，而 EEC 规定识别代码编码应安装在汽车右侧的底盘车架上或标写在厂家铭牌上等。汽车研究及管理部门也有相应规定的标准，各国机动车辆管理部门办理牌照时可以将其输入计算机存储，以备需要时调用，如处理交通事故、保险索赔、查获被盗车辆、报案等。有的国家规定没有 17 位识别代号编码的汽车不准进口，有的国家客户在买车时没有 17 位识别代号编码就不购买，因此，没有 VIN 识别代号编码的汽车是卖不出去的。

由于汽车修理逐步实行计算机管理和故障分析诊断，在各种测试仪表和维修设备中都存储有 17 位识别代号编码 VIN 的数据，以作为修理的依据。17 位识别代号编码在汽车配件经营管理中也起着重要作用，在查找零件目录中的汽车零件号之前，首先要确认 17 位识别代号编码的车型年款，否则会产生误购、错装等现象。

VIN 识别代号编码一般以标牌的形式，装贴在汽车的不同部位，如图 2—15 所示。利用 VIN 数据规定还可以鉴别出拼装车、走私车，因为拼装的进口汽车一般是不按 VIN 规定进行组装的。

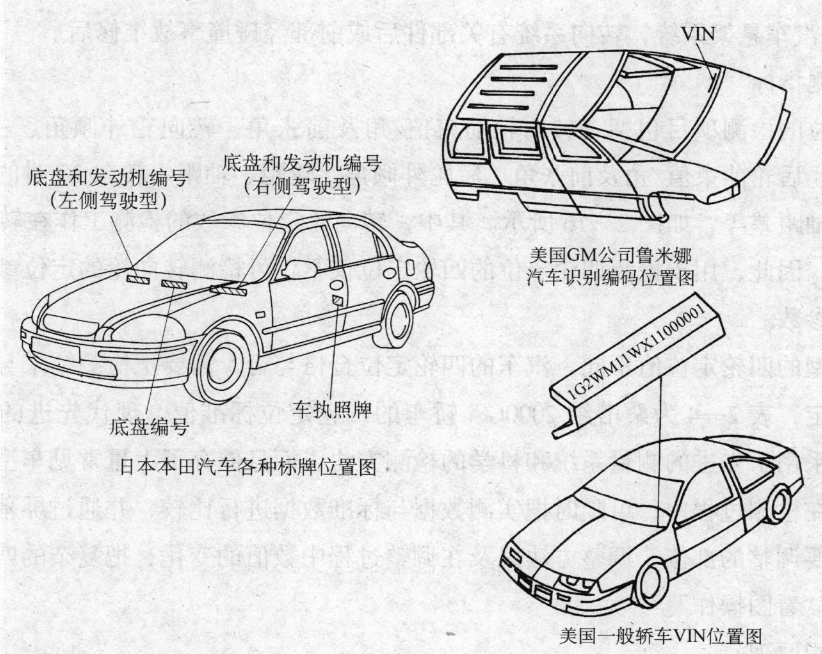

图 2—15　各种汽车标牌位置图

随着车型年款的不同和汽车发往国家的不同，VIN 规定会有所不同。有的按公司各车分部进行规定（如美国 GM），有的直接按系列车型或车名进行规定（如日本凌志汽车）。在实用中，一般要由两种 VIN 规定才可验证出一辆车的型号和车型参数，因此，大量积累这方面的资料具有重要的意义，随着年款的变化，今后还会陆续出现各种 VIN 规定。

2. 四轮定位的检测

(1) 四轮定位的含义

为适应汽车高速运行状态下的稳定性和舒适性要求，现代汽车广泛采用四轮独立悬架。为使汽车具有良好转向特性，除转向轮定位外，部分轿车（如夏利 TJ7100、捷达、富康、桑塔纳 2000 等）还具有后轮外倾角和前束等参数，称为四轮定位。

四轮定位的前、后轮定位参数依赖于悬架机构有关部件的相互位置在一个统一基准（线或面）上的合理匹配，以实现转向行驶系统的稳定效应，使汽车具有良好的行驶平顺性和操纵稳定性。只有当前、后轮定位参数均按标准值调整得当时，才能保证汽车转向精确、运行平稳、行驶安全、降低油耗并减轻轮胎磨损。

在汽车行驶中出现下列情况时，需进行四轮定位的检测和调整：

1）直线行驶困难。

2）前轮摇摆不定，行驶方向飘移。

3）轮胎出现不正常磨损。

4）更换汽车悬架系统，转向系统有关部件后或前部经碰撞事故维修后。

(2) 检测指标

四轮定位的检测项目包括：转向轮前束值/角及前张角、转向轮外倾角、主销后倾角、主销内倾角、后轮前束值/角及前张角、后轮外倾角、轮距、轴距、转向 20°时的前张角、推力角和左右轴距差等，如图 2—16 所示。其中，转向轮定位参数的检测工作在转向轮定位仪上也可完成。因此，用于检测四轮定位的四轮定位仪不仅可检测转向轮的定位参数，还可检测后轮定位参数。

不同车型的四轮定位值不同。汽车的四轮定位合格与否，需要把检测结果与标准值进行比较才能确定，表 2—4 为桑塔纳 2000GSi 轿车的四轮定位标准值。现代先进的电脑四轮定位仪，不仅采用了先进的测量系统和科学的检测方法，而且储存了大量常见车型的四轮定位标准数据。在检测过程中，可随时把实测数据与标准数据进行比较，并通过屏幕用图形和数字显示出需要调整的部位、调整方法以及在调整过程中数值的变化，把复杂的四轮定位检测调整简化成“看图操作”。

(3) 检测原理

不同类型四轮定位仪所采用的检测方法、数据记录与传输的方式有所不同，但基本检测原理一致。以下介绍四轮定位主要检测项目的检测原理。

1）前束和左右轮轴距差。检测时，应将车体摆正并把转向盘置于中间位置。为提高检测精度，依四轮定位仪的类型常通过拉线或光线照射及反射的方式形成一封闭的直角四边

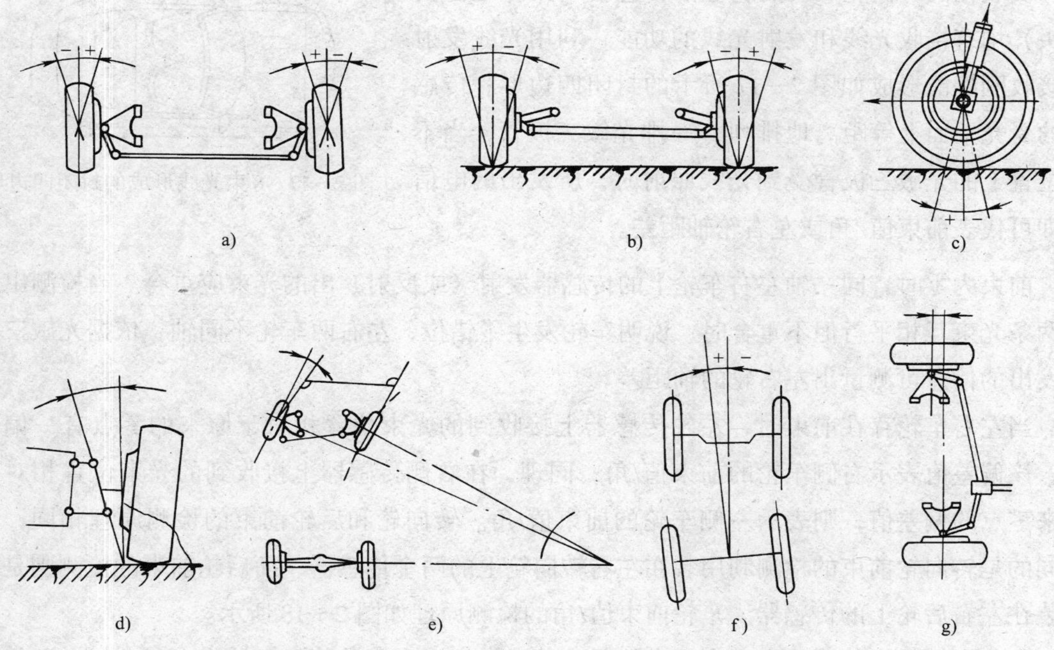

图 2—16　四轮定位的检测项目

a）车轮前束值和前张角　b）车轮外倾角　c）主销后倾角　d）主销内倾角

e）转向 20°时的前张角　f）推力角　g）左右轴距差

表 2—4　　桑塔纳 2000GSi 轿车车轮定位参数

参数			标准值
前轮	前束	左	– 10′ ± 5′
		右	– 10′ ± 5′
	外倾角	左	– 30′ ± 20′
		右	– 30′ ± 20′
	后倾角	左	– 1°30′ ± 30′
		右	– 1°30′ ± 30′
后轮	前束	左	– 12′ ± 7′
		右	– 12′ ± 7′
	外倾角	左	– 1°40′ ± 20′
		右	– 1°40′ ± 20′

形，并将被测车辆置于该四边形中，如图 2—17 所示。通过安装在车轮上的光学镜面或传感器，不仅可检测前后轮的前束值，还可检测同一车轴上左右车轮的同轴度及推力角等。

安装在车轮上的传感器有不同类型，当采用光敏三极管式传感器时，其检测原理如下：

安装在两转向轮和两后轮上的传感器（又称定位校正头）均有接收光线和发射光线的功能，利用光线发射与接收刚好能形成如图 2—17 所示的封闭四边形。传感器的受光平面上等距离地排列有一排光敏三极管，当不同位置上的光敏三极管受到光线照射时，所发出的电信号即可代表前束值/角或左右轮轴距差。

图 2—17　8 束光线形成的封闭四边形

前束为零时，同一轴左右车轮上的传感器发射（或反射）出的光束应重合。当检测出上述两条光束互相平行但不重合时，说明车轮发生了错位，左右两车轮不同轴，依据光敏三极管发出的信息可测量出左右轮的轴距差。

当左右车轮存在前束时，左轮传感器上接收到的光束位置相对于原来的零点有一偏差值，该偏差值表示右侧车轮的前束值/角；同理，在右侧传感器上接收到的光束位置相对于原来零点的偏差值，则表示左侧车轮的前束值/角。转向轮和后轮前束的检测原理相同，所不同的是转向轮前束的检测利用装在左右转向轮上的两个传感器，而后轮前束的检测则是利用装在左右后轮上的传感器。车轮前束值/角的检测原理如图 2—18 所示。

由于车辆长期使用或发生交通事故后，其后轴发生变形，致使后轴中心对称线（即推力线）发生偏斜，后轴中心线与汽车纵向对称线的夹角即称为推力角。推力角并非设计参数，而是一种故障状态参数。推力角过大会导致轮胎的异常磨损，汽车易偏离其直线行驶方向，严重时将发生后轴侧滑、甩尾等危险状况。

2）推力角。检测原理如图 2—19 所示。当推力角为零时，前后轴同侧车轮上的传感器发射或接收的光束应重合，当两条光束出现夹角而不重合时，即说明推力角不为零。因此，可以用安装在汽车前轮上的传感器接收到的后轮传感器所发射光束相对于零点位置的偏差值检测汽车推力角的大小。

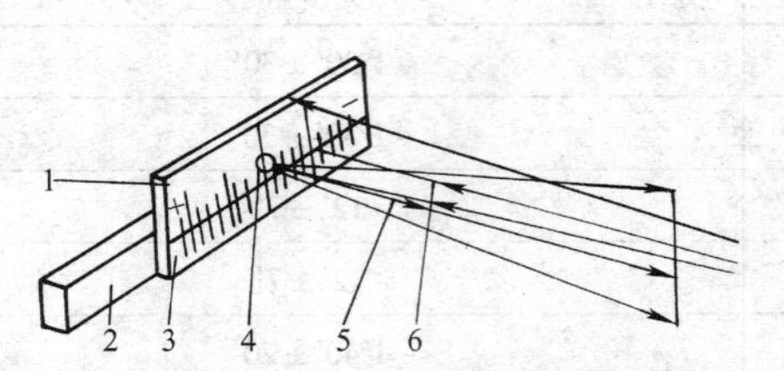

图 2—18　车轮前束值/角检测原理

1—刻度板　2—投射器支臂　3—光敏三板管　4—激光器

5—投射激光束　6—接收激光束

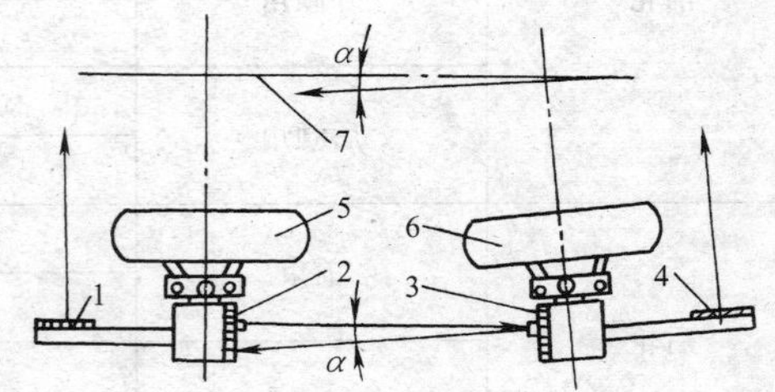

图 2—19　推力角的检测原理

1～4—光线接收器　5—转向轮　6—后轮

7—汽车纵轴线　α—推力角

3）车轮外倾。车轮外倾可在车轮处于直线行驶位置时直接测得。在四轮定位仪的传感器（定位校正头）内装有角度测量仪（如电子倾斜仪），把传感器装在车轮上，可直接测出车轮外倾。

4）主销后倾角和主销内倾角。主销后倾角和主销内倾角不能直接测出，只能采用建立在几何关系上的间接测量。其几何关系如下所述。

若存在主销后倾角，则在车轮向外转 20°和车轮向内转 20°两个位置时，车轮平面会发生倾角变化，该倾角变化可由传感器内的角度测量仪测出。

同理，若存在主销内倾角，则在车轮向外转 20°和车轮向内转 20°两个位置时，垂直于车轮旋转平面的平面内将发生倾角变化，该倾角变化也可由传感器内的角度测量仪测出。

5）转向 20°时前张角检测原理。汽车使用时，由于转向轮长期在凹凸不平的路面上行驶和经常使用紧急制动，使转向轮经常受到碰撞和冲击而引起汽车转向梯形变形，因此，会造成汽车在转向行驶过程中转向轮的异常磨损、操纵性变差，并影响汽车的安全行驶。为了检测汽车的转向梯形臂与各连杆是否发生变形，在四轮定位检测中设置了转向 20°时前张角的检测项目。

检测前张角时，使被检车辆转向轮停在转盘中心，转动转向盘使右转向轮向左转 20°后，读取左转向轮下转盘上的刻度值 ϕ_1，$20° - \phi_1$ 即为向右转向 20°时的前张角；使左转向轮沿直线行驶方向向左转 20°后，读取右转向轮下转盘上的刻度值 ϕ_2，$20° - \phi_2$ 即为向左转向 20°时的前张角。

一般汽车在出厂时，使用说明书上均给出了前张角的合格范围，将测量值与规定值进行比较即可检测出汽车转向轮的转向梯形臂和各连杆是否发生了变形。若其超出规定值或左右转向前张角不一致，则需要校正、调整或更换转向梯形臂和各连杆。

二、操作技能

1. 四轮定位的检测及转向系的检测

（1）操作内容

1）四轮定位仪及使用方法。

2）转向盘自由行程和转向力检测。

（2）操作准备

电脑式四轮定位仪一台；举升器一辆；被检车一辆；常用工具若干。

（3）操作步骤

1）四轮定位仪的使用方法

①电脑式四轮定位仪由主机、前后车轮检测传感器、传感器支架、转盘、刹车锁、转向盘锁及导线等零部件构成，如图 2—20 所示为电脑式四轮定位仪主机外形图。

为便于检测和调整，被检汽车需放在地沟上或举升平台上（下面以汽车放在举升平台上为例)，地沟或举升平台应处于水平状态，四轮定位仪则安装在地沟两旁或举升平台上，如图 2—21 和图 2—22 所示。

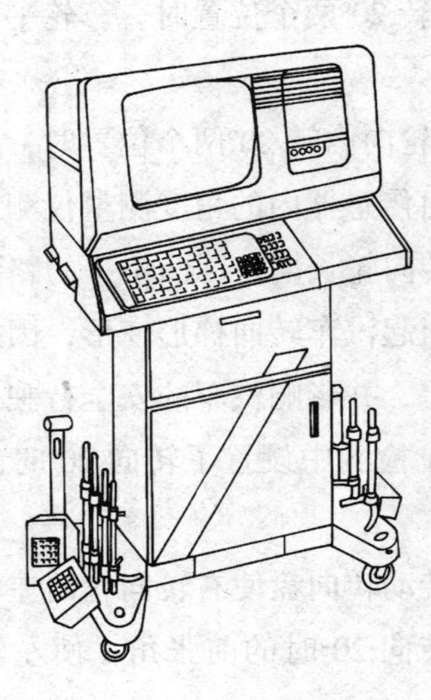

图 2—20　电脑式四轮定位仪主机外形图

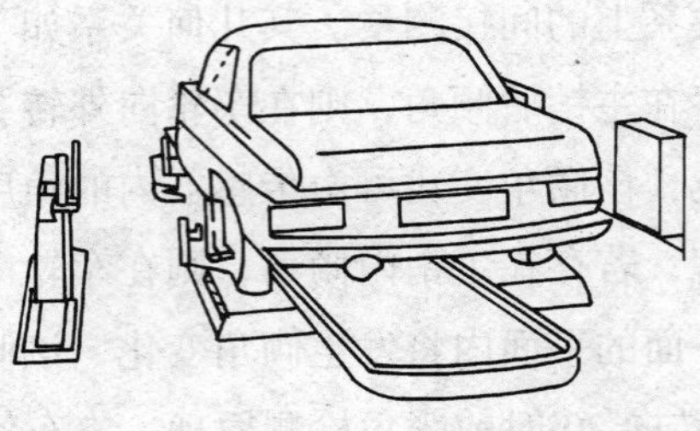

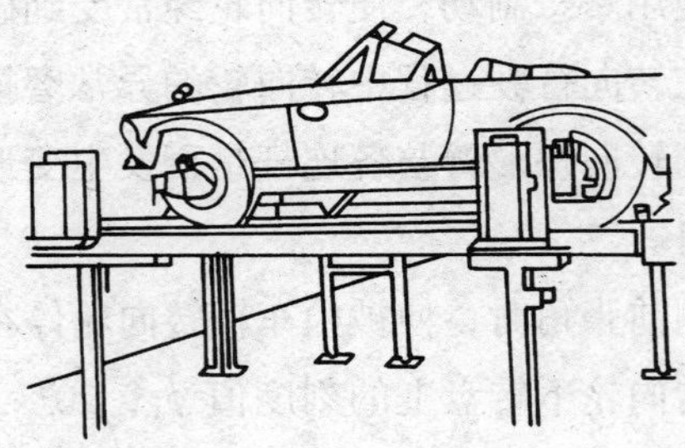

图 2—21　定位仪安装在地沟旁

图 2—22　定位仪安装在举升平台上

②对被检车辆的基本要求。在检测汽车的前轮定位时，被检车辆应满足以下要求：

a. 前后轮胎气压及胎面磨损基本一致。

b. 前后悬架系统的零部件完好、不松旷。

c. 转向系统调整适当，不松旷。

d. 前后减振器性能良好，不漏油。

e. 汽车前后高度与标准值的差不大于 5 mm。

f. 制动系统正常。

③检测步骤

a. 把汽车开上举升平台，托起四个车轮，把汽车举升半米（第一次举升）。

b. 托起车身适当部位，把汽车举升至车轮能够自由转动（第二次举升）。

c. 拆下各车轮，检查轮胎磨损情况。

d. 检查轮胎气压，不符合标准时应充气或放气。

e. 进行车轮的动平衡调整，动平衡完成后，把车轮装好。

f. 检查车身高度，检查车身四个角的高度和减振器技术状况，如车身不平应先调平；同时检查转向系统和悬架是否松旷，如松旷则应先紧固或更换零件。

g. 把传感器支架安装在轮辋上，再把传感器（定位校正头）安装到支架上，并按使用说明书的规定调整。

h. 开机进入测试程序，输入被检汽车的车型和生产年份。

i. 轮辋变形补偿。转向盘位于直行位置，使每个车轮旋转一周，即可把轮辋变形误差输入电脑。

j. 降下第二次举升量，使车轮落到平台上，把汽车前部和后部向下压动 4 ~ 5 次，使其做压力弹跳。

k. 用刹车锁压下制动踏板，使汽车处于制动状态。

l. 把转向盘左转至电脑发出“OK”声，输入左转角度；然后把转向盘右转至电脑发出“OK”声，输入右转角度。

m. 把转向盘回正，电脑屏幕上显示出后轮的前束及外倾角数值。

n. 调正转向盘，并用转向盘锁锁住转向盘使之不能转动。

o. 把安装在四个车轮上的定位校正头的水平仪调到水平线上，此时电脑屏幕上显示出转向轮的主销后倾角、主销内倾角、转向轮外倾角和前束的数值。

p. 调整主销后倾角、车轮外倾角及前束，调整方法可按电脑屏幕提示进行。若调整后仍不能解决问题，则应更换有关零部件。

q. 进行第二次压力弹跳，将转向轮左右转动，把车身反复压下后，观察屏幕上的数值有无变化，若数值变化应再次调整。

r. 若第二次检查未发现问题，则应将调整时松开的部位紧固。

s. 拆下定位校正头和支架，进行路试，检查四轮定位检测调整效果。

2）转向盘自由行程和转向力检测

①转向盘自由行程及其检测。转向盘自由行程指汽车转向轮位于直线行驶状态时，转向盘可自由转动的转角。当转向盘自由行程过大时，说明从转向盘至转向轮运动传递链中的若干配合副因磨损过度而出现松旷现象。因此，转向盘自由行程为一综合诊断参数。

根据 GB7258—1997《机动车运行安全技术条件》的规定：机动车转向盘的最大自由转动量从中间位置向左或向右均不得大于 10°（设计车速不小于 100 km/h）或 15°（设计车速小于 100 km/h）。

简易转向盘自由行程检测仪由刻度盘和指针两部分组成。刻度盘通过磁座吸附在仪表板或转向柱管上，指针固定于转向盘外缘，亦可相反。检测时，汽车处于直线行驶位置，把转向盘转至空行程极端位置后，调整指针使之指向刻度盘零度。而后把转向盘转至另一侧极限位置，其自由行程即为指针所指刻度。转向盘自由行程也可用转向参数测量仪或转向测力仪检测。

②转向盘转向角和转向力检测。操纵稳定性优良的汽车，应有适度的转向轻便性。转向沉重，则易使驾驶员疲劳或转向不正确、不及时而影响行车安全；太轻，则驾驶员路感太弱、方向飘移而不利于安全行车。

转向轻便性可用转向角和转向力作为参数诊断。可在动态或静态情况下，用转向参数测量仪或转向测力仪等仪器，测得转向力和对应转角的大小。

转向轻便性的检测一般可采用原地转向力检测、低速大转角（8 字行驶）转向力检测和弯道转向力检测，可按有关国家标准的规定进行。根据国家标准 GB7258—1997《机动车运行安全技术条件》的规定，机动车在平坦、硬实、干燥和清洁的水泥或沥青道路上行驶，以 10 km/h 的速度在 5 s 之内沿螺旋线从直线行驶过渡到直径为 24 m 的圆周行驶，施加于转向盘外缘的最大切向力不得大于 245 N。

如图 2—23 所示为国产 ZC－2 型转向参数测量仪，该仪器由操纵盘、主机箱、连接叉和定位杆四部分组成，具有测试转向盘自由行程、转向角和转向力的功能。操纵盘实际上是一个附加转向盘，用螺栓固定于三爪底板，底盘与连接叉间装有力矩传感器，以测出转向时的操纵力矩；连接叉通过装在其上的长度可伸缩的活动卡爪与被测转向盘连接；主机箱固定在底盘中央，内装力矩传感器、接口板、微机板、转角编码器、打印机和电池等；从底板下伸出的定位杆，通过磁座吸附在驾驶室内仪表盘上，其内端与装在主机箱下部的光电装置连接。使用时，把转向测量仪对准被测转向盘中心，调整好三只伸缩爪的长度，使之与转向盘牢固连接后，转动操纵盘的转向力通过底板、力矩传感器、连接叉传递到被测转向盘上，使转向轮偏转实现汽车转向。此时，力矩传感器把转向力矩转变成电信号，定位杆内端所连接的光电装置将转向角的变化转化为电信号。传感信号输送至主机箱后，由装在其内的微机自动完成数据采集、转角编码、运算、分析、存储、显示并打印出所测结果。

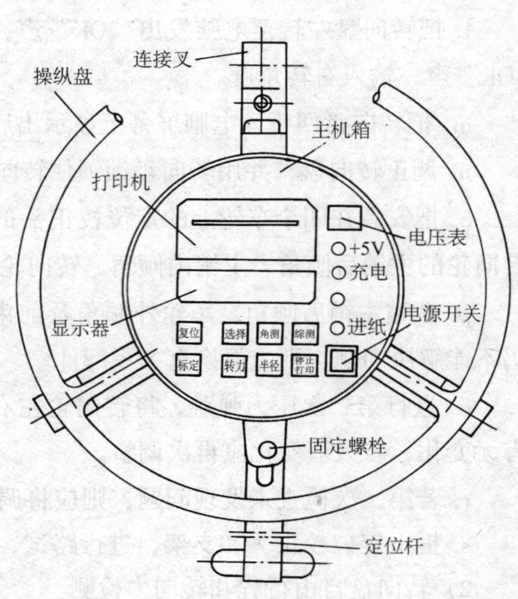

图 2—23 国产 ZC－2 型转向参数测量仪

(4) 注意事项

四轮定位仪是精密检测设备，操作人员在使用前须经专门培训，并认真研读所使用四轮定位仪的使用说明书。一般来说，四轮定位仪使用过程中的注意事项如下：

1) 使用前，检查四轮定位仪所配附件是否与使用说明书上列出的清单相符，设备安装时要遵循使用说明书所提出的各项要求。

2) 对于光学式四轮定位仪中的投影仪（或投光器）应细心维护，并经常进行调整；传感器是电脑式四轮定位仪的重要元件，使用前要进行校正，以保证测试精度。

3）传感器应正确地安装在传感器支架上，在不使用时应妥善保管，避免受到损坏；电测类传感器应在接线完毕后再通电，以避免带电接线引起电磁振荡而损坏。

4）移动四轮定位仪时，应避免使其受到振动，否则可能使传感器及电脑受到损坏。

5）四轮定位仪应半年标定一次，标定时应使用购买时所带专用标定器具，并按规定程序进行标定。

6）在检测四位定位前，须进行车轮传感器偏摆补偿，否则会引起大的测量误差。

2. 电控动力转向系统的故障检测（以广州本田雅阁轿车为例）

（1）操作内容

1）系统的组成。

2）故障症状和检修索引。

3）转向困难的检修。

（2）操作准备

10 MPa 油压表一块；弹簧秤一个；常用工具若干。

（3）操作步骤

1）系统的组成。广州本田雅阁轿车的转向系统属于电子控制液压式动力转向系统。对于 2.0 L 和 2.4 L 车型，其电子控制液压式动力转向系统的基本组成如图 2—24 所示。对于

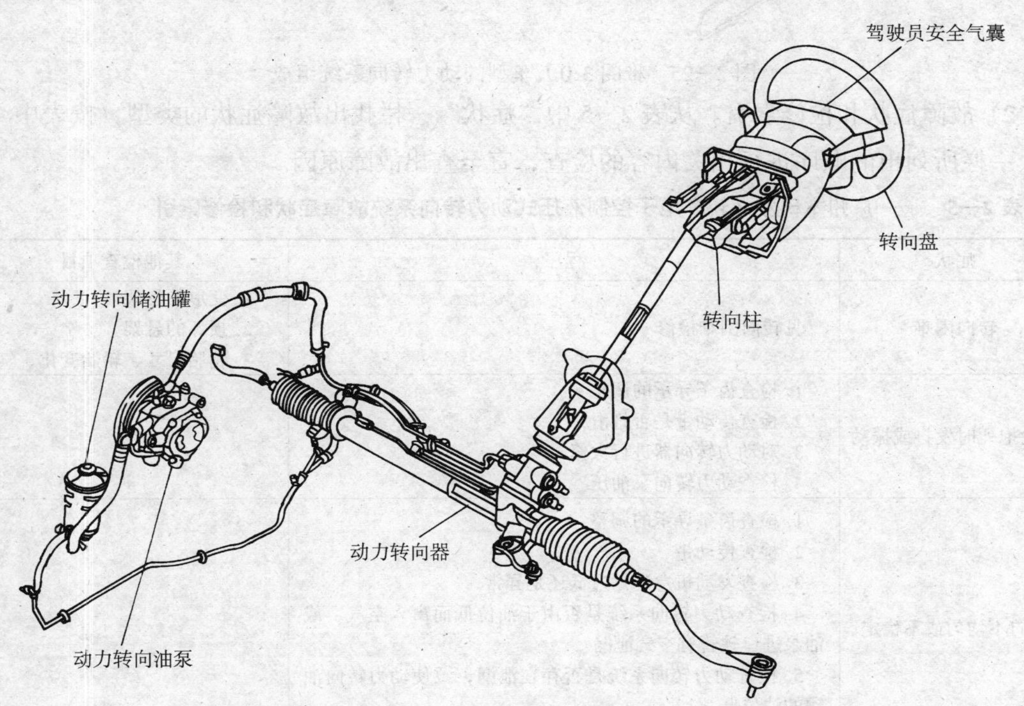

图 2—24　雅阁 2.0 L 和 2.4 L 车型的动力转向系统组成

3.0 L车型，其电子控制液压式动力转向系统的基本组成如图2—25所示。

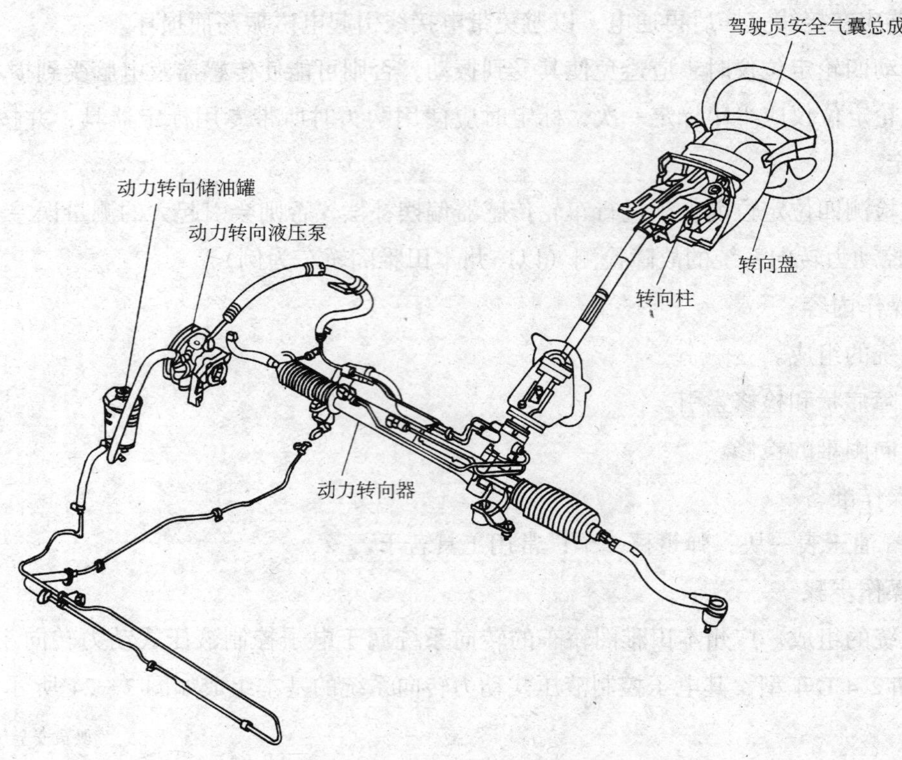

图2—25　雅阁3.0 L车型的动力转向系统组成

2）故障症状和检修索引。从表2—5中“症状”一栏找出故障症状的类型，按表中“程序”一栏所列出的顺序进行相关内容的检查，直至查出故障原因。

表2—5　　广州本田雅阁轿车电子控制液压式动力转向系统故障症状和检修索引

症状	程序	其他检查项目
转向困难	见转向困难检修	1. 变形的悬架 2. 损坏的悬架 3. 轮胎尺寸、轮胎变化、气压
车轮抱死时发抖或振动	1. 检查齿条导承的调整 2. 检查传动带是否打滑 3. 对动力转向器进行大修 4. 检查动力转向泵油压	
转向不均匀或不稳定	1. 检查齿条导承的调整 2. 检查传动带 3. 检查发动机怠速是过低还是异常 4. 检查动力转向系统是否由于油位低而窜入空气，或油泵进口软管有空气泄漏 5. 检查动力转向系统是否存在泄漏，致使动力转向油罐的油位低 6. 对转向器进行大修	

3）转向困难的检修

①检查助力，观察起动负载是否大于 29 N。如果是，转到下一检查步骤；如果不是，说明助力正常。

②怠速运转时，测量油泵在稳定状态下的油压，观察压力是否为 1 500 kPa 或更小。如果是，转到下一步骤；如果不是，转到步骤 7。

③怠速运转时，测量油泵的释放压力，观察 2.0 L 与 2.4 L 车型的压力是否为 7 160 ~ 7 850 kPa或更小，3.0 L 车型的压力是否为 7 940 ~ 8 630 kPa 或更小。如果是，转到下一步骤；如果不是，为泵总成故障。

④使用弹簧秤，测量左右两个方向的助力，观察两次测量值是否都小于 2.9 N。如果是，转到下一步骤；如果不是，转到步骤 8。

⑤开启截止阀和压力表阀，测量转向盘完全转至左方或右方时的油压，观察 2.0 L 与 2.4 L 车型的压力是否为 7 160 ~ 7 850 kPa 或更小，3.0 L 车型的压力是否为 7 940 ~ 8 630 kPa 或更小。如果是，转到下一步骤；如果不是，说明转向器故障。

⑥调整齿条导承，然后重新进行测试，观察转向是否正常。如果正常，维修结束；如果不正常，为转向器故障。

⑦检查泵与转向器之间的供油和回油管路，观察管路是否堵塞和变形。如果是，维修或更换管路；如果不是，为阀体装置或泵故障。

⑧检查油缸管路，观察管路是否变形。如果是，更换管路；如果不是，转到下一步骤。

⑨检查齿条轴，观察齿条轴是否弯曲或齿条导承是否调整不当（太紧）。如果是，更换齿条轴或重新调整齿条导承；如果不是，为阀体装置故障。

3. 防抱死制动系统的故障诊断

（1）操作内容

1）ABS 的故障诊断方法步骤。

2）防抱死制动系统的故障与排除。

（2）操作准备

维修手册一本；连接器接头或 W_A、W_B 短接插销；数字万用表一块。

（3）操作步骤

1）ABS 的故障诊断方法步骤

①听取用户反映。根据用户反映可知：防抱死制动系统是否真的存在故障，在什么情况下、什么时候发生故障。

②目测检查。目测检查可以确定是否存在使 ABS 产生故障的明显原因，一般应从以下几个方面进行：

a. 检查储液器是否液面过低、液压装置是否外部泄漏和制动主缸工作是否正常。

b. 检查驻车制动器是否完全放松和开关功能是否正常。

c. 检查熔丝是否熔断，如熔断就查清熔丝烧坏的原因。

d. 检查导线及连接器是否有破损或连接器松动的现象。

③警报灯检查。仪表板上的两个警报灯分别指示系统中不同部件的问题，BRAKE 警报灯一直亮，表示普通制动系统故障，ABS 警报灯一直亮才表示防抱死制动系统故障。正常情况下，ABS 警报灯应在点火开关接通 3～4 s 后熄灭。

④路试。进行路试时，应首先检查制动踏板感觉是否正常，同时应分清 ABS 工作和不工作时的区别，在 ABS 不工作时主要检查普通制动系统是否正常。测试 ABS 工作是否正常，应至少在 40 km/h 的初始速度下紧急制动，若可以感觉到制动踏板有轻微的颤动，轮胎抱死的时间少于 1 s，轮胎与地面基本上无拖痕，说明 ABS 工作正常。否则，说明系统存在故障，ABS 不起作用。

⑤间歇性故障诊断。大多数间歇性故障都是由连接器或导线不良引起的，出现间歇性故障的可能原因如下：

a. 连接器接触不良或松动。

b. 接线端子安装有不当之处，或接线端子损坏。

c. 导线局部破损。

d. 轮速传感器线路输出信号低或间歇输出。

e. 制动液面传感器线路故障或液面低。

f. 电源继电器、线路、线圈或触点不良。

g. 充电系统的电压低，也有可能导致 ABS 系统警报灯间歇性闪亮。

h. 根据故障码进行故障诊断。当 ABS 电脑监测到防抱死制动系统的输入或输出有故障时，它将产生两位数的代码，储存在存储器里，同时点亮 ABS 警报灯。为了排除 ABS 的故障，应读取故障码，根据故障码查维修手册即可知道发生故障的具体部位。

i. 清除故障码。清除故障码的方法随读取故障码方法的不同而不同，一般也有相应的手动清除、专用仪器清除和控制面板清除三种方法。具体步骤可参阅各具体车型 ABS 维修的相关内容。

2）防抱死制动系统的故障诊断与排除

①初步检查。初步检查是在 ABS 系统出现明显故障而不能正常工作时首先采取的检查方法。如果不能确定故障位置，就可转入使用故障自诊断方法。

②故障自诊断

a. ABS 的自检。现在汽车仪表板上有两个制动警告灯，其中一个是黄色灯，称 ABS 灯（标 ABS）；另一个为红色，标 BRAKE。BRAKE 灯由制动液压力开关和液面开关及手制动灯开关控制。当红色制动警告灯亮起时，可能是制动液不足、蓄压器的制动液压过低或是手制动器开关有问题。这时，ABS 防抱死控制和普通制动系统均不能正常工作，应停车检查故障原因，及时排除故障。如果只是黄色 ABS 灯常亮，则说明 ABS 计算机已发现防抱死控制系统有故障，这时汽车制动时将无防抱死功能，因此，也要及时检修。

在检修 ABS 系统故障时，应先读出 ABS ECU 储存的故障代码，以便得到故障部位提示，准确、迅速地排除故障。不同的车型，都有其自己的故障代码的显示方式。

b. 丰田车系 ABS 系统故障码的调取与清除

a）系统故障码的调取方法。将维修连接器接头分开或将 W_A 与 W_B 之间的短接销拔出，如图 2—26 所示。

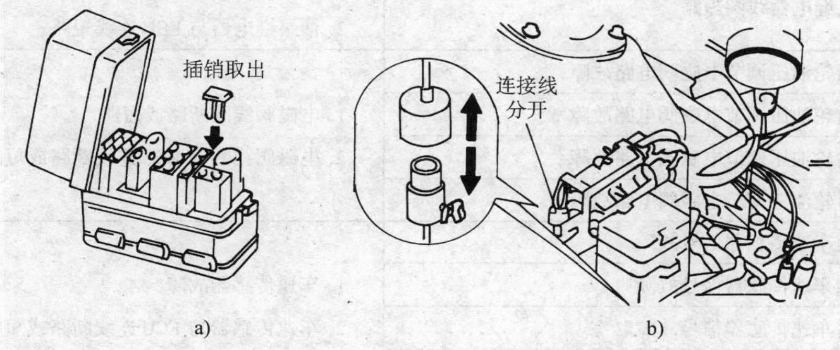

图 2—26　维修连接器接头和 W_A、W_B 接头

a）拔出短接销　b）断开连接器接头

接通点火开关。将发动机室内的故障诊断座或驾驶室内的 TDCL 连接器的 Tc 与 E1 端子用跨线连接，如图 2—27 所示。仪表盘上的 ABS 警示灯即以一定的闪烁频率闪烁出故障码，

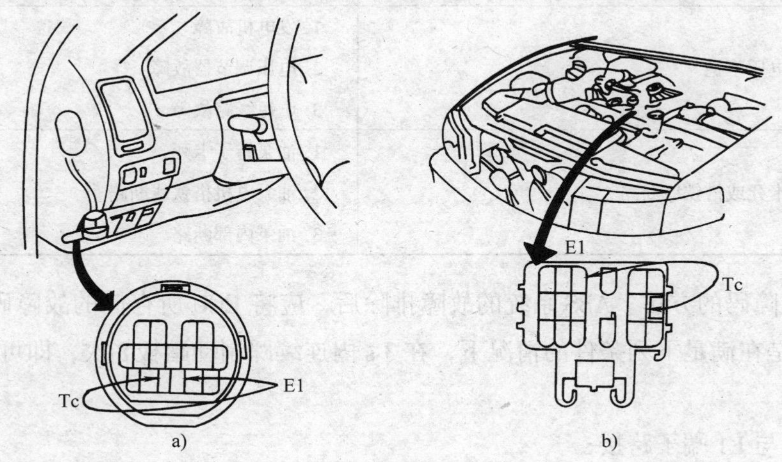

图 2—27　跨接 Tc 与 E1 端子

a）在驾驶室内　b）在发动机室内

故障码及故障内容见表 2—6。

表 2—6　　ABS 故障码内容说明

故障码	故障内容	故障原因及检查部位
11	调节器电磁阀继电器线圈断路	1. 电磁阀继电器线圈断路 2. 电磁阀继电器与 ECU 连线断路
12	调节器电磁阀继电器线圈短路	1. 电磁阀继电器线圈短路 2. 电磁阀继电器与 ECU 连线短路
13	油泵继电器线圈断路	1. 油泵继电器线圈断路 2. 油泵继电器与 ECU 连线断路
14	油泵继电器线圈短路	1. 油泵继电器线圈短路 2. 油泵继电器与 ECU 连线短路
21	右前轮油压调节电磁阀电路故障	1. 电磁阀线圈断路或短路 2. 电磁阀线圈与 ECU 连线断路或短路
22	左前轮油压调节电磁阀电路故障	
23	右后轮油压调节电磁阀电路故障	
24	左后轮油压调节电磁阀电路故障	
31	右前车速传感器信号故障	1. 车速传感器故障 2. 车速传感器与 ECU 连线断路或短路
32	左前车速传感器信号故障	
33	右后车速传感器信号故障	
34	左后车速传感器信号故障	
35	左前或右后车速传感器电路断路（X 布置）	1. 车速传感器故障 2. 车速传感器与 ECU 连线断路
36	右前或左后车速传感器电路断路（X 布置）	
37	后车速传感器信号故障	1. 传感器故障 2. 传感器与 ECU 连接线路断路或短路
41	电源电压不稳	1. 发电机故障 2. 电压调节器故障 3. 电源线路故障
45	油泵卡死或搭铁线断路	1. 油泵转子卡死 2. 油泵电机搭铁线断路 3. 油泵内部断路

b）清除故障码的方法。ABS 系统的故障排除后，应将 ECU 所存储的故障码清除。清除故障码的方法是在满足下列条件的情况下，在 3 s 内连续踩制动踏板 8 次，即可消除故障码。

汽车停稳；

诊断座 Tc 与 E1 端子跨接；

维修连接器接头分开或 W_A、W_B 短接插销拔出；

点火开关接通。

故障码消除后，再将 Tc 与 E1 跨线拆去，将维修连接器接头插好或 W_A、W_B 短接插销插好。

c）车速传感器信号故障码的调取与清除车速传感器信号故障码的调取方法如下：

将维修连接器接头分开或将 W_A、W_B 的短接插销拔出，如图 2—26 所示。

将诊断座或 TDCL 连接器的 Tc 与 E1 端子跨接。

启动发动机怠速运转，此时仪表盘上的 ABS 警示灯会闪烁。

将汽车驾驶上路，使车速达到 90 km/h 以上并保持数秒钟后将车停下。

再将诊断座或 TDCL 连接器上的 Tc、E1 跨接。

此时仪表盘上的 ABS 警示灯将会闪烁。如果系统正常，警示灯将会以每秒两次的频率闪烁，如有故障则会闪烁出故障码。车速传感器故障码内容见表 2—7。

表 2—7　　车速传感器故障码内容说明

故障码	故障内容	故障原因及部位
71	右前车速传感器信号电压过低	1. 永磁体磁场过弱 2. 传感头安装位置不对 3. 传感头与齿圈间隙过大
72	左前车速传感器信号电压过低	
73	右后车速传感器信号电压过低	
74	左后车速传感器信号电压过低	
75	右前车速传感器信号不稳	1. 传感头松动 2. 传感头插头松动 3. 传感器与 ECU 联机接触不良
76	左前车速传感器信号不稳	
77	右后车速传感器信号不稳	
78	左后车速传感器信号不稳	

车速传感器故障码清除方法同前 ABS 系统故障码的清除方法，不再重述。

d）本田 ABS 故障码的调取与清除。本田车系 ABS 系统出现故障，仪表盘上的 ABS 警示灯也会点亮。

e）调取 ABS 故障码的方法。将两诊断座跨接（诊断座线色为棕 - 绿/白或橘红 - 绿/白）。

从仪表盘上 ABS 警示灯闪烁读出故障码。故障码波形如图 2—28 所示。故障码内容见表 2—8。

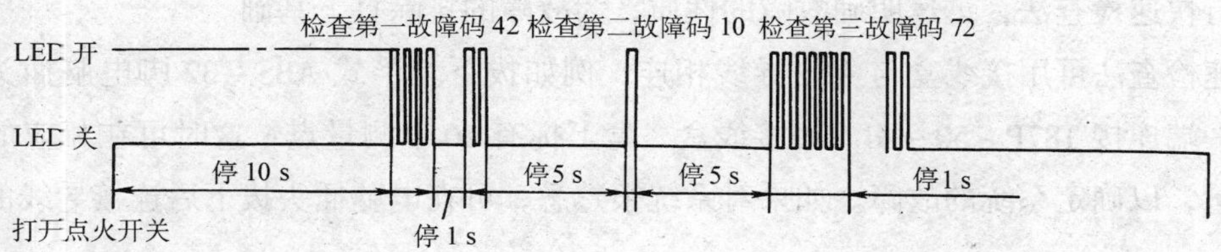

图 2—28　故障码波形

表 2—8　　故障码内容说明

故障码	故障内容	故障原因、检查部位
10	油泵转动不停	1. 压力开关故障 2. 油泵继电器故障
12	油泵控制电路故障	1. ECU 熔断器 2. 油泵熔断器 3. 油泵继电器
13	高压管系漏油	电磁阀故障
14	压力开关故障	1. 压力开关 2. 连接器
18	储能器故障	储能器
21	驻车制动开关电路故障	1. 手刹开关故障 2. 刹车灯故障
31、32、33	车速传感器信号不良	1. 传感头与齿圈间隙过大 2. 传感头与永磁体磁场过弱
41、42、44、48	车速传感器线路故障	1. 传感头故障 2. 传感器至 ECU 联机故障
50、54、58	调节器电磁阀线路故障	1. 电磁阀线圈故障 2. ECU 至电磁阀线路故障
60	前或后失效—保护继电器故障	1. 前后失效—保护继电器故障
61	前失效—保护继电器故障	2. 继电器至电磁阀线路故障
64	后失效—保护继电器故障	3. 继电器至 ECU 或电源线路故障
71	ABS B1 熔断器断路	B1 熔断器
72	前失效—保护继电器故障	1. 失效保护继电器故障
74	后失效—保护继电器故障	2. 继电器线路

故障排除后，只须将 ABS－B2 熔断器拆下 3 s 以上，故障码即可清除。

③快速检查。快速检查法是用数字万用表和一些相应设备在 ABS 电路规定的地方进行连续的检测，以查找故障的方法。在自诊断过程中，如果发现有故障代码读出，这时就可进一步进行快速检查法，迅速明确故障的性质，为故障的排除打下基础。

快速检查法可用接线盒与 ABS 导线相连，例如拔下坦孚式 ABS－32 脚电脑插头，在连导线的一端连接 T87P－50－ALA 型接线盒，盒上标有 50 个测量点，这时可在相应的点上方便地测量，以确定系统的故障。如果对系统很熟悉，可在电脑插头拔下后连接导线的一端直接测量。

为了能快速判断故障位置，一般在维修手册中都有测量图表，见表 2—9，它实质是快速检查表。此表使用比较简单，例如检查右后轮（表中是 RR）传感器电阻时，表中就告诉你用数字表（放到 kΩ 挡上）测量接线盒上 6 和 23 两点，如果测量的数据在 880 ~ 1 400 kΩ 之间，说明传感器正常，否则说明传感器有问题，可对传感器做进一步检查，看是接触不良还是传感头内部线圈已损坏，其他情况按表类推。

表 2—9　　快速检查表

<table>
<tr><th colspan="2">检查内容</th><th>点火开关状态</th><th>测量脚</th><th>测量单位</th><th>说明与数据</th></tr>
<tr><td colspan="2">蓄电池</td><td>ON</td><td>40 和 18</td><td>V</td><td>正常电压 10 min 不变</td></tr>
<tr><td colspan="2" rowspan="2">主电源继电器</td><td>OFF</td><td>40 和 9</td><td>Ω</td><td>40 ~ 105 Ω</td></tr>
<tr><td>ON</td><td>40 和 16</td><td>V</td><td>正常电压 10 min 不变</td></tr>
<tr><td colspan="2">从主电源继电器到电源</td><td>ON</td><td>40 和 15</td><td>V</td><td>同上</td></tr>
<tr><td colspan="2">主电源电路</td><td>OFF</td><td>40 和 16</td><td>是否导通</td><td>导通</td></tr>
<tr><td colspan="2">主电源电路</td><td>OFF</td><td>15 和 40</td><td>同上</td><td>同上</td></tr>
<tr><td rowspan="4">车轮速度传感器电阻</td><td>（RR）</td><td>OFF</td><td>6 和 23</td><td>kΩ</td><td>800 ~ 1 400 kΩ</td></tr>
<tr><td>（LF）</td><td>OFF</td><td>5 和 22</td><td>kΩ</td><td>同上</td></tr>
<tr><td>（LR）</td><td>OFF</td><td>4 和 21</td><td>kΩ</td><td>同上</td></tr>
<tr><td>（RF）</td><td>OFF</td><td>3 和 20</td><td>kΩ</td><td>同上</td></tr>
<tr><td colspan="2">主控制阀电阻</td><td>OFF</td><td>11 和 29</td><td>Ω</td><td>2 ~ 5.5 Ω</td></tr>
<tr><td colspan="2" rowspan="7">输入或输出电磁阀</td><td>OFF</td><td>11 和 40</td><td>是否导通</td><td>导通</td></tr>
<tr><td>OFF</td><td>11 和 32</td><td>Ω</td><td>5 ~ 8 Ω</td></tr>
<tr><td>OFF</td><td>11 和 30</td><td>Ω</td><td>同上</td></tr>
<tr><td>OFF</td><td>11 和 31</td><td>Ω</td><td>同上</td></tr>
<tr><td>OFF</td><td>11 和 12</td><td>Ω</td><td>3 ~ 6 Ω</td></tr>
<tr><td>OFF</td><td>11 和 14</td><td>Ω</td><td>同上</td></tr>
<tr><td>OFF</td><td>11 和 13</td><td>Ω</td><td>同上</td></tr>
<tr><td colspan="2" rowspan="2">制动液缺少警告</td><td>ON</td><td>25 和 27</td><td>Ω</td><td>< 5 Ω</td></tr>
<tr><td>OFF</td><td>25 和 27</td><td>Ω</td><td>∞</td></tr>
<tr><td rowspan="4">车轮速度传感器电缆线与外部的屏蔽线</td><td>（RR）</td><td>OFF</td><td>40 和 6</td><td>是否导通</td><td>不通</td></tr>
<tr><td>（LF）</td><td>OFF</td><td>40 和 5</td><td>同上</td><td>同上</td></tr>
<tr><td>（LR）</td><td>OFF</td><td>40 和 4</td><td>同上</td><td>同上</td></tr>
<tr><td>（RF）</td><td>OFF</td><td>40 和 3</td><td>同上</td><td>同上</td></tr>
</table>

续表

检查内容		点火开关状态	测量脚	测量单位	说明与数据
车轮速度传感器电压	（RR）	OFF	6 和 23	交流挡 mV	50 ~ 70 mV
	（LF）	OFF	5 和 22	同上	同上
	（LR）	OFF	4 和 21	同上	同上
	（RF）	OFF	3 和 20	同上	同上

第三章 培训与管理

第一节 培 训

学习目标

- 编写教案
- 能够培训低级别汽车修理工

一、相关知识

1. 汽车修理工职业培训

(1) 培训时限

初级不少于600标准学时，中级不少于500标准学时，高级不少于320标准学时。

(2) 基本设施、设备配置要求

1) 教学场地要求。初级、中级和高级对教学场地的要求相同。

①理论教室。大于70 m^2，内置40套以上课桌，要有讲台、黑板等设施，照明、通风良好。

②实习场地。主厂房大于150 m^2，跨度大于7.5 m，能满足汽车进出需要。符合环保、劳保、安全和消防等各项要求。培训场地具有符合要求的试车跑道，跑道旁应有明显的交通标志。具有大于40 m^2 的零部件仓库。

2）教学设备要求

①初级。常见国产或进口汽车两辆，相关的汽车构造挂图、示教板，汽车维修标准等资料。

专用设备：零件清洗设备一套，修理专用台架四个，汽车举升设备一套，空气压缩机一个，充电设备一台。

检测设备：点火正时检测设备一套，转速表一个，汽缸压力表两个，喷油嘴试验器一个。

工量具：千分尺、游标卡尺、前束尺、塞尺。内径百分表及磁座、量缸表、润滑脂加注器、扭力扳手、气门座、铰刀及气门研磨工具、百分表、各种铰刀、拉器等。

总成件：汽油发动机两台、柴油发动机一台、离合器两个、变速器两个、传动轴一根、后桥两根、差速器两个、前桥两根、转向器两个、水泵两个、机油泵两个、气压制动总泵两个、制动气室两个、调压阀一个、液压制动总泵两个、化油器四个、汽油泵两个、喷油泵一个、喷油器两个、输油泵一个、分电器四个、电动刮水器一个。

②中级。含初级教学设备，另应配置起重设备一套、镗缸设备一套、磨缸设备一套、光磨气门座设备一套、磨气门机一台、连杆校正器一个、连杆衬套铰压设备一套、发动机热磨合试验设备及测功台架一套、镗制动鼓机一台、铆制动蹄片机一台。

检测设备：缸体、缸盖、散热器压力检测设备一套、发动机综合测试仪一台、万能电器试验台一台、真空表两个、汽缸漏气率测量仪一个、前轮定位仪与车轮转角仪一个、声级计一个、废气分析仪一台、烟度计一台、减速仪一台、油耗仪一台。

工量具：直线规、平板（1 000 mm × 700 mm）各一个。

③高级。含中级教学设备，另应配国产或进口带电控发动机、电控自动变速器和 ABS 的汽车一辆、侧滑试验台一台（可外协）、车轮动平衡仪一台、汽车专用万用表一个、汽车电控系统检测仪一套、汽车空调系统维修仪一套、电控发动机一台、自动变速器两台。

2. 网络教育与培训的一些特征

网络应用于远程教育，其显著特征是：任何人可以在任何时间、任何地点学习任何课程的任何章节。网络教育便捷、灵活的“五个任何”，充分体现了发展中的现代教育和终身教育的基本要求。

因特网中信息（内容）源与用户、用户与用户之间可以进行全方位的、能动式的实时互动，即主动、可控型交流。网络的这一重要特性，使网络教育成为唯一的，真正的在教师与学生之间、同学与同学之间，实现双向互动、全交互的远程教育方式。

计算机网络具有强大的采用文字、声音、图表、视频、动画等多媒体形式表现的信息处理功能，包括制作、存储、自动管理和远程传输。将多媒体信息表现和处理技术运用于网络课程讲解和知识学习的各个环节，使网络教学具有信息容量大、资料更新快和多向演示、模拟生动的显著特征，这一点是有限空间、有限时间的其他传统教学方式所无法比拟的。

网络教育中，计算机网络所特有的信息数据库管理技术和双向交互功能被广泛应用。一方面，系统对每个网络学员的个性资料、学习过程和阶段情况等可以实现完整的系统跟踪记录、储存；另一方面，教学和学习服务系统可基于系统记录的个人资料，进行针对不同学员的个别式个性化学习建议、指导教学和应试辅导等。网络教育为个性化教学提供了现实有效的实现途径和条件。

计算机网络的数据库信息自动管理和远程互动处理功能，被同样应用于网络教育的教学管理中。远程学生（用户）的咨询、报名、交费、选课、查询、学籍（历）管理、作业与考试管理等都可以通过网络远程交互通信的方式完成，因此，网络教育是最为完整、高效的现代远程教育方式。

如今，网络为我们营造了一种全新的生存环境，网络使人与人之间的沟通变得几乎没有时空障碍。而人的一生则是一个动态的、开放的、逐步完善的生存过程。人要完善，就要修身，修身就需向外开放学习，并以个体为本，根据个人需求接受教育。网络时代的以个体为本、平等、开放、合作、共享等特征，都是人所需要的开放的高等教育生态环境。

在这种开放的网络教育环境中，人们学习的更多的是寻求交流和对话，而不是训诫与灌输。学生将由被动的受众变成感应、体验、关照的主体。网络使开放教育成为可能，在网络教育环境下，人人学习机会均等，享有公平的学习条件。并且师生在教学过程中都首先作为一个开放性的主体而出现，彼此向对方开放，教学相长。

网络环境下的开放教育呈现出以下新的特征。

（1）从以教师为主体到以学生为主体

传统的教学模式过分强调教师的主体作用，忽视学生的主体地位。教学内容的设计、教学方法的选择、教学进度的安排都由教师来决定，教师是教学过程的主导者，学生只是知识的被动接受者，没有发言权。在教学过程中，实施同步教学，全班同学齐步走，整齐划一，忽视学生的兴趣、能力和学习水平，导致“优秀生吃不饱，后进生吃不了”，无法真正做到因材施教。而且，师生的交流被限制在固定的时空结构中，往往局限于从教师到学生的单向交流，而学生与学生之间缺乏交流、协作的机会。这样，学生的主体地位得不到充分展现，主体性得不到完全发挥。在网络教育环境下，可以实施异步教学，每个学生可以根据自己的能力和需要选择学习内容、学习进度和学习方法；可以打破师生交流的时空限制，不但教师与学生之间可以交流，学生之间也可以相互交流、讨论，不但本班同学之间可以相互交流，通过电子邮件（E-Mail）、远程登录（Telnet）、文件传输（FTP）、电子公告板（BBS）等形式，甚至可以在全国乃至全球范围内进行交流和讨论。这样，可以促进教学模式由教师主体向学生主体的转变，更好地发挥、发展学生的主体性，满足不同学生主体的需要。

(2) 教师的角色改变

从讲授者变成引导者。在传统的教学模式中，教学的中心往往集中在教师的教，教师的作用主要是将自己掌握的知识、技能传授给学生。在网络教育环境下，教师不再是主要的信息源，学生可以通过多种途径获取信息。信息来源渠道的多元化，必然要求教学的中心从教师的“教”转移到学生的“学”，教师的作用将从“讲授”转移到“引导”。具体地说，教师的作用将不再只是传授知识和技能，而主要表现为：引导学生根据自己的实际情况确定合适的学习目标，帮助学生寻找达到学习目标的最佳途径；指导学生养成良好的学习习惯，掌握有效的学习策略；创设丰富的教学情境，激发学生的学习动机，培养学生的学习兴趣；为学生提供各种便利，帮助他们利用新技术找到所需要的信息，完成学习任务等。

(3) 教学手段的改变与教学效率的提高

先进的教学手段必然会提高教学效率。多媒体教学是一种基于计算机软硬件环境，将多媒体技术充分运用到课堂教学中的现代化教学模式。在教学中，主体使用现代化教学手段——计算机和多媒体技术将知识信息传递给客体，从而大大提高了课堂教学效率。

传统课堂教学模式是教师将事先准备的课堂教学内容通过手写板书、口头讲解和推理分析，达到与学生交流思想和传播知识的目的。由于教师的板书是逐字逐句写出的，在一些推理性的证明中，特别在理工科的课程教学中，有些内容必需要用复杂的示图辅以讲解，这使教师板书所占用的时间令学生难以忍受。因此，这不仅严重降低了课堂时间的利用率，而且使学生产生了枯燥和不耐烦的感觉而导致教学效果不佳。

多媒体教学是利用多媒体技术改革传统的课堂教学方式，教师备课是利用多媒体技术设计课件，课堂教学通过计算机投影技术将授课内容进行课堂演示。由于授课时采用了先进的教学设备和手段，教学内容通过计算机和大屏幕投影仪放映出来，其速度快而清晰，避免教师大量而繁杂的板书，教师只需点击鼠标，即可演示出需要的公式推理、证明步骤、图片、动画、文稿、语言及音像，因此，不仅能节省大量的课堂时间，而且教学内容生动活泼、形象直观，可极大地提高教学效率。

现代化教学方法必然会产生好的教学效果。神经生理学家和心理学家指出：人类在学习过程中，各种感官都会参与知识接收活动，尤其是视觉和听觉。因此，最有效的课堂教学方法应该视听结合，兼用形、像与声音来呈现教学内容，从而使客体有最佳的接收效果。传统教学通过教师板书和讲解传送授课内容，在这个过程中，不可避免地会出现一些语言表达和书面表达的错误或条理不清的情况，从而给学生的理解带来困难，甚至误解。而且神经生理学表明：人类在接受新事物时，第一印象尤为重要，如果第一印象错误或模糊，在以后的学习、复习过程中，很难再纠正，从而降低了教学效果。多媒体教学改变了传统教学模式，利用多媒体的多维性、集成性特点，教师课前花大量时间精心设计制作所演示的文稿，使教学内容清晰工整，错误率低，推理过程可以详细、逐句展示，既严密，又便于理解和记忆，可获得良好的教学效果。

(4) 网络开放教育扩大了教育的规模

为了充分发挥教育在促进社会发展中的作用，为21世纪现代化建设提供足够的人才储备，要想扩大教育规模，可以从两方面着手：一是大规模地增加教育投入的总量；二是降低生均成本，在投入总量不变的情况下，如果能够降低生均教育成本，同样可以达到扩大教育规模的目的。我国目前的现实状况是，生产力尚不发达，所以应着重考虑降低生均成本。通过信息技术，可以大幅度地降低生均教育成本。在教育投入总量不变的情况下，使更多的人享受到教育。信息技术在教育领域的运用，必将大大促进我国教育的发展。

(5) 网络开放教育使多样化的教学方法成为可能

教学理论和实践证明，多种教学方法的综合运用才能取得理想的教学效果，变换方法是引起学生反应和调动学生积极性的重要手段。但受教学时间、空间以及教师自身素质等多种因素的制约，传统的教学方法往往比较单调，以讲授法为主。因为这种方法便于教师控制，可以保证教师在规定的时空范围内完成既定的教学任务，而且由于自身素质的局限，教师也很难做到集多种教学方法于一身或任意切换教学方法。尽管讲授法有许多优点，但它对教师的口头表达能力要求比较高，如果碰到教师表达能力较差，或是有的教学内容根本就不适合用讲授法，就会使教学效果大打折扣。信息技术的运用将打破传统教育中的种种时空限制，从而为多种教学方法提供了广阔的用武之地，除了传统的讲授法以外，观察法、讨论法、协作法、演示法、模拟的方法、交互式的学习方法等被引入到教学过程中。通过信息技术，还可以从容地实现多种教学方法的融合，该讲则讲，该问则问，该演则演，该看则看，大到日月星辰，小到电子、原子，都可以让你亲临其境。这对激发学生的学习积极性，发展学生的想象力，培养运用知识的能力及创造能力具有非常重要的作用。多样化的教学方法丰富了教学过程，提高了学生接受知识的能力。

综上，网络技术的发展使开放教育这一新的教育模式成为可能，同时，也对这一教育环境下教师的素质提出了更高的要求。教师不能光教给学生一些书本上的现成结论，让学生背诵一些应试条文，而必须发展他们的各种能力。信息技术的发展不仅对学生的能力素质提出了较高的要求；同时，也要求教学目标实现由知识到能力的转变。而且，由于信息技术导致的教学模式、教师作用、教学方法等方面的深刻变化，也为教学目标的转变提供了一个有利的契机。

3. 教案编写知识

教案是指导课堂教学的方案，编写教案是上好课的先决条件，是每位任课教师必须认真完成的工作之一。编写教案可分为三个阶段：

（1）准备阶段

1）学习本学科教学大纲，了解掌握本学科的总目的要求和每单元的具体要求，还要了解本学科在理论教学、实习教学等方面的要求。对教学中要求学员掌握的基础知识、基本技能、基础理论，做到心中有数。

2）钻研教材。要认真阅读教材，掌握其知识理论的系统和内在的联系，清晰了解每章节的知识点、技能点、德育渗透点，把握其中的重点、难点和关键点。

3）了解学员。学员是教学对象又是教学主体，编写教案之前必须了解学员已有知识、技能基础、思想状况、动机需要、智能水平和学习兴趣习惯，以便在教学中注意这些问题。

（2）教案编写阶段

完整的课时教案包括以下主要内容：

1）基本情况。教学班级、学科名称、授课时间、课题。

2）核心内容。教学目的要求、教学重点、教学难点、教学方法手段、课的类型。

3）教学步骤及教学时间安排。组织教学、导入定向、新授课、巩固练习、反馈教学效果、布置作业。

（3）教案评估阶段

定期对每次教案的编写和执行进行回顾评价以不断改进提高。

二、操作技能

现代教学手段越来越多地应用在教学中，可以说是教学中的一场革命，制作课件就成了一项关键的工作。课件的好坏直接影响到教学效果。课件实际上就是传统教案的一种转换形式，它应该体现传统教案的一切要求，但又有很多改进。与传统教案相比，课件有如下特点：

1. 更详细、具体，授课更方便。传统教案一般都是作为一种提纲，更详细、更具体的内容由老师讲述，或以板书的形式体现出来。而课件可以将所有要讲的内容都写进去，使授课更方便。

2. 能够提高教学效率和质量。因为课件可以节省教师在黑板上书写的时间，从而将更多的时间用在讲解上，加快了教学速度。同时漂亮的课件可以使所教的内容更容易被接受，这样就可以提高教学质量。

3. 能够使教学更直观。课件可以使教学内容图文并茂，更易接受，这样可以省去大量的挂图。特别是讲授汽车构造原理、维修等课程时，课件更显示出其直观的教学效果，教师易教，学生易懂。尤其对一些复杂示图演示起来更为方便。

课件制做可以根据所讲授课程的特点，选择合适的软件，常用的软件是 PowerPoint。关于如何利用这些软件制作漂亮的课件可以查阅一下相关的计算机书籍或直接通过软件学习。课件的插图可以用绘图软件自己绘制，也可以下载或用扫描仪扫描等。

第二节 生产管理

学习目标

- 汽车维修质量检测
- 汽车修理定额管理

一、相关知识

1. 汽车修理工艺及汽车修理质量控制

(1) 汽车修理的经济效益

汽车在使用过程中，由于技术状况的变化，会要求不同深度和不同层次的修理。进行修理的深度和广度是否适宜，在经济上是否合算，必须利用汽车寿命周期费用的评价方法进行分析。

汽车修理的经济效益主要在以下几个方面：

1) 汽车修理是保证汽车使用性能，延长汽车使用寿命，保持社会运力的主要措施。不同国家由于生产消费水平不同，社会结构和体制不同，汽车生产水平不同，所采用的修理方式也有所不同。根据目前我国生产力的发展水平，以及国民经济对发展汽车运输的需要，汽车修理仍是满足社会运力要求、提高汽车运输效益的重要手段。统计资料表明，扩大生产新车辆的投资额，通常是大修同样数量所需投资额的 6 ~ 7 倍。

2) 汽车修理可节约人力和物力资源，创造社会财富。根据统计资料，当汽车进入极限状态需大修时，有 65% ~ 75% 的零件可继续使用，而且需大修的零部件中，大约也只有 25% 的工作表面处于不良状态；70% 以上的工作表面可重复利用。如果将这类零件报废，就会白白浪费 50% ~ 70% 的物化劳动，而且在废料回炉熔化的再加工过程中，有 50% ~ 60% 的金属会被烧损或被切削掉。显然将造成资源的浪费。而修理是防止这种浪费，使零件未被利用的物化劳动得以充分利用的有效手段，是一种创造使用价值的再生产过程。

研究资料表明，制造和修复一辆中型载货汽车所需消耗的能源和金属材料是十分不同的，例如在中型载货汽车的制造成本中，制造零件的材料和加工费用占 70%～75%，而在修理成本中，材料和加工费用仅占 6%～9%。由此可见，汽车修理可节约大量的资源和社会物化劳动。

(2) 汽车修理工艺过程

汽车修理可分成许多工艺作业，按规定顺序完成这些作业的过程称为工艺过程。由于修理组织的方法不同，工艺过程亦不相同。

当采用就车修理法时，汽车大修的工艺过程如图 3—1 所示。汽车经验收并进行外部清洗后，拆成总成，然后分解成零件，加以清洗。所有零件经检验可分为可用的、不可用的和需修的三类。可用的零件可直接送至总成装配；需修的零件送至零件修理车间修复后再送至总成装配；不可用的零件用新件或修复件替换。当总成零部件配套齐全后，可进行总成装配，经磨合试验后，将试验合格的总成送至汽车总装车间。汽车车架、车身和电气仪表的修

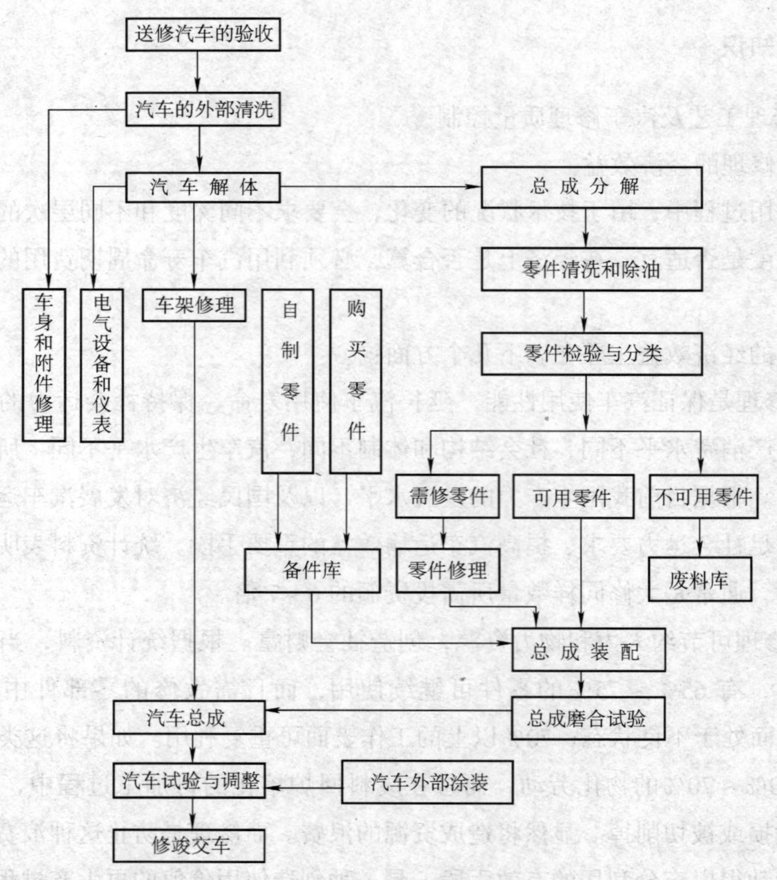

图 3—1　采用就车修理时汽车大修工艺过程

理是在总成拆散修理装配的同时进行的。汽车总成装配完毕经试验并消除所发现的缺陷后，进行汽车外表涂装，然后交验收员验收后交车。

就车修理方法的特点是：所有的总成都是由原车拆下的总成和零件装成的，由于各总成的修理周期不同，采用就车修理时，必须等修理周期最长的总成修竣后方能装配汽车，因此，大修周期较长。

采用总成互换法修理汽车时，其工艺过程如图 3—2 所示。汽车大修时将验收并经外部清洗的汽车拆成总成，修理汽车车架（或轿车车身）。然后用备用总成库的周转总成、组合件和零件来装配汽车。而拆下的总成经拆散检验分类和修复后，交备用总成库，以备其他车辆修理时使用。由于采用了备用零件和周转总成，就不会破坏汽车修理装配的连续性，可大大缩短大修时间。

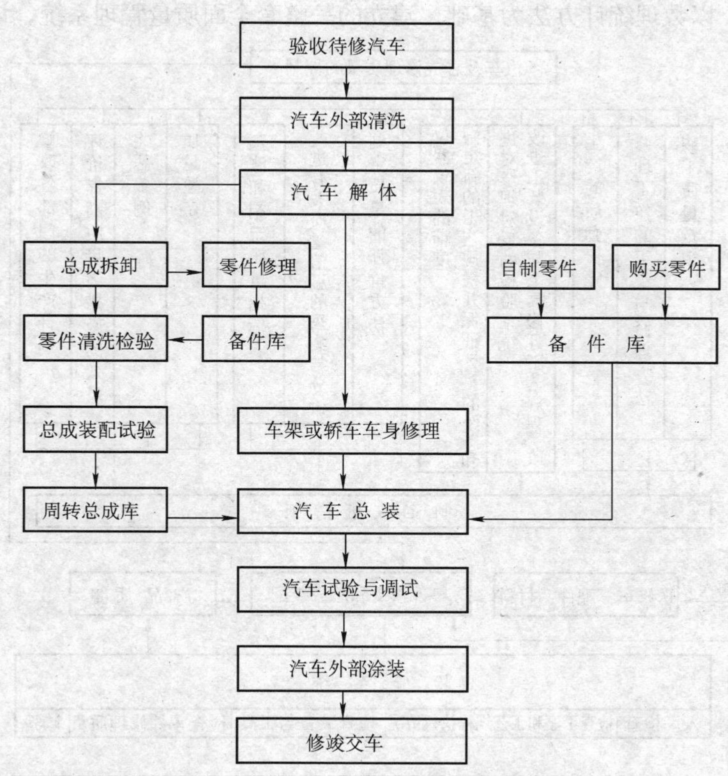

图 3—2 采用总成互换修理法时汽车大修工艺过程

采用总成互换修理法时，企业承修的车辆必须车型较单一，而且互换总成的修理质量必须要达到统一的修理标准，否则实施时就会发生困难。

采用总成互换修理法时，备用总成的数量与总成的修理时间和车架（或车身）修理时间的差值大小有关，在差额期内必须由备用总成来补充。

（3）汽车修理质量控制

为了保证汽车和总成的修理质量，应分段对总成和整车修理质量进行管理和控制。

质量管理的第一阶段是获取有关被管理对象的信息。为此，要检查送修品，检查各工序的规范，检查工艺装备的状况和检验手段的状况等。

质量管理的第二阶段是分析有关工艺规程的执行情况，收集和分析信息。

质量管理的第三阶段是制定和修改有关技术措施和管理措施。其主要内容包括加强工艺要求和工艺纪律，提高检验质量，改善对设备状况的预防性检查，改善工艺组织和管理，加强职工培训等。

质量管理的第四阶段是贯彻执行修改后的技术措施或管理措施。

质量管理的这四个阶段是对汽车修理过程实行全面质量控制的主要内容。它是以企业各部门、个人为主体，以数理统计方法为基础，建立的一整套全面质量管理系统，详见图3—3。

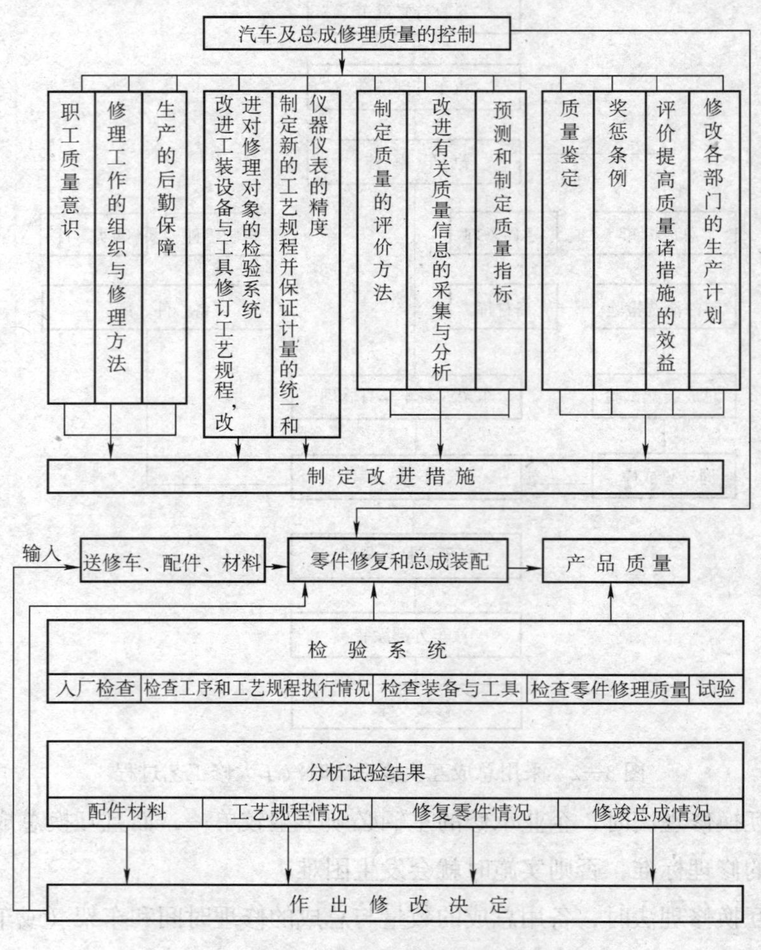

图3—3　汽车修理质量的控制

2. 车辆的基础管理与车辆技术等级评定

(1) 车辆的基础管理

1) 车辆的装备管理

①车辆的经常性装备应符合国标 GB7258—1997《机动车运行安全技术条件》、GB4785—1998《汽车及挂车外部照明和信号装置的安装规定》和交通部 JT3111—1985《公路客运车辆通用技术条件》、JT3105—1982《货运全挂车通用技术条件》、JT3115—1982《货运半挂车通用技术条件》的有关规定，并保证齐全、完好，不得任意增减。

②车辆在特殊运行条件下使用时，应根据需要配备保温、预热、防滑、牵引等临时性装备。

③车辆运输超长、超宽、超高或保鲜等特殊物资时，应根据需要增加临时性装备。

④运输危险货物的车辆装备，应符合交通部 JT3130—1988《汽车运输业车辆技术管理规定》的有关管理办法，以保证装备的完好。

2) 车辆的技术档案管理

①车辆技术档案的种类与作用

车辆技术档案指车辆从新车购置直到报废整个运用过程中，记载车辆基本情况、主要性能、运行使用、检测维修和机件事故等内容的车辆资料的历史档案。车辆技术档案对于了解车辆性能、技术状况及其变化原因，掌握车辆使用、维修规律，为车辆维修、改造和配件储备提供科学依据，具有重要作用。因此，建立车辆技术档案是车辆技术管理的重要基础工作。

运输单位和个人必须逐车建立车辆技术档案。车辆从购置到报废全过程的技术管理，应系统记入车辆技术档案，并应认真填写、妥善保管，及时、完整和准确地记载，不得拖延。所谓完整，就是要按规定内容和项目要求，一项不漏地记载齐全，不留空白；所谓准确，就是要一丝不苟、实事求是地记录，使其真实可靠。在车辆办理过户手续时，车辆技术档案应完整移交。

车辆技术档案的格式由各省、自治区、直辖市交通厅（局）统一制定，以使其内容和格式统一，便于管理。车辆技术档案应作为发放、审核营运证的依据。交通运输管理部门要督促指导运输单位和个人建立车辆技术档案。对未建档案或档案不完整的车辆，交通运输管理部门应不予发放营运证。

②车辆技术档案的主要内容

a. 车辆的基本情况和主要性能。记载车辆的装备、技术性能和规格、总成改装和变动情况等。

b. 运行使用情况。记载车辆的行驶里程、运输周转量、燃料消耗、轮胎使用和车辆机件故障等。

c. 检测维修情况。记载检测的内容、结果、时间，查明故障或隐患的部位、原因及解决对策，历次维修情况以及各主要总成的技术改善等。

d. 事故处理情况。主要记载车辆机件事故发生的状况、原因、损失、解决对策和处理情况等。

车辆技术档案一般由车队负责建立，由车队的车管技术人员负责填写和管理。技术管理部门应定期进行检查。

3）车辆的技术经济定额。技术经济定额是运输单位和个人在一定的生产条件下，进行经济活动所应遵守或达到的限额，是实行经济核算、分析经济效益和考核经营管理水平的依据。

①车辆主要技术经济定额和指标。根据《汽车运输业车辆技术管理规定》，汽车运输业应建立的主要技术经济定额和指标如下：

a. 车辆大修费用定额。指车辆大修所耗工时和物料总费用的限额。按车辆类别和形式等分别制定。

b. 完好率。指完好日在总车日中所占的百分比。

c. 车辆平均技术等级。指所有运输车辆技术状况平均等级。

d. 车辆新度系数。指综合评价运输单位车辆新旧程度的指标。计算方法如下：

$$F = C_n / C_i$$

式中　F——车辆新度系数；

C_n——年末单位全部运输车辆固定资产净值；

C_i——年末单位全部运输车辆固定资产原值。

车辆新度系数是综合评价运输单位车辆的新旧程度，保持运输生产能力和后劲的一项重要指标，对促进企业加快车辆更新、加快发展和提高竞争能力有深远意义。在车辆正常使用过程中，运输单位车辆新度系数呈逐年自然下降状况，对该指标的要求亦应与之相适应，保值或增值应视单位的具体情况而定，一般应不低于0.52。

e. 小修频率。指每车千公里发生小修的次数（不包括各级维护作业中的小修）。

f. 轮胎翻新率。指在统计期内经过翻新的报废轮胎数的百分比。

②车辆技术经济定额的制定与修订。技术经济定额的制定与修订应满足以下要求：

a. 根据国民经济发展的方针、政策和当地运输单位具体情况，重点考虑使用环境及条件、人员技术素质等因素，把定额制定在当地专业运输单位平均先进水平之上。专业运输单位指不同隶属关系的专门从事客货运输的大、中型企业，而不是指当地专业运输企业或整个运输业，从而真正体现先进合理的原理和原则，不断促进生产水平的提高。

b. 技术经济定额由各省、自治区、直辖市交通厅（局）组织制定和修订。各运输单位可根据上级部门颁发的技术经济定额，制定本单位的技术经济定额。各级车辆管理部门应配备专职管理人员，明确各自的职责，进行有效的管理。

c. 技术经济定额一经制定，应有严肃性，应保持相对稳定。但随着使用条件的变化和技术进步也要进行必要的修订，以保证定额经常处于先进合理的水平。

d. 各运输单位和个人应将技术经济定额和指标的实现情况按期统计，并按规定报送当地交通运输管理部门，以作为加强行业管理的一项重要依据。随着客货运输单位和个体运输户的迅速发展，抓好技术定额的确定和管理，及时统计和报送，是交通运输管理部门亟待研究解决的一项重要工作。

③车辆技术经济定额的制定方法。制定技术经济定额的常用方法如下：

a. 三面统筹法。三面统筹法是适当选择专业运输单位的先进面、总体平均面和落后面的比例，以制定技术经济指标的平均先进定额的一种方法，计算公式为：

$$A = A_1 Q_1 + A_2 Q_2 + A_3 Q_3$$

式中 A——平均先进定额；

A_1——先进面上的平均定额；

A_2——总体面上的平均定额；

A_3——落后面上的平均定额；

Q_1——先进面所占百分比，一般取 30%左右；

Q_2——总体平均面所占百分比，一般取 50%左右；

Q_3——落后面所占百分比，一般取 20%左右。

三面统筹法的特点是能够从整体出发，注意到了三个方面的实际情况，因而据此制定出的定额较为稳妥，适用于制定工时消耗定额、材料消耗定额等。

b. 比例法。比例法是把最先进的水平、最可靠的水平和最保守的水平，按一定比例（一般取 1:4:1）进行平均计算来确定技术经济定额的方法。

c. 系数法。系数法是在平均定额基础上，根据年度计划指标，合理确定适当的增减系数来确定技术经济定额的方法。

4）车辆的租赁、停驶和封存

①车辆租赁。车辆租赁是改革开放以来出现的车辆经营方式，加强租赁车辆管理，对保证其技术状况良好有重要作用。

车辆租赁的期限以一个大修周期为宜，一般不宜太短。在车辆租赁期间，应按规定填写车辆技术档案，认真执行车辆检测诊断与维修制度，保持汽车技术状况良好。租赁车辆的技术档案、技术经济指标完成情况和技术完善等级由出租与承租双方记录和考核，并应在签订租赁协议时予以明确。

②车辆停驶。因部分总成和部件损坏，在较长时间内无法解决，但不符合报废条件的车辆，运输单位可进行停驶处理。车辆停驶须由车辆使用管理单位作出技术鉴定，将车型、数量、停驶原因和日期上报主管部门批准。经批准停驶的车辆应由专人负责保管，并积极修复以恢复运力。车辆停驶期间，应选择适当地点停放，原车机件不得拆借、丢失。停驶车辆恢复行驶前，应进行一次维护作业，并在检验合格后才能参加营运。

③车辆封存。凡技术完善良好，因其他原因需要较长时间停驶的车辆，运输单位可进行封存处理，报其上级主管部门备案。一般导致车辆封存的原因主要指：燃料短缺、运力过剩、驾驶员不足等非技术性原因。多长时间停驶才算封存，由于全国情况复杂，不便做统一规定，各地区根据实际情况做出规定。《机械工业企业设备管理规定》中规定设备预计停用半年及以上可进行封存，这也作为车辆封存的参考。

车辆封存期间不进行指标考核，但应妥善保管，定期维护，保持车况良好。营运车辆的停驶与封存情况，应记录在车辆技术档案和维修卡上。停驶、封存车的维修卡，要交回公路管理部门，否则不予办理有关手续。

封存车辆启封使用时，应进行一次维护作业，经检验合格后方可参加营运。

5）车辆折旧。车辆折旧里程的规定是提取车辆基本折旧基金的依据。折旧里程不同，每车百公里提取的折旧费用也就不同。采用不同的车辆折旧率，对运输企业的经济效益和发展后劲有很大影响。

车辆的折旧基金必须严格按国家规定提取，专款专用。也就是说，折旧基金只能用于车辆的更新改造和技术进步，不得挪用，以维持汽车运输企业的简单再生产和扩大再生产，推动汽车运输事业的不断发展。

6）车辆技术状况等级鉴定。交通运输管理部门和运输单位应定期进行车辆技术状况综合鉴定，核定其技术状况，不断提高车辆技术性能。这是在长期生产实践中总结出来的加强行业管理的重要措施。车辆技术状况等级鉴定要遵循下列规定：

①各省、自治区、直辖市交通厅（局）应制定车辆技术状况鉴定制度。

②各级交通运输管理部门负责车辆技术状况等级鉴定委员会的组织和监督检查工作。

③运输单位应按规定做好车辆技术状况等级的鉴定工作。

④车辆技术状况等级的鉴定，至少每半年进行一次。

（2）车辆技术等级评定

评定车辆技术等级状况的依据是JT/T 198—1995《汽车技术等级评定标准》。该标准规定了汽车技术等级的评定内容、评定规则、检测项目及技术要求，适用于公路及城市道路上行驶的总质量 26 t 以下（含 26 t）的汽车，质量 45 t 以下（含 45 t）的汽车列车。

主要评定内容为：汽车的动力性、燃料经济性、制动性、转向操纵性、前照灯及喇叭噪声、废气排放、汽车防雨密封性、整车与外观、汽车使用年限（按新车投入运行之日起核定）。

对上述评定内容进行评定时，按具体评定项目的重要程度分为“一般项”和“关键项”两类。用汽车使用年限、关键项和项次合格率来衡量，分为一级车、二级车、三级车三个等级（四级车为停驶车，不用该标准评定）。项次合格率计算方法为：

$$B = N/M \times 100\%$$

式中　B——项次合格率；

N——检测合格的项次之和；

M——检测的项次数之和。

汽车技术等级分级方法如下：

1）一级车。使用年限在 7 年以内；关键项分级的项目达到一级，关键项不分级的项目为合格；项次合格率大于或等于 80%；在运行中无任何保留条件。

2）二级车。使用年限在 7 年以内；关键项分级的项目达到二级，关键项不分级的项目为合格；项次合格率大于或等于 80%；在运行中无任何保留条件。

3）三级车。凡达不到二级技术等级标准的汽车均为三级车。

3. 车辆技术管理知识

(1) 车辆技术管理的目的、任务及基本原则

为适应和进一步促进我国汽车运输业持续、协调发展，中华人民共和国交通部在 1990 年 3 月制定并颁发了《汽车运输业车辆技术管理规定》。该规定是我国公路运输管理法规的重要组成部分，是各级交通运输管理部门在对运输车辆进行行业管理时必须遵循的规章，也是各运输单位和个人在进行运输生产时必须遵循的准则。该规定的管理对象针对运输车辆，特别是营业性运输车辆，将以往对汽车运输和维修企业的技术管理转变为针对汽车运输最基本设备——运输车辆的技术管理，该规定适用于所有从事汽车运输的单位和个人，把以往对汽车运输与维修企业的部门管理，扩大为对我国整个汽车运输业的全行业管理。

1）车辆技术管理的目的。保持车辆技术状况良好，保证安全生产，充分发挥运输车辆的效能，降低运行消耗，以取得良好的经济效益、社会效益和环境效益。

2）车辆技术管理的基本任务

①制定技术管理制度，贯彻有关技术标准、规范、工艺和操作规程。

②采取有效技术措施，保证车辆具有良好的技术状况。

③保证行车安全，减轻对环境的危害。

④建立和健全车辆技术档案，车辆技术档案的记载应做到及时、完整和准确。

⑤积极采用新技术、新工艺、新材料、新设备，加强科学研究和技术革新活动。

⑥依靠科技进步，采用现代化管理方法，总结交流推广先进经验，大力节约运行和维修材料，保证达到各项技术经济定额指标的要求，降低运输生产成本。

⑦加强职工安全、法制教育和专业技术培训，提高职工素质。

3）车辆技术管理的原则。车辆技术管理应坚持预防为主和技术与经济相结合的原则，对运输车辆实行择优选配、正确使用、定期检测、强制维护、视情修理、合理改造、适时更新与报废的全过程综合性管理。

车辆技术管理应依靠科技进步，采用现代化管理方法，建立车辆质量监控体系，推广检测诊断和计算机应用等先进技术，开展多种形式的职工教育和专业培训，提高车辆管理水平和技术水平。

车辆技术管理应以管好、用好、维修好车辆，提高装备质量，确保运输车辆在使用中的良性循环为核心。

（2）全行业车辆技术管理的职责

全行业车辆技术管理实行分级管理，明确各级管理工作机构车辆技术管理的职责，是贯彻交通部《汽车运输业车辆技术管理规定》，实施全行业车辆技术管理的重要前提。

各地区车辆技术管理实行几级管理，由各省、自治区、直辖市交通厅（局）结合本地情况自行确定。

交通运输管理部门特别要做好组织领导，监督检查和协调服务工作。服务是各级管理部门实施行业管理工作的出发点和立足点，只有通过服务，才能使运输单位和个人体会到实行全行业车辆技术管理对国家、对单位、对个人的益处，从而能够自觉地与交通运输管理部门配合，确保运输车辆在使用中的良性循环。

1）交通部车辆技术管理的主要职责

①贯彻执行国家有关车辆技术管理的方针、政策、法规和制度。

②依法制定全国运输车辆技术管理的方针、政策、规章和制度。

③负责我国运输车辆技术管理工作的组织领导、监督检查和协调服务。

④组织交流和推广车辆技术管理的先进经验和现代管理方法。

这就是说，交通部在车辆技术管理工作中负责全国汽车运输业车辆技术管理的组织领导工作；监督检查各地对“汽车运输业车辆技术管理规定”的贯彻执行情况；处理各地出现的带有普遍意义的有关车辆技术管理工作方面的重大政策问题；负责协调与各部门之间的关系；组织交流和推广车辆技术管理的先进经验和现代化管理方法，不断改进和改善全行业的车辆技术管理工作。

2）省、自治区、直辖市交通厅（局）车辆技术管理的主要职责

①贯彻执行国家和上级有关车辆技术管理工作的方针、政策、规章和制度，并组织实施。

②依法制定本地区有关运输车辆技术管理的规章、制度、定额和措施。

③对本地区运输车辆技术管理工作进行组织领导、监督检查和协调服务。

④组织安全、法制教育和专业技术培训，提高车辆技术管理人员、驾驶员的素质。

⑤推广现代工业化管理方法和先进经验，开展爱车、节油等竞赛活动和各种咨询服务。

交通厅（局）必须明确车辆技术管理工作的主管部门或授权所属公路运输管理部门归口管理工作。交通厅（局）授权的公路运输管理部门具有行使交通厅（局）具体负责本地区车辆技术管理工作的职能，以真正贯彻执行好国家和上级有关车辆技术管理工作的方针、政策、规章和制度。同时，交通厅（局）要把车辆技术管理工作纳入公路运输行业管理范围，充分发挥公路运输管理部门在行业管理方面的作用，并督促各级公路运输管理部门建立车辆技术管理工作机构，加强车辆技术管理方面的力量，确保《汽车运输业车辆技术管理规定》的贯彻实施。

以上说明，交通厅（局）要组织力量，在《汽车运输业车辆技术管理规定》的范围内，结合本地情况，制定本地区有关运输车辆技术管理的规章、制度、定额和措施；组织领导本地区的技术管理工作。交通厅（局）要做好本地区的协调服务工作，协调好与其他部门的关系是做好全行业车辆技术管理工作的重要保证，同时，要督促各地交通运输管理部门千方百计地为全行业运输单位和个人提供各种服务，把行业管理体现在服务之中，如各种咨询服务、检测服务等。交通厅（局）要组织安全、法制教育和专业技术培训，提高车辆技术管理人员、驾驶员的素质，对车辆技术管理人员，要求政策性强、涉及面广、管理水平高。因此，提高管理人员的素质是做好车辆技术管理工作的基础，交通厅（局）必须建立全行业管理人员的培训制度。汽车驾驶员、技术工人既是车辆的使用者、维护者，又是车辆的管理者，充分发挥他们的作用尤其重要。

3）运输单位车辆技术管理的主要职责

①贯彻执行交通运输管理部门发布的有关车辆技术管理的各项方针、政策、规定和制度。

②制定本单位车辆技术管理的规章和制度，以及车辆技术管理目标和考核指标，并负责实施。

③在中型运输单位，应建立由总工程师负责的车辆技术管理工作系统工程。小型运输单位有一名副经理（副厂长）负责车辆各项技术管理工作。

④建立、健全车辆技术管理工作的各级岗位责任制，明确车辆技术管理工作人员的职责

和权限，充分发挥他们的作用，保持队伍的相对稳定。

⑤正确处理车辆运输生产和技术管理的关系，保持运输技术状况良好。

⑥正确使用车辆更新改造资金和大修基金。

⑦推广现代化管理方法，应用新技术、新工艺和新材料。

⑧组织职工进行安全、法制教育和专业技术培训，提高职工素质。

⑨开展各种群众性爱车、节油、节胎等专业技术竞赛活动，总结推广先进经验。

运输单位车辆技术管理的以上各项职责中，最重要的是“制定本单位车辆技术管理规章和制度，以及车辆技术管理目标和考核指标，并负责实施”。这是因为目前在汽车运输行业中，不少运输单位的车辆技术管理处于放任状态，造成车辆技术状况日益恶化。因此，运输单位必须制定经理（厂长）责任期内的车辆技术管理目标，进一步完善各种经营承包责任制，建立技术、经济考核指标体系。

运输单位要建立、健全车辆技术管理的各级岗位责任制，明确车辆技术管理人员的职责和权限，充分发挥他们的作用。应强调得是，运输单位在确定车辆技术管理人员以后，不要随意调动他们的工作岗位，要确保车辆技术管理队伍的相对稳定。车辆技术管理人员的配备比例由运输单位根据实际需要自行确定。

运输单位要正确处理运输生产和技术管理的关系。这里主要指运输单位经理（厂长）一定要处理好这两方面的关系，片面强调任何一方，都是错误的。在实际工作中，处理好运输生产和技术管理的关系，就能持续稳定的提高企业的经济效益。

4. 车辆检测诊断设备的检定方法

汽车维修的计量器具、检测诊断设备是维修工人和质量检验人员保证维修质量的得力助手，必须实行强制检定，经常保持其有效精度。国家计量法实施细则规定，计量标准的使用，必须具备下列条件：经计量检定合格；具有正常工作所需要的环境条件；具有称职的保存、维护和使用人员；具有完善的管理制度。

《中华人民共和国强制检定的工作计量器具检定管理办法》规定：

(1) 使用强制检定的工作计量器具的单位或个人，必须按照规定将其使用的强制检定的工作计量器具登记造册，报当地县（市）级人民政府计量行政部门指定的计量检定机构，定期检定。

(2) 强制检定的周期，由执行强制检定的计量检定机构根据计量检定规程确定。

(3) 属于强制检定的工作计量器具，未按照规定申请检定或者检定不合格的，任何单位或者个人不得使用。

(4) 执行强制检定的机构对检定合格的计量器具，发给国家统一规定的检定证书，即检定合格证或者在计量器具上加盖检定合格印；对检定不合格的，发给检定结果通知书或者注销原检定合格印、证。

(5) 此外，经检定合格的计量器具，应根据计量器具的使用情况，进行一次认真的标定和检定。

5. 汽车维修技术标准

汽车维修技术标准是衡量维修质量的尺度，是企业进行生产管理、技术管理、质量管理的依据，质量检验必须遵守标准要求。认真贯彻技术标准，保证维修质量，对降低维修成本、提高经济效益和保证安全运行都具有重要意义。

我国汽车维修技术标准分为国家标准、行业标准、地方标准和企业标准四种。

(1) 国家标准

国家标准是国家对本国经济发展有重大意义的生产产品、工程建设及各种测量单位所做的技术规定。它由国务院标准化行政主管部门规定。

(2) 行业标准

行业标准也称部门标准，是全国性各行业范围内的技术标准。它由国务院有关行政管理部门制定，并报国务院标准化行政主管部门备案。但相应国家标准颁布后，其行业标准即行废止。

(3) 地方标准

地方标准是省、自治区、直辖市标准化行政主管部门对未颁布国家和部门标准的产品或工程所颁布的标准，各地方标准制定后，应报国务院标准化行政管理部门和国务院有关行政主管部门备案。当公布国家或行业标准后，该项地方标准即行废止。

(4) 企业标准

当汽车维修企业维修的车辆没有国家和行业标准时应当制定企业标准，以作为企业组织维修生产的依据。企业标准须报当地标准化行政管理部门和有关行政主管部门。对已有国家和地方标准的，允许企业制定严于国家或行业标准的企业标准，并在企业内部实施。

6. 汽车修理成本核算知识

(1) 成本的概念与构成

1) 成本的概念。产品成本是指为生产（和销售）一定数量和质量的产品，所消耗的劳动资料、劳动对象、劳动报酬的价值形式。通俗地说是指人们为做成一事或取得一物，所必须付出或已经付出的代价。

产品的生产与销售伴随着活劳动与物化劳动的消耗，产品成本就是这种劳动消耗的货币表现。生产中发生的费用称为生产成本或工厂成本，销售中发生的费用称为销售成本。产品成本是指二者之和，亦称完全成本。财务会计中的成本概念与技术经济分析中使用的概念不同，财务会计中的成本是对生产经营中实际发生费用的记录，各种影响因素的作用是固定的，所得到的成本数据是唯一的；而技术经济分析中的成本有许多是模拟实施项目未来将要发生的费用的预测和估算，各种影响因素是不确定的，不同的实施方案会有不同的成本数据。

按各种费用与产品产量的关系，又可将产品成本划分为固定成本与变动成本两部分。固定成本是指在一定生产规模内不随产品产量变动而变动的费用；变动成本是指产品成本中随产品产量变动而变动的费用。固定成本和变动成本的计算是进行项目盈亏平衡分析的重要内容。

2）成本的构成。根据产品成本中所包含的各种费用的经济用途和核算层次，可将产品成本划分为以下八个项目：

①原材料。构成产品的原料、主要材料、外购和自制的原料。

②燃料和动力。直接用于产品生产的外购和自制的燃料和动力。

③工资。直接参加生产的工人的收入。

④预提费用。职工福利基金等。

⑤废品损失。生产过程中产生废品所导致的损失。

⑥车间经费。基本生产车间和辅助生产车间为管理和组织生产所发生的费用，如车间管理人员的工资、办公费、车间消耗性材料支出、维修费、劳动保护费以及车间厂房和设备的折旧费等。

⑦企业管理费。企业为管理和组织工厂生产所发生的费用，如企业管理人员的工资、行政管理费、工会经费、运输费、试验设计费、折旧费及利息支出等。

⑧销售费用。产品销售过程中发生的费用，如推销费、广告费、售后服务费等。

(2) 成本核算方法与注意事项

1) 产品成本的核算。在进行产品成本核算时，常把产品成本分为三部分进行核算：材料费 M、杂费 A、基本工资 W，然后把其累加起来即为产品成本：

$$C = M + A + W$$

式中 C——产品成本；

M——材料费，包括原材料、配件及辅助材料；

A——杂费，除前三项以外的其他成本构成费用；

W——基本工资，直接参加生产的工人的劳动报酬（不含奖金）。

在维修企业中，又常把成本简化为材料费和工时费之和，即：

$$C = M + B$$

汽车维修工时费 B，由汽车维修的结算工时定额和结算工时单价确定：

$$B = tq$$

式中 t——结算工时定额，h；

q——结算工时单价，元/h。

结算工时定额一般由交通主管部门和物价部门联合制定，它是汽车维修企业向客户收费的重要依据。结算工时单价也是由上述两部门联合制定的，它是单位工时的收费标准。

案例

某型汽车大修工时为 700 h，结算工时单价为 8 元/h，材料费为 5 000 元，利润率 r 为 30%，税率 β 为 5%，问应向客户收取的汽车大修费用 Q 是多少？

解：该型汽车的大修成本为：

$$C = M + B$$
$$= 5\ 000 + 700 \times 8 = 10\ 600\ (\text{元})$$

在考虑利率、税率时，维修企业应向客户收取的汽车大修费用为：

$$Q = C\left[(1+r)/(1-\beta)\right] = (M+B)\left[(1+r)/(1-\beta)\right]$$
$$= 10\ 600 \times (1+0.30)/(1-0.05)$$
$$\approx 14\ 505\ (\text{元})$$

因此，该车的汽车大修费用约为 14 505 元。

2）注意事项。成本是对生产耗费水平的衡量。为了准确地计算成本，必须注意以下事项：

①企业必须按实际的生产数量、实际消耗、实际价格核算成本。企业除销售费用外，必须根据计算期内完工产品的生产数量、实际消耗和实际价格来核算成本。企业不得以计划成本、估算成本、定额成本代替实际成本。计算过程中对成品、自制半成品和劳务按计划成本或定额成本进行核算的，要按月及时调整为实际成本。企业内部对原材料按计划价格进行核算，与实际价格的差异，要按月及时进行分配。

②严格划清各种成本界限，不得乱计乱算成本。国家规定，工业企业一律以月为计算期，同一个计算期内核算的产量、收入和消耗，起讫日期必须一致。就是说，产出与消耗必须是同一个月内的，不允许前后移动。为此，成本核算中必须严格区分下列界限，避免相互混淆，以免影响成本的准确性：

a. 本期与下期成本。

b. 在产品成本与产成品成本。

c. 可比产品成本与不可比产品成本。

③产品成本的核算程序与方法必须严格按规定执行。企业必须按规定提取和摊销“预提费用”和“待摊费用”，按规定计算和摊销价格差异；必须定期认真进行盘点，不得虚估“在产品成本”。要加强各项基础工作以保证成本核算的准确性。

④严格加强成本管理工作，并进行必要的监督和制裁。

a. 监督

a) 企业主管部门负责对本系统的企业成本管理情况进行监督检查，保证本系统认真执行国家的相关规定。

b) 审计机关和财务、税务机关按照各自的职责权限范围，负责对所辖区内企业的成本情况进行监督和检查。

c) 企业有义务接受有监督检查权的机关的监督和检查，必须如实反映情况，提供资料，不得弄虚作假或刁难、阻挠。

b. 制裁。企业违反下述规定之一者，要给予处理。

a) 擅自提高开动标准，扩大开动范围的。

b) 随意摊提成本费用，挤占国家收入的。

c) 弄虚作假，成本严重不实的。

d) 经营管理不善，或其他严重损失浪费，以致成本升高的。情节严重构成犯罪的，由审计、财政机关移交司法机关追究其刑事责任。对揭发、检举人员，国家予以保护，并给予表扬或奖励。

e) 因为企业主管机关计划不周、指挥失误，给企业造成重大经济损失的，应区别不同情况，给直接责任人员以行政处分。

f) 企业或个人对审计机关或财政机关给予的行政处罚有异议时，可以在接到处罚通知起15日内，申请上一级审计或财政机关复议。

(3) 用定额法计算产品成本

在定额法下，产品实际成本是由定额成本、定额差异、定额变动差异三个因素组成的，可表示为：

产品实际成本 = 定额成本 ± 定额差异 ± 定额变动差异

1) 定额成本。定额成本是根据现行消耗定额事先计算的产品成本，它是计算产品实际成本的基础。定额成本的成本项目和计算方法，是通过编制定额成本计算表进行的。

2) 定额差异。定额差异是指生产中各项生产费用的实际支出脱离现行定额或预算的差额。

①材料定额差异。是指实际产量的现行定额耗用量与实际消耗量之差，至于材料价格差异，一般与生产车间的价格无关，属于成本开支的可由财务部门一次分配计入产品成本，列“原材料”项目。材料定额差异的计算公式如下：

材料定额差异 =（实际消耗量 – 定额消耗量）× 材料计划单价

或材料定额差异 = 材料实际成本 – 材料定额成本

上述公式中，材料定额消耗量，是在生产任务完成后，根据实际产量（零件数量或毛坯数量）和现行消耗定额计算求得。实际消耗是根据领、退料凭证以及原材料盘存资料计算出来的。

②工资定额差异。生产工人工资定额差异的计算，因工资形式不同而异。在计件工资形式下，生产工人工资定额差异的计算与材料定额差异的计算相类似。现说明在计时工资形式下，生产工人工资定额差异的计算方法。

生产工人工资定额差异 = 实际生产工人工资 − 实际产量 × 单位产品定额工资

生产工人工资如果不能直接计入产品成本，而采用实际工时计算，则工资定额差异计算公式如下：

生产工人工资定额差异 = 实际产量的实际生产工时数 × 单位小时实际工资 −
实际产量的定额生产工时 × 单位小时计划工资

从上式可以看出，生产工人工资定额差异的产生是由两个因素决定的，一是工时差异，二是小时平均工资差异。

③燃料和动力定额差异。燃料应按照设备动力部门下达给各车间的全月消耗动力计划总额及各种产品耗用动力计划数，控制各车间的动力消耗和计算各种产品耗用的动力费定额成本。实际成本数与各种产品的定额成本相比较，即可求得各种产品燃料和动力的定额差异。其计算公式如下：

燃料和动力定额差异 = 产品实际燃料和动力金额 − 产品定额燃料和动力金额

式中该种产品实际燃料和动力金额，等于该产品实际生产工时数乘以实际小时燃料和动力费用；该种产品定额燃料和动力金额，等于该产品实际生产量的定额生产工时总数乘以计划小时燃料和动力费用。

④车间经费和企业管理费用定额差异。两项费用都是间接费用，不能在费用发生的当时直接按产品确定脱离定额的差异。因此在日常核算中，主要通过费用预算。按照费用项目的性质，下达给有关部门和车间负责管理。以车间经费为例，假定按生产工时分配，则计算公式如下：

产品车间经费定额差异 = 产品实际车间经费 − 产品定额车间经费

式中该种产品实际车间经费等于该种产品实际生产工时乘以实际小时车间经费；该种产品定额车间经费等于该种产品实际生产量的定额生产工时乘以计划小时车间经费。“废品损失”成本项目，一般不列入产品的定额成本中。因此，它的实际发生额，通常应作为定额差异来处理。

3）定额变动差异。定额变动差异与定额差异不同，定额变动差异是指因技术进步、劳动生产率的提高、生产条件的变化，企业对定额进行修改而产生新旧定额之间的差异。它是定额本身变动的结果，与生产费用的节约或超支无关。而定额差异则是反映生产费用的节约或超支的程度。

案例

汽车配件产品200件，原材料项目的定额成本，上月旧定额每件为40元，共计8 000元，自本月初起每件定额改为32元，本月投入生产900件，实际发生原材料费用36 000元，产品1 100件在月份内全部完工，原材料费用如何计算？

解： 上月转来月初在产品定额成本：8 000元；

月初在产品定额成本降低：200×(40－32)＝1 600元；

本月投入产品定额成本：900×32＝28 800元；

定额成本合计数：1 100×32＝35 200元；

定额超支差异：1 600元；

原材料实际成本：36 000＋8 000＝44 000元。

定额变动差异一般应该按照定额成本的比例，在完工产品和在产品之间进行分配。但如果差异不大或者产品的生产周期小于一个月，则可以由产品成本负担。

4）产品实际成本。采用定额法时，产品实际成本的计算程序因产品成本核算对象、成本结转的方法、在产品成本的做法等不同而异。

7．汽车修理定额管理知识

（1）定额的概念

汽车维修工时定额，是指在一定生产技术条件下进行某种维修作业所消耗的劳动时间标准，其单位为“小时”。汽车维修工时定额，是汽车维修技术经济指标之一，是企业进行维修作业经济核算的重要依据，是考核企业经营和管理水平的主要标志之一，也是企业内部搞好生产自治，充分调动职工积极性的主要因素。

（2）工时定额的种类

汽车维修工时定额，按汽车维修类别和作业项目及汽车的不同类型分别制定，主要分为以下五类。

1）汽车大修工时定额。是指大修一辆汽车所需全部工时的限额。它是考核汽车维修企业进行汽车大修作业的技术水平和管理水平的重要指标。汽车大修工时应包括整车各总成的拆卸、修理、装配、调试及整车总装、调试、检测、验收等作业的工时，按不同型号或厂牌的客货车、柴汽油车分别制定。

2）汽车总成大修工时定额。是指汽车某一总成大修时所需全部工时的限额，总成大修工时定额，应包括总成解体、零部件修理更换、装配、调试、检验等作业工时，应按不同型号或厂牌的不同总成分别制定。

3）汽车维护工时定额。是指汽车进行某级维护所需全部工时的限额，按各级维护作业规定项目确定。

4）汽车小修工时定额。汽车小修作业工时可分为就车小修作业工时和非就车小修作业工时。就车小修作业工时，是指不需从汽车上拆卸总成即可进行的小修、调整作业工时。非就车小修各行业工时，是指需从汽车拆卸总成解体方可进行的小修、调整作业工时。两者在制定工时定额时有所区别，后者应加上拆卸总成和解体等所需的工时。

5）摩托车维修工时定额。是指对摩托车进行大修作业、总成大修作业、小修作业分别所需的工时量。其维修工时定额，应分别按摩托车类别、摩托车型号并参考车辆厂牌制定。

(3) 制定汽车修理工时定额的原则

1）现实性。要求定额水平相对先进合理。制定工时定额，要从行业管理的汽车维修业户的生产管理水平，以及设备、材料、配件条件、职工的平均技术水平出发，并考虑行业的发展，企业挖潜、革新、改造的前景，经过综合平衡，按行业平均先进水平划定。这个水平，就是在现实性情况下，各维修厂经过认真努力，绝大多数都能在短期内达到的定额水平。

2）合理性。要求不同车型之间、不同工种之间的定额水平保持相对平衡，并使其定额的实现水平和超额比例大体接近。避免相差悬殊，宽严不等，以保证各类维修业户的负荷程度比较合理，以正确评价其技术水平和管理水平。

3）群众性。在制定工时定额时，必须实行专群结合的原则。道路运政管理机构，除组织有经验的专家进行充分研究论证外，还必须组织广大维修业户的管理人员、操作人员反复讨论验证，使工时定额更接近实际。

4）特殊性。在制定工时定额时，既要强调统一性，也要注意特殊性。凡在同一条件下工作的，就应采取统一的定额，而工作条件不同时，应加以区别。

5）发展性。要求定额的水平要有超前意识，对汽车工业的发展，对一个时期内的新技术、新工艺、新结构，要考虑周到。另外，还应考虑到维修行业发展，企业挖潜、革新、改造的前景。

(4) 制定汽车修理工时定额的方法

1）经验估计法。这是由定额管理人员和有经验的维修技术工人共同根据他们对维修作业的实践经验，参照有关技术文件并考虑设备和生产条件，直接估算定额的方法。此法简单易行，工作量小。缺点是技术依据不充分，准确性比较差。

2）统计分析法。这种方法是根据过去维修同种车辆或零部件的实际消耗工时的统计资料，结合当前的技术状况和生产条件进行对比分析来确定定额的方法。此法优点是在统计资料齐全的条件下制定的定额，准确性较高。缺点是统计工作量大，原始资料收集困难，一般适宜于制定重要零部件的工时定额。

3）比较类推法（典型推算法）。这种方法是通过与同类车型或同类型零部件的维修工时定额，进行分析比较后制定工时定额的方法。运用这种方法，要求在同类型零部件中选择几个有代表性的典型，采取经验估计、统计分析和技术测定等方法制定出工时定额，再依次推算同类型零部件的维修工时定额。

4）技术测定法。这种方法是在合理组织劳动的基础上，根据先进合理的技术组织条件和工艺方法，对工时定额的各部分时间的组成，进行分析计算和测定来确定工时定额的方法。用这种方法，有较好的准确性技术依据，比较科学，但过于复杂，工作难度较大，同时对选择的测定点有一定的生产条件要求，选择不当，将影响确定工时定额的准确性。

8. 汽车维修价格的评定与估算

汽车维修价格一般是由汽车维修工时费用、汽车维修材料费用和其他费用三部分组成，按此构成对其评定与估算方法表述如下：

（1）汽车维修工时费用的计算

汽车维修工时费用是汽车维修取得的劳务收入，它按照汽车维修的结算工时定额和结算单价确定。其基本公式为：

汽车维修工时费用 = 结算工时定额 × 工时单价

汽车维修结算工时定额一般由交通主管部门和物价部门联合制定，它是汽车维修企业向客户结算工时费用的基本依据。据实耗工时计算，并取得托修业户的同意。

汽车维修工时单价也是由交通主管部门和物价部门联合制定的。它是汽车维修单位工时的收费标准。

（2）汽车维修材料费用的计算

汽车维修材料费用是汽车维修所消耗材料、配件等所需的费用，其包括外购配件费用、自制配件费用、修旧配件费用和辅助材料费用等。

1）外购配件费用。按实际购进和不含税价计算。

2）自制配件费用。按实际制造成本价计算。

3）修旧配件费用。指经修复后符合质量标准的基础件、总成件和零部件（不含就车修理加工的零、部件）。修旧零件费用一般按不超过现行市场价的 50% 计算。

4）辅助材料费用。汽车维修企业的辅助材料是指在汽车维修过程中共同消耗的一些其他材料，或者难以在各维修车辆之间划分的材料。计算时一般是按照材料消耗定额进行计算，也有一些其他管理办法，如按照维修作业时工时定额乘以每定额小时辅助材料费用加以确定。

（3）其他费用

其他费用包括厂外加工费、材料管理费等。

1）厂外加工费计算。厂外加工费是指汽车维修企业由于进行厂外加工而向客户收取的营业收入。在汽车维修过程中，由于汽车维修企业的设备、技术条件所限，有一些作业项目需要到厂外进行加工，从而产生了厂外加工费（不含税），此项费用由企业事先垫付，然后向客户收取。

计算时应注意，凡是托修方报修类别范围之内的厂外加工项目，应按照相应的标准定额工时计算收取厂外加工费，不应再按厂外加工费进行重复收费。

2）材料管理费。材料管理费由材料的采购、装卸、运输、保管、损耗等费用组成。其收入计算标准一般按一定的管理费率进行计算，具体标准各地交通主管部门、物价管理部门都有明确规定。如果在制定工时单价时，未考虑收取管理费的因素，还应按规定收相应管理费用。

(4) 汽车维修费用的计算

汽车维修收入由汽车维修工时费用、汽车维修材料费用和其他费用三部分组成，其计算公式为：

$$汽车维修费用 = 工时费用 + 材料费用 + 其他费用$$

二、操作技能

1. 汽车车辆状况的技术评定

汽车进厂检验是维修工艺过程中的第一道工序。传统的检验方法是进行感观性（视、听、触）的检测及路试，根据经验判断和送修人的说明，即可以安排维修计划，它没有量化的指标作为判断故障及故障产生原因的依据，是一种主观定性判断的方法，查明故障准确部位及原因并恢复车辆的正常技术性能，需要依赖汽车或总成的解体检查。这样做，不仅费时费力，还可能破坏车辆某些机构正常配合副的走合状态，或造成润滑材料的浪费。现在大量应用电子控制技术的汽车，许多机构、装置是不可拆卸的。因此，传统的检验方法已不适应现代汽车维修业的需要。

汽车不解体检测、诊断技术的发展，为汽车维修业提供了利用仪器、设备对送修车辆进行诊断，通过定性或定量地测试、分析，准确了解故障部位及产生原因的解决方法，遵守依据检测诊断对车辆进行技术状况评定，有针对性的“视情修理”和在“车辆二级维护中附加小修作业”的汽车维修制度。因此，现代汽车维修“进厂检验”的本质，应当就是通常所说的汽车诊断，而进厂检验员则是名副其实的“汽车诊断医师”。车辆进厂检验（诊断）技术水平的提高，需要借助于仪器、设备，但不排斥丰富的经验和智慧，人工检验仍然是汽车进厂检验的方法之一，而不是技术落后的代名词。实施汽车诊断检测并结合经验进行分析判断，为修理作业提供依据，是现代汽车维修进厂检验工作的基础。

汽车维修企业进厂检验技术水平的不断提高，应当从以下三个方面着手：

(1) 选择专业基础和文化素质高，维修实践经验丰富，具备运用检测数据报告和试车经验进行综合分析、判断的专业技术人员承担进厂检验工作。

(2) 根据汽车维修技术标准（规范）要求，使用检测仪器、设备进行送修车辆的故障诊断，用定量评价强化故障诊断的科学性，使检测诊断仪器、设备成为进厂检验（诊断）质量的技术保障。

(3) 准确地填制车辆进厂检验单，使其成为送修车辆技术评定报告和维修作业依据的技术文件，以利于全面衡量、考核企业的质量检验工作。

2. 汽车维修成本核算和定额管理

以下以深圳市汽车维修工时定额编制为例来说明汽车维修成本核算和定额管理。

(1) 工时定额主要决定于车型构造、作业项目、工艺设备、工人技术熟练程度及管理等因素，因此不同企业之间会稍有差别，本《定额》的编制是根据深圳市一类汽车修理企业的规模和技术水平，并参考了他们的工时定额或收费标准而定。

(2) 工时定额是指该修理项目的工作时间（工作量），工时费是由工时定额乘工时单价来作简略计算，工时单价必须根据本厂的规模、档次、技术水平以及社会物价情况和国家有关政策来制定。

(3) 本《定额》已列出各种常见车型共十九类，对一些未列车型、项目的工时定额、可参照类似车型、项目的工时定额执行，没有相近车型的车辆维修工时定额，由承、托修双方协商议定。车型参照表中，适用车型不仅列出了车牌型号，括弧中还补充了该车的英文原名、发动机排列方式（L 为直列，V 为 V 形排列）和排量（L 为升）。

(4) 本《定额》所涉及各类修理、维护的作业内容和技术要求按国标、部标、省标和有关地方规定执行。

(5) 汽车专项修理工时定额中，除了特别注明的以外，均以第二类车型为准，其余车型可参照执行。

(6) 发动机部分按部位分为十七个子块，其中的油底壳内项目、气门市罩内项目、拆汽缸盖项目、拆前盖项目、缸体内项目和拆后盖项目六个子块设有“基本工时”一栏。

(7) 对于设有“基本工时”的部位，小修作业工时定额的计算方法分为如下几种：

1) 对于单项小修：

工时定额 = 基本工时 + 单项小修工时

或　　工时定额 = 基本工时 + 工时/［单项 × 实际维修（更换）的个数］

2) 对于同一子块内的多项小修：

工时定额 = 基本工时 + 单项小修工时 + …… + 单项小修工时

3）对于跨子块的多项小修项目，原则上涉及几个子块就分别计入几个子块的基本工时，但下列三种情况例外：

①多项小修项目所涉及的子块中同时有气门室罩内项目和拆汽缸盖项目出现，则只计拆汽缸盖项目的基本工时（已包含了拆装气门室罩的工作量）。

②多项小修项目所涉及的子块中有缸体内项目，并同时有油底壳内项目、气门室罩内项目和拆汽缸盖项目三个子块中的任一个时，则不能计入油底壳内项目、气门室罩内项目和拆汽缸盖项目的基本工时（因缸体内项目的基本工时已包含了拆装油底壳、气门室罩和汽缸盖的工作量）。

③多项小修项目涉及要拆装两个汽缸盖的情况，这种情况下除了按照前述方法计算基本工时以外，还要另加一次拆汽缸盖项目的基本工时。

(8) 所有小修项目均不包含机加工工时。

(9) 少数国外高档汽车的制造厂商，要求其特约维修企业执行其统一制定的车系维修工时定额和售后服务收费标准。对此类企业，其所实行的工时定额及收费标准须报市物价部门核准，报行业主管部门备案。

3. 确定汽车诊断参数及诊断方式

汽车整车的技术状况，关系到汽车行驶中的操纵稳定性和安全性。同时整车传动系和行驶系的技术状况，还会影响发动机的动力传递和燃料消耗，因此与整车的经济性密切相关

整车技术状况常用的诊断参数有：

(1) 牵引力或功率

汽车运行时，发动机功率用以克服本身阻力（传动摩擦阻力）和道路阻力（运动阻力）两个部分。

1）运动阻力包括：滚动阻力、爬坡阻力、空气阻力和加速阻力，驱动车轮上的牵引力即用来克服这些阻力。

2）传动摩擦阻力。当传动系机件磨损后，致使传动系技术状况恶化，此时传动系的功率损失将增加，使得驱动车轮上的功率减少。所以，测量驱动轮上的功率（或牵引力）可以判断底盘系统中传动系总的技术状况。

(2) 制动距离

制动器摩擦片与制动鼓磨损、有油污或卡滞、液压制动系中有空气、制动液渗漏、总泵内制动液不足、气压制动系控制阀或制动室密封不良、空气压缩机皮带松弛等，皆可造成制动距离增长。因此，检测汽车制动距离，可以综合反映出制动系的技术状况。

(3) 车轮制动力

汽车制动距离，只能综合反映全车制动系总的技术状况，而车轮制动力能分别表明每个

车轮的制动情况。

(4) 制动减速度

汽车制动时车辆的减速度，可以综合反映制动系的技术状况，用减速仪通过道路制动试验，测定制动减速度，尤其适合于装有制动防抱死装置汽车的诊断。

(5) 转向角及转向机构间隙

转向桥车轮转向角关系到汽车的机动性，汽车转向机构在使用过程中，机件磨损自由间隙增大后，将会造成转向困难，可能促使汽车行驶摇摆，转向失灵，导致事故发生。

通过对转向角及转向间隙的检验，可以确定转向系技术状况。

(6) 前轮定位角及汽车侧滑量

转向桥车轮定位角与汽车行驶中的操纵稳定性，行驶平顺性，使用安全性和车轮磨损以及燃油消耗等都有直接或间接的关系。

车轮外倾角与车轮前束的正确配合，可以保证车轮正常滚动，减少轮胎磨损，由于调整不当或使用因素，造成两者不相“匹配”时，车轮滚动就有侧向力存在，车轮将向某一侧滑移。利用侧滑试验台或四轮定位仪，可以诊断出车轮动态侧滑量，从而判断车轮定位状况。

(7) 车轮不平衡量

当车轮存在不平衡量，其旋转时将产生离心力，其大小与车轮转速的平方成正比，行驶中会引起汽车振动、摇摆并使汽车操纵稳定性能差，同时还会加速轮胎的磨损。

(8) 汽车前照灯的光轴与照度

随着车速的提高和驾驶员座位的降低，为保证夜间安全行驶，汽车前照灯的检查不容忽视，前照灯检查内容有：

1) 前照灯个数及安装位置、前照灯照度。

2) 前照灯颜色。

3) 主光轴照射方向。

4) 远近光变换及照射方向等，其中，前照灯照度和主光轴照射方向是主要的。

(9) 底盘响声与振动

底盘系统的异常响声，可为底盘系统技术状况的诊断提供线索，正确判断响声部位，能把故障局限到某一总成或机构之中，进而查明故障原因。底盘系统零件磨损松动后，运转时伴随响声还可能会产生振动。

(10) 滑行距离

滑行距离能够表明底盘传动系统与行驶系的配合间隙以及润滑状况等总的技术状况。

(11) 底盘某些总成的工作程度

变速器、主减整器、制动器和转向器等总成的工作程度，可作为不解体诊断时的参考。

一般运动件（齿轮、轴承等）间隙不当，或润滑条件变坏（润滑油不足，黏度太低等）时，都会使总成温度升高。

（12）发动机的诊断参数

发动机的工作条件比较复杂，它经常在转速与负荷变化的条件下运转，某些零件还要在高温、高压等条件下工作，因此，在使用过程中，其技术状况将不断变坏，发动机技术状况变坏的主要症状有：功率下降、燃料、润滑油消耗量增加，废气中的有害气体含量增加以及出现漏水、漏油、漏气，启动困难和运转中有异常响声等。

诊断发动机技术状况的方法，根据诊断时所选择的诊断参数不同而异。在实际工作中可根据企业的具体条件来选定评价发动机技术状况的参数，常用的诊断参数有以下几种：

1）发动机功率。功率是发动机的一个总技术指标。发动机零件磨损以及点火、冷却、润滑等工作不良，都会引起功率数值下降，因此用它综合表明发动机技术状况的好坏。

通过测定，功率数值属于良好范围的发动机，可继续使用；功率有所下降，但尚可使用的发动机，可按照功率数值提供的依据，对发动机其他系统进行逐步诊断，并及时排除故障，以维护发动机的技术状况；功率数值严重下降，已超过使用极限时，应对发动机进行大修。

2）燃料消耗量。发动机燃油消耗量是一个综合评价技术参数，它不仅与发动机供给系的技术状况有关，同时还受点火系，冷却系以及底盘系统等技术状况因素的影响。汽车在使用过程中，要定期检查燃料消耗量，以作为发动机（或汽车）不解体诊断的技术参数。

通过测量燃料消耗时，可对发动机供给系、点火系故障进行诊断。点火时刻失准，火花强度不够，致使发动机燃烧不良，也是引起燃油超耗的原因。冷却系失常，过热容易引起爆振，过冷燃油挥发雾化不良，都会使油耗增加。底盘系统，如传动，行走机构机件运转间隙失常，润滑不良，必然会增加运动阻力，也会使汽车油耗增加。

3）机油消耗量。机油消耗量可以反映发动机汽缸活塞组的磨损情况，从而在一定程度上表明发动机的技术状况。磨损小的发动机，机油消耗量约为0.1～0.5 L/100 km，发动机磨损严重时，可达1 L/100 km或更多，机油消耗量可用核算汽车行驶一定里程（如1 000～1 500 km）后的实际消耗量（不包括更换机油）与标准定额的比较来评定。

4）发动机燃烧质量（废气中CO、HC、NO的含量）。发动机燃烧室内的燃烧质量，可用废气分析仪测定发动机排气成分来确定。混合气在燃烧室内的燃烧情况，可以反映燃油供给系的技术状况，也影响发动机功率高低。因此，燃烧质量的好坏，可以判断发动机的技术状况。

5）汽缸压力。汽缸压缩终了时的压力与发动机压缩比，曲轴转速、机油黏度及汽缸活塞组的技术状况有关。

对汽缸压力的诊断，可以判断发动机的技术状况。同时根据诊断所得症状，还能判明是汽缸组是否漏气，或是气门与气门座密封不好，并且能够查明每一个汽缸的磨损情况。

6）曲轴箱窜气量。汽缸与活塞环组因磨损间隙增大后，窜入曲轴箱的气体量（可燃混合气与燃烧废气）将会增加。因此，曲轴箱窜气量可以反映汽缸活塞组的技术状况。应指出，曲轴箱窜气量还与发动机负荷，转速以及曲轴箱的密封程度有关。因此，在进行这项参数测量时，注意曲轴箱密封和适当选择发动机转速与负荷范围。

曲轴箱窜气量只表明汽缸活塞组总的技术状况。

7）汽缸漏气率。在发动机不工作时，把压缩空气通过火花塞孔或喷油孔充入汽缸内，测量压缩空气的漏气率，可以诊断汽缸磨损情况，从而判断发动机的技术状况。

8）进气歧管的真空度。发动机进气歧管的真空度，随汽缸活塞组的磨损而改变。进气歧管真空度的测定方法比较简单，只要将量程合适的真空表装在进气歧管上即可进行诊断。但进气歧管真空度，只能用来判断发动机总的技术状况，不能确定故障的部位。因此，进气歧管真空度的检查，仅可作为发动机不解体诊断的辅助手段。

9）点火系工作质量。汽车点火系工作质量，可以用示波器检查，点火电压随时时间变化的特性曲线，以及点火系各元件或线路的工作状况，都能以曲线形式表现在荧光屏上，研究分析点火系点火波形的变化，可确定点火系及其元件的技术状况。

10）机油压力。发动机的正常机油压力在怠速时，不应低于 0.1 MPa（机油压力的具体数值，应参照厂家规定），当润滑系工作正常，而机油压力下降时，多半是由于曲轴轴承和连杆轴承磨损的缘故，如曲轴主轴承与主轴颈间隙每增加 0.01 mm 时，机油压力大致要降低 0.01 MPa，但机油压力的变化，只能表明发动机曲轴轴瓦或连杆瓦的磨损情况。

11）机油中金属磨料含量分析。发动机工作时，润滑油不仅润滑零件表面还将磨损产物（各种元素微粒）带走，而磨损微粒则以悬浮状存在于润滑油中。一般来说，润滑油中磨料的含量是机件磨损的函数。测量出润滑油中磨粒的多少，可以确定机件磨损的程度，同时，润滑油中磨粒含量的变化速度亦可反映机件磨损的速度。因此，定期测定机油中磨粒的含量可以辅助诊断发动机的技术状况。

汽车使用中的机油品质，可通过机油成分分析来测定，机油油样测定的重点是铁、铬、铜、铅、硅五种元素的含量，它们分别反映发动机主要机件的磨损情况：含铁量过高，说明汽缸磨损严重；含铬过多，说明活塞环磨损加剧；含铜量过高，说明曲轴及凸轮轴等轴瓦磨损过大（指铜基合金）或活塞销衬套磨损过大；铅主要表明活塞的磨损；硅含量的多少，表示发动机空气滤清器技术状况的好坏（即进尘量）。

通过机油成分的分析，不仅可以判断发动机磨损情况，还有助于确定机油合理的更换周期。

12）发动机温度。发动机温度可以作为发动机不解体诊断时的辅助测量参数。发动机工作温度除表明冷却系技术状况外，尚可反映汽缸活塞组间隙是否得当，点火时刻是否合适，燃烧室是否积炭，配气相位是否失准等。

13）发动机异常响声和振动。随着发动机各种机件磨损的增加，零件的配合间隙变大，在零件工作时就要产生冲击而发生振动和声响。因此，发动机工作时出现异常声响和振动，是发动机技术状况不良的有力证明。使用专用的诊断设备如声级计，声压频谱分析仪和振动加速度计，对异响和振动信号进行分析处理，也可以从中确定发动机的技术状况。

第三节　技术管理

学习目标

- 论文及写作

一、相关知识

1. 考察报告、技术报告、实验报告技术总结的特点与构成

（1）考察报告

考察报告也称调查报告。指为了某一目的，在某一地区进行了解、观察、研究、思考而写出来的报告。常见的有科技情况、科技会议、科学研究三类考察报告。前两者多用于出国考察，后者多用国内技术人员汇报自己考察的研究成果。

1）科技情况考察报告。多用于某一先进地区、某一国家的某一学科领域的考察，其体例一般分成前言、概述、考察细目三部分。

①前言。简要介绍考察团的名称、组成、考察时间和访问的地区、国别、城市、机构，以及参观具体单位等。

②概述。也有和前言合在一起写的，主要是交代考察的整体情况。概述要写得通俗、具体，把考察的内容和收获综合加以介绍，对国内外情况加以比较，说明考察的实际意义，供上级领导和主管人员参阅。

③考察细目。这是考察报告的主题，是同行和技术人员最关心的部分。它可以使用科技术语编写，逐节详细介绍考察所得的专业内容，语言尽量简明扼要，内容不论深浅，把考察所得，全部写上。

2）科技会议考察报告。该类报告内容，一般分为概况和收获两部分。

①概况。写明会议名称、会议主办机构、会议地点、时间、参加人员（国别、人数）、

会议主要解决的问题、开会的方式（大会发言、分组讨论、参观等）。

②收获。主要是指科学理论上、实验技术和生产技术上的收获。具体应写明学科研究动态未来发展趋势；会议上发表的主要论文简介；结合国内、本企业情况，找出差距；对如何引入先进经验，提出合理建议。

③科学研究考察报告。这是一些技术人员或科技工作者，通过考察调研后，为了科学研究的目的而写的报告。一般由以下几部分组成：题目、作者及单位、摘要、引言、考察方法、结果和讨论、参考文献。它和学术论文的形式相似。

（2）技术报告

也称科技报告、学术报告。多为撰写人围绕某一专题经过调查、研究、试制、应用，所编写的阶段报告、成果报告、总结报告。它的内容详细具体，比较系统，专业化程度高。不仅包括各种研究方案的比较和选择、成功和失败的体会，并附有大量的数据、图表和原始实验记录。由于它能迅速反映最新科技成果，所以其使用价值很高。它按认识水平分类如下：

1）按发表时间分类。可分为初期报告、中间报告、总结报告。

2）按技术内容分类。可分为报告书、技术总结、通报、备忘录、札记和准备在会议或刊物上发表的论文。

3）按文献作用分类。可分为研究成果报告、设备和材料说明报告、操作指示报告、生产报告、技术经济分析报告。

（3）实验报告

此处所说的实验报告，不是一般的实验，而是指从事科学研究所设计的全新实验，或者是在前人的基础上，具有一定创造性的高精度试验。其基本格式和学术论文差不多，只是在内容上有所不同。

1）题目。实验的中心内容。

2）作者及单位。要求和学术论文相同。

3）摘要。整个实验的高度概括。

4）引言。实验目的、意义、预期结果等。

5）实验过程。实验原理、装置和实验方法。

6）实验结果。包括数据处理、误差分析。

7）讨论。亦可与实验结果并写。

8）参考文献。要求与论文相同。

2. 科学论文的特点与构成

科学论文，一般分为学位论文和学术论文两大类，又有立论和驳论之分。我们主要介绍从正面阐述的学术论文。

从正面阐述的学术论文。

(1) 学术论文的特点

学术论文的五个特点如下：

1) 学术性。这是学术论文的最起码条件。论文必须是“抽象的反映”并上升为理论，有学术价值，否则就不能称其为学术论文。

2) 科学性。科学性要求个人不得主观臆造，必须从客观实际出发，从中引出符合实际的结论。在论文上要求作者花大气力，经过周密的调查、实验、研究，以最充分、最确实有力的论据，作为立论的依据。力求表达准确、明白、全面。

3) 创造性。创造性是衡量学术论文价值的根本标准，就是要求作者不但要有继承，而且要有创新，要有自己的见解。发表新理论、新方法、新定理，而不是传授或传播知识，这是科学论文与科普读物的主要区别。

4) 平易性。是指论文要写的深入浅出，尽量做到不仅专家明白，而且要做到具有一定专业知识的人也能看得懂。

5) 朴素性。是指论文的文风要朴实无华。论文中避免使用俗语、土语、口语、行话等。论文里不需要使用一些华丽或带有感情的词句。对于凡是能够肯定的事实或结论，就不要用“可能”“也许”“假若”等类似的词句。在学术论文里应该限制用比喻，提倡用类比的推理方法。在评论别人研究工作时，要以理服人，不可用推测、挖苦、讽刺等苛刻词语。

(2) 论文的基本构成

1) 论文题目。应反映论文中最重要的内容，以最恰当、最简明的词语组合，使读者看到题目即可知道论文论述的主旨。因此，对论文的命题要做到确切、恰当、鲜明、简短，既能概括全篇内容，又能引人注目。

为了避免过长的题目，可以采用副标题加以补充。副标题的作用可以引申主题、补充说明。

2) 作者及工作单位。凡是参加本论文主要研究工作的人，都应该署名。这不仅是作者辛勤劳动的体现和应获得的荣誉，而且是对工作、对论文负责的表现。个人的研究成果，个人署名；集体的研究工作，按贡献的大小排名。

作者署名应列在标题下方，写明姓名、单位、单位所在省市自治区和邮政编码。不同单位合作的作者，也应写全上述内容。第一作者还应在注明中简介自己的情况（如年龄、职称、职务等）。

3) 摘要与关键词。摘要也称文摘，是论文的重要组成部分。其作用是让读者尽快地了解论文的主要内容和结果，以补充题目的不足。

撰写文摘时要求简短、精练、内容完整、不加评论。字数各杂志社规定不同，约为全文字数的5%，但也有人提出最少100字，最多不超过500字。

关键词也称叙词，是论文中出现最多、最能体现论文中心内容的词。一般要求写出3～5个，列在摘要之后。须注意的是词的组成，尤其是新的复合词，要符合要求，必须是国家正式公布的，不能是自己造的词。

有的论文还要求注明“中图分类号”“文献标识码”和“文章编号”，以便查询。

为了扩大对外学术交流，在一时无力发行外文版期刊的情况下，国家核心期刊大都要求作者把题目、摘要等译成英文，使不懂中文的外国人，可知论文的主要内容。其单词数在250～500个，位置列在正文之前，也有些刊物把其附在论文正文之后。

4）前言。前言也称为绪言、概述、引言、导言，或者这些小标题都没有。它是论文的开头、引子，必须认真写好。

前言中可以写进本研究的理由、目的、背景、前人的工作和现在的空白，理论依据和实验基础，预期的结果及其在相关领域里的地位、作用和意义。前言应重点突出某些方面，不能面面俱到，人所共知者，可省略不写。

5）正文。正文是学术研究的主体，作者研究的成果主要在这部分体现出来。它反映了论文所建立的学术理论、采用的技术路线和研究方法所达到的水平。正文的水平决定了整个论文的水平。

正文的内容，包括本课题研究的方法、观察到的事实、研究的对象及其选择的原因、材料的收集方法及收集的理由、研究的结果等。从叙述内容来看，应包括理论分析、试验装置和测试方法、实验结果的分析比较三部分。具体内容可分设小标题分段编写。标题序号、正文中的图号、表号及文字说明应符合编写要求。整个论文字数通常限制在5 000～6 000字。

6）结论。结论是论文的总结，是经过推理、判断、归纳等过程所得到的总观点。写作时应注意：

①论文研究结果说明了什么问题，得出了什么规律，解决了哪些理论和实际问题。

②论文和相关研究有哪些不同，有哪些修改、补充和新观点。

③论文研究的不足之处，或遗留未解决的问题、今后的研究方向等。

7）参考文献。论文中引用别人的文章、数据、图表、材料和论点等，应按文中出现的先后顺序标明数码。然后在论文最后依次列出参考文献的名字和出处。

期刊论文要写明：作者姓名、论文名称、期刊名、发表时间、期刊号、页数等。图书类著录项目，应写明编著者、书名、出版社、出版时间等。其他可查阅《科学技术期刊编排规则》。

3. 写作注意事项

（1）科技报告写作注意事项

1）掌握科技报告的特点。科技报告归纳起来有以下五个特点，在撰写时一定要掌握好。

①报告的客观性。报告一定反映客观事实，不能主观臆造。报告是研究工作结果的记录，无论取得的结果与预料的目的是否一致，无论肯定了还是否定了预料的目的，都可写成报告，都有参考价值。

②报告的自我性。报告是作者根据对科学技术的研究、考察、调研、实验结果等如实记录、整理编写而成的。因此，报告是作者自己的报告，要对其负责。

③报告的叙述性。报告以叙述为基本手段，叙述整个工作过程、方法及其细节。它不要求有明确的论点，也可以重复别人做的工作。

④报告的单一性。大多报告以解决某一问题为目的，撰写时可以针对某一题目、某一目的、某项内容进行单项专一编写。

⑤报告的灵活性。报告撰写有一定格式要求，但又不完全局限同一格式，可视实际需要，按不同种类灵活确定其格式和编写的字数，格式长短不受限制。

2）合理安排写作结构。在编写科技报告时，应当先考虑好全部情况，包括发展程序、相互联系、来龙去脉及细枝末节等。然后根据报告的写作目的，采用不同的写作结构。其结构一般有以下几种：

①以空间位置的变换为序。这种结构宜于表现并列事物的场景，在科学研究性的考察报告中使用较多。

②以科学的内在联系为序。这种方式在考察报告、实验报告中经常使用。

③以时间的先后为序。即依照表述对象的发展在时间上和自然顺序来安排文章的层次，这在科学实验报告中经常用到。

④须指出的是，上述三种结构在实际写作中往往习惯于两三种方式综合起来使用。对于写作经验少的作者，可以在正式写作前设计一个报告编写提纲，构思整篇写作结构。

3）合同纠纷的调解和仲裁。科技协作合同发生纠纷时，甲、乙双方当事人就及时协商解决。协商不成，可向当地主管部门递交申请书，主管部门通过调查取证，作出调解意见书，并监督双方当事人执行。

当事人一方或双方对调解不服的，可向国家规定的仲裁委员会申请调解或仲裁，也可以向人民法院起诉。仲裁实行一裁终局的制度。裁决作出后，当事人就同一纠纷再申请仲裁或向人民法院起诉，仲裁委员会或者人民法院不予受理（裁决被人民法院依法裁定撤销或者不予执行的除外）。

仲裁费用原则上由败诉方承担，也可根据实际情况及甲、乙双方责任的大小，由当事人双方按一定比例分摊。

（2）科学论文写作注意事项

1）用语要规范。撰写论文时要采用规范用语，不要采用俗语、行语等非规范用语，见表 3—1 举例。

表 3—1　　**规范用语与规范用语**

规范用语	非规范用语	规范用语	非规范用语
载质量	载重量	日常维护	例保
载货汽车	载重汽车、卡车	一级维护	一级保养
轿车	小客车、小轿车	二级维护	二级保养
轻型客车	面包车	驾驶员	司机
客车	大客车	噪声	噪音
发动机	引擎	螺栓	螺丝
上、下止点	上、下死点	螺母	螺帽
油底壳	机油盘	旋具	改锥、起子
转向盘	方向盘	伸长率	延伸率
变速器	变速箱、闸箱	弹性模量	弹性模数
加速踏板	油门踏板、油门	切应力	剪应力
节气门	油门	表面粗糙度	表面光洁度
制动踏板	刹车踏板	圆度	椭圆度
驻车制动器	手制动器、手刹车	圆柱度	锥度
前照灯	前大灯	模样	模型
蓄电池	电瓶	涂装	油漆、喷漆

2）文稿写作要求

①文稿一律用蓝（或黑）墨水横写，字迹要工整，切勿潦草，保持稿件整洁。

②一律用 16 开稿纸书写，每字占一格，标点符号也占一格，破折号占两格，阿拉伯数字占一格，避免错别字。

③文字要规范，一律以正式公布的简化汉字为准，不用繁体字、异体字和非正规简化字，避免错别字。

(3) 标题层次的要求

论文标题层次不同于书稿，一般三个层次够用了。第一层次用阿拉伯数字 1、2、……表示，顶格书写；第二层次用 1.1、1.2、……表示，顶格书写；第三层次用 (1)、(2)、……表示，正文开头空二格书写。

(4) 文中图表的要求

文中图表较少时，就统一编号，如图 1、图 2、……；表 1、表 2、……。图号、图名均写在图的下方图注写在图名的下面；表号写在表名的前面，中间空一格，二者均写在表格的上方。

(5) 计量单位的要求

我国法定的计量单位包括：

1）国际单位制的基本单位。

2）国际单位制的辅助单位。

3）国际单位制中具有专门名称的导出单位。

4）国家选出的非国际单位制单位。

5）由以上单位构成的组合形式的单位。

上述计量单位和名称和称号，均按中华人民共和国国务院 1984 年 2 月 27 日发布的《关于在我国统一实行法定计量单位的命令》执行。

二、操作技能

论文点评可从以下五个方面入手：

1. 看论文的选题是否有创新

创新是文章的灵魂，论文的好坏就取决于此。“新”，主要表现为新的思想、新的见解、新的视角。选题时要注意两个问题：一是陈旧雷同；二是贪大求全。选题陈旧雷同和贪大求全都有悖创新，写出来的论文也谈不上有什么价值。论文题目小，观点集中，以小见大，就容易做到厚积而薄发。

2. 看论文的题目是否恰当

“文章要好，题目要巧”。好题目有三点共识：第一，贴切、醒目、生动，不能太平淡；第二，题目要短、小、简洁；第三，要有个性。总的来说，文章的题目要令人耳目一新。

3. 看论文的观点是否有吸引力

一篇优秀的科学论文，其观点应该语言精练，紧扣中心，并且能准确地概括自己所写的内容。

4. 看论文是否有自己的感受

一篇科学论文真正能打动读者、启迪读者的，是论文作者对科学领域中某些方面、问题深邃而独到的见解和缜密精辟的分析。

5. 看论文的思路是否清晰，结构是否严谨

许多论文存在论述欠完整，层次不清，思路混乱，缺乏逻辑性的现象。使一篇文章结构完整，层次分明，条理清楚，必须做好以下工作：一是拟好一个三级提纲；二是安排好层次，划分好段落。

第二部分

汽车修理工高级技师

第四章 汽车修理

第一节 编制汽车维修工艺规程

学习目标

- 汽车零件测绘知识
- 汽车维修工艺规程

一、相关知识

1. 汽车零件测绘知识

(1) 零件的结构分析

零件是组成一部机器或一个部件的基本单元，它的结构形状、大小和技术要求是由设计要求和工艺要求决定的。

从设计要求方面来看，零件在机器（或部件）中，可以起到支承、容纳、传动、配合、连接、安装、定位、密封和防松等一项或几项功用，这是决定零件主要结构的依据。

如图 4—1 所示为一台减速器，分别表示每个零件的主要功用。

从工艺要求方面来看，为了使零件的毛坯制造、加工、测量、装配和调整工作能进行得更顺利、方便，应设计出铸造圆角、起模斜度、倒角等结构，这是决定零件局部结构的依据。设计一个零件是这样，观察和分析一个零件也是这样。通过零件的结构分析，可对零件上每一结构的功用加深认识，从而正确、完整、清晰和简便地表达出零件的结构形状，完整与合理地标注出零件的尺寸和技术要求。

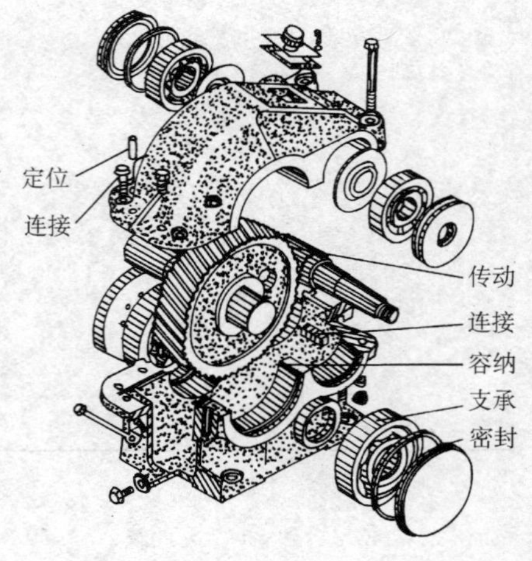

图 4—1 减速器

(2) 零件表达方案的选择

不同的零件有不同的结构形状，用怎样的一组图形表达该零件，首先要考虑的是便于看图，其次要根据它的结构特点，选择适当的表达方法，在完整、清晰地表达各部分结构形状的前提下，力求画图简便。选择一个较好的表达方案，应包括：主视图的选择、视图数量的选择和表达方法的选择。

1) 主视图的选择。主视图是一组图形的核心，画图和看图时，都要先从主视图开始。所以，主视图选得合理与否，直接关系到看图和画图是否方便。选择主视图时，应该考虑以下两个问题。

①主视图的投影方向。主视图的投影方向应该能反映出零件的形状特征。反映零件形状特征是指在该零件的主视图上，能较清楚和较多地表达出该零件的结构形状，以及各结构形状之间的相互位置关系。

②零件主视图的位置。零件在主视图上的位置，应考虑以下两种情况：

a. 零件的工作位置，就是指零件在机器（或汽车）上的工作位置。在选择主视图时，应该尽量与零件的工作位置一致。

b. 零件的加工位置。零件在制造过程中，特别是在机械加工时，固定、夹紧零件进行加工的位置，应尽量与主视图的位置一致。这样画主视图，在加工时看图方便，可减少差错。应该指出，有一些运动零件，它们的工作位置并不固定，有些零件处于倾斜位置，还有些零件如叉架和箱体等，它们要经过多道工序才能加工出来，各工序的加工位置又各不相同，无法使一张图同时符合各种加工位置。因此，当确定了主视图的投影方向后，应根据零件的特点尽量符合零件的工作位置和加工位置来确定主视图。此外，还要考虑其他视图的合理布置，充分利用图幅。

2) 视图数量的选择。在主视图确定后，还需进一步选择视图的数量。在实际选择时，往往和表达方法的选择同时考虑。

①选择一个视图。一般锥体、球体、柱体、环体等回转体，以及它们的同轴组合或两条轴线的同方向不同轴组合，它们的形体和位置关系简单，只要注上尺寸，一个视图就可表达得完整、清晰。

②选择两个视图。一个视图表达不清楚时，要选择两个视图。经常用于表示几个回转的基本形体（特别是不完整的），具有同方向但不同轴的组合。虽然也是同方向不同轴的组合，但其高度不同，如法兰盘、多棱柱、有附加形体（键）等。

③选择三个视图。两个视图表达不清的形体或组合体，一般用三个视图表达；较复杂的零件常用三个以上的视图表达，如箱体类零件。

3）表达方法的选择。一个零件，有外部结构形状，也有内部结构形状，各结构间的组合位置不同，有的层次少，有的层次多，有的结构较大，有的结构较小。在层次较多的地方，有的部分可能被其他部分挡住。在结构较小的地方可能表达不太清楚，尺寸标注不太明显，这些在选择视图时，都要认真考虑。

如图 4—2 所示为零件的表达法及视图数量。

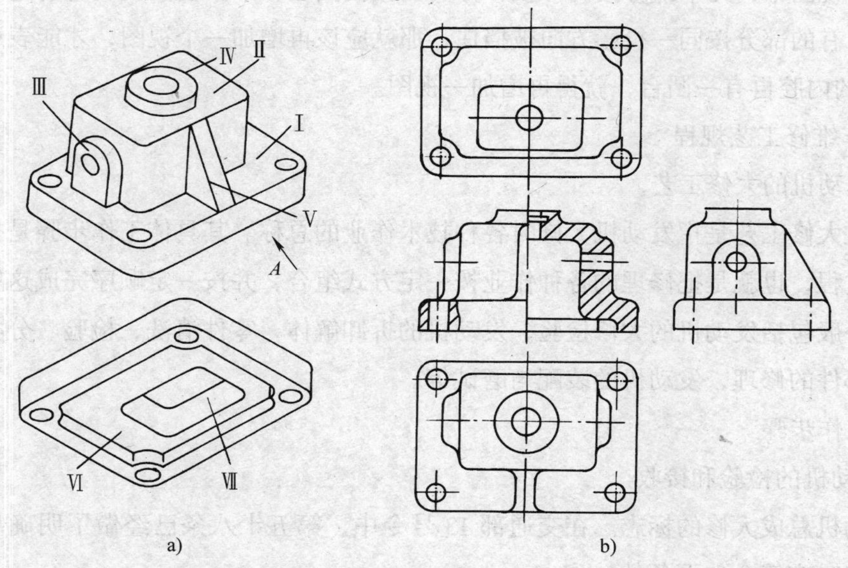

图 4—2　零件的表达法

a）立体图　b）视图

①确定主视图的投影方向，如箭头 *A* 所示的方向。

②确定视图的数量。该零件分为 7 个形体，如图 4—2a 所示，每个形体需要的视图数量和视图名称见表 4—1。

从表 4—1 中可以看出，这个零件至少需要 5 个视图（主、俯、左、仰和剖面），如图 4—2b 所示。

表 4—1　　视图数量和视图名称

形体号	视图数量	视图名称							说　明
		主	俯	左	右	仰	后	其他	
Ⅰ	2	√	√						不同轴的组合
Ⅱ	2	√	√						有附加形体的四棱柱
Ⅲ	2	√		√					不同轴的组合
Ⅳ	1	√						剖面（斜视）	同轴组合
Ⅴ	2	√		√					棱柱
Ⅵ	2	√				√			有附加形体的四棱柱
Ⅶ	2	√				√			不同轴的组合
整体		主	俯	左		仰		剖面	

③选择表达方法。这个零件既有外部结构形状，又有内部结构形状。在主视图中，它具有对称平面，所以适用半剖视。

在同一视图中，几个部分按同一投影方向均未被挡住，一个视图就表达清楚了。如果某一视图中，有的部分按同一投影方向被挡住，那就应该再增加一个视图，才能表达清楚。如果图 4—2 的内腔再有一凸台，就得再增加一视图。

2. 汽车维修工艺规程

（1）发动机的大修工艺

发动机大修工艺是指发动机大修时各种技术作业的总称。其具体工作步骤是指发动机大修的工艺过程，也就是把修理的各种作业按一定方式组合，并按一定顺序完成这些作业的全过程。它一般包括发动机的大修检验，发动机的拆卸解体，零件清洗、检验、分类，汽缸的镗磨，各部件的修理，发动机的装配与磨试等。

（2）工作步骤

1）发动机的检验和接收

①发动机总成大修的标志。在交通部 13 号令中，第五十八条已经做了明确规定，发动机总成送修时应符合如下条件：

a. 汽缸磨损。当量缸时，汽缸圆度达到 0.05 ~ 0.063 mm（汽油机 0.05 mm，柴油机 0.063 mm），或汽缸圆柱度达到 0.175 ~ 0.250 mm（汽油机 0.175 mm，柴油机 0.250 mm）时，应大修。测量时以其中磨损量最大的一个汽缸为准，一般出现在前、后两缸。

b. 动力性。最大功率或汽缸压力比标准降低 25% 以上。有测功机时，应以最大功率为准；无测功机时，用汽缸压力表测量各汽缸平均压力。超过上述要求时，应进行大修。

c. 经济性。燃料和润滑油消耗量增加大于 15% 时，应进行大修。

这里需要说明的是，发动机总成大修时要符合上述条件。如果是随整车送厂大修的发动机，还应符合汽车大修送修标志，并且发动机总成送修的三条标志，不是同时满足，而是满足其中任一条要求，就要送修理厂进行大修。

②总成送修的规定

a. 总成送厂大修时，承修单位应与送修单位签订合同，商定送修要求、修理时间、质量保证等，合同签订后要严格执行。

b. 总成送修时，应在装合状态，附件、零件均不得拆换和短缺。

c. 因肇事损坏严重或短缺零件的总成，签订合同时应做出相应的规定和说明。

d. 总成送厂大修时，应将其有关技术档案一并送往承修单位。

③发动机的检验和接收。符合送修的发动机总成进厂大修时，一般需检验评定技术状况，确定修理作业范围，填写进厂检验单，办理交接手续，签订修理合同。

a. 调查发动机总成使用情况。通过对送修人员询问，并查阅车辆或总成的技术档案，了解总成使用中的维修情况、经常发生的故障、燃料和润料消耗情况等，作为判断发动机技术状况的初步依据。

b. 检验与试验。有检测手段的维修企业要对发动机总成进行单独检验或随车进行检验，贯彻“按需视情修理”的原则，准确断定修理的作业范围。没有条件的维修企业可借助检测站进行检验，或进行人工检查和试验。

发动机总成的外部检视，主要检查其装备是否齐全，有无拆换现象，基础件有无破裂、渗漏、变形等情况。随车的发动机还可通过道路试验进一步检查发动机运转情况（怠速和低、中、高速）、燃料燃烧情况、有无异响等，从而可以进一步判断发动机总成的技术状况。

c. 发动机的接收。发动机经入厂检验和技术鉴定后，基本上能较准确确定修理的作业范围。接下来是承修单位与送修单位商定送修要求、修理时间、质量保证，签订修理合同，填写接收进厂检验单。

进厂检验单是 GB/T 15746.2—1995“三单一证”的要求内容，必须认真填写。其大致内容有发动机型号及号码、进厂日期、托修单位、送修状态、运行时间、报修项目、发动机附件状况、发动机运转情况、检验日期、承修方处理意见、检验员签字。单中字迹应清晰，项目齐全、完整，填写真实、正确。

2）发动机的解体。发动机接收后，在解体前应进行外部清洗，然后将总成拆成部件、零件。为了保证拆装质量，提高生产效率，保证安全生产及降低工人的劳动强度，一定要合理组织拆卸作业，科学安排工艺顺序，正确使用拆装机具，重视拆装特殊要求。

①合理组织拆卸作业。小型修理企业可采用固定作业法，拆卸工作始终在同一工作地点进行，由专业小组进行综合作业（包干法）实施。大型修理企业可采用间歇流水作业法，拆

卸工作在流水线上由各工作岗位逐步实施，通常采用专业分工的形式进行作业。

②科学安排工艺顺序。发动机的拆卸可按结构、部位、单元等，科学安排平行交叉的作业方式进行，使各工序交叉配合，密切衔接，互不干扰，人尽其用，这样既缩短了拆卸时间，又减少了工具准备工作。一旦设计好拆装工艺顺序，必须按此程序执行。只有这样才能保证拆卸的工效和质量。

③正确使用拆卸工具。正确使用拆卸工具，是保证拆卸质量的重要手段之一。拆卸螺母、螺栓时，要选择合适的扳手（不能用英制代替公制），尽量不用活扳手、钳子，以免损坏螺母棱角。拆卸过盈配合的零件（如衬套、齿轮、带轮和轴承等），要使用拉器或压力机，不得用锤子直接敲击零件的工作表面。严禁用量具、扳手、钳子等代替锤子敲击。

④拆卸中的特殊要求。对一些有相互位置和方向关系的零件，有些是不可互换的，因此，不能拆乱，应采取相应的特殊措施。还要注意拆卸顺序，防止变形。这些零件主要有：

a. 组合加工件。如主轴承盖和汽缸体、连杆与其轴承盖、汽缸体与飞轮壳等。

b. 平衡件。如离合器总成与飞轮和曲轴。

c. 定时件。主要指配气定时和柴油机喷油定时传动件，要注意装配标记或补做记号。

d. 配合副。柴油机喷油泵柱塞副、喷油器柱塞副等，不能互换，否则会破坏配合特性。

e. 调整垫片。轴瓦预紧度调整垫片不能丢失和错乱，防止紧度和间隙发生变化。

f. 多螺栓紧固件。在拆卸汽缸盖和主轴承盖等时，要注意顺序，以防变形。如汽缸盖拆卸时应按照“先边后中、由外向里、轮流对称、2～3次”的原则。

3）发动机零件的清洗。发动机解体后，应对零件进行清洗，清除零件上的油污、积炭和水垢，以保证零件检验、分类和修理作业的正常进行。

4）发动机零件的检验分类。对清洗后的发动机零件，按《汽车修理技术标准》中的技术要求，将其分为可用件、需修件、报废件三类。可用件是指仍可继续使用的零件，后两类零件通称为不可用件，是修理还是报废，要依据生产上的可能性、质量上的可靠性、经济上的合理性来确定。

①零件检验分类技术条件的内容

a. 零件的尺寸、材料、热处理、硬度等主要特性。

b. 零件可能产生的缺陷和产生缺陷的原因。

c. 零件的极限磨损尺寸、允许磨损尺寸和允许变形的数值。

d. 零件缺陷的特征。

e. 零件报废的条件。

f. 零件的修理方法。

②零件检验分类技术条件的制定方法。零件检验分类技术条件通常采用经验统计法、试

验研究法和计算分析法三种方法制定。

a. 经验统计法。经验统计法是依据在长期使用和维修汽车过程中所积累的丰富经验和大量的资料，用数理统计的方法加以分析整理来制定技术条件的方法。

该法是以使用和实践为基础，故具有一定的实际意义。但由于汽车使用条件以及使用、维修人员的技术水平各不相同，所得的数据往往差别很大，因此，该法只有在大量记录和积累丰富资料后，才能得出可靠的结果。

b. 试验研究法。试验研究法是通过实验室试验或道路试验，进行实际测量来获取允许磨损和极限磨损尺寸以及其他检验分类技术条件的方法。如通过试验和测量，获取配合件的磨损数据，再通过这些数据制作其磨损特性曲线。

发动机零件由于材料和工作条件的不同，其使用期限也互不相同。零件的使用期限与汽车发动机大修周期大致有三种不同关系，即零件的使用期限大于、等于或小于大修周期。磨损特性曲线可以反映出它们之间的关系，从而可以确定零件是可用件还是非可用件，也可以得到允许磨损量和允许磨损尺寸。

c. 计算分析法。这种方法是根据流体力学的润滑理论，通过数学表达式的计算，求出间隙配合副的极限磨损间隙，从而确定零件的极限磨损尺寸和允许磨损尺寸。由于汽车零件的工作条件较复杂，影响磨损的因素较多，现有的模拟公式还不能真实地反映实际情况，但计算分析法的公式中表达了主要变量间的函数关系，它对采用经验统计法、试验研究法制定零件检验分类技术条件，以及制定机械加工中的技术要求，都有指导意义。

常用的计算有轴瓦与轴的最大极限间隙、活塞销与连杆铜套的极限间隙，以及轴瓦与轴颈几何形状偏差的计算。

5）曲轴连杆机构修理。曲轴连杆机构修理包括汽缸体与汽缸盖的修理、活塞连杆组的修理、曲轴飞轮组的修理。

①汽缸体与汽缸盖的修理

a. 镗缸与磨缸。发动机大修的主要标志就是要进行汽缸体的镗磨，以恢复其技术性能。镗磨步骤如下：

a）确定修理尺寸。汽缸修理尺寸一般分为 3～6 级，级差为 0.25 mm。

大修时常用修理尺寸为 +0.5 mm、+1.00 mm、+1.50 mm 三级。在实际修理中，常测量出汽缸的最大磨损直径，再加上加工余量来确定汽缸的修理尺寸。

b）确定镗削量。修理尺寸确定后，可选择同一尺寸的活塞。镗缸时必须按活塞的实际尺寸进行，结合配合间隙、磨缸余量来确定各缸的镗削量。

镗削量 = 活塞最大直径 − 汽缸最小直径 + 配合间隙 − 磨缸余量

汽缸的镗削量确定之后，要根据镗缸机所允许的吃刀量和工艺过程的要求，确定镗削的次数和每次吃刀量。一般铸铁汽缸体开始和最后一刀的吃刀量小些，可选 0.03 ~ 0.05 mm，中间的几刀可大些。

c) 镗削汽缸。镗削汽缸的目的是保证修理尺寸，恢复汽缸的圆度和圆柱度，使汽缸中心线垂直于曲轴主轴承孔中心线。汽缸在镗削之前，必须先进行汽缸体的焊补、镶配气门导管和气门座圈等修理工作，以免因工艺过程不正确导致缸体变形。

汽缸镗削方法有两种：一种是同心法，一种是偏心法。同心法是以汽缸未磨损或磨损最小的部位定中心，如汽缸“缸肩”或汽缸底部，使镗缸机主轴与原来汽缸轴心重合，这样镗削后的汽缸与原来的汽缸是同一中心，保证了发动机原设计的配合精度和技术要求。偏心法是以汽缸最大磨损部位定中心，由于汽缸的不规则椭圆磨损，使镗缸机的主轴向磨损较大的一方偏移，因此，镗削后的汽缸与原设计汽缸不是同一中心，降低了配合精度，增加了侧向力，使发动机寿命缩短。

我国定型的镗缸机有固定式镗缸机（如 T716）和移动式镗缸机（如 T8014）两大系列。其镗削工艺大致相同，即检修定位平面、用定心指定中心、选择刀架和调整镗刀、选择吃刀量和镗头转速、试镗和镗削、缸口倒角等。

磨削汽缸是对汽缸的最后精加工，目的是降低表面粗糙度、提高加工精度、强化表面质量、达到配合要求等。磨缸时要注意以下几点：

做好准备工作。清洁汽缸、选择磨条、安装磨缸头、检查圆柱度。

安装磨缸头，调整磨条压力。压力要适当，压力大，效率高，但粗糙度大；压力小，汽缸会磨成锥形或椭圆形。

选择合适的圆周速度和往复运动速度。磨头的圆周速度一般取 60 ~ 70 m/min；对于往复运动速度粗磨时取 15 ~ 20 m/min，精磨时取 20 ~ 25 m/min。

磨缸时要加注切削液，用来冷却缸体和清洗磨屑。切削液一般用煤油（或柴油）加入 15% ~ 20% 机油而成。

磨缸顺序应先粗磨后精磨，隔缸磨削，即按一、三、五、二、四、六的缸序磨削。磨削后圆度小于 0.007 5 mm，圆柱度小于 0.01 mm，活塞与汽缸的配合间隙应符合规定，见表 4—2。

表 4—2　　活塞与汽缸配合间隙　　(mm)

发动机型号	CA6102	EQ6100	EQ6100 - 1	BJ492Q	北京切诺基	上海桑塔纳
活塞与汽缸间隙	0.015 ~ 0.035	0.05 ~ 0.07	0.03 ~ 0.05	0.05 ~ 0.07	0.023 ~ 0.043	0.025 ~ 0.045

b. 缸体与缸盖变形的修理。汽缸体纵向变形的规律是两端高而中间低。当变形较大时，可采用铣、刨、磨等加工方法予以修整。在无上述设备或平面度公差不大时，可用旧砂轮在

其平面上进行手工推磨，直至平面度达到技术要求为止，总磨削量控制在0.24～0.50 mm以内。在变形较小时，可以在平面上涂些研磨膏，扣合缸盖在缸体上研磨。

汽缸体二主轴承孔如果因变形引起同轴度、圆度、圆柱度等的变化，较小时可用修刮轴瓦、加垫片等方法解决；较大时需对汽缸体整形，镗削主轴承座孔达到要求，保证主轴承座孔的轴线与凸轮轴轴承座孔轴线的平行度误差小于0.10 mm。

汽缸盖变形的修理可采用两种方法，即机械加工和压力校正。

当缸盖变形量小于1 mm时，可采用刨、铣、磨的方法加工缸盖平面，最大加工量不得大于1 mm，燃烧室容积减小不大于5%。同一台发动机各缸燃烧室容积差一般不应大于其平均值的4%，EQ6100型为4 mL，CA6102型为2.5 mL。

当缸盖变形量大于1 mm时，可将缸盖平面两端垫起，加低温（300～400℃）压力校正。也可将同型号发动机两缸盖平面相对，中间和两端加相同厚度垫铁，中间用螺栓穿起，用扭紧螺帽加压进行校正。

c. 缸体与缸盖裂纹的修理。汽缸体与汽缸盖裂纹的修理方法主要有粘接法、焊修法和堵漏法等。具体采用哪种方法，应根据裂纹的大小和程度来确定。

粘接法：对于受力不大、工作温度低于100℃的部位的裂纹大部分可以采用环氧树脂胶粘接修复。它具有粘结力强、收缩性小、耐疲劳、工艺简单、操作方便、成本低等优点。缺点是不耐高温、不耐冲击等。也可以采用加补板、开坡口肋等辅助方法，改善修理质量。

焊修法：如果汽缸体、汽缸盖的裂纹发生在受力较大或温度较高的部位，则应采用焊接的修理方法。常用的焊接方法有：铜焊、铸铁焊、铝合金焊、气体保护焊。可冷焊，也可加热减应力焊接。

堵漏法：堵漏法是利用堵漏剂修补汽缸体漏水的方法。堵漏剂是由水玻璃、无机絮凝剂、有机絮凝剂、无机填充剂和黏合剂等组成的胶状液体，适用于对铸铁或铝合金缸体所出现的裂纹、砂眼等缺陷的堵漏。

②活塞连杆组的修理。活塞连杆组的修理内容主要包括活塞的配修、活塞销的配修、活塞环的选配和连杆的检修、活塞连杆组的装配。

a. 活塞的选配。发动机大修时，活塞应全部更换。选配活塞时应注意如下要求：

按照汽缸的修理尺寸，选择同一尺寸的活塞，同一组活塞的直径差不得大于0.02～0.025 mm。

应选同一厂牌号的同组活塞，材料、性能、尺寸、质量应一致，活塞间的质量差应小于3%。

活塞的修理尺寸一般有标准至加大1.50 mm的七个等级刻在活塞顶上，大修时（包括换缸套）优先选择0.00 mm、+0.50 mm、+1.00 mm、+1.50 mm四级。

对于膨胀槽应开到底而未开透的活塞，装配时应将膨胀槽开到底。

b. 活塞销的配修。汽车大修时通常都要更换新件。

a）活塞销的选配。尽可能选择标准尺寸的活塞销，给小修留有修配的余量。

活塞销一般按最小尺寸分组，每组相差 0.002 5 mm，各销质量差应小于 10 g。

活塞销除标准尺寸外还有 + 0.08 mm、+ 0.12 mm、+ 0.20 mm、+ 0.25 mm 四级修理尺寸，供维护和小修时使用。

b）活塞销与座孔的修配。全浮式活塞销与销座孔的配合，汽油机要求在常温下有 0.002 5 ~ 0.007 5 mm 的过盈量，75 ~ 85℃时有 0.005 ~ 0.008 mm 的间隙；柴油机要求在常温下为过渡配合，允许有轻微间隙；销与座孔的接触面积在 75% 以上。

销与座孔的配合，通常用长刃可调式活动铰刀对活塞销座孔进行手工铰削。在铰削时，应不断地与活塞销试配，以防止铰大。当铰削到用手掌的力量能够将活塞销推入一个销座的 1/9 左右时，应停止铰削。修刮座孔时应“刮重留轻、刮大留小”，修刮到用手掌的力量将活塞销推进一个座孔的 1/2 ~ 2/3 为宜。

c）活塞销与连杆衬套的修配。发动机大修时，连杆衬套必须更换，衬套与小端的配合应有 0.10 ~ 0.20 mm 的过盈量。过盈量太大，压入衬套时有困难。为保证衬套工作时不转动，压入后的衬套还应对内径向外滚压。手工操作时，多用直径稍大的“冲子”进行。对整体衬套，应使油孔对正，保证油路畅通。

衬套铰削的方法和铰活塞销座孔差不多：保证连杆垂直铰刀，均匀用力、扳转下压。为防止铰削过量，应边铰削边用活塞销试配。当铰削到能用手掌力量将活塞销推入衬套 1/3 ~ 2/5 时，应停止铰削。此时，应将活塞销压入或用木锤子打入衬套内，并夹持在台虎钳上往复扳动连杆，然后压出活塞销，检查接触情况。

最后根据接触面积和松紧程度，用刮刀做微量刮削，修刮要领同座孔。当把活塞销蘸上机油，用手掌的力量把活塞销推入连杆衬套时，应感觉略有阻力，松紧度应合适。这时接触面积应均匀分布，轻重一致，接触面积不得小于 75%。

c. 活塞环的配修。活塞环大修时必须更换。在装配活塞环时，要进行活塞环的弹力、漏光以及各部间隙的检验。

a）活塞环弹力的检验。活塞环弹力的检验是在弹力检验器上进行的，即活塞环开口间隙符合规定时，观察活塞环的弹力是否符合要求。按对活塞环加力方向的不同（垂直和切向），检验器有立式和卧式两种形式。立式弹力检验器较多见，使用它检验时，使活塞环开口间隙保持在水平位置，移动检验器上的量块，当把活塞环开口间隙压缩至标准数值时，弹力应符合各种机型的规定。

b）活塞环漏光的检验。选配活塞环时，必须进行漏光检查。检查时，将活塞环平置于缸内，在活塞环的下边放置一发光灯，活塞环上放一盖板，盖住环的内圈，以便观察环与缸壁的漏光情况。检验漏光要求一般是：缝隙不得超过 0.031 mm，在圆周上某一处漏光弧长不得大于 30°，同一环上的漏光弧长总和不超过 60°，在环端开口处左右 30°范围内不允许有漏光现象。

c）活塞环间隙的检验。活塞环间隙的检验包括：端隙、侧隙和背隙的检验，以上都必须符合修理标准。

d. 连杆的检修。发动机大修时，对连杆的变形必须严格检查和校正，恢复其技术要求。

a）连杆变形的检验。连杆变形的检验通常是在连杆检验器上进行的，其方法是：将紧固好的连杆大头固定在连杆检验器上，连杆小头装上检验销，用量规跨在检验销上进行检查。也可在平板和 V 形架上用百分表进行检查，其小端检验销两端高度差即为连杆弯曲、扭曲值，如图 4—3 所示。

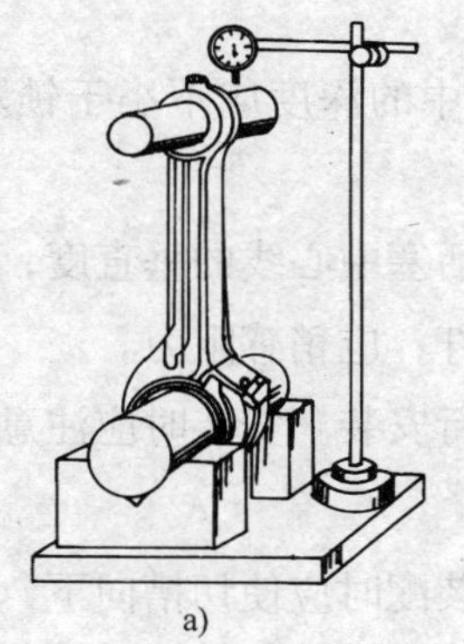

a)

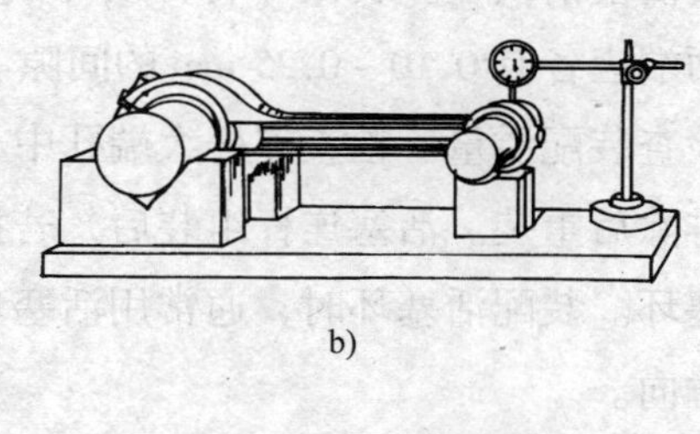

b)

图 4—3　连杆弯曲和扭曲的测量

a）测定连杆弯曲　b）测定连杆扭曲

汽车修理标准规定，连杆在 100 mm 长度上的弯曲值应不大于 0.03 mm，扭曲值应不大于 0.06 mm。

b）连杆变形的校正。连杆弯曲、扭曲的校正如图 4—4 所示。

应注意校正部位与弯曲部位一致，否则可能引起双重弯曲。有条件的单位，应在连杆冷校后，将连杆加热至 400～450℃保温 0.5～1.0 h，消除残余内应力，避免恢复原变形。

e. 活塞连杆组的装配。活塞连杆组的装配是指将活塞、活塞销和修配好的连杆（铜套和轴承）三部分组装在一起，步骤如下：

第一步：检查各部件是否错乱，是否符合要求。

第二步：彻底清洗，尤其注意清除油道中的油污。

第三步：将活塞置于水中加热至 80～85℃。

第四步：取出活塞，擦干座孔，将活塞销涂少许机油后插入一边座孔。

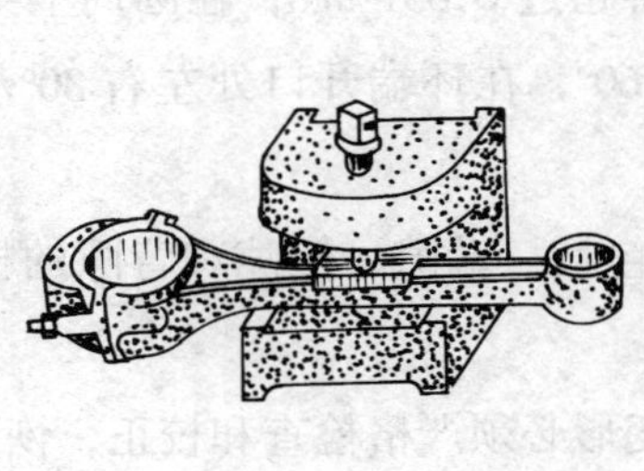

a)

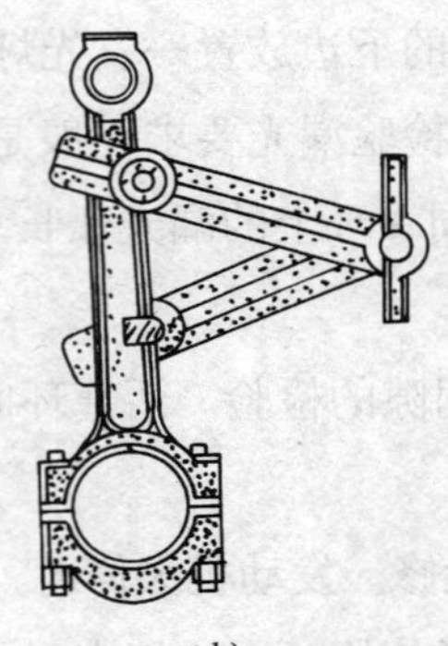

b)

图 4—4　连杆变形的校正

a）弯曲校正　b）扭曲校正

第五步：对准活塞和连杆标记，将连杆小头放入两座孔间，对正活塞销，并迅速插入活塞销。

第六步：装活塞销锁环。装锁环时，锁环嵌入环槽中的深度应不小于锁环直径的 2/3，锁环与活塞销两端应各有 0.10 ~ 0.25 mm 的间隙。

第七步：检查装配质量。检查连杆大端孔中心线和活塞中心线的垂直度，不符合规定时应查找原因，排除后重装。活塞连杆组装后，若扳动连杆，应稍感阻力。

f. 装配活塞环。装配活塞环时，通常用活塞环钳进行安装。安装时应注意环的结构、安装次序和安装方向。

镀铬环必须装在第一道环槽内；外圆边缘切槽的，装配时应使切槽向下，装在第二、第三道环槽内；内圆边缘切槽的，装配时应使切槽向上。若每个活塞上只有一只，就装在第一道活塞环环槽内。

现代新型发动机上采用的活塞环配置为三道环，第一道气环是鼓形面环，第二道气环是扭转面环，第三道是双轨胀簧组成的油环（也称三片式油环）。

安装锥面环时，有标志的一面应向上，例如 CA6102 型发动机活塞第二、第三道压缩环上有“△”形标记的一面向上。装配组合油环时，首先将衬环装入油环槽中，并插入锁线，再将铸铁油环装入衬套外面，衬环与油环开口应错开 180°。安装各道活塞环时，开口位置按规定错开，不可成一直线。

③曲轴飞轮组的修理。包括曲轴的修理、曲轴轴瓦的修配和飞轮的检修。

a. 曲轴的检验与校正

a）曲轴弯曲的检验与校正。

曲轴弯曲的检验。曲轴中心线弯曲小于 0.05 mm 时，可不修理；小于 0.10 mm 时，可结合磨削曲轴时予以修正；大于 0.10 mm 时，曲轴须加以校正。

曲轴弯曲的校正。曲轴常采用冷压法进行校正。将曲轴放在压力机工作平板的 V 形架上，找出曲轴弯曲的方向（向上），使压力头对准中间一道或二道主轴颈施压。钢制曲轴一般压弯量为原曲轴弯曲的 1.0～1.5 倍，保持 2 min 左右再释放压力。球墨铸铁曲轴的压校量不得大于原弯曲量的 10 倍。弯曲量较大时，要反复校正多次，直到符合要求为止。注意校后不要立即使用，使用前应重新测量一次。

曲轴扭曲的检验和校正。曲轴扭曲量较小，校正很困难，通常在修磨曲轴时予以修正。若扭曲变形过大，则应更换曲轴。

曲轴磨损与裂纹的检验。曲轴颈磨损的检验是用千分尺测量其轴颈的磨损尺寸、圆度、圆柱度。当圆度和圆柱度误差超过 0.025 mm 时，应按规定的修理尺寸进行修磨。

裂纹的检查一般用磁力探伤和浸油敲击法进行。发现曲轴拐角处有较深的环形裂纹时，应予以报废或进行振动堆焊修复后，再磨至规定尺寸或修理尺寸。

b）曲轴轴颈的磨修。曲轴轴颈表面有轻度的擦伤、起槽、毛糙、烧蚀等，但圆度、圆柱度仍符合规定时，可用细砂布或细锉刀修磨。当轴颈圆度、圆柱度误差超过 0.025 mm 时，在校弯后，用曲轴磨床按修理尺寸进行光磨。

c）曲轴主轴颈的磨削步骤

第一步：确定轴颈的修理尺寸。曲轴主轴颈和连杆轴颈的修理尺寸根据轴颈中磨损最大的一道轴颈确定。汽油机一般有 6～8 级修理尺寸，柴油机有 10～12 级修理尺寸。

修理尺寸级差为 0.25 mm，在考虑轴颈磨损量的前提下，靠近表中给定的轴颈尺寸。通常大修常采用的修理尺寸为 -0.50 mm、-1.00 mm、-1.50 mm。

第二步：选择定位基准。选择定位基准时，尽可能选择制造时的加工定位基准，使曲轴轴线保持不变。通常选择磨损小的表面，如曲轴飞轮凸缘外圆表面、后端滚动轴承座孔、正时齿轮轴颈、启动爪螺孔等作为磨修时的定位基准。

第三步：选择磨削规范。选 46～60 号中软（ZR1 或 ZR2）、普通氧化铝以陶瓷为粘合剂的砂轮时，其磨削规范见表 4—3。

表 4—3　磨削规范

规范 / 加工方法	砂轮圆周速度 (m/min)	轴颈圆周速度 (m/min)	横向进给量 (m)	“切入法”横向进给量 (mm/次)	纵向进给砂轮运动速度 (mm/s)
粗磨	25～30	12～15	0.010～0.015	0.02～0.05	—
精磨	30～40	15～25	0.003～0.005	—	<15

第四步：磨削轴颈。粗磨时采用“切入法”，精磨时采用“纵向进给法”，最后走空一两次，以减小表面粗糙度。磨削时必须供给足够的冷却液，冷却液采用 2%～3% 的苏打溶液，

其中含有少量的肥皂水和防锈乳液。

d）连杆轴颈的磨削。连杆轴颈的磨削过程，基本和主轴颈磨削相同，不同的是定位一次只能磨削两道轴颈（如六道连杆轴颈要磨三次），并注意修正检验时的扭曲量。磨削方法有同心法和偏心法两种。同心法可保证曲轴轴线不变，不改变压缩比，但磨削量大，曲轴磨削次数少。偏心法是根据连杆轴颈表面定位磨削的，曲柄半径发生了变化，使压缩比增大。虽然偏心法可使曲轴磨削次数增加，但引起曲轴不平衡，压缩比的增大，易引起发动机突爆。

e）轴颈的抛光和检查。轴颈的抛光是为了降低表面粗糙度。常用抛光机进行抛光，也可用抛光夹涂上抛光膏，夹在轴颈上以 40 ~ 60 r/min 的速度进行抛光。

光磨后要求轴颈的圆度和圆柱度误差小于 0.015 mm；轴颈长度不应超过标准长度 0.3 mm；两端圆角 1 ~ 3 mm；轴颈上的油孔应有 C1 倒角。

b. 曲轴轴承的修配

a）检查轴承座孔。在修配轴承前，应先检查轴承座孔是否符合要求，如其圆度、圆柱度误差超过 0.05 mm 时，应加以修正或调整。

b）轴承的选配。轴承应和曲轴主轴颈、连杆轴颈的修理尺寸一致。遇到无标记的轴承时，应用特制的千分尺测量轴承厚度及其均匀度，然后查对轴承的规格，确定其修理级别。

轴承长度应符合规定（高出端面 0.03 ~ 0.05 mm），定位凸点应完整，背面光滑，弹性合适，敲击轴承片查听时，无哑声。

c）轴承的修配。曲轴轴承的修配有三种方法：手工刮削、机械镗削和直接选配。

手工刮削：适合于小型修理企业或没有镗削设备的企业。

机械镗削：轴承的镗削是在镗瓦机上进行的，常用镗瓦机的型号为 JCS—007。

主轴承的镗削是将汽缸体倒放在镗瓦机机座上，并加以固定。将垫铁及可调支架安装在汽缸体的底平面上，装好各道主轴承盖，在汽缸体两端的主轴承座孔中，装入标准的定心套，然后将镗杆从一端穿入，通过全部可调支架的衬套孔，从另一端定心套穿出。找正中心，固定可调支架，取出定心套，装上各道轴承并按规定扭矩拧紧全部主轴承螺栓，即可进行镗削。

连杆轴承的镗削，是以加工好的连杆小头铜套或活塞销为定位基准，把活塞销的两端放在镗瓦机的 V 形架上，连杆的大端支承在可调整的螺钉上。用镗刀尖划印找正中心，然后固定大小端，便可进行镗削。

镗削后的轴承，其圆度和圆柱度误差不应大于 0.005 mm；同一轴承上下两片轴瓦厚度差要小于 0.20 mm。连杆大小头中心距的变化量一般不大于 0.05 mm，轴承与轴颈的配合间隙应符合规定，接触面积应不小于 85%。

直接选配：现代多种微型车、轿车修理用的曲轴轴承均采用直接加工好的轴承，轴承尺寸精度、形状公差、表面粗糙度等由专业生产厂控制。若缸体变形在允许范围内，轴颈尺寸按照规定的修理尺寸光磨后，可以用轴承直接装配。如果偏松，可加 0.05 mm 垫片予以调整，或对个别接触重的部位，用刮刀稍加修刮。如果过紧要检查座孔、轴承是否符合要求。

轴承与轴颈的配合间隙，通常为 0.026 ~ 0.06 mm，轴向间隙为 0.05 ~ 0.20 mm。不同车型的标准，请看使用维修说明。

6）发动机的装配与试验。发动机的装配包括各组件的装配和总成装配。虽然发动机的结构各不相同，但总的装配原则是相同的，即以汽缸体为基础件，由里向外逐渐装配。装配前的准备工作和注意事项也是一样的。

①发动机的装配。发动机装配时，尽可能采用专用工具和机械设备，以保证质量，提高工效。通常的装配工艺程序如下：

a. 装配曲轴。将零件清洗干净，安装主轴瓦，抬上曲轴，按顺序装上主轴承盖和调整垫片，按规定扭矩扭紧主轴承盖的固定螺栓，安装曲轴后端油封。注意轴承径向和轴向间隙应符合规定。

b. 安装凸轮轴。安装凸轮轴之前先将正时齿轮、隔圈、止推凸缘装在凸轮轴上。安装时应将各道轴承涂上机油，凸轮轴正时齿轮和曲轴正时齿轮进入啮合时，应对正记号，然后扭紧凸轮轴止推凸缘的固定螺钉。正时齿轮的啮合间隙一般应为 0.04 ~ 0.30 mm，使用限度为 0.40 mm，相隔 120°的三点进行测量，齿隙相差应不超过 0.10 mm。

c. 安装活塞连杆组。首先要检查活塞是否偏缸，检查活塞连杆组的装配质量，按要求安装活塞环。然后将活塞连杆组逐次装入汽缸内，注意活塞的安装方向和活塞环开口错开的角度。最后把连杆大端固定在连杆轴颈上，将连杆螺栓锁止。

连杆大端的轴向间隙应为 0.17 ~ 0.33 mm；径向间隙符合规定。所有连杆螺栓扭紧后，用60 N·m 的力矩转动曲轴时，应能均匀转动。活塞顶部高出汽缸体上平面不得超过 0.40 mm。

d. 安装机油泵及机油盘。将已装配好的机油泵总成注满机油后，装在汽缸体的相应位置上，机油泵传动齿轮的啮合间隙应为 0.10 ~ 0.20 mm。在曲轴前端套入挡油盘，装上定时齿轮盖。将机油盘及衬垫对准汽缸体下平面的螺孔，用固定螺栓以 10 ~ 15 N·m 的扭矩均匀对称扭紧，把机油盘安装在缸体下平面上。

e. 安装配气机构零件。将挺杆涂上机油，放入挺杆导孔内，再将挺杆架装在汽缸体上。然后安装气门弹簧及弹簧座。再将气门杆涂上机油插入气门导管，用气门钳压紧气门弹簧，在气门杆端部装入锁销或锁片。对于顶置式气门，应先装好汽缸盖后再装挺杆及推杆，再进行摇臂轴总成的组装。

气门间隙的调整有逐缸调整和两次调整两种方法，对于四缸或六缸发动机，后者比较方便。配气相位的检查可用配气相位仪进行，也可用刻度盘和百分表进行，配气相位角变化超过±3°时，应进行调整。

f. 安装汽缸盖。将汽缸垫用定位销定在缸体上，将清洗检查过的缸盖放在汽缸垫上，将螺栓螺纹部分涂以机油插入螺栓孔内，按“从里到外、由中向边、轮流对称”的原则分2~3次扭紧螺栓，最终扭矩为100~120 N·m。

将火花塞电极间隙调至0.6~0.7 mm后，用25~35 N·m的扭紧力矩将火花塞拧入火花塞孔中。

g. 安装分电器传动轴及分电器。安装分电器传动轴时，应使第一缸活塞处在压缩行程上止点位置。分电器传动轴装入后，轴端槽口应与曲轴轴线平行，小面向上，大面朝下。安装分电器时，先调整触点间隙为0.35~0.45 mm，插入分电器，旋松分电器外壳的固定螺栓，按分火头转向相反的方向转动分电器外壳，直到使触点张开时为止，再将外壳固定螺栓拧紧。按顺时针方向插入其余的分缸线（依据点火顺序），最后装上分电器至化油器下体的真空管。

h. 安装飞轮壳。先将飞轮装在曲轴上（有的发动机先装飞轮壳更为方便），注意检查飞轮端面对曲轴中心线的垂直度及圆跳动量、定位销是否完好。检查汽缸体安装面及定位环是否完好无损，将飞轮壳对准定位环装入。拧紧定位环螺栓，再按十字交叉顺序分两次拧紧全部螺栓，最后的螺栓扭矩为78~98 N·m。

i. 安装进、排气歧管。清除管内的积炭和污物，用压缩空气吹净。将螺柱旋紧在汽缸体上，放上衬垫（注意衬垫的方向，卷边的一面向汽缸体），然后装上进、排气歧管，放上平垫圈，按次序旋紧螺母，同时注意水套盖板和气门边盖的安装。

j. 发动机附件的安装。发动机附件包括水泵，风扇，节温器，机油粗、细滤清器，空气压缩机，化油器，汽油泵，发电机，起动机，各种管路等。

上述介绍的发动机装配工艺顺序，是对常见车型而言的。对于不同的汽油机、柴油机和气门的布置结构，应安排其最合理的装配工艺。

②发动机的磨合与试验

a. 发动机的磨合。发动机的磨合分冷磨合和热磨合两种。冷磨合是指发动机在室温下用其他动力带动发动机运转的过程；热磨合是指发动机本身产生动力使发动机运转的过程。发动机磨合的目的是：加大承载面积，强化零件表面质量，发现修理中的缺陷。

a）发动机的冷磨合。发动机的冷磨合，一般是在专用设备上由电动机拖动进行。专用设备最好采用冷磨、热磨、试验的联合装置或在水力测功机上进行。

磨合规范是指磨合时的曲轴转速、磨合时间和负荷情况。冷磨合时不加负荷，其他磨合规范见表 4—4。

表 4—4　　　　发动机冷磨合规范

磨合转速（r/min）	500 ~ 600	600 ~ 800	800 ~ 1 000	1 000 ~ 1 200
磨合时间（min）	30 ~ 45	30 ~ 45	30 ~ 45	30 ~ 45

冷磨合时要充分润滑和冷却，润滑油为 6 号机油加 15%的煤油，或采用 L—AN32 全损耗系统用油。磨合温度达 90℃时，及时用风扇冷却。冷磨合时间一般在 2 h 以上。冷磨合后，放出全部润滑油，加入清洗油，再转动 5 min，彻底清洗并放出清洗油。检查零件磨合质量，必要时可拆卸零件检验。

b）发动机的热磨合。发动机冷磨合后，要进行热磨合。热磨合又分为无负荷热磨合和有负荷热磨合两个阶段。

无负荷热磨合。无负荷热磨合是冷磨合到有负荷热磨合的过渡阶段。发动机发动后，转速可采用冷磨合时的最高转速；时间不超过 1 h；水温为 75 ~ 95℃；机油温度为 75 ~ 85℃。本阶段除了增加磨合强度外，还要排除故障、异响，调整点火提前角，查看有无漏油、漏水、漏气、漏电现象。

有负荷热磨合。有负荷热磨合又可分为一般磨合和完全磨合两种。汽车发动机大修进行一般磨合就可以了。载荷增加约为额定载荷的 10% ~ 15%。每次以 200 r/min 和3.68 kW的递增进行热磨合。汽车修理技术标准要求总的热磨合时间不少于 1.5 h。

b. 发动机的试验和验收

a）发动机的试验。发动机的试验一般规定为抽检，有条件的单位可以进行全检。其内容主要是测试发动机的动力性和经济性指标，即功率和油耗指标。要求功率下降不大于 10%。最小油耗应符合原厂规定。在一般情况下，试验负荷及转速不超过额定值的一半。

b）修竣验收。修竣验收应按《汽车发动机大修竣工技术条件》（GB 3799—1983）执行。大致内容如下：

发动机在正常工作温度下，5 s 能启动；

发动机怠速运转稳定，各种转速下工作正常，不得有异常现象，也不得有异常响声；

进气歧管真空度符合要求，汽缸压力符合原设计要求，各缸压力差符合规定标准；

发动机最大功率和最大扭矩均不得低于原设计标定值的 90%；

发动机最低燃料消耗率不得高于原设计规定，排放限值应符合国家有关规定；

发动机不应有漏油、漏气、漏水、漏电现象；

发动机应按原设计规定加装限速片，或对限速装置做相应的调整，并加铅封；

发动机外表涂漆应牢固、不起泡、不剥落；

发动机应按规定加注润滑剂；

其他有关要求应符合原设计规定。

(3) 汽车大修工艺规程

1) 确定工艺规程。

①汽车大修工艺。汽车大修工艺是指在汽车大修的各项作业中，利用生产工具，采用各种方式，完成汽车修理的技艺。它是操作的技巧和经验，是在长期的汽车修理中逐步积累起来的，也是组织生产和指导生产的依据。

②汽车大修工艺过程。汽车修理的各项作业按一定的方式组合、协调进行的过程称为汽车修理工艺过程。它主要包括汽车大修工艺过程、总成修理工艺过程、零部件修理工艺过程等。汽车大修具体工艺过程一般由汽车的接收、外部清洗、汽车及总成的解体、零件的清洗及检验分类、总成的装配与调试、汽车总装、出厂检验及交车等工序组成。

③汽车大修工序。汽车大修工艺过程由许多工序（也称工艺程序或作业顺序）组成，在大的工序内，又可划分为若干个工步，大修工艺中的工步一般用程序编号来表示。所谓工序，是指在同一工作地点，由一个工人或一组工人，对一个零件或一组零件，所连续完成的工艺过程中的一部分。

④汽车大修工艺规程。汽车大修的工艺过程及采取的措施有多种方案，通过对其做综合的技术、经济分析，而选定一种最佳方案，并将其内容用条文、图表等形式确定下来并形成文件，这就是汽车大修工艺规程。

汽车大修工艺规程是对工艺过程提出的总体要求，是修理企业的法定技术文件，是确定工序和编写工艺卡的依据，它一般作为技术档案保存在技术管理部门。

⑤确定工艺规程的原则。目前，对于车辆的大修，国家还没有一个统一的工艺规程。在汽车的大修中，应根据各地区、各企业设施、设备、人员、资金等情况，结合国家、行业的政策要求和标准、法规，考虑技术上的先进性、经济上的合理性、质量上的可靠性、劳动上的安全性等因素确定工艺规程。

a. 技术上的先进性。应尽量采用新技术、新工艺、新设备；采用先进的加工手段和检测手段；不断增强机械化和自动化程度。但要结合自己企业的实际情况，不能盲目追求技术上的先进性。要做到长期目标和近期目标相结合，先进性和可行性相结合。

b. 质量上的可靠性。质量是企业的生命，也是为用户服务的首要宗旨。汽车维修质量关系到汽车的动力性、经济性、安全性，关系到运输企业的经济效益。因此，在确定工艺规程时，一定要在保证汽车大修质量的前提下进行。

c. 经济上的合理性。在保证修理质量的前提下，要考虑企业的经济效益。尽可能降低修理成本，节约开支，修旧利废，降低消耗，加强管理，革新挖潜，延长零件的使用寿命，增加大修间隔里程。

d. 劳动上的安全性。确定工艺规程时，必须考虑劳动生产的规章制度和安全生产的规定，保证生产工人的人身安全；必须注意降低劳动强度和改善劳动条件，使工人从笨重的体力劳动中解放出来。同时要考虑工件在运输中不受损坏。要认真治理“三废”，消除环境污染，降低噪声。

2）编制修理工艺卡。工艺规程进入生产车间的执行部分，一律用工艺卡的形式下到车间各班组，并落实到每个工人。它是工艺规程的具体化。工艺卡是根据工艺规程所规定的内容，用简明的文字、表格和工作图等形式表达出来，作为具体安排和指导生产技术的依据。

①修理工艺卡的种类。汽车大修工艺的内容复杂，工序较多，工艺卡很难做成统一的形式，一般根据工种或作业性质制成不同的工艺卡。如拆卸工艺卡、检验工艺卡、零件修复工艺卡、调试工艺卡、装配工艺卡等。也有把零件或总成编制成检、修、调、装、试的综合卡片。

②修理工艺卡的内容。工艺卡的主要内容应包括工序号、工作图和技术要求等。

a. 工序号。工序号是按作业顺序编排的序号，以便各项作业有序实施，不发生错乱。

b. 工作图。工作图是标明零件或总成工作部位的图形，如检验图和装配图。它应在图中引线上注码标明其耗损部位或配合副之间的公差、间距、角度及方位等。

③技术要求

a. 工艺规范。主要指用于工艺上的数据。如加工余量、零件清洗液成分、热处理温度及应达到的力学性能等。

b. 技术规范。主要指零件的尺寸、表面粗糙度及精度、配合副的公差等。

c. 性能条件。指装配中某部位的压力、扭矩、工作性能及耗损极限条件等。

d. 其他要求。如指明所用的设备、夹具、刀具、量具和仪器的名称、型号；材料的型号、尺寸；完成工序所用的时间定额等。

④修理工艺卡的格式。修理工艺卡没有统一的格式，主要由各企业或厂家根据本单位的情况自行制定。下面举几个例子，仅供编制工艺卡时参考。

a. 技术检验工艺卡。这种工艺卡可分为综合技术检验和零件技术检验两种。表4—5的格式适用于总成、组合件、部件等进行综合性检验。表 4—6 的格式适用于零件的检验分类和修后检验。

b. 零件修复工艺卡。表 4—7 的格式和内容是一卡一件，适用于零件修复，也可用作机械加工工艺卡。

表 4—5　　　　　　　　　　　　　**综合技术检验工艺卡**

<table>
<tr><td>企业名称</td><td colspan="4"></td><td>卡号</td><td colspan="3"></td></tr>
<tr><td>检验名称</td><td colspan="2"></td><td>车别</td><td colspan="2"></td><td>修别</td><td></td><td>第　页</td><td>共　页</td></tr>
</table>

<table>
<tr><td rowspan="2">检验项目</td><td rowspan="2">技术要求</td><td rowspan="2">检验方法</td><td colspan="2">检验</td><td rowspan="2">检验结论</td><td rowspan="2">作业时间</td><td rowspan="2">备　注</td></tr>
<tr><td>量具</td><td>仪器</td></tr>
<tr><td></td><td></td><td></td><td></td><td></td><td></td><td></td><td></td></tr>
</table>

表 4—6　　　　　　　　　　　　　**零件技术检验工艺卡**

<table>
<tr><td>企业名称</td><td></td><td colspan="5">零件技术检验工艺卡</td><td>卡号</td></tr>
<tr><td colspan="2" rowspan="5">（检验部位图）</td><td colspan="6">零　件</td></tr>
<tr><td>名称</td><td>出厂
日期</td><td>编号</td><td>材料</td><td>力学
性能</td><td>第　页</td></tr>
<tr><td></td><td></td><td></td><td></td><td></td><td>共　页</td></tr>
<tr><td colspan="6">说明：</td></tr>
</table>

<table>
<tr><td rowspan="2">工序号</td><td rowspan="2">工种</td><td rowspan="2">图上
编码</td><td rowspan="2">技术
要求</td><td rowspan="2">检验
方法</td><td colspan="2">检验</td><td rowspan="2">检验结论</td><td rowspan="2">工序
时间</td><td rowspan="2">备　注</td></tr>
<tr><td>量具</td><td>仪器</td></tr>
<tr><td></td><td></td><td></td><td></td><td></td><td></td><td></td><td></td><td></td><td></td></tr>
<tr><td></td><td></td><td></td><td></td><td></td><td></td><td></td><td></td><td></td><td></td></tr>
</table>

表 4—7　　　　　　　　　　　　　**零件修复工艺卡**

<table>
<tr><td>企业名称</td><td></td><td colspan="5">零件修复工艺卡</td><td>卡号</td></tr>
<tr><td colspan="2" rowspan="4">（工艺图）</td><td colspan="6">零　件</td></tr>
<tr><td>名称</td><td>厂牌</td><td>编号</td><td>材料</td><td>力学性能</td><td>第　页</td></tr>
<tr><td></td><td></td><td></td><td></td><td></td><td>共　页</td></tr>
<tr><td colspan="6">说明：</td></tr>
</table>

<table>
<tr><td>工序号</td><td>工种</td><td>图上号码</td><td>操作要点及
技术要求</td><td>设备</td><td>工具</td><td>模具</td><td>夹具</td><td>量具</td><td>工序时间</td><td>备　注</td></tr>
<tr><td></td><td></td><td></td><td></td><td></td><td></td><td></td><td></td><td></td><td></td><td></td></tr>
</table>

c. 装配工艺卡。一般用于汽车装配、总成装配和组合件装配等，表 4—8 为其中的一种格式。

表 4—8　　　　装配工艺卡

<table>
<tr><td>企业名称</td><td colspan="3"></td><td colspan="3">装配工艺卡</td><td>卡号</td><td></td></tr>
<tr><td colspan="4" rowspan="3">（装配工作图）</td><td colspan="3">装配名称</td><td>厂牌</td><td>第　页</td></tr>
<tr><td colspan="3"></td><td></td><td>共　页</td></tr>
<tr><td colspan="5">说明：</td></tr>
<tr><td>工序号</td><td>工种</td><td>作业名称</td><td>操作要点及技术要求</td><td>设备</td><td>工具</td><td>量具</td><td>工作时间</td><td>备　注</td></tr>
<tr><td></td><td></td><td></td><td></td><td></td><td></td><td></td><td></td><td></td></tr>
<tr><td></td><td></td><td></td><td></td><td></td><td></td><td></td><td></td><td></td></tr>
</table>

以上介绍的四种工艺卡，可根据需要适当地改变其名称和内容，作为其他修理工艺卡。例如装配工艺卡，也可用作拆卸、调试的工艺卡。实际应用中，应根据工艺特点进行编制。

3）制定质量管理文件。质量管理文件可分为三大部分，即质量标准与规定、质量控制与保证、技术管理制度。

①质量标准与规定。此部分包括应该执行的国家、行业汽车维修和使用的技术标准，包含强制性和推荐性标准。应该注意，推荐性技术标准一旦执行，行政法规和合同引用后，就具有法规性或强制性，同时要注意采用标准的最新版本。所维修汽车的维修资料，包括汽车生产厂家维修手册中所规定的零件尺寸和公差以及允许的修理级、形位公差、装配方法及配合公差、材料的牌号及规格、组合件、总成、整车应达到的性能、功能参数及检验、试验方法。企业生产活动的工艺过程文件，它通常包含生产活动所规定的程序（途径）、目的和规范，做什么和如何做，使用何种材料和设备，如何控制质量，操作责任者等。

②质量控制与保证。维修企业应具有可追溯的生产过程质量控制文件（记录）和对车主的质量保证文件。前者主要是进厂检验单、工艺过程检验单；后者主要是竣工检验单、出厂合格证，即"三单一证"。"三单一证"是我国汽车维修业几十年来进行质量管理卓有成效的基本手段与措施之一，是跟踪和改进维修质量，"抓质量从源头开始"的重要保证。

a. 大修进厂检验单。

内容：进厂编号、牌照号、厂牌、车型、底盘号、发动机型号及号码、托修单位、送修车辆状态、里程表记录、托修方报修项目（对送修车辆技术状况的陈述及要求）、车辆装备情况、车辆整车性能试验记录、检验日期、承修方处理意见、检验员签字以及承修、托修双方代表签字盖章等。

要求：单中字迹应清晰，项目应齐全、完整，填写真实、正确。

b. 大修工艺过程检验单。工艺过程检验单不仅在质量控制方面具有更强的力度和更大的作用，而且也是防止未经检验或检验不合格的零件、部件、组合件放行到下一工序而造成更大质量损失的重要凭据，并且还是最终出厂检验达到整体合格的基础。

项目：包括发动机及离合器修理工艺过程检验单、前桥及转向系修理工艺过程检验单、后桥修理工艺过程检验单、变速器及分动器修理工艺过程检验单、传动轴及万向节修理工艺过程检验单、车架悬挂及车轮修理工艺过程检验单、车身修理工艺过程检验单、电器仪表及线路修理工艺过程检验单和汽车制动系修理工艺过程检验单。

内容：有进厂编号、厂牌、车型、各总成型号、号码、检验项目、检验结果记录、检验结论、处理意见、主修人及检验员签字盖章及日期等。

要求：检验单中字迹应清晰，项目齐全、完整，填写真实、正确。检验项目、名词术语和计量单位应符合国家及行业有关标准及相关车辆修理技术文件的有关规定。

c. 大修竣工检验单。它是企业按照质量规定、合同要求对大修竣工车的最终检验和试验结果的记录。只有检验合格、由检验负责人认定签字盖章后，才能放行。

内容：有进厂编号、托修单位、承修单位、牌照号、厂牌、车型、底盘号码、发动机型号及号码、车辆装备情况、车辆改装改造状况、汽车修竣后技术状况、检验记录、检验结论、检验员签字盖章及日期等项目。

要求：检验单中字迹应清晰，项目齐全、完整，填写真实、正确。检验项目、要求、方法、名词术语和计量单位应符合国家、行业相关标准及相关车辆修理技术文件的有关规定。

d. 汽车大修合格证。汽车大修合格证是承修单位对修竣车进行质量检验和鉴定后，给合格车辆开具的质量凭证。它也是用户在质量保证期内返修的依据。

内容：有进厂编号、牌照号、厂牌、车型、底盘号码、发动机型号及号码、维修合同号、出厂日期、总检验员签字盖章及日期、承修单位质量检验部门盖章、走合期规定、保证期规定。

要求：合格证中字迹应清晰，项目齐全、完整，填写真实、正确。合格证中名词术语应符合国家及行业有关标准的规定。

③技术管理制度。技术管理制度应包含：清晰、明确质量控制的组织结构与岗位人员的职责制度；进厂、生产过程、最终出厂的检验和试验制度，其中应具体规定各种检验和试验的项目、环境、方法、设备、合格量值、顺序以及检验责任人、认可签字盖章等；保证生产设备、检验和试验设备、计量器具处于加工、试验、测量精确度范围内的制度；技术档案制度等。需要注意的是，这些制度中均应明确批准签字盖章、修改程序以及与各文件间的衔接，以防止某个或某几个生产环节使用失效或作废的文件。

4）确定工序的原则

①凡容易使工件产生变形的工序，应尽可能安排在最前面；热加工、冷加工、应力大的加工工艺，应尽量安排在精加工或定型加工之前。

②对加工精度与表面粗糙度要求高的工序，应尽量放在各工序后面，以免在移动中损伤。

③工件钻孔应在平面切削之后进行，否则会影响平面切削精度及造成孔的偏移。

④工序之间的工人活动不能互相干扰；工件在工序间的运输距离和次数，应尽可能少。

⑤流水工序应紧密配合流水节拍，如果节拍不一致，对关键工序要及时调整。

5）汽车大修竣工出厂技术条件。客、货车大修竣工出厂技术条件仍执行中华人民共和国国家标准 GB 3798—1983，其他汽车参照执行。

①一般技术要求

a. 装配的零件、部件、总成和附件应符合相应的技术条件。各项装备应齐全，并按原设计的技术条件安装。

b. 主要结构参数应符合原设计规定。经修理而增加的质量，不得超过原设计质量的3%。

c. 驾驶室、客车厢应形状正确、曲面圆顺、转角处无折皱，蒙皮平整，无松弛、污垢及机械损伤等缺陷。

d. 喷漆颜色协调、均匀、光亮，漆层无裂纹、剥落、起泡、流痕、皱纹等现象。不需涂漆的部位不得有漆痕。刷漆部位允许有不明显的流痕和刷纹。

e. 驾驶室、客车厢、货厢及翼板左右对称。各对称部位离地面高度差：驾驶室、翼板、客车厢不大于 10 mm，货厢不大于 20 mm。

f. 坐椅的形状、尺寸、座间距及调节装置应符合原设计要求。

g. 门窗启闭灵活，关闭严密，锁止可靠，合缝均匀，不松旷。风窗玻璃透明，不炫目。

h. 转向机构各连接部位不松旷，锁止可靠。转向盘自由转动量（带转向助力器的除外）：总质量大于 4 500 kg 的汽车不大于 30°；总质量小于 4 500 kg 的汽车不大于 15°。

i. 离合器踏板、制动踏板的自由行程和手制动的有效行程应符合原设计要求。

j. 仪表、灯光、信号、标志齐全，工作正常。

k. 轮胎气压应符合原设计要求。

l. 限速装置应铅封。

m. 各部润滑应符合原设计要求。

n. 各部运行温度正常，各处无漏油、漏水、漏电、漏气现象。但润滑油、冷却水密封接合面允许有不致形成滴状的浸渍。

②主要性能要求

a. 发动机启动容易，在各种转速下运转正常、无异响。

b. 传动机构工作正常，无异响。离合器接合平稳、分离彻底、操作轻便、工作可靠。

变速器换挡轻便、准确可靠。

c. 转向机构操纵轻便。行驶中无跑偏、摆头现象。前轮定位、最大转向角及最小转弯半径应符合原设计要求。

d. 制动性能应符合中华人民共和国国家标准《机动车运行安全技术条件》的规定。

e. 汽车空载行驶初速为 30 km/h，滑行距离应不少于 220 m。

f. 带限速装置的汽车以直接挡空载行驶，从初速 20 km/h 加速到 40 km/h 的时间应符合表 4—9 的规定。

表 4—9　　汽车加速时间的规定

发动机标定功率与汽车质量之比（kW/t）	7.35～11	11～14.7	14.7～18.4	18.4～36.8	>36.8
加速时间（s）	<30	<25	<20	<15	<10

g. 带限速装置的汽车以直接挡空载行驶，在经济车速下，每百公里燃油消耗量应不高于原设计规定值的 85%，汽车走合期满后每百公里燃油消耗量应不高于原设计规定。

h. 驾驶室、客车厢不得漏水。汽车在多尘路上行驶，在所有门窗都关闭的情况下，当车外空气含尘量不低于 200 mg/m^3 时，驾驶室、客车厢内的含尘量不得高于车外含尘量的 25%。

i. 汽车噪声应符合《机动车允许噪声》的规定。

j. 汽车排放限值应符合国家有关规定。

3. 机械夹具知识

夹具是用来迅速紧固工件，使工件与工具保持正确相对位置的工艺装置。

夹具元件分为以下九类。

基体件：装于机床工作台上，用作夹具和工件的安装体。

基础件：用作夹具的基础，通过它把其他元件连接在一起。

支承件：是组合夹具的主体结构元件，用于组装成各种需求的夹具主体结构。

定位件：用作各元件的组装定位及组装工件的定位结构。

导向件：用作保证加工时切削刀具的准确定位。

压紧件：用于将工件压紧在夹具体上，使工件在切削力的作用下位置保持不变。

紧固件：各个组装件的连接和紧固。

其他件：不完全属于上述各类的元件。

组合件：由多个零件组成的不再拆卸的组件，以不同形式按不同功能与各类元件进行组装。

二、操作技能

1. 测绘汽车零件草图

(1) 操作内容

掌握测绘汽车零件草图的基本步骤。

(2) 操作准备

1) 汽车简单零件一件。

2) 常用绘图工具一套。

(3) 操作步骤

1) 对零件的名称、用途、材料、结构、工艺、表达方案进行分析。

2) 在图样上定出各个视图的位置，画出各视图的基准线、中心线，如图 4—5a 所示。

3) 仔细地画出零件的外部及内部的结构形状，如图 4—5b 所示。

4) 选择基准，画尺寸线、尺寸界线及箭头。校检后，全部轮廓线描深，画出剖面线，如图 4—5c 所示。

5) 测量尺寸进行标注；注出表面粗糙度，写明技术要求，如图 4—5d 所示。

(4) 注意事项

安排各个视图的位置时，要考虑到各视图间应有标注尺寸的地方，留出右下角标题栏的位置。

汽车转向器壳体夹具设计如图 4—6 所示，夹具主要由夹具体 1、短圆销 2、螺母 3、螺栓 4、压板 5、削边销 6、顶丝 7、定位键 8 等零件组成。

1) 工件的定位。工件采用“一面两孔”组合定位的方式，即采用转向器壳体的下平面 A 为第一定位基准，与下平面垂直的孔 1 的中心线为第二定位基准，孔 2 的中心线为第三定位基准。这种定位方式便于实现基准统一的原则，既减少基准变换带来的误差，提高加工精度，又利于夹具的设计与制造。

2) 工件的夹紧。工件采用压板螺旋夹紧方式，为了克服螺旋夹紧动作慢的缺点，采用了快撤装置，在压板 5 上开有直槽。螺母 3 外径小于工件孔径，稍松螺母，取出 U 形压板，工件即可穿过螺母 3 取出。

3) 夹具与机床的连接。夹具通过定位键 8 与深孔钻床工作台上的 T 形槽连接，定位键嵌在精度较高的 T 形槽内，安装夹具时，用顶丝 7 将定位键 8 靠向 T 形槽一侧，以消除间隙，夹具定位后，用 T 形槽螺栓紧固在工作台上。

2. 编制汽车零件修理、汽车总成修理、汽车调试工艺规程

(1) 操作内容

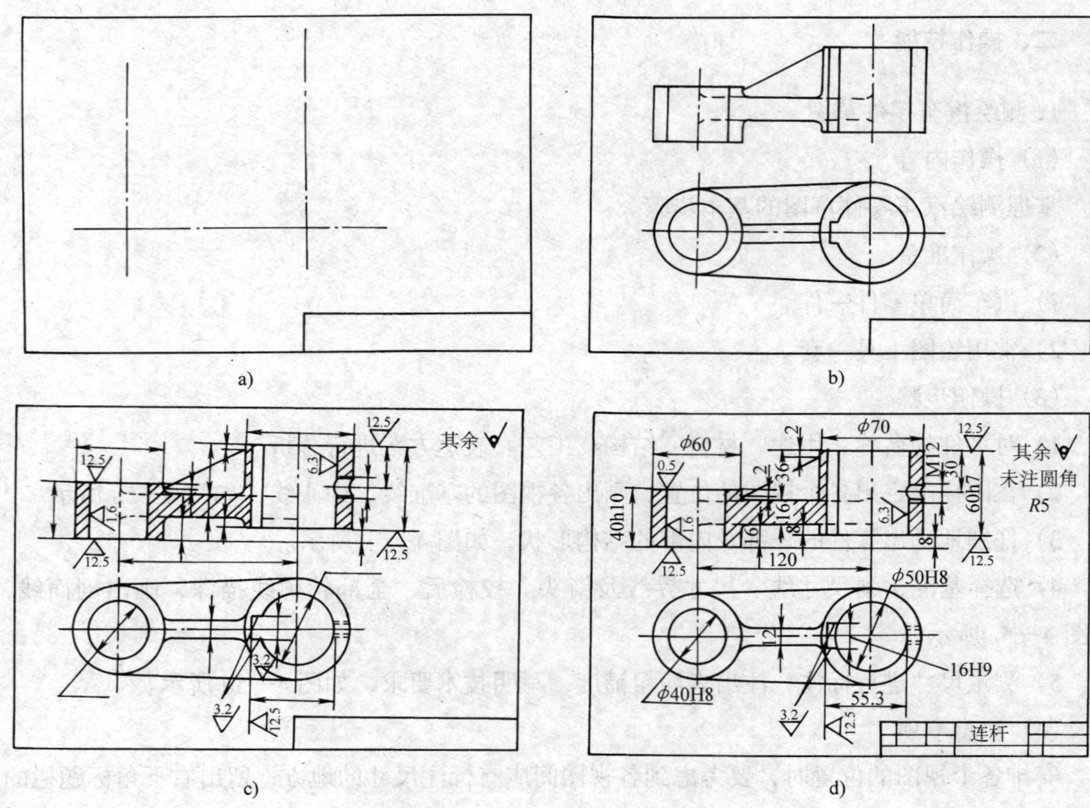

图 4—5　绘制草图

a）画基准线　b）画结构　c）画剖面　d）尺寸标注

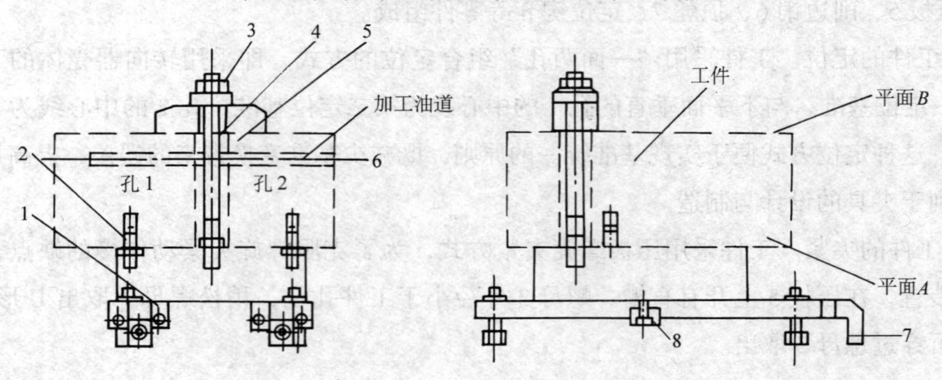

图 4—6　深孔钻床上加工汽车转向器壳体油孔专用夹具简图

1—夹具体　2—短圆销　3—螺母　4—螺栓

5—压板　6—削边销　7—顶丝　8—定位键

编制工艺规程的方法、原则。

(2) 操作准备

1) 专用汽车维修资料一套。

2) 桑塔纳轿车一辆。

(3) 操作步骤

1) 确定工艺规程的原则。目前，对于车辆的维修，国家还没有一个统一的工艺规程。

在汽车的维修中，应根据各地区、各企业设施、设备、人员、资金等情况，结合国家、行业的政策要求和标准、法规，考虑技术上的先进性、经济上的合理性、质量上的可靠性、劳动上的安全性等因素确定工艺规程。

2) 汽车总成修理工艺规程。桑塔纳2000型轿车液压助力转向器的装配与调整。桑塔纳2000型轿车液压助力转向器结构如图4—7所示。

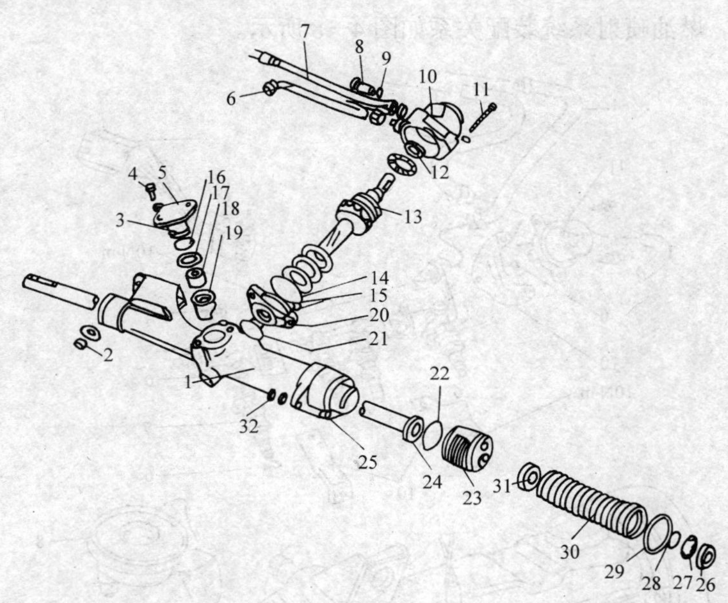

图4—7 液压助力转向器的组成

1—转向器外壳 2—自锁螺母 3—密封座 4—螺栓 5—压盖 6—高压油管 7—回油管 8—油管螺栓 9—密封圈 10—油压分配阀体罩壳 11—螺栓 12—油封 13—带液压分配阀的主动齿轮 14、15、21、22—O形圈 16—密封圈 17—补偿垫圈 18—弹簧 19—滑块 20—中间盖 23—密封盖 24—带活塞的齿条 25—内六角螺栓 26—齿条密封罩 27—挡圈 28—齿形垫圈 29—夹 30—防尘罩 31—固定环 32—螺母

①操作程序

a. 齿条表面涂转向器润滑脂，用相应的专用套管将各密封件装入转向器壳体中。

b. 安装密封圈和密封盖。

c. 安装主动齿轮和油压分配阀体罩的密封圈。

d. 将阀体和主动齿轮总成用螺栓紧固在转向器外壳上。

e. 将补偿器压块、弹簧、补偿垫圈、密封圈和压盖依次装入转向器壳体，并用螺栓紧固。

f. 安装各油管和左右横拉杆。

②技术要求

a. 补偿器压盖和油压分配阀罩的螺栓拧紧力矩为 20 N·m，高压油管和回油管螺塞拧紧力矩分别为 30 N·m 和 40 N·m。

b. 各 O 形密封圈装配时应更换新件。

c. 转向器齿轮、齿条应处于无间隙啮合，且齿轮转动灵活。

3）安装喷油系统的操作工艺规程

①操作程序。燃油喷射系统装配关系如图 4—8 所示。

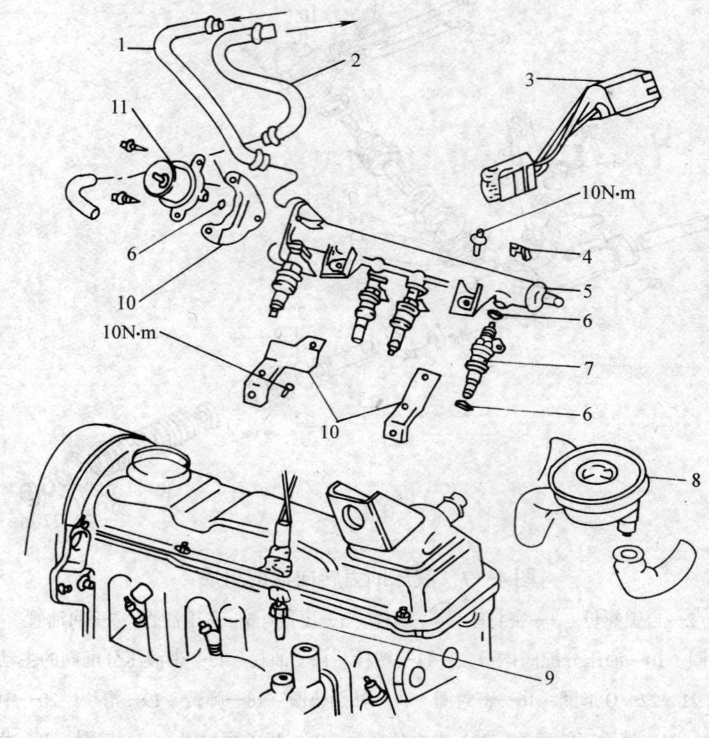

图 4—8　喷射系统装配关系

1—供油软管　2—回油软管　3—喷油器电阻器　4—夹箍　5—喷油器总供油管　6—密封圈　7—喷油器　8—曲轴箱强制通风阀（PCV 阀）　9—冷却液温度传感器　10—安装支架　11—油压调节器

a. 将喷油器装入燃油分配管并装上卡簧（O 形圈应涂润滑油）。

b. 将喷油器插座支架安装在燃油分配管上。

c. 将喷油器小心插入缸体的上喷射口内，并将燃油分配管安装在进气管上，以 10 N·m 的力矩将固定螺钉拧紧。

d. 将燃油压力调节器上的真空管插到进气管真空接头中。

e. 装上进气软管和回油管，并拧紧固定螺母。

f. 装上怠速调节器和节气门连接体，并以 10 N·m 的力矩将固定螺钉拧紧。

②技术要求

a. 所有喷油器的供电电压正常。

b. 喷油器电阻额定值为（15.9 ± 0.35）Ω。

4）发动机磨合的工艺规程同前述。

（4）注意事项

编制操作规程时一定要严格按照该车型技术维修手册进行编写。

第二节　发动机修理

学习目标

- 波形与数据流分析的基础知识
- 汽车排放控制与检测技术
- 发动机分析仪的使用
- 发动机控制系统的检修
- 汽车排放的检测

一、相关知识

1. 波形与数据流分析

（1）波形

波形分为周期性波形和非周期性波形。

周期性波形是按照一定的时间间隔或周期多次重复出现的波形。正弦波、方波和三角波都是常见的周期性波形。

按照傅立叶的理论，所有的周期性波形都是由一组特定的正弦波组成的。其中的基本正弦波也叫基波，其频率与该波形的频率相同。例如，1 kHz 方波的基本正弦波的频率也是 1 kHz。同样，1 kHz 三角波的基本正弦波的频率也是 1 kHz。从本质上说，基波是波形中最重要的频率成分，它决定了波形的频率或重复周期。

在所有的非正弦周期性波形中，与基波同时存在的还有谐波。谐波是频率为基波频率整数倍的正弦波。例如，1 kHz 方波的三次谐波是 3 kHz 的正弦波，而五次谐波为 5 kHz 的正弦波，依此类推直至无限。

除了具有特定的频率之外，周期性波形的基波和谐波还具有特定的振幅和相位关系。通过这些关系将基波和谐波叠加在一起，就形成了特定的波形。

从理论上说，需要所有的谐波（直到无限次）才能形成一个理想的方波或者任何其他的非正弦波形。但实际上一切波形的带宽都是有限的，也就是说，高频成分的衰减非常明显。通常，波形的主要频率成分是用频谱线来描述的非周期性波形基础。非周期性波形不重复自身。与周期性波形不同的是，它们没有一定的重复间隔（周期）。

（2）数据流

将解码器连接到诊断接头（DLC – data link connector）上，即可监视到所选的输入到 PCM 的传感器信号，也可以监视 PCM 产生并输出执行器的输出指令（commands）。监测到的信号都以诊断数据参数或仅以参数（parameters）的形式出现。参数以串行（serial）的方式一个接一个地输送。所以由参数组成的数据（data）也以串行方式输送。从开始到结束，直至下一次重复的一个系列参数被称为一帧数据（data frame），整个 PCM 的参数传送则叫做数据流（data stream）。

2. 汽车电脑基本知识

汽车电脑是按照预定程序自动地对各种传感器的输入信号进行处理，然后输出信号给执行器，从而控制汽车运行的电子设备。

（1）汽车电脑的分类

目前汽车电脑已经得到了广泛的应用，例如车身电脑、发动机电脑、变速器电脑以及 ABS 电脑等。虽然不同车型上配置的电脑数量和类型不尽相同，但总的发展趋势是用一台主电脑处理大多数传感器的输入信号，用一些较小的电子控制单元控制其他系统。

（2）汽车电脑的构成

汽车电脑的主要部分是单片机，单片机是一块集成了微处理器（CPU）、存储器以及输入和输出接口的电路板。微处理器是单片机的核心部件，微处理器将输入模拟信号转化为数字信号，并根据存储的参考数据进行对比处理，计算出输出值，输出信号经过功率放大后控制执行器，例如喷油器和继电器等。随着单片机计算能力和内存容量越来越大，汽车电脑的功能也越来越多。

(3) 汽车电脑的工作过程

1) 信号过滤和放大。输入电路接收传感器和其他装置的输入信号，并对信号进行过滤和放大。输入信号放大的目的是使信号增加到汽车电脑可以识别的程度，某些传感器，例如氧传感器，产生一个小于 1 V 的低电压信号，只能产生极小的电流，这样的信号送入电脑内的微处理器之前必须放大，这个放大作用由电脑中输入芯片中的放大电路来完成。

2) 模数（A/D）转换。由于很多传感器产生的是模拟信号，而微处理器处理的是数字信号，所以必须把模拟信号转换为数字信号，这项工作由电脑输入芯片中的模数转换器完成。模数转换器以固定的时间间隔不断对传感器的模拟输入信号进行扫描，并对模拟信号赋予固定的数值，然后将这个固定值转换成二进制码。在一些汽车电脑中，输入处理芯片和微处理器制成一体。

3) 微处理器将已经预处理过的信号进行运算，并将处理后的数据送至输出电路。输出电路将数字信号放大，有些还要还原为模拟信号，以驱动执行元件工作。

随着汽车电子化和自动化程度的提高，汽车电脑将越来越多，这样必将导致车身线束日益复杂。为了实现多个汽车电脑之间的信息快速传递、简化电路以及降低成本，汽车电脑之间要采用通信网络技术连成一个网络系统。例如变速器需要与发动机协调配合，根据车速、发动机转速以及动力负荷等因素自动进行换挡，因此，变速器电脑需要得到节气门位置传感器、车速传感器、水温传感器以及发动机转速传感器等信号，这就要实现变速器电脑与发动机电脑之间的信息传递，这个工作通常是由 CAN 总线来完成的。

(4) 汽车电脑的特点

1) 汽车需要在不同的道路和气候条件下行驶，汽车电脑的工作环境较差，经常需要承受振动以及温度和湿度的变化。汽车电脑的电源电压变化较大，而且还受到车内外电磁波的干扰，因此，汽车电脑需要很高的可靠性和对环境的耐久性。

2) 汽车电脑必须具有足够的智能化，具有自诊断和检测能力，能及时发现系统中存在的故障，并存储故障码，告知维修人员故障可能存在的部位，以便于维修。例如安全气囊在关键时刻必须要及时、正确、迅速地打开，但在大多数时候气囊是处于待命状态，因此，安全气囊电脑必须具有自检能力，不断确认气囊系统是否正常工作。

3) 大部分汽车电脑都使用 5 V 电源驱动其传感器。在电子工业中，5 V 电压几乎普遍作为传送信息的标准。这个电压对传送可靠性来说已经足够高，而对电脑芯片的安全性来说足够低，而且使用计算机工业标准电压，对于汽车制造商来说会使电子零部件制造规范而且降低成本。

(5) 汽车电脑生产厂家

全球生产汽车电脑的主要厂家有德尔福（Delphi）公司、博世（Bosch）公司、西门子

VDO（Siemens VDO）公司以及电装（Denso）公司等跨国公司，它们的产品在整车配套市场和零部件市场均占有很大的比重。由于配套体系的原因，它们的产品分别在本国车系的整车配套体系中占有重要的部分。

各大整车厂陆续进入中国也带动了中国巨大的零部件市场，很多跨国零部件企业已经充分认识到了中国市场的巨大潜力，它们纷纷在中国建立了独资或合资企业，并在中国设立了技术研发中心，以便更好地根据中国整车厂的要求提供配套产品。相对来说，国内的汽车零部件厂商在汽车电脑研发和生产方面的力量比较薄弱，其产品的整车配套率也很低，因此，在汽车电脑市场中所处的地位不容乐观。

3. 柴油机电控技术

在传统的喷射系统基础上首先发展起来的电控喷射系统是位置控制系统，被称为第一代电控喷射系统，而基于电磁阀的时间控制系统则被称为第二代电控喷射系统。第三代电控系统是高压共轨系统。

(1) 位置控制系统

位置控制系统只是对喷油泵齿条或者滑套的运动位置予以电子控制。

(2) 时间控制系统

时间控制系统是用高速强力电磁阀直接控制高压燃油，一般情况下，电磁阀关闭，开始喷油；电磁阀打开，喷油结束。喷油始点取决于电磁阀关闭时刻，喷油量取决于电磁阀关闭的持续时间。传统喷油泵中的齿条、滑套、柱塞上的斜槽和提前装置等全部取消，对喷射定时和喷射油量控制的自由度更大。

(3) 高压共轨系统

共轨式电控喷射系统改变了传统的柱塞泵脉动供油的原理，通过油锤响应、液力增压、共轨蓄压或者高压共轨等形式形成高压。采用压力时间式燃油计量原理，用电磁阀控制喷射过程，可以实现对喷射油量和喷射定时的灵活控制。

图 4—9 为 Bosch 公司共轨式电控柴油喷射系统构成。系统中有一个公共高压油轨，用高压输油泵向公共油轨中泵油，用电磁阀对油轨中的压力进行调节。高压柴油由公共油轨分别通向各缸喷油器，由装在喷油器内的电磁阀控制喷油量、喷油正时和喷油压力。共轨式电控喷油系统可以同时控制喷油量、喷油正时、喷油压力和喷油速率，且能实现高压喷射，满足排放要求。

燃油供给系统分为低压油路和高压油路。低压油路由低压管路、前滤清器、电动燃油泵、燃油滤清器、燃油回油管、温控－启动电磁阀和温控－启动预热塞组成。高压油路由高压燃油泵、高压燃油管路、燃油轨和喷油器等组成。

从高压燃油泵出来的多余的燃油，一部分用于冷却和润滑高压燃油泵，而从喷油器通过

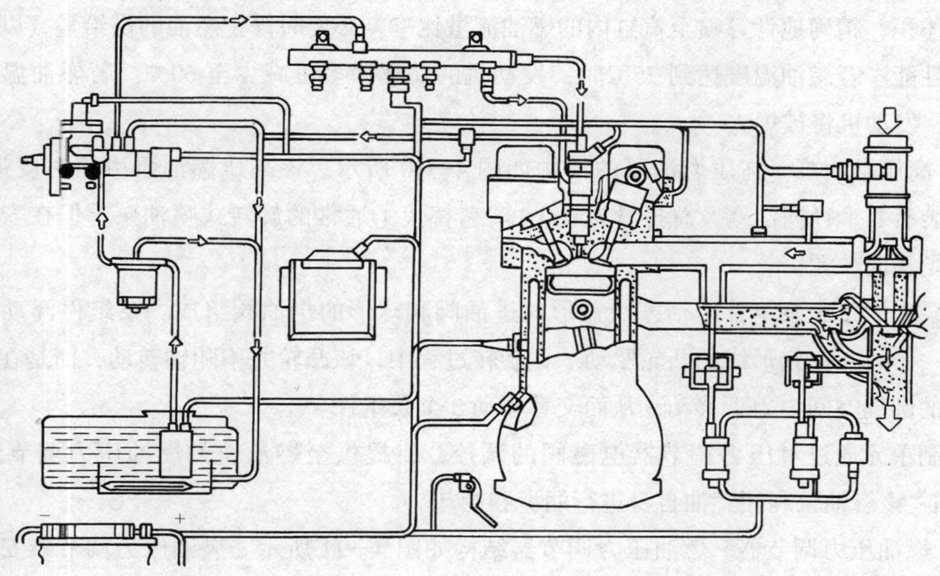

图 4—9 Bosch 公司共轨式电控柴油喷射系统

燃油回油歧管的回油，则提供给温控－启动电磁阀，用于发动机的冷启动。

回油管口有一个燃油轨压力安全阀，在其出口处装有一个经过标定的直径为 2.3 mm 的量孔，其目的是为了在温控－启动油路中保持 50 kPa 以上的油压。

1）前滤清器。它是一个简单的、透明的燃油滤清器，与汽油滤清器相似，一般不需维护，只有当从外面观察发现脏了的时候才需进行更换。

2）电动燃油泵。电动燃油泵安装在燃油箱的外面，提供 250 kPa 的泵油压力，最大供油流量为 180 L/h。电动燃油泵由控制单元控制，当点火开关被打开，控制单元将控制燃油泵继电器向燃油泵供电，如果发动机在 9 s 内没有起动，油泵电源将被切断。

3）燃油滤清器。燃油滤清器位于发动机室一侧，滤清器总成上还包括一个燃油温度传感器、一个燃油阻塞传感器、一个燃油加热器件和一个用于检查燃油中有无水分的传感器。在滤清器支撑中央还装有一个旁通阀（180 kPa），连接至燃油循环油路。当发动机未启动，点火开关在 ON 位置时，它允许瞬间通过回油管向温控－启动电磁阀提供燃油。当发动机运转时，多余的燃油在低压油路中循环或返回燃油箱。

安装在燃油滤清器滤芯下部的传感器用于检查燃油中是否有水，当发现有水存在时，仪表板上的警告灯将被点亮，该灯还被用于警告滤清器阻塞。当该灯点亮时，应尽快排除故障，否则由于燃油中的水分或滤芯被阻塞，共轨中的器件会很快损坏。

4）燃油温度传感器。它是一个 NTC（负温度系数）类型的黑色传感器，安装在滤清器的头部，其功能是测量燃油温度，并将燃油温度的状态信息提供给控制单元，以便当燃油温度较高时，校正高压油泵的润滑，以保护油泵。控制单元根据接收到的数值确定此时的燃油密度和体积，精确地计算喷至汽缸内的燃油流量比率，必要时修正燃油的供给量，以限制发动机的性能。若燃油温度达到 75℃时，发动机的功率最多可减少至 60%。若燃油温度达到 90℃时，发动机将被熄火。

5）高压燃油泵。高压燃油泵的结构如图 4—10 所示。该高压燃油泵由正时皮带驱动，其内部装有 3 个径向活塞，总排量为 0.7 L。它替代了通常的旋转式喷油泵，但在安装时不需要确定正时位置。

油泵中的每个泵组件由活塞、盖形的进油阀和球形的出油阀组成。泵组件浮动在泵轴上，被一个具有一定形线的凸轮驱动。在旋转过程中，该凸轮并不随轴转动，而是在一个较宽半径的圆周空间内上下移动，从而交替驱动 3 个泵组件。

控制单元通过对压力调节器电磁阀的调控，将提供至燃油轨的燃油压力调节到 35 ~ 135 MPa。该燃油泵利用燃油自身进行润滑和冷却。

6）燃油压力调节器。燃油压力调节器结构如图 4—11 所示。燃油压力调节器安装在高压油泵后面，根据 EDC 电子控制单元的控制信号调节燃油轨中的燃油压力。当电磁阀未通电时，弹簧作用在活塞上，保持控制阀关闭；当燃油压力升高至 25 MPa 以上时，压缩弹簧打开控制阀，高压燃油至回油管路。

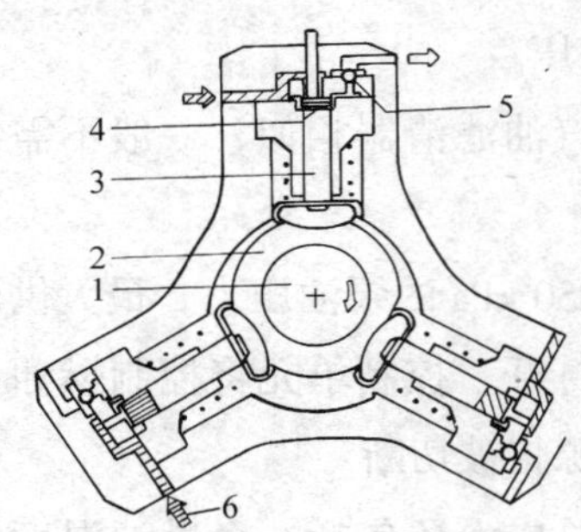

图 4—10　高压燃油泵结构

1—驱动轴　2—偏心凸轮　3—泵器件及活塞　4—进油阀　5—出油阀　6—进油口

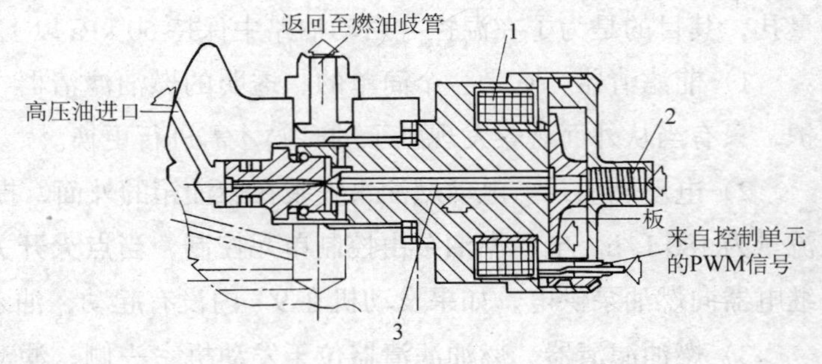

图 4—11　燃油压力调节器结构

1—电磁线圈　2—控制弹簧　3—控制销

当控制单元处理接收到的发动机各种参数后，确定所需的高压喷射压力，然后向燃油压力调节器发出 PWM（脉宽调制）信号来控制电磁阀，关闭控制阀，直到达到期望的压力值。控制单元借助于安装在燃油轨上的燃油压力传感器监测被调节的燃油压力，并根据需要改变信号的强度以达到要求的结果。

内腔的体积较小，大约只有 29 mL，主要是为保证在启动及怠速时提升压力以满足此时的燃油压力需求，同时也为了减小由于喷油器的开、闭和高压燃油泵的工作引起的压力变化。燃油轨上连接着 4 个流量阀、1 个压力传感器、1 个燃油压力限制器和 1 个燃油回油管，如图 4—12 所示。

7）流量限制器。流量限制器的结构如图 4—13 所示。流量限制器作为燃油轨的出油口安装在燃油轨的上部，燃油通过出油口流至喷油器。限制器用于在油管或喷油器泄漏时保护燃油系统。

当系统工作正常时，燃油压力作用在小活塞的两侧，使弹簧产生位移，从而使保持阀打开。当在限制器的下游（即出油口至喷油器）出现较大的压力损失时，进油口压力将推动活塞移动，关闭燃油出油口，以防止燃油在高压下泄漏。

8）电控喷油器。电控喷油器是共轨式燃油系统中最关键和最复杂的部件，它根据 ECU 发出的控制信号，通过控制电磁阀的开启和关闭，将高压油轨中的燃油以最佳的喷油定时、喷油量和喷油速率喷入柴油机的燃烧室。

图 4—14 为 Bosch 公司的电控喷油器结构图。在电磁阀不通电时，电磁阀关闭控制活塞顶部的量孔 A，高压油轨的燃油压力通过量孔 Z 作用在控制活塞上，将喷嘴关闭；当电磁阀通电时，量孔 A 被打开，控制室的压力迅速降低，控制活塞升起，喷油器开始喷油；当电磁阀关闭时，控制室的压力上升，控制活塞下行关闭喷油器完成喷油过程。

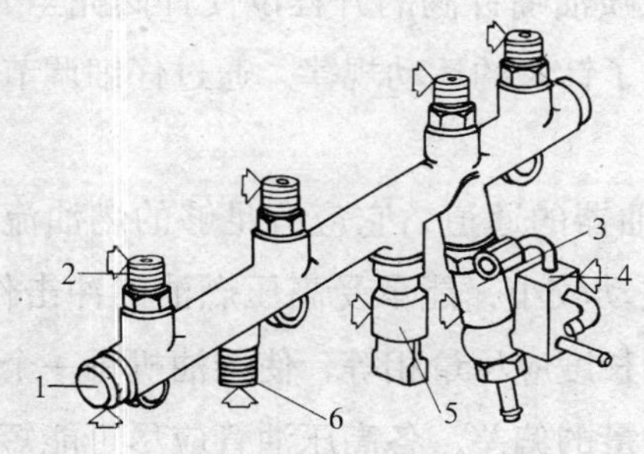

图 4—12 燃油轨总成

1—油轨 2—油量限制器 3—压力减压阀 4—回油歧管
5—燃油压力传感器 6—高压油入口

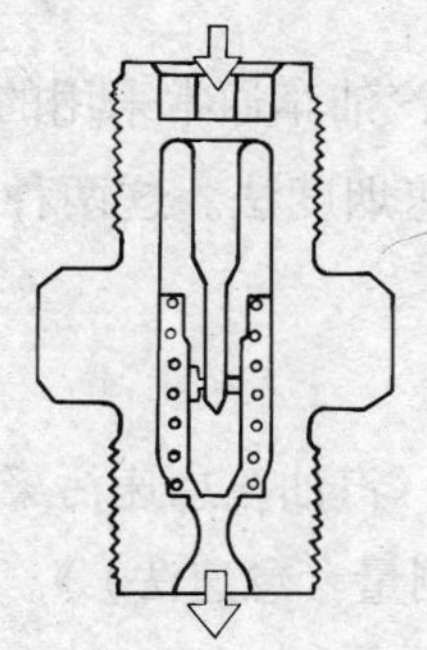
图 4—13 流量限制器

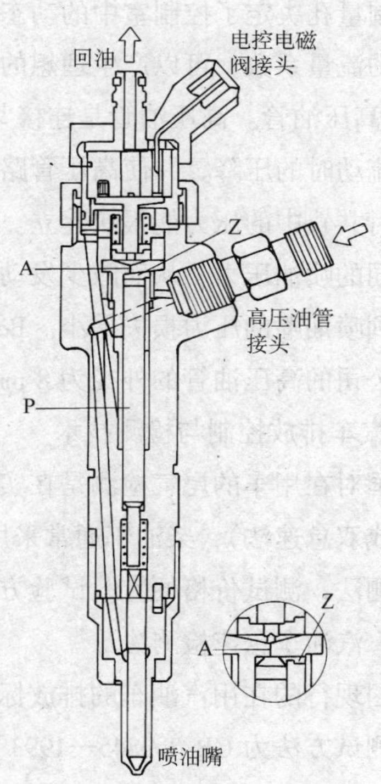

图 4—14 Bosch 电控喷油器

由于喷油器控制了喷油的形状，需对其进行合理的优化设计，以便实现预定的喷油形状。控制室容积的大小决定了针阀开启时的灵敏度，控制室的容积太大，针阀在喷油结束时不能实现快速的断油，使后期的燃油雾化不良；控制室容积太小，不能给针阀提供足够的有效行程，使喷射过程的流动阻力加大，因此，对控制室的容积也应根据机型的最大喷油量合理选择。

控制量孔 A、Z 的大小对喷油嘴的开启和关闭速度及喷油过程起着决定性的影响。双量孔阀体的三个关键性结构是进油量孔、回油量孔和控制室，它们的结构尺寸对喷油器的喷油性能影响很大。回油量孔与进油量孔的流量率之差及控制室的容积决定了喷油嘴针阀的开启速度，而喷油嘴针阀的关闭速度由进油量孔的流量率和控制室的容积决定。进油量孔的设计应使喷油嘴针阀有足够的关闭速度，以降低喷油嘴喷射后期雾化不良。

此外喷油嘴的最小喷油压力取决于回油量孔和进油量孔的流量率及控制活塞的端面面积。这样在确定了进油量孔、回油量孔和控制室的结构尺寸后，就确定了喷油嘴针阀完全开启的稳定、最短喷油过程，同时就确定了喷油嘴的稳定、最小喷油量。控制室容积的减少可以使针阀的响应速度更快，使燃油温度对喷油嘴喷油量的影响更小。

但控制室的容积不可能无限制减少，它应能保证喷油嘴针阀的升程以使针阀完全开启。两个控制量孔决定了控制室中的动态压力，从而决定了针阀的运动规律，通过仔细调节这两个量孔的流量系数，可以产生理想的喷油规律。

9）高压油管。高压油管是连接共轨管和电控喷油器的通道，它应有足够的燃油流量减小燃油流动时的压降，并使高压管路系统中的压力波动较小，能承受高压燃油的冲击作用，且启动时共轨中的压力能很快建立。各缸高压油管的长度应尽量相等，使柴油机每一个喷油器有相同的喷油压力，从而减少发动机各缸之间喷油量的偏差。各高压油管应尽可能短，使从共轨到喷油嘴的压力损失最小。Bosch 公司的高压油管的外径为 6 mm，内径为 2.4 mm；日本电装公司的高压油管的外径为 8 mm，内径为 3 mm。

4. 汽车排放控制与检测技术

我国对在用车的尾气检测是在实施年检制度中执行的。汽油车通常采用的检测方法为怠速法（或双怠速法），柴油车通常采用的检测方法为自由加速烟度法。这两种方法都属于无负载检测法，测试价格便宜，试验方法简单快捷。

（1）汽油车怠速检测法

我国现行的在用汽油车的排放标准为 GB 14761.5—1993《汽油车怠速污染物排放标准》，相应的测试方法为 GB/T 3845—1993《汽油车排气污染物的测量（怠速法）》。标准中也相应制定了双怠速测量法。为满足我国需要，GB/T 3845—1993《汽油车排气污染物的测量（怠速法）》将 ISO 3929 中的双怠速测量程序列于附录 C，供各地环保系统参考使用。据此，北京市 1994 年就发布了汽油车双怠速污染物排放标准。

(2) 柴油车自由加速烟度法

我国现行的在用柴油车的排放标准为 GB 14761.6—1993《柴油车自由加速烟度排放标准》，相应的测试方法为 GB/T 3846—1993《柴油车自由加速烟度的测量（滤纸烟度法)》。

滤纸式烟度计由取样系统和测量系统组成。抽气泵将一定容量的柴油车尾气吸入，排出的污染颗粒被阻隔在滤纸上，形成污斑。将一束光照射在滤纸上，上方放置硒光电池。污斑越黑，照射光的反射越少，光电池电压越小，仪表有示值显示。滤纸越黑，烟度计示值越大。

自由加速烟度测试特点：该方法具有检测操作简便易行、测试仪器价格便宜、便于携带以及检测时间短等优点，广泛应用于柴油车的年检、路检。

值得关注的是，国家已经出台了新型机动车和发动机的生产标准。国家环保总局和国家质量监督检验检疫总局 2001 年 4 月 16 日联合发布的 GB 18352.1—2001《轻型汽车污染物排放限值及测量方法Ⅰ》，其排放限值和测试水平相当于欧洲 20 世纪 90 年代初实施的轻型车欧洲 1 号标准。规定：自 2001 年 10 月 1 日起，所有新生产的 3.5 t 以下的轻型机动车（包括客车和货车）在取得新车型认证前，必须达到标准中所要求的排放标准。对于继续制造、销售超标车，将由依法行使监督管理权的部门责令停止违法行为，没收违法所得，并处违法所得一倍以下的罚款；对无法达到规定的污染物排放标准的机动车，没收销毁。

同年颁布的 GB 18352.2—2001《轻型汽车污染物排放限值及测量方法Ⅱ》规定从 2004 年 7 月 1 日起，新车的排放污染物控制将执行更为严格的轻型车欧洲 2 号标准。

同年颁布的 GB 17691—2001《车用压燃式发动机排气污染物限值及测量方法》，对自 2001 年 9 月 1 日起所有新生产的装用压燃式发动机的大于 3.5 t 的重型车辆及车用发动机（包括柴油车和柴油与天然气混烧的客车及货车）的排放污染物进行限制。

除了国家标准以外，一些地方政府根据《中华人民共和国大气污染防治法》第七条的有关规定，按照自身环境治理的发展目标和需要，制定了一些比国家标准更加严格的机动车污染物排放地方标准。下面介绍北京市推行的有关机动车污染物排放限制方面的地方法规。

1998 年 8 月 25 日由北京市技术监督局批准、发布的 DB 11/105—1998《轻型汽车排气污染物排放标准》明确指出："自 1999 年 1 月 1 日起，凡销往北京地区的和在京申领牌照的轻型汽车，必须符合本《排放标准》的要求，否则不准在京销售，不予上牌照。"这是我国关于机动车污染物排放控制的第一套地方标准，北京也成为全国第一个制定地方性排放标准的城市。除北京以外，上海等各大城市也在制定机动车污染物排放控制的地方标准。据北京市 2003 年 5 月份统计，北京机动车保有量已达到 190 多万辆。仅在 4 月份，北京就新增机动车 3.8 万辆，创下历年新高。而北京车市大约只占全国的 1/10，在第一季度，我国共销售汽车

97.48万辆，同比增长了51.71%。为了减少城市机动车排放带来的污染，改善城市空气质量，国家将大力发展公共交通，鼓励开发和使用清洁燃料车辆，逐步提高并严格执行机动车污染物排放标准。根据GB 14761—1999标准和2001年颁布的GB 18352.1—2001，GB 18352.2—2001标准，国家要求轻型汽车污染物排放于2000年达到欧洲1号标准，于2004年达到欧洲2号标准。我国对于汽车排放的控制计划是到2010年与国际排放标准接轨。

与欧洲1号标准相比，按欧洲2号标准轻型汽油车的一氧化碳排放限值严格了30%，碳氢和氮氧化合物严格了55%，重型汽油车的颗粒物严格了70%左右。以设计乘员数不超过6人，且最大总质量不超过2.5 t的汽车为例，欧洲1号标准必须达到的排放标准限值为：一氧化碳不得超过3.16 g/km；碳氢化合物和氮氧化合物加起来不得超过1.13 g/km；其中柴油车的颗粒物标准不得超过0.18 g/km。而欧洲2号标准限值为：汽油车一氧化碳不超过2.2 g/km，碳氢化合物和氮氧化合物加起来不超过0.5 g/km；柴油车一氧化碳不超过1.0 g/km，碳氢化合物和氮氧化合物加起来不超过0.7 g/km，颗粒物不超过0.08 g/km。由此看来，执行欧洲2号标准后，机动车污染物排放量将减少一半左右。

在检测手段方面，国家将通过更为科学的汽油车稳态加载检测法，汽油车简易瞬态检测法逐步取代现行的汽油车怠速检测法；柴油车检测方面，将使用更为科学的加载减速烟度法代替现行的自由加速烟度法。通过检测手段的改进，能有效防止人为作弊，减少误判，有利于机动车排放污染物管理。

5. 汽车数据总线知识

汽车作为一种交通工具，目前承担起了越来越多的功能。现代科技已经将国际网络、无线连接、个人通信电子装置、娱乐设备等整合到汽车内部，与动力系统相结合，为乘客提供了前所未有的便利。而这一切都有赖于汽车网络技术，它是汽车电子发展的重要方向之一。

过去，汽车通常采用点对点的通信方式，将电子控制单元及负载设备连接起来。随着电子设备的不断增加，势必造成导线数量的不断增多，从而使得在有限的汽车空间内布线越来越困难，限制了功能的扩展。同时导线质量每增加50 kg，油耗会增加0.2 L/100 km。此外，电控单元并不是仅仅与负载设备简单地连接，更多的是与外围设备及其他电控单元进行信息交流，并经过复杂的控制运算，发出控制指令，这些是不能通过简单的连接完成的。而单从线束本身来说，它也是汽车电子系统中成本较高，连接较复杂的部件。

随着汽车电子控制单元以及汽车电子装置的不断增多，采用串行总线实现多路传输，组成汽车电子网络，是一种既可靠又经济的做法。同时现代汽车基于安全性和可靠性的要求，正越来越多地考虑使用电控系统代替原有的机械和液压系统。

（1）汽车电子网络结构

在汽车内部采用基于总线的网络结构，可以达到信息共享、减少布线、降低成本以及提高总体可靠性的目的。通常的汽车网络结构采用多条不同速率的总线分别连接不同类型的节点，并使用网关服务器来实现整车的信息共享和网络管理，如图4—15所示。车身系统的控制单元多为低速电动机和开关器件，对实时性要求低而数量众多。使用低速的总线连接这些电控单元，将这部分电控单元与汽车的驱动系统分开，有利于保证驱动系统通信的实时性。此外，采用低速总线还可增加传输距离、提高抗干扰能力以及降低硬件成本。

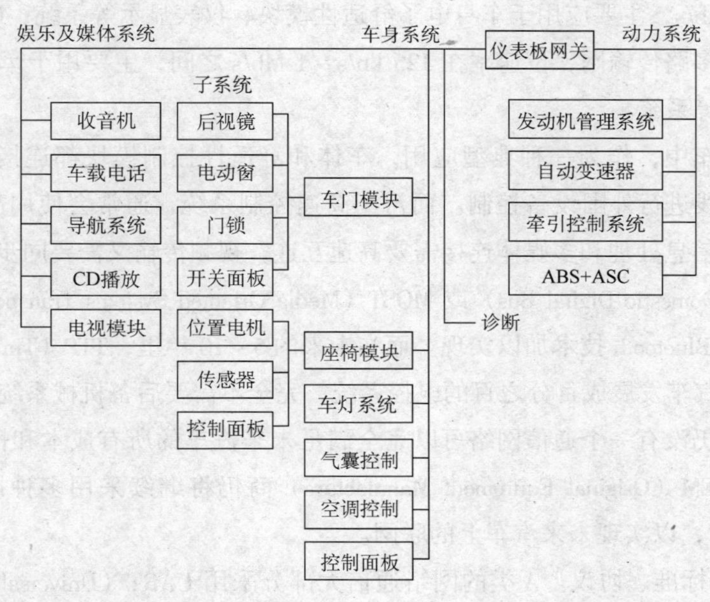

图4—15 车载网络

动力与传动系统的受控对象直接关系汽车的行驶状态，对通信实时性有较高的要求。因此，要使用高速的总线连接动力与传动系统。传感器组的各种状态信息可以以广播的形式在高速总线上发布，各节点可以在同一时刻根据自己的需要获取信息。这种方式最大限度地提高了通信的实时性。

故障诊断系统是将车用诊断系统在通信网络上加以实现。

信息与车载媒体系统对于通信速率的要求更高，一般在2 Mb/s以上，采用新型的多媒体总线连接车载媒体。这些新型的多媒体总线往往是基于光纤通信的，从而可以充分保证带宽。

网关是汽车内部通信的核心，通过它可以实现各条总线上信息的共享以及汽车内部的网络管理和故障诊断功能。

随着新技术的不断发展，在未来的汽车网络中，还将会有专门用于气囊的安全总线系统，以及X - by - Wire系统。

(2) 汽车总线标准、协议

国际上众多知名汽车公司早在 20 世纪 80 年代就积极致力于汽车网络技术的研究及应用，迄今为止，已有多种网络标准。目前存在的多种汽车网络标准，其侧重的功能有所不同。为方便研究和设计应用，SAE 车辆网络委员会将汽车数据传输网划分为 A、B、C 三类。

A 类是面向传感器/执行器控制的低速网络，数据传输位速率通常小于 10 kb/s，主要用于后视镜调整，电动窗、灯光照明等控制；B 类是面向独立模块间数据共享的中速网络，位速率在 10～125 kb/s，主要应用于车身电子舒适性模块、仪表显示等系统；C 类是面向高速、实时闭环控制的多路传输网，位速率在 125 kb/s～1 Mb/s 之间，主要用于牵引控制、先进发动机控制、ABS 等系统。

在今天的汽车中，作为一种典型应用，车体和舒适性控制模块都连接到 CAN 总线上，并借助于 LIN 总线进行外围设备控制。而汽车高速控制系统，通常会使用高速 CAN 总线连接在一起。远程信息处理和多媒体连接需要高速互连，视频传输又需要同步数据流格式，这些都可由 D2B（Domestic Digital Bus）或 MOST（Media Oriented Systems Transport）协议来实现。无线通信则通过 Bluetooth 技术加以实现。而在未来的 5～10 年里，TTP（Time Trigger Protocol）和 Flex Ray 将使汽车发展成百分之百的电控系统，完全不需要后备机械系统的支持。

但是，至今仍没有一个通信网络可以完全满足未来汽车的所有成本和性能要求。因此，汽车制造商和 OEM（Original Equipment Manufacture）商仍将继续采用多种协议（包括 LIN、CAN 和 MOST 等），以实现未来汽车上的联网。

1）A 类总线标准、协议。A 类的网络通信大部分采用 UART（Universal Asynchronous Receiver/Transmitter）标准。UART 使用起来既简单又经济，但随着技术的发展，预计在今后几年中将会逐步在汽车通信系统中被停止使用。而 GM 公司所使用的 E&C（Entertainment and Comfor）、Chrysler 公司所使用 CCD（Chrysler Collision Detection）和 Ford 公司使用的 ACP（Audio Control Protocol），现在已逐步停止使用。Toyota 公司制定的一种通信协议 BEAN（Body Electronics Area Network）目前仍在其多种车型（Clesior、Aristo、Prius 和 Celica）中加以应用。

A 类目前首选的标准是 LIN。LIN 是用于汽车分布式电控系统的一种新型低成本串行通信系统，它是一种基于 UART 的数据格式、主从结构的单线 12 V 的总线通信系统，主要用于智能传感器和执行器的串行通信，而这正是 CAN 总线的带宽和功能所不要求的部分。由于目前尚未建立低端多路通信的汽车标准，因此，LIN 正试图发展成为低成本的串行通信的行业标准。

LIN 的标准简化了现有的基于多路解决方案的低端 SCI，同时将降低汽车电子装置的开发、生产和服务费用。LIN 采用低成本的单线连接，传输速度最高可达 20 kb/s，对于低端的大多数应用对象来说，这个速度是可以接受的。它的媒体访问采用单主/多从的机制，在从节点中不需要晶体振荡器而能进行自同步，这极大地减少了硬件平台的成本。

表 4—10 给出了 LIN 总线以及下列其他各类典型汽车总线标准、协议特性和参数。

表 4—10　　典型汽车总线标准、协议特性和参数

类别	A类	B类	C类	诊断	多媒体	X - by - Wire	安全
名称	LIN	ISO 11519 - 2	ISO 11898（SAE J1939）	ISO 15765	D2B（MOST）	Flexray	Safety bus
所属机构	Motorola	ISO/SAE	ISO/TMC - ATA	ISO	PHILIPS	BMW&DC	Delphi
用途	智能传感器	控制、诊断	控制、诊断	诊断	数据流控制	电传控制	气囊
介质	单根线	双绞线	双绞线	双绞线	光纤	双线	双线
位编码	NRZ	NRZ - 5	NRZ - 5	NRZ	Biphase	NRZ	RTZ
媒体访问	主/从	竞争	竞争	TESTER/SLAVE	TOKEN RING	FTDMA	主/从
错误检测	8 位 CS	CRC	CRC	CRC	CRC	CRC	CRC
数据长度	8 字节	0 ~ 8 字节	8 字节	0 ~ 8 字节		12 字节	24 ~ 39 字节
位速率	20 kb/s	10 ~ 1 250 kb/s	1 Mb/s（250 kb/s）	250 kb/s	12 Mb/s（25 Mb/s）	5 Mb/s	500 kb/s
总线最大长度	40 m	40 m（典型）	40 m	40 m	无限制	无限制	未定
最大节点数	16	32	30（STP）10（UTP）	32	24	64	64
成本	低	中	中	中	高	中	中

2）B 类总线标准、协议。B 类中的国际标准是 CAN 总线。CAN 总线是德国 Bosch 公司从 20 世纪 80 年代初为解决现代汽车中众多的控制与测试仪器之间的数据交换而开发的一种串行数据通信协议。通信速率可达 1 Mb/s。CAN 总线通信接口中集成了 CAN 协议的物理层和数据链路层功能，可完成对通信数据的成帧处理，包括位填充、数据块编码、循环冗余检验、优先级判别等项工作。CAN 协议的一个最大特点是废除了传统的站地址编码，而代之以对通信数据块进行编码，最多可标志 2048（2.0A）个或 5 亿（2.0B）多个数据块。采用这种方法的优点是可使网络内的节点个数在理论上受到限制。数据段长度最多为 8 个字节，不会占用总线时间过长，从而保证了通信的实时性。CAN 协议采用 CRC 检验并可提供相应的错误处理功能，保证了数据通信的可靠性。

B 类标准采用的是 ISO 11898，传输速率在 100 kb/s 左右。欧洲的各大汽车公司从 1992

年起，一直采用 ISO 11898，所使用的传输速率范围为 47.5 ~ 500 kb/s。近年来，基于 ISO 11519 的容错 CAN 总线标准在欧洲的各种车型中也开始得到广泛的应用，ISO 11519 – 2 的容错低速 2 线 CAN 总线接口标准在轿车中正得到普遍的应用，它的物理层比 ISO 11898 要慢一些，同时成本也高一些，但是它的故障检测能力却非常突出。而以往广泛适用于美国车型的 J1850 正逐步被基于 CAN 总线的标准和协议所取代。

3）高速总线系统标准、协议。由于高速总线系统主要用于与汽车安全相关，以及实时性要求比较高的地方，如动力系统等，所以其传输速率比较高。根据传统的 SAE 的分类，该部分属于 C 类总线标准，通常为 125 kb/s ~ 1 Mb/s，必须支持实时的、周期性的参数传输。目前，随着汽车网络技术的发展，未来将会使用到具有高速实时传输特性的一些总线标准和协议，包括采用时间触发通信的 X – by – Wire 系统总线标准和用于安全气囊控制和通信的总线标准、协议。

①C 类总线标准、协议。在 C 类标准中，欧洲的汽车制造商基本上采用的都是高速通信的 CAN 总线标准 ISO 11898。而 J1939 供货车及其拖车、大客车、建筑设备以及农业设备使用的是用来支持分布在车辆各个不同位置的电控单元之间实现实时闭环控制功能的高速通信标准，其数据传输速率为 250 kb/s。在美国，GM 公司已开始在所有的车型上使用其专属的所谓 GMLAN 总线标准，它是一种基于 CAN 的传输速率为 500 kb/s 的通信标准。

ISO 11898 针对汽车（轿车）电子控制单元（ECU）之间，通信传输速率大于 125 kb/s，小于 1 Mb/s 时，使用控制器局域网络构建数字信息交换的相关特性进行了详细的规定。

J1939 使用了控制器局域网协议，任何 ECU 在总线空闲时都可以发送信息，它利用协议中定义的扩展帧 29 位标志符实现一个完整的网络定义。29 位标志符中的前 3 位被用来在仲裁过程中决定消息的优先级。对每类消息而言，优先级是可编程的。这样原始设备制造商在需要时可以对网络进行调整。J1939 通过将所有 11 位标志符消息定义为专用，允许使用 11 位标志符的 CAN 标准帧的设备在同一个网络中使用。这样，11 位标志符的定义并不是直接属于 J1939 的一个组成部分，但是也被包含进来。这是为了保证使用者可以在同一网络中并存而不出现冲突。

②安全总线和标准。安全总线主要是用于安全气囊系统，以连接加速度计、安全传感器等装置，为被动安全提供保障。目前已有一些公司研制出了相关的总线和协议，包括 Delphi 公司的 Safety Bus 和 BMW 公司的 Byteflight 等。

Byteflight 主要以 BMW 公司为中心制定。数据传输速率为 10 Mb/s，光纤可长达 43 m。Byteflight 不仅可以用于安全气囊系统的网络通信，还可用于 X – by – Wire 系统的通信和控制。BMW 公司在 2001 年 9 月推出的新款 BMW 7 系列车型中，采用了一套名为 ISIS（Intelligent Safety Integrated System）的安全气囊控制系统，它是由 14 个传感器构成的网络，利用

Byteflight 来连接和收集前座保护气囊、后座保护气囊以及膝部保护气囊等安全装置的信号。在紧急情况下，中央电脑能够更快更准确地决定不同位置的安全气囊的施放范围与时机，发挥最佳的保护效果。

③X－by－Wire 总线标准、协议。X－by－Wire 最初是用在飞机控制系统中，被称为电传控制，现在已经在飞机控制中得到广泛应用。由于目前对汽车容错能力和通信系统的高可靠性的需求日益增长，X－by－Wire 开始应用于汽车电子控制领域。在未来的 5～10 年里，X－by－Wire 技术将使传统的汽车机械系统（如刹车和驾驶系统）变成通过高速容错通信总线与高性能 CPU 相连的电气系统。在一辆装备了综合驾驶辅助系统的汽车上，Steer－by－Wire、Brake－by－Wire 和电子阀门控制等特性将为驾驶员带来全新驾驶体验。为了保证这些系统之间的安全通信，就需要一个高速、容错和时间触发的通信协议。目前，这一类总线标准主要有 TTP、Byteflight 和 Flex Ray。

TTP（时间触发协议）是由维也纳理工大学的 H. Kopetz 教授开发的。时间触发系统和事件触发系统的工作原理大不相同。对时间触发系统来说，控制信号起源于时间进程；而在事件触发系统中，控制信号起源于事件的发生（如一次中断）。这项开发工作后来作为一个被欧洲委员会资助的项目，进一步发展成为一种汽车自动驾驶应用系统。TTP 创立了大量汽车 X－by－Wire 控制系统，如驾驶控制和制动控制。TTP 是一个应用于分布式实时控制系统的完整的通信协议，它能够支持多种的容错策略，提供了容错的时间同步以及广泛的错误检测机制，同时还提供了节点的恢复和再整合功能。其采用光纤传输的工程化样品速度将达到 25 Mb/s。

如前所述 BMW 公司的 Byteflight 可用于 X－by－Wire 系统的网络通信。Byteflight 的特点是既能满足某些高优先级消息需要时间触发，以保证确定延迟的要求，又能满足某些消息需要事件触发，需要中断处理的要求。但其他汽车制造商目前并无意使用 Byteflight，而计划采用另一种规格——Flex Ray。这是一种新的特别适合下一代汽车应用的网络通信系统，它采用 FTDMA（Flexible Time Division Multiple Access）的确定性访问方式，具有容错功能和确定的消息传输时间，能够满足汽车控制系统的高速率通信要求。BMW、Daimler－Chrysler、Motorola 和 Philips 联合开发和建立了这个 Flex Ray 标准，GM 公司也加入了 Flex Ray 联盟，成为其核心成员，共同致力于开发汽车分布式控制系统中高速总线系统的标准。该标准不仅提高了一致性、可靠性、竞争力和效率，而且还简化了开发和使用，并降低了成本。

4）诊断系统总线标准、协议。故障诊断是现代汽车必不可少的一项功能，使用排放诊断的目的主要是为了满足 OBD－Ⅱ（ON Board Diagnose）、OBD－Ⅲ或 E－OBD（European－On Board Diagnose）标准。目前，许多汽车生产厂商都采用 ISO 14230（Keyword Protocol 2000）作为诊断系统的通信标准，它满足 OBD－Ⅱ和 OBD－Ⅲ的要求。在欧洲，以往诊断系统中使用的是 ISO 9141，它是一种基于 UART 的诊断标准，满足 OBD－Ⅱ的要求。美国的 GM、Ford、DC 公司广泛使用 J1850（不含诊断协议）作为满足 OBD－Ⅱ的诊断系统的通信标准。但随着 CAN 总线的广泛应用，从 2000 年开始，欧洲汽车厂商已经开始使用一种基于 CAN 总线的诊断系统通信标准 ISO 315765，它满足 E－OBD 的系统要求。

目前，汽车的故障诊断主要是通过一种专用的诊断通信系统来形成一套较为独立的诊断网络，ISO 9141 和 ISO 14230 就是这类技术上较为成熟的诊断标准。而 ISO 15765 适用于将车用诊断系统在 CAN 总线上加以实现的场合，从而适应了现代汽车网络总线系统的发展趋势。ISO 15765 的网络服务符合基于 CAN 的车用网络系统的要求，是遵照 ISO 14230－3 及 ISO 15031－5 中有关诊断服务的内容来制定的，因此，ISO 15765 对于 ISO 14230 应用层的服务和参数完全兼容，但并不限于只用在这些国际标准所规定的场合，因而有广泛的应用前景。

5）多媒体系统总线标准、协议。汽车多媒体网络和协议分为三种类型，分别是低速、高速和无线，对应 SAE 的分类相应为：IDB－C（Intelligent Data BUS－CAN）、IDB－M（Multimedia）和 IDB－Wireless，其传输速率为 250 kb/s～100 Mb/s。

低速用于远程通信、诊断及通用信息传送，IDB－C 按 CAN 总线的格式以 250 kb/s 的位速率进行消息传送。由于其低成本的特性，IDB－C 有望成为汽车类产品的标准之一，并有可能于 2004 年前在 OEM 方式的车辆中推行。GM 公司等美国汽车制造商计划使用 POF（Plastic Optical Fiber）在车中安装以 IEEE 1394 为基础的 IDB－1394，预计 Toyota 等日本汽车制造商也将跟进采用 POF。由于消费者手中已经有许多 1394 标准下的设备，并与 IDB－1394 相兼容，因此，IDB－1394 将随着 IDB 产品进入车辆的同时而成为普遍的标准。

高速主要用于实时的音频和视频通信，如 MP3、DVD 和 CD 等的播放，所使用的传输介质是光纤，这一类里主要有 D2B、MOST 和 IEEE 1394。

D2B 是用于汽车多媒体和通信的分布式网络，通常使用光纤作为传输介质，可连接 CD 播放器、语音控制单元、电话和因特网。D2B 技术已使用于 Mercedes 公司 1999 年款的 S－Class 车型。

Daimler－Chrysler 等公司计划与 BMW 公司一样使用 MOST。MOST 是车辆内 LAN 的接口规格，用于连接车载导航器和无线设备等。数据传输速率为 24 Mb/s。其规格主要由德国 Oasis Silicon System 公司制定。

在无线通信方面，采用 Bluetooth 规范，它主要是面向下一代汽车应用，如声音系统、信息通信等。目前已有一些公司研制出了基于 Bluetooth 技术的处理器，如美国德州仪器公司（TI）不久前宣布推出一款新型基于 ROM 的蓝牙基带处理器，可用于通信及娱乐或 PC 外设等方面。

随着电子技术和大规模集成电路的迅速发展，网络技术在汽车上的广泛应用使汽车的动力性、操作稳定性、安全性等都上升到了新的高度，给汽车技术的发展注入了新的活力。

二、操作技能

1. 发动机分析仪的使用

(1) 操作内容

正确使用发动机分析仪。

(2) 操作准备

1) 电控汽车。

2) 发动机分析仪、常用工具。

(3) 操作步骤

HMS990 发动机综合检测仪，是德国凯文公司的产品。主要功能有：传感器测试、点火情况测试、缸压测试、故障分析等。该仪器主要由测试仪主机、测试线束 A、测试线束 B、KV 钳、转速感应钳、电流钳、探针、TN 线等组成，如图 4—16 所示。

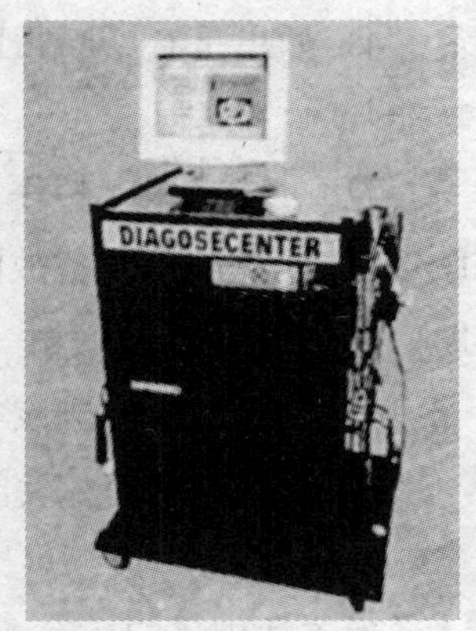

图 4—16 HMS990 发动机综合检测仪

1) 测试前的准备

①接通电源，打开主机。

②选择 Hermann Diagnose System，进入该系统。

③选择 A1 车型选择，并进行有关车型查找和确定。

④进入 B 发动机诊断模块或 C 诊断帮助模块。

⑤选择 B 进入发动机诊断模块后，选择 B1 发动机分析仪。

⑥选择中文界面。

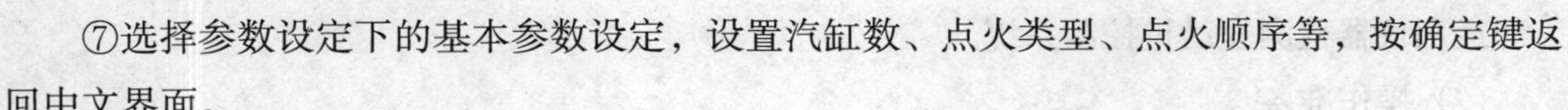

⑦选择参数设定下的基本参数设定，设置汽缸数、点火类型、点火顺序等，按确定键返回中文界面。

2) 线路连接

①将 TN 线接入主机，将线束 A 接入主机。

②将电流钳和转速感应钳接入 TN 插板，另一端分别接入蓄电池负极（箭头指向正极）和第一缸高压线，KV 钳接入第一缸高压线。

③如果是传统常规点火，线束 A 中按以下方法连接：

黑色线接地；1 号线接蓄电池“+”；2 号线接 KV 钳绿色接头（“+”端），黑色接头（“-”端）通过一条黑色连接线与蓄电池负极同时接地；4 号线接点火线圈“+”；6 号线接点火线圈“-”。

④如果是 DIS 点火系，线束 A 中按以下方法连接：

黑色线接地；1 号线接蓄电池“+”；2 号线接 KV 钳绿色接头（“+”端），各缸高压线通过 KV 钳串接在一起；3 号线接 KV 钳“-”；4 号线接电源“+”。

3）在中文界面中选择所要测试项目（发动机电器系统、发动机调整系统、汽缸诊断系统、波形测试系统），进入下一级测试子项目：

①选择所要测试内容，启动发动机可进行测试。

②选定某一瞬时测试结果，并可通过打印机打印输出，进行分析。

③通过左右键的移动可以观测到整个测试波形。

④选择清除测试结果，可回到动态测试。

⑤按退出键返回带有子项目的界面。

⑥按退出键退出该系统。

4）如果是 C 诊断帮助模块，选择 C1 发动机诊断手册，进入诊断帮助功能，此时可选择功能。

5）通过测试电控系统来查证故障；根据症状查找故障；用传感器和执行器诊断；用 HMS990 测试程序查找故障、技术数据等；选择你所需要的项目，可得到查找过程等有关帮助信息。

6）按退出键退出该项功能。

7）测试完毕后，关闭设备电源，拆下连接线及探针，收好测试用件。

（4）注意事项

如无特别说明，各个接入汽车测试件的接线均通过探针连接。

2. 发动机控制系统的检修

（1）操作内容

运用仪器检测发动机控制系统。

（2）操作准备

1）能够运转的电控发动机（ARJ 发动机、1UZ—FE 发动机、F23A 发动机各 1 台）。

2）万用表、示波器、真空表、燃油压力表、手动真空泵、诊断仪、常用工具。

（3）操作步骤

1）热膜式空气流量计

①供电电压的检测。将点火开关置于“ON”位置，用万用表电压挡测量空气流量计连接器的 3 号端子与 1 号端子之间的电压，其值应与蓄电池电压一致；若无电压或读数偏差太大，应检查空气流量计的线路，如图 4—17 所示。

②检测信号电压。将点火开关置于“OFF”位置，从进气道上拆下空气流量计。在静态

不吹风的情况下，用万用表电压挡测量传感器连接器 2 号端子与 1 号端子之间电压应为 0.03 V，将 450 W 电吹风的出风口紧靠传感器入口，用冷风挡向传感器内吹风时，万用表读数约为 2.3 ± 0.1 V；吹风机缓慢向后移动，随着距离的增大，电压值应逐渐减小；当吹风机距传感器入口端 0.2 m 时，万用表的读数应为 1.5 ± 0.1 V。否则，应更换空气流量计。

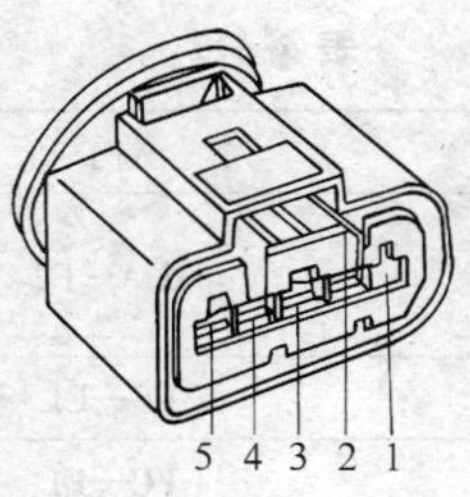

图 4—17　检测供电电压

2）卡尔曼涡旋式空气流量计

①电阻的检测

a. 把连接器从空气流量计上脱开。

b. 用欧姆表测量端子 THA 和 E2 之间的电阻。连接器端子示意图如图 4—18 所示。测得的电阻应符合表 4—11 的规定。如不符合规定，应更换空气流量计。

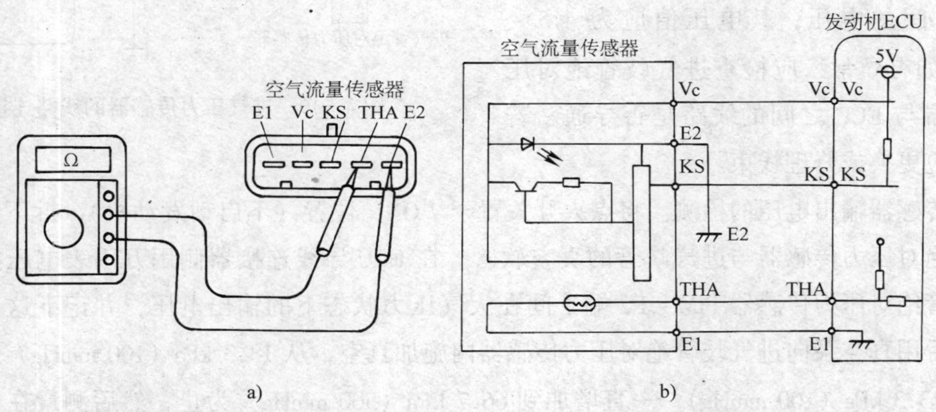

图 4—18　卡尔曼涡旋式空气流量计连接电路

表 4—11　　　　卡尔曼涡旋式空气流量计的测量规范

端子	电阻（kΩ）	温度（℃）
THA—E2	10 ~ 20	− 20
	4 ~ 7	0
	2 ~ 3	20
	0.9 ~ 1.3	40
	0.4 ~ 0.7	60

②电压的检测。万用表电压挡按表 4—12 进行检测。如不符合规定应进行相应的检查。

3）进气压力传感器如图 4—19 所示。

表 4—12　　卡尔曼涡旋式空气流量计电压的测量规范

端子	电压（V）	条　件
THA—E2	0.5～3.4	进气温度 20℃怠速
	4.5～5.5	点火开关 ON
KS—E1	2.0～4.0 脉冲发生	怠速
VC—E1	4.5～5.5	点火开关 ON

①传感器电源电压的检测。点火开关置于“OFF”位置，拔下进气歧管绝对压力传感器的导线连接器，然后将点火开关置于“ON”位置（不启动发动机），用万用表电压挡测量导线连接器中电源端 VCC 和接地端 E_2 之间的电压，其电压值应为 4.5～5.5 V。如有异常，应检查进气歧管绝对压力传感器与 ECU 之间的线路是否导通。若断路，应更换或修理线束。

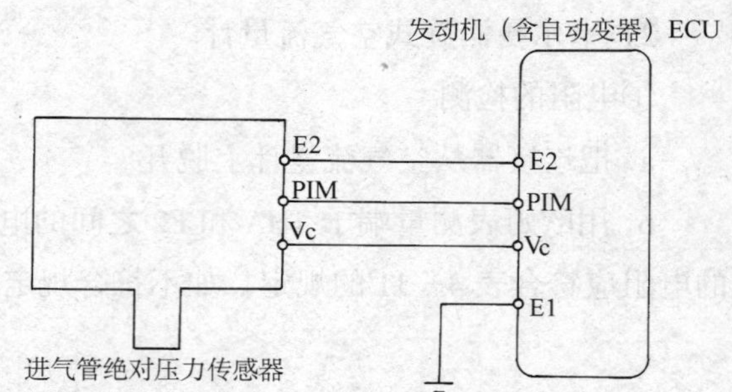

图 4—19　进气压力传感器的线路连接

②传感器输出电压的检测。将点火开关置于“ON”位置（不启动发动机），拆下连接进气歧管绝对压力传感器与进气歧管的真空软管。在 ECU 导线连接器侧用万用表电压挡测量进气歧管绝对压力传感器 PIM－E2 端子间在大气压力状态下的输出电压，并记下这一电压值；然后用真空泵向进气歧管绝对压力传感器内施加真空，从 13.3 kPa（100 mmHg）起，每次递增 13.3 kPa（100 mmHg），一直增加到 66.7 kPa（500 mmHg）为止，然后测量在不同真空度下进气歧管压力传感器（PIM－E2 端子间）的输出电压。该电压应能随真空度的增大而不断下降。将不同真空度下的输出电压下降量与标准值相比较，如不符，应更换进气歧管压力传感器。

4）温度传感器。当温度低时（空气密度大），热敏电阻的阻值大，传感器输入电脑的信号电压高，电脑控制电动喷油器增加喷油量；反之，当温度高时，热敏电阻的阻值小，传感器输入电脑的信号电压低，电脑控制电动喷油器减小喷油量。

5）节气门位置传感器

①电压的检测。关闭点火开关，拔下传感器插头。再打开点火开关，用万用表电压挡测量线束连接器中基准电压端子的电压，应为 5 V 左右。关闭点火开关，接好传感器插头。打开点火开关，转动节气门轴，用万用表检查节气门开度输出端子的电压，应随节气门开度的变化而平稳变化。

②电阻的检测。关闭点火开关，拔下传感器插头。用万用表欧姆挡测量，节气门开度输

出端子与接地端子之间的电阻应随节气门开度的变化而变化。基准电压端子与接地端子之间的电阻应为一固定值。

6）怠速控制阀

①脉冲电磁阀式怠速控制阀。对于脉冲线性电磁阀式怠速控制阀，可在发动机怠速运转中拔下怠速控制阀线束连接器，观察发动机的转速是否有变化。如此时发动机转速有变化，则怠速控制阀工作正常。

拔下怠速控制阀线束连接器，用万用表电压挡测量其端子电压。如果在发动机运转过程中，怠速控制阀线束连接器端子有脉冲电压输出，ECU 和怠速控制系统线路无故障。若无脉冲电压输出，可打开空调开关后再测试。若仍无脉冲电压输出，则怠速控制系统不工作，应检查 ECU 与怠速控制阀之间的线路（是否有接触不良或断路故障）。如怠速系统的线路无故障，则 ECU 有故障，应更换 ECU。

脉冲线性电磁阀式怠速控制阀只有一组线圈，其电阻值为 10 ~ 15 Ω。

②步进电机式怠速控制阀

a. 就车检查

a）发动机停机后，怠速控制阀应立刻有咔嗒声。

b）电阻的检查。用欧姆表测量端子 B1 与 S1 或 S3 之间及 B2 与 S2 或 S4 之间的电阻，应为 10 ~ 30 Ω。如果电阻不符合规定，应更换怠速控制阀。端子示意图如图 4—20 所示。

b. 检查怠速控制阀的动作

a）在端子 B1 和 B2 上施加蓄电池电压，按顺序反复将 S1—S2—S3—S4—S1 接地，检查阀心应向关闭位置移动。

b）在端子 B1 和 B2 上施加蓄电池电压，按顺序反复将 S4—S3—S2—S1—S4 接地，检查阀心应向打开位置移动。

7）霍尔传感器。霍尔传感器的检测方法有一个共同点，即主要通过测量有无输出电脉冲信号来判断其是否良好。图 4—21 为霍尔传感器与电脑连接电路图。

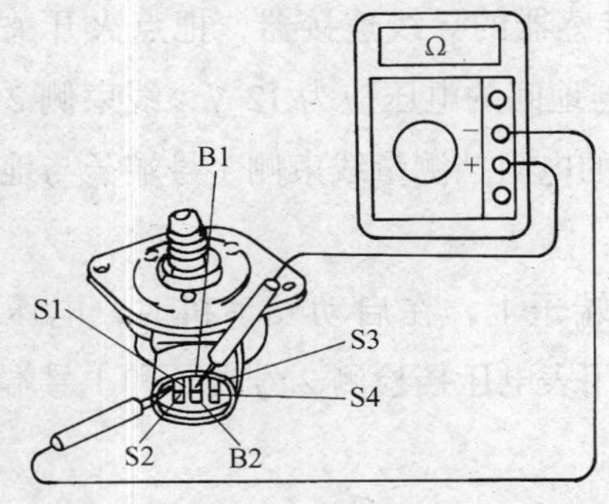

图 4—20　怠速控制阀连接端子示意图

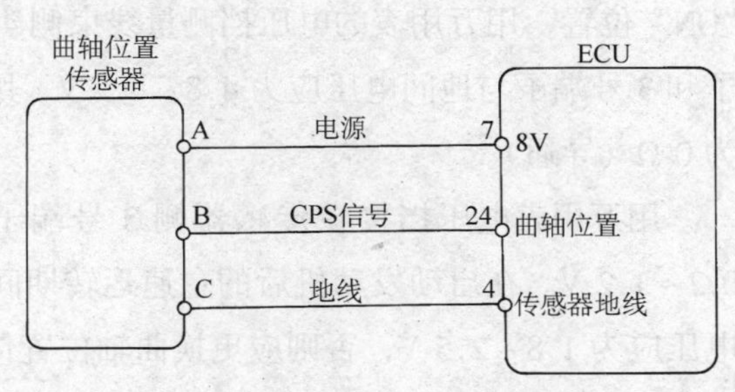

图 4—21　霍尔传感器与电脑连接电路图

①传感器电源、电压的测试。拔下传感器连接器，将点火开关置于“ON”位置，用万用表电压挡测量 A、C 端子的电压应为电源电压（或规定电压），否则为电源、线路断路或接头接触不良。

②输出信号的检测。关闭点火开关，打开分电器盖，将电压表两触针接在霍尔信号发生器连接器信号线和搭铁线间。打开点火开关，启动发动机，观察电压表读数，当触发叶轮的叶片在空气隙时，其电压值为 2 ~ 9 V，当触发叶轮的叶片不在空气隙时，其电压值为 0.3 ~ 0.4 V，若与标准不符，应更换霍尔传感器。

8）磁感应式传感器如图 4—22 所示。

①电阻检查。点火开关“OFF”，拔开传感器的导线连接器，用万用表测量传感器上各端子间的电阻值（见表 4—13）。如电阻值不在规定的范围内，必须更换曲轴位置传感器。

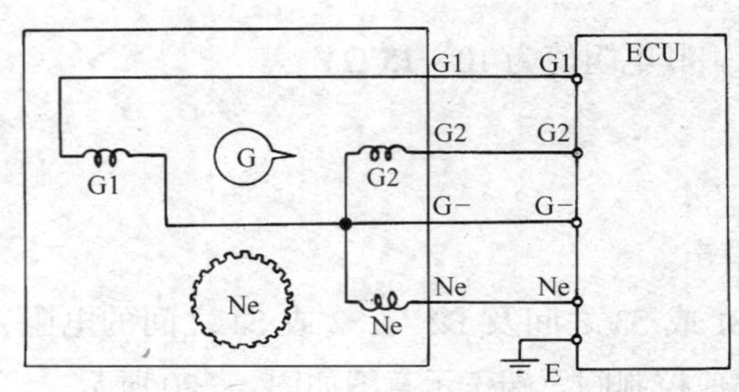

图 4—22　磁感应式传感器与电脑连接图

表 4—13　传感器的电阻值

端子	条件	电阻值（Ω）
G1 - G -	冷态	125 ~ 200
	热态	160 ~ 235
G2 - G -	冷态	125 ~ 200
	热态	160 ~ 235
Ne - G -	冷态	155 ~ 250
	热态	190 ~ 290

②传感器输出信号的检查。拔下曲轴位置传感器的导线连接器，当发动机转动时，用万用表的电压挡检测曲轴位置传感器上 G1 - G - 、G2 - G - 、Ne - G - 端子间是否有脉冲电压信号输出。如没有脉冲电压信号输出，则须更换曲轴位置传感器。

③感应线圈与正时转子的间隙检查。用塞尺测量正时转子与感应线圈凸出部分的空气间隙，其间隙应为 0.2 ~ 0.4 mm。若间隙不符合要求，则须更换分电器壳体总成。

9）光电式传感器。如图 4—23 所示为韩国现代 SONATA 汽车光电式曲轴位置传感器连接器（插头）的端子位置。检查时，脱开曲轴位置传感器的导线连接器，把点火开关置于“ON”位置，用万用表的电压挡测量线束侧 4 号端子与地间的电压应为 12 V，线束侧 2 号端子和 3 号端子与地间电压应为 4.8 ~ 5.2 V，用万用表的电阻挡测量线束侧 1 号端子与地间应为 0 Ω（导通）。

用万用表电压挡接在传感器侧 3 号端子和 1 号端子上，在启动发动机时，电压应为 0.2 ~ 1.2 V。在启动发动机后的怠速运转期间，用万用表电压挡检测 2 号端子和 1 号端子间电压应为 1.8 ~ 2.5 V，否则应更换曲轴位置传感器。

10）氧传感器

①二氧化钛式氧传感器

a. 外观颜色检查。从排气管上拆下氧传感器，检查传感器外壳上的通气孔有无堵塞，陶瓷芯有无破损。如有损坏，则应更换氧传感器。

b. 反馈电压的检测。测量氧传感器反馈电压时，应先拔下氧传感器的线束插头，对照电路图，用万用表连接氧传感器的信号端子（测试范围 2 V），打开点火开关，测量两端子间的电压，应为 450 ± 50 mV。如果读数不符合要求，应检查线路。

②二氧化锆式氧传感器

a. 将发动机热车至正常工作温度（或启动后以 2 500 r/min 的转速连续运转 2 min）。

b. 把电压表的负极测笔接故障诊断插座内的 E1 插孔或蓄电池负极，正极测笔接故障检测插座内的 OX1 或 OX2 插孔或接氧传感器线束插头上的引出线（见图 4—24）。

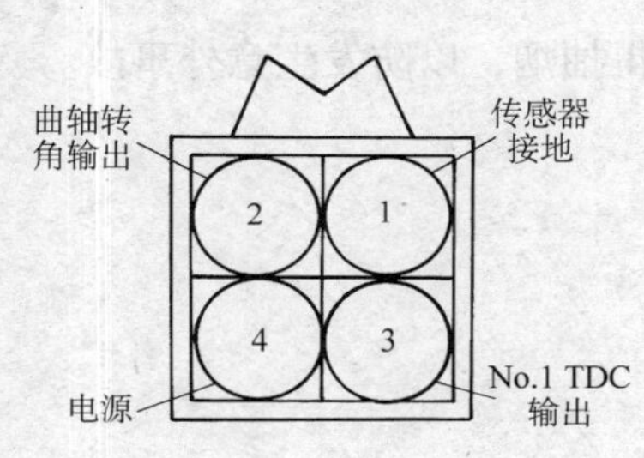

图 4—23　现代 SONATA 曲轴位置传感器连接器（插头）的端子位置

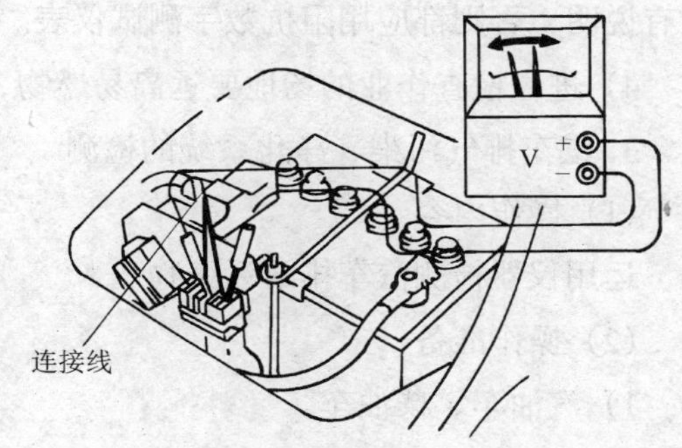

图 4—24　测量反馈电压

c. 让发动机以 2 500 r/min 左右的转速保持运转，同时检查电压表指针能否在 0 ~ 1 V 之间来回摆动，记下 10 s 内电压表指针摆动次数。在正常情况下，随着反馈控制的进行，氧传感器的反馈电压将在 0.4 V 上下不断变化，10 s 内反馈电压的变化次数应不少于 8 次。

d. 若电压表指针在 10 s 内的摆动次数等于或多于 8 次，则说明氧传感器及反馈控制系统工作正常；若电压表指针在 10 s 内的摆动次数少于 8 次，则说明氧传感器或反馈控制系统工作不正常，可能是氧传感器表面有积炭而使灵敏度降低，此时应让发动机以 2 500 r/min 的转速运转约 2 min，以清除氧传感器表面的积炭。若电压表指针变化依旧缓慢，则为氧传感器损坏或 ECU 反馈控制电路有故障。

如果在混合气浓度变化时，氧传感器输出电压不能相应地改变，则说明氧传感器有故障。此时可拆去一根大真空软管，使发动机高速运转，以清除氧传感器上的铅或积炭，然后再测试。如果氧传感器反馈电压能按上述规律变化，则说明氧传感器良好；否则，须更换氧传感器。

（4）注意事项

1）不论发动机是否在运转，只要点火开关接通，决不可断开正在工作的 12 V 的电气装置。因为在断开这些装置时，由于任一线圈的自感作用，都会产生很高的瞬间电压，有可能超过 7 000 V，使微机与传感器严重受损。下列为不能断开的部分电气装置：蓄电池的任一电缆线、混合气控制电磁阀、怠速控制装置（步进电动机）、电动喷油器、二次空气喷射电磁阀（气泵电磁阀）、点火装置的导线、微机的 PROM（可编只读存储器）、任何电脑的导线、鼓风机导线连接器及空调离合器导线等。

2）除了在测试程序中特别指明的外，不能用指针型欧姆表测试微机和传感器，可使用高阻抗电表进行测试。

3）不要用测试灯去测试任何和微机相连的电气装置。为防止电脑和传感器受损，除非另有说明，否则都应用阻抗数字测试仪表。

4）进行检查作业的场地要远离易燃物，作业中不得抽烟，以防发生意外事故。

3. 汽车排气污染、净化系统的检测

（1）操作内容

运用仪器检测汽车排放污染物。

（2）操作准备

1）汽油车、柴油车。

2）Tecnotest 488 型排气分析仪、FQD－201 型半自动排气烟度计、常用工具。

（3）操作步骤

1）汽油车怠速污染物的检测

①检测仪。采用不分光红外线吸收型（NDIR）检测仪，如 Tecnotest 488 型排气分析仪。Tecnotest 488 型排气分析仪主要由排气取样探头、泵、流量传感器、红外线发生器、滤光器、红外线接收仪、同步电机、NO_x 和 O_2 传感器、滤清器、信号放大器、数码显示屏、校正口电磁阀、自动清零电磁阀等组成，其控制面板如图 4—25 所示。

②汽油车怠速污染物的检测方法及步骤

a. 车辆准备。

b. 仪器的初始化（采用 Tecnotest 488 型排气分析仪）。

c. 仪器的预热和清零。

d. 确定车辆的燃料类型。

e. 温度的测量。

f. 转速的测量。

g. 检测操作。上述过程完成以后，进行检测操作。

h. 按“启动”键，分析仪退出待机状态，开始进行排气检测。

i. 让发动机进行两次快速空转加速，然后回到怠速运转状态。

j. 把排气取样探头插入汽车排气管，插入的深度不得少于 300 mm。如果探头没有完全插入排气管，需加一个专用的延伸管以确保接触面的紧密性。

k. 分析仪显示单一气体的数值、空燃比、转速和发动机的温度值。

l. 当测量的数据变化稳定后，按“打印”键开始打印，打印的内容为按“打印”键时仪器显示屏上显示的数值。

2）柴油车自由加速烟度的检测

①检测仪。采用滤纸式烟度计，如图 4—26 所示为国产的 FQD－201 型半自动排气烟度计。

图 4—25　Tecnotest 488 型排气分析仪

图 4—26　FQD－201 型半自动排气烟度计

②仪器准备（以 FQD－201 型排气烟度计为例）。

③车辆准备。

④检测方法

a. 将取样探头固定于排气管内，插入深度为 300 mm，并使其中心线与排气管轴线平行。

b. 将脚踏开关引入汽车驾驶室内。

c. 将抽气泵活塞压到最下端锁止。

d. 按图 4—27 所示测量规程进行自由加速烟度的检测。

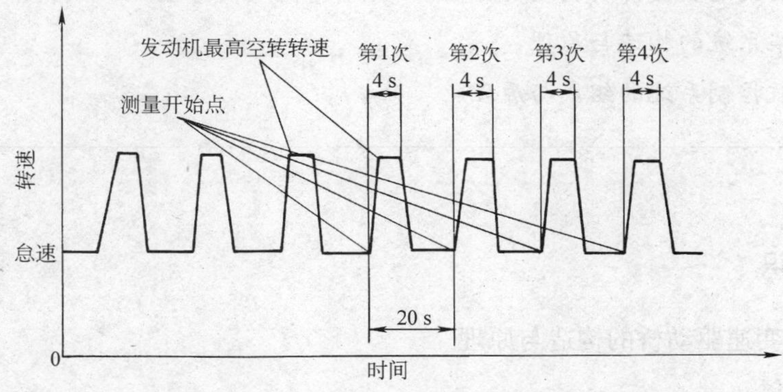

图 4—27　自由加速烟度测量规程

e. 在被染黑的滤纸上记下试验序号、试验工况和试验日期等，以便保存。

f. 检测结束，及时关闭电源和气源。

4. 柴油机电控系统的检测

(1) 操作内容

运用仪器诊断电控柴油机。

(2) 操作准备

1) 电控柴油车。

2) 诊断仪、常用工具。

(3) 操作步骤

1) 将发动机熄火。

2) 根据不同型号电控柴油机的诊断插座的形状选取诊断仪的诊断接头。

3) 将诊断仪与测试线、诊断接头、电源等连接好，并将其与电控柴油机的诊断插座相连。

4) 打开点火开关，用仪器读取故障代码。

5) 取下诊断仪。

6) 根据故障代码的内容对柴油机电控系统进行检测。

第三节 汽车底盘修理

学习目标

- 电控自动变速驱动桥的构造与原理
- 电控悬架系统的构造与原理
- 电控巡航控制系统的组成与原理

一、相关知识

1. 电控自动变速驱动桥的构造与原理

(1) 结构简介

以01M自动变速器为例。01M自动变速器是电控液力四挡自动变速器，主要装备在捷达都市先锋轿车和宝来轿车上。它集成于自动变速驱动桥中，由液力变矩器、行星齿轮变速器、液压操纵系统、电控系统、主减速器和差速器等部分组成，其结构如图4—28所示。动力通过行星齿轮系的输出斜齿轮传递到主传动齿轮轴（中间传动），进而传递到差速器（主传动），再通过差速器分配给左右车轮，如图4—29所示。

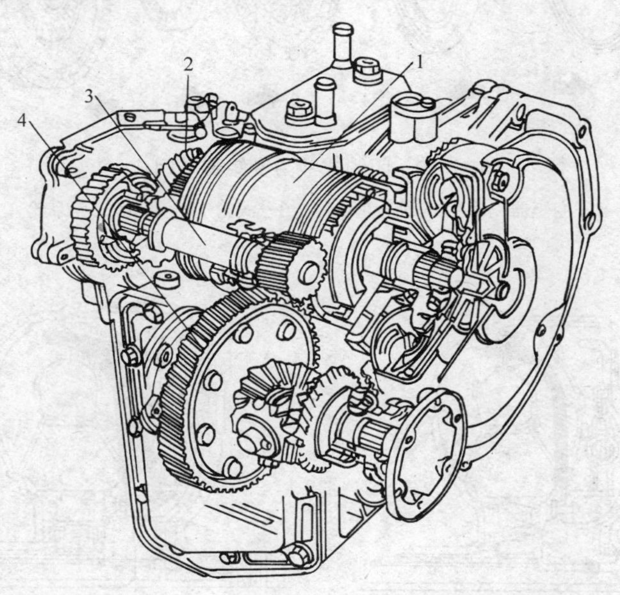

图4—28　01M自动变速器的结构简图

1—行星齿轮系　2—行星齿轮输出齿轮　3—中间传动轴　4—差速器

1）闭锁式液力变矩器。闭锁式液力变矩器主要由泵轮、涡轮、导轮及带扭转减振器的锁止离合器组成，如图4—30所示。闭锁式液力变矩器可以提高效率，改善经济性。它可以实现液力变矩器传动和机械直接传动两种工况，把两者的优点结合于一体。

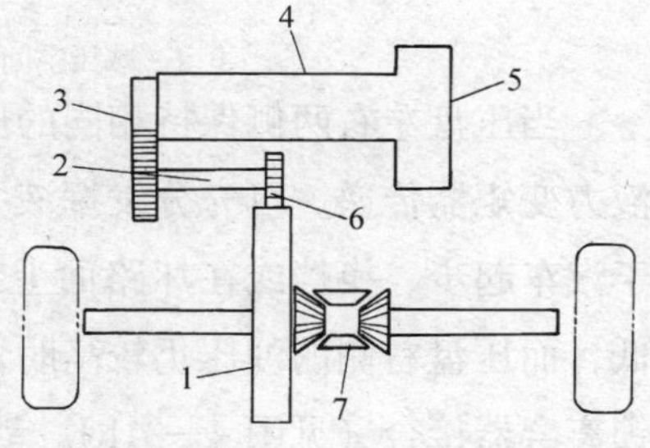

图4—29　主传动的组成

1—差速器主动齿轮　2—中间传动轴　3—行星齿轮系输出齿轮　4—行星齿轮系　5—变矩器　6—中间传动轴输出齿轮　7—行星齿轮

变矩器闭锁离合器工作原理如图4—31所示。闭锁式液力变矩器内有一个由液压操纵的闭锁离合器，或称锁止离合器。闭锁离合器的主动盘就是变矩器壳体，从动盘是可在轴向移动的压盘，为了减小离合器接合和分离瞬间的冲击，从动盘内圈上带有弹性减振盘，然后与涡轮输出轴相连。主动盘和从动盘相接触的工作面上有摩擦片。压盘左右两侧的油液由滑阀箱内的锁止控制电磁阀控制。

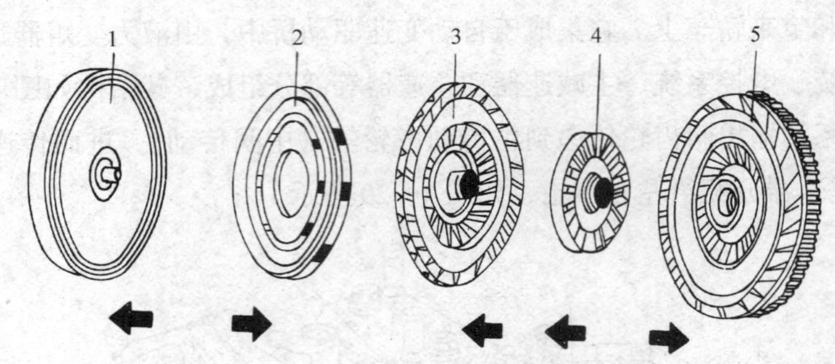

图 4—30　闭锁式液力变矩器的组成

1—变矩器壳体　2—锁止离合器　3—涡轮　4—导轮　5—泵轮

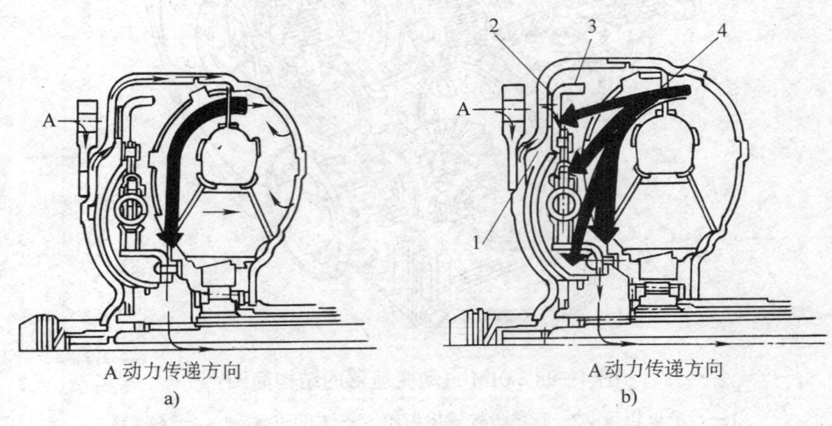

图 4—31　变矩器闭锁离合器工作原理

a）分离状态　b）接合状态

1—减压空间　2—摩擦衬片　3—锁止活塞　4—变矩器油压

当压盘左右两侧保持相同的压力，闭锁离合器处于分离状态（见图 4—31a）。动力须经液力变矩器传递，可充分发挥液力传动减振吸振、自动适应行驶阻力剧烈变化的优点，适合于汽车起步、换挡或在坏路面上行驶等工况下使用。当锁止电磁阀控制压盘左侧的油压降低，而压盘右侧的油压仍较高时，在此压差的作用下，压盘通过摩擦片压紧在主动盘上，闭锁离合器接合（见图 4—31b）。动力经闭锁离合器实现机械传动，变矩器输入（泵轮）轴与输出（涡轮）轴成为刚性连接，传动效率较高，提高了汽车的行驶速度和燃油经济性。

闭锁离合器的油路控制如图 4—32 所示。闭锁离合器分离状态：油道 A 和 B 打开，油道 C 关闭，自动变速器油由油道 A 流向油道 B，油道 B 的油流向行星齿轮系起到润滑作用。闭锁离合器接合状态：油道 A、B、C 都打开，但油道 A 打开卸压，自动变速器油由油道 C 流向油道 A 和 B，油道 B 的油流向行星齿轮系起到润滑作用。

当闭锁离合器接合时，导轮单向离合器即脱开，导轮自由旋转。泵轮和涡轮虽然是同速转动，但与导轮有一定的转速差，因此，在变矩器内仍有少量液流循环流动，从而有一定的液力损失，即使成为直接机械传动，传动效率也略低于100%。

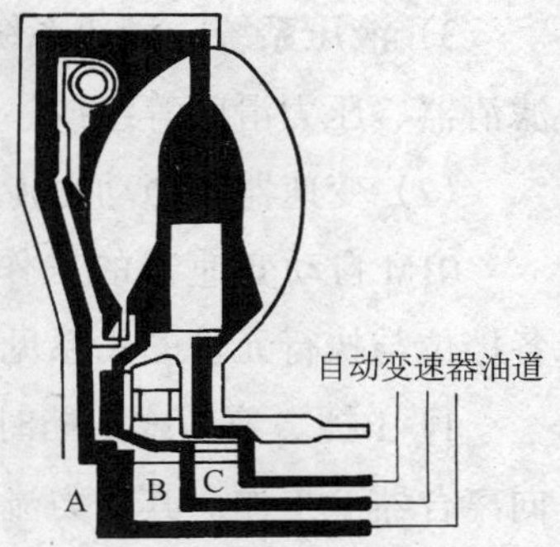

图 4—32 闭锁离合器的油路控制

根据车速、节气门参数按比例转换的锁止电磁阀电压信号，由自动变速器控制单元进行控制。

2）行星齿轮变速机构。行星齿轮变速器主要由行星齿轮副、片式离合器、盘式制动器、单向离合器组成，如图 4—33 所示。行星齿轮系由大、小太阳轮各 1 个，长、短行星齿轮各 3 个，行星齿轮架和齿圈组成，如图 4—34 所示。长行星齿轮采用分段式结构，使 3 挡到 4 挡的转换更加平顺。短行星齿轮 2 与长行星齿轮 3 及小太阳轮 5 啮合；长行星齿轮 3 同时与大太阳轮 4、短行星齿轮 2 及齿圈啮合，动力通过齿圈输出。

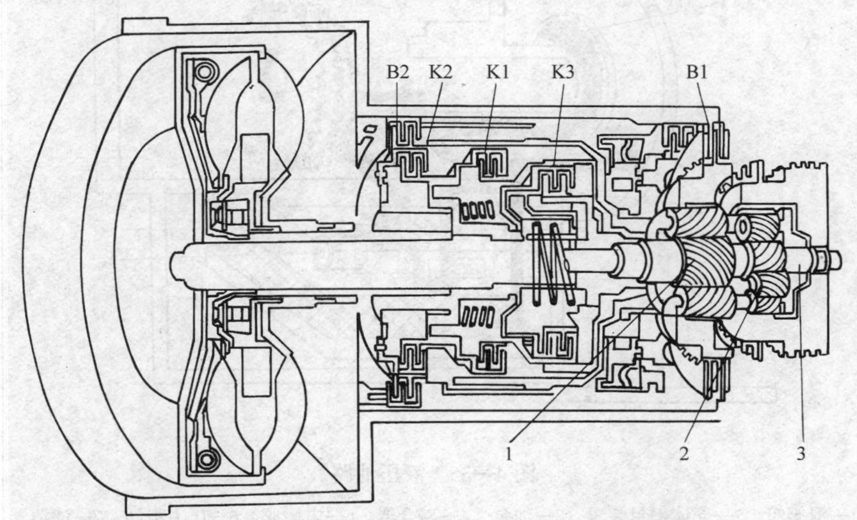

图 4—33 行星齿轮变速器结构

1—大太阳轮 2—小太阳轮 3—行星轮支架 K1—1～3 挡离合器
K2—倒挡离合器 K3—3、4 挡离合器 B1—倒挡制动器 B2—2 挡和 4 挡制动器

行星齿轮变速器的换挡执行机构主要由离合器、制动器和单向离合器三种执行元件组成。离合器和制动器是以液压方式控制行星齿轮机构元件的旋转，而单向离合器则是以机械方式对行星齿轮机构的元件进行锁止。片式离合器和盘式制动器由阀体（滑阀箱）进行液压控制。离合器 K1 用于驱动小太阳轮，离合器 K2 用于驱动大太阳轮，离合器 K3 用于驱动行星齿轮架，制动器 B1 用于制动行星齿轮架，制动器 B2 用于制动大太阳轮。

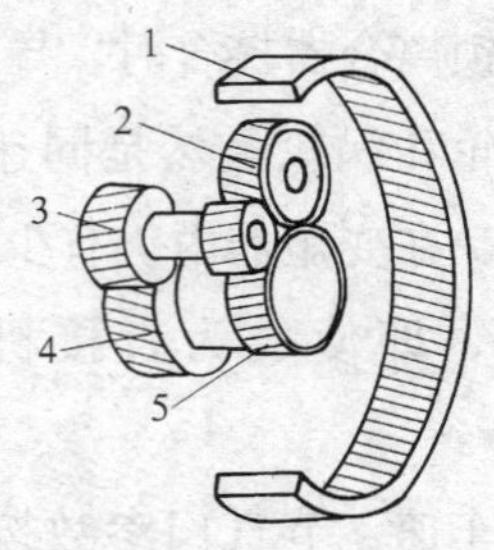

图 4—34　行星齿轮系结构

1—齿圈　2—短行星齿轮　3—长行星齿轮　4—大太阳轮　5—小太阳轮

3）液压系统。液压系统主要由液压泵、油道、滤清器、压力滑阀等组成，如图 4—35 所示。

（2）变速器各挡动力传递路线

01M 自动变速器的工作原理如图 4—36 所示。各挡位与执行元件的关系见表 4—14。

1）1 挡。液力式 1 挡时，离合器 K1 接合，单向离合器 F 工作。其动力流程为：泵轮→涡轮→涡轮轴→离合器 K1→小太阳轮→短行星齿轮→长行星齿轮驱动齿圈，如图 4—37 所示。

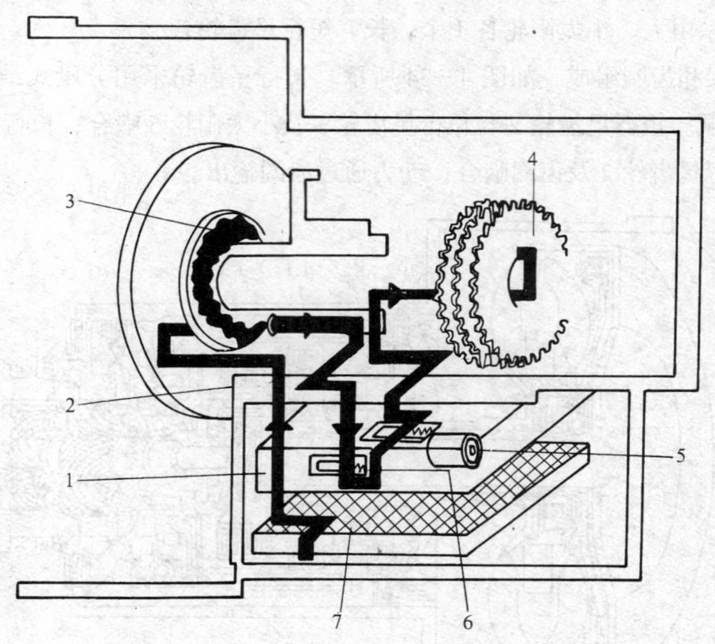

图 4—35　液压油路

1—滑阀箱　2—壳体密封装置　3—油泵　4—离合器　5—电磁阀　6—压力滑阀　7—滤清器

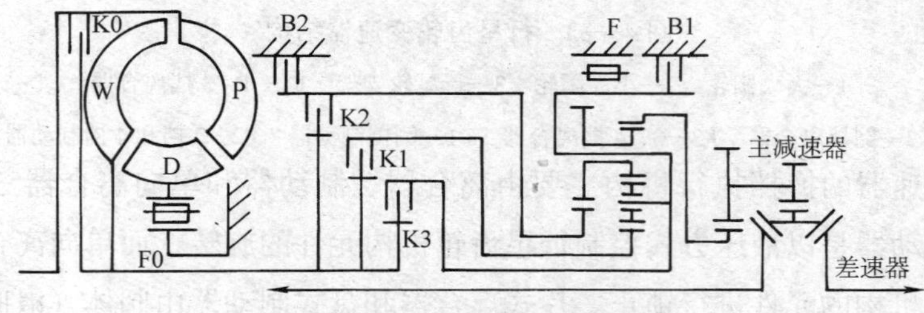

图 4—36　工作原理简图

K0—变矩器锁止离合器　P—泵轮　W—涡轮　D—导轮　F0—导轮单向离合器　B2—2、4 挡制动器

K2—倒挡离合器　K1—1～3 挡离合器　K3—3、4 挡离合器　B1—倒挡制动器　F—单向离合器

表 4—14　　各挡位与执行元件的关系

挡位	B1	B2	K1	K2	K3	F	K0
R	○			○			
1H			○			○	
1M			○			○	○
2H		○	○				
2M		○	○				○
3H			○		○		
3M			○		○		○
4H		○			○		
4M		○			○		○

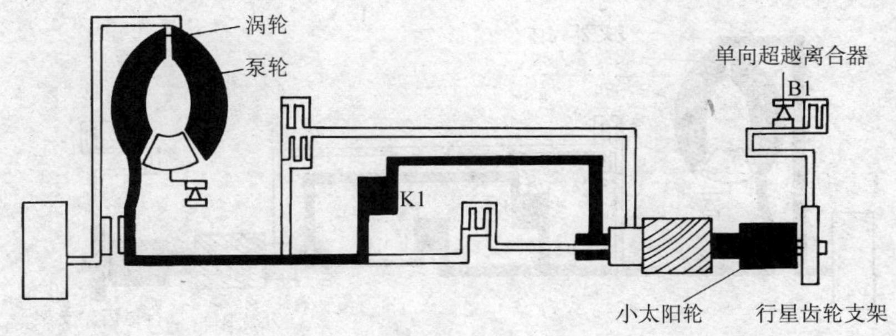

图 4—37　液力式 1 挡动力流程

2）2 挡。液力式 2 挡时，离合器 K1 接合，制动器 B2 制动大太阳轮。其动力流程为：泵轮→涡轮→涡轮轴→离合器 K1→小太阳轮→短行星齿轮→长行星齿轮围绕大太阳轮转动并驱动齿圈，如图 4—38 所示。

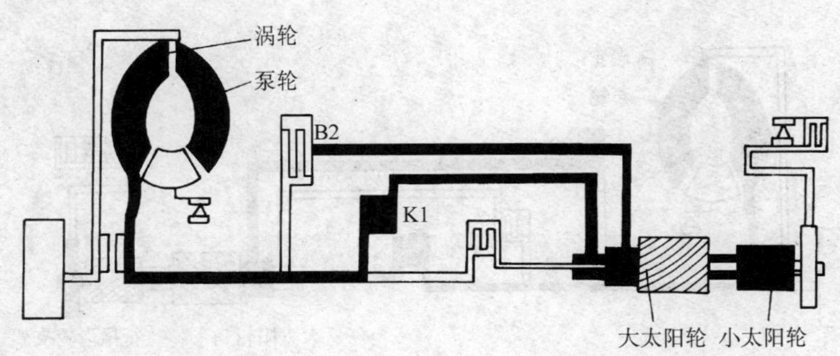

图 4—38　液力式 2 挡动力流程

3）3 挡。液力式 3 挡时，离合器 K1 与 K3 接合，驱动小太阳轮和行星齿轮架。因而使行星齿轮副锁止并一同转动。其动力流程为：泵轮→涡轮→涡轮轴→离合器 K1 和 K3→整个行星齿轮副转动，如图 4—39 所示。

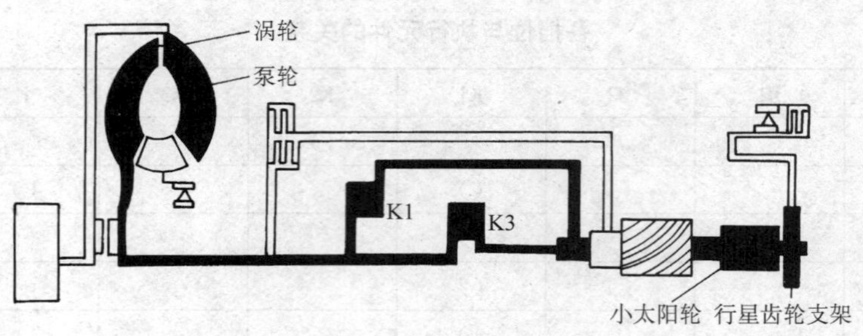

图 4—39　液力式 3 挡动力流程

机械式 3 挡时，变矩器锁止离合器 K0 接合，离合器 K1、K3 接合，行星齿轮副锁止，形成一个整体进行工作。动力流程为：泵轮→锁止离合器 K0→离合器 K1 和 K3→整个行星齿轮副转动，如图 4—40 所示。

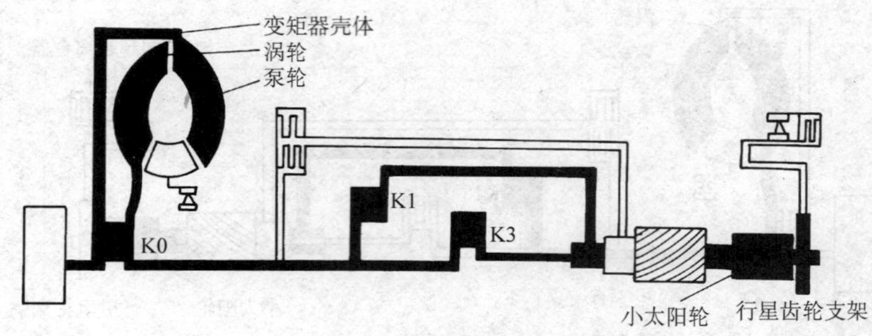

图 4—40　机械式 3 挡动力流程

4）4 挡。液力式 4 挡时，离合器 K3 接合，制动器 B2 工作，使行星齿轮架工作，并制动大太阳轮。其动力流程为：泵轮→涡轮→涡轮轴→离合器 K3→行星齿轮架→长行星齿轮围绕大太阳轮转动→驱动齿圈，如图 4—41 所示。

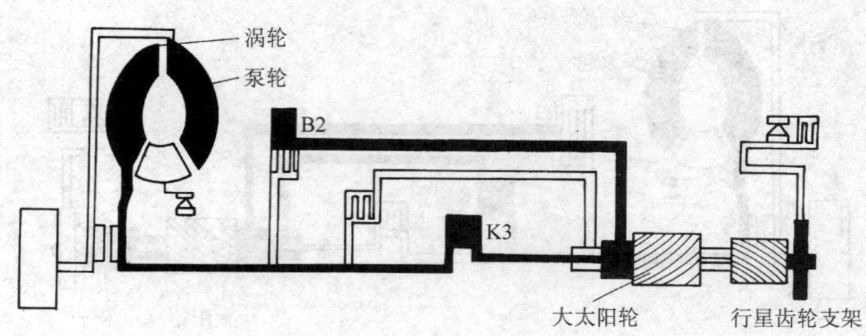

图 4—41　液力式 4 挡动力流程

机械式 4 挡时，变矩器锁止离合器 K0 接合，离合器 K3 接合，制动器 B2 工作，使行星齿轮架工作，并制动大太阳轮。其动力流程为：泵轮→锁止离合器 K0→离合器 K3→行星齿轮架→长行星齿轮围绕大太阳轮转动→驱动齿圈，如图 4—42 所示。

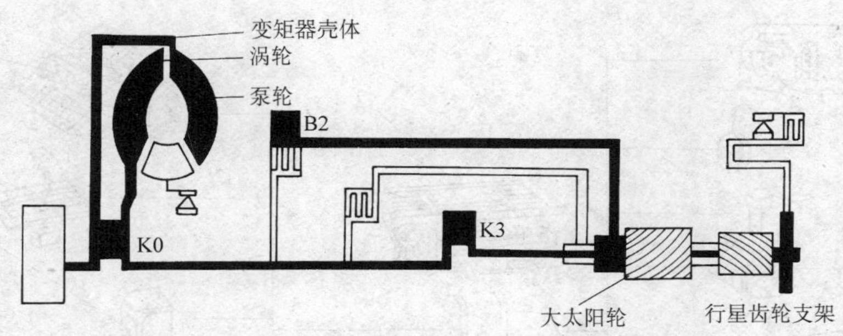

图 4—42 机械式 4 挡动力流程

5）倒挡变速杆在“R”位置时，离合器 K2 接合，驱动大太阳轮；制动器 B1 工作，使行星齿轮架制动。动力流程为：泵轮→涡轮→涡轮轴→离合器 K2→大太阳轮→长行星齿轮反向驱动齿圈，如图 4—43 所示。

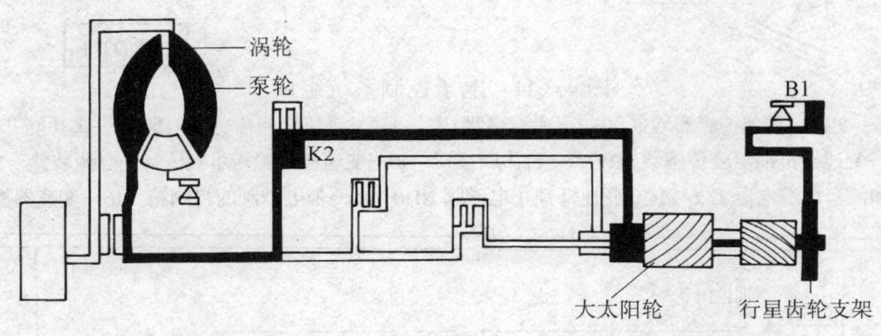

图 4—43 倒挡动力流程

（3）电子控制系统

自动变速器的电子控制装置由传感器、控制开关、自动变速器控制单元（微电脑）等部件组成，如图 4—44 所示。控制单元是控制系统的核心，它根据安装在发动机、自动变速器上的各种传感器所测得的节气门开度、汽车车速、变速器油温等运行参数，以及各种控制开关传来的当前状态信号，进行运算比较和分析，然后调用其内设定的控制程序，向各个执行器件发出指令，以使各液压控制阀动作，从而实现对自动变速器的控制。电控系统电路如图 4—45 所示。

1）节气门电位计 G69。节气门电位计与节气门联在一起，不断地将节气门位置和加速踏板踏下速度的信号传给发动机控制单元，然后由发动机控制单元传给自动变速器控制单元。

该信号的作用：计算按载荷变化的换挡时刻；根据挡位按载荷变化对自动变速器油压进行调整；按加速踏板的踏下速度，控制单元确定换挡时刻。

信号中断的影响：控制单元用发动机平均负载来确定换挡时刻；自动变速器油压按挡位调整到节气门全开时的油压。

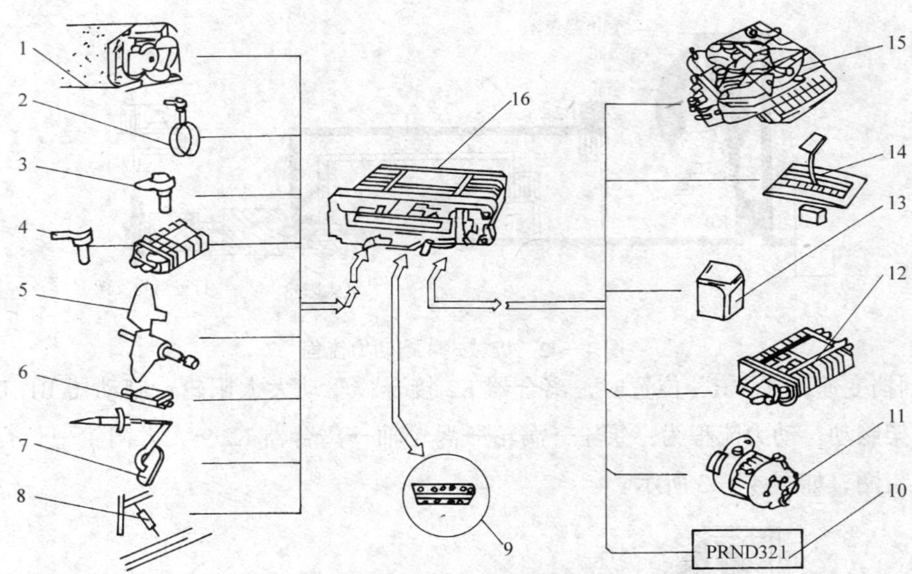

图 4—44　电子控制系统组成

1—节气门电位计 G69　2—变速器转速传感器 G38　3—车速传感器 G68　4—发动机转速传感器 G28　5—多功能开关 F125　6—制动灯开关　7—强制低挡开关 F8　8—变速器机油温度传感器 G93　9—自诊断接口　10—变速杆位置指示板　11—空调装置　12—发动机控制单元 J220　13—启动锁和倒车灯继电器 J226　14—变速杆锁止电磁阀 N110　15—带电磁阀的滑阀箱　16—变速器控制单元 J217

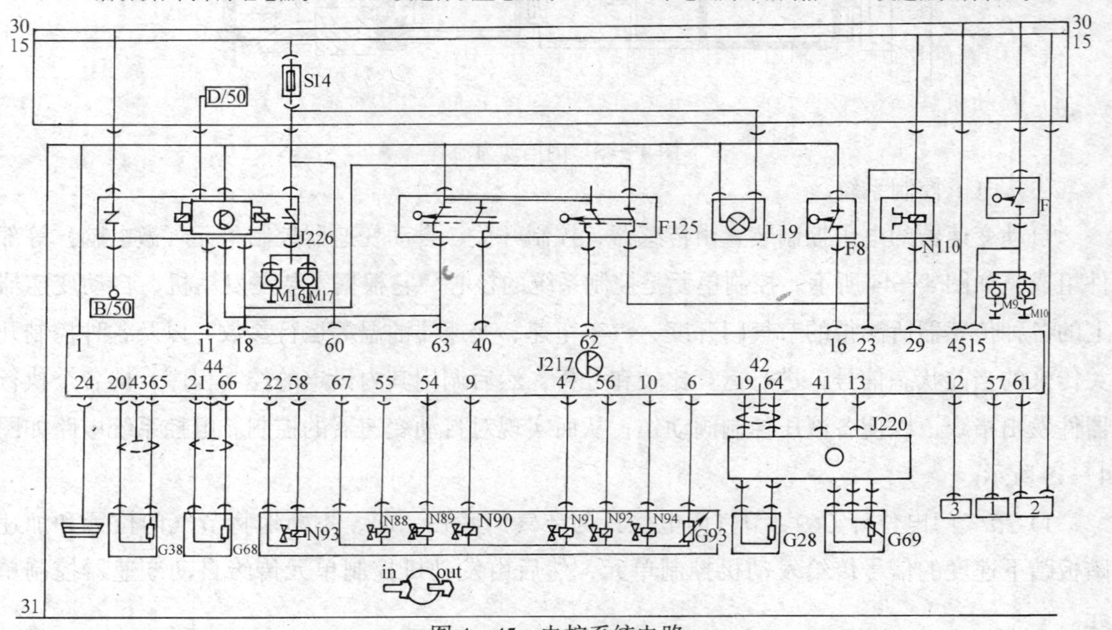

图 4—45　电控系统电路

B/50—起动机（接线柱 50）　D/50—点火开关（接线柱 50）　F—制动灯开关　F8—强制低速挡开关　F125—多功能开关　G28—发动机转速传感器　G38—变速器转速传感器　G68—车速传感器　G69—节气门电位计　G93—变速器机油温度传感器　J225—启动锁和倒车灯继电器　J220—发动机控制单元　J217—自动变速器控制单元　L19—挡位指示板照明灯　M16/M17—倒车灯　M9/M10—制动灯和尾灯　N88—电磁阀 1　N89—电磁阀 2　N90—电磁阀 3　N91—电磁阀 4　N92—电磁阀 5　N93—电磁阀 6　N94—电磁阀 7　N110—变速杆锁止电磁阀　S14—熔断器

附加信号　1—变速杆位置指示板　2—速度调节装置　3—空调装置

2）自动变速器转速传感器 G38。变速器转速传感器是感应式传感器，位于变速器壳体内用于指示行星齿轮系中大太阳轮的转速，如图 4—46 所示。利用大太阳轮转速，控制单元可准确识别换挡时刻，控制多片离合器。换挡过程中，通过减小点火角来减小发动机转矩。该信号中断后，控制单元进入应急状态。

3）车速传感器 G68。车速传感器安装在变速器壳体内，如图 4—47 所示。通过主轴齿轮上的脉冲叶轮，如图 4—48 所示，由感应式传感器接收车速信息。

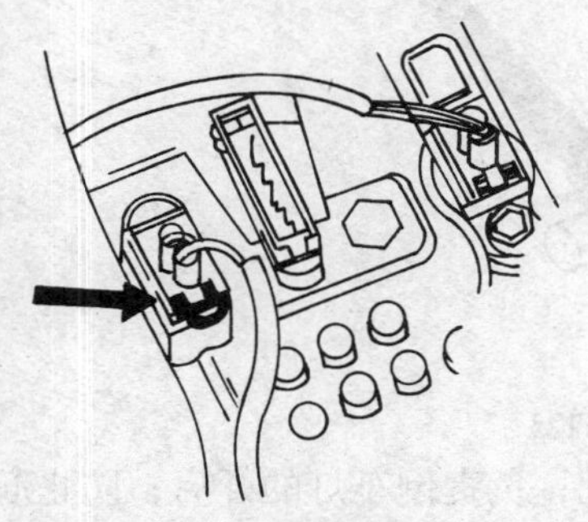

图 4—46　变速器转速传感器 G38（插头为白色）

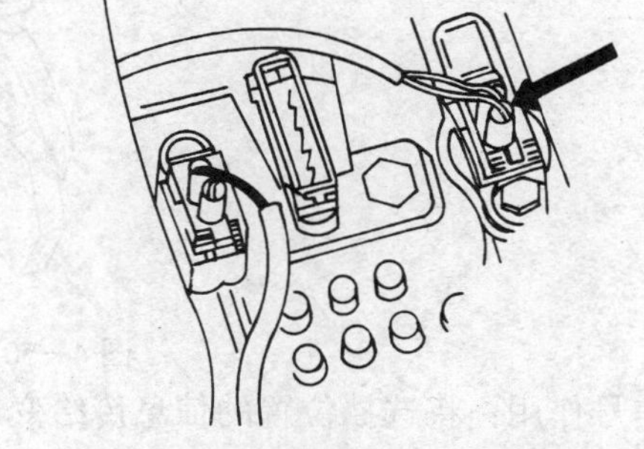

图 4—47　车速传感器 G68（插头为黑色）

信号作用：决定应换入某一挡位；速度调节装置；进行变矩器锁止控制。

信号中断的影响：控制单元用发动机转速作为代用信号；锁止离合器失去锁止功能。

4）发动机转速传感器 G28。自动变速器控制单元使用发动机管理系统的发动机转速信号，如图 4—49 所示。

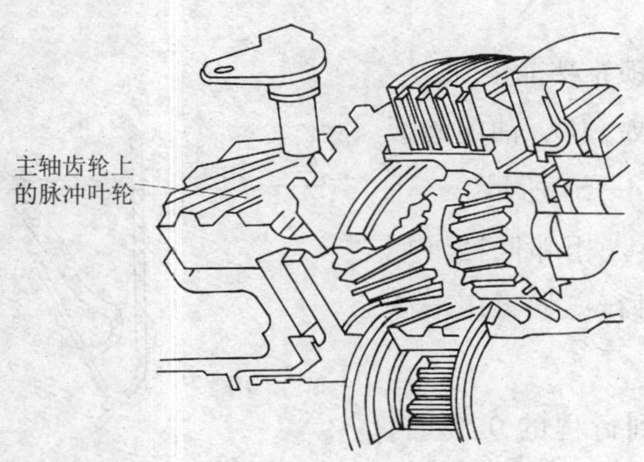

图 4—48　主轴齿轮上的脉冲叶轮

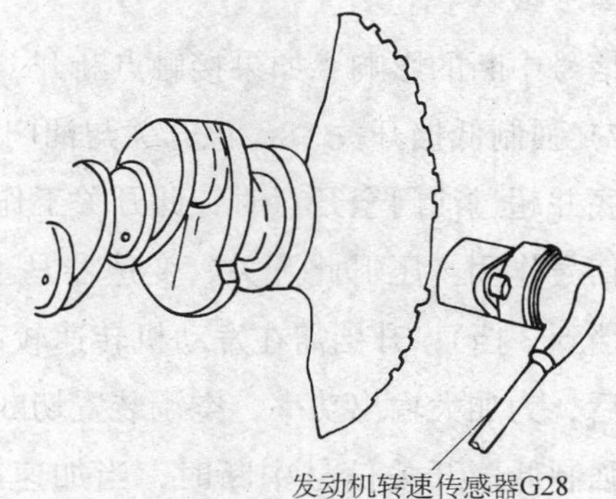

图 4—49　发动机转速传感器 G28

信号作用：控制单元将发动机转速信号与车速进行对比。按转速差控制单元识别出锁止离合器的打滑状况。如果滑动过大，即转速差过大，控制单元就增大锁止离合器压力，滑动相应减小；发动机转速传感器信号可作为车速传感器信号的替代值。

信号中断的影响：控制单元进入应急状态。

5）多功能开关 F125。位于变速器壳体内，由变速杆拉索控制，如图 4—50 所示。

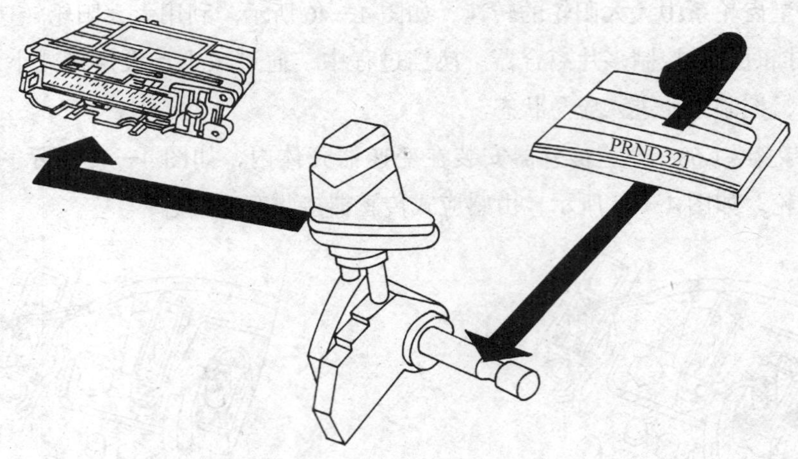

图 4—50　多功能开关 F125

信号作用：将选挡位置的信息传给变速器控制单元；负责倒车灯的开启；防止起动机在行驶状态啮合，并锁住选挡杆。

信号中断的影响：控制单元进入应急状态。

6）制动灯开关 F。制动灯开关安装在脚踏板支架上，控制单元通过该开关判断汽车是否制动。

信号作用：制动灯开关信号用于锁止变速杆。静止的车辆只有踏下制动踏板，变速杆才能脱离 P 或 N 挡位置。

信号中断的影响：如果接触点断开，变速杆锁止功能解除。

7）强制低挡开关 F8。该开关与油门拉索装成一体，油门踏板踏到底并超过油门全开点时，此开关工作，如图 4—51 所示。

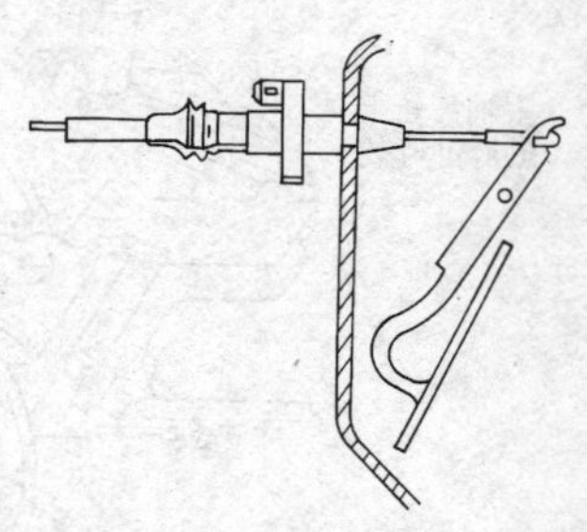

图 4—51　强制低挡开关 F8

信号作用：压下此开关，变速器马上强制换入相邻低挡（如从 4 挡到 3 挡）；升挡需在发动机转速较高时才进行；如果压下此开关后，为加大输出功率，空调装置切断 8 s。

强制低挡开关信号中断时，当加速踏板踏到行程的 95% 时，控制单元设定该开关启动。

8）变速器机油温度传感器 G93。变速器机油温度传感器位于浸在自动变速器油内的滑阀箱上的传输线上。该传感器用于感知变速器机油温度，如图 4—52 所示。

变速器机油温度传感器 G93 是一个负温度系数电阻。随机油温度升高，其电阻值降低。机油温度达到最高值 150℃时，锁止离合器接合。液力变矩器卸荷，自动变速器油开始冷却。如果机油温度还不下降，控制单元使变速器降一挡。该信号中断后，无替代功能。

9）启动锁和倒车灯继电器 J226。启动锁和倒车灯继电器 J226 是一组合继电器，装在中央继电器盘上，接收多功能开关 F125 的信号。

该继电器作用：防止车辆在挂挡状态下起动发动机；挂上倒挡可接通倒车灯。

10）变速杆锁止电磁阀 N110。变速杆锁止电磁阀位于变速杆上。该电磁阀与点火系统接通，起到挡位锁止作用。踏下制动踏板，锁解除，变速杆可推入其他挡位。

11）带电磁阀的滑阀箱。电磁阀 N88 ~ N94 位于变速器的滑阀内，由控制单元控制。有两种不同的电磁阀，如图 4—53 所示。

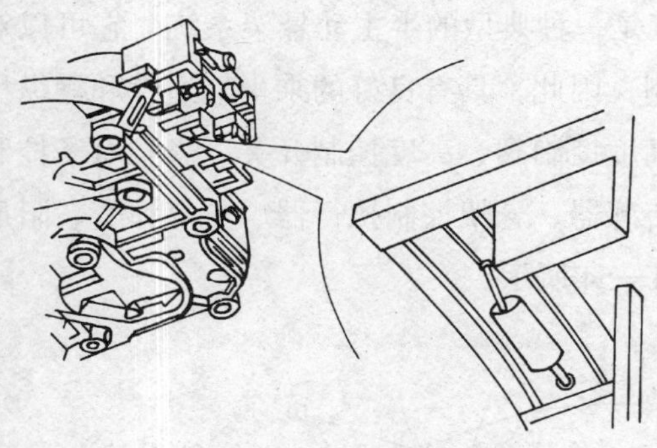

图 4—52　变速器机油温度传感器 G93

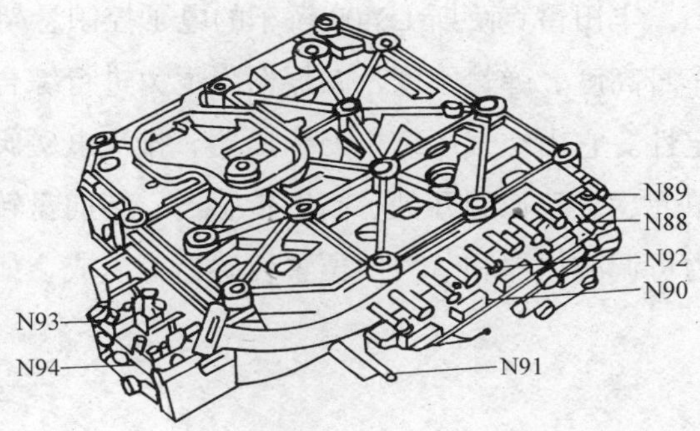

图 4—53　电磁阀

①电磁阀 N88、N89、N90、N92 和 N94 是“是 - 非”阀，其作用为：

a. 控制单元通过电磁阀 N88、N89 和 N90 打开或关闭某一油道，使变速器换入确定的挡位。

b. 电磁阀 N92 和 N94 使换挡平顺。

②电磁阀 N91 和 N93 是调节阀，这两个阀用来调节离合器和制动器压力大小，油压由控制单元来控制，控制油压低表示压力大。具体作用：

a. 电磁阀 N91 调节锁止离合器压力。

b. 电磁阀 N93 控制多片式离合器和制动器的压力。

信号中断的影响：控制单元进入应急状态。

12）变速器控制单元 J217。该控制单元控制自动变速器的所有电气及液压系统工作。

①包括与驾驶员和行驶状况有关的行驶程序，由模糊逻辑控制，满足不同驾驶员的驾驶要求。

②与行驶阻力有关的行驶程序，可识别如：上坡、顶风及下坡等行驶阻力。

③应急状态。如果控制单元出了故障，可通过操纵变速杆在滑阀箱内换挡，使 1 挡液压、3 挡液压、倒挡仍有效。变速杆在位置“D”，汽车通过液压以 3 挡启动。

13）自诊断系统。自诊断系统监控传感器电信号和执行元件动作，对控制单元进行自检。如出现故障，替代功能立即生效。从控制单元的永久性存储器中可读出故障说明，所以，即使蓄电池断开及控制单元插头已拔下，故障存储仍保留。

在读出故障时，控制单元区分出永久故障和偶发故障。在几个行驶周期内只发生一次的故障即认为是偶发故障。如果一个故障在汽车行驶 1 000 km 后不再出现，它自动从存储器中清除。如果在控制单元运行周期内故障仍存在，那么控制单元认为它是永久故障。

2. 电控悬架系统的构造与原理

（1）半主动悬架系统

丰田雷克萨斯 LS400 轿车的电子控制悬架系统是一种典型的半主动悬架系统。它可以对车身高度、弹簧刚度及减振器阻尼力进行综合控制，因此，具有良好的乘坐舒适性和操纵稳定性。它由空气压缩机、干燥器、排气电磁阀、高度控制阀、高度控制开关、悬架电子控制单元、悬架控制开关、高度传感器、转向盘转角传感器、悬架控制执行器、空气弹簧、阻尼力可调减振器和节气门位置传感器等组成，如图 4—54 所示。

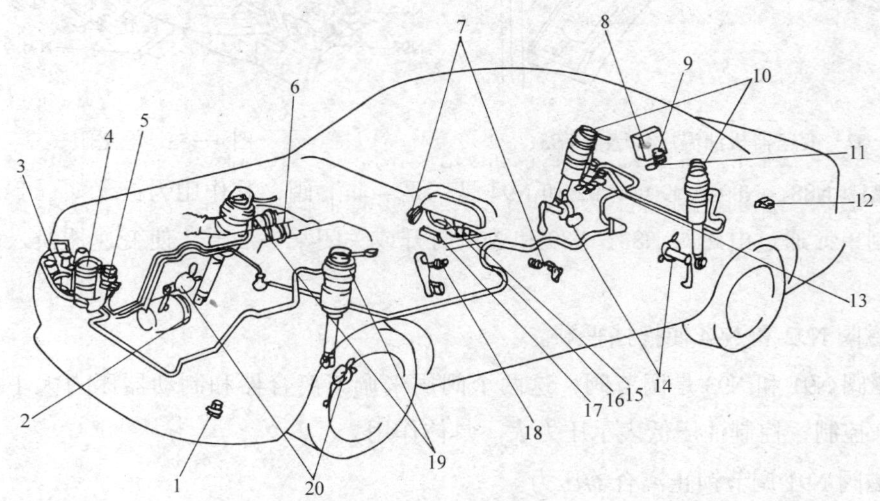

图 4—54　丰田雷克萨斯 LS400 轿车的电子控制悬架系统主要元件分布

1—1 号高度控制继电器　2—发电机调节器　3—干燥器及排气阀　4—悬架高度调节空气压缩机　5—1 号高度控制阀　6—主节气门位置传感器　7—门灯开关　8—悬架控制 ECU　9—2 号高度控制继电器　10—后悬架高度调节执行器　11—高度调节信号接口　12—车高调节控制开关　13—2 号高度控制阀及止回阀　14—后悬架高度传感器　15—LRC 开关　16—悬架高度调节开关　17—转向角传感器　18—停车灯开关　19—前悬架高度调节执行器　20—前悬架高度传感器

1）悬架控制开关。悬架控制开关由 LRC 开关和高度控制开关组成。LRC 开关用以选择减振器和空气弹簧的工作模式（“NORMAL AUTO”或“SPORT AUTO”）；高度控制开关用以选择所希望的车身高度（“NORMAL”或“HIGH”）。两开关都安装在中央控制板的靠近换挡杆指示灯处。

2）高度控制 ON/OFF 开关。此开关装在行李箱的工具箱内。将开关扳至 OFF 位置，当车辆被举升或停在不平的路面时不能对车身高度进行调节。这样可避免空气弹簧中压缩空气的排出，从而防止车身高度的下降。

3）车身高度指示灯。两绿色指示灯位于组合仪表上，用于指示所选择的车身高度。当高度控制开关的位置改变时，指示灯马上指示出所切换到的位置，但到达所设定的车身高度需要一定的时间。

4）LRC 指示灯。此灯也位于组合仪表上，用于指示当前减振器和空气弹簧的工作模式（“NORMAL AUTO”或“SPORT AUTO”）。选择“SPORT AUTO”模式时灯亮，否则灯熄灭。

5）高度控制插座。连接该插座上的相应端子，能不通过 ECU 而直接控制空气压缩机电动机、高度控制电磁阀及排气电磁阀，从而使检修方便。此插座上还提供了用于清除存储器中故障代码的端子。

6）转向盘转角传感器。该悬架采用光电式转向传感器。前面已叙述。

7）高度传感器。该悬架采用光电式高度传感器。前面已叙述。

8）1 号和 2 号高度控制阀。两个高度控制阀分别装在前、后悬架（见图 4—54），其作用是根据 ECU 的控制信号，控制空气弹簧的充气和排气。1 号高度控制阀用于前悬架，此阀中有两个电磁阀，分别控制左右空气弹簧。2 号高度控制阀用于后悬架，它也是由两个电磁阀组成，它与 1 号高度控制阀不同的是，它们不是单独控制，而是同时动作。在 2 号高度控制阀中还装有一个安全阀，用于防止管路中压力过高。

9）悬架电子控制单元 ECU。根据各种传感器的信号和由悬架控制开关所确定的工作模式，悬架电子控制单元 ECU 控制减振器的阻尼力、悬架的刚度及车身高度。悬架电子控制单元 ECU 具有故障自诊断功能。工作中一旦发现悬架的电子控制系统出现故障，ECU 便将故障以代码形式存在内存中，并及时向驾驶员报警。ECU 的失效保护功能使其在系统出现故障时暂停对悬架的控制。

10）悬架控制执行器。悬架控制执行器装在各空气弹簧和减振器的上方，用于同时驱动减振器的转阀和空气弹簧的连通阀，以改变减振器的阻尼力和空气弹簧的刚度（见图 4—55）。

直流电动机根据电磁原理工作，能够准确地对频繁变化的行驶工况做出快速响应。执行元件的电磁机构由定子铁心（具有 4 个磁极）和两对定子绕组组成。电流流过绕组时在定子铁心中产生电磁力，永久磁铁转子在定子铁心电磁力的作用下旋转，并通过一对齿轮同时驱动空气弹簧的空气阀控制杆和减振器的旋转阀控制杆。

直流电动机带动小齿轮驱动扇形齿轮转动，与扇形齿轮同轴的旋转阀控制杆带动旋转阀

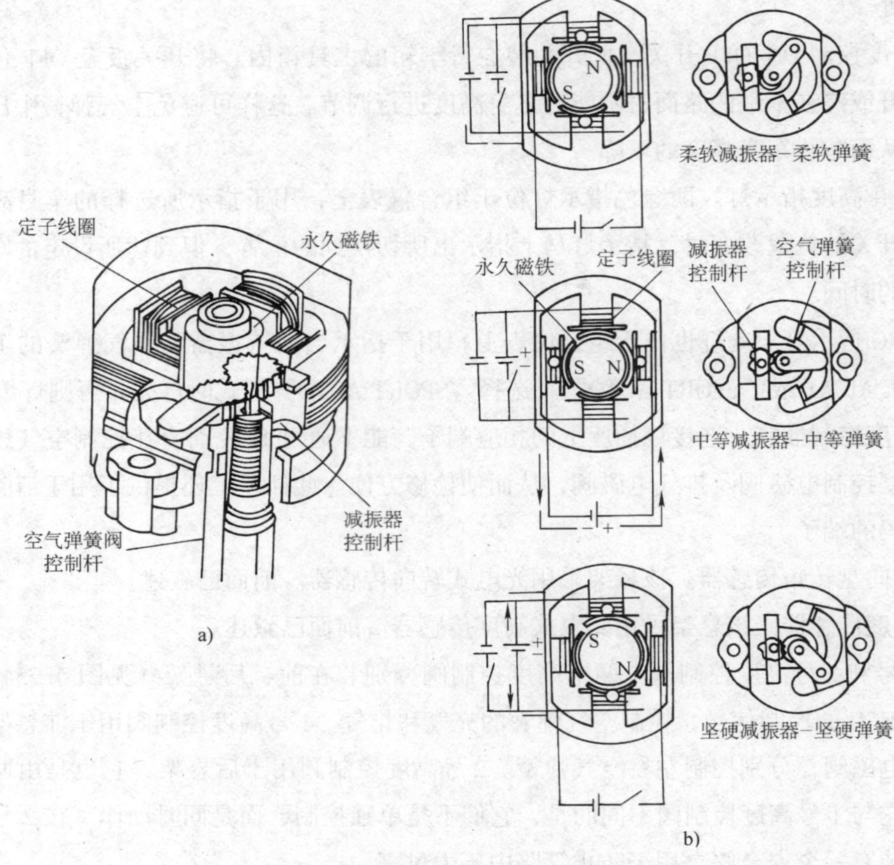

图 4—55 雷克萨斯 LS400 悬架控制执行器

a）结构 b）工作原理

转动，使阻尼孔的通流面积发生变化，从而调节减振器的阻尼力。在调节减振器阻尼力的同时，齿轮系统带动与气室阀心相连的连通阀控制杆转动，随着气室阀心角度的改变，悬架的刚度也得到调节。

电磁线圈不通电时，挡块处于扇形齿轮的滑槽内，扇形齿轮可以转动；当电磁线圈通电时，挡块被拉紧，齿轮系统处于锁止状态，各转阀均不能转动，使悬架的参数保持在相对稳定的状态下。

11）空气弹簧。空气弹簧安装于可调减振器的上端，与可调减振器一起构成悬架支柱，上端与车架连接，下端装在悬架摆臂上。空气弹簧由一个主气室和一个副气室组成。主、副气室之间有大小两个通道。执行器带动连通阀控制杆转动，使阀心转过一个角度，改变主、副气室之间通道的大小，即改变主、副气室之间的空气流量，使空气弹簧有效工作容积改变，悬架刚度发生变化。悬架的刚度可以在低、中、高三种状态之间变化。

车身高度的调节通过 1 号和 2 号高度控制阀以及用以充入或释放主气室内压缩空气的排气阀实现。

12）可调减振器。减振器阻尼系数的变化是靠改变活塞阻尼孔的开度来实现的，阻尼孔的开度则由控制杆驱动的旋转阀控制。

弹簧刚度和阻尼力的控制及功能见表 4—15，系统各部件功能见表 4—16。

表 4—15　　弹簧刚度和阻尼力的控制及功能

行驶情况	控制状态	功　　能
倾斜路面	弹簧变硬	抑制侧倾、改善操纵性
凹凸不平路面	弹簧变硬或阻尼力中等	改善汽车行驶时的乘坐舒适性
制动时	弹簧变硬	抑制汽车制动点头
加速时	弹簧变硬	抑制汽车加速后蹲
高速时	弹簧变硬或阻尼力中等	改善汽车高速行驶稳定性

表 4—16　　悬架系统各部件功能

序号	部　　件	功　　能
1	悬架控制执行器	改变悬架弹簧刚度和阻尼力
2	1 号高度控制继电器	向空气压缩机供电
3	IC 调节器	调节交流发电机的电压
4	空气压缩机	提供压缩空气
5	干燥器	吸收压缩空气中的水分
6	排气阀	控制空气弹簧中空气的排出
7	高度控制传感器	检测汽车高度变化并输入 ECU
8	1、2 号高度控制阀	向四个空气弹簧充入或放出压缩空气
9	制动灯开关	检测制动踏板是否踩下及踩下快慢
10	汽车高度指示灯	显示汽车高度，当悬架系统出现故障时进行报警
11	汽车平顺性指示灯	通过平顺性开关，指示悬架刚度和阻尼力自动控制的模式
12	1 号速度传感器	检测汽车行驶速度
13	悬架控制开关	由平顺性控制开关、悬架刚度和阻尼力选择开关及高度控制开关组成
14	转向传感器	检测转向轮的转向角度
15	门控开关	检测车门状态（开或关）
16	高度控制 ON/OFF 开关	允许或禁止汽车高度自动调节
17	2 号高度控制继电器	向高度传感器供电
18	高度控制连接盒	不通过 ECU（直接通过连接器）调节汽车高度
19	发动机和调整器 ECU	将节气门位置传感器信号传给悬架 ECU
20	悬架控制 ECU	根据工作方式控制悬架刚度、阻尼力和汽车高度

(2) 主动悬架系统

如图4—56所示是三菱GALANT轿车上装备的电控空气主动悬架系统（A-ECS），它能够根据本身的负载情况、行驶状态和路面情况等，主动地调节包括悬架系统的阻尼力、汽车车身高度和行驶姿态、弹性元件的刚度在内的多项参数，使汽车的相关性能处于最佳状态。

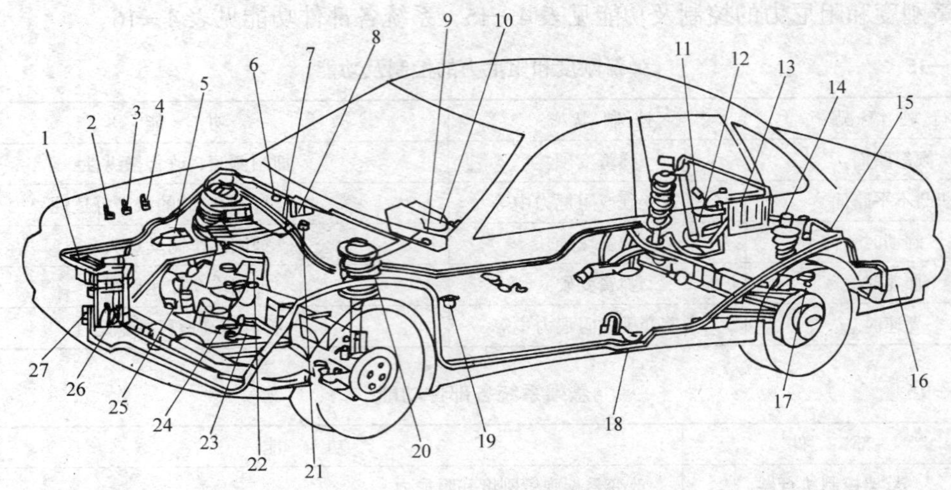

图4—56　三菱电子控制主动悬架系统

1—前储气筒　2—回油泵继电器　3—空气压缩机继电器　4—电磁阀　5—ECS电源继电器　6—加速度计开关　7—节气门位置传感器　8—制动灯开关　9—车速传感器　10—转角传感器　11—右后车门开关　12—后电磁阀总成　13—电子控制单元ECU　14—阻尼力转换执行器　15—左后车门开关　16—后储气筒　17—后高度传感器　18—左前车门开关　19—ECS开关　20—阻尼力转换执行器（步进电动机型）　21—加速度计位置　22—空气压缩机总成　23—G传感器　24—前高度传感器　25—系统禁止开关　26—空气干燥器　27—流量控制电磁阀总成

该系统主要由空气弹簧、普通螺旋弹簧、电子控制单元、车速传感器、G传感器、转角传感器、节气门位置传感器、高度传感器、阻尼力转换执行器、电磁阀、空气压缩机、储气筒、空气管路和继电器等组成。

1）系统用5个传感器来检测汽车行驶状态。

①转角传感器。用于检测汽车转向操作。

②节气门位置传感器。用于检测汽车加速度。

③高度传感器。用于检测汽车车身高度。

④G传感器。用于检测汽车转弯时的横向加速度。

⑤压力传感器。用于检测空气弹簧中的空气压力。

根据以上传感器的输入信号，ECU控制9个电磁阀的开闭，以控制空气弹簧的压力，使汽车在行驶过程中，甚至转向或制动时仍能保持水平并保持合适的高度。

2）汽车车身高度调节系统的结构及工作原理。如图 4—57 所示为 ECS 系统空气压力回路构成图。该空气压力回路为封闭回路，由空气压缩机、空气干燥器、储气筒、流量控制电磁阀、前后悬架控制电磁阀、空气弹簧和它们之间的连接管路等组成。空气弹簧排出的空气不排入大气，而是排入稍加压的低压腔。

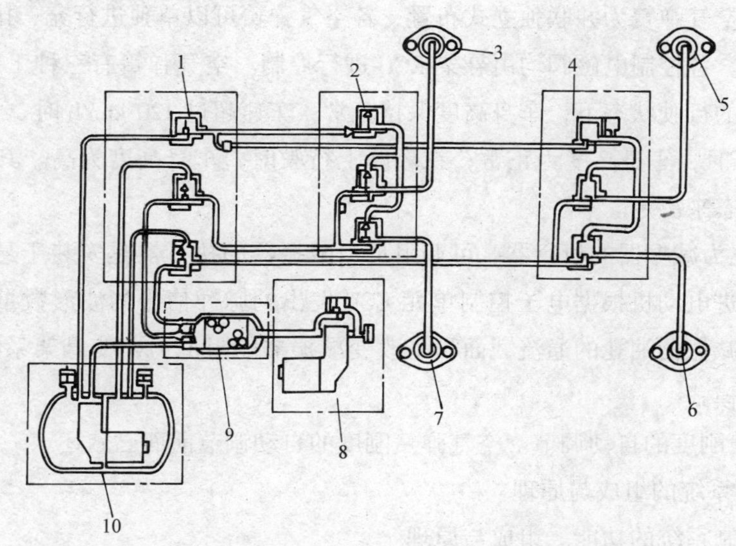

图 4—57　空气压力回路

1—流量控制电磁阀　2—前悬架控制用电磁阀　3—右前带减振器的空气弹簧　4—后悬架控制用电磁阀　5—右后带减振器的空气弹簧　6—左后带减振器的空气弹簧　7—左前带减振器的空气弹簧　8—空气压缩机　9—空气干燥器　10—储气筒

工作过程如下：

①气压的建立。发动机启动后，当处于充电状态时（如果发电机没有发电，此时空气压缩机将不工作，以防止蓄电池放电），直流电动机将带动空气压缩机工作。空气经过滤后，从进气阀进入汽缸，被压缩后的空气由排气阀流向干燥器，经干燥后进入储气筒。储气筒上有空气压力调节装置，气压达到规定值时，空气压缩机将进气阀打开，使空气压缩机空转，减少对发动机功率的消耗。储气筒的气压一般保持为 750 ~ 1 000 kPa。

②车身高度的升高。当 ECU 发出提高车身高度的指令时，流量控制电磁阀和前后悬架控制电磁阀的进气阀打开，储气筒的空气进入空气弹簧使其气压提高，车身高度上升至规定高度时，各电磁阀关闭。

③车身高度的降低。当 ECU 发出降低车身高度的指令时，流量控制电磁阀和前后悬架控制电磁阀的排气阀打开，空气弹簧中的空气经这些阀门流向储气筒的低压腔。当车身降低至预定调节高度时，各电磁阀关闭。

④空气的内部循环。由于该系统是一个封闭系统，从空气弹簧排出的空气并不排向大气，而是排入储气筒的低压腔。因此，当储气筒中需要补充气压时，低压腔中压力较高的空气又经空气压缩机进气阀进入汽缸，被压缩和干燥后，进入储气筒的高压腔。这样，有助于提高充气效率，减少能量消耗，防止过多的水分进入系统污染元器件。

该系统的各空气弹簧为并联独立式布置，各空气弹簧可以单独进行充、排气操作，互不干扰空气的流动。各控制电磁阀均由悬架 ECU 进行控制。空气弹簧有三种工作状态，即低、正常和高。一般的行驶状态下，车身高度保持正常；车速超过 120 km/h 时，车身高度为低；在 100 km/h 以下时，车身高度为正常；在环路上行驶时，车身高度为高。其他的车身高度由汽车的行驶状态来决定。

3）可调阻尼力减振器的执行器。可调阻尼力减振器的执行器是安装于悬架系统上方的步进电动机。步进电动机根据电子控制单元 ECU 发出的脉冲信号的波形数量驱动减振器回转阀动作，改变减振器油孔的通流截面积来改变减振器的阻尼力，使悬架系统具有软、中、硬三种阻尼力的模式。

4）空气弹簧刚度的自动调节。空气弹簧刚度的自动调节前面已叙述。

3．巡航控制系统的组成与原理

（1）巡航控制系统的功能、组成与原理

巡航控制系统是一种利用电子控制技术保持汽车自动等速行驶的系统。当汽车在高速公路上长时间行驶时，接通巡航控制主开关，设定希望的车速，巡航控制系统将根据汽车行驶阻力的变化，自动增大或减小节气门开度，使汽车按设定的车速等速行驶，驾驶员不必操纵加速踏板。因此，巡航控制系统可以减轻驾驶员的疲劳。由于巡航控制系统能够使汽车自动地以等速行驶，避免了驾驶员操纵加速踏板使汽车行驶车速反复变化的情况，因而使发动机的运行工况变化平稳，改善了汽车的燃料经济性和发动机的排放性能。另外，由于巡航控制系统工作时汽车等速行驶，当汽车巡航行驶时可以改善汽车的行驶平顺性，提高乘坐的舒适性。

巡航控制系统由巡航控制开关、传感器、巡航控制 ECU、执行器等组成。巡航控制开关和传感器将信号送至 ECU，ECU 根据这些信号计算出节气门的合理开度，并给执行器发出信号，调节节气门的开度，保持汽车按设定的车速等速行驶。

（2）各主要部件的结构原理

1）巡航控制开关。巡航控制开关一般采用手柄式开关，安装于转向盘下方，如图 4—58 所示。也有的采用按键式开关，装在转向盘上。以丰田车系为例，巡航控制开关包括主开关（MAIN）、设定/减速开关（SET/COAST）、恢复/加速开关（RES/ACC）和取消开关（CANCEL）。

①主开关。主开关（MAIN）是巡航控制系统的主电源开关，位于巡航控制开关的端部，为按键式开关（见图 4—58）。按下主开关，电源接通；再按一次主开关，电源断开。当主开关接通时，如果将点火开关关闭，主开关也关闭。当再次接通点火开关时，巡航主开关并不接通，而保持关闭。

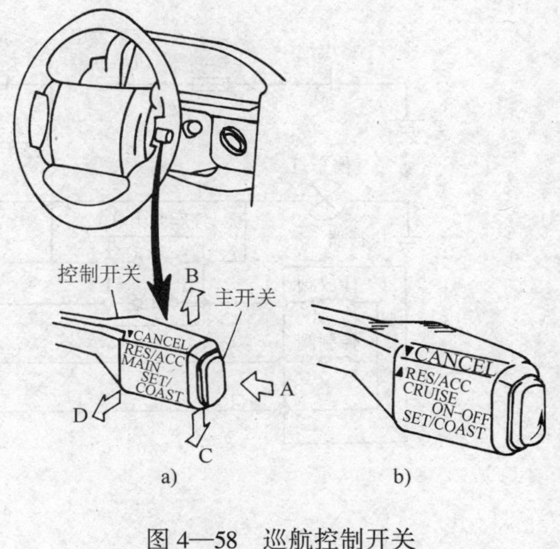

图 4—58 巡航控制开关

a）雷克萨斯 LS400 b）丰田佳美

②控制开关。手柄式巡航控制开关一般由设定/减速开关、恢复/加速开关和取消开关组成。该开关为自动回位型。当向下推控制开关时（见图 4—58 中的方向 C），设定/减速开关接通，放松控制开关时，开关自动回到原始位置；当向上推控制开关时（见图 4—58 中的方向 B），恢复/加速开关接通；当向后拉控制开关时，取消开关接通（见图 4—58 中的方向 D）。

③退出巡航控制开关。退出巡航控制开关是指开关接通后，能使巡航系统自动退出工作的开关。退出巡航控制开关除取消开关外，还包括制动灯开关、驻车制动开关、离合器开关（手动变速器）和空挡启动开关（自动变速器）。

a. 制动灯开关。制动灯开关由常闭和常开两个开关组成，如图 4—59 所示。开关 A 为常开开关，踏下制动踏板时开关闭合，将制动灯的电源电路接通，制动灯点亮。同时，电源电压经开关 A 加在巡航控制 ECU 上，将制动信号输入巡航控制 ECU。巡航控制 ECU 取消巡航控制系统的控制，使巡航系统停止工作。开关 B 为常闭开关，当踏下制动踏板时，开关 B 断开，直接切断了巡航控制 ECU 对巡航控制执行器的控制电路，确保巡航系统停止工作。

b. 驻车制动开关。图 4—59 所示为制动灯开关电路。当施用驻车制动器时，驻车制动器开关接通，将驻车制动信号送至巡航控制 ECU。巡航控制 ECU 将取消巡航系统的工作，同时驻车制动灯点亮。

c. 离合器开关。对于装有手动变速器的汽车，当踏下离合器踏板时，离合器开关接通，将取消信号送至巡航控制 ECU，巡航控制 ECU 将取消巡航控制系统的工作。

d. 空挡启动开关。对于装有自动变速器的汽车，当将变速杆移至 N（空挡）位置时，空挡启动开关接通，将取消信号送至巡航控制 ECU，巡航控制 ECU 将取消巡航控制系统的工作。

2）传感器主要有以下几种：

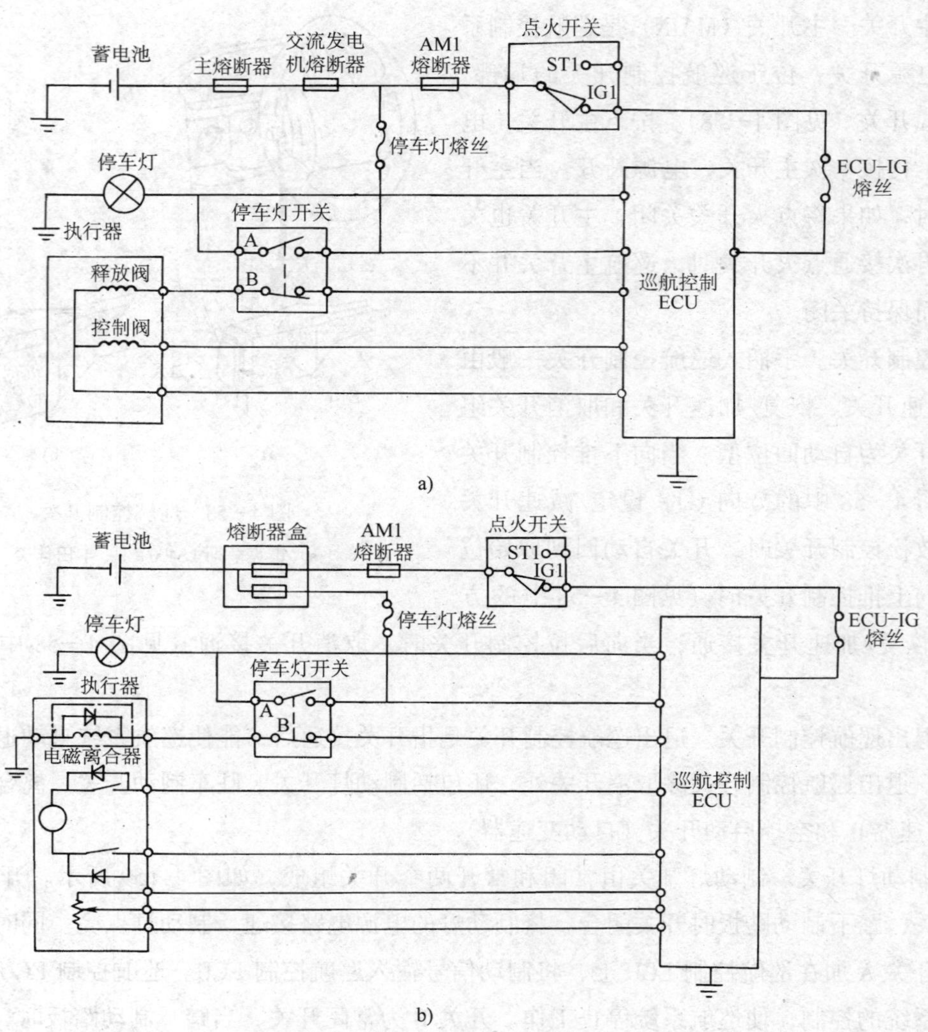

图 4—59 制动灯开关电路

a）丰田 Cressida 真空驱动执行器 b）丰田陆地巡洋舰电动机驱动型执行器

①车速传感器。车速传感器的类型有电磁式、霍尔式、光电式、舌簧开关式等。车速传感器信号可同时用于发动机控制、自动变速器控制和巡航控制等。对于巡航系统而言，车速传感器信号的作用是巡航控制 ECU 用于巡航车速的设定，以及将实际车速与设定车速进行比较，以便实现等速控制。

②节气门位置传感器。节气门位置传感器一般为线性输出型。节气门位置传感器信号可同时用于发动机控制、自动变速器控制和巡航控制等。对于巡航控制系统而言，节气门位置传感器信号的作用是巡航控制 ECU 根据计算输出与节气门开度的关系，来确定输出量的大小。

③节气门控制摇臂传感器。节气门控制摇臂传感器可对巡航控制 ECU 提供节气门摇臂

位置信号。节气门控制摇臂传感器为电位计式。该信号的作用是巡航控制 ECU 根据节气门摇臂位置信号，对节气门进行控制。

3）巡航控制 ECU。巡航控制 ECU 接收来自巡航控制开关、车速传感器信号和其他的开关信号，按照存储的程序对巡航系统进行控制。巡航控制 ECU 有以下控制功能：

①记忆设定车速功能。当主开关接通，车辆在巡航控制车速范围内（一般为 40 ~ 200 km/h）行驶时，操作设定/减速（SET/COAST）开关可以设定巡航车速。ECU 将设定的车速存储在存储器内，并将按设定车速控制汽车等速行驶。

②等速控制功能。ECU 将实际车速与设定车速进行比较，确定节气门是否应该开大或关小，并根据实际车速与设定车速的差值，计算出节气门开大或关小的量，然后对执行器进行控制，保证汽车按设定车速等速行驶。

③设定车速调整功能。当汽车以巡航控制模式行驶时，如果需要使设定车速提高或降低，只要操作恢复/加速或设定/减速开关，就可以使设定车速改变，巡航控制 ECU 将记忆改变后的设定车速，并按新的设定车速进行巡航行驶。

④取消和恢复功能。当汽车以巡航控制模式行驶时，如果接通取消开关或接通任何一个其他的退出巡航控制开关，巡航控制 ECU 将控制执行器使巡航控制取消。取消巡航控制以后，要想重新按巡航控制模式行驶，只要操纵恢复/加速开关 ECU 即可恢复原来的巡航控制行驶。

⑤车速下限控制功能。车速下限是巡航控制所能设定的最低车速。不同的车型稍有不同，一般为 40 km/h。车速低于 40 km/h 时，巡航车速不能被设定，巡航系统不能工作。当巡航行驶时，如果车速降至 40 km/h 以下，巡航控制将自动取消，巡航 ECU 存储器内存储的设定车速将被清除。

⑥车速上限控制功能。车速上限是巡航控制所能设定的最高车速，一般为 200 km/h。车速超过该车速，巡航控制车速不能被设定。在巡航控制模式下行驶时，如果操作加速开关，车速也不能加速至 200 km/h 以上。

⑦安全电磁离合器控制功能。当汽车以巡航控制模式行驶时，如果因为下坡汽车车速高于设定车速 15 km/h，巡航控制 ECU 将切断安全电磁离合器使车速降低。当车速降低到比设定车速高出不足 10 km/h 时，安全电磁离合器再次接通，恢复巡航控制。

⑧自动取消功能。当汽车以巡航控制模式行驶时，若出现执行器驱动电流过大，伺服电动机始终朝节气门打开的方向旋转时，巡航控制 ECU 存储器内存储的设定车速将被清除，巡航控制模式将被取消，主开关同时关闭。此外，当巡航控制 ECU 诊断出系统有故障时，将会使巡航系统自动停止工作。

⑨自动变速器控制功能。当具有自动变速器的汽车以巡航控制模式行驶时，如果上坡时

变速器在超速挡，车速降至比设定车速低 4 km/h 以上时，巡航控制 ECU 将超速挡取消信号送至自动变速器 ECU，取消自动变速器超速挡。当车速升至比设定车速低 2 km/h 时，巡航控制 ECU 将超速挡恢复信号送至自动变速器 ECU，恢复自动变速器超速挡。

⑩诊断功能。如果巡航控制系统发生故障，巡航控制 ECU 的自诊断系统能够诊断出故障，并使仪表板上的巡航指示灯闪烁，以便提醒驾驶员。同时巡航控制 ECU 将故障码存储在存储器内。通过指示灯的闪烁或故障诊断仪可以读取故障码。

4）执行器。巡航控制系统的执行器由 ECU 控制，根据 ECU 的控制信号控制节气门的开度，以保持车速恒定。巡航控制系统执行器有真空驱动型和电动机驱动型两种。

①真空驱动型。真空驱动型执行器依靠真空力驱动节气门。如图 4—60 所示，真空源有两种取得方式：一是仅从发动机进气歧管取得；二是从发动机进气歧管和真空泵两个真空源取得。当进气歧管真空度较低时，真空泵参与工作，提高真空度。真空驱动型执行器主要由控制阀、释放阀、两个电磁线圈、膜片、回位弹簧和空气滤清器等组成。

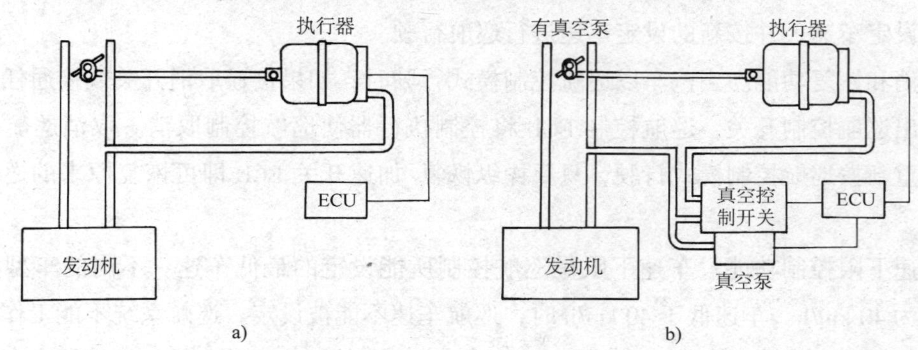

图 4—60　真空驱动型执行器的控制方式

a）从进气歧管取得真空源　b）从进气歧管和真空泵取得真空源

a. 控制阀。控制阀用来控制膜片后方的真空度，以改变膜片的位置，从而控制节气门，如图 4—61 所示。当 ECU 给控制阀电磁线圈通电时，通大气的空气通道关闭，通进气歧管的真空通道打开，执行器内的真空度增加，膜片左移将弹簧压缩，与膜片相连的拉杆将节气门开大。当控制阀电磁线圈断电时，通进气歧管的真空通道关闭，通大气的空气通道打开，大气进入执行器，膜片右移，节气门关小。ECU 通过占空比信号控制电磁线圈的通电与断电，通过改变占空比控制执行器内的真空度，从而控制节气门的开度。

b. 释放阀。释放阀的作用是取消巡航控制时，使空气迅速进入执行器，将巡航控制立即取消。释放阀的工作原理如图 4—62 所示。巡航系统工作时，释放阀电磁线圈中有电流通过，与大气相通的空气通道关闭，由控制阀控制执行器内的真空度，从而控制节气门的开度，保持汽车等速行驶。取消巡航控制时，巡航控制 ECU 使控制阀电磁线圈断电，控制阀

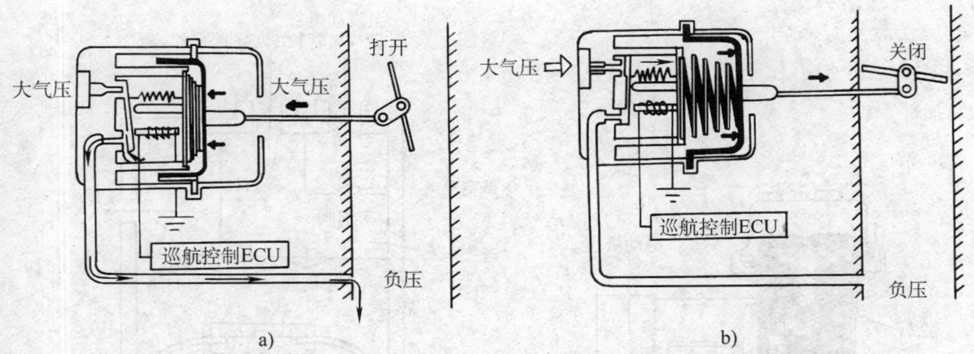

图 4—61 控制阀

a）控制线圈通电 b）控制线圈断电

与大气相通的空气通道打开，释放阀电磁线圈也断电，与大气相通的空气通道也打开，让空气迅速进入执行器，取消巡航控制。

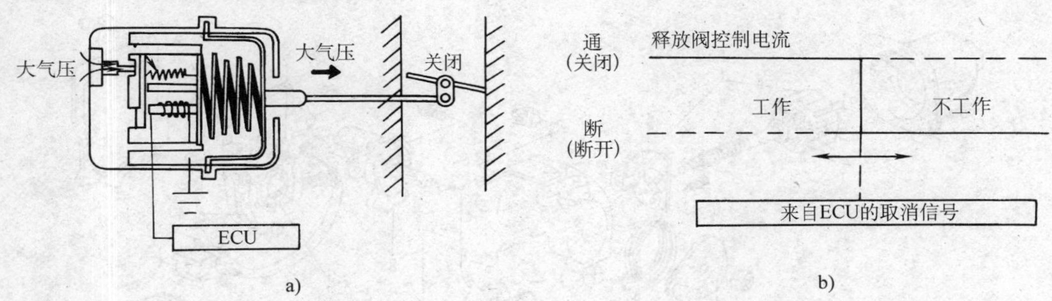

图 4—62 释放阀

a）释放阀的结构 b）释放阀的工作特性

c. 真空泵。真空泵由电动机、连杆、膜片和 3 个单向阀等组成，如图 4—63a 所示。真空泵的作用是在进气歧管真空度较低时，为巡航系统执行器提供真空源。真空泵的工作原理如图 4—63b 所示，当进气歧管真空度较高时，单向阀 A 被打开，由发动机进气歧管向执行器提供真空源，真空泵不工作。当进气歧管真空度较低时，真空控制开关检测到真空泵进气室的真空度变化，并将信号送至巡航控制 ECU。巡航控制 ECU 接通真空泵电源，真空泵电动机转动，带动膜片上下运动。当膜片向下运动时，膜片上方产生真空，将单向阀 B 打开，为执行器提供真空源，单向阀 A 和 C 关闭。当膜片向上运动时，单向阀 B 关闭，单向阀 C 打开，将空气排入大气。

②电动机驱动型。电动机驱动型执行器由电动机、电磁离合器和电位计等组成，结构如图 4—64 所示。巡航控制 ECU 控制电动机的工作，使电动机顺时针或逆时针旋转，从而改变节气门的开度。为了防止节气门完全打开或完全关闭后电动机继续转动，电动机安装了两个限位开关，用于控制电动机的转动。

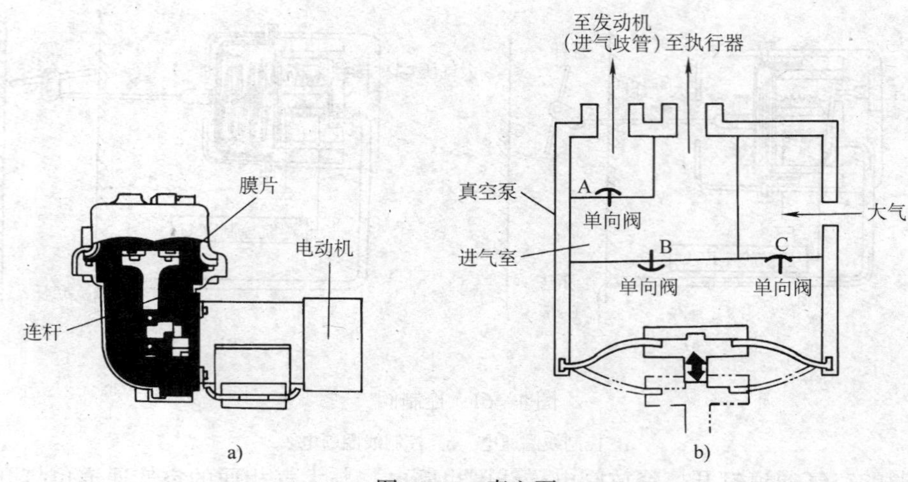

图 4—63　真空泵

a）真空泵的结构　b）真空泵的工作原理

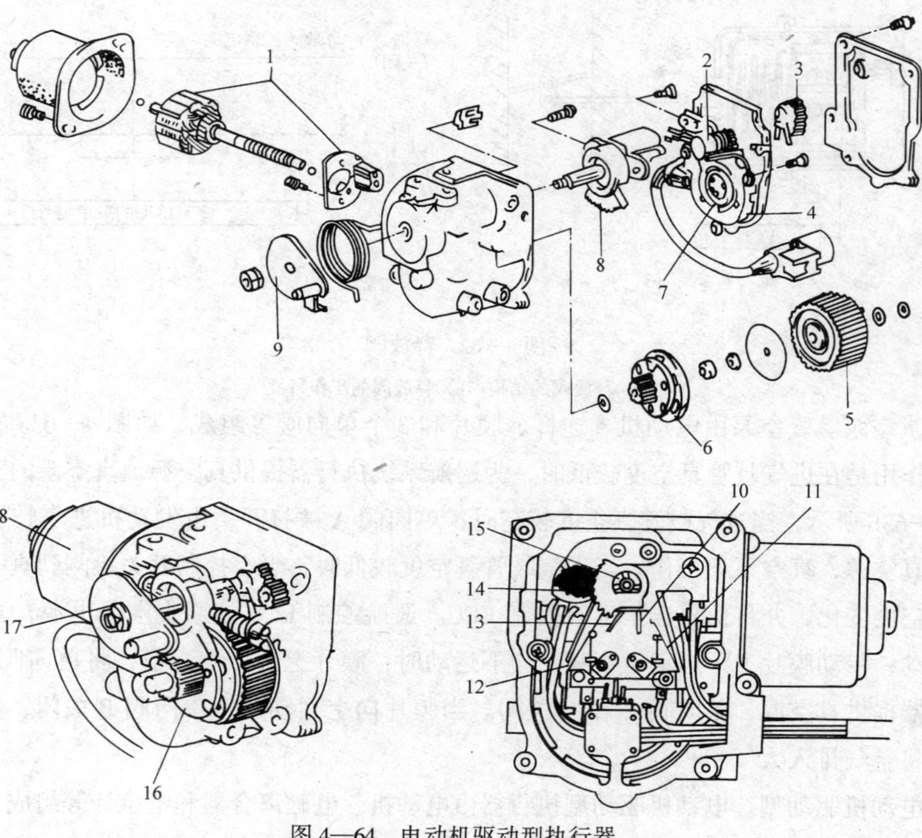

图 4—64　电动机驱动型执行器

1—驱动电动机　2，14—电位计　3，15—电位计主动齿轮　4—电路板　5—蜗轮及电磁离合器　6，16—离合器片　7—滑环　8—主减速器　9，17—控制臂　10—杆 B　11，12—限位开关　13—杆 A　18—电动机电磁离合器及其控制电路如图 4—65 所示。电磁离合器用于接通或断开电动机与节气门拉索之间的联系。当巡航控制 ECU 给执行器发出控制信号时，电磁离合器接合，电动机通过蜗杆蜗轮传动和电磁离合器，以及齿轮和齿扇带动控制臂转动，拉动拉索使节气门旋转。若取消巡航控制，ECU 使电磁离合器断电分离，节气门不受电动机控制。

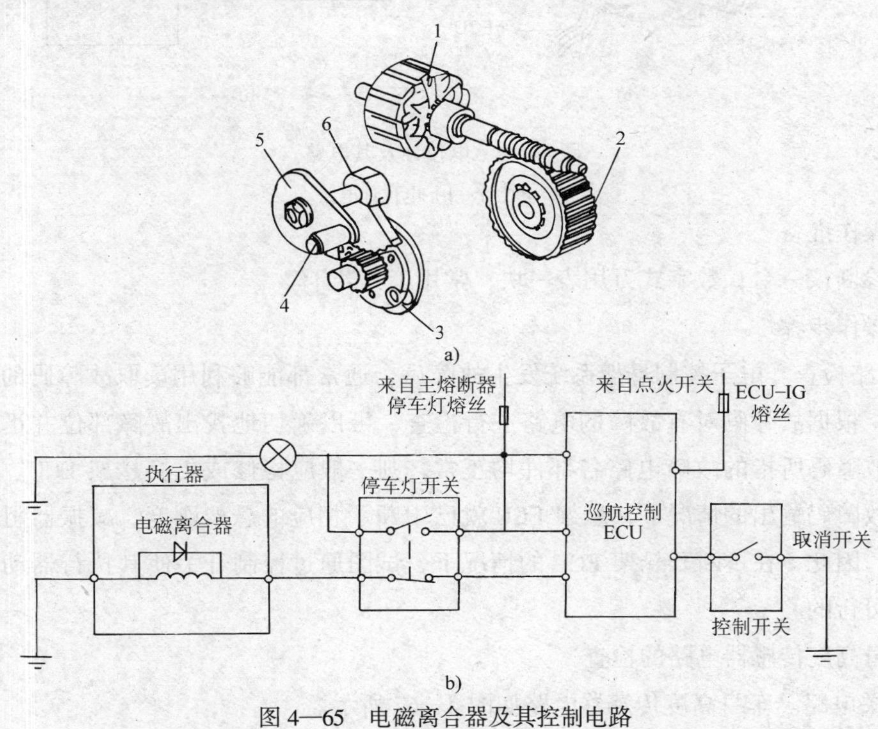

图 4—65 电磁离合器及其控制电路

a）结构 b）电路

1—驱动电动机 2—蜗轮及电磁离合器 3—离合器片

4—节气门拉索轴 5—控制臂 6—齿扇

电位计及其电路如图 4—66 所示。当对巡航控制系统进行巡航车速设定时，电位计将节气门开度信号送至巡航控制 ECU。ECU 将此数据存储于存储器内，行车中 ECU 以此数据作为参照，控制节气门开度，使实际车速与设定车速相符。

二、操作技能

1. 电子控制悬架系统的使用与检修

此处以丰田雷克萨斯 LS400 轿车为例。

（1）操作内容

1）电路检查。

2）系统自诊断。

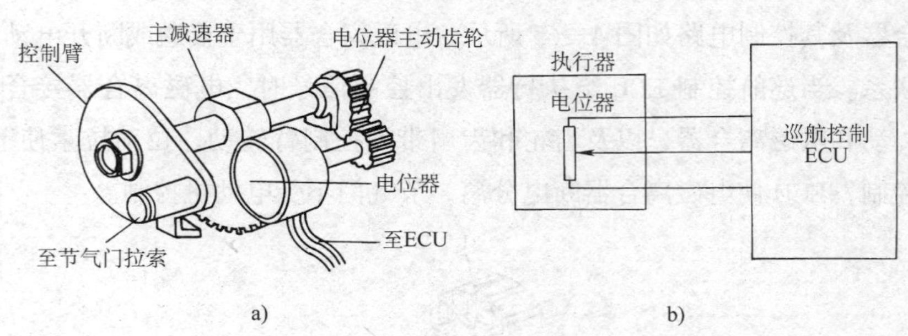

图 4—66　电位计及其电路

a）电位计　b）电位计电路

（2）操作准备

故障诊断仪一台；数字式万用表一块；常用工具若干。

（3）操作步骤

1）电路检查。电子控制悬架系统发生故障后，通常都能够利用读取故障码的方法得到故障代码。根据故障码对有故障的电路进行检查，可以确切地找出故障部位并迅速排除故障。如果故障码所指的故障电路各部件均正常，则一般应检修或更换悬架 ECU。应注意的是，在有故障码输出的情况下，悬架 ECU 就已中断了相应的悬架刚度、减振器阻尼或车身高度控制。因此，在不断开悬架 ECU 的情况下，试图通过控制开关使其执行器动作来判断故障是不可行的。

①车身高度传感器电路的检查

a. 相关电路。车身高度传感器电路如图 4—67 所示。

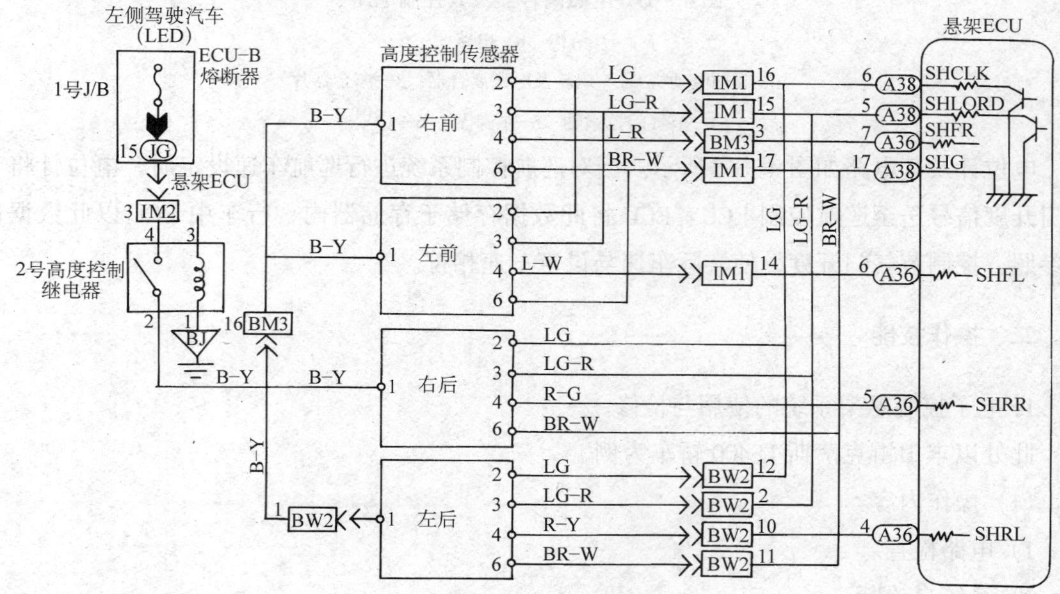

图 4—67　车身高度传感器电路图（左侧驾驶汽车）

b. 相关故障码。当车身高度传感器电路有故障时，可以输出故障码 11、12、13 或 14，各故障码的含义如下。

故障码 11：前右车身高度传感器电路断路或短路。

故障码 12：前左车身高度传感器电路断路或短路。

故障码 13：后右车身高度传感器电路断路或短路。

故障码 14：后左车身高度传感器电路断路或短路。

c. 检查步骤

a）检查车身高度传感器电源的电压。拆下前车轮（故障码 11、12）或拆下行李箱装潢前盖（故障码 13、14）。拔开车身高度传感器插接器。将点火开关转至 "ON" 位置。用电压表的正测试笔与传感器插接器（线束侧）1 号端子相接，负笔接地如图 4—68 所示，测其电压。正常电压应为蓄电池电压。如果电压不正常，则检查和修理 2 号高度控制继电器与车身高度传感器之间的线路或插接器；如果电压正常，则进行下一步检查。

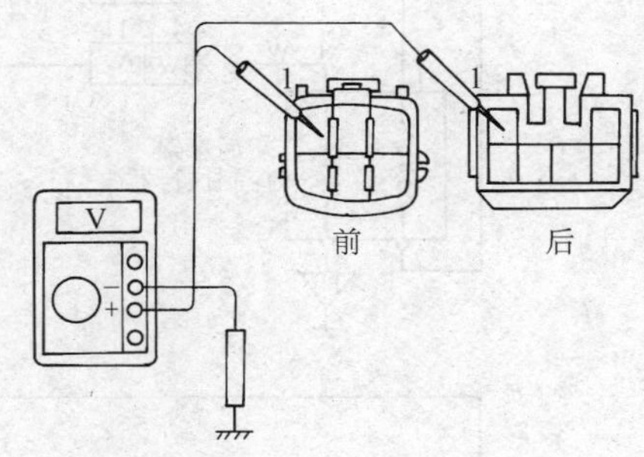

图 4—68 车身高度传感器电源电压的检测

b）检查悬架 ECU 与车身高度传感器之间的线路和插接器。检查各线束插接器有无松动；拔开各线束插接器，检查其端子有无锈蚀；用欧姆表检测有导线连接的两端子之间的导通情况。如果不正常，则修理或更换导线或插接器；如果正常，则进行下一步检查。

c）检查车身高度传感器功能。更换一只性能良好的车身高度传感器，检查故障症状是否消除。如果能消除，则更换车身高度传感器；如果仍不能消除，则检查或更换悬架 ECU。

②悬架控制执行器电路的检查

a. 相关电路。悬架控制执行器电路如图 4—69 所示。悬架 ECU 将控制信号送至悬架控制执行器，使执行器转动，以便驱动减振器的回转阀和空气弹簧气压缸的空气阀，从而改变减振器的减振力和悬架弹簧的刚度。每个气压缸上都装有悬架执行器。执行器通过电磁方式驱动，因而能精确跟踪经常变化的行驶状态。

b. 相关故障码。当悬架控制执行器电路有故障时，可以输出故障码 21 或 22，各故障码的含义如下。

故障码 21：前悬架执行器电路有断路或短路。

故障码 22：后悬架执行器电路有断路或短路。

c. 检查步骤

a）检查悬架控制执行器。拆下执行器盖和执行器，对后悬架控制器应先拆下后座和封板装

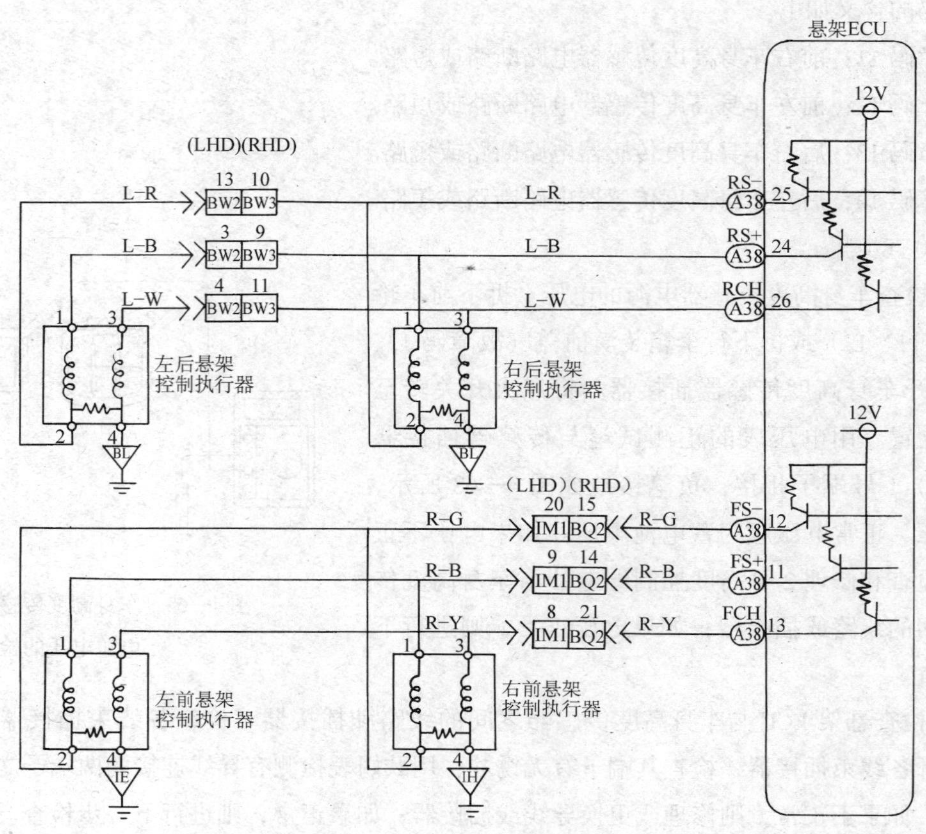

图 4—69　悬架控制执行器电路图

潢。将点火开关转至“ON”位置；LRC 开关分别置于“SPORT”和“NORM”位置的情况下，检查悬架控制执行器是否动作。如果动作则为正常，此时应进行下一电路（高度控制阀、排气阀电路）检查；如果不动作，则为不正常，此时应进行下一步检查。

b）检查悬架控制执行器电阻和工作情况。拆下执行器盖和执行器，对后悬架控制器应先拆下后座和封板装潢。拔开执行器插接器。用欧姆表测量悬架执行器插接器各端子的电阻，如图 4—70 所示。各端子正常电阻值见表 4—17。如果电阻值不正常，则更换悬架控制执行器。如果电阻值正常，则检查执行器的工作情况。

如图 4—71 所示在悬架执行器插接器端子之间施加蓄电池电压（不超过 1 s），检查悬架控制执行器的工作情况。此时，执行器工作情况应与表 4—18 相符。如果检查结果不正常，则更换悬架执行器；如果检查结果正常，则进行下一电路检查。

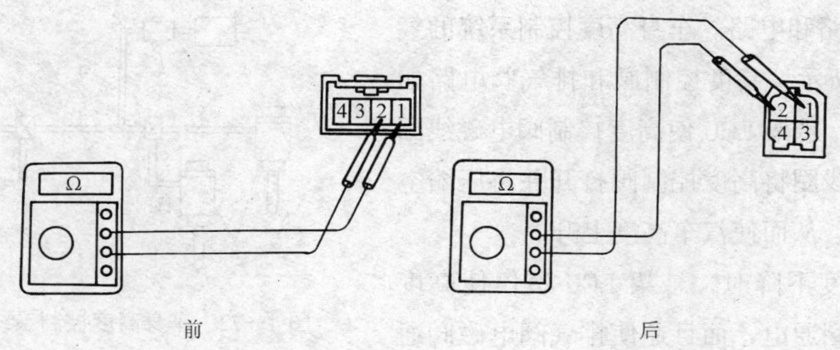

图 4—70　执行器插接器端子电阻的检查

表 4—17　　悬架执行器插接器端子之间的电阻

端子	电阻（Ω）
1 ~ 2	3 ~ 6
3 ~ 4	3 ~ 6
2 ~ 4	2.3 ~ 4.3

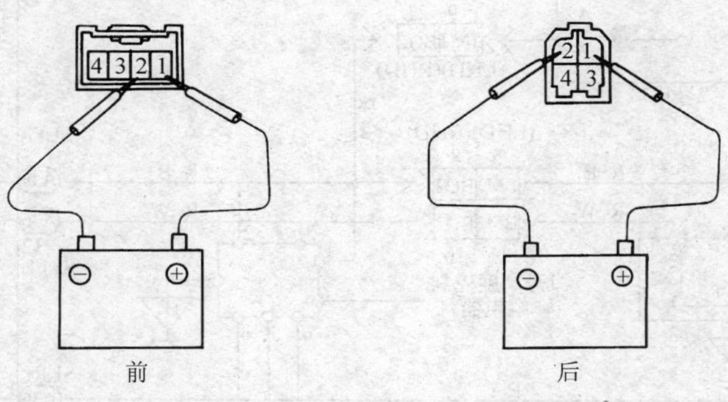

图 4—71　悬架控制执行器工作情况的检查

表 4—18　　悬架控制执行器正常工作情况

执行器插接器端子	1 号	2 号	3 号	4 号	2 号	1 号
连接的蓄电池极性	+	−	+	−	+	−
执行器的位置	硬		中		软	

c）检查执行器线路和插接器。检查执行器与悬架 ECU 之间的线路和插接器。检查执行器搭铁是否良好。如果检查结果不正常，则更换或修理线路或插接器；如果检查结果正常，但仍显示故障码 21 或 22 时，则应进行其他检查。

③高度控制阀及排气阀电路的检查

a. 相关气路和电路。车身高度控制系统的气路如图 4—72 所示，高度控制阀和排气阀电路如图 4—73 所示。悬架 ECU 使高度控制阀电磁线圈通电后，电磁线圈将高度控制阀打开并将压缩空气引向气压缸，从而使汽车高度上升。

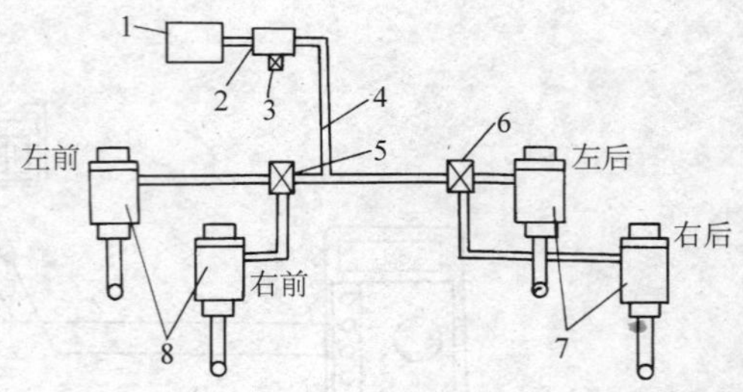

图 4—72　车身高度控制系统空气管路图

1—空气压缩机　2—干燥器　3—排气阀　4—空气管　5—1 号高度控制阀　6—2 号高度控制阀　7、8—气压缸

当汽车高度下降时，悬架 ECU 不仅使高度控制阀电磁线圈通电，而且还使排气阀电磁阀通电，排气阀电磁阀使排气阀打开，将气压缸中的压缩空气排放到大气中。

1 号高度控制阀用于前悬架控制。它有两个电磁阀分别控制左、右气压缸。2 号高度控制阀用于后悬架控制，它与 1 号高度控制阀一样，也由两个电磁阀组成。但与 1 号高度控制阀不同的是它的两个电磁阀不单独工作。为了防止空气管路中产生不正常的压力，2 号高度控制阀中设置了一个溢流阀。

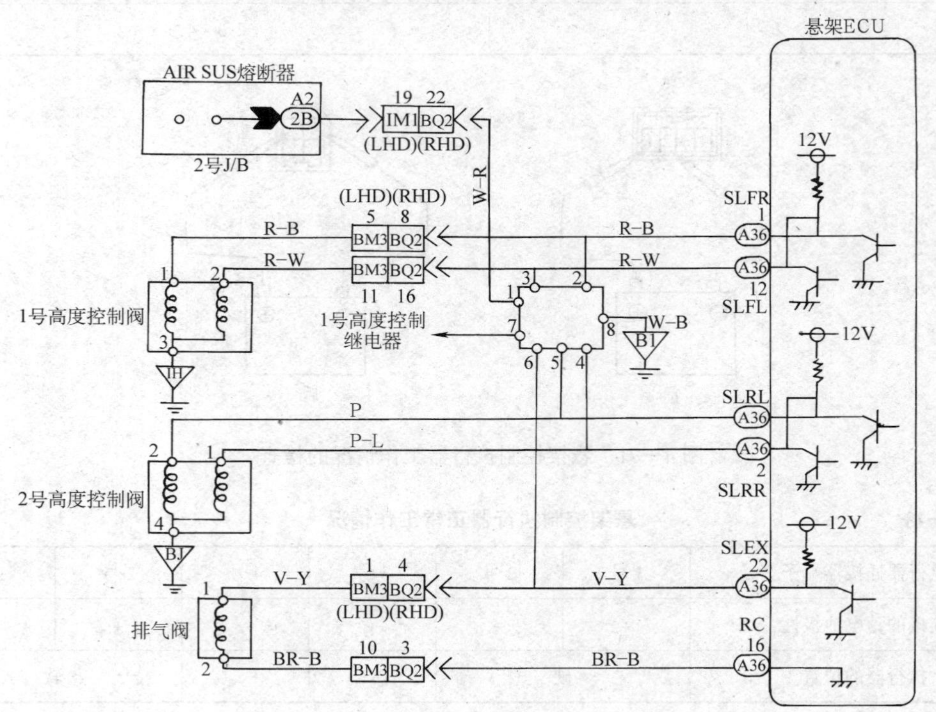

图 4—73　车身高度控制阀及排气阀电路

b. 相关故障码。当高度控制阀及排气阀电路有故障时，可以输出故障码 31、33、34 或 35，各故障码的含义分别如下。

故障码 31：1 号高度控制阀电路断路或短路。

故障码 33：2 号高度控制阀电路断路或短路（用于左悬架）。

故障码 34：2 号高度控制阀电路断路或短路（用于右悬架）。

故障码 35：排气阀电路断路或短路。

ECU 存储器中存入故障码 3l、33、34 或 35 时，悬架系统就不执行高度控制以及减振力和弹簧刚度控制。

c. 检查步骤

a）检查高度控制连接器各端子间的电阻。拆下行李箱右侧板，用欧姆表分别测量高度控制连接器的 2、3、4、5、6 号端子与 8 号端子之间的电阻，如图 4—74 所示，正常的电阻值应为 9 ~ 15 Ω。如果电阻值不正常，则应检查相应的连接线路及高度控制阀。

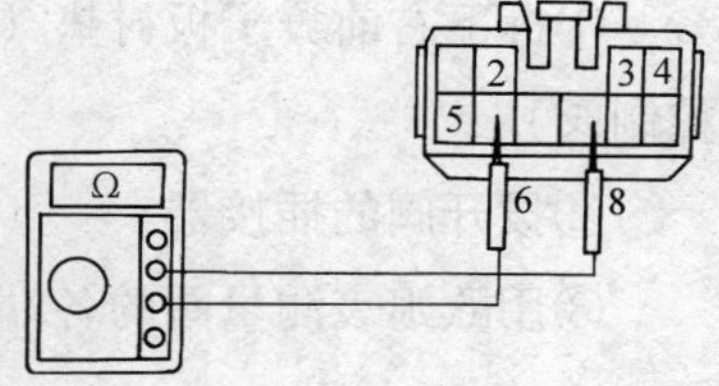

图 4—74　高度控制连接器各端子间电阻的检查

b）如果电阻值正常，则检查高度控制阀是否工作。将点火开关转至“ON”位置，将高度控制连接器的 1 号端子与相应的端子（见表 4—17）连接，观察汽车车身高度的变化情况。正常情况应与表 4—19 相符。

表 4—19　高度控制连接器不同的端子连接与车身高度变化的关系

连接的端子	车身高度的变化
1 – 2 – 7	右前车身上升
1 – 3 – 7	左前车身上升
1 – 4 – 7	右后车身上升
1 – 5 – 7	左后车身上升
1 – 2 – 6	右前车身降低
1 – 3 – 6	左前车身降低
1 – 4 – 6	右后车身降低
1 – 5 – 6	左后车身降低
1 – 2 – 3 – 7	汽车前部升高
1 – 4 – 5 – 7	汽车后部升高
1 – 2 – 3 – 6	汽车前部降低
1 – 4 – 5 – 6	汽车后部降低

d. 注意事项

a）切勿将高度控制连接器的 1 号端子和 8 号端子连接，否则将造成电源短路。

b）当压缩机电动机、1 号和 2 号高度控制阀以及排气阀由高度控制连接器直接驱动时，ECU 的存储器中会存入故障码 31、33、34、35 或 41。

c）如果在连接高度控制连接器各端子时车身高度都无变化，应检查 1 号端子对地电压是否为蓄电池电压。如果无电压，应检查与其连接的熔断器和线路。如果检查结果正常，应检查悬架 ECU 与高度控制连接器之间的连线及其插接器。如果连线或插接器断路，则应予以修理或更换；如果连线或插接器良好，则应检查或更换悬架 ECU。

如果检查结果不正常，则进行下一步检查。

2）检查高度控制阀和排气阀

①拆下右前翼子板衬垫（1 号高度控制阀和排气阀）或拆下行李箱装潢前盖（2 号高度控制阀）。

②拔开阀的插接器。

③用欧姆表测量阀的各端子之间的电阻值，如图 4—75 所示，应与表 4—20 相符。

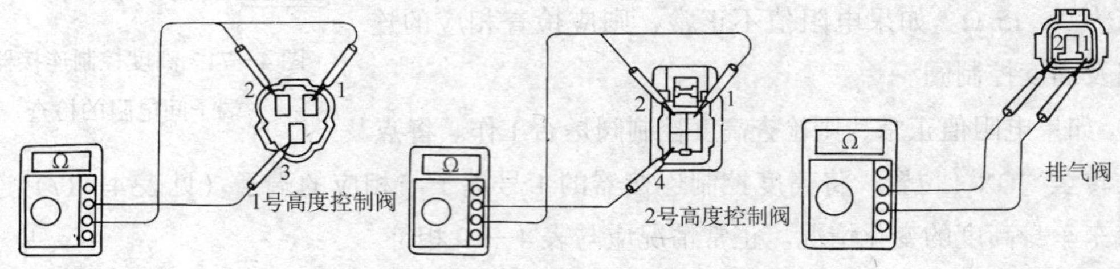

图 4—75　高度控制阀和排气阀的检查

表 4—20　　各端子之间的电阻

控制阀或排气阀	端子	电阻（Ω）
1 号高度控制阀	1 - 3	9 ~ 15
	2 - 3	9 ~ 15
2 号高度控制阀	1 - 4	9 ~ 15
	2 - 4	9 ~ 15
排气阀	1 - 2	9 ~ 15

④按表 4—21 所示在各端子上施加蓄电池电压时，检查高度控制阀和排气阀，应发出“喀哒”工作声。

表 4—21　　高度控制阀和排气阀各端子与蓄电池的连接

控制阀或排气阀	蓄电池正极连接的端子	蓄电池负极连接的端子
1 号高度控制阀	1	3
	2	3
2 号高度控制阀	1	4
	2	4
排气阀	1	2

如果二述检查正常，则应检查或修理高度控制阀或排气阀与高度控制连接器之间的连线和插接器；如果不正常，则应更换高度控制阀或排气阀。

3）1 号高度控制继电器电路的检查

①相关电路。1 号高度控制继电器电路如图 4—76 所示。

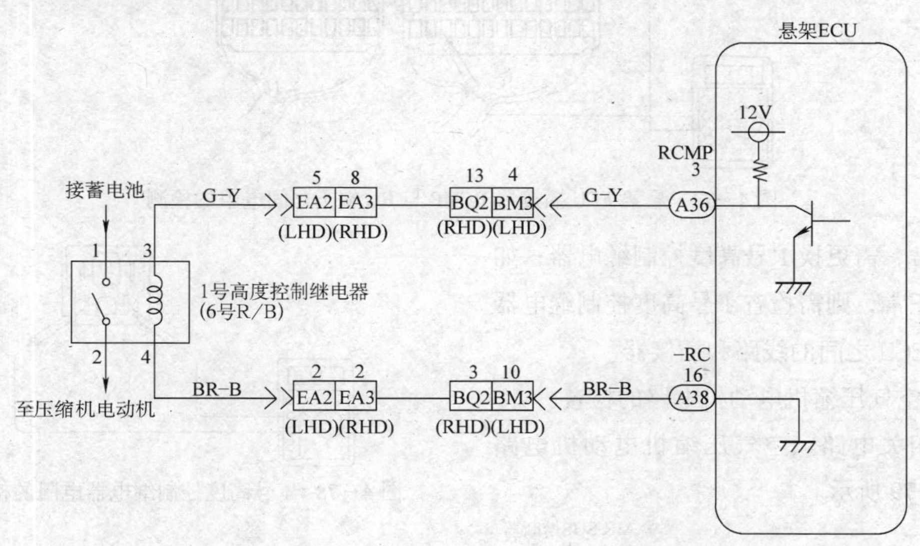

图 4—76　1 号高度控制继电器电路

当汽车高度开始上升时，从悬架 ECU 的 RCMP 端子传出一个控制信号，使 1 号高度控制继电器接通。因此，1 号高度控制继电器的线圈中就有电流通过，继电器触点闭合，使空气压缩机电动机接通蓄电池电压，从而产生压缩空气。

②相关故障码。当 1 号高度控制继电器电路有故障时，可以输出故障码 41，故障码的含义如下。

故障码 41：1 号高度控制继电器电路断路或短路。

③检查步骤

a. 检查悬架 ECU 插接器的 RCMP 与 RC 端子之间的电阻。拆下行李箱右侧盖。拔开悬架 ECU 插接器。用欧姆表测量 ECU 插接器（线束侧）RCMP 与 RC 端子之间的电阻，如图 4—77 所示，应为 50 ~ 100 Ω。如果电阻正常，应检查或更换悬架 ECU；如果电阻不正常，应进行下一步检查。

b. 检查 1 号高度控制继电器。

拆下左前灯，拆下 1 号高度控制继电器。用欧姆表测量继电器 3 号和 4 号端子之间的电阻，如图 4—78 所示，应为 50 ~ 100 Ω。

在继电器 3 号和 4 号端子之间施加蓄电池电压时，1 号和 2号端子之间应导通。如果电

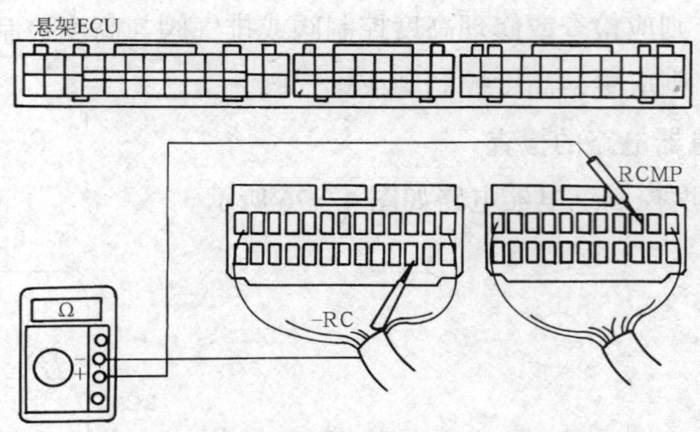

图 4—77 悬架 ECU 插接器 RCMP 与 RC 端子之间电阻的检测

阻不正常，需更换 1 号高度控制继电器；如果电阻正常，则需检查 1 号高度控制继电器与悬架 ECU 之间的线路和插接器。

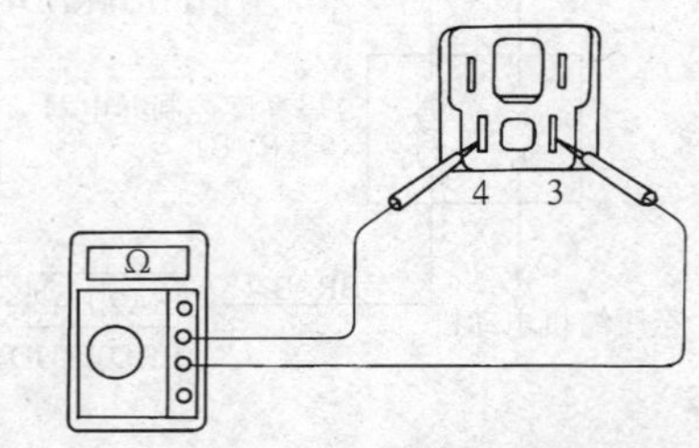

图 4—78 1 号高度控制继电器电阻的检测

4）空气压缩机电动机电路的检查

①相关电路。空气压缩机电动机电路如图 4—79 所示。

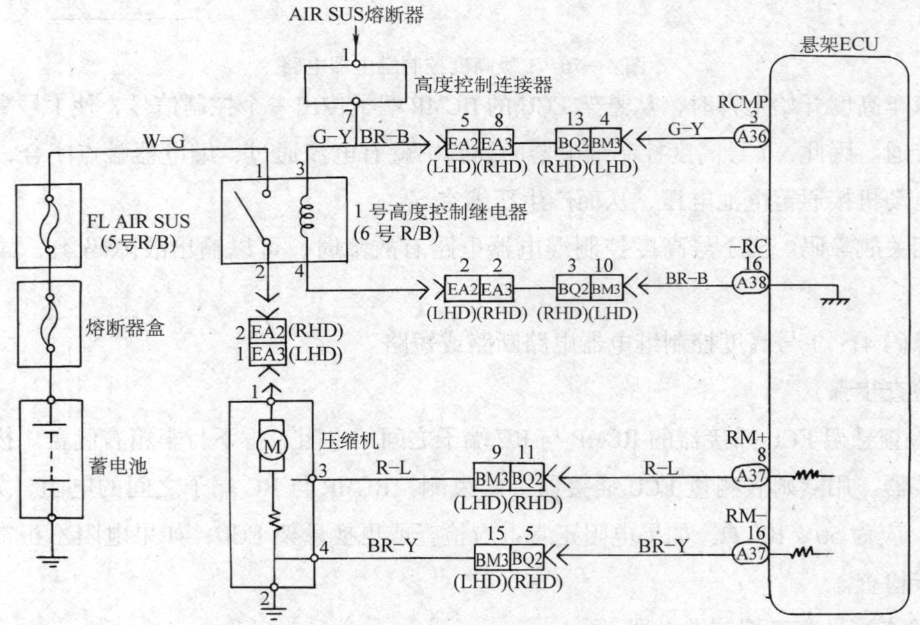

图 4—79 空气压缩机电动机电路

当汽车高度上升时，从悬架 ECU 的 RCMP 端子传送出一个控制信号，使 1 号高度控制继电器接通。因此，继电器触点闭合，空气压缩机电动机运转，从而产生压缩空气。与此同时，通过悬架 ECU 的 RM+ 与 RM- 之间的电位差，ECU 检测出流过压缩机电动机的电流大小。这样，ECU 就能监测压缩机电动机电路是否有不正常现象。

②相关故障码。当空气压缩机电动机电路有故障时，可以输出故障码 42，故障码的含义如下。

故障码 42：空气压缩机电动机有短路或电动机被锁住。

③检查步骤

a. 检查空气压缩机电动机工作情况。拆下行李箱右侧盖，将点火开关转至“ON”位置。连接高度控制连接器的 1、7 号端子，以便直接接通空气压缩机电动机控制电路，如图 4—80 所示，检查空气压缩机是否转动。如果空气压缩机转动，则应进行下一步检查；如果空气压缩机不运转，则转入到检查步骤 3)。

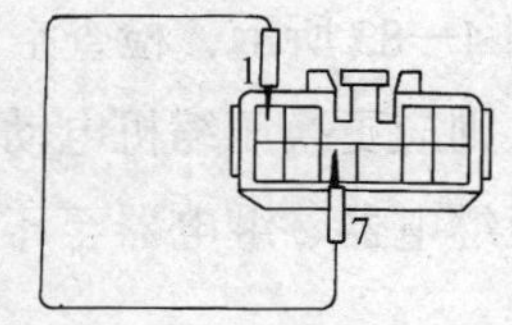

图 4—80 空气压缩机电动机工作情况的检查

b. 检查悬架 ECU 插接器的 RM + 与 RM – 端子之间的电阻。拔开悬架 ECU 插接器。用欧姆表测量悬架 ECU 插接器的 RM + 与 RM – 端子之间的电阻，如图 4—81 所示，正常情况应电阻很小（导通）。如果正常，则应检查或更换悬架 ECU；如果不正常，则应检修悬架 ECU 与空气压缩机电动机之间的线路和插接器。如果线路和插接器均良好，则应更换空气压缩机电动机。

c. 检查 1 号高度控制继电器各端子之间的电阻。拆下左前灯，拆下 1 号高度控制继电器。

用欧姆表测量继电器 1 号和 2 号端子、3 号和 4 号端子之间的电阻。正常情况下，1 号和 2 号端子之间的电阻应为∞；3 号和 4 号端子之间的电阻为 50 ~ 100 Ω。

在继电器 3 号与 4 号端子之间施加蓄电池电压（见图 4—82）的同时，1 号和 2 号端子

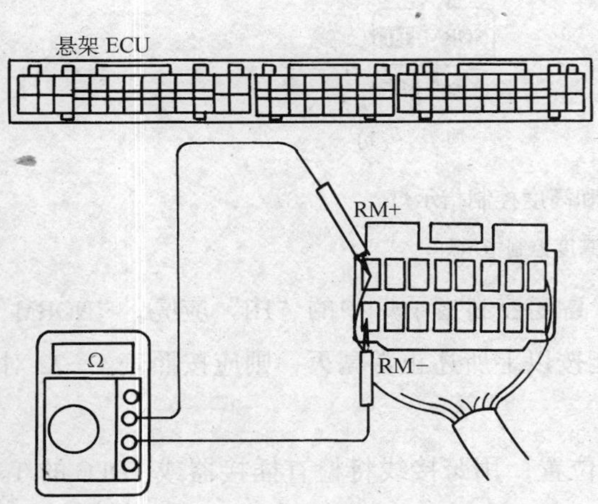

图 4—81 悬架 ECU 插接器的 RM + 与 RM – 端子之间电阻的检查

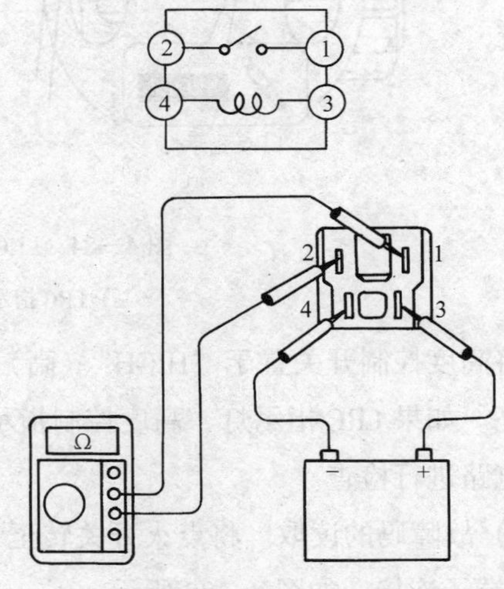

图 4—82 1 号高度控制继电器 1 号和 2 号端子导通情况的检查

之间应导通。如果不正常，则应更换 1 号高度控制继电器；如果正常，则应进行下一步检查。

d. 检查空气压缩机电动机。拆下右前翼子板衬垫。拔开空气压缩机电动机插接器。将电动机两端子接上蓄电池电压，如图 4—83 所示，检查空气压缩机是否转动。如果压缩机不转动，则应更换压缩机电动机；如果压缩机运转，则需检查蓄电池至继电器、继电器至压缩机、压缩机至搭铁之间的线路和插接器。

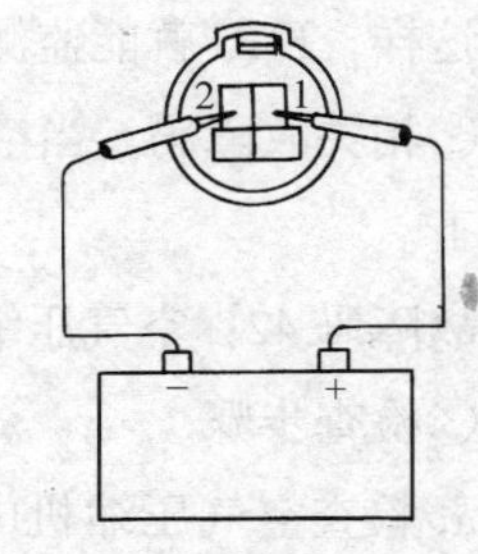

图 4—83　空气压缩机电动机的检查

e. 系统自诊断

a）指示灯检查。EMAS 系统通过指示灯的状态可以检查相应故障，当系统正常时，指示灯的状态应当如下。

将点火开关转至“ON”位置时，仪表板上的 LRC 指示灯和高度控制指示灯（见图 4—84）均应亮 2 s 左右，然后熄灭；将位于变速杆旁边的 LRC 开关置于“SPORT”（运动）位置，此时，仪表板上的 LRC 指示灯应常亮；将 LRC 开关置于“NORM”（正常）位置，LRC 指示灯应亮 2 s，然后熄灭；将高度控制开关置于“NORM”（正常）位置，此时，仪表板上高度控制指示灯中的“NORM”应亮，“HI”应不亮；

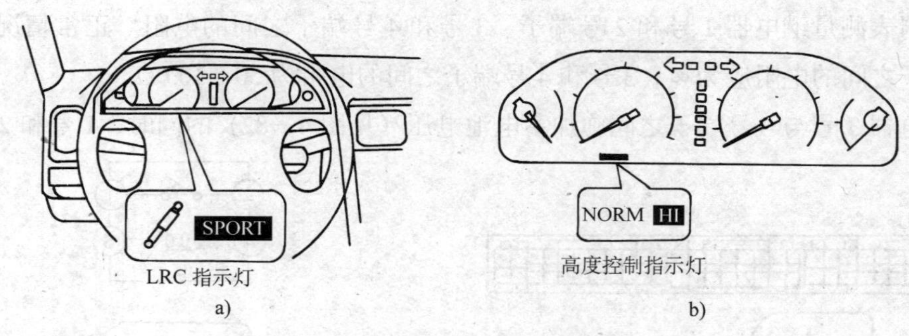

图 4—84　LRC 指示灯和高度控制指示灯

a）LRC 指示灯　b）高度控制指示灯

将高度控制开关置于“HIGH”（高）位置，高度控制指示灯中的“HI”应亮，“NORM”应不亮。如果 LRC 指示灯、高度控制指示灯不能按以上所述正常亮灭，则应按照表 4—22 对相应电路进行检查。

b）故障码的读取。将点火开关转至“ON”位置；用跨接线将检查插接器或 TDLC 的 Tc 与 E1 端子连接，如图 4—85 所示。

通过仪表板上高度控制“NORM”指示灯的闪烁情况读取故障码。如果系统无故障，则“NORM”指示灯以每秒钟 2 次的频率均匀闪烁，如图 4—86a 所示。

表 4—22　　指示灯不正常状态及应检查的电路

指示灯的状态	应检查的电路
点火开关接通后，“SPORT”“HI”“NORM”或照明灯不亮	1. 汽车高度控制电源电路 2. 指示灯电路或“HI”、照明灯电路
点火开关接通后，“SPORT”“HI”“NORM”指示灯亮 2 s，然后全部熄灭	悬架控制执行器电源电路
“SPORT”“HI”“NORM”或照明灯有的不亮	指示灯电路或“HI”、照明灯电路
即使 LRC 置于“NORM”位置，LRC 的“SPROT”指示灯仍旧亮着	LRC 开关电路
高度控制指示灯亮的状态（“NORM”或“HI”）与高度控制开关所设置的位置不一致	高度控制开关电路

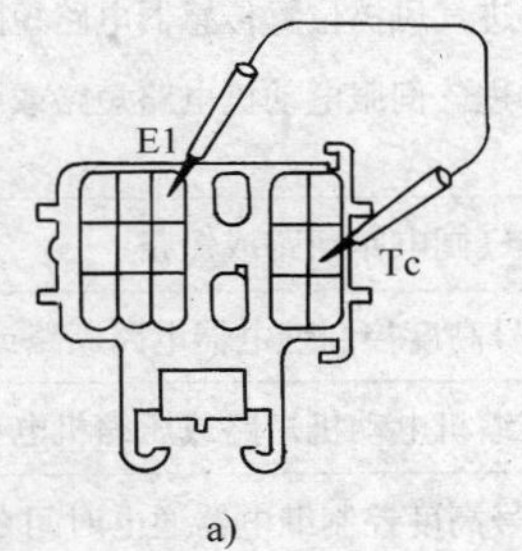

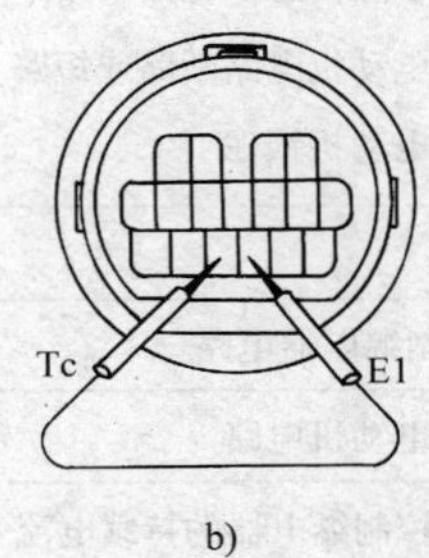

图 4—85　TDLC 和检查插接器

a）检查插接器　b）TDLC

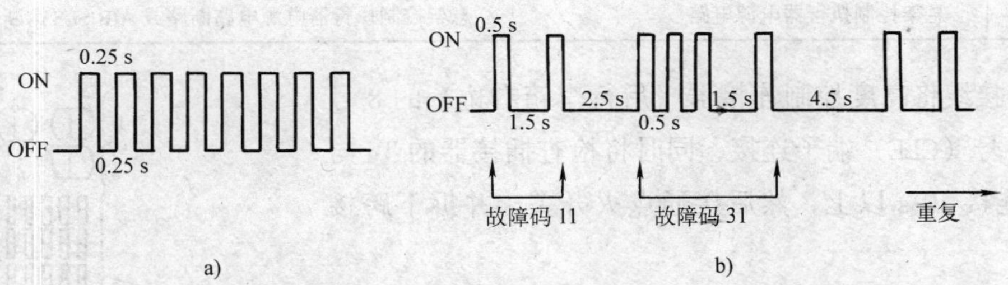

图 4—86　系统正常时和有故障时指示灯的闪烁规律

a）正常　b）有故障

故障码的含义见表 4—23。

c）故障码的清除。故障码的清除方法有两种。

拆下 1 号熔断器盒（驾驶室前右下侧）中的 ECU－B 熔断器 10 s 以上，如图 4—87 所示，可清除故障码。

表 4—23　　故障码的含义

故障码	故障部位	故障原因
11	右前车身高度传感器电路	车身高度传感器电路断路或短路
12	左前车身高度传感器电路	
13	右后车身高度传感器电路	
14	左后车身高度传感器电路	
21	前悬架控制执行器电路	悬架控制执行器电路断路或短路
22	后悬架控制执行器电路	
31	1 号高度控制阀电路	高度控制阀电路断路或短路
33	①空气混合风挡位置传感器电路断路 ②进气伺服电动机电路断路或短路 ③空气混合伺服电动机锁住	①空气混合风挡位置传感器电路短路或断路 ②空气混合伺服电动机电路短路或断路
34	①进气风挡位置传感器电路断路 ②进气伺服电动机电路断路或短路 ③进气伺服电动机锁住	①进气风挡位置传感器电路短路或断路 ②进气伺服电动机电路短路或断路
35	排气阀电路	排气阀电路断路或短路
41	1 号高度控制继电器电路	1 号高度控制继电器电路断路或短路
42	空气压缩机电动机电路	压缩机电动机短路或压缩机电动机被锁住
51 * 3	至 1 号高度控制继电器的持续电流	1 号高度控制继电器通电时间在 8.5 min 以上
52 * 4	至排气阀的持续电流	排气阀的通电时间为 6 min 以上
61	悬架控制信号	悬架 ECU 失灵
72	悬架控制执行器电源电路	悬架控制执行器电源电路断路或 AIR SUS 熔断器烧断

用跨接线将高度控制连接器（后行李箱右边）的 8 号（E）与 9 号（CLE）端子连接，同时将检查插接器的 Tc 与 E1 端子连接 10 s 以上，然后接通点火开关，并拆下跨接线。

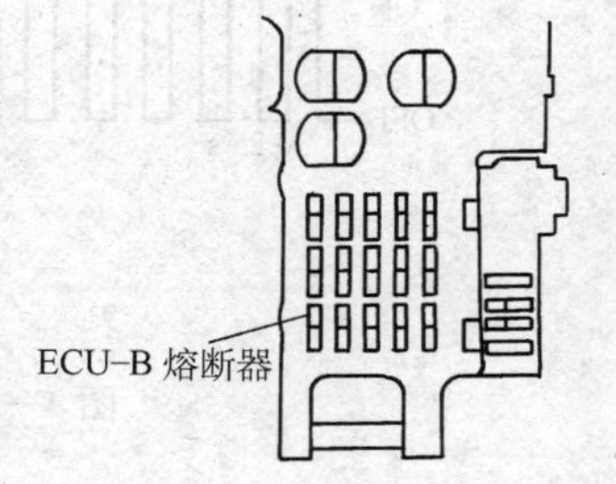

图 4—87　悬架 ECU – B 熔断器的位置

d）检查。输入信号检查的目的主要是动态检查各传感器和开关信号是否正常输入悬架控制装置（ECU）。在进行输入信号检查前，将检查插接器的 Tc 与 E1 端子连接，如果高度控制“NORM”指示灯显示故障码，则应按故障码检修故障电路；如果高度控制“NORM”指示灯不显示故障码，则可进行输入信号检查。在进行输入信号检查时，弹簧刚度和减振器阻尼控制停止并固定在硬状态，而车身控制仍可正常进行。

输入信号检查的方法如下：将开关转至“ON”位置；用导线将检查插接器的 Tc 与 E1 端子连接；观察仪表板上高度控制“NORM”指示灯，当“NORM”指示灯以 0.25 s 的时间间隔闪烁时，说明已进入输入信号检查状态。

表 4—24 检查项目分别在 A 状态和 B 状态下各检查一次，检查结果应与表中“NORM”灯状态栏相符。

表 4—24　　　　**电子控制系统输入信号的检查**

检查项目	A 状态	“NORM”灯状态		B 状态	“NORM”灯状态	
		点火开关“ON”	发动机运行		点火开关“ON”	发动机运行
转向传感器	转向角为 0°	闪烁	常亮	转向角 45°以上	常亮	闪烁
制动灯开关	不踩制动踏板	闪烁	常亮	踩下制动踏板	常亮	闪烁
门控灯开关	所有车门关闭	闪烁	常亮	所有车门打开	常亮	闪烁
节气门位置传感器	不踩加速踏板	闪烁	常亮	踩下加速踏板	常亮	闪烁
1 号车速传感器	车速低于 20 km/h	闪烁	常亮	车速高于 20 km/h	常亮	闪烁
高度控制开关	“NORM”位置	闪烁	常亮	“HI”位置	常亮	闪烁
LRC 开关	“NORM”位置	闪烁	常亮	“SPORT”位置	常亮	闪烁
高度控制 ON/OFF 开关	“ON”位置	闪烁	常亮	“OFF”位置	常亮	闪烁

在检修汽车电子控制空气悬架时，应注意以下事项：

第一，当用千斤顶将汽车顶起时，应将高度控制 ON/OFF 开关拨到“OFF”位置。如果在高度控制 ON/OFF 开关拨到“ON”位置的情况下顶起汽车，则 ECU 中会记录一个故障代码。如果记录了故障代码，务必将其从存储器中清除掉。

备注：当将高度控制 ON/OFF 开关拨到“OFF”位置时，会显示故障代码 71。当将开关重新拨到“ON”位置时，该代码即被消除。

第二，在放下千斤顶前，应将汽车下面所有的物体搬走。因为在维修过程中，可能进行了空气悬架的放气、空气管路拆检等操作，此时空气弹簧中的主气室可能无气或存有少量剩余气体，汽车落地后，因自身的质量使车身高度很低，就会将下面的物体压住。

第三，在开动汽车之前，应启动发动机将汽车的高度调整到正常状态。因为在维修时空气弹簧中的空气被放掉，车身高度变得很低，如果此时汽车起步，会造成车身与悬架或轮胎相互碰撞。因此，维修后首先启动发动机，用空气压缩机给空气弹簧气室输送压缩空气，使汽车高度恢复正常，这样汽车便可正常行驶。

第四，前安全气囊碰撞传感器安装在空气压缩机和 1 号车身高度控制阀上面。除非必要时，不要触及这个传感器。若要触及，必须按照安全气囊维修中的说明，在维修前拆下前安全气囊碰撞传感器，避免影响安全气囊系统的正常工作。

2. 巡航检修

（1）操作内容

1）故障自诊断。

2）ECU 插接器端子电压的检测。

3）巡航控制部件的检查。

（2）操作准备

诊断仪 MUT－Ⅱ一台；汽车一辆；真空表一块；汽车专用万用表一块。

（3）操作步骤

各种不同车型巡航控制系统的控制原理基本相同，因此其检修思路有许多共同之处。对于所有车型，在进行检修时，首先应进行直观检查。一般车型的巡航控制系统都具有故障自诊断功能，因此，直观检查后应读取故障码，以获取故障信息。另外，通过检测巡航控制 ECU 的端子电压也可以进行故障诊断。以三菱帕杰罗巡航控制系统检修思路为例来说明巡航控制系统检修。

1）故障自诊断

①用专用诊断仪读取故障码

a. 将诊断仪 MUT－Ⅱ连接到 16 端子诊断座上，如图 4—88 所示。诊断座的位置如图 4—89 所示。注意，连接和脱开诊断仪 MUT－Ⅱ时，应关闭点火开关。

b. 在点火开关接通（ON）的情况下，读出故障码。

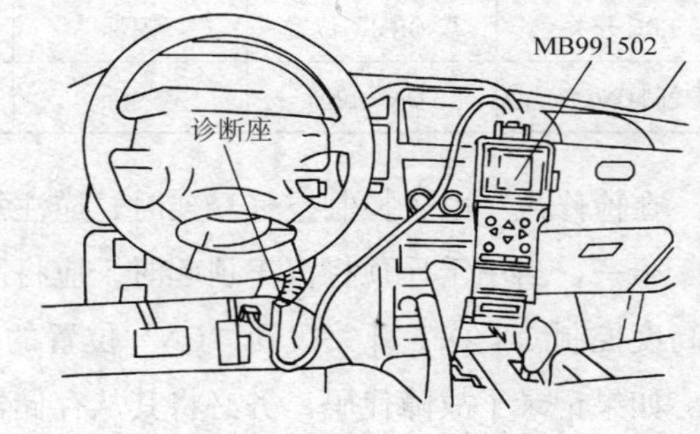

图 4—88　诊断仪的连接

②利用巡航控制指示灯读取故障码

a. 接通（ON）点火开关，并使巡航控制开关上的 SET（设定）开关接通（ON），如图 4—90 所示。然后，在 1 s 内将 RESUME（恢复）开关接通（ON）。

b. 观察仪表板上的巡航控制指示灯的闪烁情况，读出故障码。

c. 故障码为两位数。指示灯先显示十位数，点亮时间为 1 s，代表十位的数间隔 2 s 后再显示个位数，以亮 0.5 s，灭 0.5 s 的方式快速闪烁，指示灯闪烁的次数即为个位数。故障码 15 的指示灯闪烁形式如图 4—91 所示。

d. 如果指示灯始终以亮 0.5 s 灭 0.5 s 的方式连续闪烁，表明系统正常。

③故障码的含义见表 4—25。

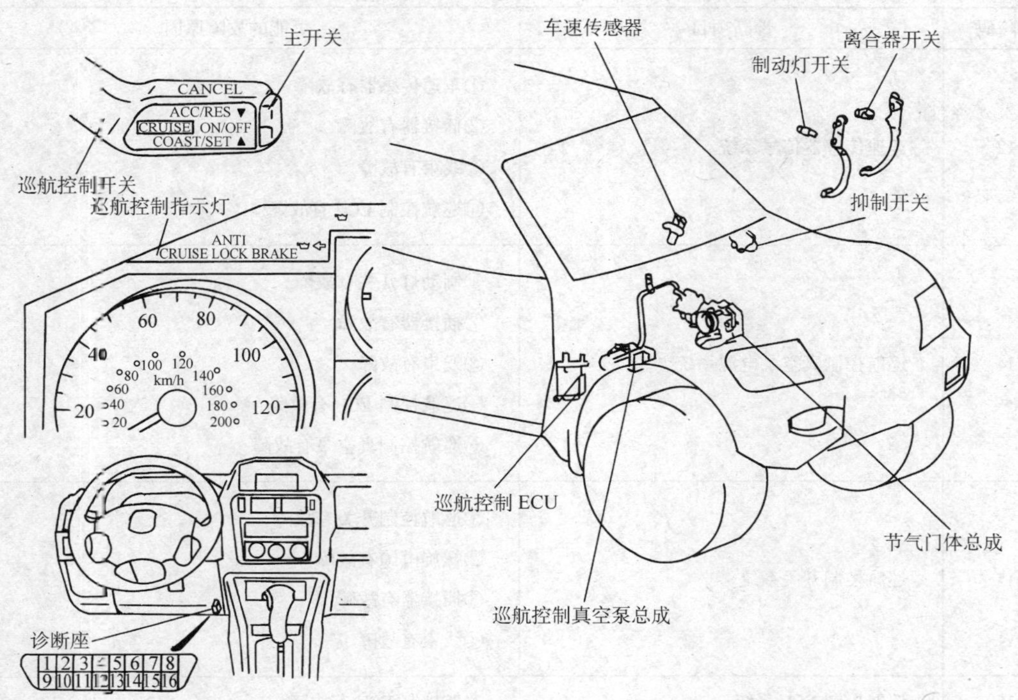

图 4—89　帕杰罗 V73 6G7 - MPI 发动机巡航控制系统在车上的布置

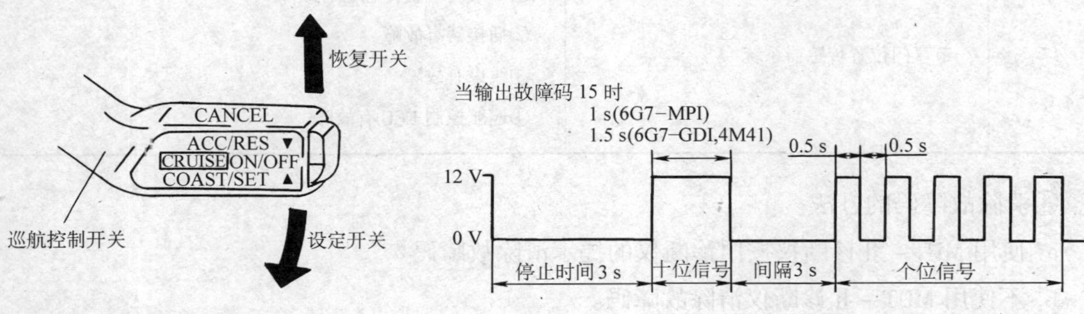

图 4—90　巡航控制开关　　　　图 4—91　故障码 15 的指示灯闪烁形式

表 4—25　　故障码的含义

故障码	诊断项目	可能的故障原因
11	巡航控制真空泵驱动系统	①巡航控制真空泵有故障 ②插接器有故障 ③线束有故障 ④巡航控制 ECU 有故障

续表

故障码	诊断项目	可能的故障原因
12	车速传感器信号系统	①车速传感器有故障 ②插接器有故障 ③线束有故障 ④巡航控制 ECU 有故障
14	巡航控制真空泵电源系统	①制动灯开关有故障 ②插接器有故障 ③线束有故障 ④巡航控制 ECU 有故障 ⑤巡航控制真空泵有故障
15	巡航控制开关系统	①巡航控制开关有故障 ②螺旋电缆有故障 ③插接器有故障 ④线束有故障
16	巡航控制 ECU 系统	巡航控制 ECU 有故障
17	节气门位置传感器系统	①节气门位置传感器有故障 ②插接器有故障 ③线束有故障 ④巡航控制 ECU 有故障

④清除故障码的方法

a. 使用 MUT－Ⅱ诊断仪按照诊断仪的提示清除故障码。

b. 不使用 MUT－Ⅱ诊断仪清除故障码。

a）将点火开关转至“LOCK”（或“OFF”）位。

b）拆下蓄电池负极电缆线 10 s 以上，然后再重新连接好。

c）启动发动机，在发动机升温后使其怠速运转 15 min 以上。

2）ECU 插接器端子电压的检测。巡航控制 ECU 插接器各端子的位置如图 4—92 所示。在各端子处的检测项目、检查条件和标准电压见表 4—26。

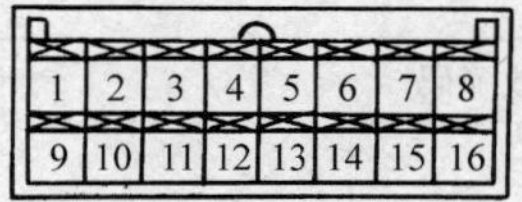

图 4—92　巡航控制 ECU 插接器各端子位置

表 4—26　　　　巡航控制 ECU 端子电压的检查

端子编号	检查项目	检查条件		标准值
1	节气门位置传感器输入	加速踏板：完全踏下		4.5～5.5 V
1	节气门位置传感器输入	加速踏板：放松		0.5～0.7 V
2	发动机 ECU（M/T 车型）或发动机与 A/T ECU（A/T 车型）输出（怠速开关）	加速踏板：踏下		4.5～5.5 V
2	发动机 ECU（M/T 车型）或发动机与 A/T ECU（A/T 车型）输出（怠速开关）	加速踏板：放松		0 V
3	A/T 控制输出	平路行驶（无关闭超速挡的需要）		系统电压
3	A/T 控制输出	爬坡行驶（有关闭超速挡的需要）		0 V
4	制动灯开关输入	制动踏板：踏下（制动灯开关接通时）		系统电压
4	制动灯开关输入	制动踏板：放松（制动灯开关关闭时）		0 V
5	真空泵电源	点火开关：ON；制动灯开关：OFF		系统电压
6	ECU 电源	点火开关：ON		系统电压
7	巡航控制真空泵释放阀和控制阀输入	在巡航行驶时用设定（滑动）开关减速	释放阀关闭	系统电压
7	巡航控制真空泵释放阀和控制阀输入	在巡航行驶时用设定（滑动）开关减速	控制阀开启/关闭	系统电压
8	巡航控制真空泵释放阀和控制阀输入	用取消开关取消巡航行驶时	释放阀开启	系统电压
8	巡航控制真空泵释放阀和控制阀输入	用取消开关取消巡航行驶时	控制阀开启	系统电压
9	巡航控制开关输入	主开关：ON		约 9.0 V
9	巡航控制开关输入	巡航控制开关未被操作	所有开关：OFF	约 4.5 V
9	巡航控制开关输入	巡航控制开关下推	设定开关：ON	约 1.5 V
9	巡航控制开关输入	巡航控制开关上推	恢复开关：ON	约 3.0 V
9	巡航控制开关输入	巡航控制开关后拉	取消开关：ON	约 0 V
10	车速传感器输入	汽车被前后移动时，传感器反复 ON 和 OFF	传感器 ON 时	0 V
10	车速传感器输入	汽车被前后移动时，传感器反复 ON 和 OFF	传感器 OFF 时	4.5 V 或 4.5 V 以上
10	车速传感器输入	点火开关：ON	使汽车缓慢向前移动	0 V 和 8～12 V 之间交替
11	诊断控制输入	点火开关：ON		4 V 或 4 V 以上
12	ACC 电源	点火开关：ACC　主开关：ON		系统电压
13	离合器开关输入（M/T 车型）	离合器踏板：放松	离合器开关：OFF	系统电压
13	离合器开关输入（M/T 车型）	离合器踏板：踏下	离合器开关：ON	0 V
13	抑制开关输入（A/T 车型）	变速杆位置：在除 N、P 之外的其他位置	空挡开关：OFF	系统电压
13	抑制开关输入（A/T 车型）	变速杆位置：N 或 P	空挡开关：ON	0 V
14	搭铁	在任何时候		连通

续表

端子编号	检查项目	检查条件		标准值
15	指示灯输入	主开关：ON（指示灯点亮时）		0 V
		主开关：OFF（指示灯熄灭时）		系统电压
16	巡航控制真空泵电动机输入	用设定开关设定巡航行驶时	电动机不转/运转	系统电压/0 V
		在巡航行驶时，用恢复（取消）开关加速	电动机不转/运转	系统电压/0 V
		在巡航行驶时，用设定（滑行）开关减速	电动机不转	系统电压
		用取消开关取消巡航行驶	电动机不转	系统电压

3）巡航控制部件的检查

①巡航控制主开关的车上检查

a. 接通点火开关。

b. 按下主开关，确认组合仪表上的巡航控制指示灯点亮。否则检查巡航控制指示灯和巡航控制主开关。

②巡航开关电阻的检查。分别接通主开关、CANCEL（解除）开关、RES（恢复）开关和 SET（设定）开关，测量巡航控制开关的各端子（见图 4—93）之间的电阻。如果测量值符合表 4—27 要求，表明此开关无故障。

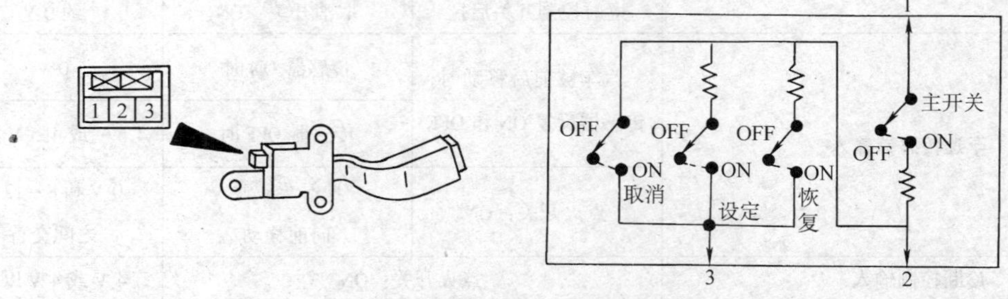

图 4—93　巡航控制开关的检查

表 4—27　　巡航控制开关各端子之间的电阻

开关位置		各端子之间的电阻	
MAIN（主）开关：OFF		不通	
MAIN（主）开关：ON		端子 1 与 2 之间	约 3.9 kΩ
MAIN（主）开关：ON	CAN（解除）开关：ON	端子 2 与 3 之间	约 0 Ω
	RES（恢复）开关：ON		约 910 Ω
	SET（设定）开关：ON		约 220 Ω

③制动灯开关的检查。拔下制动灯开关插接器，检查制动灯开关端子（见图 4—94）之间的导通情况。当踏下制动踏板时，端子 1 与端子 2 之间应导通（用于制动灯电路），端子 3 与端子 4 之间应导通（用于巡航控制电路）。

④车速传感器的检查

a. 举起并可靠地支撑起汽车。

b. 拆下车速传感器插接器，如图 4—95 所示将一个 3 ~ 10 kΩ 的电阻和蓄电池与车速传感器连接。

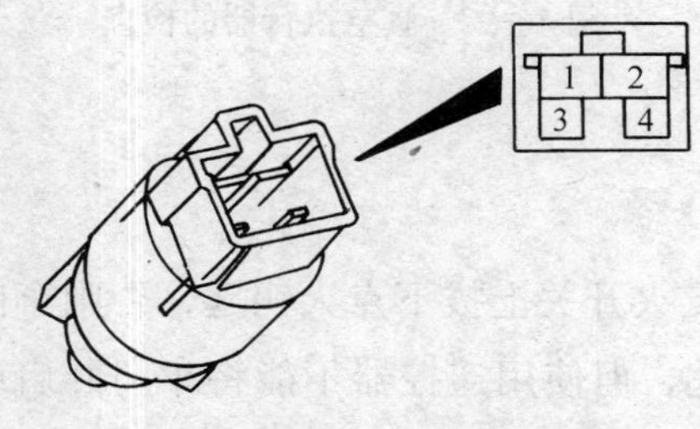

图 4—94 制动灯开关端子

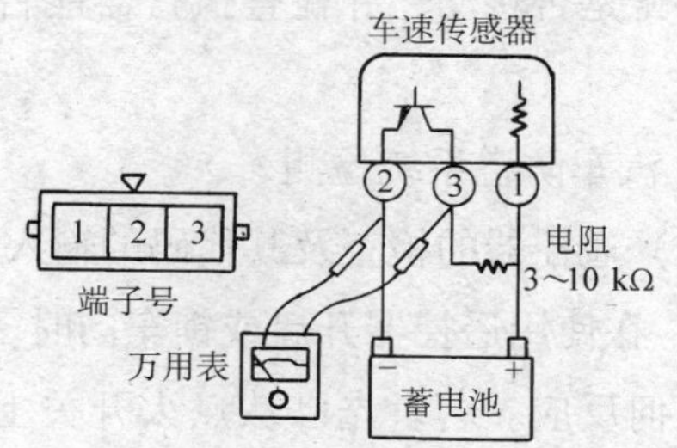

图 4—95 车速传感器的检查

c. 转动传动轴，同时用万用表检查 2 号与 3 号端子之间的电压变动情况。传动轴每转一周，应有 4 个信号电压脉冲。

⑤真空泵的检查

a. 从巡航控制真空泵上拔下真空软管，将真空表连接在真空泵上（见图 4—96），然后拔下真空泵插接器。

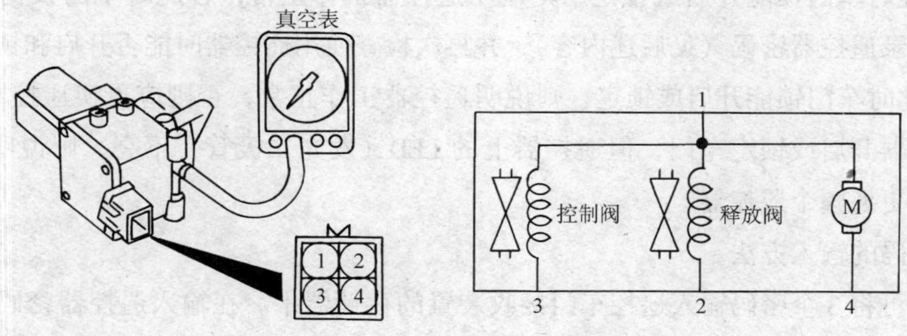

图 4—96 巡航控制真空泵

b. 按照下列操作程序，检查巡航控制真空泵。将蓄电池的正极连接到巡航控制真空泵插接器的端子 1 上，将负极连接到端子 2、3 和 4 上。此时，真空表应指示 27 kPa 或更高。保持端子 1、2 和 3 的连接不变，将端子 4 与蓄电池负极的连接脱开，真空表指示数值应能保持。然后，在端子 1 和 3 仍然保持连接的情况下，将端子 2 与蓄电池负极脱开，真空表应指示 0 kPa。

在端子1、2和3保持连接的情况下，将端子4从蓄电池负极上脱开，真空应保持。然后，在端子1和2保持连接的情况下，将端子3从蓄电池负极上脱开，真空表应指示0 kPa。

⑥真空执行器的检查。从真空执行器上拔下真空软管，并将一只手动真空泵连接到真空执行器上（见图4—97）。检查当加真空时，节气门摇臂是否转动，并检查执行器能否保持真空。

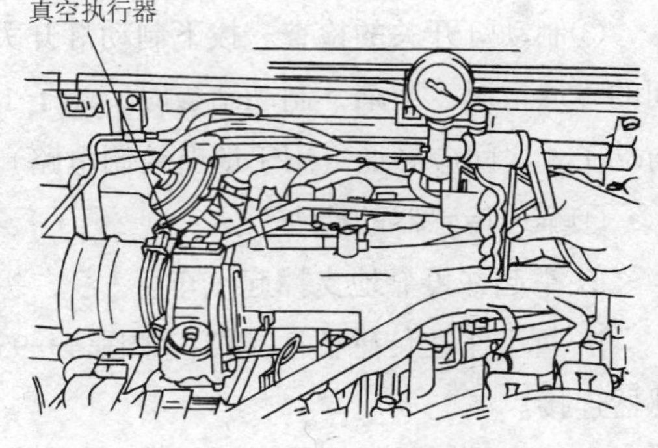

图4—97　真空执行器的检查

3. 汽车防盗系统检测

（1）遥控器的检查及其代码的输入

1）在使用遥控器开启或锁车门时，必须事先从点火开关上拔下点火钥匙，否则车门锁将无任何反应。若事先已从点火开关上拔下点火钥匙，但使用遥控器不能将车门开启或锁定，则此时应按下述方法对遥控器进行检查。

2）按压遥控器开启或锁定按钮5~6次，检查车门锁是否工作。

3）若此时车门锁能开启或锁定，则说明遥控器工作正常；若此时车门锁不能工作，则检查遥控器是否有水进入。

4）若遥控器内有水，则更换遥控器；若遥控器内无水，则换用新的遥控器电池，并再次按压遥控器开启或锁定按钮5~6次，检查车门锁是否工作。

5）若此时车门锁能开启或锁定，则说明遥控器工作正常；若此时车门锁仍不能工作，则重写并记录遥控器密码（见后述内容），并再次检查使用遥控器时能否开启和锁定车门。

6）若此时车门锁能开启或锁定，则说明遥控器工作正常，否则应更换遥控器。如果可以使用遥控器开启或锁定车门，但遥控器上的LED（发光二极管）不亮，则说明LED有故障，此时应更换整个遥控器。

（2）密码的输入方法

遥控器可将3个密码输入遥控车门接收装置的存储器中。在输入遥控器密码时应注意：如果输入第4个密码，则第一个密码将被覆盖删除。在操作过程中，一定要在规定的时间内完成。遥控器密码输入的步骤如下：

1）接通点火开关（置ON，Ⅱ位）。

2）将遥控器对准遥控车门接收装置，在4 s内按压遥控器的锁定与开启按钮。

3）在4 s内关闭点火开关。

4）在4 s内转入步骤5）。

5）重复步骤1)。

6）重复步骤2)。

7）重复步骤3)。

8）在4 s内转入步骤9)。

9）重复步骤1)。

10）重复步骤2)。

11）重复步骤3)。

12）在4 s内转入步骤13)。

13）重复步骤1)。

14）重复步骤2)。

15）确认已听到车门锁启动器工作的声音。

16）在9 s内转入步骤17）至步骤22)。

17）将遥控器对准遥控车门接收装置，输入第一个欲被存入的密码，然后按下遥控器按钮。

18）确认已听到车门锁启动器工作的声音。

19）将遥控器对准遥控车门接收装置输入第二个欲被存入的密码，然后按下遥控器按钮。

20）确认已听到车门锁启动器工作的声音。

21）将遥控器对准遥控车门接收装置，输入第三个欲被存入的密码，然后按下遥控器按钮。

22）确认已听到车门锁启动器工作的声音。如果欲存入另一个新的（第4个）遥控器密码，则返回步骤1）然后逐步进行。

23）关闭点火开关，拔出点火钥匙。

24）使用遥控器开启或锁定车门，确认遥控器输入新密码后，系统工作正常。

4. 电器设备的修理

（1）滚筒式车速表试验台检定

1）外观及一般要求

①车速台应有清晰的铭牌，铭牌上应标明设备型号、设备名称、额定载荷、出厂编号、制造厂名和出厂日期。

②各操纵件如开关、按钮及插座、接线端子等应有明显的文字或符号标志，符号标志应符合有关标准的规定；操纵件的操作应灵活、可靠，无松动、卡滞等现象。

③指针式仪表，表盘应清晰、指针能调零，不应弯曲，回转应平稳、灵活，不应有跳

动、卡滞等现象。数字式显示仪表，无影响读数的缺陷；数字显示值应在 5 s 内稳定；示值保留时间不少于 8 s。

④滚筒、举升机构、滚筒锁止机构等应运行灵活、有效、可靠。

2）电气系统安全性

①车速台应有保护接地端子，该端子旁应有清晰的接地标志。保护接地端子应通过专用的黄绿色导线与保护接地点可靠连接。

②车速台的电气系统，其安全性应符合 GB/T 6587.7—1986 中额定工作电压不超过500 V的Ⅰ类安全仪器的规定，绝缘电阻值不小于 5 MΩ。

③零位误差和零点漂移。

零位误差：不超过 ±1 d。

零点漂移：30 min 的零点漂移不大于 1 d。对指针式仪表，d 为分度值。对数字显示式仪表，d 为分辨率值：即：显示值最低位的一个数字间隔所代表的速度值，最大不能超过 1 km/h。

④滚筒表面径向圆跳动量：不大于 1 mm。

⑤滚筒表面局部磨损量：不大于 1% *D*。*D* 为滚筒标称直径，单位为 mm。

⑥示值误差：不超过 ±2% ±1d。

3）检定方法

①环境条件

温度：0～40℃。

电源电压：额定电压 ±10%。

检定应在周围无影响测量的污染、振动和电磁干扰的环境下进行。

②量具和工具

绝缘电阻表（兆欧表），量程不小于 100 MΩ，测量电压 500 V，一个；平尺（500 mm，1级）或长量爪游标卡尺（300 mm、分度值 0.05 mm），一把；塞尺（Ⅰ型，2 级），一把；百分表（10 mm，分度值 0.01 mm），一只；转速表（0.5 级），一个；磁性表座，一个。

量具须经计量部门检定合格并在有效期内使用。

③外观及一般要求的检查。人工检查，应符合相应技术规定。

④电气系统安全性检验。人工检查车速台及仪表的保护接地端子和保护接地的状况，应符合规定。

绝缘电阻试验。车速台与电网电源断开，电源开关置于接通位置，在车速台与电网电源导线连接的相线接线端子与机壳、保护接地端子之间用绝缘电阻表测试，应符合相应技术规定。

⑤零位误差的检定。仪表调零后转动滚筒，并让其自由停止转动，重复三次。其中最大零位偏离值即零位误差，应符合相应技术规定。

⑥零点漂移的检定。仪表调零后，开始测量零位漂移，在 30 min 内每 10 min 记录一次零位偏离值，连续三次，每次的零位偏离值均应符合相应技术规定。

⑦滚筒表面径向圆跳动量的检定。在车速台滚筒的中段占全长 80% 的表面上均匀各取五点，用百分表测量其径向圆跳动量，应符合相关的规定，对外圆表面不连续的滚筒（如表面开槽滚筒），允许测量其工作表面（非槽表面）或两端表面连续处的径向圆跳动量。

（2）对称前照灯检测仪检定

1）技术要求

①外观及一般要求。大灯仪应有清晰的铭牌，标明设备名称、型号、出厂编号、制造厂名、出厂日期。

各操纵件如开关、按钮及插座、接线端子等应有明显的文字或符号标志，符号标志应符合有关的规定。操纵件应灵活可靠，无松动、卡滞等现象。

指针式显示仪表，表盘应清晰，指针能调零，回转平稳、灵活，不应有卡滞、跳动等现象。数字式显示仪表，不应有影响读数的缺陷。

受光镜镜面应明净。

②电气系统安全性。大灯仪应有保护接地端子，该端子旁应有清晰的接地标志。保护接地端子应通过专用的黄绿色导线与保护接地点可靠连接。

使用电网电源的大灯仪，其电气系统安全性应符合 GB/T 6587.7—1986 中额定工作电压不超过 500 V 的Ⅰ类安全仪器的规定，绝缘电阻值不小于 5 MΩ。

③发光强度示值误差：不超过 ±12%。

④发光强度变化时光轴角示值误差：不超过 ±15′。

⑤照射方向变化时光轴角示值误差：不超过 ±15′。

⑥光轴角示值误差：不大于 15′。

⑦大灯仪基准中心高度示值误差：不超过 ±1.5 cm。

⑧配有打印机装置或配置在计算机控制的机动车检测线上的前照灯检测仪，其仪表显示值、打印值或线上计算机显示值均应符合示值误差的要求。

2）检定方法

①环境条件

温度：0～40℃。

相对湿度：≤85%。

电源电压：额定电压 ±10%。

检定应在周围无太阳光及灯光直射及无影响测量的污染、振动、电磁干扰的环境下进行。

②量具和工具

大灯仪校准器（以下简称校准器）一台，光强允差不超过 ± 4%，角度允差不超过 ± 3′；经纬仪一台，测角精度 6″；水准仪一台，精度 3 级；绝缘电阻表（500 V 兆欧表）一个，量程大于 100 MΩ；钢卷尺一个，规格 10 m；细绳一根，长度 15 m；铅锤一个。

量具须经计量部门检定合格并在有效期内使用。

③外观及一般要求的检查。人工检查，应符合规定。

④电气系统安全性检验。人工检查大灯仪的保护接地端子和保护接地状况，应符合规定。

绝缘电阻试验。大灯仪与电网电源断开，大灯仪电源开关置于接通位置，在大灯仪电源插头的电源相线端子与保护接地端子之间用绝缘电阻表测量，应符合规定。

⑤发光强度示值误差的检定。将大灯仪置于检测工况，通电预热，显示仪表调零。

光源的光轴角为 0°。选 80×10^2 cd、120×10^2 cd、150×10^2 cd、200×10^2 cd 四个测试点，将光源的发光强度依次调到四个测试点，然后用大灯仪对光源进行测量，将大灯仪对应各测试点的发光强度示值记在表中，发光强度示值误差应符合规定。

（3）汽车整车电路的检查与修复

1）故障检测步骤

①证实故障症状。打开故障电路中所有元件，证实顾客提出的故障是否准确并记下症状。划定故障区域，再开始拆卸和测试。

②分析图表。在线路图中找出故障电路，查证从电源经电路元件至接地的线路，判断电路如何工作，同时也查找和故障电路共线的电路。共熔断器接地和开关的电路名称在每个电路图中会提及。

试着运行各共线电路，若共线电路工作，则共线电路正常，原因一定是在故障电路非共线部分。若同时几个电路失灵，可能的原因是熔断器和搭铁。

依据症状和对电路运行的了解，找出故障电路的可能因素。

③测试电路，找出故障。测试按上一步骤得到的诊断结果，合理确定规程可加强故障检测效率，首先测试故障最可能的原因，可同时测试多点。

④修复故障。一旦确定故障，则着手修理，保证使用正确的工具和安全的操作步骤。

⑤证实电路故障。在各种状况下，打开修复电路中所有元件证实已修复全部故障，若故障是熔断器烧坏，检测接通此熔断器的所有电路，证实没有出现新故障，且旧故障已排除。

2）故障测试方法

①短路测试（见图 4—98）

a. 使用一个至少 10 MΩ 电阻的数字式或模拟式万用表。

b. 拆下已烧坏的熔断器并断开回路中所有载荷。

c. 在熔断器位置连一测试灯。

d. 在下面状态下打开测试灯。点火开关置“ON”位。点火开关置“ON”位，开关 1 置“ON”位。点火开关、开关 1 和继电器置“ON”位（连接继电器）。

e. 接通或断开元件或接头，同时观察测试灯。当短路回路或元件接通，测试灯亮。当此回路或元件断开，测试灯灭。

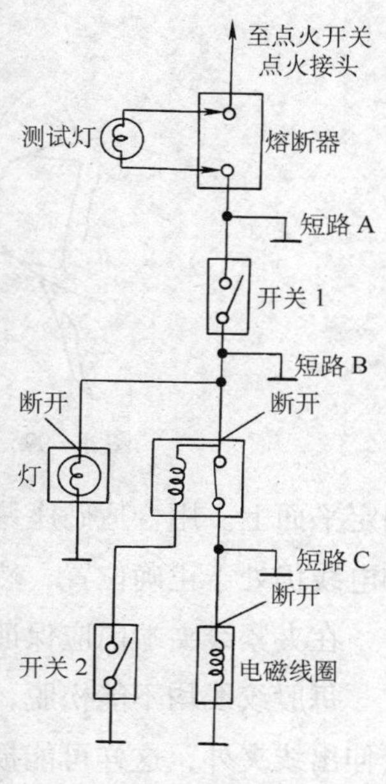

图 4—98 短路测试图

②电压检查

a. 使用一个至少 10 MΩ 电阻的数字式或模拟式万用表。

b. 在下列状况下检查测试点处电压。点火开关置“ON”位。点火开关和开关 1 置“ON”位。点火开关、开关 1 和继电器置“ON”位。伏特表调至测试电路合适范围内。负极表笔搭铁或蓄电池负极、正极表笔接接头或元件接线端。

③测试导通性。当测试一个电线不密封的接头的电压时，不必将接头分开，先从背部检查接头，检查接头两侧，因为插头弄脏，安装不正确和弯曲可能引起故障。

a. 拆下汽车蓄电池负极电缆，若使用 DVOM，将它调至最低“欧姆值”范围。

b. 将自供电测试灯或 DVOM 一个测试头与要测试的部分电路中一点接通。

c. 另一测试头接通另一点。

d. 若自供电测试灯亮，线路导通，若使用 DVOM，低读数或零读数表示导通。

3）典型电气维修

①用铰钳铰接铜线。铰钳是一种实用的电线维修工具，在某些有特殊要求的场合（如湿封），它不能使用。

如线束有扎带，拆开扎带，为避免电线绝缘层损坏，用“缝隙拆开件”拆下线束，若线束有黑色缩管，直接拉出需维修的导线。从线端切下一段尽可能短的电线，若切下电线太多，也许以后需用长电线以改变铰接位置，可能要调整铰接位置以满足每一铰接位离其他铰接位线束分支或接头至少 40 mm 远的要求。

若不清楚电线型号，从电线剥线器最大孔开始，依次往下直到绝缘层被剥落，小心避免电线线芯出现裂纹或切断（见图 4—99、图 4—100 和图 4—101）。

选择合适砧座放入铰接夹，仅限于使用大小两种砧座重叠裸线，用大拇指和食指抓紧它们，然后将铰接夹中心对正裸线芯并固定好位置。充分张开铰接工具并将一个手柄支撑在一

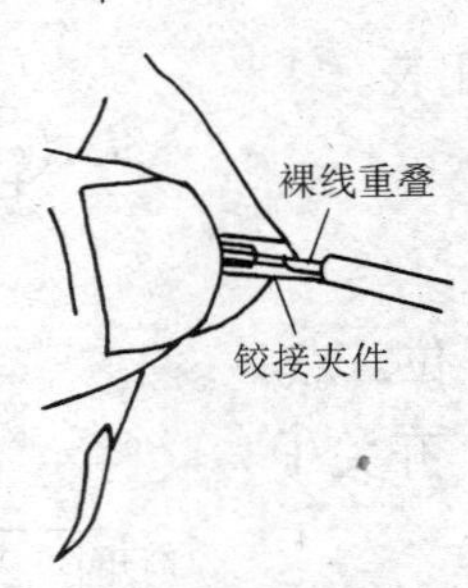

图 4—99　对正铰钳中心

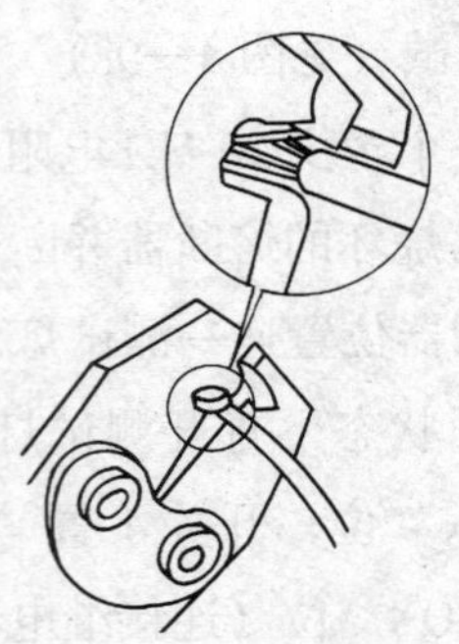

图 4—100　夹紧铰钳

固定平面上。用合适砧座调正接夹后部中心，合上铰接工具至幅角触及夹点侧边。保证线夹和电线仍处于正确位置，然后用稳定压力夹紧铰接工具直到其闭合。

在夹紧线夹端前应保证电线在两方向均超出线夹。

每股绞线均不能松脱，并且绝缘层不能夹在铰接线夹内，每端再夹一次，不要让铰接工具伸出线夹外，这样可能损坏或划伤电线。

如图 4—102 所示，用 60/40 松脂芯焊料焊封线夹后背孔，使用时，遵循烙铁使用说明。

如图 4—103 所示，对中缠上绝缘胶布，胶布应包住整个铰接位。缠上胶布厚度等同电线绝缘层厚度，绝缘胶布包裹不要有下垂。胶布下垂，则不能提供可靠绝缘。

若电线没有导管或混于其他线束中，再包上一层绝缘胶布，在第一层上再缠绕一层，如图 4—104 所示。

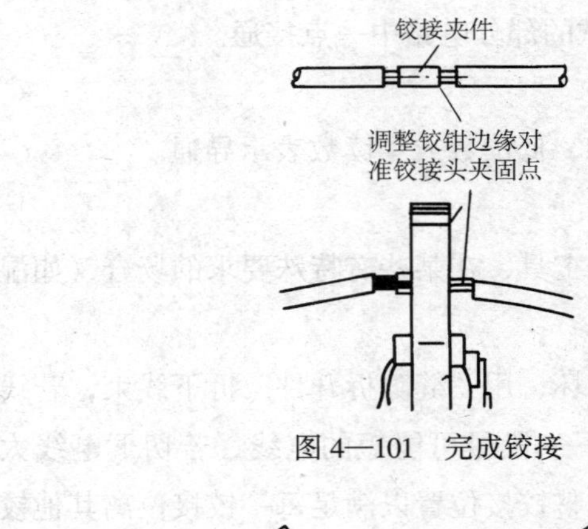

图 4—101　完成铰接

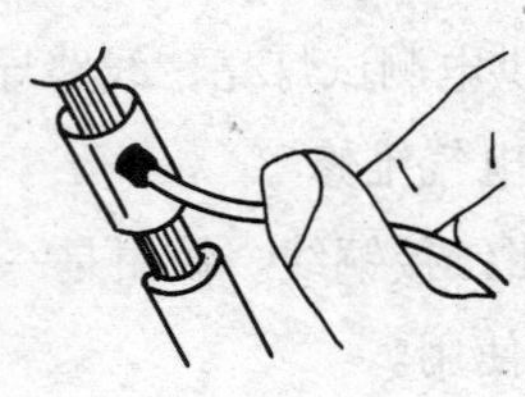

图 4—102　焊接

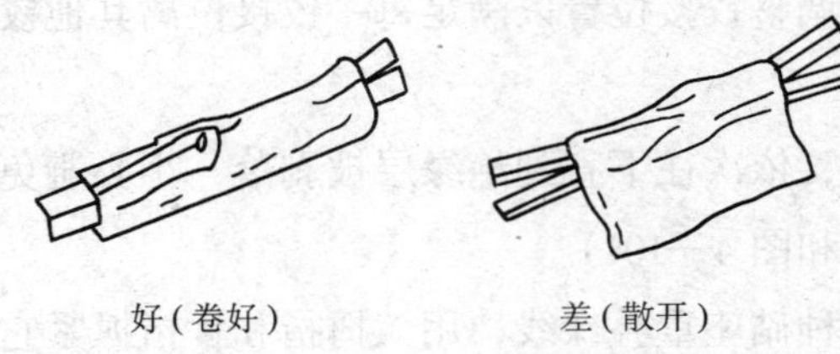

图 4—103　第一次正确的绝缘胶布包裹法

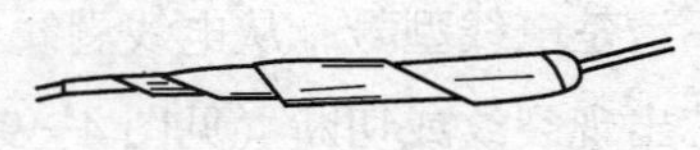

图 4—104　第二次正确的绝缘胶布包裹法

②用线束、密封铰接端子铰接铜线

a. 拆下线束。如线束有扎带，拆开扎带，为避免电线绝缘层损坏，用“缝隙拆开件”拆下线束。

b. 切线。从线端切下一段尽可能短的电线，若切下电线太多，也许以后需用长电线以改变铰接位置，可能得调整铰接位置以满足每一铰接位离其他铰接位线束分支或接头至少 40 mm，这有助于防止相邻接头的侵蚀而引起的损坏。

c. 剥线。若线束导线需加长，必须用与原电线同型号电线。若不清楚电线型号，先从电线剥线器最大孔开始，依次往下直到将绝缘层剥落，剥线长度约 7.5 mm，小心不要切伤或切断电线线芯，检查剥皮线是否切伤或切断线芯，如电线线芯弄坏了，切去，再重复此步骤（见图 4—105）。

d. 选择并定位铰接端子。根据电线型号，选择合适铰接端子，铰接端子和相应工具槽均标有颜色作代码。

使用卷曲工具将铰接套在手工铰接工具相应颜色槽内定位，将铰接端子放入工具槽中以使卷边槽落在管边端和止板的中间。

铰接端子管边中央有一块止板，防止电线进入太多，轻轻压合手工铰接工具手柄，将铰接端子牢牢固定在工具相应窝槽中（见图 4—106）。

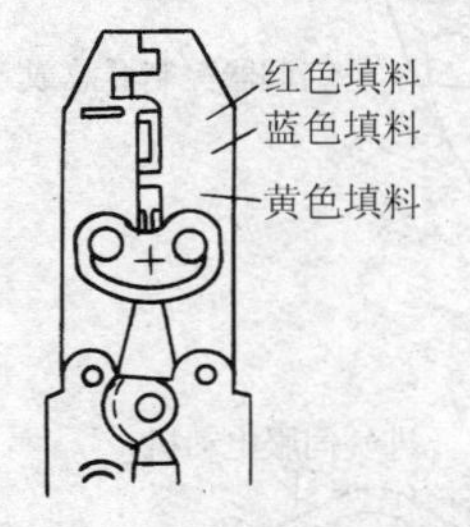

图 4—105　手铰接工具

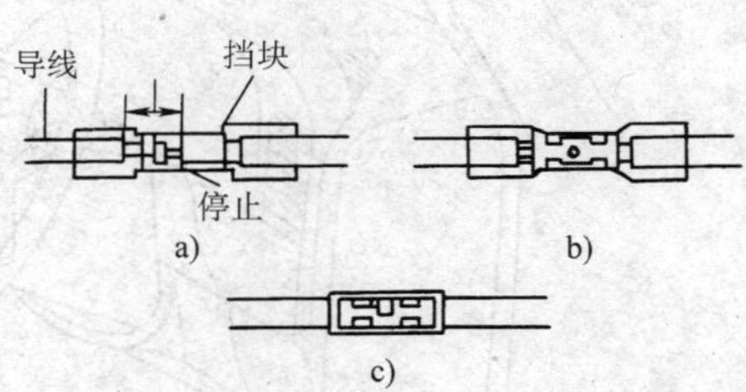

图 4—106　密封端子铰接顺序

e. 插入电线线芯于端子内，并压合端子，将电线线芯插入铰接端子直到它碰到管边止板，用力压合手工铰接工具手柄，直到手柄打开时放松。

f. 装热缩管并吹缩。用合适热风筒加垫压合端子上的套管，慢慢将垫套管从绝缘管口移入，当缩管沿绝缘体送入时，软管完全收缩包附，充分完成缩管，收缩时，有小量密封剂由缩管溢出。

（4）汽车电器附件

汽车电器附件一般指除传统电器系统以外的部件，如空调、音响等。

1）汽车空调

①汽车空调工作原理。空调是空气调节器的简称，它的作用是对室内空气进行调节，使

空气的温度、湿度、流速和洁净度达到人体所需要的舒适范围。

图 4—107 为丰田佳美轿车的空调系统组件位置示意图。

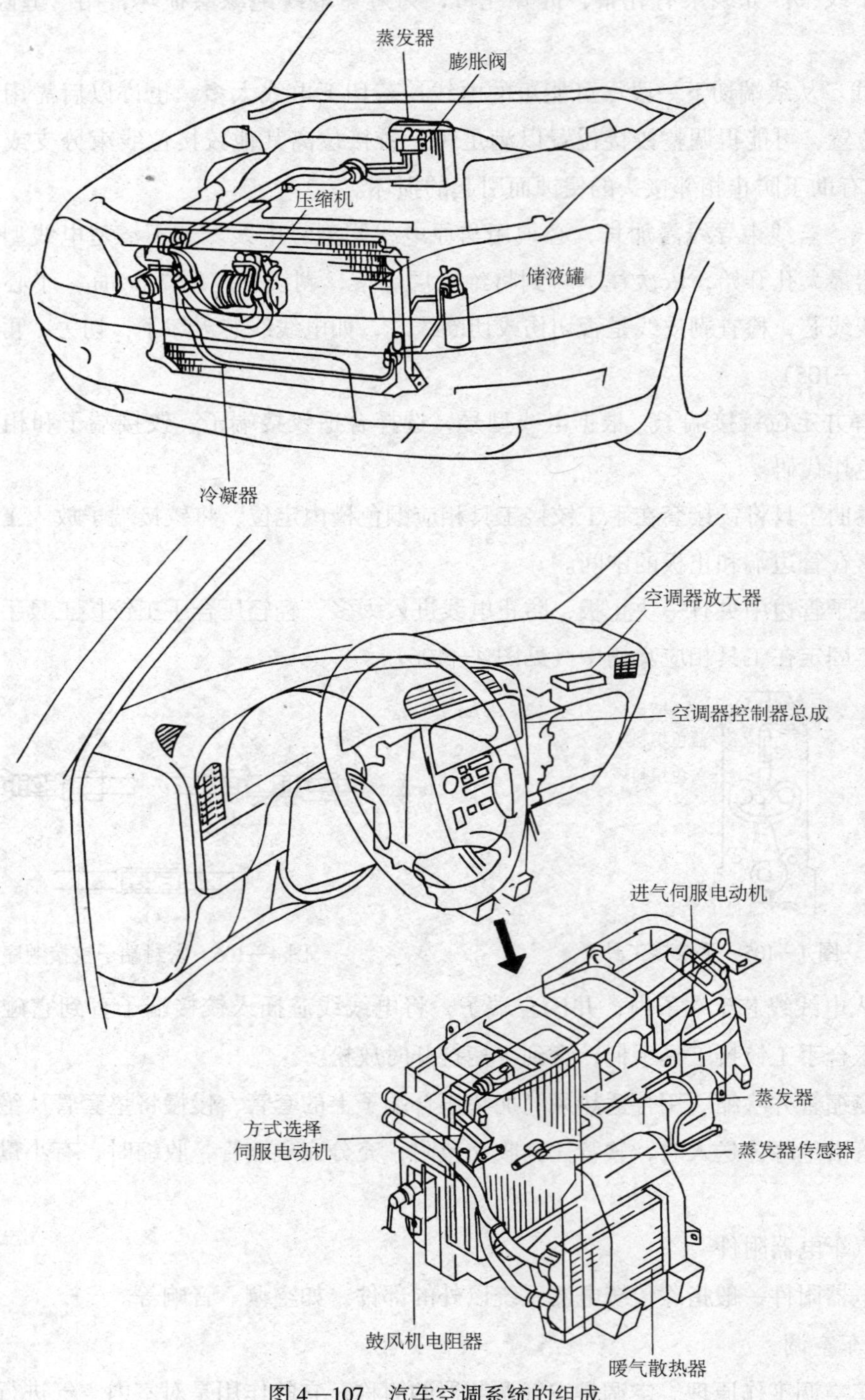

图 4—107　汽车空调系统的组成

制冷系统工作时，制冷剂以不同的状态在这个密闭系统内循环流动，每一循环有四个基本过程：

压缩过程。压缩机吸入蒸发器出口处的低温低压的制冷剂气体，把它压缩成高温高压的气体排出压缩机。

放热过程。高温高压的过热制冷剂气体进入冷凝器，向周围环境放出大量的热，制冷剂气体冷凝成液体。

节流过程。温度和压力较高的制冷剂液体通过膨胀装置后体积变大，压力和温度急剧下降，以雾状（细小液滴）排出膨胀装置。

吸热过程。雾状制冷剂液体进入蒸发器，此时制冷剂沸点远低于蒸发器内温度，故制冷剂液体蒸发成气体，而后低温低压的制冷剂蒸气又进入压缩机。从吹风机来的空气，不断流过蒸发器表面，被冷却后送到车厢内，使车厢降温。

上述过程周而复始地进行下去，便可达到降低蒸发器周围空气温度的目的。

②汽车空调系统常见作业项目

a. 汽车空调系统测试

a）温度测试和压力测试准备。在温度测试和压力测试进行之前，要首先满足下列要求：

在温度控制旋钮上，设置为空调状态，温度设为最低。原因是一部分种类的汽车需要用最低温度设置来确保内循环空气。

第一，将风扇旋钮调到高挡。

第二，车内的温度达到稳定（不允许温度继续下降）。

第三，发动机转速要高于 1 500 r/min，以确保充足的冷媒流量。

第四，空调压缩机离合器要接合。

b）空调冷气输出温度测试。当空气通过蒸发器时其温度的下降量应超过 25℃。所以在较凉爽的日子很难判定空调是否工作正常。在测试时要注意将发动机盖盖上。

判定标准：

第一，如果 23℃的空气进入蒸发器，出来的温度应该低于 3℃。

第二，如果 28℃的空气进入蒸发器，出来的温度应该低于 5℃。

第三，如果 33℃的空气进入蒸发器，出来的温度应低于 16℃。

c）压力测试。压力测试系统中使用压力表来测试压力。一个表用来测试高端压力，另一个表用来测试低端压力。压力表和软管要采用标准颜色作为标志：高压端用红色，低压端用蓝色，黄色用于充入冷媒设备，如图 4—108 所示。

在将压力测试系统接到维修端口之前，要关闭全部阀门。注意软管不要搭在风扇或排气管上。一切就绪后，接上压力表，如图 4—109 所示。

低压表是一个综合表。它可以读出压力值或真空值。原因是低压表处在系统的吸入端。有一个手动阀门用来开闭吸入管。低压表连接在吸入管端并显示吸入端的压力。

高压表用于显示高端压力。高压表通常在接入端有一个小量孔，这个量孔的作用是在系统压力波动时保持读数指针稳定。高压表的表盘上通常有一个调零螺钉。有时高压表盘上有一个刻度线用来将度数根据相关温度转换。

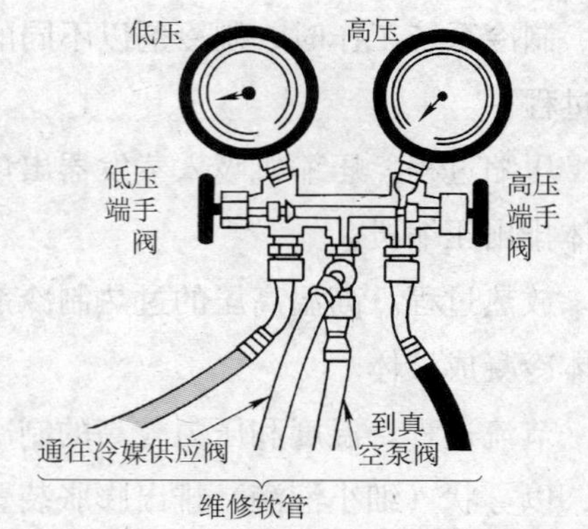

图 4—108 用空调压力表测试系统压力

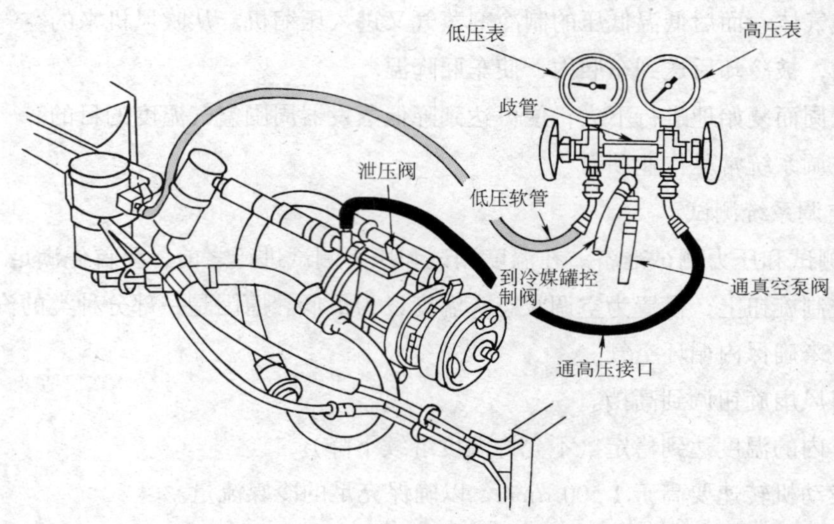

图 4—109 将压力测试系统接在维修端口上

在高端的手动阀用来开闭通往高端软管的管路，而高端软管用于排放冷媒。高压表用于测量高端压力。

对于手动阀门，可以采用特制扳手旋转螺杆来调整阀门。在拆除软管时，要将阀门落座。新式软管的末端有一个单向阀用来防止拆开管路时冷媒从管路中溢出。当然还会有少量冷媒会泄漏出来。在拆除软管时应用一块抹布环绕在出口以防止冷媒和机油飞溅。

在空调系统不工作时的压力称为静态压力。如果系统中有足够的冷媒，压力读数应不小于 50 psi。高端和低端压力表读数应该相同。

当启动发动机并打开空调系统时，低端压力会下降，而高端压力会上升。另外，低端压力会根据蒸发器的温度而变化，高端压力会反映流出冷凝器的冷媒温度。高端和低端压力会继续变化直到整个系统达到稳定（达到正常工作温度）。系统压力将根据空气湿度的不同而有所变化，原因是高湿度会使系统负荷增加。有必要保持充足的空气流过冷凝器，因此如有必要，可以用便携式风扇通过格栅吹入部分风量。膨胀阀式系统和量孔管式系统的低端压力会有所不同。空调系统维修手册的故障诊断表会帮助你尽快定位空调系统压力问题。下列标准可以用于压力测试：高端压力越高，说明热量越高；低端压力越低，输出冷气越冷。高端压力影响低端压力。如果在冷凝器上洒水，高低端压力会同时下降。

d）空调泄漏检查。空调泄漏检查有以下几种方法。

目测检漏。当发现系统某处有油迹时，此处可能为渗漏点。这种方法简便易行，没有成本，但是有很大缺陷，除非系统突然断裂的大漏点，并且系统泄漏的是液态有色介质，否则目测检漏无法定位，因为通常渗漏的地方非常细微。

肥皂水检漏。向系统充入 0.01～0.02 kPa 压力的氮气，再在系统各部位涂上肥皂水，冒泡处即为渗漏点。

卤素灯检漏。点燃检漏灯，手持卤素灯上的空气管，管口靠近系统可能渗漏处，当泄漏的氟利昂气体从卤素灯的吸入管吸入时，遇到火焰，分解出氟氯元素，与铜化合生成卤素铜的化合物，使火焰颜色发生由绿到蓝直至紫色的变化。不同的火焰可表明氟利昂泄漏量的多少，若火焰颜色无变化，说明无泄漏；火焰颜色为浅绿色，表明有微量泄漏；火焰颜色为浅蓝色，表明有大量的泄漏；火焰颜色为紫色，说明有严重的泄漏。卤素检漏灯的使用方法：

第一，点燃卤素灯，使火焰上部的铜环变成红热状态。

第二，转动调整手轮，使火焰伸出铜环约 5 mm，火焰过长会降低检测的灵敏度。

第三，将卤素灯的吸入管对准各检漏部位仔细检查一周，并根据火焰颜色的变化判断有无泄漏。

使用时要使卤素灯保持垂直方向，尽量避免吸入制冷剂燃烧产生的有毒气体。

检漏灯灵敏度较高，也有不足之处，如当空气中含有一定灰尘时，其火焰呈黄色，就要注意观察和判断。若周围空间含有一定量制冷剂时，在没有对系统进行检漏时，火焰已发生变色，这时先排除周围的空气，然后再进行检漏，否则难以进行。

e）气体差压检漏。利用系统内外的气压差，将压差通过传感器放大，以数字、声音或电子信号的方式表达检漏结果。此方法也是只能“定性”地知道系统是否渗漏而不能准确地找到漏点。

f）电子检漏。使用时将测试管头在系统接头处移动，管头要离开测试处 1 cm 左右。当发现泄漏时，检测仪会发光并发出高频声或“咔哒”声。检测仪上有敏感度调节，可以根据需要调整。在最低敏感度情况下检测仪可用于确定泄漏的准确位置。电子检漏产品容易损坏、维护复杂，容易受到环境化学品如汽油、废气的影响而不能准确定位漏点。

b. 汽车空调系统抽真空。汽车空调制冷系统修理后或刚安装的空调制冷系统，在加入制冷剂之前，必须进行抽真空。抽真空时应使用专用真空泵。它的作用是将系统内的空气和水分抽干净并通过观察系统内真空度的变化来判断泄漏情况。当系统检修时，在未加入制冷剂之前，系统抽真空是十分重要的。而抽真空的彻底与否，将会影响今后系统的正常运转效果。

如因管道折断或泄漏，修复后的制冷系统抽真空的时间不应少于 15 min。大修空调制冷系统后，抽真空时间应不少于 30 min。抽真空的方法和步骤如下。

第一步：将压力表上的高压表软管与压缩机排出口检修阀相连接，即压缩机通往冷凝器管道；将低压表软管与压缩机的吸入检修阀连接，即压缩机通往蒸发器管道。将压力表的中间软管与真空泵的进口相连。

第二步：各软管连接无误后，开启真空泵，打开压力表的高、低压手动阀。工作中应及时观察压力表的指示值。如果制冷系统不漏气，真空泵工作约 10 min 后，压力表低压表的指示应在 600～700 之间。如果制冷系统真空达不到 79.98～93.3 kPa，应将压力表的高压手动阀关闭，停止真空泵工作，并检查制冷系统有无漏气。如有漏气应进行修理，然后继续抽真空。

第三步：空调制冷系统的真空值应不低于 93.3 kPa，抽真空连续工作时间不能少于 15 min，然后关闭压力表上两个手动阀，停止真空泵工作，并拆去压力表中间软管。

c. 充放制冷剂。当空调系统制冷剂量不够，或确定空调系统不存在泄漏部位时，即可向制冷系统充注制冷剂。在充注制冷剂前，如果空调系统缺油，必须先加油，再抽空，然后再充制冷剂。在空调压缩机上有铭牌，其上标有制冷剂种类和需要数量。

充注制冷剂方法有两种：一种为抽完真空，不发动车，不开空调，从高压端直接加入液态制冷剂，其特点为安全快速，它适用于制冷系统第一次充注；另一种为从压缩机低压端充注，充入的是制冷剂气体，其特点是充注速度慢，一般是在补充制冷剂时采用此充注方法。

a) 从高压端加注制冷剂。当系统抽完真空后，关闭歧管压力表上的高低压手动阀，关闭抽气机。

将中间软管从抽空机上拆下，然后将其接到制冷剂维修充注阀上，把小型制冷剂罐固定到维修充注阀上，然后用维修充注阀的顶针把小型制冷剂罐顶开，将顶针退回，让制冷剂到达中间管（由于中间管内还有部分空气），拧松中间管与歧管压力表接头处让制冷剂把中间管内空气排出，让气体溢出半分钟左右，然后再拧紧接头处。

打开高压手动阀，将制冷剂罐倒立，以便从高压端充入液态制冷剂（此时不发动车，不开空调），这时从歧管压力表玻璃视液孔能看到制冷剂的流动。

当此小型罐制冷剂充注完毕后，关闭高压手动阀，然后再更换另一罐（这时中间管还得放出空气），直到加入规定量的液态制冷剂，然后关闭高压手动阀。

启动车辆，打开空调，让鼓风机以高速运转，观察压力表压力是否正常，一般低压为 147 ~ 192 kPa，高压为 1 373 ~ 1 668 kPa 算正常。

b）从低压端充注制冷剂。当抽真空完毕后，关闭高低压手动阀，把中间软管从抽空机上拆下，维修充注阀接到中间管上。

把小型制冷剂罐接到维修充注阀上，用其顶针打开小型制冷剂罐，拧松中间管与歧管压力表中间接头处，放出中间管内空气，然后拧紧。

打开低压手动阀，让制冷剂以气体形式进入低压软管，当压力达到 400 kPa 时（高压），关闭低压手动阀。

启动车辆，打开空调，让鼓风机以高速运转。

此时再打开低压手动阀让制冷剂继续进入制冷系统，直到充注量达到规定压力值，充注完毕后关闭低压手动阀，使发动机停止运转，关闭空调，静止 1 ~ 3 min 然后快速拆下歧管压力表两个接头，卸下接头时动作要快，以免有过多的制冷剂泄出。压缩机停止运转后，高、低压管路内的压力会持平，以利于压缩机下次启动；如压差过大，会使压缩机启动困难。

2）汽车音响。汽车音响由扬声器、天线、收放机或 CD 唱盘机组成。高级音响还有 MD 放音、DTA 数码音响、DPS（数码信号处理器）、电子分音器、电视接收系统、DVD 影视系统等。

①汽车音响的使用与维护

a. 收音机的使用与维护。收音机在使用过程中的注意事项有：接收天线应良好，连线可靠；在接收调幅、调频广播时，应将天线升起；注意防止干扰；用好电台储存功能。

b. 磁带放音机的使用与维护

a）磁带放音机的正确使用。按磁带放音机使用说明书中规定的使用步骤操作。放音过程中如要进行快进或快退，都要先按停止键后再转换，防止机芯的转动部件受力突然改变而损坏。只有在静止情况下才能打开仓盒，装取磁带。尽量减少使用暂停键以延长放音机的寿命。要使用质量好的录音带。

b）磁带放音机的日常维护注意事项：对磁头进行定期消磁；对磁头应进行定期清洗；对电动机主轴、轴承及各轮轴承等部位定期加注润滑油。

c）激光唱盘机的使用与维护注意事项：避免使激光唱盘机遭到剧烈的振动及重物碰撞；正确取放唱片；对于设有数字信号接口的 CD 唱机，应尽量使用该接口，将输出的信号送至外接的数字解码器，最后送到放大器，这样可获得更优良的音质。

②汽车音响系统故障诊断与排除。汽车音响系统的常见故障诊断与排除见表 4—28。

表 4—28 汽车音响系统的常见故障诊断与排除

故障		可能的原因	排除
收音机故障	开机后无声音	①电源故障 ②线路故障	①检查电源指示灯是否亮，检修电源电路 ②检查线路连接是否牢固，有无松脱或断路、短路
	无调频或调幅节目	①天线故障 ②调频或调幅电路故障 ③储存的电台频段记忆消失	①检查天线电路及天线电机工作是否正常 ②检查调频或调幅的本振电路、中放电路输出端信号，检查电路中有无电子元件烧毁，集成块性能参数有无改变 ③重新设置
	杂音大	①天线故障 ②旋钮开关故障 ③电路元件性能参数变化 ④环境电磁波干扰	①检查天线电路是否有接触不良、天线机械连接是否松脱 ②检查调谐旋钮和音量旋钮是否过脏、接触不良 ③检测本机振荡信号、中放末级信号是否符合规定要求，检查元件有无过热现象，有无烧煳味 ④检查收听环境附近有无电磁波干扰
	收音灵敏度下降	①天线故障 ②开关旋钮故障 ③线路连接故障	①检查天线电路是否正常、天线伸出量是否合适 ②检查开关旋钮是否良好 ③检查线路连接是否良好
放音机故障	通电后磁带不转	①电源故障 ②电机、机芯机械故障	①检查电源线路、工作指示灯是否点亮 ②检查电机是否能运转，机械部分有无卡滞
	放音无声	①面板开关故障 ②磁带质量差 ③接线不好 ④放音机电路故障	①检查面板开关是否到位、操作开关状态是否正常 ②换一盘好的磁带试放 ③检查导线连接是否良好、正确 ④检查磁头、放音电路的性能参数是否符合规定
	放音时高音衰减严重	①磁带质量差 ②磁头故障 ③放大器面板上频率均衡器失调	①换质量好的新磁带试放 ②检查磁头是否过脏、磨损 ③重新调校
	放音时有机械噪声	①磁带质量差 ②机械故障	①换质量好的新带试放 ②检查机械发响的部位，加注润滑油
	磁带缠带、绞带	①磁带质量差 ②机械故障	①换质量好的新带试放 ②检查机械部分有无出现卡滞、传动带张紧力是否足够

续表

故障		可能的原因	排除
CD唱盘机故障	放音无声	①唱片是否放好 ②激光唱机与放大器信号线故障	①开机后检查显示屏有无未放好的错误指示 ②试验或检测信号线
	放音时不进片	①唱片质量差 ②激光唱盘机出错 ③激光拾音器的光学头故障	①换质量好的新唱片试放 ②反复试按放音键 ③清洗激光拾音器或更换
	遥控失灵	①遥控器故障 ②外界环境强电磁波干扰	①遥控器电池存电是否足够、按键接触是否良好 ②检查激光唱机附近有无强电、强电磁波和强光干扰

第五章

诊断与排除疑难故障

第一节　诊断与排除发动机故障

学习目标

- 发动机综合检测站的功能、检测项目
- 进行发动机综合测试

一、相关知识

汽车综合性能检测站的主要功能是：从事各类汽车动力性、安全性、经济性、可靠性等性能以及噪声与污染排放状况的检测。

1. 分类

汽车综合性能检测站分类如下：

（1）A级站

能够承担汽车技术状况检测、车辆技术等级评定检测、维修质量检测和接受有关部门委托对汽车及相关项目进行检测的汽车综合性能检测站。

（2）B级站

能够承担汽车技术状况检测和维修质量检测的汽车综合性能检测站。

2. 检测项目及设备条件

（1）A 级站、B 级站所承担的检测项目及设备配备要求见表 5—1。

表 5—1

序号	检测项目		检测设备	备注	
				A 级站	B 级站
1	动力性	1.1 发动机功率	汽车发动机检测仪	√	√
		1.2 底盘输出功率	汽车底盘测功机	√	*
		1.3 加速时间			
2	经济性	等速百公里油耗	汽车底盘测功机（或五轮仪）、油耗仪	√	√
3	制动性能和滑行性能	3.1 轴载质量	轴（轮）重仪	√	√
		3.2 制动力	制动检测仪	√	√
		3.3 制动力平衡			
		3.4 车轮阻滞力			
		3.5 驻车制动力			
		3.6 制动系统协调时间			
		3.7 制动踏板力	制动踏板力计	√	√
		3.8 驻车制动装置操纵力	操纵力计	√	√
		3.9 ABS 性能	ABS 检测仪	*	*
		3.10 滑行距离或滑行时间	汽车底盘测功机	√	*
4	转向操纵性	4.1 侧滑量	侧滑检测仪	√	√
		4.2 车轮定位	车轮定位检测仪	√	√
		4.3 转向角	转向角检测仪	√	√
5	悬架特性	5.1 振幅或频率	悬架性能检测仪	*	*
		5.2 吸收率			
		5.3 左右轮吸收率差			
6	废气排放	6.1 汽油车废气排放	汽车排放气体检测仪	√	√
		6.2 柴油车废气排放	烟度计	√	√
7	前照灯	7.1 前照灯发光强度	前照灯检测仪	√	√
		7.2 前照灯光轴偏移量			
8	车速表、里程表	车速表、里程表示值	车速表检测仪（或汽车底盘测功机）	√	√
9	汽车噪声	9.1 客车车内噪声	声级计	√	√
		9.2 驾驶员身旁噪声			
		9.3 车外噪声			
10	车身防雨密封性		喷淋装置	*	×
11	汽车侧倾角		汽车侧倾角检验仪	*	×

续表

序号	检测项目	检测设备	备注	
			A 级站	B 级站
12	整体外观	轮胎气压表 钢卷尺 漆膜光泽测量仪 钢板尺 轮胎花纹深度尺	√	√
13	发动机诊断	汽车发动机检测仪 发动机示波器 曲轴箱窜气量检测仪 汽缸压力表		
14	底盘诊断	车轮动平衡机 汽车底盘间隙检测仪 传动系游动角检测仪 不解体探伤仪 测温仪 秒表		

注：1. √为必须执行项；＊为选择执行项；×为不执行项。

2. 购置新设备时，应选购其中最先进的、功能更齐全的。

（2）设备的检测功能应满足检测项目的要求，其精度要求应符合有关规定。

（3）如汽车综合性能检测站采用计算机系统的，应满足下列要求：

1）采用计算机系统后，应不影响原检测设备所具有的功能。

2）采用计算机系统后，系统的示值误差应不低于原检测设备的精度要求。

3）当计算机及其附属设备、接口等出现故障时，原检测设备应能正常工作。

（4）人员条件

1）各级站应配备站长、技术负责人、质量负责人和专职检测员。

2）技术负责人、质量负责人应具有相应专业中级以上（含中级）技术职称。

3）全体检测人员必须经专门培训、考核，取得岗位合格证书。

（5）厂房、场地条件

1）各级站应设置汽车检测间、停车场、试车路段设施。

2）各级站汽车检测间的长度、宽度、高度应满足工作需要并符合建筑标准的要求。

3）检测间通道地面的纵向、横向坡度应小于1%，在汽车制动检验台前后相应距离内，地面附着系数应不低于0.70。

4）检测间应具有醒目的工位标志、指示信号、引车线等，各工位应有相应的检测面积，工艺流程应布置合理，工作时各工位应互不干扰。

5）检测间内采光和照明应符合 GB 50033—2001 和 GB 50034—2004 的有关规定。

6）检测间内空气质量应符合《工业企业设计卫生标准》的有关规定。

7）各级站内应设置压缩气源。

8）各级站的设计和使用应符合 GBJ 16—1987《建筑设计防火规范》的有关规定，必须有消防通道、消防设施等，并严格执行有关消防条例和法规。

9）各级站的卫生设施应符合《工业企业设计卫生标准》的有关规定。

10）各级站的供电设施应符合 GB 50055—1993 的有关规定。

11）检测间的防雷设施应符合 GB 50057—1994 的有关规定。

12）停车场的面积应与检测能力相适应。

13）试车路段应满足 GB 7258—2004 中的有关要求。

14）各级站的进出口应畅通，站内应设有引车道和必要的交通标志。

（6）管理制度

1）各级站应按计量认证规定制定《质量管理手册》。

2）各级站应制定《工作人员守则》。

3. 无“故障代码”的电控发动机的故障诊断要点

当故障代码未出现时，用以下内容来诊断存在的行驶性能方面的故障。

（1）发动机不能启动或冷启动困难

1）检查油箱中是否燃油不足。

2）检查燃油泵继电器及燃油泵。

3）检查燃油系统是否有泄漏。

4）检查辅助进气系统。

5）检查启动后的燃油系统、加速加浓装置和预热电路。

6）检查冷启动阀。

7）检查空气流量传感器拉杆调整和控制柱塞。

8）检查传感器片位置和怠速电路。

9）检查燃油系统残留压差。

10）检查喷油量。

11）检查发动机冷却液温度传感器。

12）检查点火正时、火花塞、分电器、次级点火线路和线圈。

13）检查霍尔效应传感器。

14）检查点火线圈电源输出级。

(2）发动机不能启动或热态启动困难

1）检查散热器冷却风扇电路。

2）检查燃油泵单向阀。

3）检查燃油蒸发频率电磁阀。

4）检查燃油系统泄漏。

5）检查辅助进气系统。

6）检查怠速。

7）检查启动后的燃油系统、加速加浓及预热电路。

8）检查冷启动阀。

9）检查喷油器燃油压力和喷油量。

10）检查传感器片位置和怠速电路。

11）检查控制柱塞下面的密封环。

12）检查燃料系统残留压差。

13）检查发动机冷却温度传感器。

14）检查点火正时、火花塞、分电器、次级点火线路及线圈。

(3）怠速不稳、冷机或暖机时无怠速

1）检查燃油蒸发频率电磁阀。

2）检查燃油系统泄漏。

3）检查辅助进气系统。

4）检查怠速。

5）检查氧传感器控制电路。

6）检查冷启动阀。

7）检查喷油器燃油压力及喷油量。

8）检查节气门电位器。

9）检查燃油系统残留压差。

10）检查怠速开关。

11）检查发动机冷却液温度传感器。

12）检查排气系统。

13）检查点火正时和火花塞。

(4）发动机启动后又熄火

1）检查燃油泵继电器和燃油泵。

2）检查辅助进气系统。

3）检查怠速。

4）检查启动后的燃油系统、加速加浓和预热电路。

5）检查空气流量传感器拉杆调整和控制柱塞。

6）检查传感器片位置和怠速电路。

7）检查燃油系统残留压差。

8）检查怠速开关。

9）检查发动机冷却液温度传感器。

（5）怠速超过规定值

1）检查节气门拉索调整。

2）检查燃油蒸发频率电磁阀。

3）检查辅助进气系统。

4）检查怠速。

5）检查节气门电位器。

6）检查怠速开关。

7）检查发动机冷却液温度传感器。

8）检查节气门体基本调整。

9）检查点火正时。

（6）冷机或暖机时加速不良

1）检查燃油泵。

2）检查辅助进气系统。

3）检查氧传感器控制电路。

4）检查启动后的燃油系统、加速加浓和预热电路。

5）检查空气流量传感器拉杆调整和控制柱塞。

6）检查节气门电位器。

7）检查燃油系统残留压差。

8）检查喷油器燃油压力和喷油量。

9）检查怠速开关。

10）检查发动机冷却液温度传感器。

11）检查节气门体基本调整。

12）检查排气系统。

13）检查点火正时、火花塞、分电器、次级点火线路和线圈。

（7）行驶过程中发动机熄火

1）检查燃油泵。

2）检查辅助进气系统。

3）检查喷油器燃油压力及喷油量。

4）检查怠速和节气门全开开关。

5）检查进气预热系统。

6）检查点火正时、火花塞、分电器、次级点火线路和线圈。

（8）性能不良

1）检查燃油泵。

2）检查节气门拉索调整。

3）检查辅助进气系统。

4）检查空气流量传感器拉杆调整和控制柱塞。

5）检查节气门电位器。

6）检查燃油系统残留压差。

7）检查喷油器燃油压力和喷油量。

8）检查节气门全开开关。

9）检查空气流量传感器（如果有）。

10）检查进气预热系统。

11）检查催化转换器。

12）检查点火正时。

（9）发动机不能停车（后燃）

1）检查燃油蒸发频率电磁阀。

2）检查燃油系统是否泄漏。

3）检查冷启动阀。

4）检查喷油器喷油压力及喷油量。

5）检查空气流量传感器的拉杆调整情况及控制柱塞。

（10）燃油消耗量过高

1）检查燃油系统泄漏。

2）检查氧传感器控制电路。

3）检查冷启动阀。

4）检查喷油器燃油压力和喷油量。

5）检查空气流量传感器拉杆调整和控制柱塞。

6）检查节气门电位器。

7）检查喷油器燃油压力和喷油量。

8）检查节气门全开开关。

9）检查空气流量传感器（如果有）。

10）检查进气预热系统。

11）检查排气系统是否泄漏（汽缸与氧传感器之间）。

12）检查点火正时。

（11）发动机爆震

1）检查爆震传感器（如果有）。

2）检查节气门全开开关。

3）检查点火正时。

（12）发动机在整个转速范围内运转不平稳

1）检查辅助进气系统。

2）检查喷油器燃油压力和喷油量。

3）检查点火正时、火花塞、分电器、次级点火线路和线圈。

二、操作技能

1. 发动机综合性能测试

（1）操作内容

发动机综合测试项目。

（2）操作准备

1）装备汽油机的汽车与柴油机的汽车各 1 辆。

2）发动机综合测试仪、常用工具。

（3）操作步骤

1）单缸动力性检测 。所谓单缸动力性检测，就是用仪器判断发动机各缸的工作情况。

检测仪器利用点火电压作为触发信号，能方便准确地测量发动机的转速。单缸断火以后，发动机转速下降值能准确地被仪器检测出来。另外，检测仪还可以实现自动地逐缸断火，来完成整个检测项目，不必将每个缸的高压线分别拔下。

用 WFJ－1 型发动机综合检测仪进行检测。将发动机的转速稳定在 1 200 r/min，键入操作码“14”，仪器会自动控制逐缸断火。同时屏幕上可以通过点火平列波形显示出逐缸断火的过程。当某一缸断火时，人耳听到的发动机声音的变化与打印出的检测结果是一致的。单缸断火时，四冲程发动机转速下降值一般应在表 5—2 所示的范围内，且各缸转速下降值相差不应超过 25%。

表 5—2　　单缸断火时发动机的转速下降值

发动机汽缸数	转速下降值（r/min）	转速下降率（%）
4	144～168 或更高	12～14
6	95～108 或更高	8～9

除了可以使用 WFJ－1 型发动机综合检测仪检测单缸动力性以外，凡是能够测量发动机转速的仪器，都可以用来进行这个项目的检测。有些仪器不能自动逐缸断火，仍需要人工逐个将各缸的高压线拔下断火。

2）发动机无外载测功。为了提高无外载测功机的测试精度，必须从操作方法和被测车辆的准备工作着手，首先加速踏板踏下的速度和力度要均匀，且要求重复性良好，为此该项测试必须由经过专门训练的专职人员操作。为避免操作上的主观误差，须取三次测试结果的平均值。

被测车辆与加速能力有关的机构必须处于正确技术状态，尤其是供油系统的踏板拉线、油门摇臂等机构的间隙对发动机的加速过程影响极大，在测试前必须设法消除上述各连接处的不当间隙与松紧度，但不允许调整原车化油器的加速泵位置和柴油机的调整机构。

为避免迅猛加速过程操作上的误差而引起的数据离散，可将节气门事先开至最大，然后打开点火开关，发动机即启动并自由加速。为使测试数据尽量准确并不伤害发动机，试验前必须充分暖车使冷却系统预热到正常温度。

3）点火系检测。首先将信号提取系统连接到发动机电路上，图 5—1 是机械点火系统和晶体管点火系统信号提取接头的连接方法，图 5—2 是电容放电式点火系统的信号提取接头的连接方法。

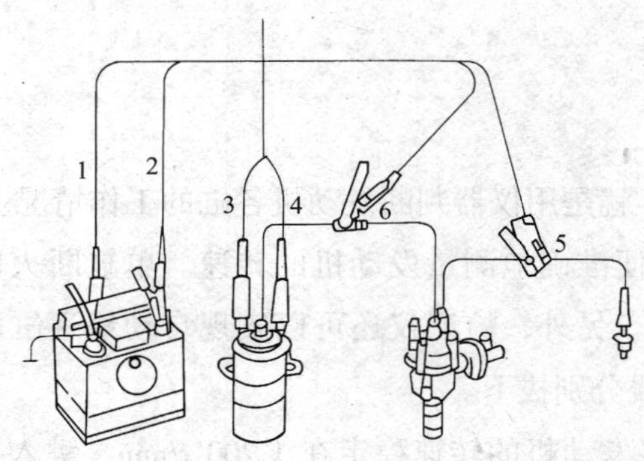

图 5—1　机械点火系统和晶体管点火系统信号提取接头连接方法

1、2—蓄电池夹　（红色正极，黑色负极）
3、4—点火线圈初级接线夹　5、6—电感式夹持器

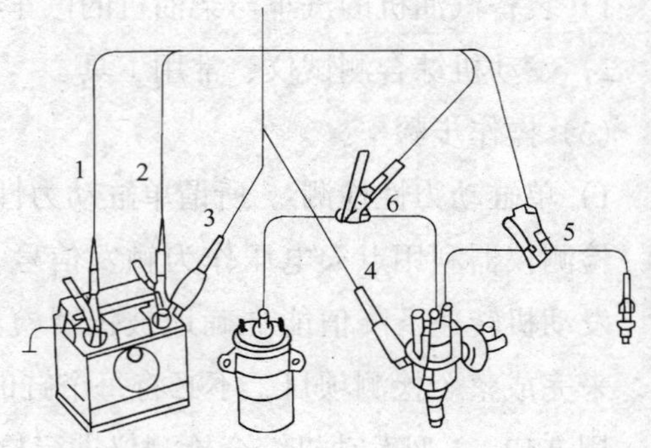

图 5—2　电容放电式点火系统信号提取接头连接方法

1、2—蓄电池夹　（红色正极，黑色负极）
3、4—点火线圈初级接线夹　5、6—电感式夹持器

无分电器点火系统是将高压通过独立式点火线圈直接送向火花塞，当高压感应夹难以找到可夹持的位置时，可用一种专用感应夹具夹持于独立式点火线圈上以感应出高压信号，如图 5—3 所示。

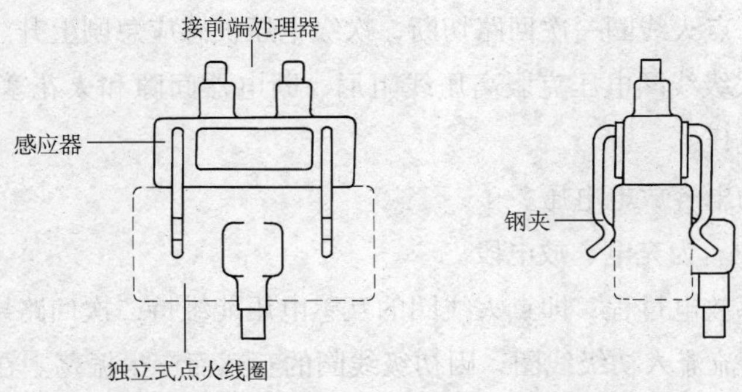

图 5—3　独立式点火线圈的夹持式感应器

①触点式点火系波形。在发动机综合性能分析仪的操作面板上按菜单选择和确认按钮，使采控系统进入波形显示状态，选择当时即可得到点火波形，如图 5—4 所示（具体的操作

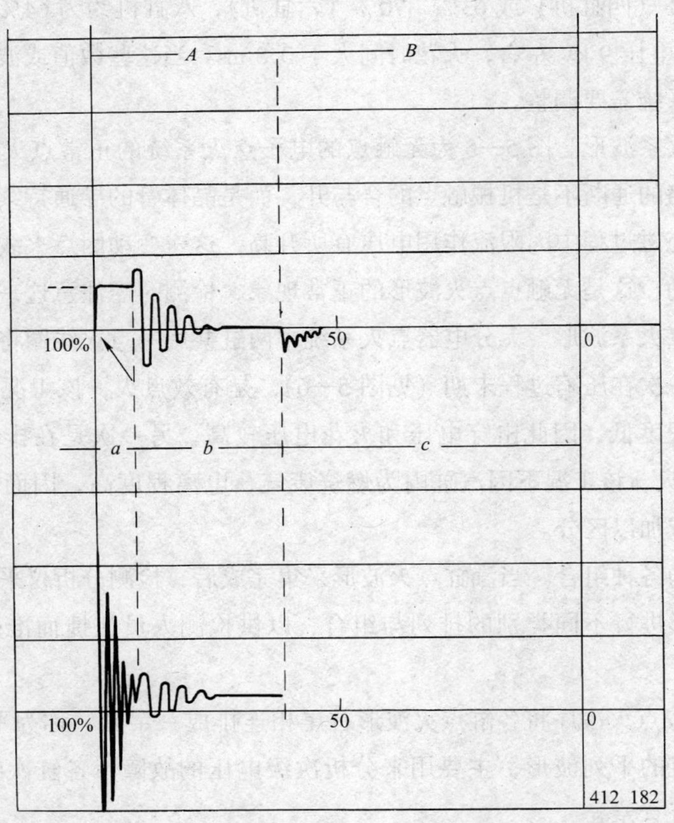

图 5—4　触点式点火系的正常点火波形

步骤需按所用仪器的使用说明书进行)。图示为触点式点火系统的正常点火波形，上面为次级波，下面为初级波。图中 A 为触点开启段；B 为触点闭合段，为点火线圈的充磁区。

a. 触点开启点。点火线圈一次回路切断，次级电压被感应急剧上升。

b. 点火电压。次级线圈电压克服高压线阻尼、断电器间隙和火花塞间隙而释放充磁能量，1—2 段为击穿电压。

c. 火花电压。为电容放电电压。

d. 点火电压脉冲。为充电、放电段。

e. 火花线。电感放电过程，即点火线圈的互感电压能维持二次回路导通。

f. 触点闭合。电流流入初级线圈，因初级线圈的互感而产生振荡。在火花持续期内因磁感应而在初级线路上产生电压振荡。火花期后，剩余的磁场能量产生的衰减振荡。

从这一波形图上可以清晰地看到断电器触点闭合角、开启角以及击穿电压和火花电压的幅值，并可以测试到火花的延迟期和两次振荡过程。对于无故障点火系统，触点闭合角为全周期的 45% ~ 50%（四缸机）或 63% ~ 70%（六缸机），八缸机约为 64% ~ 71%，击穿电压超过 15 kV，火花电压 9 kV 左右，火花时间大于 0.8 ms。当这些数值或波形异常时，就意味着故障的出现或系统需要调整。

②无触点点火系波形。图 5—5 为无触点的电子点火系统的正常点火波形，与有触点的相比，其初级电路的通断不是机械触点的合与开，而是晶体管的导通持续期内初级电压有没有明显的振荡，充磁过程中因限流作用电压有所升高，这一变动因点火线圈的感应引起次级电压线相应的波动，这是无触点点火波形的正常现象，检测时需注意这一点。

③无分电器点火系波形。无分电器点火系统中两缸共用一点火线圈将会发生一个缸在循环中点火两次。一次在压缩过程末期（见图 5—6)，是有效点火，该工况下因汽缸内新鲜可燃混合气的电离程度低，因此击穿电压和火花电压较高；另一次是在排气过程末期（见图 5—6)，是无效点火，该工况下因汽缸内为燃烧废气，电离程度高，因而击穿电压及火花电压较低，检测时应加以区分。

④点火波形的各种组合。当汽缸点火波形采集完成后，检测分析仪采控系统计算机软件将捕获的点火波形进行不同类别的排列与组合，以供检测人员快捷而准确地判断故障的成因。

a. 平列波。按点火次序将各缸点火波形首尾相连排成一字形，称为平列波，图 5—7 所示为一四缸发动机的平列波形，主要用来分析次级电压的故障，各缸次级击穿电压是否均衡，火花电压是否有差异。

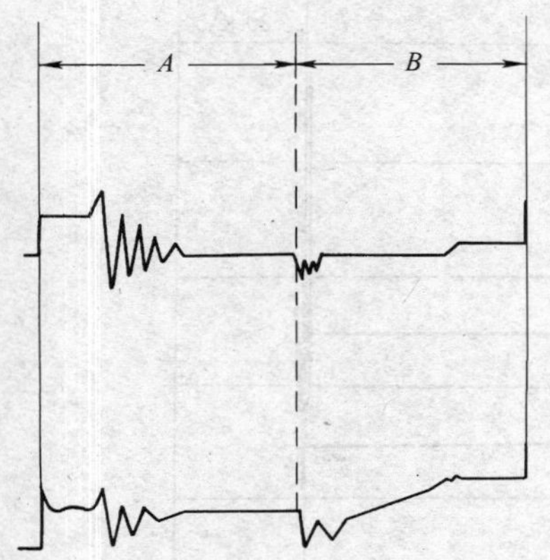

图 5—5　无触点的电子点火系统的正常点火波形

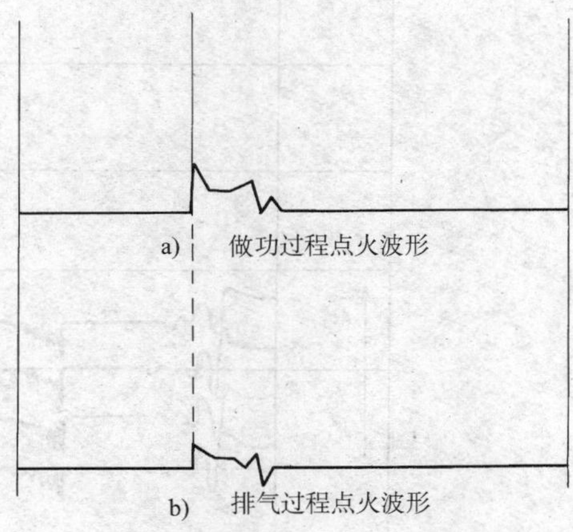

图 5—6　无分电器点火系的两次点火过程

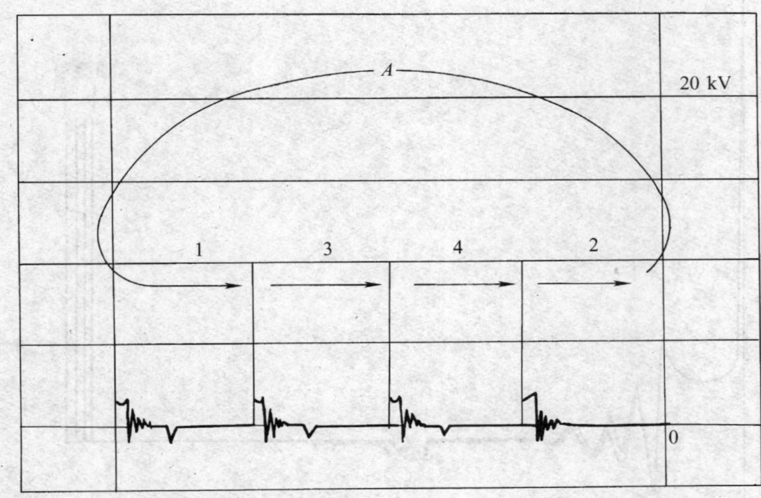

图 5—7　标准四缸电压平列波形

b. 并列波。如将各缸的点火波形始点对齐，由下而上按点火次序排列就形成并列波，如图 5—8 所示为一个四缸发动机的初级电压并列波形。从这一波形图可以看到各缸直列波的全貌，分析各缸闭合角和开启角以及各缸火花塞的工作状态。如使用 TDC 传感器或频闪灯将上止点信号标于一缸电压波形上则可以检测到点火提前角。

c. 重叠波。将各缸的点火波形起始点对齐，全部重叠在一个水平位置上称为重叠波，如图 5—9 所示。如果触点式点火系统的分电器凸轮磨损不均匀或凸轮轴磨损严重将会造成波形重叠不良，一般重叠角不能超过周期的 5%。

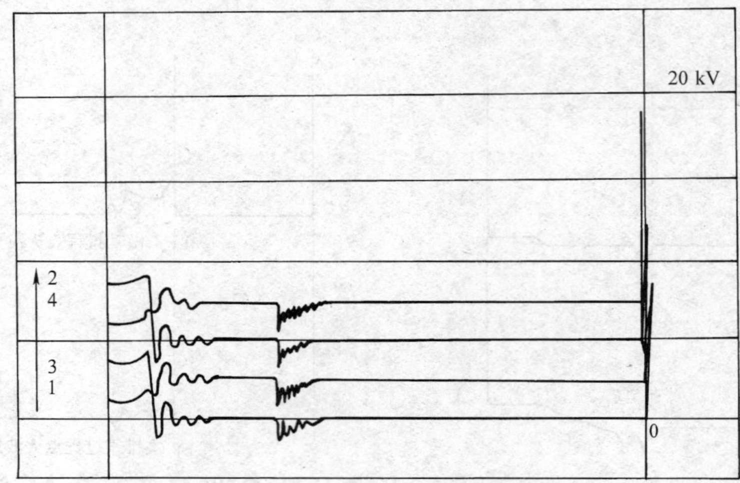

图 5—8　标准四缸电压并列波形

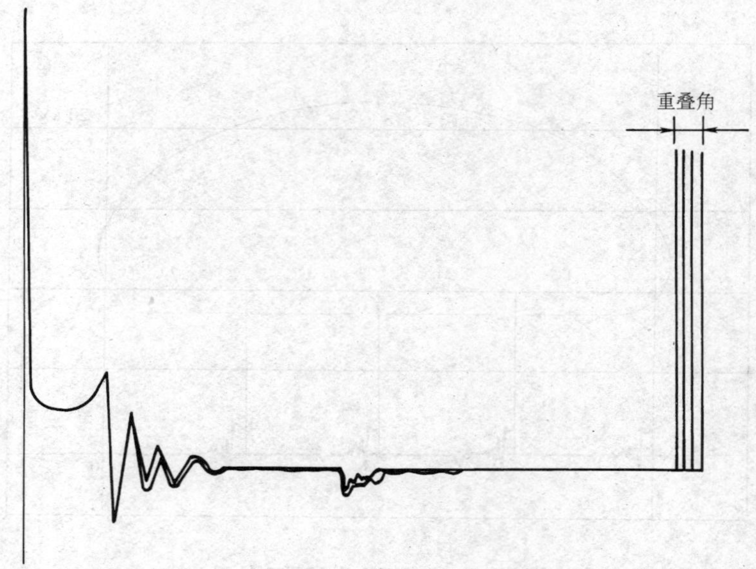

图 5—9　次级电压重叠波形

⑤点火系统的加载调试。首先利用图 5—8 所示的并列波，测定各缸闭合角和点火提前角是否正常。六缸发动机和断电器凸轮角为 60°，闭合角标准值为 38°～42°；四缸机的凸轮角为 90°，闭合角为 40°～45°；八缸机凸轮角为 45°，闭合角标准值为 29°～32°。如这一角度过大则说明机械触点间隙太小，反之闭合角过小则说明机械触点间隙太大，这时必须重新调整间隙以使闭合角达到标准值。

无触点的晶体管点火系当闭合角线段不正常时也需调整点火信号的触发部件，如磁电式传感器的凸齿与传感铁心的间隙需调整到 0.2～0.4 mm，具体调整值要视各车型而定。点火提前角是影响发动机动力性、经济性乃至排放指标的重要参数，利用并列波上第一缸的上止点标志可以清楚查看到各缸的点火提前角，也可以用频闪灯对准曲轴飞轮上的第一缸上止点记号处，调整频闪灯上的电位 2（见图 5—10），使闪光相位前后移动直到曲轴飞轮上的标记对准飞轮壳上的记号，仪表即会显示第一缸的点火提前角。

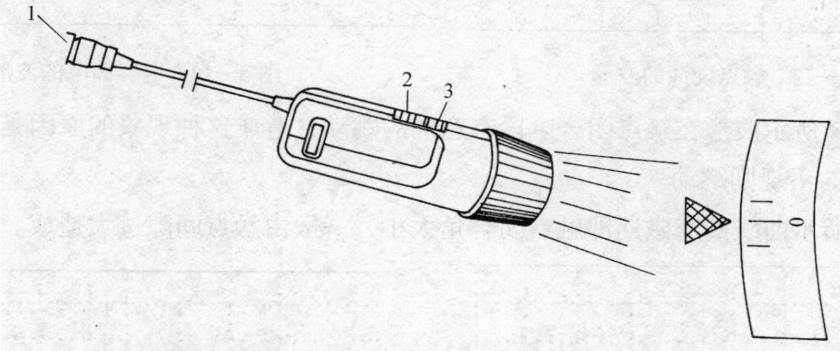

图 5—10　测定点火提前角次级电压重叠波

要求在定转速下改变负荷，就需要对发动机进行加载，也就是说汽车必须在底盘测功机上进行加载调试，如图 5—11 所示，加载时一般负荷率为 40%～70%，车速为经济车速。

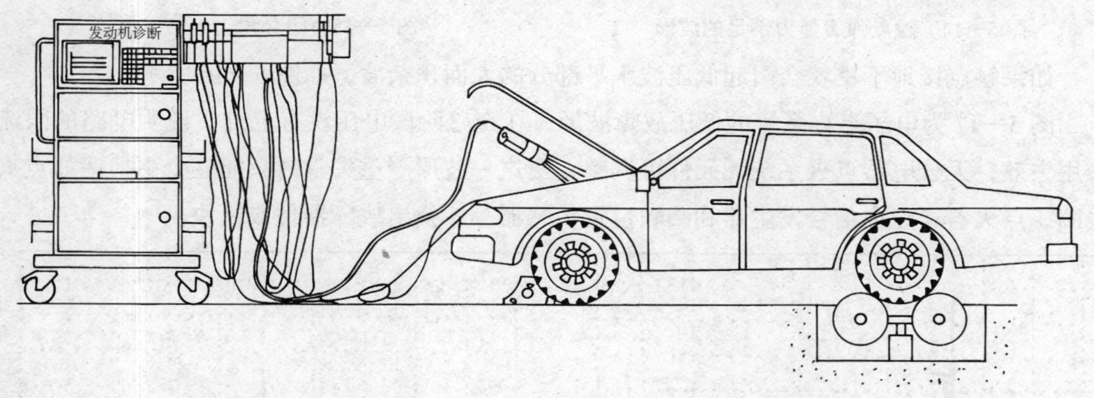

图 5—11　汽车加载测试

⑥故障波形分析

a. 初级电压分析。根据发动机综合分析仪所采集到的各类故障初级电压波形，可以分析点火系断电电路有关电气元件和机械装置的状态，为断电电路的调整和维修提供可靠的依据，以免盲目拆卸。

图 5—12 所示波形在触点开启点出现大量杂波，显然是触点严重烧蚀而造成的，打磨触点或更换断电器即可证实。

图 5—13 的初级电压波形在火花期间的衰减周期数明显减少，幅值也变低，显然是电容漏电造成的。

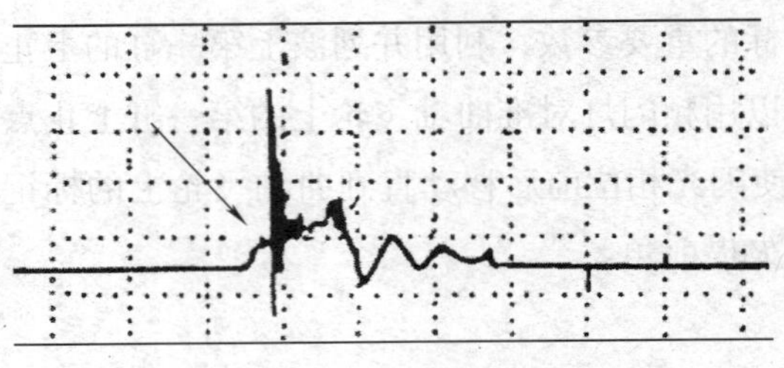

图 5—12 触点烧蚀的波形

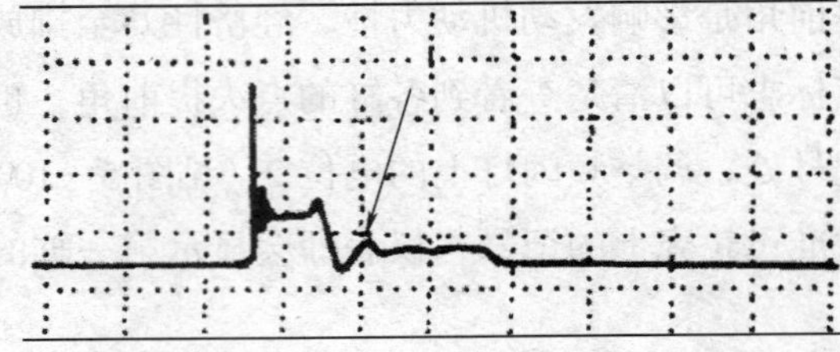

图 5—13 电容漏电的波形

如图 5—14 所示波形在触点闭合阶段有意外的跳动，造成这种现象的原因是触点因弹簧弹力不足引起的不规则跳动。

图 5—15 所示曲线的充磁期即触点闭合角太小，一般由触点间隙过大造成。

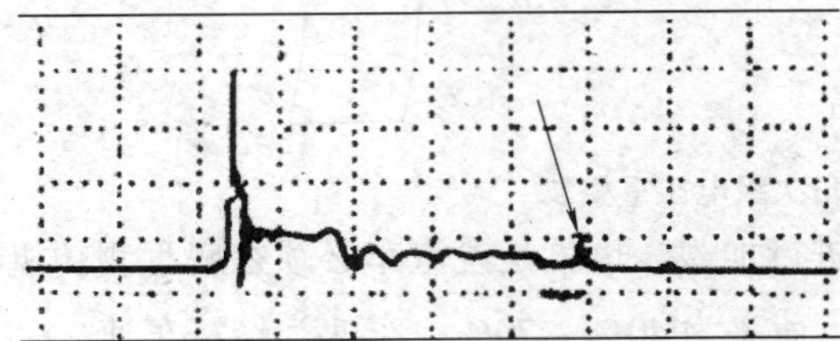

图 5—14 触点弹簧弹力不足的波形

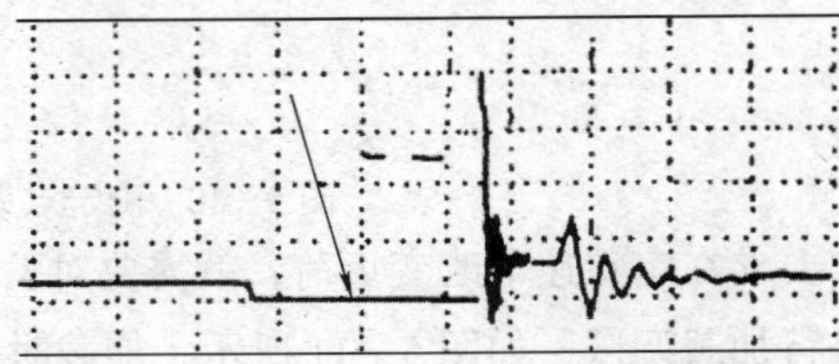

图 5—15 闭合角过小的波形

如果触点接地不良就会引起低压波水平部分的大面积杂波，如图 5—16 所示。

图 5—17 为电子点火系统的低压故障波形，在充磁阶段电压没有上升，说明电路的限流作用失效，无分电器点火系统无元件可调整，当这一波形严重失常时只能逐个更换诸如点火线圈、点火器、点火信号发生器和凸轮位置传感器等，找出故障器件或模块。

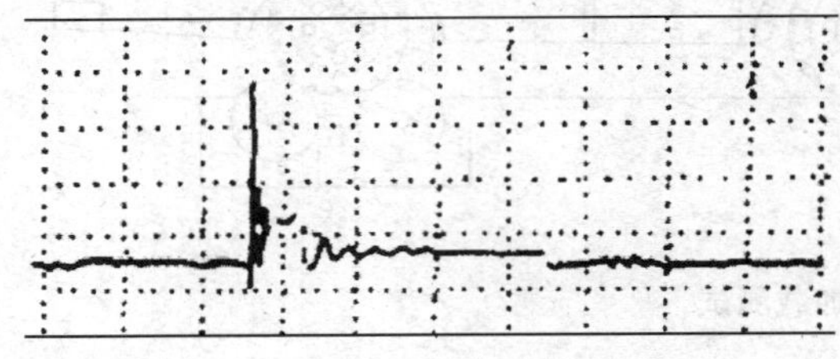

图 5—16 接地不良的波形

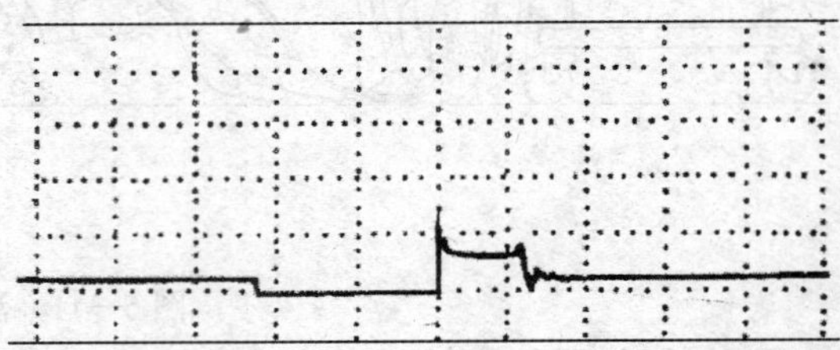

图 5—17 电子点火系统充磁段无限流作用

b. 次级波形分析。在测试平列波时，正常情况下各缸击穿电压约为 10 ~ 20 kV，各缸差别应不超过 2 kV。为了初步检测高压线路，简单易行的方法是先逐个将各缸火花塞接地，第 3 缸火花塞短路的平列波如图 5—18 所示。正常情况下第 3 缸击穿电压应不小于5 kV，否则说明该缸高压系统接地或绝缘不良。

如果将第 3 缸的高压线取下使之开路，正常情况下该缸击穿电压应超过 10 kV，如图 5—19 所示，如果明显高于这一值则表明高压系统元件如高压线、点火线圈有开路现象，有时低压系统电容器严重漏电也会出现这一情况。

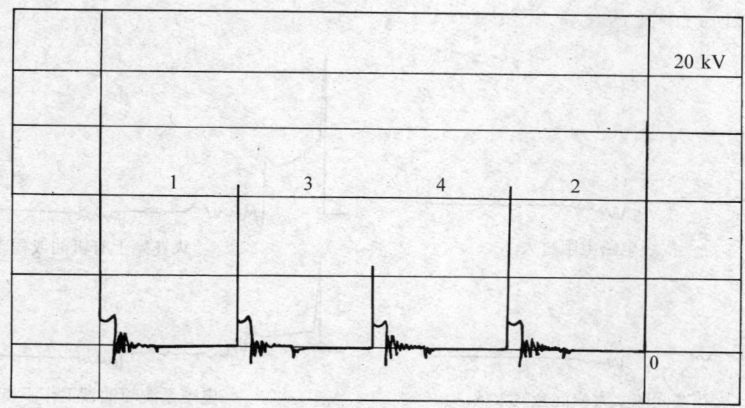

图 5—18　第三缸火花塞接地的平列波形

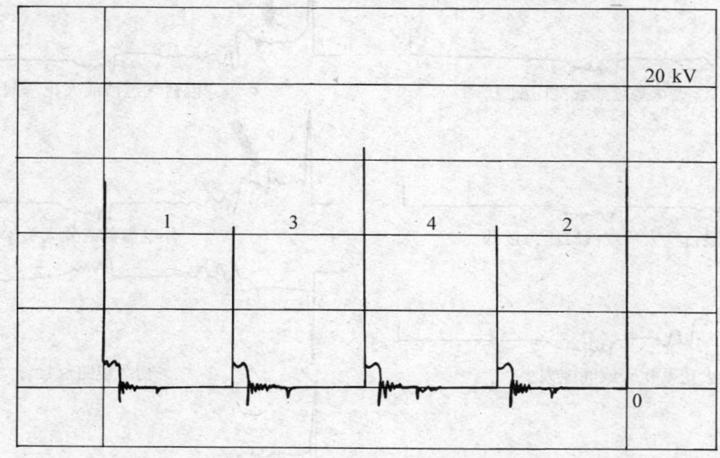

图 5—19　第三缸高压开路的平列波形

上面分析的初级故障波形必将在次级波形上有所反映，另外，二次波形还受火花塞、燃烧过程、混合气成分、发动机热状态、点火线圈等的影响，情况较为复杂。以下列举出大量实测的二次故障波形，导致故障的因素是多方面的，图 5—20 故障解释只是故障成因的主要方面。

4）电控喷油信号的加载检测。为测取电控系统的喷油电压脉冲信号，可拆开喷油器电路插头，中间接入一专用 T 字形接头，其一端接原喷油器，另一端接原电路插头，中间引出端接分析仪的信号提取系统的信号探针，如图 5—21 所示。该 T 字形接头有两种形式，左图为直接插头引出式，右图为鳄鱼夹引出式。

图 5—22 为仪表所采集到的喷油器电压信号波形，图中 1 为喷油器关闭时的信号；2 为 ECU 喷油信号到来时刻，开始喷油；3 为针阀全开提供发动机的基本喷油量，时间为 0.8～1.1 ms，这一时间由 ECU 根据空气流量传感器及水温、气温、气压等信号计算出来；4 是基

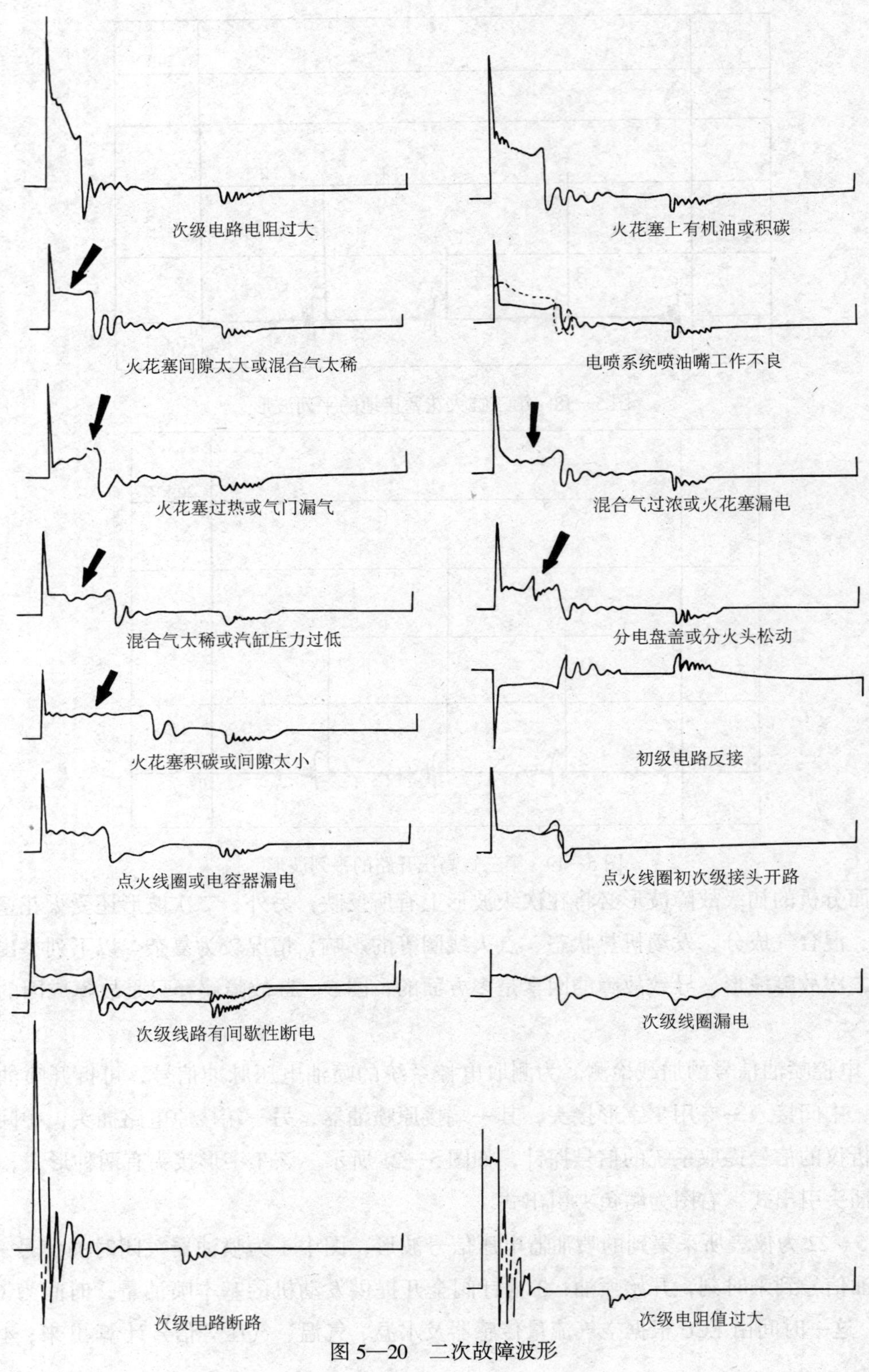

图 5—20　二次故障波形

次级电路电阻过大
火花塞上有机油或积碳
火花塞间隙太大或混合气太稀
电喷系统喷油嘴工作不良
火花塞过热或气门漏气
混合气过浓或火花塞漏电
混合气太稀或汽缸压力过低
分电盘盖或分火头松动
火花塞积碳或间隙太小
初级电路反接
点火线圈或电容器漏电
点火线圈初次级接头开路
次级线路有间歇性断电
次级线圈漏电
次级电路断路
次级电阻值过大

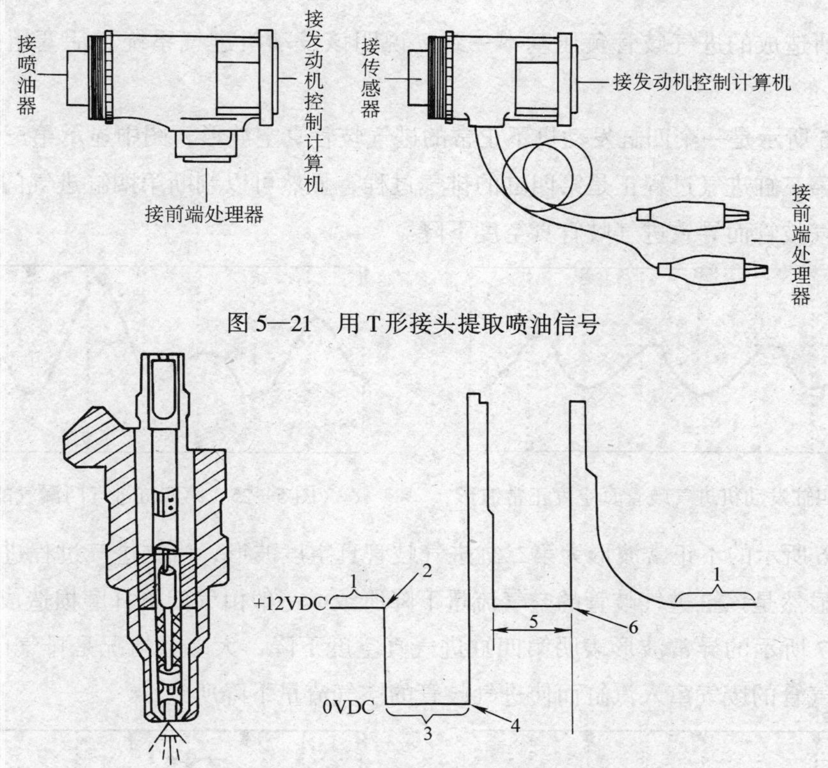

图 5—21　用 T 形接头提取喷油信号

图 5—22　喷油器电压信号波形

本供油电压停止，喷油器线圈自感而产生的脉冲，幅值约为 35 V；5 为加浓补偿量，它由转速、节气门开度、温度、进气歧管压力等传感器提供的电量经 ECU 计算出大负荷（满载加浓）、加速或急减速（强制怠速）、暖机、超温、大气修正等信息对供油时间进行修正，这一段的脉宽厚 1.2 ~ 2.5 ms；6 与 4 类同，为断电时的自感脉冲，幅值约为 30 V。

发动机在怠速工况检测时，其总喷油脉宽变化甚微，无法判断 ECU 的加浓补偿功能是否工作，因此有效的检测方法是对汽车运行工况加载，即在底盘测功机上运行，吸收其底盘输出功率使发动机在载荷工况下工作。从而可以有效地对上述 ECU 的补偿功能进行检测，这样才能对电控喷油系统的控制作用做出正确的判断。

5）进气歧管真空波形测试。为了避免干扰 EFI 系统电脑的工作，在测定进气歧管真空波形时都在进气歧管上装一个专用传感器，如图 5—23 所示。图中管 2 接进气歧管，管 3 接大气，接头 1 接分析仪的信号提取系统。

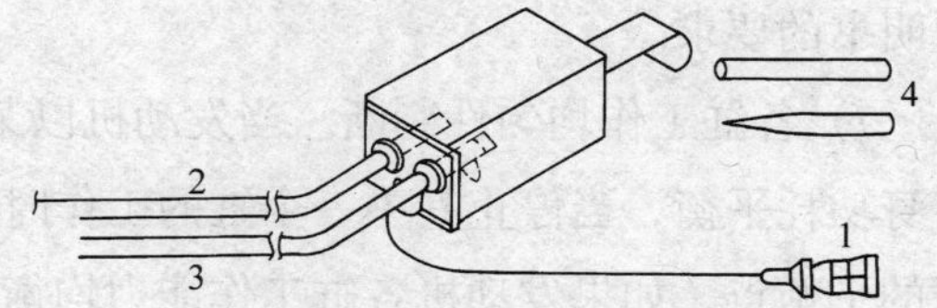

图 5—23　进气歧管压力传感器

1—信号接插头　2—连接进气歧管
3—大气压力管　4—真空转接头

图 5—24 是四缸发动机进气歧管真空度的正常波形，按照发火次序 1 - 3 - 4 - 2，各

缸进气过程所造成的进气歧管负压基本一致，说明该发动机进气系统和活塞组技术状态正常。

图 5—25 所示是一个四缸发动机不正常的进气歧管真空波形，图中显示第三缸真空度明显下降，而第三缸进气过程正是第四缸的排气过程，显然可以判断第四缸进气门密封不良将废气推向进气歧管而导致进气歧管真空度下降。

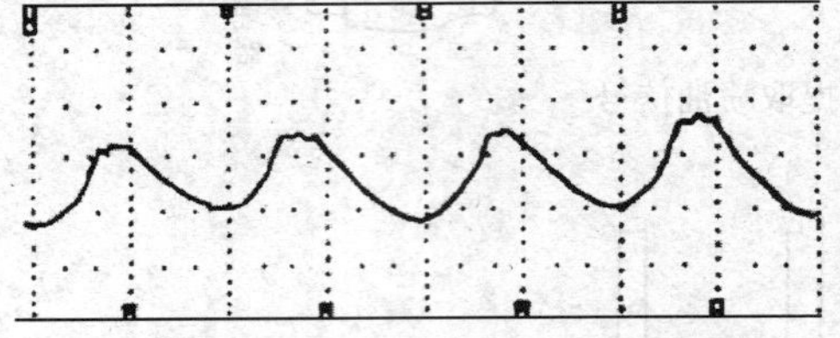

图 5—24 四缸发动机进气歧管真空度正常波形

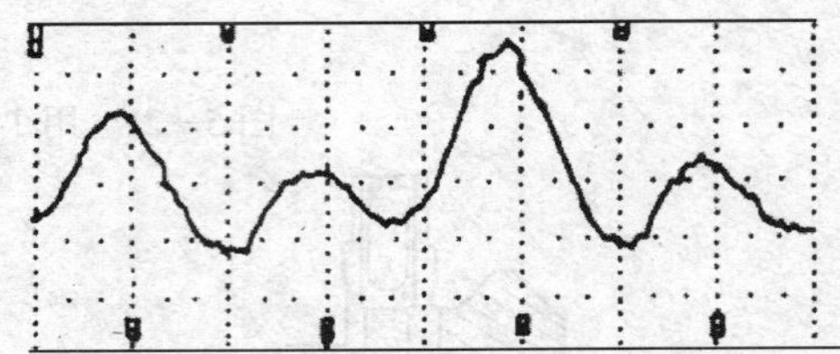

图 5—25 第四缸进气门漏气的波形

图 5—26 所示的不正常波形为第二缸进气歧管真空度波形，汽缸进气过程进气歧管真空度特别低，显然是该缸进气歧管的空气流量下降所致，一般由气门挺杆磨损造成。

图 5—27 所示的异常波形表明第四缸进气真空度下降，大多数情况是排气门密封不严，使一部分排气管的废气窜入汽缸而使进气歧管的空气流量下降所致。

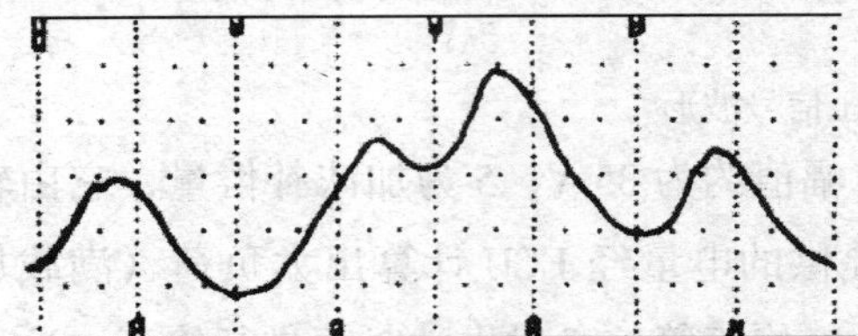

图 5—26 第二缸进气门挺杆磨损进气歧管的波形

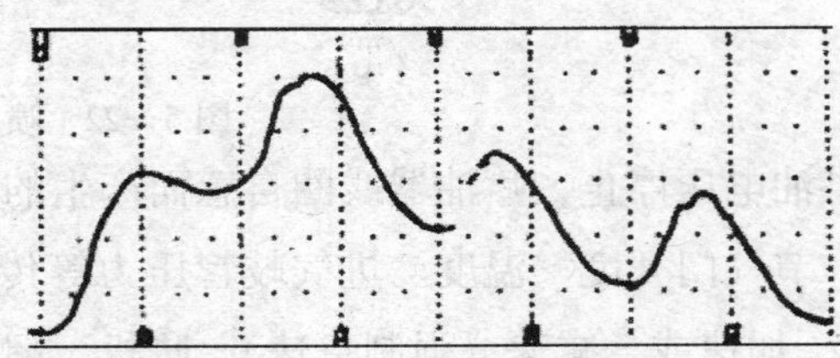

图 5—27 第四缸排气门密封不良的波形

除此之外，利用进气歧管真空波形还能分析凸轮轴的磨损情况、正时齿轮工作状态以及活塞的磨损情况等。

6）各缸压缩压力判断。打开分析仪，选择示波功能，选取缸压菜单，在 CRT 上即可观察到如图 5—28 所示的图像，各缸压缩压力峰值的相对差别的允许值应满足所测发动机使用说明书的要求。

7）各缸工作均匀性判断。当发动机以某一稳定怠速运行时，其指示功率与该转速下的自身功耗平衡，当停止其中一个缸的工作时，总指示功率减小，发动机转速随即下降以寻求新的平衡点，如果发动机各缸工作能力均衡，则各缸轮换停止工作时转速下降的幅值应基本相等，反之将产生差异，这就是断缸试验法。

分析仪的断缸试验菜单启动后，计算机会发出指令，逐个将点火线圈的初级短路使各缸依次断火，计算机即自动计算各缸转速下降百分比与转速下降值，并在 CRT 上显示。

8）柴油机喷油压力波形检测。发动机综合性能分析仪在检测柴油机的供油系时，首先要将非电量的供油压力转变成电量，在不解体检验作业中，只能用外卡式传感器。它以一定的预紧力卡夹在喷油泵与喷嘴之间的高压油管上，如图 5—29 所示，油管在高压油脉冲的作用下产生微小膨胀，挤压外卡式传感器内的压电传感元件，产生压电电荷，经分析仪中的电荷放大器放大后供采控系统分析。

发动机		4汽缸
汽缸 1	10%	85(r/min)
2	9%	75(r/min)
3	12%	97(r/min)
4	3%	26(r/min)
		850(r/min)

图 5—28　CRT 显示的断缸试验参数

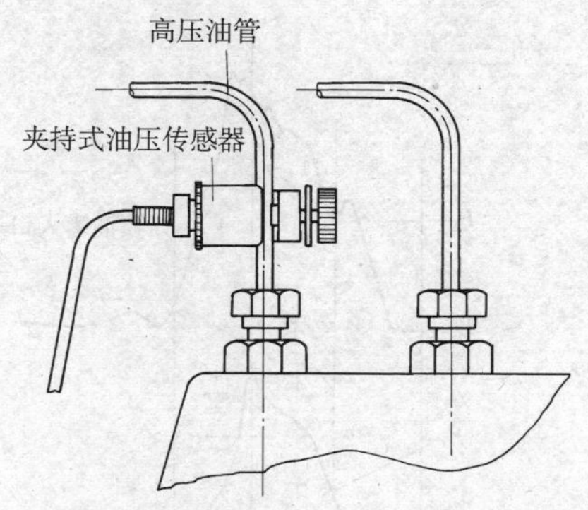

图 5—29　柴油机外卡式油压传感器

高压柴油在喷油泵出口到喷油嘴的油管沿程以波动方式传播，即在同一瞬间喷油泵端的压力和喷油嘴端的压力是不同的，图 5—30 为实测到的喷油泵出口压力波和喷油嘴端压力波。

当喷油泵柱塞上升开始关闭进油孔时，高压油管的压力上升，当超过剩余压力 P_r 时，燃油即进入高压油管，当油压继续上升达喷油嘴的针阀开启压力 P_o 时针阀开启，开始向燃烧室喷油。所以喷油嘴实际喷油开始点落后于喷油泵的供油开始点，这一段时间差称喷油延迟。由于延迟必将导致实际喷油提前角较几何供油提前角要小，提高针阀开启压力 P_o 和增加油管总容积都使这一延迟加长，为使各缸供油提前角均衡，各缸高压油管都是等长度的。针阀打开的瞬时因容积的增大和部分油进入汽缸，喷油嘴端的压力微降。但因柱塞的继续上升，喷油泵端的压力继续上升直到喷油泵回油孔打开，泵端压力速降。但喷油嘴端的压力因高压油管的弹性收缩使压力下降缓慢，这一压力一直下降到低于喷油嘴针阀的落座压力 P_s 时，喷油才告终止。这是正常压力波。当油管中的压力波激起针阀的振动或压力波在高压油管两端的反射波过大时会引起不规则喷射或两次喷射等不正常现象。

①上止点（TDC）传感器的安装。上止点的确定对分析喷油压力波形至关重要，因此，在测取压力波前必须正确安装调试 TDC 传感器，以供分析仪录取所测发动机的上止点信号。

厂家提供的 TDC 传感器有两种结构形式，即磁电式和光学式两种。因光学式精度高，在整个转速范围内分辨率均匀，且安装方便，因此近年来为厂家首选形式，以下以光学 TDC 传感器为例简述其安装方法。首先将随机提供的反光片（10～15 mm 宽）贴于飞轮或皮带轮上（视被测车结构而定），有的车型其皮带轮与扭转减振器为一体，即必须贴于扭转减振器外壳上，注意反光片贴于上止点记号后方（以旋转方向为前），反光片前缘对准 TDC 记号，如图 5—31 所示，以专用夹持器将光学传感器安置于发动机相应位置，并使其光束对准反光片，光束距离不要超过 50 cm。为使上止点信号的提取不受发动机振动的影响，TDC 传感器不能安装在汽车底盘或车身上。

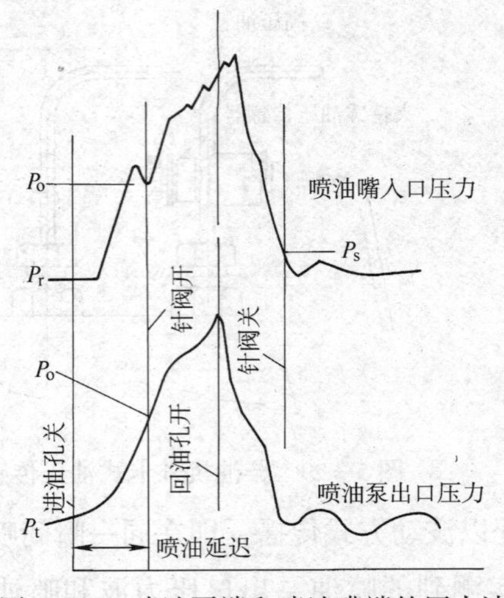

图 5—30　喷油泵端和喷油嘴端的压力波

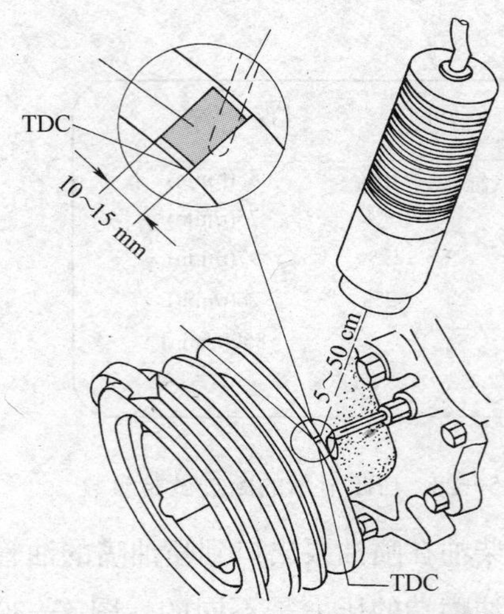

图 5—31　光学 TDC 传感器的安装

②喷油提前角测定。待夹持式油压传感器和 TDC 传感器安装就位后，使柴油机暖机达到正常温度，激活分析仪的喷油提前角测试功能。为减小测试的随机误差，提高检测精度，仪器都设计有多个循环测试结果取平均值的功能。因此，试验前须设定平均循环数，例如选取 8 个循环平均值，稍等片刻，CRT 即显示所测转速下的喷油提前角值。如图 5—32 所示，并同时显示平均循环数，有的仪器还同时显示参数的模拟量。

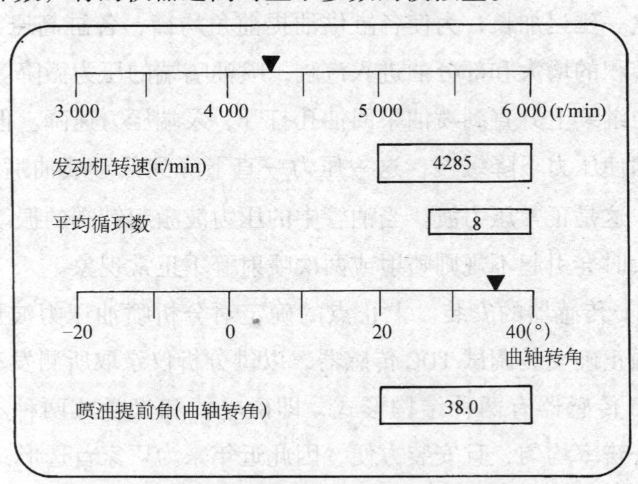

图 5—32　定转速测喷油提前角（使用 TDC 传感器）

仪器可测得喷油提前角随转速变化的曲线，如图 5—33 所示。移动曲线上的标尺，选取不同转速下的提前角值，并显示于 CRT 上部。

如果不安装 TDC 传感器，也可用频闪灯测定喷油提前角。方法如同前述频闪灯测量汽油机点火提前角，其接线如图 5—34 所示，调节频闪灯的电位器，改变闪光脉冲相位直至飞轮（或皮带轮）上止点记号在闪光的照耀下清晰可见，这时 CRT 上显示的即为该转速下的喷油提前角。

图 5—33　喷油提前角特性曲线（使用 TDC 传感器）

③供油压力波。如果测试系统连接上多通道夹持式压力传感器，我们可以采集到多缸柴油机的各缸供油压力波形，并通过信息处理软件如同汽油机点火波形一样组合成平列波、并列波和重叠波，如图 5—35、图 5—36、图 5—37 所示。

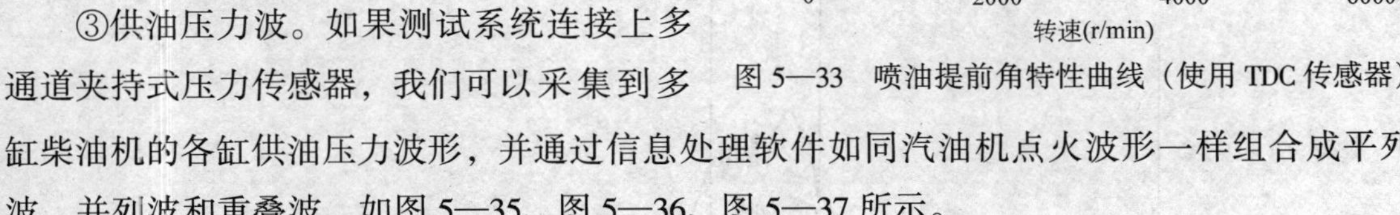

2. 车速波动的故障诊断

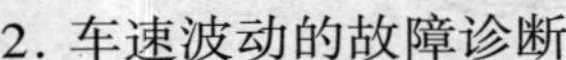

（1）操作内容

诊断车速波动的故障。

（2）操作准备

1）电控汽车。

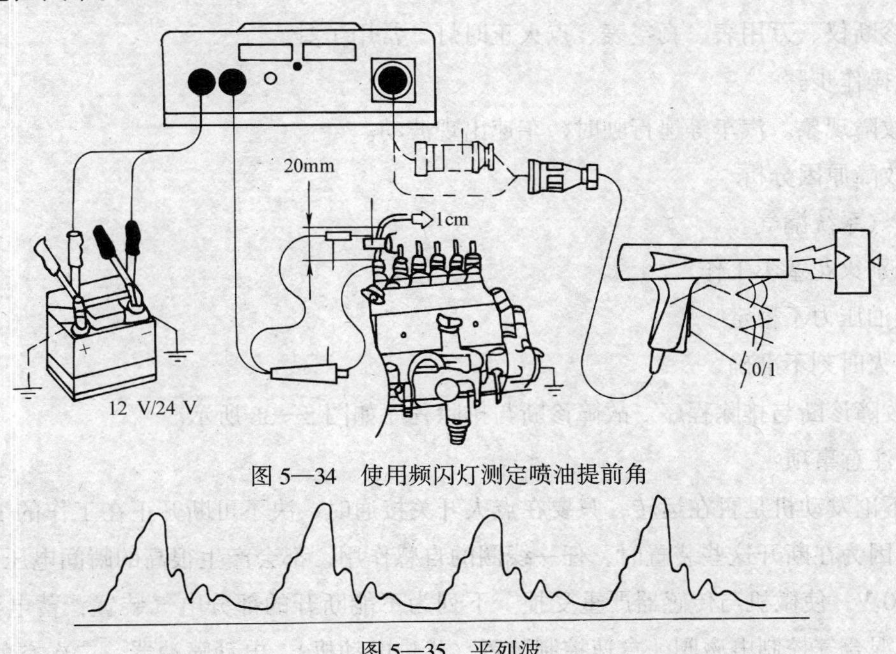

图 5—34　使用频闪灯测定喷油提前角

图 5—35　平列波

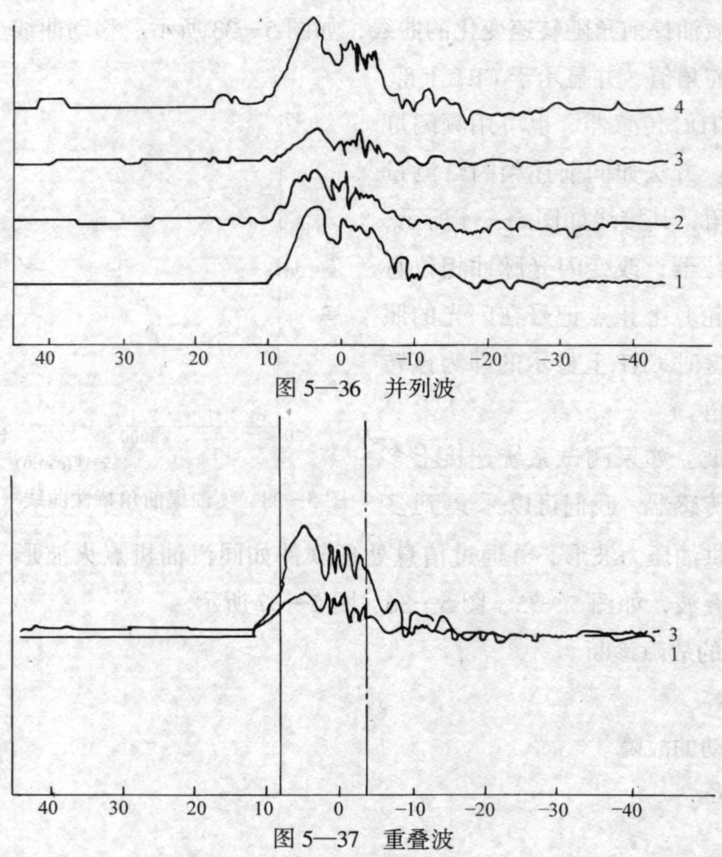

图 5—36　并列波

图 5—37　重叠波

2）诊断仪、万用表、真空表、点火正时灯、常用工具。

（3）操作步骤

1）故障现象。汽车等速行驶时，车速出现波动。

2）故障原因分析

①进气系统漏气。

②个别火花塞不工作。

③燃油压力不稳定。

④点火时刻不准确。

3）故障诊断与排除程序。故障诊断与排除程序如图 5—38 所示。

（4）注意事项

1）不论发动机是否在运转，只要在点火开关接通时，决不可断开正在工作的 12 V 的电气装置。因为在断开这些装置时，任一线圈的自感作用，都会产生很高的瞬间电压，有可能超过 7 000 V，使微机与传感器严重受损。下列为不能断开的部分电气装置：蓄电池的任一电缆线、混合气控制电磁阀、怠速控制装置（步进电动机）、电动喷油器、二次空气喷射电

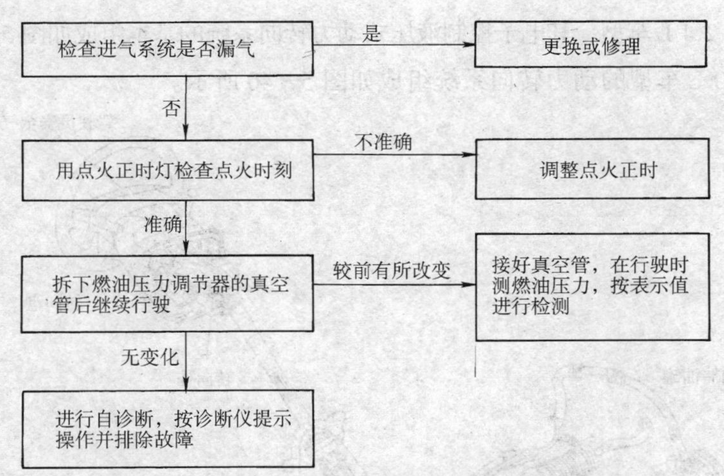

图 5—38　车速波动的故障诊断与排除程序

磁阀（气泵电磁阀）、点火装置的导线、微机的 PROM（可编只读存储器）、任何电脑的导线、鼓风机导线连接器及空调离合器导线等。

2）除了在测试程序中特别指明的外，不能用指针型万用表测试微机和传感器，可使用高阻抗电表进行测试。

3）不要用测试灯去测试任何和微机相连的电气装置。为防止电脑和传感器受损，除非另有说明，否则都应用高阻抗数字测试仪表。

4）进行检查作业的场地要远离易燃物，作业中不得吸烟，以防发生意外事故。

第二节　诊断与排除汽车底盘及车身故障

学习目标

- 电控动力转向系统故障的现象、原因与诊断排除
- 巡航控制系统故障的现象、原因与诊断排除
- 电控悬架系统故障的现象、原因与诊断排除
- 诊断与排除自动控制空调系统的故障

一、相关知识

1. 电控动力转向系统故障的现象、原因与处理方法

本书以广州本田雅阁轿车为例，介绍电子控制液压式动力转向系统故障的现象及原因。对于

本田雅阁 2.0 L 和 2.4 L 车型，其电子控制液压式动力转向系统的基本组成如图 5—39 所示。

本田雅阁 3.0 L 车型的动力转向系统组成如图 5—40 所示。

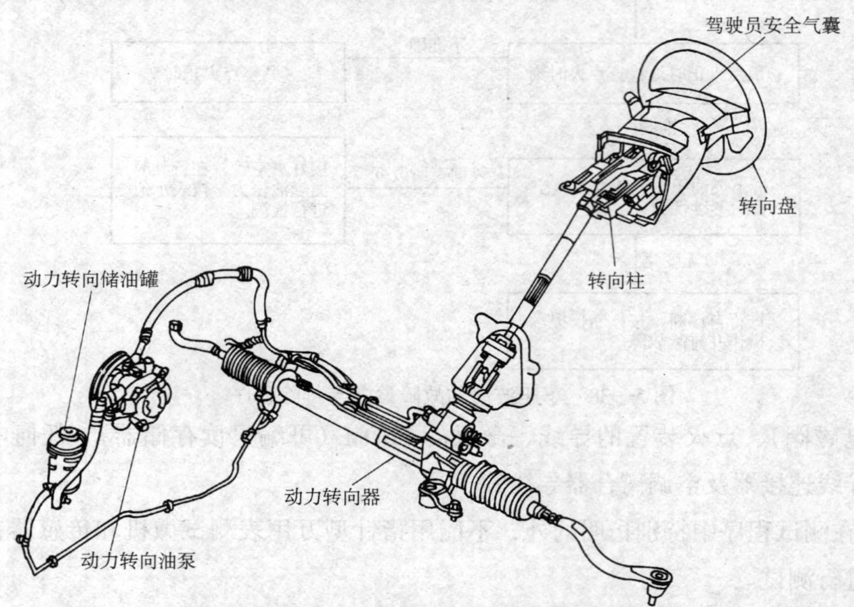

图 5—39　雅阁 2.0 L 和 2.4 L 车型的动力转向系统组成

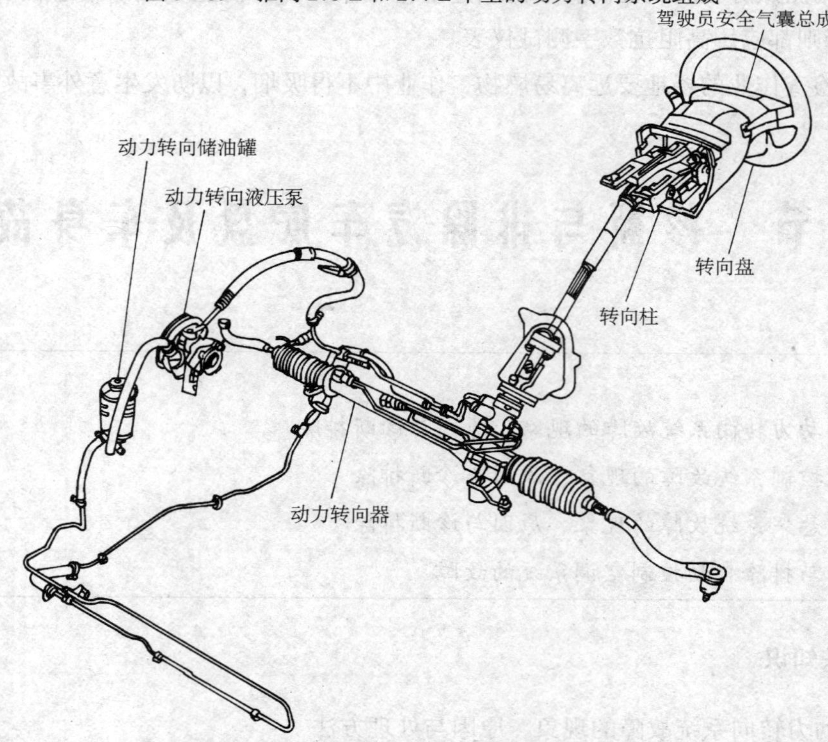

图 5—40　雅阁 3.0 L 车型的动力转向系统组成

电子控制动力转向系统故障现象及检修索引见表5—3，从“症状”一栏中找出故障症状的类型，按表中“检查项目”一栏所列出的顺序进行相关内容的检查，直至查出故障原因。

表5—3　　电子控制动力转向系统故障现象及检修索引

症　状	检查项目	其他原因
转向困难	转向困难系统	①改变的悬架 ②损坏的悬架 ③轮胎尺寸、气压变化
高速时转向过轻	检查齿条的导承	前轮定位
车轮抱死时发抖或振动	①检查齿条的导承 ②检查传动带是否打滑 ③对动力转向器进行大修 ④检查动力转向泵油压	
转向盘回位不顺畅	①检查油缸管路是否变形 ②检查车轮定位 ③对动力转向器进行大修	
转向不均匀或不稳定	①检查齿条的导承 ②检查传动带 ③检查发动机怠速是过低还是异常 ④检查动力转向系统是否由于油位低而窜入空气，或油泵进口软管有空气泄漏 ⑤检查动力转向系统是否存在泄漏，致使动力转向油罐的油位低 ⑥对转向器进行大修	
转向较大时转向盘反转	①检查传动带 ②检查动力转向泵油压	
嗡嗡声	①出现噪声时检查 a. 如果在冷天时，发动机启动后，此噪声持续2～3 min，属正常现象 b. 如果汽车停止，转动转向盘时，听见此噪声，也属正常现象，这是因油压脉动而产生的 ②检查高压软管是否碰到辅助车架或车身 ③检查自动变速器液力变矩器的噪声 ④检查动力转向油中是否有气泡	油泵压力

续表

症　状	检查项目	其他原因
咔哒声（齿条咔哒）	①检查松动的转向部件（转向横拉杆和球头），必要时锁紧或更换 ②检查转向柱轴的摆动，如果转向柱摆动，则更换转向柱总成 ③检查齿条的导承 ④检查动力转向泵的带轮 a. 如果带轮松弛，则调紧 b. 如果油泵轴松动，则更换油泵	
嘶嘶声	①检查油位，如果油位低，则给储油罐注油，直至合适的水平，检查是否泄漏 ②检查储油罐是否泄漏 ③检查入口软管是否破裂，管夹是否松动，使空气进入系统的吸气端 ④检查动力转向泵轴油封是否泄漏	动力转向油中有空气
油泵噪声	①正常工作温度下，比较油泵的声音与其他同类车型油泵的声音有何不同（在冷天时，启动发动机后，油泵噪声持续 2～3 min 是正常的） ②拆卸油泵，并检查是否磨损或损坏	①动力转向泵的压力过低 ②动力转向油中有空气
啸叫声	检查传动带	
转向器漏油	①阀体装置的顶部漏油。对阀体装置（SHOWA 的转向器）进行大修 ②左护罩漏油。更换小齿轮轴上的阀门油封，更换转向器侧的缸头密封 ③右护罩漏油。更换右缸头密封 ④靠近转向球头下部螺栓的小齿轮轴漏油。对阀体装置进行大修 ⑤阀体装置（SHOWA 转向器）上的转向减振器阀盖漏油。更换阀罩 ⑥油缸上的转向减振器阀接头漏油，或插接器松动（TKS 转向器）。更换油缸壳体	

续表

症　状	检查项目	其他原因
管路漏油	①油缸管路的接合处漏油（连接螺母）。拧紧接合处，重新测试 ②油缸管路的损坏处漏油。更换油缸管路 ③泵的出口软管或回油管与阀体装置的接合处漏油（连接螺母）。拧紧接头，重新测试，如果仍有泄漏，必要时更换软管、管路或阀体装置	
油泵漏油	①前油封漏油。更换前油封 ②动力转向泵壳体漏油。更换O形密封圈或密封件，必要时更换动力转向泵	
储油罐漏油	①油罐盖周围漏油。油位太高，将油液排放至合适油位。油内有空气，检查油泵入口处有无空气泄漏 ②油罐漏油。检查储油罐有无破损，必要时更换	
泵的出油软管漏油（高压）	①检查螺栓是否松动。如果螺栓已锁紧，更换接头O形密封圈 ②下垂的接头处漏油。更换出油软管	
泵的入油软管漏油（低压）	检查软管是否破损、老化或安装不正确，必要时进行更换或修理	

2. 巡航控制系统故障的现象、原因与处理方法

在完成读出系统的诊断代码、信号输出和输入部分的代码后，经过综合对比分析，初步判断，就可进入到故障排除的实施检修阶段。表5—4是检修的优先顺序表，数字小的优先程度高。更换巡航控制的电控单元步骤应放在最后。

表5—4　　巡航控制检修优先顺序表

可能部位 / 现　象	驱动电机	安全电磁离合器	位置传感器电路	车速传感器电路	控制开关电路	执行器控制拉索	巡航控制电控单元
巡航控制“运行”故障或“消除”故障	1	2					
		1					2
	2		1				3
				1			2
	3			2		1	4
					1		2
					1		2
					1		2

若在诊断代码的检查中显示正常代码，但仍然出现（重现）故障，则应按表 5—5 及表 5—6 给出的顺序检查对应的部位，仍然是代码数字小的优先检查。检查更换巡航控制的电控单元应放在最后。

3. 电控悬架系统故障的现象、原因与处理方法

故障自诊断系统通过故障码的形式指出电子控制悬架系统故障的部位，为故障的检修带来了很大的方便。然而，有时候虽然无故障码显示，但电子控制悬架系统却有故障症状。在这种情况下，需要根据故障的症状和电子控制悬架系统的电路原理进行故障分析，找出可能的原因，进而准确而又迅速地排除故障。

表 5—5　　　　故障现象与检查部位对应顺序表

检查部位 / 现象	驱动电动机电路	车速传感器电路	控制开关电路	制动开关电路	怠速开关电路主节气门位置传感器	与发动机电磁阀交换信息电路	与发动机节流传感器交换信息电路
不出现 SET 或出现 CANCEL（诊断代码正常）	8	3	4	5			
汽车的实际车速偏离（高或低）设定的车速	4	2			5	3	6
在上坡段行驶时在三挡和发动机超速挡间变换频繁						1	
即使制动踏板踩下，巡航控制不取消	3			2			
即使驻车制动杆拉下，巡航控制不取消	3						
即使变速器置空挡，巡航控制不取消	3						
控制开关不起作用（无设定、加速和取消等控制）	3		2				
车速 40 km/h 以下可设定巡航或 40 km/h 以下不取消	3	2					
加速（ACCEL）和恢复（RESUME）响应差	3					2	
即使在上坡段道路发动机转速高，但不能消除巡航状态						1	
诊断代码被抹掉							
诊断代码不输出或不该输出时输出							
巡航控制指示灯一直亮或不亮	组合仪表板故障						

表 5—6　　故障现象与检查部位对应顺序表

检查部位 现　　象	驻车制动开关电路	空挡开关电路	电源电路	备用电源电路	主开关电路	诊断电路	执行器拉索	巡航控制电控单元
不出现 SET 或出现 CANCEL（诊断代码正常）	7	6	1		2		9	10
汽车的实际车速偏离（高或低）设定的车速							1	7
在上坡段行驶时在三挡和发动机超速挡间变换频繁							2	
即使制动踏板踩下，巡航控制不取消							1	4
即使驻车制动杆拉下，巡航控制不取消	2						1	4
即使变速器置空挡，巡航控制不取消		2					1	4
控制开关不起作用（无设定、加速和取消等控制）							1	4
车速 40 km/h 以下可设定巡航或 40 km/h 以下不取消							1	4
加速（ACCEL）和恢复（RESUME）响应差							1	4
即使在上坡段道路发动机转速高，但不能消除巡航状态								2
诊断代码被抹掉				1				2
诊断代码不输出或不该输出时输出								2
巡航控制指示灯一直亮或不亮	组合仪表板故障							

进行故障分析时，许多故障与悬架 ECU 有关，但实际上悬架 ECU 的故障率是很低的。因此，在检查故障时，应首先检查 ECU 以外的可能故障部位，待确定这些部位均正常而故障现象不能消除时，再考虑检查或更换悬架 ECU。

雷克萨斯 LS400 轿车电子控制悬架系统的一些故障现象和可能的原因见表 5—7 和表 5—8。

表 5—7　　悬架刚度和阻尼力控制失灵

故障现象	故障原因
无论如何操作 LRC 开关，LRC 指示灯的状态不变	LRC 开关电路悬架 ECU
悬架刚度和阻尼力控制几乎不起作用	①悬架控制执行器及其电路 ②Ts 端子电路 ③Tc 端子电路 ④IRC 开关电路 ⑤气压缸或减振器 ⑥悬架控制执行器电源电路 ⑦悬架 ECU

续表

故障现象	故障原因
只有防侧倾控制不起作用	①转向传感器电路 ②悬架 ECU
只有防后坐控制不起作用	①节气门位置传感器及其电路 ②悬架 ECU
只有防点头控制不起作用	①制动灯开关及其电路 ②车速传感器及其电路 ③悬架 ECU
只有高速控制不起作用	①车速传感器及其电路 ②悬架 ECU

表 5—8　　车身高度控制失灵

故障现象	故障原因
高度控制指示灯的亮灯状态不随高度控制开关的动作而变化	①高度控制开关电路 ②发电机调节器电路 ③高度控制电源电路 ④车身高度传感器 ⑤悬架 ECU
汽车高度控制不起作用	①发电机调节器电路 ②车身高度控制电源电路 ③车身高度控制开关及其电路 ④空气悬架开关（高度控制 ON/OFF 开关）及其电路 ⑤车身高度传感器 ⑥悬架 ECU
只有高速控制不起作用	①车速传感器及其电路 ②悬架 ECU
汽车车身高度出现不规则变化	①管路有空气泄漏 ②车身高度传感器 ③悬架 ECU
汽车高度控制起作用，但车身高度变化不均匀	①高度控制阀、排气阀及其电路 ②车身高度传感器及连接杆
汽车高度控制起作用，但高度控制在正常（NORM）状态时，车身高度与标准值不符	车身高度传感器及连接杆
在汽车高度调整时，车身过高或过低	车身高度传感器及连接杆
空气悬架开关（高度控制 ON/OFF 开关）在 OFF 位置，汽车高度控制仍起作用	①空气悬架开关及其电路 ②悬架 ECU
点火开关 OFF 控制不起作用	①门控灯开关及其电路 ②车身高度控制电源电路 ③悬架 ECU
在车门打开时，点火开关 OFF 控制仍起作用	①门控灯开关及其电路 ②悬架 ECU
汽车驻车时车身高度很低	①管路有空气泄漏 ②气压缸或减振器
空气压缩机持续运转	①管路有空气泄漏 ②1 号车身高度控制继电器及其电路 ③压缩机电动机电路 ④悬架 ECU

4. 自动控制空调系统故障的现象、原因与处理方法

自动控制空调系统的故障现象与传统空调的故障很相似。自动控制空调系统的诊断可以借助于诊断仪进行辅助故障判断，但是不能完全依靠诊断仪的显示结果，而应该在熟悉系统的结构和控制原理的基础上进行综合分析。只是电器控制部分是自动的，其他部分同传统的手动空调一样，因此在故障诊断和维修时也同维修普通空调一样，由简到繁，由易到难，注意仔细检查管路接头的泄漏、控制元件的功能，其常见故障及排除方法见表5—9。

表5—9　　自动控制空调系统常见故障的现象、原因及排除方法

故障现象	可能的原因	排除方法
无冷气	电磁离合器不啮合	更换保险丝并检查是否存在短路
		检查电磁离合器
		检查空调开关
		按需要进行修理
		检查制冷剂压力
		检查压力开关
	压缩机运转不正常	调整或更换皮带
		修理或更换压缩机
	膨胀阀故障	检查膨胀阀
	系统有渗漏	使用测漏仪检测
	鼓风机不工作	检查鼓风机控制模块
		检查鼓风机电机
		按需要进行修理
间断有冷气	电磁离合器打滑	检查电磁离合器
	膨胀阀故障	检查膨胀阀
	线路连接故障	按需要进行修理
	系统中含过多的水分	对系统抽真空并补充制冷剂
仅在高速时有冷气	冷凝器阻塞	清洁冷凝器
	压缩机皮带打滑	调整或更换压缩机皮带
	压缩机故障	检查压缩机
	制冷剂不够或太多	检查制冷剂的静态压力
	系统内有空气	对系统抽真空并充入制冷剂
冷气不足	冷凝器阻塞	检查冷凝器
	压缩机皮带打滑	检查或更换压缩机皮带
	电磁离合器故障	检查电磁离合器
	压缩机故障	检查压缩机
	膨胀阀故障	检查膨胀阀
	制冷剂不够或太多	检查制冷剂的静态压力
	系统内有空气	用标准设备对系统抽真空，重新充入制冷剂

续表

故障现象	可能的原因	修理方法
冷气不足	冷冻机油过多	用标准设备对系统抽真空，重新充入制冷剂，按标准数值加入冷冻机油
	空调调节控制故障	检查蒸发器传感器及空调调节控制器
	压缩机处于最小工作容积	按前面所述方法检查调整
冷气的风量不够	蒸发器阻塞或结霜	清洁蒸发器散热片或滤清器
	冷却装置或送气管道漏气	按需要进行修理
	空气进口阻塞	按需要进行修理
	鼓风机电机故障	更换鼓风机电机

二、操作技能

1. 诊断排除电子控制动力转向系统故障

(1) 操作内容

1）掌握电子控制动力转向系统故障的诊断方法。

2）掌握电子控制动力转向系统故障的排除步骤。

(2) 操作准备

1）具有电控动力转向系统的轿车一辆。

2）常用检测工具一套。

(3) 操作步骤

1）油路的常规检修项目。包括储油罐液面高度的检查，转向液中是否含有空气及油泵出油压力。

2）车速传感信号的检查。顶起车辆，旋转后轮，测量接线柱 SPD 与 GND 之间的电压，应为 0～5 V，如图 5—41 所示。

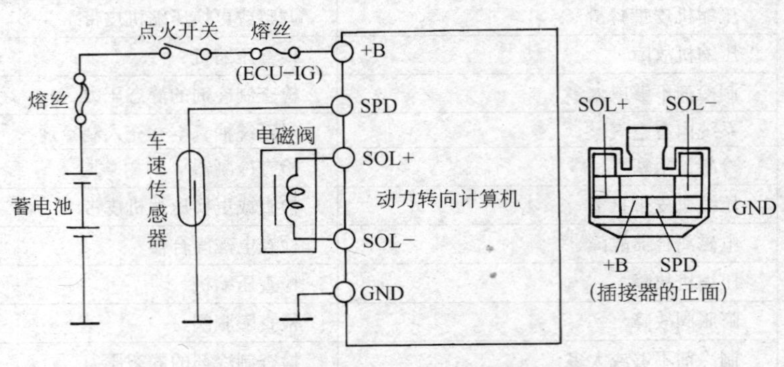

图 5—41　车速传感器信号检查

3）电磁阀的检查。拔开插接器，用电阻表测量电磁线圈的电阻，电阻应为 6.0 ~ 11 Ω。从转向机内拆下电磁阀，将蓄电池正极接电磁线圈的 SOL + 端子，负极接 SOL − 端子，如图 5—42 所示。此时针阀应缩回约 2 mm，否则应更换电磁阀。

4）PPS 电子控制器 ECU 的检查。支撑起汽车，拆下 ECU 插接器，启动发动机，在不拔下 ECU 插接器、发动机怠速运转的情况下，用电压表测量 ECU 的 SOL − 和 GND 两端子之间的电压，电表测笔从背面插入，如图 5—43 所示。然后将变速器挂上挡，并使车速达到 60 km/h，仍按图 5—43 所示接法再测电压，电压应比原来增加 0.07 ~ 0.22 V。如果无电压，应更换 ECU。

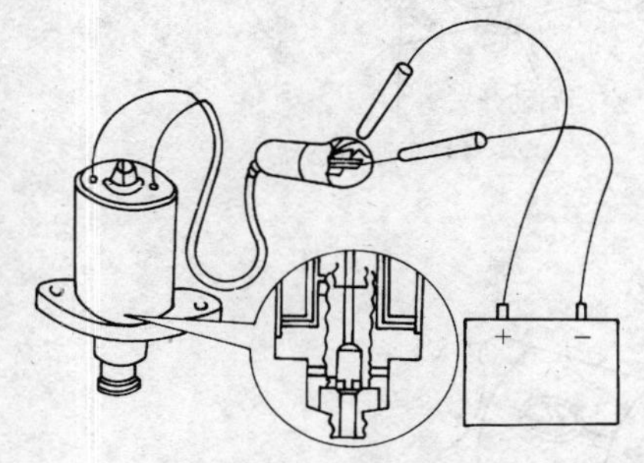

图 5—42　电磁阀的检查

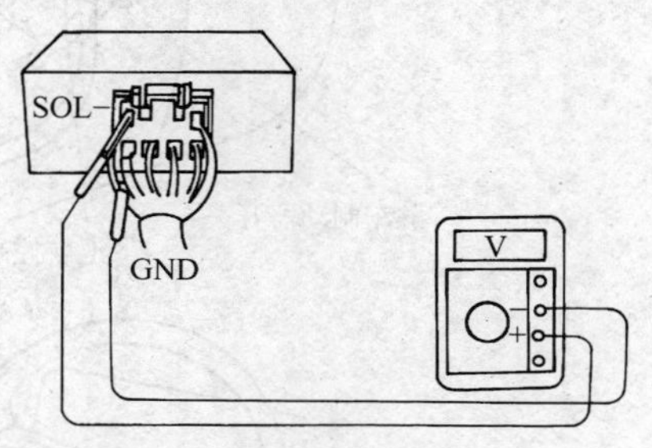

图 5—43　电子控制器 ECU 的检查

2. 诊断与排除巡航系统的故障

（1）操作内容

1）掌握巡航系统的检修方法。

2）掌握巡航系统的故障诊断方法。

（2）操作准备

1）一台带有巡航系统的车辆。

2）万用表、专用扫描仪、扳手等常用工具。

（3）操作步骤

1）首先对系统进行目测

①检查真空管有无断裂、夹住，接头有无松动。

②检查所有线束是否紧固，连接点是否清洁，导线绝缘是否良好。

③检查熔断器有无断路。

2）巡航系统的自诊断（以丰田轿车为例，见图 5—44）

丰田轿车的自诊断分为两类，其中第一类为 A 型自诊断，具体检测方法如下：

①打开点火开关，控制开关置于 SET/COAST 或 RES/ACC 位置并保持。

②按下主开关置“ON”位，检查仪表台“CRUISE”指示灯。

③关闭 SET/COAST 开关或 RES/ACC 开关。

④主开关再次被压下时，代码显示停止。在检测指示灯上读取诊断代码，见表 5—10。

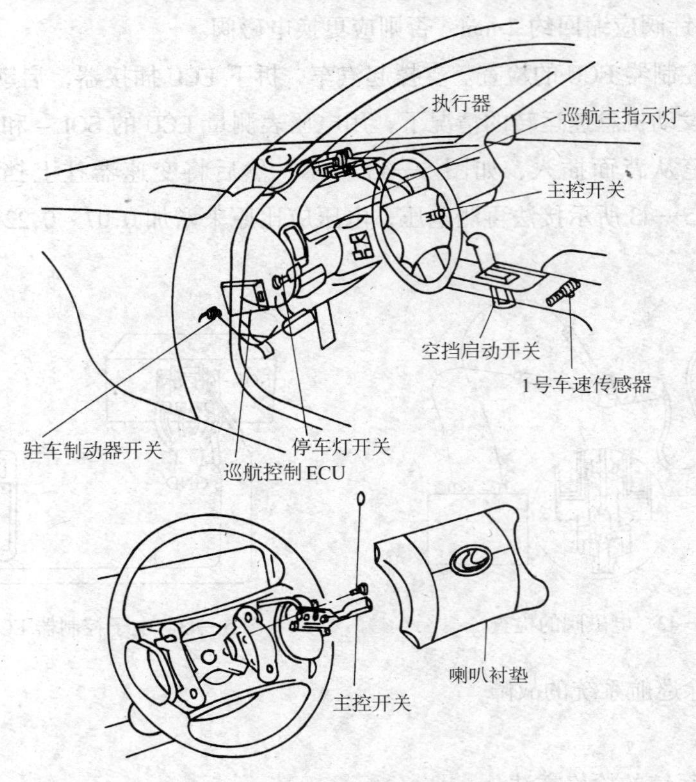

图 5—44　丰田轿车的巡航系统

表 5—10　　**巡航系统的自诊断**

测量条件	故障代码	诊断
控制开关置于 SET/COAST 位置	2	SET/COAST 电路正常
控制开关置于 RES/ACC 位置	3	RES/ACC 电路正常
控制开关、空挡启动开关、制动灯开关、驻车制动开关等打开	常灭	各开关正常
40 km/h 或更低车速行使	常亮	车速传感器电路正常
40 km/h 或更高车速行使	常闪	车速传感器（仪表内）电路正常

第二类为 B 型自诊断，具体检测方法如下：

①如果以巡航方式行车时，由于执行器、车速传感器或车速控制开关电路故障引起系统被取消，则巡航指示灯“CRUISE”会闪烁 5 次。

②停车后，不要关闭点火开关，直接连接检测接头，从指示灯上读取代码，故障代码见表 5—11。

表 5—11　　巡航系统故障代码

故障代码	诊　断
11	电机驱动电流过大
12	电磁离合器驱动电路电流过大，电磁离合器驱动电路断路
13	位置传感器电路故障，电机断路
21	在 140 ms 或更长时间内无车速信号传出
23	巡航时车速比设定车速低 16 km/h 或更多
32	控制开关电路短路
34	开关前，控制开关未切断
41	电脑故障

3）对于没有自诊断系统的车辆的检查

①踩住制动踏板，观察制动灯。如制动灯不亮，则检查制动灯开关及电路。

②对于手动变速器车辆，应检查并确认离合器解除开关的工作是否正常。

③检查执行器操纵杆和节气门拉线动作是否正常。

④检测止回阀、真空泄放阀、控制开关和电路、伺服机构、车速传感器工作是否正常。

⑤如果以上检测均正常，但系统工作不正常，须更换控制器。

4）控制电路的检查

①检查熔断器是否烧坏，如熔断器完好，从真空调节器上拆下导线连接器。

②将线束中的结合导线和真空调节器上的保持接柱连接，使电流不经过下限速度开关。

③接通点火开关，发动机不启动，慢慢按压和松开车速控制开关，如听到真空阀的组合响声，且指示灯亮，说明真空管和有关电路良好。

5）真空泄放阀的检测。真空泄放阀滞留在开启状态或泄漏都会引起不工作或误动作故障。如果真空泄放阀自身不能释放真空，可通过施加制动时的电气开关信号来解除巡航控制系统。

检测真空泄放阀时，分离开伺服机构到真空泄放阀的真空管，并在管路中连接一个真空泵，对真空泄放阀抽真空。如不能保持真空，则为真空管或真空泄放阀故障。

如真空泄放阀能保持真空，踩下制动踏板，真空应被释放，否则调整或更换真空泄放阀。

6）制动分离开关和进气调节装置的调整

①制动分离开关的调整。逐步踏下制动踏板，每次踏下 32 mm，逐点用车速控制开关试验系统是否接合，直到系统已经接合为止。接合阶段的踏板行程应有 64 mm。

②进气调节装置的调整。如低于预定车速，可将空气调节管向外调整；反之，则将空气

调节管向里调整。空气调节管每转动 1/3 圈，大约影响车速 1.6 km/h。

(4) 注意事项

1) 由于巡航控制系统与其他系统共用几个传感器，应避免造成其他系统故障。

2) 由于控制开关位于转向盘上，检查时应注意并避免引爆气囊。

3. 诊断与排除电控悬架系统的故障

(1) 操作内容

1) 掌握排除电控悬架系统故障的步骤。

2) 掌握诊断电控悬架系统故障的方法。

(2) 操作准备

1) 一辆具有电控悬架系统的车辆。

2) 常用检测工具一套。

(3) 操作步骤（以丰田 LS400 轿车为例）

1) 1 号高度控制继电器通电时间过长的故障诊断

①现象。当 1 号高度控制继电器通电时间过长时，可以输出故障码 51，故障码的含义是：1 号高度控制继电器通电在 8.5 min 以上。

由于空气压缩机的溢流阀压力为 10 kg/cm^2，如果试图在陡坡上行车或在汽车超载的情况下进行车身高度控制，压缩机电动机就会连续运转以使车身高度上升，因而可能会有 1 号高度控制继电器通电时间超过 8.5 min 的现象，悬架 ECU 也会储存故障码 51，并且可能会停止车身高度控制、悬架刚度及阻尼控制。但是，这并非是故障，将点火开关关闭 70 min 以上，再将点火开关转至 ON 位置时，系统又会恢复正常的车身高度控制以及减振力和弹簧刚度控制。

②故障部位分析

a. 空气压缩机电动机。

b. 空气压缩机。

c. 空气管路。

d. 1 号或 2 号高度控制阀。

e. 车身高度传感器连接杆。

f. 车身高度传感器。

g. 排气阀。

h. 溢流阀。

i. 悬架 ECU。

③故障诊断流程如图 5—45 所示。

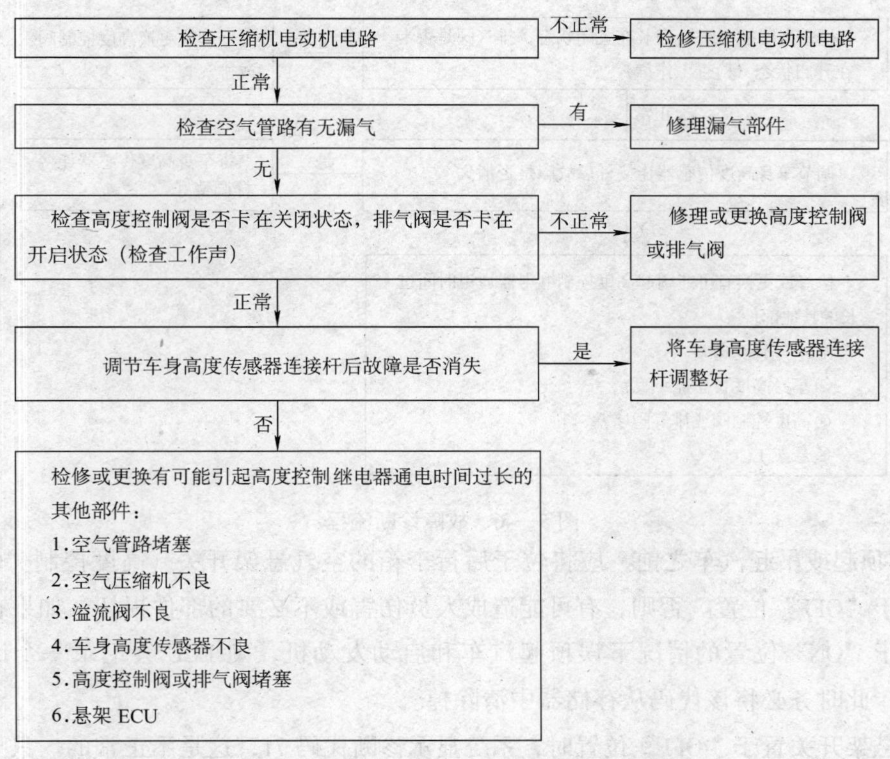

图 5—45　故障诊断流程

2）排气阀通电时间过长的故障诊断

①相关故障码。当排气阀通电时间过长时，可以输出故障码 52，故障码的含义是：排气阀的通电时间超过 6 min。

如果在拆卸车轮时或在顶起汽车时车身高度控制起作用，可能会输出故障码 52，而且会停止车身高度控制以及减振力和弹簧刚度控制，但这并非不正常。如果将点火开关转到 OFF 位置后再转回到 ON 位置，系统又会恢复控制功能。

②故障部位

a. 高度控制阀。

b. 排气阀。

c. 空气管路。

d. 车身高度传感器连接杆。

e. 车身高度传感器。

f. 悬架 ECU。

③故障诊断流程如图 5—46 所示。

（4）注意事项

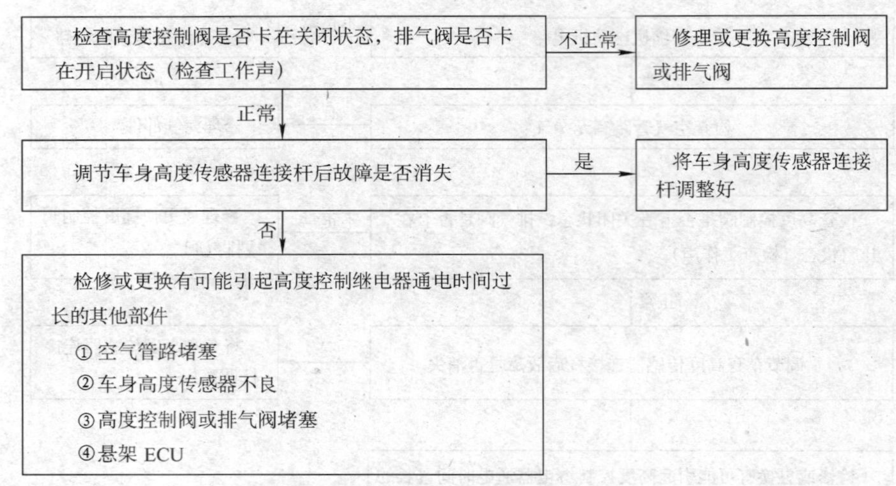

图 5—46　故障诊断流程

1）在顶起或吊起汽车之前，应将位于后行李箱的空气悬架开关（高度控制“ON/OFF”开关）置于“OFF”位置。否则，有可能造成人员伤害或不必要的部件损坏。如果在空气悬架开关处于“ON”位置的情况下误顶起汽车和启动发动机，则 ECU 会记录一个诊断代码（故障码），此时务必将该代码从存储器中清除掉。

如果悬架开关置于“OFF”位置时，系统显示诊断代码 71，这是不正常的。只要将空气悬架开关重新转至“ON”位置，该代码即会被消除。

2）前安全气囊传感器安装在空气悬架压缩机和 1 号高度控制阀上面，不要触及这个传感器。如果必须触及，则应查找到 SRS 安全气囊的安全注意事项并严格按照其要求进行操作。

3）维修结束后要开动汽车之前，应将汽车的高度调整到正常状态。

4. 诊断与排除自动控制空调系统的故障

（1）操作内容

1）掌握自动控制空调故障的诊断方法。

2）掌握自动控制空调故障的排除步骤。

（2）操作准备

1）具备自动控制空调系统的车辆一辆。

2）常用空调检测工具一套。

（3）操作步骤（以丰田 LS400 轿车为例）

1）首先接通点火开关，按下 AUTO 和开关，如图 5—47 所示，指示灯应以每次 1.0 s 的周期显示四次，并且在指示灯闪烁时，蜂鸣器应同时发声。

在指示灯检查结束后，便自动开始故障码校核程序，如果要取消检查模式按下“OFF”

开关即可。

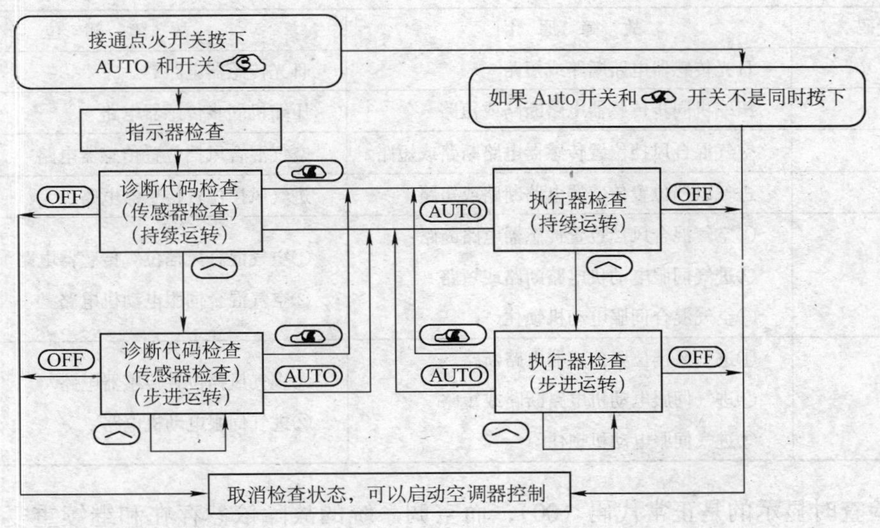

图 5—47　指示灯检测

2）空调系统的检查

①故障代码的读取

a. 指示灯检查后，系统自动进入传感器检查模式。

b. 传感器故障由空调控制板上的温度显示器读取。

c. 传感器故障有两类，即现时故障和以前故障。温度显示器闪烁且蜂鸣器发声，表示是现时故障；若蜂鸣器不发声，则为以前故障。

d. 两个以上的故障，先显示最小的，然后按下温度显示器开关“∧”侧就显示下一个故障代码。

②故障代码的清除

a. 排除故障后，拔出 2 号接线盒内的“DOME”熔丝 10 s 以上，即可清除故障代码。

b. 重新插入“DOME”熔丝，检查应输出正常码。

③故障代码表。汽车空调系统故障代码见表 5—12。

表 5—12　　汽车空调系统故障代码

故障代码	故　障　原　因	故　障　部　位
00	正常	
11	车内温度传感器电路断路或短路	车内温度传感器电路
12	车外温度传感器电路断路或短路	车外温度传感器电路
13	蒸发器温度传感器电路断路或短路	蒸发器温度传感器
14	冷却液温度传感器电路断路或短路	冷却液温度传感器电路

续表

故障代码	故 障 原 因	故 障 部 位
21	日光传感器电路断路或短路	日光传感器电路
22	压缩机同步传感器电路断路或短路	压缩机同步传感器电路
31	空气混合风挡位置传感器电路断路或短路	空气混合风挡位置传感器电路
32	进气风挡位置传感器电路断路或短路	进气风挡位置传感器电路
33	①空气混合风挡位置传感器电路断路 ②进气伺服电动机电路断路或短路 ③空气混合伺服电动机锁住	①空气混合风挡位置传感器电路 ②空气混合伺服电动机电路
34	①进气风挡位置传感器电路断路 ②进气伺服电动机电路断路或短路 ③进气伺服电动机锁住	①进气风挡位置传感器电路 ②进气伺服电动机电路

如果检查时显示的是正常代码（00），而空调系统的故障依然存在和继续重复出现，则应对每种故障进行排除。现举两个常见故障的排除步骤。

①无冷空气输出

a. 检查制冷剂。

b. 检查传动皮带是否折断或张力不够。

c. 检查制冷系统。

d. 检查压缩机电路。

e. 检查压力开关电路。

f. 检查压缩机锁定传感器电路，如图 5—48 所示。

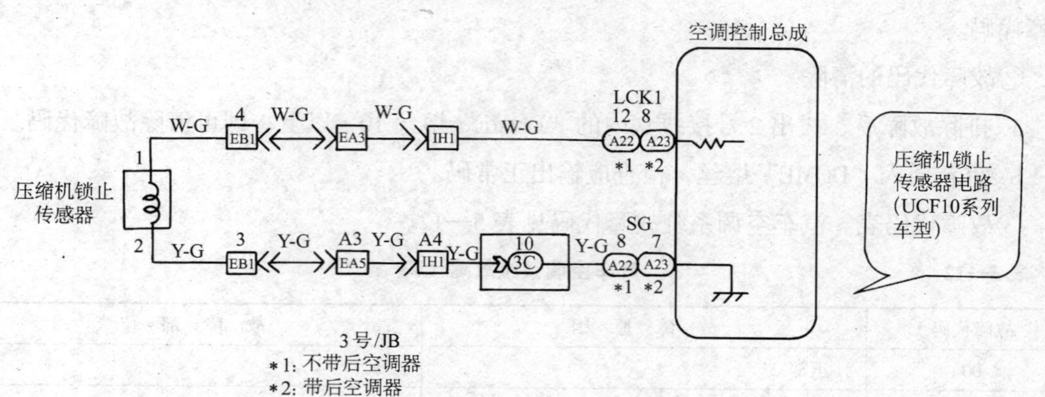

图 5—48　压缩机锁定传感器电路

g. 检查空气混合温度门位置传感器电路。

h. 检查空气混合伺服电动机电路。

i. 检查车内温度传感器电路，如图 5—49 所示。

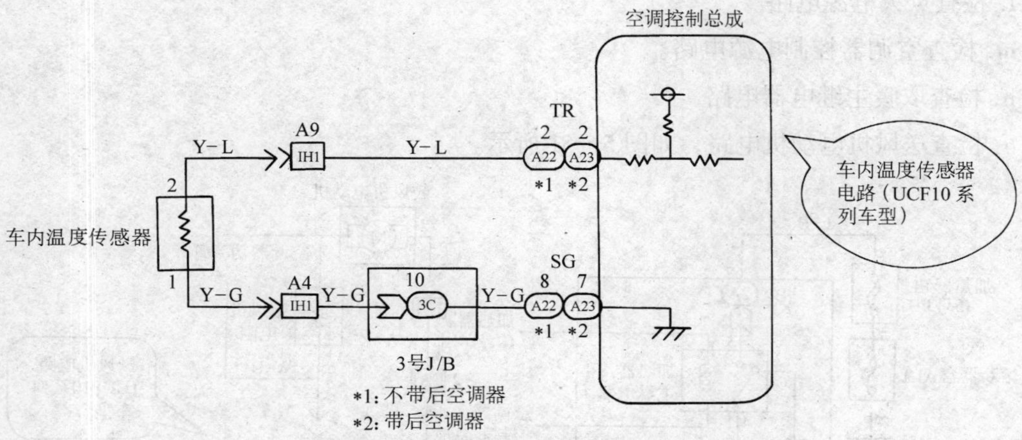

图 5—49　车内温度传感器电路

j. 检查车外大气温度传感器电路。

k. 检查蒸发器温度传感器电路，如图 5—50 所示。

蒸发器温度传感器发生故障时，可引起无冷热风输出，流出的空气温度比设定的高或低或响应太慢，鼓风机不受控制。

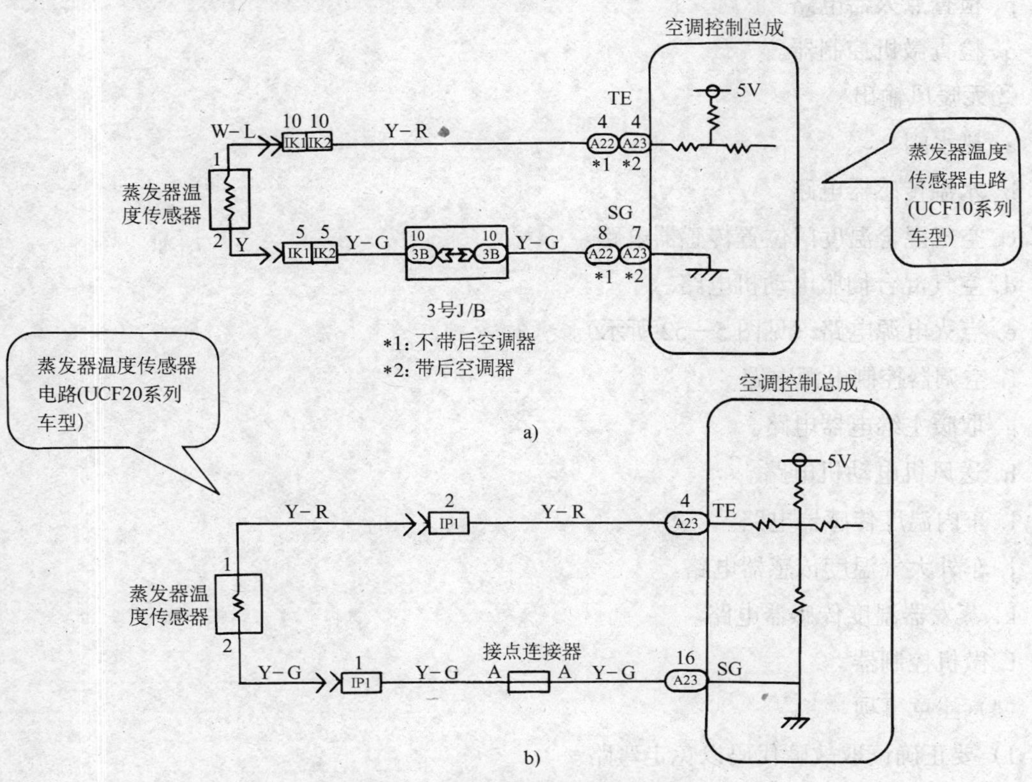

图 5—50　蒸发器温度传感器电路

l. 检查点火电源电路。

m. 检查空调器控制电源电路。

n. 检查取暖主继电器电路。

o. 检查送风机电动机电路，如图 5—51 所示。

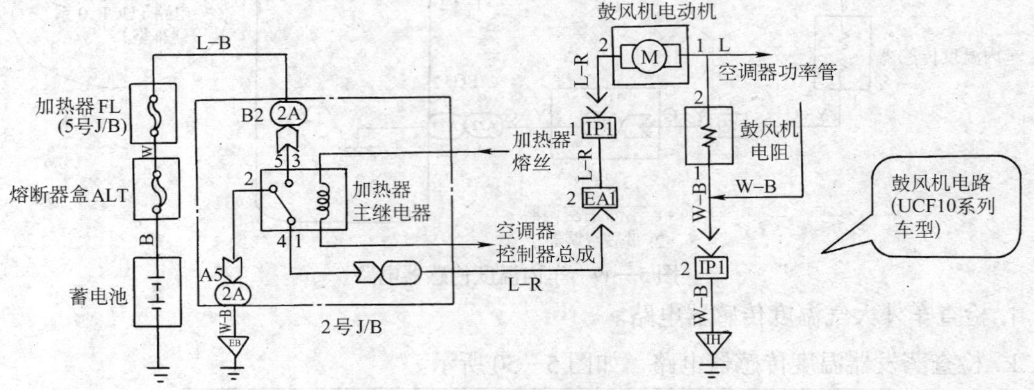

图 5—51 送风机电动机电路

p. 检查点火器电路。

q. 检查微机控制器。

②无暖风输出

a. 热水阀。

b. 水温传感器电路。

c. 空气混合温度门位置传感器电路。

d. 空气混合伺服电动机电路。

e. 点火电源电路（见图 5—52 所示）。

f. 空调器控制电源电路。

g. 取暖主继电器电路。

h. 送风机电动机电路。

i. 车内温度传感器电路。

j. 车外大气温度传感器电路。

k. 蒸发器温度传感器电路。

l. 微机控制器。

（4）注意事项

1）要正确读取故障代码以免走弯路。

2）检测拆装各伺服电动机时应注意初始位置。

3）检测制冷剂的注意事项与普通空调系统相同。

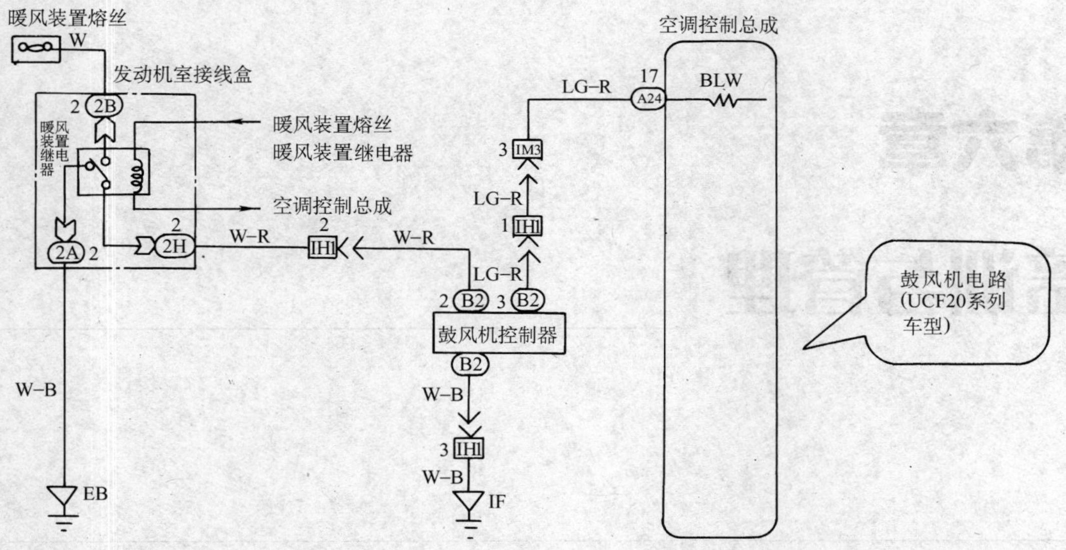

图 5—52　点火电源电路

第六章

培训与管理

学习目标

- 汽车维修质量管理相关知识
- 汽车维修作业的组织实施办法

第一节　维修质量管理

学习目标

- 质量管理基础知识
- 质量鉴定基础

一、ISO 9000 质量管理基础知识

1. ISO 9000 质量管理体系构成

（1）质量管理体系理论说明

质量管理体系能够帮助组织增进顾客满意度。顾客要求产品具有满足其需求和期望的特性，这些需求和期望在产品规范中表述，并集中归结为顾客要求。顾客要求可以由顾客以合同方式规定或由组织自己确定，在任一情况下，产品是否可接受最终由顾客确定。顾客的

需求和期望是不断变化的，竞争的压力和技术的发展不断提高，这些都促使组织持续地改进产品和过程。

质量管理体系方法鼓励组织分析顾客要求，规定相关的过程，并使其持续受控，以实现顾客能接受的产品。质量管理体系能提供持续改进的框架，以增加顾客和其他相关方满意的机会。质量管理体系还就组织能够提供持续满足要求的产品，向组织及其顾客提供信任。

（2）质量管理体系要求与产品要求

GB/T 19000 族标准区分了质量管理体系要求和产品要求。

GB/T 19000 规定了质量管理体系要求。质量管理体系要求是通用的，适用于所有行业或经济领域，不论其提供何种类别的产品。GB/T 19000 本身并不规定产品要求。

产品要求可由顾客规定，或由组织通过预测顾客的要求规定，或由法规规定。在某些情况下，产品要求和有关过程的要求可包含在诸如技术规范、产品标准、合同协议和法规要求中。

（3）质量管理体系方法

确定顾客和其他相关方的需求和期望；建立组织的质量方针和质量目标；确定实现质量目标必需的过程和职责；确定和提供实现质量目标必需的资源；规定测量每个过程的有效性和效率的方法；应用这些测量方法确定每个过程的有效性和效率；确定防止不合格并消除产生原因的措施；建立和应用持续改进质量管理体系的过程。上述方法也适用于保持和改进现有的质量管理体系。

采用上述方法的组织能对其过程能力和产品质量树立信心，为持续改进提供基础，从而增进顾客和其他相关方满意并使组织成功。

（4）质量管理体系过程方法

任何使用资源将输入转化为输出的活动或一组活动可视为一个过程。

为使组织有效运行，必须识别和管理许多相互关联和相互作用的过程。通常，一个过程的输出将直接成为下一个过程的输入。系统地识别和管理组织所应用的过程，特别是这些过程之间的相互作用，称为“过程方法”。

本标准鼓励采用过程方法管理组织。

由 GB/T 19000 族标准表述的，以过程为基础的质量管理体系如图 6—1 所示。

该图表明在向组织提供输入方面相关方起重要作用。监视相关方满意程度需要评价相关方感受的信息，这种信息可以表明其需求和期望已得到满足的程度。

（5）质量方针和质量目标

建立质量方针和质量目标为组织提供了关注的焦点。两者确定了预期的结果，并帮助组织利用其资源达到这些结果。质量方针为建立和评审质量目标提供了框架。质量目标需要与质量方针和持续改进的承诺相一致，其实现须是可测量的。质量目标的实现对产品质量、运行有效性和财务业绩都有积极影响，因此对相关方的满意和信任也产生积极影响。

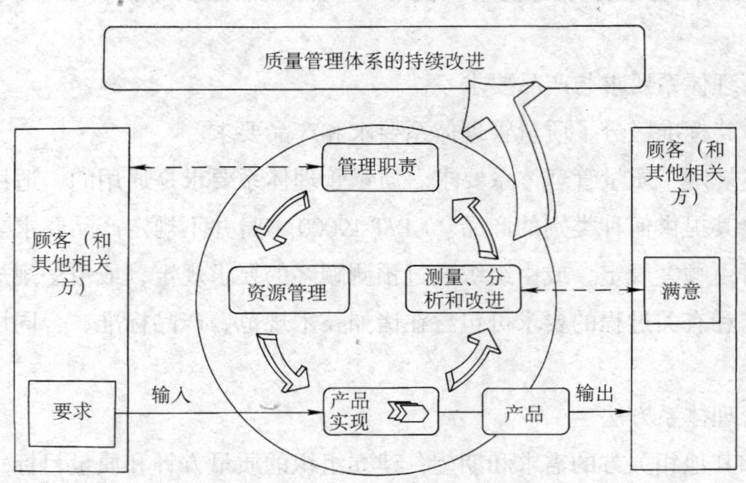

图6—1　以过程为基础的质量管理体系

（6）质量管理体系文件

1）文件的价值。文件能够沟通意图，统一行动，其作用有以下几点。

①满足顾客要求和质量改进。

②提供适宜的培训。

③重复性和可追溯性。

④提供客观证据。

⑤评价质量管理体系的有效性和持续适宜性。

文件的形成本身并不是目的，它应是一项增值的活动。

2）质量管理体系中使用的文件类型。在质量管理体系中使用下述几种类型的文件。

①向组织内部和外部提供关于质量管理体系的一致信息的文件，这类文件称为质量手册。

②表述质量管理体系如何应用于特定产品、项目或合同的文件，这类文件称为质量计划。

③阐明要求的文件，这类文件称为规范。

④阐明推荐的方法或建议的文件，这类文件称为指南。

⑤提供如何一致地完成活动和过程的信息的文件，这类文件包括形成文件的程序、作业指导书和图样。

⑥为完成的活动或达到的结果提供客观证据的文件，这类文件称为记录。每个组织确定其所需文件的多少和详略程度及使用的媒体。这取决于下列因素，诸如组织的类型和规模、过程的复杂性和相互作用、产品的复杂性、顾客要求、适用的法规要求、经证实的人员能力以及满足质量管理体系要求所需证实的程度。

（7）质量管理体系评价

1）质量管理体系过程的评价。评价质量管理体系时，应对每一个被评价的过程，提出如下四个基本问题。

①过程是否已被分配。

②职责是否已被分配。

③程序是否得到实施和保持。

④在实现所要求的结果方面，过程是否有效。

综合上述问题的答案可以确定评价结果。质量管理体系评价，如质量管理体系审核和质量管理体系评审以及自我评定，在涉及的范围上可以有所不同，并可包括许多活动。

2）质量管理体系审核。审核用于确定符合质量管理体系要求的程度。审核发现用于评定质量管理体系的有效性和识别改进的机会。

第一方审核用于内部目的，由组织自己或以组织的名义进行，可作为组织声明自身合格的基础。

第二方审核由组织的顾客或由其他人以顾客的名义进行。

第三方审核由外部独立的组织进行。这类组织通常是经认可的，提供符合（如GB/T 19001—2000）要求的认证或注册。

3）质量管理体系评审。最高管理者的任务之一是就质量方针和质量目标，有规则地、系统地评价质量管理体系的适宜性、充分性、有效性和效率。这种评审可包括考虑修改质量方针和质量目标的需求以响应相关方需求和期望的变化。评审包括确定采取措施的需求。

（8）最高管理者在质量管理体系中的作用

最高管理者通过其领导作用及各种措施可以创造一个员工充分参与的环境，质量管理体系能够在这种环境中有效运行。最高管理者可以运用质量管理原则作为发挥以下作用的基础。

1）制定并保持组织的质量方针和质量目标。

2）通过增强员工的意识、积极性和参与程度，在整个组织内促进质量方针和质量目标的实现。

3）确保整个组织关注顾客要求。

4）确保实施适宜的过程以满足顾客和其他相关方要求并实现质量目标。

5）确保建立、实施和保持一个有效的质量管理体系以实现这些质量目标。

6）确保获得必要资源。

7）定期评审质量管理体系。

8）决定有关质量方针和质量目标的措施。

9）决定改进质量管理体系的措施。

（9）质量管理体系与其他管理体系的关注点

质量管理体系是组织的管理体系的一部分，它致力于使与质量目标有关的结果适当地满足相关方的需求、期望和要求。组织的质量目标与其他目标，如增长、资金、利润、环境及职业卫生和安全等目标相辅相成。一个组织的管理体系的各个部分，连同质量管理体系可以合成一个整体，从而形成使用共有要素的单一的管理体系。这将有利于策划、资源配置、确定互补的目标并评价组织的整体有效性。组织的管理体系可以对照其要求进行评价，也可以对照国家标准如 GB/T 19001—2000 和 GB/T 24001—1996 的要求进行审核，这些审核可分开进行，也可合并进行。

（10）质量管理体系与优秀模式之间的关系

GB/T 19000 族标准和组织优秀模式提出的质量管理体系方法依据共同的原则。它们两者均：

1）使组织能够识别它的强项和弱项。

2）包含对照通用模式进行基础评价的规定。

3）为持续改进提供基础。

4）包含外部承认的规定。

GB/T 19000 族质量管理体系与优秀模式之间的差别在于它们的应用范围不同。GB/T 19000 族标准提出了质量管理体系要求和业绩改进指南，质量管理体系评价可确定这些要求是否得到满足。优秀模式包含能够对组织业绩进行比较评价的准则，并能适用于组织的全部活动和所有相关方。优秀模式评定准则提供了一个组织与其他组织的业绩相比较的基础。

2. ISO 9000 质量管理与质量保证标准

（1）欧美国家质量管理和质量保证标准的诞生和发展

质量保证标准，诞生于美国军品使用的军标。第二次世界大战后，美国国防部吸取第二次世界大战中军品质量优劣的经验和教训，决定在军火和军需品订货中实行质量保证，即供方在生产所订购的货品中，不但要按需方提出的技术要求保证产品实物质量，而且要按订货时提出的且已订入合同中的质量保证条款要求去控制质量，并在提交货品时提交控制质量的证实文件。经过几年的实施，美国国防部在总结以往订货所应用的质量保证条款的基础上，于1959年提出两项军品质量保证标准，经过试行于1963年上升为正式的质量保证标准。实施后取得了很好的成效。此外，法国、挪威、荷兰、瑞士和澳大利亚等国家也先后制定了质量保证标准。

质量管理标准是为了适应质量保证标准的实施而诞生的。欧美很多国家，为了适应供需双方实行质量保证标准对质量管理提出的新要求，在总结多年质量管理实践的基础上，相继制定了质量管理标准和实施细则。质量管理标准和细则的实施，保证了质量保证标准的贯彻实施。

(2) ISO质量管理和质量保证标准的诞生和发展

1) ISO/TC176技术委员会简介。ISO是International Organization For Standardization的缩写，其意义是国际标准化组织。它成立于1947年，是非政府性组织，目前已有100多个成员国。ISO/TC176技术委员会是ISO下属技术委员会之一，全名为“质量管理和质量保证技术委员会”，秘书国为加拿大。

ISO/TC176技术委员会是ISO为了适应国际贸易往来中民用品订货采用质量保证做法的需要，于1979年在ISO原认证委员会第二工作组（ISO/CERTCO/WG2）的基础上建立的。该委员会有英、美、法、加拿大、前西德、南非、瑞士、挪威、日本、中国等50多个国家，作为“P”成员国（正式成员国）参加工作和活动；有“O”成员国（观察成员国）16个，并且不断地发展增加。目前下设有三个分技术委员会和12个工作组。

SCL分技术委员会负责制定术语标准，法国为秘书国。SC2分技术委员会负责制定“质量体系标准”，下设有两个工作组，分别负责质量管理和质量保证标准，美国和英国分别为两个工作组的秘书国。SC3分技术委员会负责质量技术标准的制定。

2) ISO质量管理和质量保证标准的诞生和发展

①质量术语标准——ISO 8402标准的演变。ISO/TC176的SCL分技术委员会，自1981年10月开始，在总结和参照世界有关国家标准和实践经验的基础上，通过广泛协商，于1986年6月15日正式发布ISO 8402—1986《质量—术语》标准。该标准包括22个术语。随着世界各国质量管理的发展，在实践中出现了新的问题，对质量术语也提出了更高的要求。为此，SC1分技术委员会于1994年经委员会审查通过，发布ISO 8402—1994《质量管理和质量保证—术语》标准。该标准共包括四部分术语，其中基本术语13个，与质量有关的术语19个，与质量体系有关的术语16个，与工具和技术有关的术语19个，共计67个术语。

②ISO 9000质量管理和质量保证标准的诞生和发展。ISO/TC176的SC2分技术委员会经过努力工作，于1987年发布了ISO 9000质量管理和质量保证系列标准。该系列标准是质量管理和质量保证标准中的主体标准，共包括“标准选用、质量保证和质量管理”三类五项标准。该五项标准的诞生是世界范围质量管理和质量保证工作的一个新纪元，对推动世界各国工业企业的质量管理和供需双方的质量保证，促进国际贸易交往起到了很好的作用。

近几年来，随着国际贸易发展的需要和标准实施中出现的问题，于1994年对系列标准进行了全面修订，并于当年7月1日正式发布实施。随后，标准制定工作进展较快，ISO 9000标准发展成ISO 9000—1、ISO 9000—2、ISO 9000—3和ISO 9000—4；ISO 9004发展成ISO 9004—1、ISO 9004—2、ISO 9004—3和ISO 9004—4等项标准。2000年ISO/TC176委员会颁布了ISO 9000最新标准，一般称为ISO 9000：2000版，现已经在全世界开始推行。我国依据ISO 9000国际标准，制定了GB/T 19000标准，GB/T 19000标准与ISO 9000国际标准完全相同。

（3）我国质量管理和质量保证标准的演变

1）我国质量管理和质量保证标准的演变。原国家标准管理部门为了加快推进我国质量管理的步伐，适应企业加强质量管理提高产品质量的要求，于1988年组织人员等效采用ISO 9000系列标准。经批准后于当年12月10日发布国标GB/T 10300质量管理和质量保证系列标准，并于1989年组织116个企业试点贯彻实施。

为了使我国质量管理和质量保证工作更好地与国际接轨，经国家标准化管理部门研究，决定将等效采用ISO 9000系列标准改为等同采用，由全国质量管理和质量保证标准技术委员会（CSBTS/TC151）提出，经国家标准化部门批准，于1992年10月13日发布了国标GB/T 19000—1992和ISO 9000：1987质量管理和质量保证系列标准。

1994年国家标准化管理部门组织人员根据ISO 9000：1994版标准对国标1992年版标准进行修订，经批准于1994年12月24日发布了GB/T 19000—1994和ISO 9000：1994质量管理和质量保证标准，并于1995年6月30日实施至今。

2）我国质量管理和质量保证技术性标准的情况。我国对ISO 10000质量管理和质量保证技术性标准也采用等同的方法来制定成国标，从1993年开始先后制定和发布了GB/T 19021.1，GB/T 19021.2，GB/T 19021.3与质量体系审核有关的标准，以及计量检测设备的质量保证要求、质量手册编制指南、全面质量管理经济效果指南等标准。

我国质量管理和质量保证标准，都是等同采用ISO相应标准的。

3. 汽车维修ISO质量保证体系标准

ISO 9000族标准是国际标准化组织颁布的关于质量管理体系的系列标准，我国已于1992

年将 ISO 9000 族标准等同转化到中国，即 GB/T 19000—ISO 9000 系列标准，为国家标准。1994 年版本的 ISO 9000 族标准，由术语、选用或实施指南质量保证和质量管理，质量管理和质量体系要素及支持性技术标准组成。

ISO 8402：1992 质量管理和质量保证术语，是用以确定质量管理领域所用质量术语的标准。

ISO 9000：1994 质量管理和质量保证标准，是为质量体系和质量保证两类标准的选择和使用或如何实施提供指南，共有四个分标准。

ISO 9001：1994 质量体系标准，是设计、开发、生产、安装和服务的质量保证模式。

ISO 9002：1994 质量体系标准，是生产、安装和服务的质量保证模式。

ISO 9003：1994 质量体系标准，是最终检验和试验的质量保证模式。

ISO 9004：1994 质量管理和质量体系要素标准，是用于指导组织（企业或机构）进行质量管理和建立质量体系，共有四个分标准。

ISO 9000 质量管理和质量保证标准的支持性技术标准，是对质量管理和质量保证中的某一专题的实施办法提供指南，这类标准已颁布十四个。

修改后的 2000 年版本 ISO 9000 族标准，国际标准化组织已明确只包括四个主要标准：

ISO 9000：2000《质量管理体系 基础和术语》（GB/T 19000—2000），ISO 9001：2000《质量管理体系 要求》（GB/T 19001—2000），ISO 9004：2000《质量管理体系 业绩改进指南》（GB/T 1994—2000），ISO 1911《质量和（或）环境管理体系审核指南》。

原 1994 年版本的 ISO 9000 族标准中的其他标准将废止或转入 ISO 其他技术委员会或以技术报告、技术规范或手册的形式出现。

ISO 9000 族标准的修改，是因为随着科学技术和社会经济的发展以及标准的广泛应用，发现 1994 版 ISO 9000 族标准存在着一定的缺陷，如偏重于适合制造业使用，标准众多过于烦琐，非专业人员对其语言较难理解，没有全面吸取现代质量管理的精华等。

修改后的 2000 版 ISO 9000 族标准主要特点如下：

第一，新版标准语言简单，易于使用；充分考虑到公共及私营的小型、中型及大型机构的适用性，适用于工业、服务业、软件业及其他各行各业。

第二，新版标准强调“以客户为中心”，客户满意度的提高是 ISO 9000 质量管理体系的根本目标。

第三，新版标准强调“持续改进”，持续改进不是过程或管理要素，而是管理体现的方法，包括发现和明确体系改进的机会，根据重要性和风险程度及实际情况安排改进的次序。

第四，新版标准要求机构必须建立的文件数量大大减少，标准本身只要求“文件控制”“质量记录控制”“内部审核”“不合格控制”“纠正措施”和“预防措施”六项控制。

第五，新版标准将“培训活动”过程分解为“管理体系策划”“过程策划”“产品实现策划”“测量和监控策划”“改进策划”等。

第六，新版标准更注重各类机构建立“市场竞争能力”，强调“客户满意”而不是“符合要求”。

第七，新版标准处理 ISO 9001 和 ISO 9004 的关系采用分级法，即 ISO 9001 为质量管理的基础，在此基础上，可以采用 ISO 9004 进一步改进管理体系的作用和效果。两个标准的结构相同，但要求有很大差异。

二、零件疲劳断裂知识

零件在交变应力作用下，经过较长时间工作而发生的断裂现象称为疲劳断裂。疲劳断裂是汽车零件中一种常见的失效方式，也是危害性最大的一种失效方式。

1. 疲劳断裂机理

疲劳断裂实质上是一个累计损伤过程，大体上可分为滑移、裂纹形成、微观扩展、宏观扩展、最后断裂几个过程。

（1）疲劳裂纹的产生

零件在交变应力的作用下，在其表面产生不均匀的滑移，表面的任何缺陷都有可能发展成为初始微观裂纹。

一段时间后，表面缺陷引起的应力集中，形成应力硬化区，在此区域内首先出现一个或几个相对滑移线。随着损伤的积累、疲劳的进行，滑移线组成滑移带，滑移带加宽加深，在零件表面出现挤出带和挤入槽，形成初始裂纹。另外，金属的晶界及非金属夹杂物等处，以及零件应力集中的部位（台阶、拐角、键槽、划痕等）均会产生均匀滑移，最后形成疲劳裂纹的策源地。

（2）疲劳裂纹的扩展

在交变应力的作用下，裂纹从策源地的初始微观裂纹处开始，沿着最大切应力方向（约和主应力方向成 40°角）的晶面向内扩展，这一阶段扩展速率很慢。如有应力集中时，可直接进入第二阶段而不经过第一阶段。

裂纹扩展一定距离后，将改变方向，沿着与正应力相垂直的方向扩展，这是疲劳裂纹扩展的第二阶段“穿晶扩展”，速率较快，如图 6—2 所示。

2. 疲劳断面的构成

典型的疲劳断面分为 3 个区域：疲劳裂纹策源地、疲劳裂纹扩展区、最后断裂区，如图

6—3 所示。

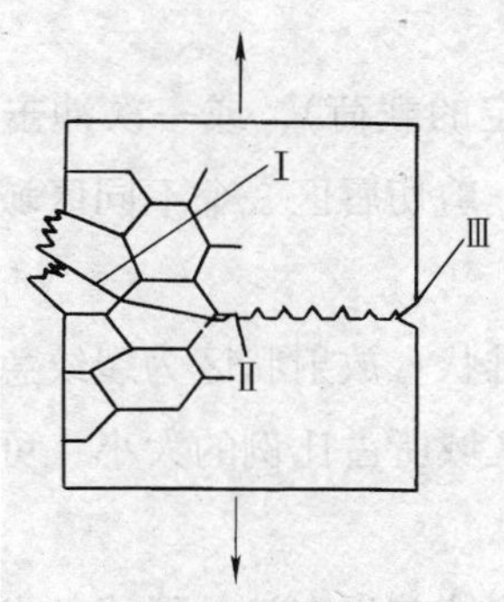

图 6—2　疲劳裂纹扩展的两个阶段

Ⅰ—第一阶段扩展　Ⅱ—第二阶段扩展　Ⅲ—最终断裂

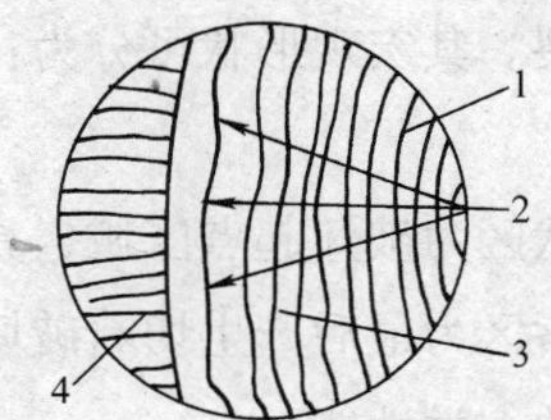

图 6—3　疲劳断面示意图

1—前沿线　2—裂纹策源地

3—裂纹扩展区　4—最后断裂区

(1) 疲劳裂纹策源地

疲劳裂纹策源地是初始微观裂纹形成的地区，是疲劳破坏的起始点，一般位于零件表面。其数量可以不止一个，尤其是过负荷疲劳，其应力幅度较大，断面上可能出现几个不同位置的疲劳源。它们产生的先后，可通过疲劳线的密度确定，密度越大，表示起源的时间越早。

(2) 疲劳裂纹扩展区

疲劳裂纹扩展区以策源地为中心，由中心及与裂纹方向相垂直的弧形疲劳线组成。疲劳弧线是由于外加载荷的改变，或者由于邻近裂纹、材料中的缺陷和残余应力的影响下发生的应力再分配，引起疲劳裂纹前沿区域局部地区出现应力大小及应力状态的改变，从而使疲劳裂纹扩展的速度及方向均发生变化，在断面上留下反复碾压的较光亮、平滑的塑性变形的痕迹，即以策源地为中心的一条前沿线。

(3) 最后断裂区

当疲劳裂纹扩展到一定区域后，剩余的区域截面积上真实的应力超过材料的强度时，零件会突然断裂。疲劳裂纹扩展区与最后断裂区所占面积的比例，与材料的性质和所受应力的水平有关。通常高强度材料塑性差，承受应力水平高，疲劳裂纹稍有扩展即导致断裂。所以，它的裂纹扩展区小，最后断裂区大。塑性材料承受应力水平低时，即使裂纹有较大的扩展，其剩余截面上的应力仍不高，不会立即断裂，最后断裂区所占的面积就较小。因此，可根据疲劳断面上两个区域面积的比例大小，估计零件所受应力及应力集中程度的大小。

3. 疲劳断口的分析

断裂是个动态变化过程，断口是断裂的静态反映。从断口的形貌特征可以分析研究断裂过程、断裂方式、断裂性质和断裂原因等问题。

根据零件断裂前所承受的载荷性质，断裂可分为一次加载断裂和疲劳断裂两类。

(1) 一次加载断裂断口

一次加载断裂是指在一次静载荷下（缓慢递增或恒定的载荷），或一次冲击能量作用下发生的断裂。其宏观形状可分为：纤维状区、放射状区、剪切唇区 3 个不同区域，如图6—4所示。

纤维状区为破坏起点区域，具有凹凸起伏，呈现纤维状。放射状区为裂纹急剧扩展的区域。剪切唇区为最后产生切断破坏的区域。根据这 3 个区域所占比例的大小，可以粗略地估计出材料的力学性能。

当圆试棒外圆有缺口时，由于该处应力集中，初始裂纹首先在该处形成、发展，此时在外圈产生纤维状区域，并向内侧扩展，如图 6—5 所示。

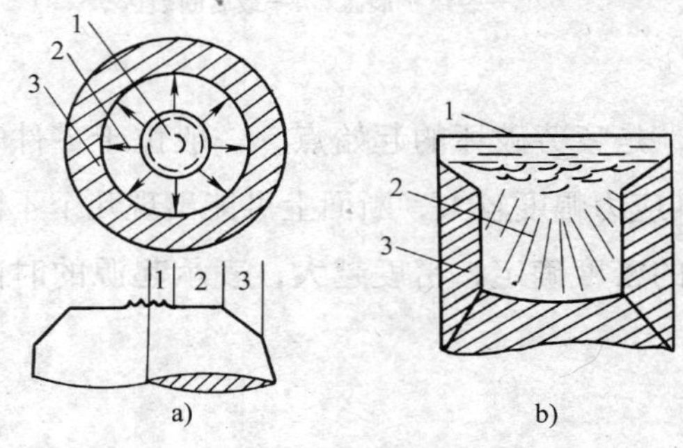

图 6—4　一次加载断裂断口示意图

a）光滑圆柱试样拉伸断口　b）冲击试样断口

1—纤维状区　2—放射状区　3—剪切唇区

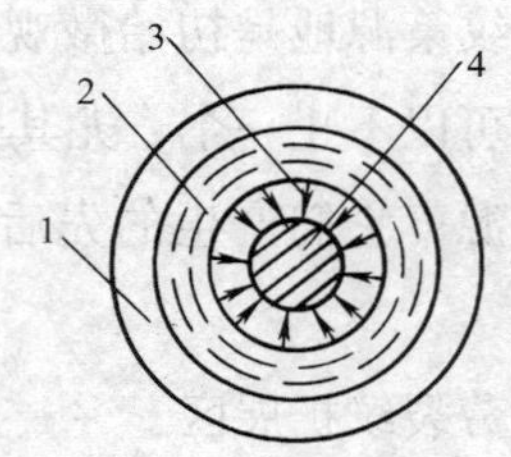

图 6—5　缺口拉伸试棒断口示意图

1—缺口　2—纤维状区　3—放射状区　4—最终断裂区

断口特征包括延性断口、脆性断口和混合断口。相同的材料，由于加载方式不同，断口特征也不相同。图 6—6 列出了一次加载的载荷类型与断口特征。

1）延性断裂断口。延性断裂（韧性断裂、塑性断裂）是指断裂前发生明显变形的断裂。在塑性变形过程中，某些晶体先局部断裂，最后导致金属全部断裂。因此，延性断口的基本特征是断口附近有宏观的塑性变形，断口呈杯锥状或鹅毛状，颜色发暗，边缘有剪切唇。

2）脆性断裂断口。脆性断裂断口是指断裂前几乎不产生明显的塑性变形，断裂是突然发生的，危害性很大。脆性断裂大多是从零件内部的“裂纹源”开始的，裂纹多数发生在低于材料的屈服强度的部位，逐渐扩大，最后导致突然断裂。脆性断面一般垂直于最大正应力方向，断口表面齐平光亮，边缘没有剪切唇，断口上常有人字纹或放射花样。断口附近的截面收缩很小，一般不超过 3%。

3）混合断口。混合断口的宏观形状兼有脆性和延性断口的宏观特征，并有二者特征区域。分析这类断口，首先要区分延性断裂区和脆性断裂区，重点分析开裂起源区的性质和原

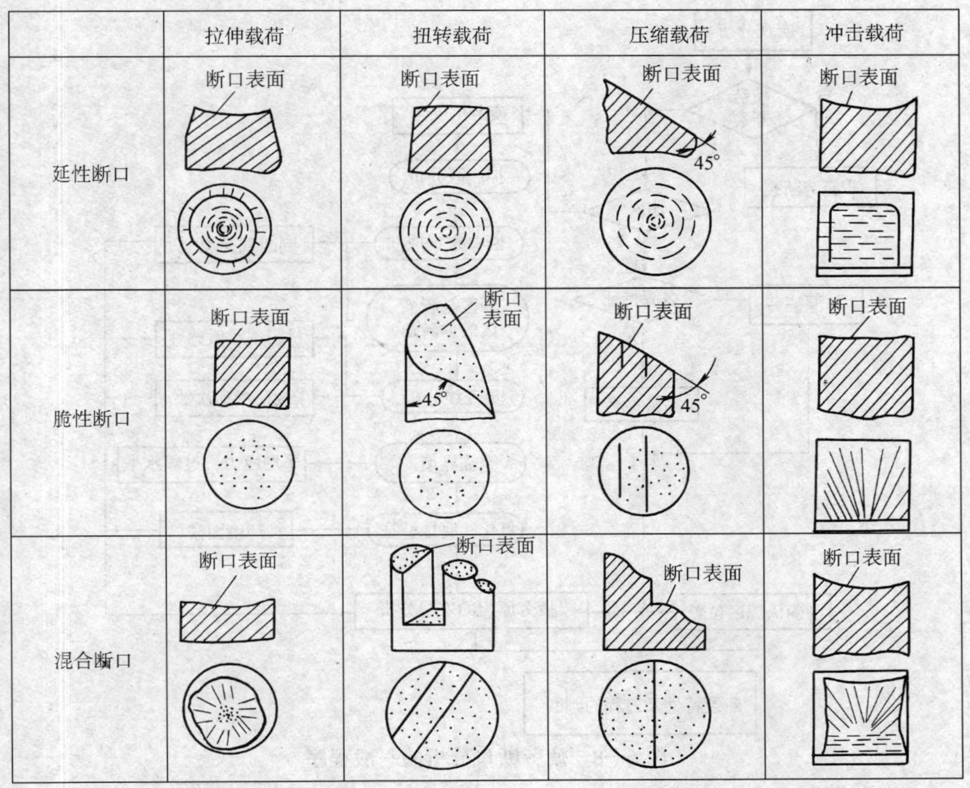

图 6—6 载荷类型与断口特征

因，其次根据延性断裂区的面积比例，对混合断口材料塑性进行估计。面积越大，材料的塑性也就越好。

（2）宏观断裂断口

对于不十分复杂的断裂事故，从宏观断口分析中即可得出基本准确的结论。宏观断口分析的思路如图 6—7 所示；宏观断口分析的一般程序如图 6—8、图 6—9 所示。

（3）微观断口分析

微观断口分析主要是利用金相显微镜、扫描电子显微镜（SEM）、透射电子显微镜（TEM）和电子探针（EPMA）等仪器，研究断裂的微观过程、断裂机制等，从而可分析导致失效的各种影响因素。

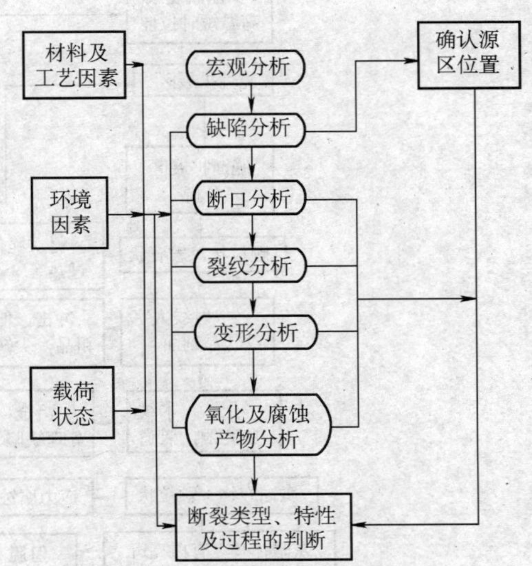

图 6—7 宏观断口分析的思路

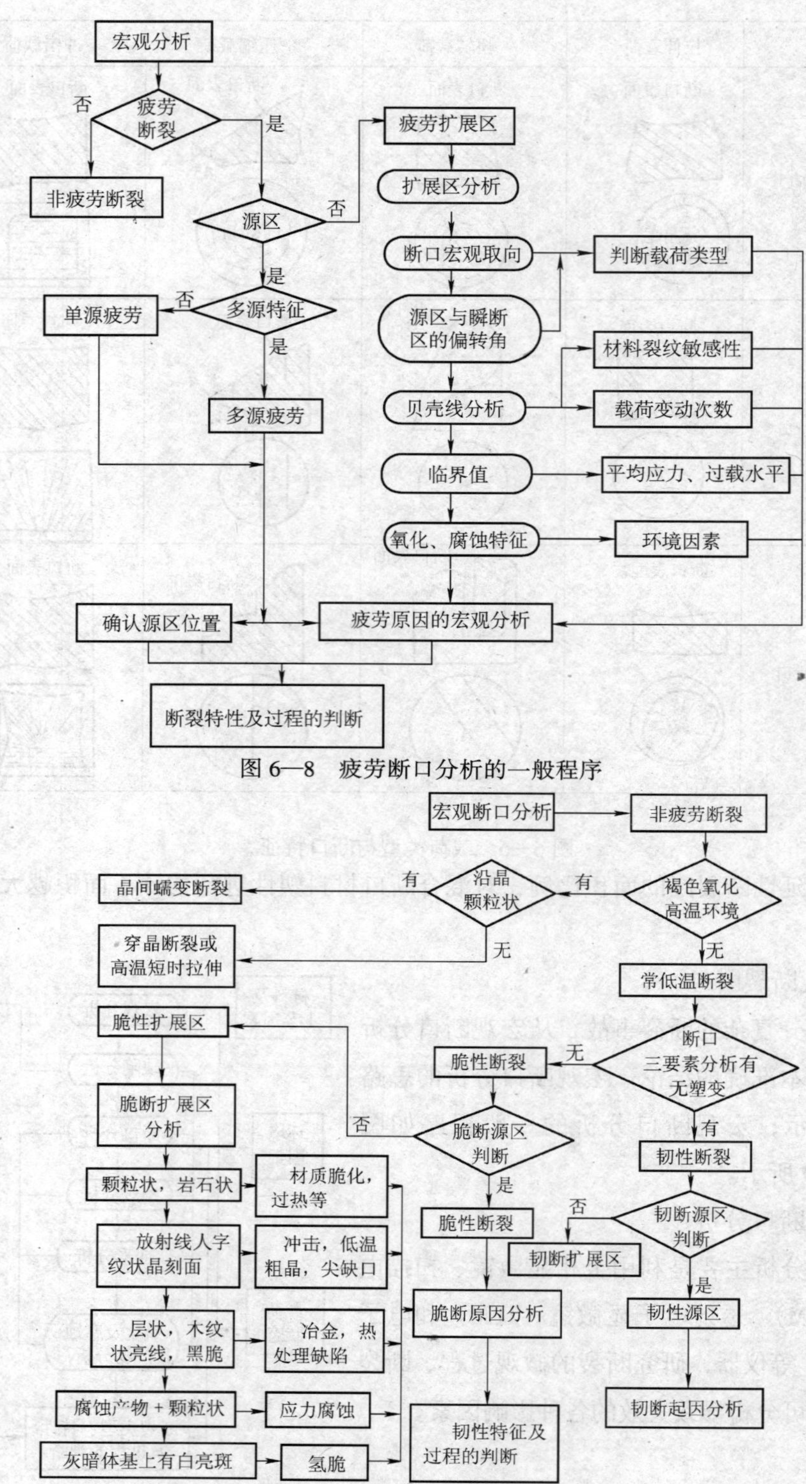

图6—8　疲劳断口分析的一般程序

图6—9　非疲劳断口分析的一般程序

应用带有 EPMA 的扫描电子显微镜，可将断口或裂纹的形象观察与微观的成分分析结合起来，把宏观分析与微观分析结合起来，准确判断起源点。通过综合分析、判断采集数据，准确判断失效模式和失效原因。

三、修理质量评定标准

1. 汽车主要零部件检查与评定办法

（1）发动机主要部件检验

1）汽缸体及汽缸盖的检验

①汽缸体及汽缸盖上的油污、积炭、结胶和水套内的水垢应彻底清除，并拆检分水管。

②汽缸体及汽缸盖应无裂缝，在 0.3 ~ 0.4 MPa的水压下做 5 min 水压试验不得渗漏。修补过的汽缸体及汽缸盖，应以 0.3 ~ 0.4 MPa 的水压进行试验，换、镶汽缸套、气门座圈及气门导管后，应再次做水压试验。

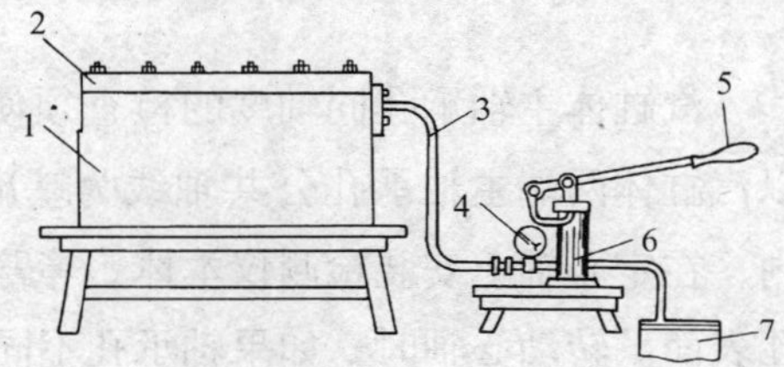

图 6—10　汽缸体、汽缸盖水压试验

1—汽缸体　2—汽缸盖　3—管子　4—水压表　5—手把　6—水压机　7—储水槽

试验方法如图 6—10 所示，把汽缸盖及衬垫装在汽缸体上，将水压机出水管接到汽缸体前端进水口处，封闭所有水口后将水压入水套内，检查各部有无渗漏，若某处有水珠渗出，表明该处有裂纹。

③汽缸体上平面的平面度，任意 50 mm × 50 mm 的范围内均不应大于 0.05 mm，整个平面的长度小于或等于 600 mm 的铸铁汽缸体为 0.15 mm，大于 600 mm 的为 0.25 mm，而铝合金汽缸体，小于或等于 600 mm 的为 0.15 mm，大于 600 mm 的为 0.35 mm；汽缸盖下平面的平面度，每任意 50 mm × 50 mm 的范围内铸铁汽缸盖均不应大于 0.025 mm，而铝合金汽缸盖不大于 0.05 mm。

检查方法如图 6—11 所示，先将被测平面清洗干净，将一长度等于或略大于被测平面最大尺寸的直尺放在被测平面上，用塞尺测量直尺与平面之间的间隙，其最大值便是该平面的平面度。

④汽缸体后端面对曲轴轴承孔轴线垂直度的检测可采用通用量具进行，如图 6—12 所示。通用量具有直角尺、固定和可调支承、平板、带指示器的测量架和心轴。测量时，将作为基准的曲轴轴承孔轴线用心轴模拟，汽缸体后端用固定和可调支承支持在平板上，用直角尺调整心轴使其与平板垂直，再移动测量架测量汽缸体整个后端面，指示器指示的最大读数差便是汽缸体后端面对曲轴轴承孔轴线的垂直度，该值应大于 100 mm∶0.01 mm。

⑤汽缸体各曲轴主轴承孔同轴度的误差应不大于 0.15 mm，圆柱度误差应不大于

0.05 mm，相邻两轴承孔同轴度误差不大于 0.01 mm。

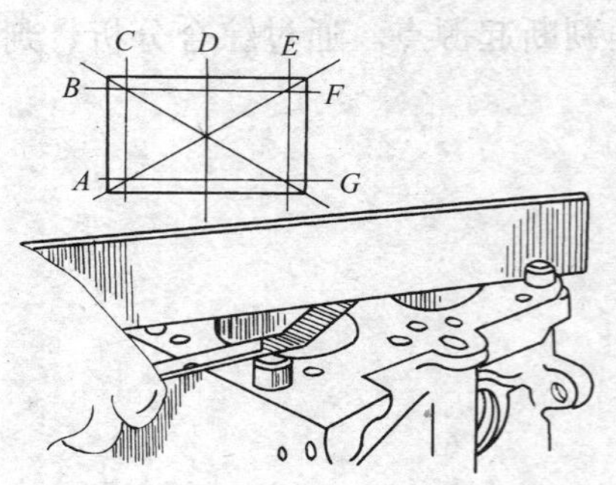

图 6—11　汽缸体、汽缸盖平面度的检查

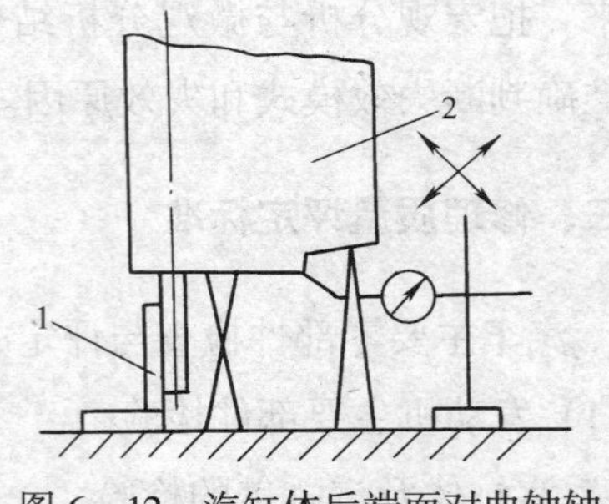

图 6—12　汽缸体后端面对曲轴轴承孔轴线垂直度的检查

1—角尺　2—汽缸体

汽缸体主轴承孔同轴度的检查须使用专用检验仪进行检验，如图 6—13 所示。检验时，以汽缸体两端主轴承孔公共轴线为基准，两轴承孔内装有定心套，将定心轴安装在定心套内，在定心轴上安装检测仪本体、等臂杠杆及百分表，并使等臂杠杆球形触头触及被测轴承孔表面。转动心轴时，如果轴承孔不同轴，等臂杠杆的球形触头便产生径向移动，移动量便经等臂杠杆传给百分表，即可测出该孔的同轴度。

汽缸体主轴承孔同轴度也可用镗瓦机镗杆和塞尺进行检验。

⑥汽缸盖燃烧室容积（汽油机）一般应不小于原厂规定的 95%（国产发动机），同一台发动机各缸燃烧室容积差一般不大于其平均值的 4%。

汽缸盖燃烧室容积可采用量杯法测量，上海桑塔纳 JV 型发动机汽缸盖磨修后的高度应不小于 132.60 mm。

⑦凸轮轴各轴承座孔圆柱度误差应不大于 0.025 mm，同轴度误差应不大于 0.15 mm。

⑧汽缸修理后的检验。国产汽车发动机汽缸修理后应该满足下列要求：

a. 同一发动机汽缸体各汽缸或汽缸套的内径应为原设计尺寸或同一级修理尺寸。

b. 镶干式汽缸套的各孔应采用定位镗削，镗成同一级修理尺寸，其圆柱度误差应不大于 0.0075 mm，表面粗糙度 R_a 值不低于 1.6 μm，汽缸外表面粗糙度 R_a 值应不低于 0.8 μm。镶湿式汽缸套支承肩和汽缸体相互接合的端面的表面粗糙度 R_a 值均不低于 1.6 μm，汽缸体上下孔的圆柱度误差应不大于 0.0125 mm。

c. 汽缸轴线对曲轴两端轴承孔轴线的垂直度误差在全长上应不大于 0.05 mm，该值的检验方法如图 6—14 所示。检验时，用两个三爪定心器把检验仪固定在汽缸中，使检验仪的轴线与汽缸轴线重合，柱塞上端顶在百分表触头上，柱塞下端装有带球形触头的测量头。柱塞曲线至球形触头距离为 35 mm。转动手柄，带动柱塞使之转动 180°，百分表读数的差值，即表示汽缸轴线对主轴承座孔公共轴线在 70 mm 长度范围内的垂直度，再换算成全部长度的垂直度。

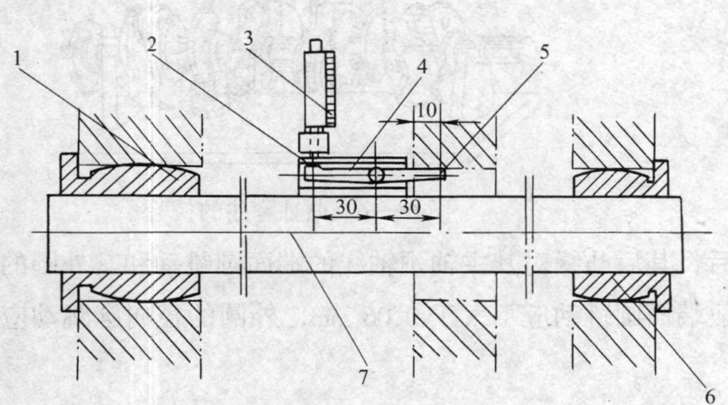

图 6—13　汽缸体轴承孔同轴度的检查

1、6—定心轴套　2—检测仪本体　3—百分表

4—等臂杠杆　5—球形触头　7—定心轴

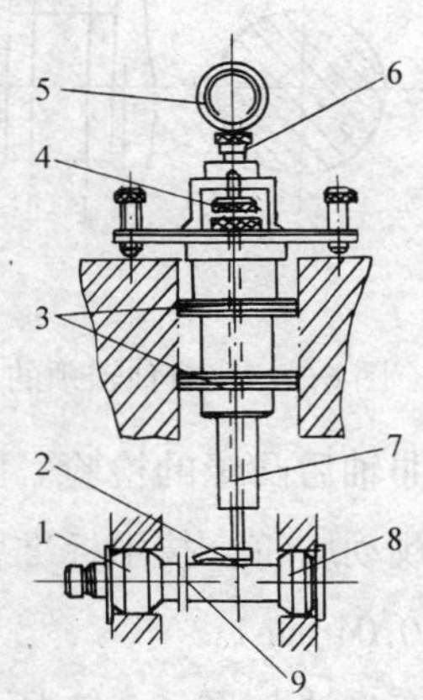

图 6—14　汽缸孔轴线垂直度的检查

1—后定心轴套　2—测量头　3—三爪定心器

4—转动手柄　5—百分表　6—百分表触头

7—柱塞　8—前定心轴套　9—定心轴

⑨汽缸盖各螺孔螺纹允许有下列损伤：火花塞及柴油机喷油器螺孔螺纹损坏不多于 1 牙。按照汽缸上出水管固定装配要求，镶套修理的螺孔上端不允许高出汽缸体平面。

⑩汽缸体上分电器轴孔端面与轴孔轴线的垂直度误差应不大于 0.05 mm。轴孔的圆柱度误差应不大于 0.025 mm。

2）曲轴和飞轮的检验

①曲轴轴颈磨损的检验，曲轴轴颈磨损的检验如图 6—15 所示，根据轴颈的磨损规律，在每一道轴颈上选取两个截面Ⅰ—Ⅰ和Ⅱ—Ⅱ，在每一道截面上取与曲柄平行及垂直的两个方向 *A*—*A* 和 *B*—*B*，用千分尺进行测量。此时每个轴颈同一横截面上测得的最大差数值的一半，即为圆度误差；轴颈在纵断面上测得的最大差数值的一半，即为圆柱度误差。之后，对照技术标准确定曲轴主轴颈是否需要修磨。

②曲轴弯曲的检验。检验方法如图 6—16 所示，将曲轴两端主轴颈支持在平板的 V 形架上，之后将一、六缸的连杆轴颈转到水平位置，用百分表分别测量一缸连杆轴颈和六缸连杆轴颈的高度，若两连杆轴颈高度不等则表示曲轴变形。检验曲轴弯曲变形的方法也是利用如图 6—15 所示的 V 形架支起曲轴，使百分表触头垂直中间主轴颈，慢慢转动曲轴一周，百分表指针摆动最大值，便是中间主轴颈的径向圆跳动值，该值一般应不大于 0.15 mm。

③曲轴裂纹的检验。曲轴裂纹的检验方法有：磁力探伤法和渗透法，采用磁力探伤法检查时，用探伤仪将零件磁化，在零件可能产生裂纹处撒些磁粉，当磁力线通过裂纹边缘处时，磁粉将会吸附在裂纹处，从而显示出裂纹的部位和大小。

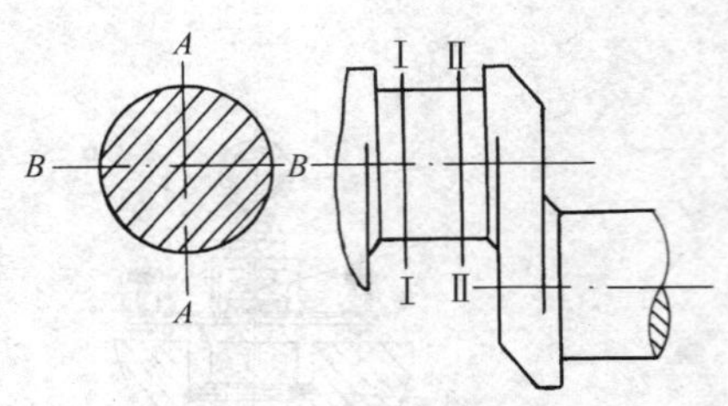

图6—15 曲轴轴颈的检验位置

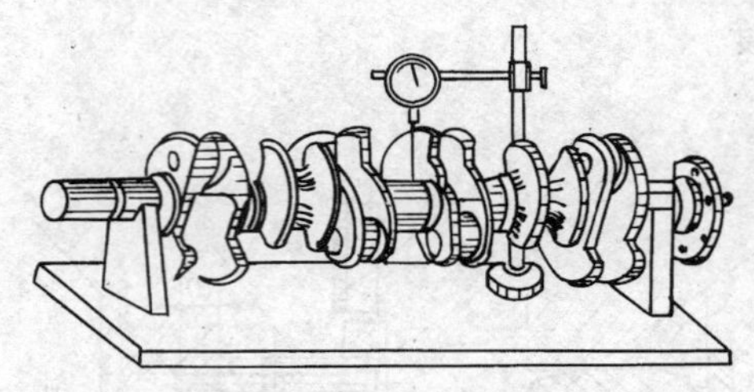

图6—16 曲轴弯曲的检验

④曲轴后凸缘的检验。曲轴光磨后，其后凸缘对其主轴颈轴线的端面圆跳动和其外圆的径向圆跳动应符合技术标准要求（一般端面圆跳动应不大于0.06 mm，外圆的径向圆跳动应不大于0.04 mm）。

检查方法如图6—17所示，以曲轴两端主轴颈公共轴线为基准，将曲轴支承在等高的V形架上，并将曲轴轴向定位，两个百分表触头分别垂直地接触曲轴后凸缘外圆和其端面，在曲轴转动一周过程中，百分表1的最大读数差即为曲轴后凸缘的径向圆跳动值，百分表2的最大读数差为曲轴后凸缘端面圆跳动值。

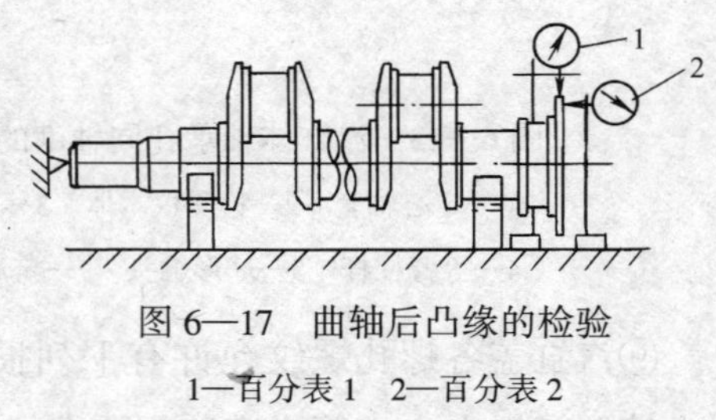

图6—17 曲轴后凸缘的检验

1—百分表1 2—百分表2

⑤曲轴平衡的检验。曲轴应在动平衡试验机上进行动平衡试验，每端的不平衡量应符合技术标准的要求，如东风EQ1090E型汽车曲轴每端允许动不平衡量为100 g·cm。

⑥曲轴轴承的检验。曲轴轴承应与轴承座及轴承盖密合，轴承两端应高出轴承座及轴承盖的接合平面，其值不小于0.03 mm，如图6—18b所示。轴承盖接合面不应锉削，但当轴承盖圆柱面有磨损时，允许适当研磨接合面，当轴承盖与座之间有调整垫片时，其每边总厚度不得超过0.20 mm，换装新轴承时，其曲率半径应大于座孔的曲率半径，如图6—18a所示。轴承压入座孔后，可凭借其弹力作用紧密地与座孔贴合。

⑦飞轮的检验。飞轮不应有裂纹，工作表面应平整光洁，平面度误差应不大于0.01 mm。超过时应予修理，但飞轮的总厚度一般不得小于基本尺寸1.2 mm。飞轮齿圈牙齿磨损后可焊补或翻面（应倒角）使用。飞轮与齿圈一般为热压配合，齿圈加热不得超过400℃。飞轮与齿圈、飞轮与曲轴凸缘的配合应符合规定。飞轮应进行静平衡实验，其允许不平衡量一般为100 g·cm。飞轮与曲轴装配后，飞轮平面对曲轴轴线的端面全跳动应不大于0.20 mm，检验方法如图6—19所示。

(2) 底盘主要部件的检验

1) 变速器壳体与盖裂纹的检查。变速器壳体与盖的裂纹可用检视和敲击的方法检查，若裂纹未延伸到轴承座孔可用环氧树脂胶黏法、螺纹填补法或焊修法修复；若裂纹已经延伸到轴承座孔或安装固定孔时应更换。

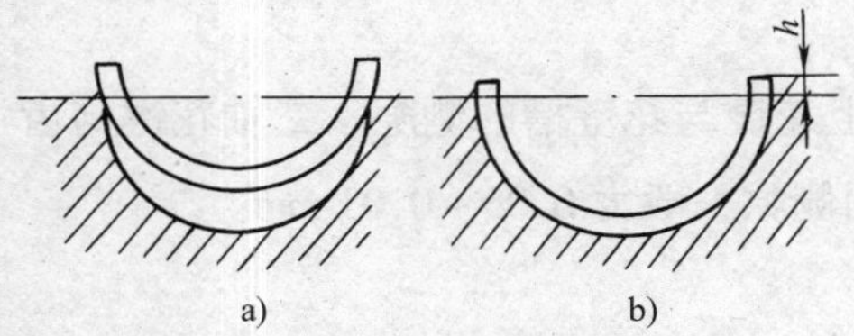

图 6—18　曲轴轴承的安装

a）轴承安装前　b）轴承安装后

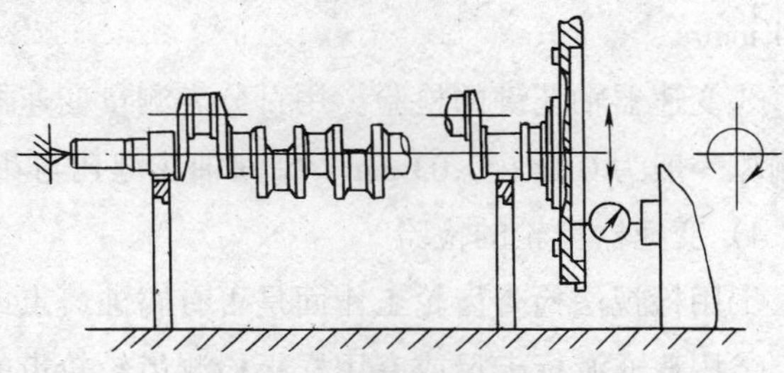
图 6—19　飞轮平面对曲轴轴线端面全跳动的检查

2）变速器壳体与盖变形的检查

①平面度的检查。变速器壳体与盖接合面的平面度误差应不大于 0.20 mm（针对东风 EQ1090E 型汽车，该值不大于 0.15 mm），该值可通过把变速器壳体与盖接合面扣在平板上用塞尺检查。

②平行度的检查。变速器壳体各轴承座孔轴线间及其与变速器壳体上平面的平行度，可用高度尺、百分表及千分尺等检查，如图 6—20 所示。检查时，把待测变速器壳体倒扣在平板上，并在一、二轴轴承座孔和中间轴轴承座孔中装上定心套和测量轴，之后用千分尺测量两轴之间的距离，两轴左右距离之差即为两轴轴承座孔轴线在全长上的平行度。再用高度尺夹住百分表测量同一测量轴两端的高度差，该差值即为该轴两端轴承座孔轴线与变速器壳体上平面的平行度。

③端面圆跳动的检查。变速器壳体前、后端面对一、二轴轴承座孔公共轴线的圆跳动误差可用百分表及心棒测量，如图 6—21 所示，使百分表转动一周，百分表的最大与最小读数之差即变速器壳体端面对一、二轴轴承座孔公共轴线的圆跳动误差值，应不大于 0.01 mm，变速器壳体后端面不大于 0.15 mm。各轴承座孔（或孔）轴线距离在修理后应符合规定。

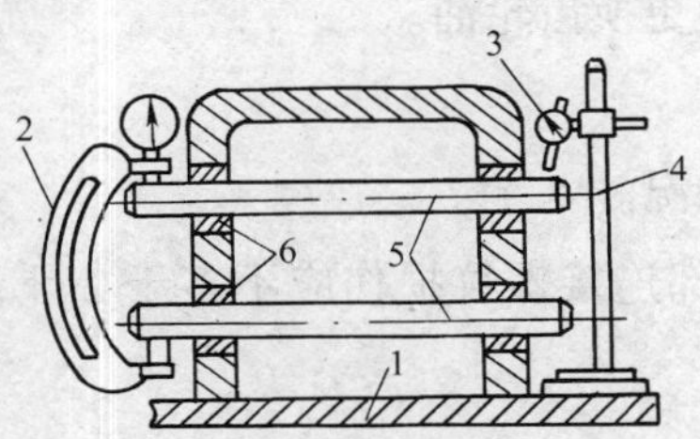

图 6—20　变速器轴承座孔的检验

1—平板　2—千分尺　3—百分表

4—高度尺　5—测量轴　6—定心套

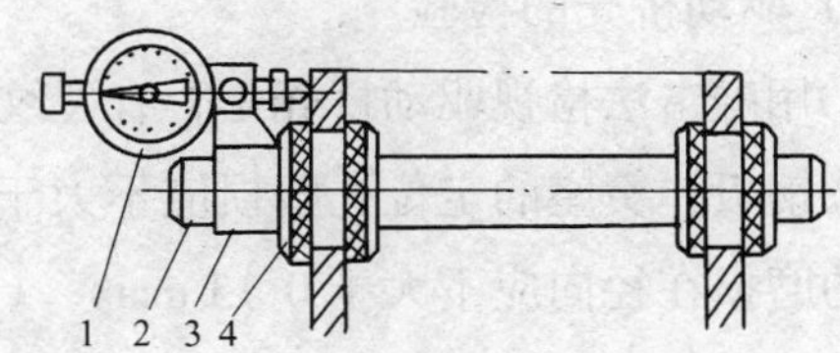

图 6—21　端面圆跳动的检验

1—百分表　2—心棒　3—表架　4—定心套

3）变速器轴的检验

①变速器轴弯曲检验。将变速器轴夹在车床上或支承在 V 形架上，转动轴，用百分表测量轴中间轴颈的径向圆跳动，其误差应不大于 0.06 mm。

②变速器轴磨损的检验。变速器轴颈的磨损可用外径百分表测量，磨损量应不超过 0.04 mm。

③变速器轴花键的检验。用百分表测量变速器轴上花键与花键槽的侧隙，二轴花键与齿轮侧隙一般为 0.04 ~ 0.03 mm，中间轴花键孔与花键的侧隙一般为 0.05 ~ 0.03 mm。

4）变速器齿轮的检验

①用检视法检查齿轮工作面是否有腐蚀斑点或裂纹，轮齿是否有折断现象。

②用普通游标卡尺或专用样板检测齿轮轮齿的磨损量。用普通游标卡尺检测齿轮轮齿的磨损之前，需先查明卡脚内跨侧的齿数和公法线的标准长度。接合齿轮或相配合的滑动齿轮端部磨损均不得超过齿宽的 15%。

5）变速器组装后的检验

①齿轮啮合间隙的检验。把磁性百分表架放在变速器壳体上表面，将百分表触头垂直触在主动齿轮齿面的中部，固定从动齿轮，反复地转动主动齿轮，百分表指针摆动的范围即是齿轮的啮合间隙。运转齿轮的啮合间隙一般为 0.15 ~ 0.50 mm，常啮合齿轮啮合间隙为 0.10 ~ 0.40 mm。

②齿轮端面间隙的检验。用塞尺测量齿轮的端面间隙，该间隙一般为 0.01 ~ 0.30 mm。

③齿轮啮合印迹的检验。将红色染料涂在等分三处的从动齿轮上，然后转动从动齿轮轴，观察主动齿轮工作面上的印迹应符合技术标准的要求。

6）试验。变速器装配后，应在专门试验台上进行试验。试验前应按规定的油量加注清洁机油。试验时变速器第一轴转速一般为 1 000 ~ 1 400 r/min，在此转速下进行无负荷、有负荷试验。在走合运转中齿轮不许有自行跳挡、脱挡现象，换挡的操纵机构必须轻便、灵活、可靠。运转及换挡时均不得有异常响声，各挡运转时间的总和不得少于 1 h，至正常温度时所有密封装置不得有漏油现象。试验合格后进行清洗及更换齿轮油。

7）驱动桥壳的检验

①用敲击法检视驱动桥壳是否有裂纹及外部损伤情况。

②钢板弹簧座的定位孔磨损应不大于 1.5 mm，各部连接螺纹损伤应不多于 2 牙，油封轴颈的磨损在径向应不大于 0.15 mm。

③驱动桥壳变形的检验。根据驱动桥壳结构形式的不同可采用不同的检验方法。

a. 整体式驱动桥壳变形的检验。若半轴套管已拉出，可用专用仪器检验半轴套管轴承孔同轴度，以确定驱动桥壳是否变形及变形的程度。

专用仪器如图 6—22 所示，定位部分主要包括定位头、内管、外管、锁母及推母；测量部分包括检验杆、接杆和百分表。

检验时，把专用仪器放入驱动桥壳内，拉出内管，使两定位头花键套于驱动桥壳两侧靠

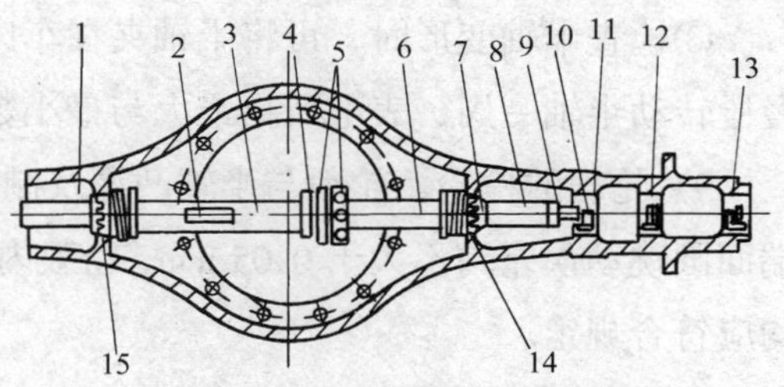

图 6—22　半轴套管轴承孔同轴度的检验

1、7—定位头　2—操作孔　3—外管

4—推母　5—锁母　6—内管

8—检验杆　9—接杆　10—百分表

11～15—半轴套管承孔

内端的半轴套管轴承孔内，再将锁母锁紧，此时锁母内装的 5 只橡胶被压缩变形将内管包住，锁母便与内管连成一体。再用钩形扳手旋转推母，推母的内圆及外圆均有螺纹，并分别与锁母及外管连接，两螺纹的方向相反。因此推动推母，内管及外管便可向两端伸长，使两端定位头的锥面压入花瓣套内把花瓣套张开，在半轴套管轴承孔内张紧，此时，花瓣套的轴线便与半轴套管轴承孔轴线重合，形成检验用的基准。然后从操作孔推动检验杆，使接杆及百分表移到其他需要检查的各轴承孔内，转动检验杆及接杆，此时百分表上最大读数与最小读数之差即为该轴承孔的同轴度。该值一般应不大于 0.12 mm。

检验装有半轴套管的驱动桥壳的弯曲变形，可采取比较简单的方法。将轮毂外端面修平，消除其端面摆差，再把两端轮毂装到驱动桥上，并按规定调整好轴承的紧度。之后装上标准半轴，从驱动桥中部装主减速器的孔中检视左右两半轴端头中心位置是否对正，以确定驱动桥壳的弯曲变形情况，如图 6—23 所示。两半轴端头中心之差允许值为 0.07 mm，极限值为 1 mm。

b. 断开式驱动桥壳变形的检验。检验方法如图 6—24 所示，测量从装制动底盘凸缘到两半桥壳接合面的距离，要求相对位置测得的距离相差不得超过 2 mm。

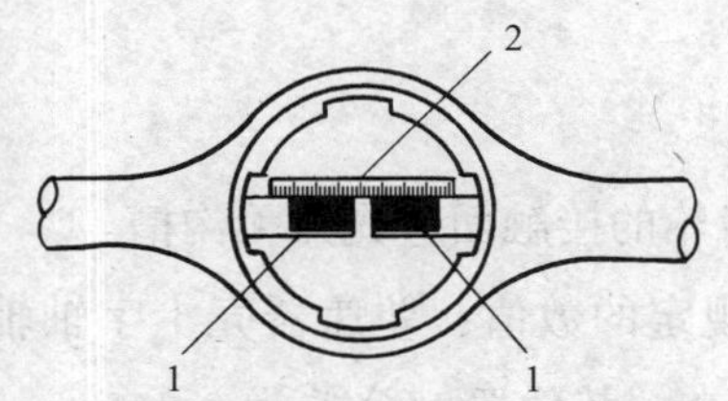

图 6—23　装有半轴套管的驱动桥壳变形的检验

1—半轴　2—直尺

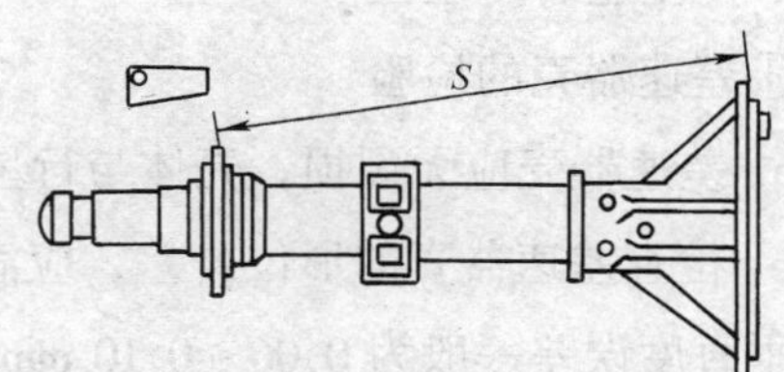

图 6—24　断开式驱动桥壳变形的检验

8）半轴的检验

①用磁力探伤法检验半轴表面是否有裂纹。

②用目测法检查半轴花键齿磨损及扭斜情况，检查时，以半轴轴线为基准。半轴中部未加工面径向圆跳动公差为 1.30 mm，花键外圆柱面的径向圆跳动公差为 0.25 mm，半轴凸缘内侧端面圆跳动公差为 0.15 mm，半轴花键盘与半轴齿轮及凸缘键盘槽的配合侧隙不得大于原厂规定的 0.15 mm。

③检查半轴变形时，可将半轴夹在车床上，用百分表检查，使百分表触头抵住被查部位慢慢转动半轴一周，表上所指最大与最小数值之差即为该处的径向圆跳动误差。

9）轮毂的检验。轮毂与半轴凸缘及制动器鼓的接合面应平整，该两端面对轮毂轴线的端面圆跳动误差均不大于0.05 mm，轮毂内外轴承与半轴套管（或桥壳）轴颈及轮毂的配合均应符合规定。

10）主减速器的检验

①主减速器壳体的检验

a. 主减速器壳、侧盖应无裂损，壳体上各部螺纹损伤不得超过2牙。

b. 对主减速器壳体形位公差进行检验，可用专用的心轴检查差速器左、右轴承孔的同轴度，该值一般为0.10 mm。

c. 主减速器壳与侧盖的配合及圆柱主动齿轮轴承与主减速器壳（或侧盖）的配合应符合原设计要求，磨损量不应超过0.05 mm。主减速器壳的纵、横轴线应位于同一平面内且相互垂直，其位置度误差应不大于0.08 mm。

②主减速器圆锥齿轮的检验

a. 用目视的方法检查齿轮的工作状况。

b. 主动圆锥齿轮花键与凸缘键槽的侧隙一般不应大于0.30 mm。

c. 主动圆锥齿轮轴承孔修理后，前轴承孔对后轴承孔轴线的径向圆跳动误差一般应不大于0.06 mm。

d. 从动圆锥齿轮端面对其轴线的端面圆跳动误差应不大于0.10 mm。

11）差速器的检验

①差速器壳的检验

a. 差速器壳应无裂损，壳体与行星齿轮、半轴齿轮的接触面应光滑无沟槽。

b. 检查差速器壳的形位公差，应满足技术要求规定的数值：差速器壳十字轴轴承孔两轴线垂直度误差一般为0.06～0.10 mm，两轴线应相交，其位置度公差为0.15 mm；差速器壳体与半轴齿轮轴承孔及差速器壳体轴承接合端面对壳体轴承轴线的端面圆跳动误差不大于0.05 mm；半轴齿轮轴承孔的径向圆跳动公差为0.08 mm。

c. 差速器壳体轴承座孔与半轴齿轮轴颈的配合间隙一般不应大于0.25 mm；差速器壳体轴承座孔与十字轴的配合间隙为－0.035～0.05 mm；差速器轴承与差速器壳体上轴颈的配合间隙为－0.087～0.012 mm。

②十字轴的检验

a. 十字轴轴颈工作表面不得有裂纹、严重磨痕和大于其表面积25%的剥落和腐蚀。

b. 十字轴轴颈的磨损不得大于0.08 mm。

③半轴齿轮和行星齿轮的检验

a. 用目视法检查半轴齿轮和行星齿轮表面工作状况，不允许齿轮表面有裂纹或阶梯形磨损，齿轮工作面上允许有轻微斑点，其面积不得超过齿面的25%。

b. 半轴齿轮轴颈外部磨损量一般不应大于0.15 mm；行星齿轮孔的磨损量不应大于0.12 mm。

12）驱动桥装配的检验

①主、从动锥齿轮啮合印迹与啮合间隙的检查

a. 主、从动锥齿轮啮合印迹的检查。在从动锥齿轮轴承紧度调好后，把调整好的主动齿轮总成装入主减速器壳内，组装时在两接合面间放上适当厚度的调整垫片，用螺栓固定并按规定力矩拧紧。然后用涂色法在无负荷情况下检查主、从动锥齿轮的啮合情况。检查时先在从动锥齿轮相距120°三处每处取2～3个轮齿，在齿面上薄而均匀地涂上红丹油，然后对从动锥齿轮略加阻力转动主动锥齿轮几圈之后停止，观察从动锥齿轮上压出的印迹应符合原厂的要求。正常的主、从动锥齿轮啮合印迹，如图6—25和图6—26所示。

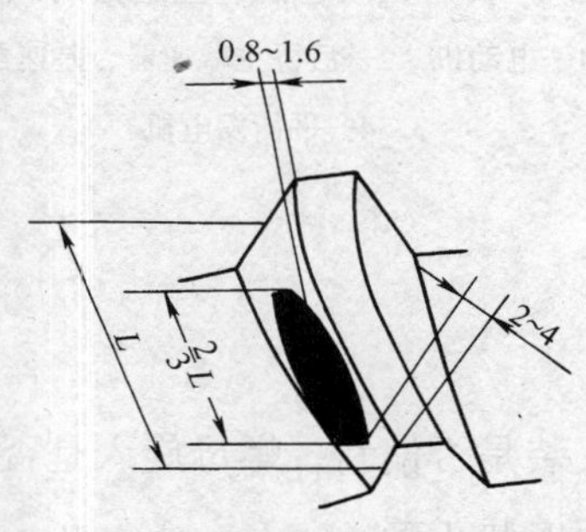

图6—25 圆弧螺旋齿轮啮合印迹

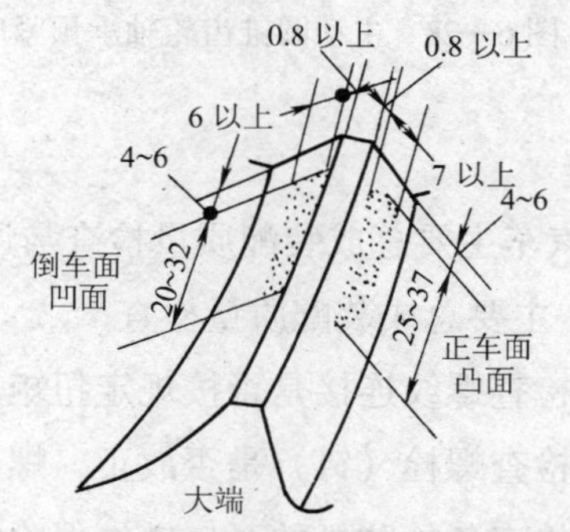

图6—26 准双曲面齿轮啮合印迹

b. 主、从动锥齿轮啮合间隙的检查。检查方法如图6—27所示，首先将百分表座固定，使百分表触头垂直于从动锥齿轮大端，表针对零，手握住主动锥齿轮不动，另一只手轻轻来回转动从动锥齿轮，表上所指示的数值即是主、从动锥齿轮的啮合间隙值。

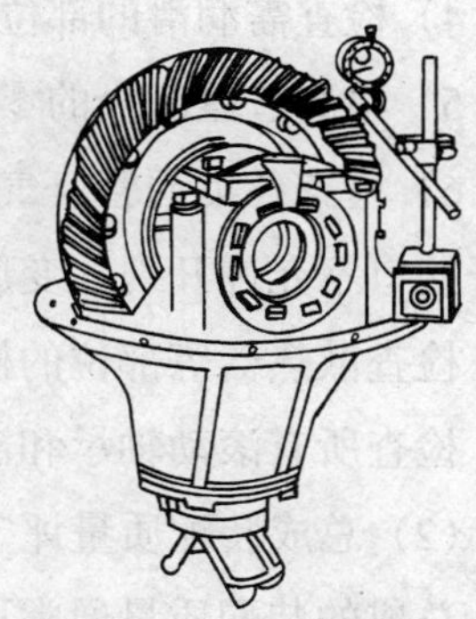

图6—27 主、从动锥齿轮啮合间隙的检查

②主动圆锥齿轮轴承预紧度的检查。检验方法如图6—28所示，将主动圆锥齿轮与轴承座装全（不装油封）后，按一定力矩拧紧凸缘槽形螺母，在拧紧螺母时应边拧紧边转动轴承壳体使轴承滚柱与外圈处于正确的位置。将轴承壳夹在台虎钳上，用弹簧秤钩在凸缘边缘孔内并沿切线方向拉动弹簧，测量转动主动锥齿轮轴所需拉力的大小，该值即为主动圆锥齿轮轴承的预紧力。

13）驱动桥的磨合试验。驱动桥总成装配后，应在专门试验台上进行试验，如图 6—29 所示，试验前应按规定油量加注清洁机油。试验时，圆锥主动齿轮轴的转速一般为 1 400 ~ 1 500 r/min，在此转速下进行无负荷、有负荷及正反转试验，各项试验的时间均应不少于 10 min。试验过程中，各轴承区的温度应不高于 250℃，齿轮啮合不允许有敲击声或高低变化的响声，各接合部位不允许有漏油现象，试验合格后进行清洗并换装齿轮油。

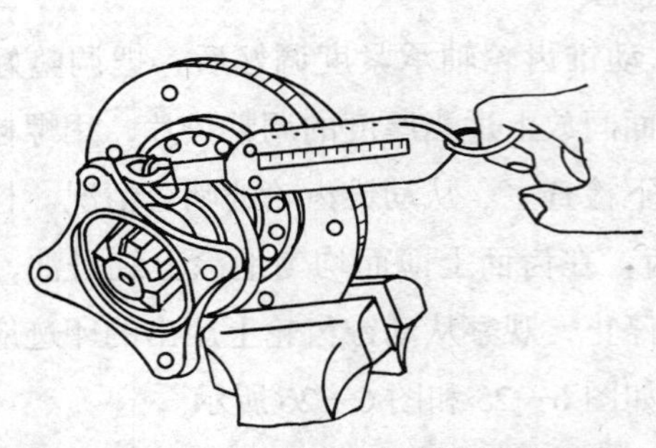

图 6—28　主动圆锥齿轮轴承预紧度的检查

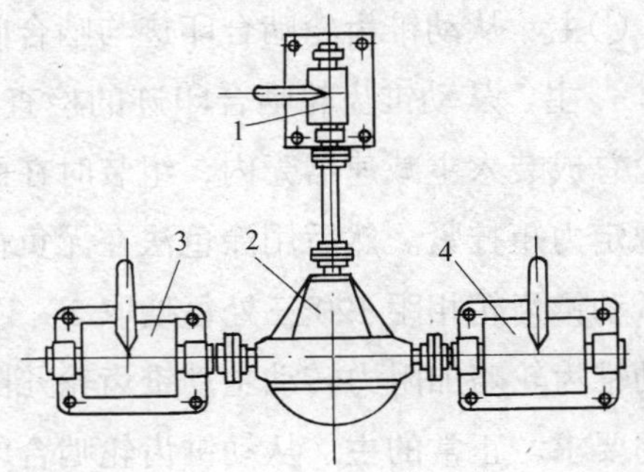

图 6—29　主减速器、差速器的试验

1—电动机　2—后桥主减速器、差速器

3、4—平衡发电机

2. 汽车主要总成装配质量检查与评定办法

（1）主要总成装配质量检查

1）检查螺纹连接是否按规定扭矩旋紧。

2）检查螺栓（钉）是否放正，螺母、工件或垫片安装是否偏斜，螺母旋入是否到位。

3）检查各处防松的开口销、保险锁片及金属丝是否安装正确。

4）检查需润滑的部位，应加入适量润滑物质。

5）检查过盈配合的零件，其过盈量应适宜。

6）检查各类油管、气管、水管内部，应确保清洁畅通。管子的螺纹及六方角应完好，管子接口不允许开裂、变形或缠绕棉纱、熔丝等杂物。

检查散热器等部位的橡胶软管，其管口内不允许有润滑脂等油脂。

检查所有滚动轴承和滑动轴承与轴承孔配合是否符合标准。

（2）总成装配质量评定办法

总成的装配质量通常可用总成装配后的空转功率的损耗、总成各机构和系统的效率、配合副的装配尺寸精度、总成运转时的振动和噪声水平、总成工作时的排放特性、总成主要工作面的承载能力以及清洁度、密封性等指标来评价（见图 6—30）。

空转功率损耗及总成和系统的效率指标，表示总成的传动效率或内部的机械损耗。它与装配时配合副的接触状况、配合特性、总成部件的调整和磨合状况有关，是评价总成装配质量的

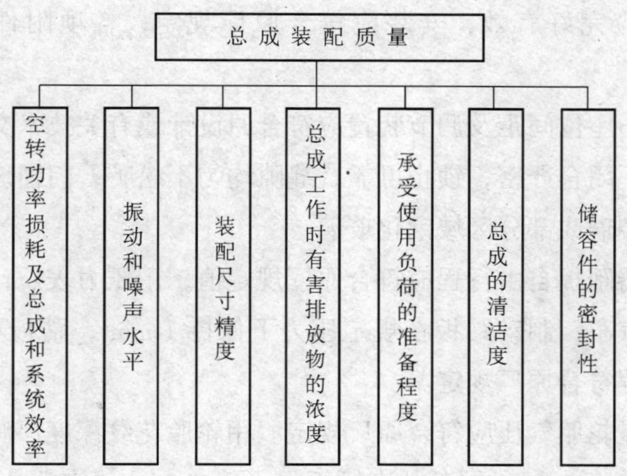

图 6—30　评价总成装配质量的指标

综合性指标。总成运转时的振动和噪声，是由于零件不平衡或装配调整不当引起的，可用声级计进行测量。装配尺寸精度是指采用相应的装配方法装配后，各配合副达到总成装配技术要求中各项指标的符合程度，它包括配合精度、位置精度和回转件的运动精度等。发动机总成工作时会排出有害物质，其含量与发动机的装配调整质量有关，应符合 GB 3842—1995《汽油车怠速污染物排放标准》和 GB 3843—1995《柴油车自由加速烟度排放标准》的规定。

总成随使用负荷的准备程度是与总成装配后磨合试验的完善程度有关，它表示总成投入使用时的承载能力。总成的清洁度是指按规定的方法从被检验总成的被检部位清洗下来的杂质总量（包括金属屑、尘土及其他杂质）。

3. 汽车整车质量检验与评定办法

(1) 一般检验与评定办法

通过目视的方法检查载货汽车驾驶室总成及客车车厢，应形状正确、曲面圆顺、转角处无折皱、蒙皮完整、无松弛、无机械损伤及凸出物等。

用漆膜光泽测量仪按 GB 1743 测量及检视：喷（烤）漆颜色应协调均匀、光亮，漆层无裂纹、剥落、起泡、流痕、皱纹等缺陷；漆膜光泽度，客车不低于 90%、货车驾驶室不低于 85%；漆表面硬度应符合 JB/Z 111—1986 的规定；刷漆部位不应有明显的流痕和刷纹，不刷漆部分不应有漆痕。

用钢板直尺（或钢卷尺）测量保险杠、翼子板安装应端正、牢固、不应有歪斜，应左右对称，离地高度差应不大于 10 mm。

用钢板直尺（或钢卷尺）测量载货汽车驾驶室及客车车厢应左右对称离地高度差不大于 10 mm，载货汽车货厢不大于 20 mm；载货汽车货厢边板、铰链应铰接牢固，启闭灵活，边板关闭后，缝隙不应超过 5 mm。

各总成及零部件应完好有效，安装应符合原厂规定；各项附件装备应齐全、完好、有效。

坐椅形状、尺寸、座位间距及调节装置应符合原设计或有关技术文件规定。

门窗应启闭灵活，闭合严密，锁止可靠，缝隙均匀不松旷；门窗玻璃采用安全玻璃，前挡风玻璃应采用夹层玻璃或部分区域钢化玻璃。

用直尺测量离合器踏板自由行程应符合原厂规定值；用压力表、计时器和制动踏板力计检验采用液压制动的汽车，制动踏板在规定压力下保持 1 min ，踏板不应有向下移动现象，驻车制动拉杆有效行程符合原厂规定。

用轮胎气压表测量轮胎气压应符合原厂规定。用轮胎花纹深度尺测量及检视轿车轮胎胎冠上的花纹深度不得小于 1.6 mm，其他车辆不得小于 3.2 mm，轮胎胎面不得暴露出轮胎帘布层；胎面和胎壁上不得有长度超过 2.5 cm、深度足以暴露轮胎帘布层的破裂或割伤；同轴上装用的轮胎型号和花纹应相同；汽车转向轮不得装用翻新胎。

用 90°角尺或钢直尺测量车轮圆跳动量，轿车不大于 5 mm，其他车辆不大于 8 mm。用车轮动平衡仪测量车轮平衡应符合有关规定。

转向机构各连接部位不应有松旷现象，且锁止可靠。

照明及各种信号装置应齐全、有效，符合 GB 4750—1997 中有关规定；各种仪表应装备齐全、完好、有效；各种线路布置应合理，接头牢固，导线包扎固定可靠，不应有裸露、破损老化，线束通过孔洞时应有防护套且距排气管距离不小于 300 mm；各部导线及电器元件不得有漏电现象。

用轮轴质量仪测量汽车整备质量及轴负荷分配不得大于原设计的 3%。

各部分油嘴应安装正确、齐全、有效；润滑油（脂）规格质量及填加量应符合原车规定。

汽车左右轴距应符合 GB/T 3798—2005 或原厂规定。

关键紧固件的扭紧力矩应符合原车规定，锁止可靠；一般紧固件应牢固可靠，不得有松动、脱落、缺损现象。

焊接件的接合面应贴紧，铆钉应充满钉孔不松动，不得用螺栓代替，钉头不应有裂纹、歪斜、残缺现象；焊缝应平整、光滑，不应有夹渣、裂纹等焊接缺陷。

（2）主要性能检验与评定办法

1）动力性能

①用底盘测功机测量汽车底盘功率和汽车加速时间应符合有关规定。

②用路试方法，按 GB/T 12543—1990 的规定测量国产汽车的加速时间应符合 GB/T 3798—2005中的有关规定；进口汽车的加速时间应符合原设计要求。

2）经济性能

①用底盘测功机、油耗计等仪器测量汽车百公里油耗应符合有关规定。

②用路试的方法，按 GB/T 12545—2001 的规定测量国产汽车油耗应符合 GB/T 3798—2005 中的有关规定。

3）滑行性能。用底盘测功机测量汽车在台架上的滑行距离应符合有关规定；通过路试，用五轮仪按 GB/T 12536—1990 的规定测量，汽车空载以初速度 30 km/h，摘挡滑行应满足表 6—1 中要求（双轴驱动车辆，取 f 为 0.8 m；单轴驱动车辆，取 f 为 1 m）。

表 6—1　　汽车质量与滑行距离对照表

汽车整备质量（t）	滑行距离（m）
≤4	≥160f
>4～5	≥180f
>5～8	≥220f
>8～11	≥250f
>11	≥270f

在干燥平坦的沥青或混凝土路面上用拉力计测量滑行阻力：汽车的滑行阻力应不超过汽车整备质量的 1.5%。

4）操纵性能。用侧滑试验台测量转向轮侧滑量不得超过 4 m/km。用前束尺和前轮定位仪测量：汽车车轮前束、主销内倾、主销后倾、车轮外倾应符合原设计规定。按 GB/T 12540—1990中有关规定测量汽车最小转弯半径应符合原厂设计要求。用转向盘转动测量仪测量转向轮最大转角应符合原设计要求；转向盘自由行程应符合 GB/T 3798—2005 中 1.8 条的规定，且应转动灵活、操纵轻便、无阻滞现象；转向盘操纵力应符合 GB 7258—1997 中 3.6 条的规定。

5）制动性能。用五轮仪、减速度仪、计时器、风速仪、钢卷尺等按 GB/T 12676—1999 规定进行路试测量汽车制动距离应符合 GB 7258—1997 中 6.13 条有关规定；汽车制动减速度应符合 GB 7258—1997 中 6.14 条有关规定。用滚筒反力式汽车制动试验和轮轴质量仪进行台试测量：汽车行车制动器制动力应符合 GB 7258—1997 中 6.15 条有关规定。

6）照度。前照灯用汽车前照灯检测仪测量，机动车每只前照灯的远光光束发光强度应符合 GB 7258—1997 中 7.5 条的要求；前照灯光束照射位置应符合 GB 7258—1997 中 7.4 条的要求。

7）车速表检视。车速表的波动情况，要求汽车稳定运行时车速表指针不得有明显的摆动。用车速表检验台测量，车速表指示误差应符合 GB 7258—1997 中 3.10 条中的有关规定。

8）排放。用废气分析仪，按 GB/T 3845—1993 中的有关规定测量柴油机自由加速烟度排放应符合 GB 14761.6—1993 中的有关规定。

9）噪声。用声级计按 GB 1496 中的有关规定测量，汽车车内噪声应符合 GB 7258—1997 中第 14 章的有关规定。

10）密封性。按 GB/T 12480—1990 的规定测量与检视客车防雨密封性极限值应符合 GB/T 12481—1990 的有关规定；货车的门窗及防雨密封设施齐全、完好、有效，不得有漏水现象；客车防尘密封极限值应符合 GB/T 12479—1990 的规定。货车防尘装置应完好、有效，不应有明显进尘现象。

11）发动机运转工况。检视发动机启动性能，发动机应启动顺利，无异响。

检视发动机运转性能，发动机在各种转速下运转应平稳，改变转速时过渡圆滑；突然加速或减速时不得有突爆声；在正常工况下不得过热，且无异响。

用转速表发动机综合测试仪检查，在正常工作温度下，发动机怠速运转应稳定，其转速应符合原设计规定，转速波动不大于 50 r/min。

12）传动机构工作状况。离合器应接合平稳、分离彻底、操作轻便、工作可靠、无异响；变速器换挡轻便、准确可靠、无异响，正常工况下不得过热；传动轴及中间轴承工作正常，无松旷、异响，中间轴承不得过热；差速器、主减速器应工作正常、无异响，正常工况下不得过热。

(3) 汽车修竣出厂规定、质量检验与评定办法

1）送修汽车和总成修竣检验合格后，承修单位应签发出厂合格证，并将技术档案、维修技术资料和合格证移交托修方。

2）汽车或总成修竣出厂时，不论送修时的装备（附件）状况如何，均应按照有关规定配备齐全，发动机应安装限速装置。

3）接车人员应根据合同规定，就汽车或总成的技术状况和情况等进行验收，如发现有不符合竣工要求的情况，承修单位应立即查明，及时处理。

4）送修单位必须严格执行车辆磨合期的规定，在保修期内因维修质量发生故障或提前损坏时，承修方应及时排除，免费维修。

汽车整车大修竣工质量检验与评定见表 6—2。

表 6—2　　汽车整车大修竣工质量评定

序号	评定项目	评定技术要求	检查方法与手段	评定方法	备注
B1.1	一般技术要求				
B1.1.1	驾驶室总成客车车厢	开关正确、曲面圆顺、转角处无折皱，蒙皮平整，无松弛、机械操作及突出物等	检视	其中有三处以上缺陷为不合格	

续表

序号	评定项目	评定技术要求	检查方法与手段	评定方法	备注
B1.1.2	涂漆质量				
B1.1.2.1	喷（烤）漆				
a	漆外观	喷（烤）漆颜色应协调均匀、光亮，且对于漆膜光泽度，客车不低于 90%、货车驾驶室不低于 85%，漆层无裂纹、剥落、起泡、流痕、皱纹等缺陷	用漆膜光泽测量仪按 GB 1743 测量及检视	光泽度不符合要求或存在三处以上缺陷为不合格	
b	漆外观	漆表面硬度应符合 JB/Z 111 的规定	按 JB/Z 111 规定检验	不符合规定为不合格	
B1.1.2.2	刷漆	刷漆部不应有明显的流痕和刷纹；不刷漆部分不应有漆痕	检视	有三处以上缺陷为不合格	
B1.1.3	保险杠、翼子板	保险杠、翼子板安装应端正、牢固，不应有歪斜，应左右对称，离地高度差应不大于 10 mm	检视，用钢板直尺（或钢卷尺）测量	不符合要求为不合格	
b	制动器	采用液压制动的车辆，制动踏板在规定压力下保持 1 min，踏板不应有向下移动现象	用压力表、计时器和制动踏板力计检验	不符合要求为不合格	
c	驻车制动拉杆	驻车制动拉杆有效行程应符合原厂规定	检视	不符合要求为不合格	
B1.1.9	轮胎				
a	胎压	轮胎气压应符合原厂规定	用轮胎气压表测量	不符合要求为不合格	
b	轮胎规格型号及花纹	①轿车轮胎胎冠上的花纹深度不得小于 1.6 mm，其他车辆不得小于 3.2 mm； ②轮胎胎面不得暴露出轮胎帘布层； ③胎面和胎壁上不得有长度超过 2.5 cm、深度足以暴露出轮胎帘布层的破裂或割伤； ④同轴上装用的轮胎型号和花纹相同； ⑤汽车转向轮不得装用翻新胎	用轮胎花纹深度尺测量及检视	不符合要求为不合格	
B1.1.10	车轮				
a	车轮圆跳动量	轿车不大于 5 mm，其他车辆不大于 8 mm	检视，用钢板直尺（或钢卷尺）测量	不符合要求为不合格	
b	车轮动平衡量	动平衡量应符合有关规定	用车轮动平衡仪测量	不符合要求为不合格	
B1.1.11	转向机构	转向机构各连接部位不应有松旷现象，且锁止可靠	检视	不符合规定为不合格	

续表

序号	评定项目	评定技术要求	检查方法与手段	评定方法	备注
B1.1.12	电气设备和仪表				
a	照明及信号	照明及各种信号装置应齐全、有效，符合 GB 4785—1998 中的有关规定	检视	不符合规定为不合格	
b	仪表	各种仪表应装备齐全、完好、有效	检视	不符合规定为不合格	
c	导线	各种线路布置应合理，接头牢固，导线包扎固定可靠，不应有裸露、破损老化现象，线束通过孔洞时应有防护套且距排气管距离应不小于 300 mm	检视	有两处以上缺陷为不合格	
d	漏电	各部导线及电器元件不得有漏电现象	检视	不符合规定为不合格	
B1.1.13	整备质量	汽车整备质量及各轴负荷分配不得大于原设计的 3%	用汽车衡或轮轴质量仪测量	超过 3% 为不合格	
B1.1.14	润滑				
a	装置（油嘴）	各部油嘴应安装正确、齐全有效	检视	有两处缺陷为不合格	
b	油（脂）规格及填加量	润滑油（脂）规格质量及填加量应符合原车规定	检视	不符合规定为不合格	
B1.1.15	轴距	汽车左右轴距应符合 GB 3798—2005 或原设计的有关规定	检视	不符合要求为不合格	
B1.1.16	紧固件				
a	关键紧固件	扭紧力矩应符合原车规定，锁止可靠	检视	不符合要求为不合格	
b	一般紧固件	应牢固可靠，不得有松动、脱落、缺损现象	检视	有三处以上缺陷为不合格	
B1.1.17	铆接与焊接				
a	铆接件	铆接件的接合面应贴紧，铆钉应充满钉孔不松动，不得用螺栓代替，钉头不应有裂纹、歪斜、残缺现象	检视	有三处以上缺陷为不合格	
b	焊缝	焊缝应平整、光滑，不应有夹渣、裂纹等焊接缺陷	检视	有三处以上缺陷为不合格	
B1.2	主要性能要求				
B1.2.1	动力性				
B1.2.1.1	底盘输出功率	汽车底盘输出功率应符合有关规定要求	用底盘测功机测量	不符合要求为不合格	B1.2.1.1、B1.2.1.2 只测其一即可

续表

序号	评定项目	评定技术要求	检查方法与手段	评定方法	备注
B1.2.1.2	加速时间				采用 a、b 之一即可
a	台试	汽车的加速时间应符合台试有关规定	用底盘测功机测量	不符合要求为不合格	
B1.2.3.2	滑行阻力	汽车的滑行阻力应不超过汽车整备质量的 1.5%	在干燥平坦的沥青或混凝土路面上用拉力计测量滑行阻力。用汽车衡或轮轴质量仪测量	不符合要求为不合格	
B1.2.4	转向操纵性				
B1.2.4.1	侧滑量	转向轮侧滑量不得超过 4 m/km	用测滑试验台测量	不符合要求为不合格	
B1.2.4.2	前轮定位	汽车车轮前束、主销内倾、主销后倾、车轮外倾应符合原设计规定	前束尺和前轮定位仪等测量	不符合要求为不合格	
B1.2.4.3	转弯直径	汽车最小转弯直径应符合原设计要求	按 GB/T 12534—1990 中的有关规定	不符合要求为不合格	
B1.2.4.4	转向盘转动性能	转向轮最大转角应符合原设计要求，转向盘自由转动量应符合 GB/T 3798—2005 中 1.8 条的规定，且应转动灵活、操纵轻便、无阻滞现象	用转向盘转动测量仪测量及检视	不符合要求为不合格	
B1.2.4.5	转向盘操纵力	转向盘操纵力应符合 GB 7258—2004 中的 3.6 条的规定	用转向盘转动测量仪按 GB/T 7258—2004 中 3.6 条的规定测量	不符合要求为不合格	
B1.2.5	制动性能				
B1.2.5.1	汽车行车制动性能				采用 a、b 之一均可
B1.2.9	密封性				
B1.2.9.1	防雨密封性	客车防雨密封性极限值应符合 GB/T 12481 中的规定；货车的门窗及防雨密封设施应齐全、完好、有效，不得有漏水现象	按 GB/T 12480 中的规定测量及检视	不符合要求为不合格	
B1.2.9.2	防尘密封性	客车防尘密封性限值应符合 GB 12479 的规定；货车防尘密封装置应完好、有效，不应有明显进尘现象	按 GB/T 12480 中的规定测量及检视	不符合要求为不合格	
B1.3	发动机运转				

续表

序号	评定项目	评定技术要求	检查方法与手段	评定方法	备注
B1.3.1	启动性能	发动机启动顺利，无异响	检视	三次以上启动不成功或有异响为不合格	
B1.3.2	发动机怠速运转	在正常工作温度下，发动机怠速运转应稳定，其转速应符合原设计规定，转速波动不大于50 r/min	用转速表发动机综合测试仪检查	不符合要求为不合格	
B1.3.3	发动机运转性能	发动机在各种转速下运转应平稳，改变转速时过渡圆滑；突然加速或减速时不得有突爆声；在正常工况下不得过热，无异响	检视	不符合要求为不合格	
B1.3.4	机油压力	发动机机油压力应符合原厂规定	检视	不符合要求为不合格	
B1.4	转动机构工作状况				
B1.4.1	离合器	离合器应接合平稳、分离彻底、操作轻便、工作可靠、无异响	检视	不符合要求为不合格	
B1.4.2	变速器	变速器换挡轻便、准确可靠，无异响，正常工况下不得过热	点温计、检视	不符合要求为不合格	
B1.4.3	传动轴及中间轴承	传动轴及中间轴承应工作正常，无松旷、异响；中间轴承不得过热	点温计、检视	不符合要求为不合格	
B1.4.4	差速器、减速器	减速器、差速器应工作正常、无异响，正常工况下不得过热	点温计、检视	有两处缺陷为不合格	

第二节　组织实施维修作业

学习目标

- 汽车修理企业管理基础知识

一、汽车修理企业管理知识

汽车维修行业管理，是指各级交通主管部门对汽车维修行业的发展和管理机构的完善所进行的各项工作的泛称。

1. 汽车维修作业组织形式

（1）维修生产中采用两种作业组织形式：固定工位作业法和流水作业法。

1）固定工位作业法。汽车修理固定工位作业法是指在一个工作位置完成全部修理工作。它要求工人技术全面，且难以使用专用设备，因而会影响修理生产效率和质量。这种作业方式适用于生产规模小、车型复杂的修理企业。

2）流水作业法。流水作业法的全部修理作业是在由几个连续的作业位置所组成的流水线上进行，根据移动方式不同，流水作业法又可分为连续流水作业和间断流水作业两种。流水作业法通常适用于承修单一车型、生产规模较大的修理企业，常用于汽车或总成拆装以及基础件的修理加工。

（2）汽车维修作业确定方法

汽车修理作业的基本方法可分为就车修理法、总成互换修理法和混装修理法三种。

1）就车修理法。这种方法的优点是保持了原车的特点，可满足客户的要求，不需备用总成，对一些中小企业比较适合。缺点是生产周期长，不便于组织大规模的流水生产，经济效益低。

2）总成互换修理法。这种方法的优点是大大缩短了汽车的停厂时间，便于采用流水作业，从而可以提高工效，降低成本，保证质量。对生产规模较大，承修车型比较单一，工艺装备完善，具有周转总成的大厂，宜采用总成互换修理法。它的缺点是要备有质量符合要求的总成，质量不符合要求时，用户意见较大。

3）混装修理法。混装修理法是指在进行汽车修理作业时，根据实际情况，既不采用就车修理，也不采用总成互换修理，而是把两种方法结合起来的综合修理法。它的优点是"扬长避短"，不但可以缩短停厂车日，提高工效，又可满足用户的要求。目前，我国许多大的维修企业，均采用该种修理法。

（3）汽车维修作业选用原则

根据 GB/T 16739.1～3—1997 的规定，按照设备条件、设施条件、人员条件、质量管理条件、安全生产条件、环境保护条件和流动资金条件等，汽车维修业应选用下列原则。

1）一类汽车维修企业。从事汽车大修和总成修理生产的企业，此类企业也可从事汽车维护、汽车小修和汽车专项修理生产。

2）二类汽车维修企业。从事汽车一级、二级维护和汽车小修生产的企业。汽车维护是指为维持汽车完好技术状况或工作能力而进行的作业。汽车小修是指用更换或修理个别零件的方法，保证或恢复汽车工作能力的运行性修理。

3）三类汽车维修业户。指专门从事汽车专项修理（或维护）生产的企业和个体户。专项修理（或维护）的主要项目为：车身修理，涂漆、篷布、坐垫及内装装饰修理，电器、仪表修理，蓄电池修理，散热器、油箱修理，轮胎补修，安装汽车门窗玻璃，空调器、暖风机修理，喷油器、化油器修理，曲轴修磨，汽缸镗磨，车身清洁维护等。

2. 汽车维修企业的技术管理

（1）技术管理的基本任务

维修企业技术管理的基本任务是保证为用车单位和个人提供最优技术状态的车辆，以及选用先进的保修机具，使全社会的运输生产建立在最佳的物质技术基础之上，保证行车安全，降低消耗和环境污染，实现社会效益和经济效益的统一。核心任务是抓好车辆和设备的“管、用、养、修”工作，坚持预防为主和技术与经济相结合的原则，对车辆和设备实行择优选配、正确使用、定期检测、强制维护、视情修理、合理改造、适时更新和报废的全过程综合性管理。

（2）技术管理的主要工作

为了实现技术管理的基本任务，必须切实做好以下几项主要工作：

建立以总工程师为首的技术工作指挥系统。结合企业的具体情况，设置必要的技术管理职能机构，配备必要的技术人员，建立和健全各项规章制度和各级技术责任制度。

贯彻执行“定期检测、强制维护、视情修理”制度，结合企业情况，制定切实可行的技术标准、规范、工艺和规程等。

做好企业从事生产所需的各种机械设备、测试仪器和工具、量具的计划、选型、验收、检查、购置和补充等工作。

做好基础工作。建立和健全设备技术档案制度。定期检查技术档案的记录情况，要保证技术档案记录完整、准确和及时。

做好各种技术文件和资料（如生产设计图纸、各项工艺规程、操作规程、技术资料、技术文件、图片等）的管理和保存工作。

做好科学研究工作。积极从事对国内外有关维修的新工艺、新技术、新设备的可行性研究，并根据企业的需要进行学习和推广，开展厂办科研和技术革新活动，推动企业技术进步。

做好职工工作。对提高维修质量、减轻工人劳动强度方面提出的合理建议和技术革新建议，进行科学性、经济性和可行性的审定，对其中可行的建议拟订试行方案，并协助实现。

制定和完善各项技术经济定额，及时发现、总结和采用节约物资消耗的技术措施，研究和测试其真实性和稳定程度，探讨其经济理论依据，并做出初步结论，不断提高企业的生产经营水平。

做好职工培训工作。不断提高维修工人和配合专业工种工人的操作水平与熟练程度，协同有关部门，结合技术业务工作，开展思想政治工作，全面提高职工的思想和技术水平，保证更好地完成技术管理工作。

积极研究防治汽车维修所造成公害的方法，开展环境保护工作，发送维修劳动条件，促进文明生产，提高维修质量。

3. 车辆的技术管理

车辆是公路运输的生产工具、采取科学的管理制度和手段，加强车辆的技术管理，为运输生产提供安全、优质、高效、低耗、及时、舒适的动力，对于提高车辆运用的经济效益、社会效益和环境效益，具有重要意义。

(1) 合理配置

车轮合理配置指运输单位配置车辆时，就根据所承担运输任务的性质、运量、运距和道路、气候及燃料供应等情况，优化其车辆构成，如大、中、小型车辆比例，汽油车与柴油车比例，通用车辆与专用车辆的比例等，从而提高车辆的利用率，满足运输市场的需要。

车辆配置时，首先应考虑运输市场状况，掌握目前汽车市场中运输车辆的基本技术情况，使车辆配置满足下列要求：

1) 车型先进、安全可靠，装卸货物或上下旅客方便。

2) 车辆规格与客源、货源的具体情况相适应，配比合理，吨位利用率或客位利用率高。

3) 应变能力强，具有一车多用的可能性。

此外，还应考虑如下使用因素：

第一，道路条件。所配置车辆的技术参数应与道路的通过能力、承载质量、坡度、路面质量和转弯半径等相适应。

第二，气候条件及海拔高度。配置车辆时，应考虑使用地区的气候条件和海拔高度。因为，气候条件和海拔高度不同，对车辆性能的要求也不同。如：寒冷地区要求车辆有良好起动性能，高原地区要求车辆有良好动力性能等。

第三，燃料、润滑油供应。选用进口车时，应了解其对燃料、润滑油使用的要求，并考虑相应品种燃料、润滑油的供应情况，以免因其来源困难而影响运输生产。

第四，车辆使用和维修。在性能先进的前提下，配置车辆时，应结合本单位车辆使用经验和维修能力考虑，尽量选用熟悉的车型。由于在车辆管理、使用、维修等方面已有完整且行之有效的规章制度和技术措施，因而可避免重新组织技术培训和摸索管理方法的过程。

(2) 择优选购

车辆择优选购指根据运输生产需要和运行条件，在选购车辆时，根据对车辆的适应性、可靠性、使用经济性、维修和配件供应方便性、使用寿命和售价等因素的综合考虑，择优购置车辆。

车辆适应性好指能够满足运输需求并适应当地道路、气候等条件；车辆可靠性一般用故障发生的平均里程或故障频率评价；车辆维修和配件供应的方便性好，指易于早期发现故障并更换损坏的零部件，维修工时短，费用少，配件购买容易；汽车的燃油经济性好坏对于汽车运行费用的高低具有很大影响，应对其进行比较；同时还应考虑汽车的使用寿命和售价，分析比较车辆的投入产出比。

合理配置和择优选购车辆是决定运输单位和个人运输生产设备优劣、保障运输生产基本条件的关键措施，对于避免运力过剩、提高运输效率、降低运输成本、保障安全生产、产生良好的经济效益和社会效益都具有重要作用。

（3）正确使用

正确使用车辆，是发挥车辆效率、减少事故、降低维修费用、节约能耗和延长车辆使用寿命的重要环节。为了确保运力的良性循环，使汽车运输业持续、稳定、协调发展，必须把车辆的正确使用置于车辆技术管理的突出位置。

1）合理装载。车辆按核定的装载质量装载是车辆使用的重要内容，是减少车辆故障和零件损坏、延长车辆使用寿命的重要技术措施。汽车超载、超负荷运行时，发动机处于许多不稳定的情况下工作，使冷却水温和曲轴箱润滑油温度过高，热状况不良，发动机各部件负荷加剧，从而导致早期损坏；同样，车架、传动机构及轮胎都将因所承受的负荷增大而早期损坏。因此，为保护运力、延长车辆使用寿命，车辆使用和管理部门都必须重视车辆装载的管理。根据《汽车运输业车辆技术管理规定》，在一般条件下使用时，车辆装载应满足以下要求：

①车辆的额定载质量。应符合制造厂规定。汽车的额定载质量是由制造厂根据零部件的强度，以可靠性高、经济使用寿命长、行驶安全性好为基本出发点经试验而确定的，并作为技术性能指标在汽车的使用说明书中做了规定。因此，车辆装载首先应符合制造厂的规定。

②经过改装、改造的车辆，或由于当地运行条件，如海拔高度、道路坡度、气候或进口车辆等原因需要重新标定载质量的车辆，都要经车辆所在地的主管部门重新核定。这里所指的主管部门指当地的交通运输管理部门或公安交通管理部门。

③车辆换装与制造厂规定最大负荷不相同的轮胎时，如轮胎的最大负荷大于原轮胎，应保持原车额定载质量；如其最大负荷小于原轮胎，则必须相应降低其载质量。这种情况多数发生在进口汽车装用国产轮胎的时候。

④在道路和车辆允许的情况下，城乡旅客运输以及遇到无法割裂的货物（如原木、机床等）运输时可适应增载，但增载量和增载方法必须符合 1998 年交通部发布的《汽车旅客运输规则》和《汽车货物运输规则》的有关规定。

⑤所有车辆的载质量，一经核定，严禁超载。

⑥车辆总质量超过桥梁承载质量或运输超长、超宽、超高货物时，应报请当地交通、公安主管部门，采取安全有效措施，经批准后才能通行，以保障安全，防止意外事故发生。

⑦车辆运载易散落、飞扬、泄漏的货物及污秽物品时，应封盖严密，以免污染环境。

2）合理组织拖载运输，充分利用汽车的运力，发挥车辆的潜力，增加汽车的载质量，是提高运输生产率、降低运输成本的有效措施，也是提高汽车运用效率的有效途径。与单车运输相比，汽车拖载运输载质量大，运输效率高，运输成本低；而且挂车结构简单，制造和维修成本低，对道路的适应性好；同时，在条件许可时，还可组织“甩挂”运输，以缩短车辆的装卸停歇时间，提高汽车的工作时间利用率。但拖载运输也会使汽车的动力性能、制动性能、通过性能等汽车使用性能降低；而且汽车各总成磨损强度增大，驾驶操作难度增加。如果汽车拖载不合理，就不能发挥拖载运输的经济效益，还会使汽车的使用寿命大大降低。因此，汽车拖载总质量应根据不同使用条件，通过试验后确定。其基本原则如下：

①平原地区保持直接挡（包括超速挡）作为经常行驶的挡位。

②丘陵地区用直接挡（包括超速挡）行驶的时间占60%以上，其平均技术速度不低于单车的70%。

③在山区一般道路上，可用二挡通过，最大坡度路段可用一挡起步。

车辆在装载运输具有爆炸、易燃、有毒、腐蚀、放射性等性质的危险货物时，容易造成人身伤亡和财产损毁，因而车辆在运输此类货物时要特别注意安全，需要做特殊规定。为此，交通部专门制定了部颁标准 JT 3130—1998《汽车危险货物运输规则》，该规定对车辆装载运输危险货物时的车辆设备、运输装卸、保管消防、劳动防护、医疗急救和监督管理等都做了具体规定。运输单位和个人在运输该类货物时，应认真贯彻执行。

3）运行材料使用与管理规定。燃料、润滑油质量是否符合车辆的使用要求，对车辆的正确使用有重要影响，所以在选用、运输、存放和使用燃料、润滑油时应特别注意。认真做好润滑油的回收工作，不但可以节约材料，而且可以有效防止废油乱倒所造成的环境污染。运输单位和个人使用燃料、润滑油时应注意以下事项：

①燃料、润滑油的选用必须符合制造厂说明书的技术要求。

②各种燃料、润滑油运输和存放必须遵守有关规定。

③燃料、润滑油应保持清洁，柴油必须经过沉淀、过滤后方能使用。

④不同种类、牌号的燃料、润滑油不得混合使用。更换不同牌号的润滑油或进行季节性换油时，必须做好清洗工作。

⑤进口汽车所用的燃料、润滑油，应严格按汽车制造厂规定选用，或按其规格性能要

求，选用相应国产牌号的燃料、润滑油。

⑥认真做好润滑油的回收工作。回收的油料应按不同种类分别盛装，防止混入水分和杂质。收到一定数量后，交回收部门处理。

4）轮胎使用的好坏，影响着运输成本，同时对于节约橡胶这一重要物资意义重大。为强化轮胎使用中的管理，交通部于1987年正式发布了《汽车运输行业轮胎技术管理制度》，要求对轮胎的使用全过程进行综合性管理，对轮胎的计划、选购、装运、验收、保管、保养、翻修、报废和奖惩等方面都做了详细规定。各运输单位和个人应根据该制度的要求，加强轮胎管理，提高轮胎使用维修技术水平。

《汽车运输业车辆技术管理规定》对汽车在走合期、低温、高温、山区或高原条件下的使用作了如下规定：

①汽车在走合期内的有关规定

a. 走合期里程不得少于1 000 km。

b. 在走合期内，应选择较好的道路，并减载限速行驶。一般汽车按装载质量标准减载20%～50%。

c. 在走合期内，驾驶员必须严格执行驾驶操作规程，保持发动机正常工作温度。走合期内，严禁拆除发动机限速装置。

d. 走合期内，认真做好车辆日常维护工作，经常检查、紧固各外露螺栓、螺母，注意各总成在运行中的声响和温度变化，及时进行调整。

e. 走合期满后，应进行一次走合维护，其作业项目和深度参照制造厂的要求进行。

f. 进口汽车按制造厂的走合规定进行。

②汽车在低温条件下使用时的有关规定

a. 车辆在低温条件下停放时，应采取防冻、保温措施，使用前应预热。

b. 各总成和轮毂轴承换用冬季润滑油（脂），制动系统换用冬季用制动液，柴油发动机使用低凝点柴油。

c. 调整发电机调节器，增大发电机充电电流。注意保持蓄电池电解液的合适密度和蓄电池的保温。

d. 发动机罩和散热器前加装保温套，注意保持正常工作温度。

e. 使用防冻液时，应掌握其正确的使用方法。

f. 在冰雪路面上行驶时，应采取有效的防滑措施。

③汽车在高温条件下使用时的有关规定

a. 对汽油发动机供油系统，采取隔热、降温等有效措施，防止气阻。

b. 加强冷却系统的维护，清除水垢，保持良好的冷却效果。行车中注意勿使发动机过热。

c. 各总成和轮毂轴承换用夏季润滑油（脂），制动系统换用夏季制动液。

d. 调整发电机调节器，减小充电电流。检查调整蓄电池电解液密度，保持液面高度和通气孔畅通。

e. 行车途中经常检查轮胎温度和气压，不得采取放气或冷水浇泼的方法降低轮胎的气压和温度。

④汽车在山区或高原等地区使用时的有关规定

a. 加强制动系统和操纵系统的检查和维护工作，确保制动和操纵装置可靠，工作正常。

b. 爬长坡、陡坡时，注意提前换挡。

c. 下坡前，注意制动系统压力及制动机构工作状况。禁止空挡滑行，防止制动毂过热。

d. 对点火系统和供油系统做适当调整。

e. 在风沙严重地区，注意车辆的密封。加强发动机空气、机油和燃油滤清器维护工作。

f. 可酌情采取提高压缩比、改变配气相位、增压等措施，提高发动机的动力性。

⑤车辆驾驶操作基本要求和日常维护工作。车辆驾驶操作是否合理，日常维护进行得好坏，与车辆技术状况、使用寿命、故障频率和维护费用的高低有密切关系。

驾驶员应爱护车辆，严格遵守驾驶操作规程。广大驾驶员长期总结出来的成熟经验：行车前，做到预热起动、低速升温、低挡起步；行驶中，注意保持温度、及时换挡、保有余力、行驶平稳、安全滑行、合理节油；在拖带挂车时，加强主车、挂车之间连接机构的检查，避免冲击。

车辆的日常维护是驾驶员必须完成的日常性工作，其具体内容是：坚持三检，即出车前、行车中、收车后检视车辆的安全机构及各部机件连接的紧固情况；保持四清，即保持机油、空气、燃油滤清器和蓄电池的清洁；防止四漏，即防止漏水、漏油、漏气、漏电；保持车容整洁。日常维护是车辆维修工作的基础，对于保持车辆技术状况，延长汽车使用寿命关系重大，搞好日常维护是每个驾驶员不可推卸的职责。

(4) 车辆适时更新

汽车是运输企业的主要生产工具，为实现高产、优质、安全、低耗的目标，提高运输服务质量，应用研究优先采用技术先进、性能优良的车辆，并适时更新与报废老旧的车辆。

以新车辆或高效率、低消耗、性能先进的车辆更换在用车辆，称为车辆更新，该定义不仅包含用同类型新车辆或性能优越车辆（高效率、低消耗、性能先进的汽车或吨位构成更为合理的车辆）更换尚未达到报废条件的性能较差的车辆，也包含已达到报废条件的车辆的更新。车辆更新是运输单位维持简单再生产和扩大再生产的基本手段之一，是降低运行消耗、提高经济效益的重要措施。

车辆更新应以提高运输经济效益和社会效益为原则。在进行车辆更新前，运输单位应进行可行性论证以贯彻上述原则。车辆更新应以更新理论作为指导，从原则上讲，车辆更新应以经济寿命为依据，但还要视国情考虑更新车的来源、更新资金、车辆保有量以及折旧率和成本等因素。车辆更新实际上是对运输单位车辆配置的调整，不能仅仅理解为以新换旧和原有车型的重复，更重要的是通过更新来保持和提高运输单位的生产力，优化车辆配置，降低运行消耗。更新车辆选用原车型或新车型，要根据运输市场情况和客、货源的变化情况来决定，同时还要考虑管理人员、驾驶员、修理工的培训、维修设备的更换等相关因素的变化情况。车辆更新还应与车辆改装、改造结合起来考虑，综合分析各自的优缺点以决定对车辆进行改装、改造还是更新。

运输单位应编制车辆更新计划，积极组织落实，以有计划地进行车辆的适时更新，维持并促进运输的不断发展。这就要求运输单位把车辆更新工作提到重要议事日程上进行研究，组织人员按照车辆的经济寿命的原则进行研究与论证，提出车辆更新的最佳使用年限，并根据运输市场、汽车市场的动态，结合最佳更新年限，编制车辆更新规划和年度计划，同时积极组织落实，以保证运输车辆经常处于高效率、低消耗的良好技术状况。个体运输户也就根据车辆使用情况及时更新，由于车辆更新具有广泛意义，所以交通运输管理部门要根据具体情况督促个体运输户及时更新车辆。

更新下来的运输车辆，运输单位可根据国家有关规定进行处理，处理后的变价收入应用于车辆更新、改造，不得挪作他用。对于更新下来又达到报废条件的运输车辆，可移为他用或转让出售。如移用作为使用强度较低的非专业运输车辆，也可按值论价出售给外单位或出租给外单位。对于属于报废车辆的更新，应按报废车辆处理，不准转让和移作他用。

(5) 合理改造

为适应运输需要，经过设计、计算、试验，将原车型改制成其他用途的车辆称为车辆技术改装。

为改善车辆性能或延长其使用寿命，经过设计、计算、试验，改变原车辆的零部件或总成，称为车辆技术改造。

以上所定义的车辆改装、改造指在用车辆的改装、改造，不包括新底盘在改装厂直接改装成新车型的车辆。

由以上定义可见，汽车改装与改造既有区别又有共同点。车辆改装主要是改变车辆用途，如把在用货车改制成客车、半挂车、罐式车、厢式车或其他专用车；车辆改造是通过改变原车辆的零部件或总成，改善车辆性能或延长使用寿命，如把原车辆的发动机换装其他型号的发动机，或换装高压缩比的汽缸盖及凸轮轴等零件，提高其动力性，增加车辆的装载质量等。两者的共同点是车辆改装、改造均需经过设计、计算和试验。

车辆改装和改造必须事前进行技术经济论证，符合技术上可靠、经济上合理的原则，即只有通过对改装或改造方案进行定性、定量分析，说明技术上可行，经济上合理之后，才能对车辆进行改装或改造。对营业性运输车辆提出来改装或改造的单位，应将改装、改造方案及数量报交通运输管理部门，交通运输管理部门根据运输市场是否需要，改装改造的数量是否合适，设计方案是否符合技术上可靠、经济上合理的原则，受理车辆改装、改造的单位所拥有的技术条件等内容进行审查，审查合格批准后，运输单位才能对车辆进行改装或改造，非营运车辆的改装改造，只需报交通运输管理部门备案。一般性的技术改进，运输单位可自行决定，如在汽车发动机上加上某一节油装置或加高货车车厢栏板均属于技术改造范围内的一般性技术改进。

(6) 科学管理

按照事物的客观规律进行管理就是科学管理。在科学管理中，首先要实现管理标准化。管理工作的标准就是各项管理的规章制度，因此，在汽车全过程管理工作中要建立和健全各项规章制度。选购新车，建立档案，安全运行，事故的处理，运行材料的保管与领发，技术经济定额的考核，设备使用、维修，各项数据的统计与上报，成本核算与资金的运用，更新改造的计划与措施等项工作，都要按照汽车运用的规律建立必要的制度，都有适当的制度可以遵循，从而避免发生不应该有的损失。经过多年的努力，很多汽车运输企业在健全管理制度方面都积累了很好的经验与成就。

搞科学管理必须搞好信息传递与反馈工作，管理的过程就是收集、处理和运用信息的过程。在汽车运用中有关效率、故障、维修、成本核算和资金往来等项工作，都要从原始数据的收集开始，加工整理形成各种信息，传递到各个部门。对这些信息进行研究，发现问题需要修正或处理，再以信息形式反馈到具体执行部门。通过信息的传递、反馈，实现管理的职能。只有信息正确、传递及时，才能做到情况清楚，处理准确，使生产按照正常秩序进行。为使管理信息及时、准确，还要有先进的管理方法和管理手段。在管理方法上要采用运筹学、网络技术、质量管理、价值分析等先进技术，在管理手段上要使用计算机及充分利用互联网提供的各种信息。

在过去的管理工作中，我们比较重视技术管理，而忽视经济管理，这是造成维修费用增大，经济效益较低的重要原因之一。任何设备在运动的全过程中都存在着两种形式：一是物质的运动形式，即设备的选购、使用、维修、更新和改造；另一个是资金运动形式，包括最初的购置费，维修、折旧、更新改造资金的筹措、积累和支出等。对前者的管理是技术管理，对后者的管理是经济管理。过去我们为了追求技术上的一项指标的提高，花费大量维修费用，在技术上虽然取得了一定的成果，但在经济上是不合算的。今后在管理中一定要取得技术与经济两项成果，即一方面要求经常保持车辆良好的技术状况，另一方面要节约维修与管理费用。同时，要求技术、经济两个指标平衡发展，共同提高，从而做到汽车寿命周期费用最经济。

4. 汽车维修质量监督

各级汽车维修行业管理部门，负责汽车维修质量管理工作，其主要职责有以下几个方面。

(1) 贯彻国家和有关部门汽车维修质量管理方面的方针、政策和法规，建立健全汽车维修质量监督检验系统，并分组管理，积极组织开展对汽车维修质量的监督检验工作。

(2) 监督各汽车维修业户贯彻执行汽车维修的技术标准和工艺规程，并根据汽车维修生产的实际需要，指导企业制定汽车维修的技术标准。

(3) 组织汽车维修企业质量管理人员和技术工人的技术培训，帮助和督促各类汽车维修业户健全质量检验机构和质量管理制度，完善检验手段和检验方法，加强对各类汽车维修企业维修质量管理的指导和协调，不断提高企业自我管理、自我约束的能力。

(4) 组织汽车维修行业的质量评比检查工作，负责对优秀企业的审查、考核、复查和表彰等工作。

(5) 收集、交流汽车维修行业质量信息，开展技术咨询和质量诊断工作。

(6) 根据国家产品质量法，对维修企业的大修产品和二级维护产品进行竣工产品质量评审。为保证汽车维修质量监督检验的实施，道路运政管理机构应建立汽车维修质量监督检测站（中心），为汽车维修质量监督和汽车维修质量纠纷的调解或仲裁提供检测依据。汽车维修质量检测站，必须是经当地交通主管部门会同技术监督部门认定后，颁发了《检测许可证》的汽车综合性能检测站。

(7) 负责管理汽车维修质量问题的投诉、技术检验和鉴定，提出处理意见，进行调解处理。

1) 汽车维修质量监督的内容。汽车维修质量监督的内容很多，其重点是：质量管理机构是否健全，维修企业应按规模的大小，健全质量管理机构；质量管理制度是否落实，质量管理制度要全，范围要广，可操作性要强；制度一旦制定，就要保证逐条落实，并在实践中不断修订和完善；人员素质是否符合要求；机具设备、工夹量具、监测仪表是否配套，精度是否符合要求；基础工作是否健全等。

2) 汽车维修质量监督的方法。汽车维修质量监督是一项广泛的、经常性的技术管理工作。道路运政管理机构，必须运用法律的、经济的、行政的手段，对所有汽车维修业户的维修质量进行综合性管理。

①实行重点监督和一般监督相结合的方法。对于汽车大修、总成修理、二级维护等重点项目，要制定质量监督计划，规定受检车辆比例。对于汽车零修、专项修理则采用抽样调查

的方法。

②坚持行业检查制度，行业检查应由行业主管部门组织，对维修企业进行全面的质量监督检查。通过检查交流经验，互相促进，发现问题，及时纠正。

③坚持专业队伍与群众性的质量监督相结合的原则。道路运政管理机构的质量管理人员和维修企业的质量检验人员作为专业质量监督队伍积极开展有效的质量监督工作，必须严把质量关。同时，还必须动员广大群众参加质量监督工作，这是搞好汽车维修质量监督管理的基础。一方面，在维修业户中，推行全面质量管理，动员企业员工提高质量观念和质量意识，层层把关。另一方面，发动广大车辆用户参加维修质量的监督，可以实行汽车维修质量跟踪卡制度，车辆维修出厂后，托修方应及时填写维修质量情况，将维修质量存在的问题反馈到当地道路运政管理机构。道路运政管理机构和维修企业要定期走访用户，调查了解维修质量状况，提出改进措施。

④建立健全汽车维修质量监督检验体系。汽车维修行业的特点是厂点分布面广，遍布城乡各地。为适应这一特点，汽车维修质量的管理，必须实行分级管理的原则。各省、地、县道路运政管理机构，可按实际需要，建立不同类型和规模的质量监督检查机构，配备必要的人员和检测设备，形成一个质量监督检验网络。

⑤实行质量跟踪调查。车辆进厂维修是为了更好的使用，竣工出厂实行合格证制度，同时要实施质量跟踪，确保在各种工况下的使用。质量监督机构要经常深入用户，有目的地对维修过的车辆进行走访调查，征询用户和驾驶员对维修质量的评估。

⑥实行汽车维修质量检验人员的培训、考核及持证上岗制度。汽车维修生产中，配备合格的监测人员，是汽车维修质量的根本。各级道路运政管理机构，要做好维修企业质量检验人员的培训、考核和资格认证工作。

5. 修理企业设计知识

(1) 汽车维修企业设计程序

汽车维修企业设计同其他工业企业一样，分为工艺、土建、动力、卫生设计和经济核算部分，其中最重要的是工艺设计。工艺设计不合理，将直接影响其他设计，最终将影响到企业投产后的经济效益。

汽车运输企业设计主要是工艺设计。设计的一般程序是：选择厂址、下达任务书、初步设计、技术设计、施工设计。在利用典型设计时，可省去技术设计，按初步设计和施工设计两个阶段进行。

1）设计任务书的编制。设计任务书是进行企业设计的依据。它的作用在于把国家对该企业的要求和必要的资料以及发展方向等通知设计部门，以便设计部门进行设计。企业的设计任务书，一般是在厂址选择、可行性研究后，委托设计部门来拟定。个别情况下，设计任务书可能缺少某些项目，这要由设计单位经调研予以充实，报上级主管部门审批后，方可进行设计工作。

①设计任务书的内容

a. 建设性质。说明新建、扩建或者改建等性质。

b. 建设目的。说明该企业的任务及建设的必要性、企业的服务范围内的车辆情况及今后的发展，维修网点的分布、规模和技术设备，运输路线的分布和各时期内车辆的维修状况等。

c. 企业生产纲领。说明汽车的名称、型号、结构参数和年产量（或产值）及配件、商品总成等。

d. 企业的工作制度和管理组织制度。

e. 指定建筑地区。说明取得材料、原料、燃料、水、电、气以及劳动力的来源。

f. 占地面积、地形、气象、水文、地质等资料。

g. 生产协作关系。说明可能与哪些工厂进行生产协作。

h. 建筑期限。说明建筑竣工的期限、分期建筑的顺序、将来发展的远景，以及国家投资的控制数字。

②任务书的附带资料

a. 建筑地区地图，比例不小于1:20 000，图中注有交通线路图、电力网、煤气管路、给排水网、暖气管路，并注明附近已有和正在建设中的全部企业、机关及住宅区等。

b. 建筑场地地形图，比例为1:500或者1:1 000，图上应标明等高线。

c. 建筑地区的建筑材料供应情况。

d. 拨给土地、供电、供水、供气以及利用下水道等的批示文件。

e. 与有关企业进行生产协作的协议书或合同书。

2）初步设计。初步设计是根据批准的设计任务书和其他设计前资料所进行的全盘研究和计算。其目的在于证明该建筑项目在技术上的可行性和经济上的合理性。在初步设计的工艺部分中，要根据扩大的时间定额和指标，确定企业的职工人数、厂房面积、平面布置以及主要技术经济指标。汽车修理的企业设计可按如下步骤进行：

①论述企业任务和生产纲领。

②制定汽车修理生产工艺过程。

③确定企业的组成。

④确定企业的工作制度、工人和工作地点的年度工作时数。

⑤编制各工种作业的工时定额。

⑥计算年度工作量及生产工人数。

⑦计算生产厂房及其他建筑面积。

⑧企业的总平面布置。

⑨企业的技术经济指标。

3）技术设计。技术设计是根据已批准的初步设计进行的。在技术设计的工艺设计中，是按精确的定额进行工艺计算的，对全厂的动力、设备要进行详尽的计算和选型，允许对初步设计不合理部分进行修整，它是初步设计的具体化。技术设计主要是对各车间的设计，据此进行企业总设计。具体步骤和内容与初步设计相似。

①阐明车间的任务和生产纲领。

②制定车间的生产工艺过程。

③确定车间的工作制度、工人及设备的年度工作时数。

④制定各项产品及分工种的时间定额。

⑤计算年度工作量、生产工人数、工作地点和设备数。

⑥计算设备数量及选择设备。

⑦计算车间及各工作面积。

⑧全厂动力（电、水、气）的计算。

⑨车间设备的平面布置。

⑩车间的技术经济指标。

4）施工设计。施工设计是根据批准的技术或初步设计（按两阶段计时）和所定的设备，绘制施工用的详细图解，也称施工样图。工艺部分的施工设计，包括以下内容：

①设备安装图。标准设备安装图通常由制造厂拟订，可从产品目录或说明书中找出。非标准设备的安装图，由该设计的单位来设计；在个别情况下，这项工作也可由负责企业设计单位完成。

②设备地基图。根据批准的技术设计和订货设备有关数据，以及设备布置平面图，设计地基、设备与土建结构的连接图。

③起重运输设备的悬挂设计。包括单轨吊车和梁式吊车及悬挂起重机的悬挂装置。绘制吊车运输轨道的平面图，悬挂总成的结构图。梁式吊车的轨道应与土建结构同时设计。

④气体管道设计。蒸汽、压缩空气、煤气、乙炔和氧气管道的设计，包括用气部位图、管线平面图和有总成的结构图。

(2）汽车维修企业设计内容

1）场地规划及设备采购

①场地规划。汽车维修企业不论类别都是作为汽车售后服务的一个环节，其为客户的车辆使用提供完善的高质量的保障系统，并为客户提供优质的便利的服务环境，促进与支持汽

车制造业与销售市场的繁荣。因而汽车维修企业场地规划十分重要，一个好的规划就像人生的一次机会，一个草率的规划将在开始操作后很快造成服务上的不良后果。

在这里将说明在确定场地规划前要掌握的四点原则：

第一，考虑企业发展扩张的需求。俗话说“人无远虑，必有近忧”。要考虑到事业会逐渐成长、扩张。不要因为规划不周，而阻碍企业发展。这样的例子很多，应引以为戒。

第二，充分考虑顾客、员工及管理者的意见。因为这三者的意见直接关系到企业日常经营运转，综合这三者的意见，指导场地规划会给企业日常经营带来极大的便利。如顾客要求维修企业要建在便于进出的街道旁，企业内要有舒适的休息室，而且要与展示厅、结算台接近；员工要求有一个良好的工作、休息环境，各工序部门之间距离相对较小，并配备卫生间、洗澡间等；管理者要求在合理的高支出下管理和保证企业的运作。为了满足顾客的各种要求和实在的利益，准备一个良好的环境使每一个部门容易接近其他部门等。

第三，每年、每月维修台数（包括潜在客户）的测算，决定了车间工位的确定。

通过以上三点的综合评定就可以基本确定场地规模、部门设置、规划、员工配置（直接生产员工和间接生产员工）以及包括建筑物、停车场在内的企业整体规划。

修车工位数的确定：适当合理的修车工位规划是有效利用场地资源的重要手段，过少满足不了要求，过多造成剩余资源浪费。合理的修车工位数要根据预测的年维修车辆台数、单车平均工作小时、每一位修理工的年工作小时数等因素确定。

直接维修员工的确定：此直接维修员工数是直接参与维修作业的员工数。该项目依据业务环境、设备和工具效率等再根据车位数确定。间接维修员工数：为了降低成本，最大限度地发挥每个人的能力必须做到一人多能，达到饱满工作日。间接维修员工的总人数是根据所有直接员工人数确定，并要考虑到所需人员的总数发展。一般间接维修员工数目为直接维修员工人数的30%左右。

停车位数目：维修停车位（修前、修后），应本着最低标准决定，这样做的目的是减少在修车辆的在厂周期（送修的车尽快进入修车工位，修完的车尽快通知客户提车），同样是为了充分利用场地资源。钣金与油漆工位一般依据实际业务量而定。

建筑部分有：办公区域建筑，一般应包括办公室、贵宾休息区、接待大厅、功能部门、辅助区、员工休息区、功能间，另外还要考虑到将来业务发展，每个功能区面积可根据业务量及场地总体面积而定；车间工位布置一般以工艺流程为准则，设有足够的安全通道，要与功能部门接近，如工具室、配件室等；工具室，本着利于保管、保养、方便、重不压轻、大不压小的原则；配件室，一般根据企业规模、资金状况而定。

第四，要充分考虑选址的电力、水、污物处理、通信、交通、地方发展规划等情况。

总之，场地规划要综合各种因素统筹规划、科学规划，尤其现代企业讲究现代气息、现代风格，无论是造型还是功能都必须有超前意识，其中每一件微小的硬件设施都将代表着企业品牌，哪怕是小到独具特色、完美的各种指示标记的设立。场地布局分改造和新建两种，原则都是一样的，依据投资经营者的意愿与行业标准，结合修理工艺布局、服务体系构想进行总体规划。

②设备采购（含工具类）。设备的采购一般原则是：生产上适用、技术上先进、经济上合理，要有可靠的安全性和环保性，具体有如下几个要素：

第一，设备要具有一定的先进性。设备要与企业的维修主流车型、企业发展规划、企业规模、生产规划、技术力量、劳动力水平、动力和原材料供应等相适应。先进的设备，一般自动化程度高、投资多、能耗大、维修复杂。如果不能达到计划维修量，单台维修的成本就会增加。设备生产率还要考虑均衡生产和供应，否则会造成损失，不能发挥设备的全部效能。

第二，设备工艺性好。机器设备最基本的一条是符合汽车维修工艺技术要求。设备满足汽车维修工艺要求的能力叫工艺性。如维修及测试的尺寸精度、几何形状精度、表面质量要求和温控精度等。另外，一般要求设备操作轻便、控制灵活。对于使用频繁的设备，自动化程度要高，对于有毒有害的作业，则要求设备能自动控制及远距离监督控制。

第三，设备具有良好的可靠性。对设备不仅要求有长的寿命和满意的工艺特征，而且要求长期保持技术性能不发生故障。可靠性的定义：系统、设备、零部件在规定的时期内能毫无故障地完成规定功能的概率。

选择设备可靠性时要求设备平均故障间隔期越长越好，具体可以从设备设计选择的安全系数、元器件稳定性、故障保护措施、人机因素等方面进行分析。

第四，设备维修性与售后服务好。维修性是指通过修理和维护保养来预防排除系统、设备、零部件等故障的难易程度，即进行修理时，能以最小的资源消耗（人力、物力、时间），在正常条件下顺利完成维修的可能性。设备商的售后服务及时、到位，并具有良好的市场信誉。

第五，设备经济上合理。选择设备经济性的要求有：最初投资少、生产效率高、耐久性长、能源及原材料消耗少、维修和管理费用少、节省劳动力等。当然要综合衡量这些因素，因为他们相互影响并相互矛盾，不可能各项指标都是最经济的，可以根据企业的具体情况，以某几个因素为主来进行考虑。经济评价的指标可以用现金的形式，如费用、成本等；时间形式，如投资回收期；收益率形式，如平均投资回收率、内部收益率等。

第六，设备安全性和环保性好。设备应具有必要的、可靠的安全防护设施，避免造成人身事故和经济损失。环境保护越来越被全世界人们所重视，故在选择设备时，设备的噪声和排放有害物质对环境的污染指数，一定要符合有关法规要求。

第七，设备的配套性。配套性是指选择的设备要与企业的维修能力（或已有设备）相匹配，否则，不能充分发挥设备的性能，造成直接经济损失。

另外，还要综合考虑企业、品牌的信誉。

采购设备前一定要了解该设备厂商的售后服务质量，并与设备厂商签订必要的售后服务合同。一般采用分期、分步付款方式，甚至使用一定时间后，再付全款，切忌一次性付清。

2）市场开发部的建立及内容

①市场开发部的建立。由于社会的发展，市场经济机制的建立，卖方市场已转向买方市场。激烈的竞争迫使汽车维修企业必须从过去的坐等客户改变为主动服务。

长期以来由于对市场经济下企业与客户之间的关系始终没有摆正，导致某些经营管理者总是将汽车维修企业的服务对象单纯地看成是对在修车的技术服务，而忽视了最终的服务对象——车主。虽然由于企业之间的竞争，迫使一些企业经营者与客户不得已搞一些“感情”投入，但这只是很肤浅的，甚至有时是很庸俗的所谓“拉关系”、“公关”，这种浅薄的庸俗的观念将企业与客户之间的关系带上了歧路。当今许多企业都抱怨客户丢失越来越严重，抱怨客户没有良心，抱怨有些客户太黑，甚至抱怨政策不到位，抱怨不规范的路边店的参与，他们忽略了最根本的对服务对象的观念的转变。

汽车维修企业受汽车制造业发展的推动，其技术服务特征越来越突出、技术含量越来越高，这就使得汽车维修的结果带有很强的产品特征，因而使许多汽车维修企业经营者将服务对象看成是汽车，而不是其使用者，这正是计划经济造成的顽疾的后遗症。汽车维修企业虽然维修的是汽车，但服务的最终对象是使用汽车的人。由于竞争的需要，已迫使企业将服务贯穿到汽车全部寿命周期及汽车市场所涉及的各个领域，如此长时间的系统细致的工作，不是个人力所能及的，必须由企业的专门组织来完成，这就是常说的客户管理。

汽车维修企业市场开发部正是基于这一理念而建立的，是将销售活动中的客户开发部门引进的结果。专门的组织便于对客户进行集中细致的管理，将过去那种突出个人感情的投入换来的感召力转向以突出企业感召力为主、以个人素质为辅的客户管理工作。我们常常看到一种现象，企业的业务员离去，会带走很多车源，使企业受损。市场开发部的建立，一是可以对客户进行更深刻、更全面、更科学、更生动的管理，可以将客户的服务做得更周到、更具体、更贴近客户的心理需求，将完成个人想做而做不到的事情；二是有利于企业形象宣传，有利于企业统一行动，发挥团队作战的优势，有利于取得客户的信任；三是分散对客户管理的权限，防止某些业务人员私欲膨胀，为达到某些目的将手中掌握的车源作为要挟的筹码。所以在现代汽车维修企业中，成立市场开发部是企业生存与发展的需要。

但是由于观念上的错误，致使许多企业经营者对市场开发部的工作看得太急功近利，长期失误造成的客户流失要想在市场开发部初期就能解决，这是不现实的。客户管理、开发工作是一项长期的、潜移默化的工作，需要大量的付出，包括人力、精力、财力的付出，时间的付出，这些付出，只要纳入系统管理必将有收获，不少企业正是这样做的，坚持下来，都有了很大的收效。这里只对市场开发部建立的必要性进行简单阐述，具体如何操作，由于企业文化特色的差异，其做法不同。

②市场开发部的工作内容。市场开发部的工作内容是：研究以满足客户需求为中心的企业与客户的关系、开发客户的策略，改进与设计企业服务措施及其规律性、综合性应用问题。市场开发对汽车维修企业而言，是企业的“生意经”和“竞争术”，是“买方市场的卖方学”，市场开发的基本理论与方法可指导企业维修与服务质量的改进、如何经营、怎样开展与汽车相关的促销活动，所以重视市场开发工作对现代汽车维修企业增强生存能力、竞争能力、提高企业的经济效益、促进企业发展有着十分重要的意义和作用。

在市场经济条件下，推动企业急速增长的主要力量是企业与客户之间的相互合作所建立的多方面密切关系，以及对密切客户关系的不懈追求和制定与其相关的详细计划，而市场开发部正是汽车维修企业与客户之间的重要环节。

以客户需求为导向的经营观念，决定了了解客户的需求是企业发展的主要工作，从某种意义上讲客户的需求已成为重塑企业经营规则的主力军，只有以客户需求为中心来实施整体管理的企业才能在竞争中获胜。企业会根据客户的要求和需要不遗余力地调整其服务内容，完善内部机制。单靠改进工程技术无法创造出良好的业绩。在这过程中应付客户的方式已不适应了，而积极地与客户甚至其家庭建立长期密切的关系，加强与客户之间的交流，在这个过程中企业必须比任何时候都要坦诚和敏感。

市场开发部的工作必须具备如下特点：一是全面收集与企业竞争相关信息，其中包括客户群需求的转移；二是根据市场需求与客户反馈，提出切实可行的改进方案；三是富有创造性，要善于提出新概念、新对策，这样才能产生差别、产生魅力，才能创造出不同凡响的效果；四是具有强烈的竞争意识，随时研究客户的心理，研究外部环境（竞争对手），内部环境（流程再造）；五是永不自卑、永不自满的精神，今天的失败并不代表着明天的失败，而今天的成功也不意味着明天也会成功。

市场开发部必须脱离单纯拉客户的目标，要从企业整体利益出发，从企业最终目标出发，从为客户全面服务的目标出发，以为客户进行终身服务为理念，指导市场开发部的工作。通过建立市场开发部与客户建立密切持久关系，通常情况下企业是由于给予客户一定回报才建立客户对企业的忠诚度，并且企业总是通过与客户的交流，了解客户的要求，从中得到一些最原始的信息并进一步对客户有所回报，从而提高客户的忠诚度。市场开发部的工作包括：客户接待、访问客户（电话、信件等形式，包含了解客户需求）、预约服务、修后服务、企业对客户的承诺是否履行、企业形象宣传、企业文化创建、俱乐部活动、救援等全方位服务活动策划实施，提高客户对企业的信任度，扩大企业声誉，为企业进一步发展提供基础。市场开发部的工作内容应根据企业对客户服务理念的认识程度不断加深而扩展，比如创建与客户密切联系的信任链，定期组织主流客户联谊活动，听取客户意见等。

③前台业务人员的素质。现代汽车维修企业的前台业务人员必须具备极高的业务素质，无论是人品、性格，还是技术素质，都必须是一流的，他很可能是企业中最优秀的员工之一。前台业务人员的一言一行、举手投足都代表着本企业的素质、文化，代表着企业对客户服务的深度与广度，更代表着企业的技术实力与管理水平，前台业务人员的工作不仅仅是对客户的接待，更重要的是在做潜移默化的工作，是在为树立企业良好形象打基础。因而前台业务人员必须具备如下基本素质：

a. 有汽车专业理论知识，丰富的维修经验及熟悉本企业的业务流程。

b. 熟悉本企业的收费标准。

c. 熟悉专修汽车配件编码及常用配件的价格。

d. 熟悉保险及索赔条例。

e. 了解相应的政策、法规、制度。

f. 了解顾客的心理，善于与顾客沟通，这其中包括六种能力：观察能力、理解能力、创造能力、控制能力、判断能力和语言表达能力。五种心态：耐心、诚心、热心、信心、责任心。

作为企业窗口的业务人员尤其要在执行业务行为过程中，以诚待客，决不能为了眼前一点利益而无限夸大故障，以旧件充新件，欺骗顾客。实际上失去诚信将失去一切，所以欺骗客户的后果是很可怕的。

3）技术资料的储备与管理软件的选择

①技术资料的储备。现代的汽车维修企业面对的是几十种、上百种车型，不再是从前的几种、十几种，几十年一贯制的车型。现在平均两三年就会有改进型投入市场，加之国门大开，世界各国的车辆的涌入，如果不刻意去收集新的技术资料，即使身怀绝技如果没有技术资料也不可能解决所有问题。专修车可能面对的是一两种新车型，由于技术的飞快发展，其变形、换代、改进周期非常短，因而对其技术通报的收集尤其重要。在修车中往往会遇到一些问题，这些问题的不合理性非常明显，而且屡次出现同一种故障，有时甚至使修理工作无法进行下去，这时如果找一下最新的技术通报，就会发现一定有相应的改进措施。

由于市场上关于汽车类的技术资料很多，在选择这类资料时一定要选择比较有影响的出版单位，因为这些资料绝大多数都是互相转抄的，只有接近原版的数据才能准确。尽量找原版原厂的技术资料。由于技术发展很快，因而更新、淘汰也很快，资料及信息版本越新越好。

另外，收集资料的方法很多，其中上网查询为企业提供了最全面、最便捷、最省时的途径，过去很多汽车维修企业对资料的收集缺乏重视，尤其是大量的图书类资料不便保管，所以上网查询正好弥补图书类资料的不足。

汽车技术是一门集合各学科的综合技术，集各项学科之大全、精华、前沿，加之汽车运行环境非常复杂，各系统、总成、控制件、执行器等的寿命及可靠性相差很多，所以汽车在使用过程中会出现各种各样的故障，因而在有条件的情况下，不仅收集维修数据资料和与之相关的如计算机、控制方案、材料改进方案，甚至还要收集车型的设计特点等相关资料，这些相关资料有时会带来意想不到的帮助。

总之，现代汽车修理企业的生存与发展，对技术资料的收集与管理的依赖越来越强。

计算机化管理，信息网络的建立，是现代汽车维修企业管理中重要的组成部分。随着科学技术的飞速发展，汽车从结构到控制技术日趋高科技化，汽车新品牌、新材料、新装备、新功能层出不穷。维修技术人员不可能将数千种车型的维修资料、数据、程序记忆在大脑中，因此，汽车维修技术人员的知识、技术经验以及对资讯的全面掌握越来越显示出自身的局限性，能够解决这一问题的就是汽车维修企业互联网络。目前互联网络在中国汽车维修行业中已经崭露头角。从国际汽车维修行业看，技术资料查询、故障诊断、技术培训网络化已达到全面普及的程度。以美国汽车维修业为例，维修信息、综合管理、专家集体会诊（远程诊断）、网上查询资料、网上解答疑难杂症、网上开展技术培训、网上购买维修资料已经成为维修行业的基本特征，通过网络化管理，维修企业可以对客户资料、车型种类、配件消耗、技术资料等了如指掌，随时知晓公司的资本运营情况，调整经营方针，使企业在最佳状态下运行。

②管理软件的选择。现代汽车维修企业，尤其是一二类汽车维修企业，使用管理软件来提高企业管理效益及档次，已经是很普遍的事，因而不再对其在企业管理中发挥的作用及使用技术做重复阐述，这里只对如何选择管理软件谈几点注意事项。

目前国内开发汽车维修企业管理的机构有几十家，而这些机构的研发人员又大多没有亲身体验过汽车维修企业业务流程，因而目前所接触到的管理软件与实际需求有差距，并且存在着资讯交流的巨大障碍。据说德国十几年前也和我们现在一样，国内汽车维修企业管理软件五花八门，政府为了帮助实现企业与企业之间、企业与行业之间、企业与政府之间的交流特意组建了一个数据交换中心，这的确解决了以上问题，但又给企业增加了额外的经济负担，后来后续服务问题逐步由两三家大的管理软件公司解决，真正体现了管理软件的强大功能与优势。

因而企业在选购管理软件时，一定要注意以下几个问题：

是否与企业管理机制、发展规划相近（实用性）；

软件可靠性与稳定性如何；

推销软件的公司实力如何；

系统控制的安全性如何；

主要功能必须突出，如客户管理、配件管理、人力资源管理以及资讯功能；

后续服务如何（包括软件升级）。

还要强调的一点是，面对竞争的市场，企业内部管理机制必须要有创新。目前国内开发的管理软件大部分是按照老的管理框架、过时的业务流程设计，其强调的是企业部门的职能，强调的是部门与部门之间的联系与控制，而现代汽车维修企业的管理是要打破过去那种以职能部门直接对客户负责，这是现代汽车维修企业发展的必然趋势，所以在选择管理软件时要注意其软件的整体构架的导向。

管理软件的应用，代表着企业内部管理的升级规范化，目的之一是减少人为不良因素的干扰，所以应用管理软件会遇到很大阻力。功能越全面管理越先进的软件，其应用阻力会越大。这其实反映的是一种新旧管理思想的斗争，因而应用管理软件要注意其先进性与推广初期的强制性，以便克服来自各方面的阻力，排除干扰，正确决策。

4）开业典礼

①开业典礼的形式、日期、作用。对于开业典礼，过去企业只是把它作为一种形式或者是一种过场。对于现代汽车维修企业，开业典礼是一次宣传企业形象，展示企业文化和企业实力的极好机会，选择适当的形式与日期，适当的参会人员（潜在客户、新闻媒体等），充分做好准备会起到很好的效果，一些潜在的客户会因此变得明朗化。

②开业典礼的后续工作。很多企业开业典礼之后，没有重视后续工作，既然为开业典礼做了大量的工作，那么后续工作应跟上，其内容包括：

a. 马上对重点客户做回访，征询他们对企业的印象，征求他们对企业的意见、对企业发展的想法。

b. 对参会的人员多次进行回访，并直接表述为其服务的意向及内容。

c. 对重点客户、潜在客户上门服务（带上技术人员），最好能为客户实际解决几个具体难题。

d. 随时向这些客户报告企业的发展与变化，并经常请一些重点客户参加相应的联谊活动，同时与新闻媒体保持联系等。

这些都是开业典礼之后要做的工作，总之，企业做每一件事都必须有明确的目标，都不能放弃所能够带来的经济效益。

6. 培训讲义的特点与构成

培训讲义应紧跟最新技术，将复杂问题实例化和简单化，使实例内容与实际工作内容一致，从而达到易学与学用一致的目标。

培训讲义主要由国家职业标准对汽车修理技师、汽车修理高级技师的鉴定要求、应具备的职业道德、基础知识、专业知识、技能要求等组成。

第七章

技术改造与试验、研究

第一节 设备、车辆、工艺的改进

学习目标

- 新材料的应用

一、新设备、新技术、新材料、新工艺的推广

1. 展望42 V电源的实施

实施42 V电源的作用是在现有汽车空间条件下提高电器用电的负荷量。具体好处有：

一是通过电压提升减少电流载量，可以减少线束的线径和促进现有电器装置的微型化，缩小体积、减少质量。

二是可以将发动机驱动的附件（如冷却风扇、冷却水泵、转向动力泵、空调压缩机等）从发动机中分离出来，集成在一起由电动机直接驱动，从而进一步减少发动机零件和质量，便于实现集成模块式生产方式。

三是促进发动机改革，发动机内部一些机构可将机械驱动改由电驱动，例如，气门开启关闭直接由电动机和计算机联合控制，省去了凸轮轴等。

四是为实现汽车全面电控化提供条件，例如，电动转向器、电控制动、电控悬挂等。

五是促进混合动力汽车的技术发展，使用高电压方案能减小电动机体积与质量，而驱动能力并不会减小。

42 V是指汽车发电机工作时的电压，蓄电池电压是36 V，发动机停止时汽车电压也是36 V。这与目前12 V汽车当启动后电压是14 V的道理一样。42 V汽车电源的解决方案有两种，一种是14 V和42 V的双电压方案，设置两种蓄电池，通过变换器将供电分为两个互相隔离的系统，低电压电源供给小功率用电设备（如点火、照明、门锁、仪表板等），高电压电源供给大功率用电设备（如前大灯、加热器、空调、电控悬挂等）；另一种是42 V的单电压方案。前者有过渡性质，对零配件产业冲击比较小，但汽车结构复杂；后者对零配件产业冲击比较大，但汽车结构简单。

汽车采用42 V电源，安全是关键。因为电压越高，电源线两极相碰短路产生的电弧火花越大，危险也越大。因此，采用新电源不但涉及电器的电压改变问题，还涉及联插件结构及汽车布线的改变问题，涉及面很广。例如，目前蓄电池的正负极导线端头是裸露的，新电源的蓄电池正负极端头很可能是一凸一凹尺寸不一的插接形式，好像电脑导线联插件一样，不管在任何情况下两极导线端头相碰都不会产生短路。

总之，对现代汽车而言，实施42 V电源好处多多，因此世界著名汽车生产商与配件生产商都正在进行这方面的开发工作。目前国际上有关新电源系统的标准草案已经完成并提交汽车标准化委员会（FAKRA），标准化规定了具体内容，例如，对静态最高电压（48 V），动态最高电压（50 V），启动最低电压（21 V），电磁兼容等项目做出规定，使有标准可遵循。

2. 全铝车身的研究发展

20世纪80年代以来，世界上欧、美、日等很多汽车生产厂家与铝业公司合作，加强了对铝制汽车车身的研究，并取得了令人鼓舞的成就。1995年德国奥迪公司首先开始批量生产铝制车身，把车身用铝的研究推向了高潮，铝合金在整车使用材料中的比例逐年提高。1990到1998这8年间，北美汽车工业的用铝量增长了102%。

（1）汽车车身轻量化的重要性

环保是汽车发展的三大课题（环保、能源、安全）之一，通过近几年的研究，汽车用铝的环保价值受到人们的重视。由于汽车制造大量采用铝合金使汽车总质量减轻，从而降低了燃油的消耗；由于油耗低、质量轻、汽车的废气排放就少，污染程度就下降；废旧汽车的回收率高，铝质汽车零件基本上都可回收；回收再生所需要能源少，并且铝可以多次循环再生，对其性能来讲没有多大变化。对于两个特定的车身覆盖件采用铝板后与采用钢板的对比结果列入表7—1。

表 7—1 轻量化实例

零件名称	钢板厚（mm）	板质量（kg）	铝板厚（mm）	板质量（kg）	轻量化率（%）
发动机罩外板	0.75	8.50	1.00	3.90	54
发动机罩内板	0.75	10.47	1.00	4.50	54

燃料经济性是汽车的重要指标，节省燃油既是能源问题，又是环保问题，尤其是与广大汽车用户的燃油费支出有直接关系。有专家说，每减轻 45 kg 汽车自身质量，1 L 汽油能增加 6 km 的行程；还有另一种计算方法，车身每减轻 100 kg，每百公里可节省燃油 0.4 ~ 1.0 L。对汽车本身来说，大约 70%的油耗是用在车身质量上的，这就说明汽车车身轻量化对整车燃料经济性是至关重要的。

（2）车身用铝的研究成果及应用

日本住友轻金属工业公司与美国雷诺尔兹铝制品公司共同开发出一种代号为 SG112—T4A 的车身铝合金板材，其硬度比普通铝板高 1.5 倍，同时也具有良好的冲压加工性。此种材料在冲压加工时较软便于拉延，而通过涂装即热处理后，硬度提高近 1 倍（见表 7—2）。

表 7—2 SG112—T4A 铝板与普通铝板硬度比较

材料	SG112—T4A 涂装前	SG112—T4A 涂装后	普通铝板
硬度（MPa）	110	210	140

虽然 SG112—T4A 的板材价格是钢板的 2 倍，但质量可减轻 50%，并且点焊工作量也减少 30%以上，是一种很理想的车身用铝板。

汽车用铝在日本已经制定了 JISH4000 标准，从 1000 到 7000 进行了分类，用于汽车的铝合金，包括热处理型 6000 系列和非热处理型 5000 系列，其中 5038 和 5183 是汽车车身最常用的型号。表 7—3 列出了日本的铝合金分类和特性，表 7—4 是主要铝合金板的机械性能及其与冷轧钢板的比较。

德国汽车车身用铝已经规范化，应用实例见表 7—5。

表 7—3 铝合金的种类和特性

合金	主要合金成分	典型合金型号	拉伸强度（MPa）	用途
1000 系	Fe、Si、Cu	1050、1070、1100、1200	50 ~ 200	日用品、散热片、罩盖、铭牌、包装、建材、印制板、电线、装饰品、反射板
3000 系	Mn	3003、3004、3005	100 ~ 300	日用品、散热片、包、罐、建材、彩铝
4000 系	Si	4032、4043、4343		活塞、汽缸盖、热交换器、焊条、建材
5000 系	Mg	5052、5082、5182、5083	100 ~ 400	建材、车辆、船舶、照相机、扣钉、低温油箱、压力容器
2000 系	Cu、Mg	2011、2017、2024	300 ~ 500	飞机、汽缸盖、活塞、电位器、钢钉、油压部件
6000 系	Mg、Si	6061、6063、6262	150 ~ 400	建材、车辆、家具、船舶、家电、照相机、电线
7000 系	Zn、Mg	7003、7N01、7075	350 ~ 700	飞机、车辆、船舶、散热片

表 7—4 主要铝合金板的机械性能

种类	屈服极限（N/mm^2）	拉伸强度（N/mm^2）	延伸率（%）	平均延伸率（%）	硬度 HV	n 值	r 值
1100－0	31	95	38	30	24	0.29	0.85
1100－H24	139	142	13		45		0.85
3003－0	40	107	33	29	30	0.21	0.67
3003－H14	157	169	5		49	0.07	0.50
3004－0	62	177	25	22	48	0.28	0.71
3004－H24	175	215	9	8	76	0.12	0.71
5052－0	107	213	24	22	52	0.32	0.74
5052－H24	212	269	13	10	80	0.13	1.05
5182－0	125	264	31	28	26	0.31	0.61
5182－H24	273	350	11	10	91	0.13	0.75
6061－0	45	125	30	25		0.28	0.66
6061－T4	197	271	24	20	64	0.20	0.74
冷轧钢板	181	298	46	23	45	0.21	2.00

表 7—5 德国汽车车身用铝实例

铝合金型号	使用部位
AlMg5.4Mn0.3－W	装饰件、行李箱内板
AlMg25－W	强度要求不高的加强板
AlMg0.4Si1.2	发动机罩、行李箱盖
AlMg5	仪表板、后靠背支架、门柱内衬板

奥迪公司在1995年首先批量生产的Audi A8型轿车是使用铝质材料制造汽车车身的最具代表性的成功之作。由铝挤压成型的多种盒形断面的梁构成空间框架，称为ASF（Aluminum Space Frame）。这种梁有直的也有弯曲的，梁的壁厚比相同尺寸的钢要增加0.7～0.8倍。

空间框架的连接是由真空压铸铝件完成的。这种铝铸件要求强度高，多用在应力集中的节点处，主要的承载部位通过一种称做MIG的焊接方法连接。这种压铸铝接头件的高强度是通过优化结构和增加壁厚来达到的。铸件能够做成很复杂的形状来满足结构需要，并保证这种车身节点有最佳的刚度。

车身外覆盖件是由铝合金板冲压加工制造，铝板的厚度比钢板要增加0.2～0.25倍，有的覆盖件的加强板也采用了挤压铝型材。

覆盖件与骨架的连接是通过冲压铆钉铆接完成的，铆接的强度比点焊高30%，在所有的连接中铆接占 68%，其他的连接方法有焊接、钩钳等。

在车门防撞结构中，采用了具有网状断面的挤压型材料做防撞梁，并且把车门与支柱、门槛等骨架设计成有重叠部分的结构，能很好地满足防撞要求。

铝挤压型材、铝真空压铸件及铝合金板是 Audi A8 铝车身的三种基本元素。由于采用轻金属铝，使车身质量减轻 40%。铝空间框架的设计使车身的静态扭转刚度提高 40%。

由于铝材的吸能性好，在碰撞中的安全性有明显的优势，汽车前部的变形区在碰撞时会产生皱折，能吸收大量的冲击力，从而保护了后面的乘坐区。除了板材的吸能性外，又由于车身质量的减轻，在碰撞时产生的动能也会减小，也能相应降低冲击力。在以 56 km/h 的速度进行碰撞测试时车门仍能开启。

德国的卡曼（Karmann）公司研究出一种夹层铝板，但外层是铝板冲压加工成需要的形状，中间再充填粉末状铝，铝末在受到高温时就膨胀成泡沫状，与外层铝板一起固化成型。其工艺特点是板件的成型在高温发泡之前。这种方法加工的车身板件刚度提高 10 倍，而质量减轻 50%。

世界各主要汽车制造厂在近几年中都有铝制车身的概念车或批量生产的车型问世，实例见表 7—6。

表 7—6　　全铝车身开发实例

年份	车型	概况
1995	本田 Argento·Vivo	1995 年东京车展上展出双座敞篷跑车，铝质挤压成型梁组成空间构架，用粘接和焊接方法装配，骨架质量 91 kg，整车质量 1 240 kg
1996	Ford·水星黑貂	全铝车身，减轻 182 kg，整车质量 1 270 kg，粘接技术的应用成功是一大特色
	GM 电动车 EV-1	全铝车身
	Cherysler·Neon·Lite	由于使用铝材，使整车质量减轻 284 kg，燃油里程效率提高 3 倍
	Cherysler·普利茅斯·猎兽	使用 408 kg 铝材，使整车质量减轻 21%，发动机罩、活动顶盖、车门、翼子板等大型覆盖件用 6022-T6 型铝合金板冲压制造、铝质构件的连接采用钢接和胶接相结合
1997	日产 AIX	1997 东京车展上的概念车，铝挤压成型的框架
	Cev·Cherysler	1997 法兰克福车展上推出，采用铝质底盘而车身是塑料和钢板制造
1998	Ford·P2000	采用冲压焊接制造的铝质车身骨架，可用现有钢板的加工方法加工，车身质量为 135.6 kg，比金牛座轻 52.7%，整车轻 32.8%，市区百公里油耗减少 22.8%

（3）目前车身用铝存在的问题

近几年虽然车身用铝有了很大的发展，也有一些批量生产、大量生产的车型推向了市场，但是还存在不少问题。

1）成型性还需继续改善。铝合金板材的局部拉延性不好，容易产生裂纹。如发动机罩内板因为形状比较复杂，为了提高其拉延变形性能采用高硅铝合金，延伸率已超过 30%，但还是比钢差，所以在结构设计时要尽可能地保证形状不突变，让材料容易流动以避免拉裂。

2）尺寸精度不容易掌握，回弹难以控制，在形状设计时要尽可能采用回弹少的形状。

3）因为铝比钢软，在生产和运输中的碰撞和各种粉尘附着等原因使零件表面产生碰伤、划伤等缺陷，所以要对模具的清洁、设备的清洁、环境的粉尘、空气污染等方面采取措施，确保零件的完好。

4）不能像钢板那样采用磁力搬运和传递，要设计新的方案。

二、汽车修理设备设计改造

1. 修理设备设计（或改造）的程序和步骤

（1）工件的工艺分析

设计前首先应对设备工作的对象进行必要的分析，了解工作对象（工件）的形状、尺寸、材料和技术要求等，以便确定加工方法、定位基准和装夹形式等。

（2）调查研究

调查内容包括：了解操作者对设备提出的要求，现有设备及同类设备使用中存在的问题，收集国内外同类设备的有关技术资料等。

（3）制定设计方案

设计方案包括：在调研的基础上，拟订几个新设计方案。进行分析比较后，确定一个最优方案。每一方案包括主要技术参数的确定、总体布局、传动系统图、结构简图及液压和电气原理图、冷却润滑系统图等。

（4）工作图设计

根据最后确定的方案，绘制各部分系统图、部件装配图、总装图、零件图；编制设备说明书，标准件、外购件及通用件明细表等。

（5）试制和鉴定

通过制造、装配、试用和鉴定工作；根据试制中发现的问题，进一步修改设计图样。

2. 维修设备的总体设计

总体设计与设备工作对象的特性有着密切的联系，设计时必须从其修理工艺分析开始，确定出修理工艺过程，然后逐步拟订出设备的总体布局、运动联系及主要技术参数等。

进行总体布局时，力求简单、合理、经济，因为它直接关系到设备的使用性能、质量和整机的合理性。通常应注意以下几个问题。

（1）保证设备具有足够的刚度、精度、抗震性和稳定性。支承部件应力求具有足够的刚度，运动部件在不影响本身刚度的条件下，应力求达到体积小、质量轻。

（2）传动系统应力求缩短，以达到简化结构、提高传动精度和效率的目的。

（3）设备的操作调整要简单，拆装维修要方便，防护装置要安全可靠。

（4）设备的外形轮廓应美观、大方和协调。

3. 维修设备技术参数的确定

设备的技术参数是指主参数和一般技术参数。主参数表示设备的主要规格；一般技术参数表示设备的运动参数、功率参数等。

三、汽车修理工艺

汽车修理工艺是指在汽车修理的各项作业中，利用生产工具，采用各种方式，完成汽车修理的技艺。它主要包括汽车大修工艺过程、总成修理工艺过程、零件修理工艺过程等。

目前，对于汽车维修，国家还没有一个统一的规程。在进行汽车修理工艺的设计时要结合各地区、企业设施、人员、资金等情况，结合国家、行业、地方的标准及政策要求。主要包括技术上的先进性、质量上的可靠性、经济上的合理性、劳动上的安全性。

生产纲领是指企业每年（或每天）完成生产任务的数量，通常指修车数量的多少。

具体到每一辆车，则要考虑到其工时定额。而工时定额主要决定于车型构造、作业项目、工艺设备、工人技术熟练程度及管理等因素，因此不同企业之间会稍有差别。所谓工时定额是指该修理项目的工作时间（工作量），工时费是由工时定额乘以工时单价来简略计算，工时单价必须根据本厂的规模、档次、技术水平以及社会物价情况和国家有关政策来核定。

对于设有“基本工时”的部位，小修作业工时定额的计算方法分为如下几种：

1. 对于单项小修

工时定额 = 基本工时 + 单项小修工时；或 工时定额 = 基本工时 + 单个工时 × 实际维修（更换）的个数

2. 对于同一子块内的多项小修

工时定额 = 基本工时 + 单项小修工时 + … + 单项小修工时。

3. 跨子块的多项小修作业项目

跨子块的多项小修作业项目分为两种情况。第一种是多项小修项目只涉及拆装一个汽缸盖的情况，这种情况下只能计算一次基本工时；在气门室罩内和拆汽缸盖项目两个子块同时出现时，只计入拆汽缸盖子块的基本工时；在油底壳内项目、气门室罩内项目、拆汽缸盖项目和缸体内项目四个子块中只要有缸体内项目出现时则只计算缸体内项目的基本工时。第二种是多项小修项目涉及要拆装两个汽缸盖的情况，这种情况下除了按照第一种情况计算出规定的基本工时以外，还要另加一次拆汽缸盖项目的基本工时。所有小修项目均不包含机加工工时。而对于少数国外高档汽车的制造厂商，要求其特约维修企业执行其统一制定的车系维修工时定额和售后服务收费标准。对此类企业，其所实行的工时定额及收费标准须报物价部门核准，报行业主管部门备案。

四、借助相关工具阅读有关汽车修理的外文资料

对于部分进口车辆，厂家提供的修理资料多是外文，这就给修理带来了一定难度，这就要求修理工能够借助相关工具来阅读修理资料。修理工除具备基本的外文基础外，还要能够借助汽车专用词典、汽车缩略语词典等来进行阅读，当然有条件的还可以用一些电脑翻译软件将其翻译成汉语后进行阅读，当然要注意其准确性。

第二节　试验和研究

学习目标

- 汽车性能试验

一、试验的研究方法与管理

1. 试验的研究方法

一般来说，首先是验证各零部件单体是否能满足性能要求；然后，再依次进行总成和整车各种试验。但是，为了缩短研制周期，上述各项试验经常是同时进行的。

2. 制定试验计划

计划的关键问题是，在一定的时间内，有效利用有限数量的试制样车，充分讨论试验内容，并确定试验程序。制定计划时应考虑如下几个问题。

(1) 试验规模

在拟订研制计划的时候；应制定研制试验规模的大小。在批量投产的短期间内，应完成必要的项目试验，并根据设计修改等情况正确预测试验次数、所需人员、测试所用仪器仪表的调配以及必要的预算等，以便制定试验计划。

(2) 试验项目

研制全新型汽车时，必须实施全部试验项目，但对部分改进的车型，则只针对改进部分确定试验项目。如有必要，也可对标准试验方法和评价标准进行修正。

(3) 试验场地

因为各大汽车厂一般都有自己的试验基地，大部分试验项目都可在本基地或室内进行。然而，试验场不可能模拟所有的使用条件，所以还需在公路上进行试验，尤其是在高寒地区、高温地区，甚至国外某些环境的试验。

(4) 财务预算

为了顺利进行试验，必须有经费保证，因此应详细地（分细目）制订财务预算方案。其内容包括仪器、设备的购置费，试验场地占用费，差旅费等。

3. 试验的实施与管理

(1) 试验准备

为了达到试验目的，应对每项试验制定可行方案。为了获取可靠的试验数据，必须对试验方法的制订、测试仪器的配备以及测试数据的处理，进行深入慎重地研究。

(2) 试验实施

当试验进行时，各试验人员应在试验总负责人的指挥下，按所分配的任务分工，有条不紊地开展工作。如试车员应明确行驶方法，维修技师要确保汽车技术状态良好，实验员应对测试仪表进行校验等。并注意试车的安全，制定出切实可行的安保措施。

(3) 数据处理

由于记录仪器的种类不同，记录的方法也不一样。应尽可能使用磁带式记录仪和计算机、电子仪器，注意试验数据的储存，正确记录数据，试验终了要进行数据处理、分类和检索。

(4) 试验管理

对试验要进行合理科学的组织和管理。设计部门、研究部门、试验部门可以单独设置，也可合为一体，不管组织形式如何，大多包括试验总监、性能试验、材料试验、设备维修等机构。试验管理应实行全过程：电算化，试验方法标准化，性能评价规范化。

二、汽车行使性能试验

1. 试验程序

(1) 动力性能试验

动力性能主要取决于发动机，整车动力性能试验是对汽车“快速行驶”性能进行评价。

主要包括：加速性能试验、最高车速试验、爬坡性能试验、行驶阻力试验、底盘测功等。

1）加速性能试验。通常是在平坦铺装路上进行，主要是测试加速后的时间、速度和距离等参数。

①一般加速试验。包括起步加速和定速加速两项试验内容。起步加速是在汽车怠速停止状态，踩加速踏板，提高发动机转速后，急剧接合离合器，使汽车起步，合理选择变速挡位，节气门全开加速，计测达到 10、20、30、…（km/h）车速时和 50、100、200、400、…（m）距离时的时间。

定速加速试验通常是以 3 挡和 4 挡进行，初速度分别为 20 km/h 和 30 km/h。试验时，也是节气门全开加速，计测项目与起步加速试验相同。必要时，试验前应对各排挡进行初速选择。

加速试验的最简便方法是，在试验路段上预先设置定距离标杆，用秒表测定汽车通过的时间。另外，也可用光电管和在路面上设置狭带开关进行测定试验。用汽车速度表控制车速时，应考虑其实际误差，必须事先进行校检。

高精度的测定方法，是通过五轮仪的轮子转速测定汽车的行驶速度、距离，并与时间信号同时记录在纸带上。

②实际加速试验。实际加速试验是在各种条件和状况下进行的。美国 FMVCIR 规定：

从指定速度开始全力加速，测定在安全距离内，超越全长约为 17 m 拖车所必要的距离和时间。实际上是测定超越车辆的加速性能，根据加速试验曲线求出超越所需要的距离和时间。关于加速性能，不但要研究节气门全开情况，而且还要研究节气门半开的情况。

2）最高车速试验。一般是测定能够连续稳定行驶的最高车速。国际汽车联盟标准（FIA）规定，最高车速要在 FIA 认定的环形跑道上进行试验，测定汽车每行驶一周所需时间，取其平均值计算最大车速。日本标准（JIS）规定，试验时，要选取具有适当长度的平坦铺装路，在中部取 200 m 路段作为测定区，测定汽车通过时间，并计算最高车速。

（2）制动性能试验

汽车制动性能通过满载情况下的道路试验确定。对于装有车轮防抱死系统或轴间制动力调节器的汽车，应测定它的满载和空载制动方向稳定性。对在用车辆做安全检测时，一般是在空载下进行。

室内试验多采用反力式滚筒试验台测定左右车轮制动力和制动协调时间，预计它的制动性能。

道路试验要求在水平硬路面上进行，路面附着系数不小于 0.7，环境温度 0 ~ 37℃，无风，试验中车辆不得偏离行驶方向，不得越出宽度为 3.5 m 的车道界限。路试测定的参数为制动距离、制动协调时间和制动减速度。主要试验仪器为五轮仪和惯性式减速度计。

所有车辆均应进行冷制动和热衰退试验。满载质量超过 5 000 kg 的客车和满载质量超过 12 000 kg 的货车，还应进行下长坡制动试验。

冷制动试验时的制动器温度低于 100℃。汽车加速到略大于规定的制动初速度，转入空挡滑行，并在确定的初速度下紧急制动到停车。

热衰退试验时，汽车通过重复制动来加热制动器。每次制动的初速度为 $0.8v_{max}$，末速度为初速度的一半。制动减速度为 3 m/s^2，制动循环周期为 45 ~ 60 s，制动循环次数为 15 ~ 20 次。

在重复制动或连续制动过程结束后，立即进行剩余制动性能测定（应不低于冷制动时制动减速度规定值的 80%）。

下长坡制动试验时，汽车以 30 km/h 的平均车速，在 6% 的坡道上，下坡行驶 6 km，然后测定剩余制动性能（应不低于冷制动效能的 75%）。

带防抱死系统车辆制动方向稳定性的汽车空载试验分干湿路面的换车试验和弯道试验。

测定可通过的最高制动初速度，用来评定制动方向的稳定性。

(3) 侧滑性能试验

侧滑性能是指汽车在行驶中，车轮侧滑量的大小。它是转向轮定位参数失准的反映，当前束值的大小与车轮外倾角的大小不相适应时，转向轮就产生侧滑。转向轮侧滑的原因是汽车的转向机构、前轴、车架的变形和磨损以及转向轮定位的变化。后果是汽车的操纵性能变差，易产生行车事故，汽车动力性下降，燃油消耗增加，轮胎出现异常磨损，汽车使用经济性变坏。因此，要对汽车的侧滑性能进行检测，并进行及时调整，保证其使用性能。

转向轮的测滑量通常是在动态检测设备（也称侧滑试验台）上进行。侧滑试验台有两种：一种是滚筒式试验台，测量是在旋转的滚筒上进行的，滚筒安装在摆动的支架上，可以精确地测出车轮的前束、外倾角及侧滑量；另一种是较为常见的滑板式试验台，当汽车以匀速直线行驶通过侧滑板时，由于车轮前束和车轮外倾配合不当，就会产生侧向力，使滑板向内或向外滑动，并指示出侧滑量的大小。侧滑量的刻度单位为 m/km。根据 GB 7258—1997《机动车运行安全技术条件》的规定，前轮的侧滑量不得超过 5 m/km。

2. 注意事项

(1) 汽车使用性能

我国目前采用的汽车使用性能指标见表 7—7。

表 7—7　　　　　　　　　　汽车使用性能的主要指标

<table>
<tr><th colspan="2">使用性能</th><th>量标和评价参数</th></tr>
<tr><td colspan="2">容量</td><td>①额定装载质量（t）
②单位装载质量（t/m^3）
③货厢单位有效容积（m^3/t）
④货厢单位面积（m^2/t）
⑤座位数和可站立人数</td></tr>
<tr><td rowspan="7">使用方便性</td><td>操纵方便性</td><td>①100 km 平均操纵作业次数
②操作力（N）
③驾驶员坐椅可调程度
④照明、灯光、视野、信号</td></tr>
<tr><td>出车迅速性</td><td>汽车启动暖车时间</td></tr>
<tr><td>乘客上下车和货物装卸方便性</td><td>①车门和踏板尺寸及位置
②货厢地板高度
③货厢栏板可倾翻数
④有无随车装卸机具</td></tr>
<tr><td>速度性能、越野性、机动性</td><td>①动力性
②平均技术速度（km/h）
③汽车最低离地间隙
④接近角
⑤离去角
⑥纵向通过半径
⑦前后轴荷分配
⑧轮胎花纹及尺寸
⑨轮胎对地面单位压力
⑩前后轮辙重合度
⑪低速挡的动力性
⑫驱动轴数
⑬最小转弯半径</td></tr>
<tr><td>可靠性和耐久性</td><td>①大修间隔里程（km）
②主要总成的更换里程（km）
③可靠度、故障率（次/km）
④故障停车时间（h）</td></tr>
<tr><td>维修性</td><td>①维护和修理工时
②每千米维修费用
③对维修设备的要求</td></tr>
<tr><td>防公害性</td><td>①噪声级
②CO、HC、NOx 排放量
③电波干扰</td></tr>
<tr><td colspan="2">燃料经济性</td><td>①最低燃料耗量（L/100 km）
②平均最低燃料耗量（L/100 km）</td></tr>
<tr><td>安全性</td><td>稳定性</td><td>①纵向倾翻条件
②横向倾翻条件</td></tr>
</table>

续表

使用性能		量标和评价参数
安全性	制动性	①制动效能 ②制动效能恒定性 ③制动时方向稳定性
乘坐舒适性	平顺性	①振幅 ②振动频率 ③振动加速度及变化率
	设备完备	①车身类型 ②坐椅结构 ③空气调节指标 ④车内噪声指标（dB）

（2）汽车性能试验

前面介绍的试验，只是汽车行驶性能试验的部分内容，经常做的性能试验还有：

1）驾驶性能试验。主要考核汽车在各种环境中是否适应驾驶。其评价方法有主观评价（凭驾驶员的感觉、驾驶性能变坏的程度、发生频度和重要性进行扣分）以及客观评价（测定前后加速度、扭矩变动、发动机转速等定量值）。

具体的试验方法又分：冷态行驶性能的评价、常温行驶性能的评价、热区行驶性能的评价、高原行驶性能的评价。

2）操纵稳定性试验。操纵稳定性的主要内容是：从驾驶员的角度看汽车操纵的难易程度，在承受路面凹凸和侧风干扰时的汽车自身稳定性，以及受外部干扰后的转向盘的校正能力等。因为汽车在驾驶员的操纵下，在各种路面上行驶，所以评价操纵稳定性时，一定要对人、车、环境三项重要因素进行综合研究。

试验通常采用三种方法：一是室内台架试验，测定并评价有关操纵稳定性的汽车基本特性（重心位置和惯性矩）；二是道路试验，计测汽车转弯和越线行驶时的运动状态；三是主观感觉评价试验，根据驾驶员的自我感觉进行评价。

3）平顺性试验。汽车行驶的平顺性是指汽车在一般行驶速度范围内行驶时，能保证乘坐者不致因车身振动而引起不舒服和疲劳的感觉，以及保持所运货物完整无损的性能。由于行驶的平顺性主要是根据乘坐者的舒适程度来评价，所以有时又称为乘坐舒适性。

汽车行驶平顺性的评价方法，通常是根据人体对振动的生理反应及对保持货物完整性的影响来制定的，并用表征振动的物理量，如频率、振幅、加速度、加速度的变化率等作为行驶平顺性的评价指标。

平顺性的试验分道路试验和室内试验。道路试验一般是在市区街道、高速公路、山路上进行现场试验评价，包括振动测量和主观评价试验。有条件时，可在试车场内的沥青路、水泥路、石块路、接缝路和砂石路上做试验。

室内试验是在道路模拟机上进行的。试验时，将整车或车辆的部分总成、构件置于试验机上，然后，通过激振机构进行加振。因为这种装置能够使实际路形再现，并配有直接分析输入信号的数据处理仪器，所以台架试验是一种比较理想的方法。

4）实车耐久性试验。实车耐久性试验的规范，是在调查各种使用条件的基础上制定的。这些条件包括：道路条件、载重量、装载物种类、车速、操作负荷、操作频度以及气候条件等。试验内容应充分反映出这些条件。

实车耐久性试验，按试验进度可分为实用耐久性试验和快速寿命试验两大类。实用耐久性实验是指在一般公路上进行的汽车使用试验，也可在试车场内进行各种使用条件的模拟、再现，进行一般公路上无法开展的试验。快速寿命试验包括坏路耐久性试验、传动系耐久性试验以及其他特殊耐久性试验等，常用于寻求导致故障的主要因素。

附录

A

安全带警告灯　Belt

C

柴油机　diesel
车门警告灯　DOOR
车载诊断系统　OBD
充电指示灯　CHE
出租车，计程车　taxi

D

倒车挡　reverse
点火　IG
电流表　AMP
电压表　VOLT
电子控制汽油喷射　EFI
电子控制悬架　ECS
断开　OFF

E

二冲程发动机　two - stroke engine
二挡　second gear

F

方程式赛车，方程式汽车　formula car
防抱死制动系统　ABS
废气再循环系统　EGR
附件　ACC

H

豪华轿车　limousine
活动车篷汽车　drophead
货运卡车　automobile carrier

J

吉普车　jeep
急救车　ambulance
轿车（美作：sedan）　saloon
接通　ON
警车　police car
救护车　ambulance

K

卡车　truck
开关　SW
客货两用车　notchback
空调　AC

L

垃圾车　garbage truck
老爷车　wecker
露营车　camper

P

排气温度警告灯　exh temp
跑车　roadster
跑车　sports car
碰撞用汽车　bumper car

Q

启动　ST
汽车安全气囊　SRS
汽车驱动防滑控制系统　ASR
汽车巡航控制系统　CCS
牵引车　tractor
前轮驱动　front - wheel drive
清障车　wrecker

R

燃油表　fuel

S

赛车　racing car

三元催化转换器　TWC

水温表　temp

四轮驱动　four－wheel drive

四轮驱动系统　4WD

四轮转向系统　4WS

T

拖车　trailer

拖车　trailer truck

X

洗涤器液量警告灯开关　wash

消防车　fire engine

小旅行车　station wagon

小型货车　light－van

小型汽车　compact car

蓄电池液量警告灯　bat

巡回采血车　bloodmobile

Y

一挡　first gear

邮车　mail car

油压警告灯　oil

远光指示灯　beam

Z

真空度警告灯　vac

制动信号灯　stop

驻车制动指示灯　peak

转向指示灯　turn

参 考 文 献

[1]　蔡兴旺．汽车构造与原理．北京：机械工业出版社，2004.

[2]　鲁植雄．汽车电控单元控制器区域网数据总线．北京：人民交通出版社，2004.

[3]　邯郸北方学校．怎样维修汽车空调．北京：机械工业出版社，2004.

[4]　邯郸北方学校．怎样维修电控发动机．北京：机械工业出版社，2003.

[5]　宋年秀，杜彦蕊．汽车防抱死制动系统/安全气囊系统．北京：人民交通出版社，2004.

[6]　杨宝王．汽车电控单元．北京：人民交通出版社，2004.

[7]　张贵荣．最新丰田轿车使用与检修．青岛出版社，2003.

出版说明

本书根据《国家职业标准——汽车修理工（2005 年版）》的要求，由中国就业培训技术指导中心按照标准、教材、题库相衔接的原则组织编写，是职业技能鉴定的推荐辅导用书。

本书主要介绍了汽车修理工技师、高级技师应掌握的相关知识及操作技能，涉及汽车修理、诊断与排除疑难故障、培训与管理、汽车复杂疑难故障排除、技术改造与试验研究等内容。

策划编辑＼高文　责任编辑＼许可　徐硕　责任校对＼王静　封面设计＼王利民　版式设计＼沈悦

国家职业资格培训教程——汽车修理工系列

- 国家职业标准——汽车修理工（2005年版）
- 汽车修理工（第2版）（基础知识）
- 汽车修理工（第2版）（初级）
- 汽车修理工（第2版）（中级）
- 汽车修理工（第2版）（高级）
- 汽车修理工（第2版）（技师 高级技师）

ISBN 978-7-5045-5932-6

9 787504 559326 >

定价：58.00元